〔英〕克里斯托弗·赛克斯 / 著
杨　虎 / 译

为战而生

ORDE
WINGATE

非正规战大师
温盖特
传

By
Christopher Sykes

上海社会科学院出版社
SHANGHAI ACADEMY OF SOCIAL SCIENCES PRESS

图书在版编目（CIP）数据

为战而生：非正规战大师温盖特传 /（英）克里斯托弗 · 赛克斯著；杨虎译 . —上海：上海社会科学院出版社，2020

书名原文 : Orde Wingate: A Biography

ISBN 978-7-5520-3136-2

Ⅰ . ①为… Ⅱ . ①克… ②杨… Ⅲ . ①奥德 · 温盖特—传记 Ⅳ . ① K835.615.2

中国版本图书馆 CIP 数据核字（2020）第 047168 号

为战而生：非正规战大师温盖特传

作　　者：[英] 克里斯托弗 · 赛克斯
译　　者：杨　虎
总 策 划：巴别塔文化
责任编辑：王　睿
特邀编辑：谢志明　张建恩
装帧设计：宋　涛
排版设计：胡凤翼
出版发行：上海社会科学院出版社
地　　址：上海顺昌路 622 号　　邮　　编：200025
电话总机：021-63315947　　销售热线：021-53063735
http://www.sassp.cn　　E-mail：sassp@sassp.cn
印　　刷：天津光之彩印刷有限公司
开　　本：880×1230 毫米　1/32 开
印　　张：20.75
字　　数：503 千字
版　　次：2020 年 9 月第 1 版　2020 年 9 月第 1 次印刷

ISBN 978-7-5520-3136-2/K · 552　　**定　价**：98.00 元

思想给人以勇气

——克莱蒙梭

温盖特总是像水手那样眺望着远方

温盖特的父亲乔治·温盖特上校

温盖特的母亲埃塞尔

四岁时的温盖特

温盖特一家的孩子们，最右边穿道格拉斯方格短裙的是温盖特

刚从伍利奇皇家军事学院毕业的温盖特少尉
身着皇家炮兵军官制服

温盖特在伍利奇皇家军事学院进行操炮训练

温盖特纵马跨越障碍

三十岁左右的温盖特

温盖特与佩吉小姐，温盖特从苏丹回国休假，准备与佩吉小姐结婚

15 岁时的洛娜

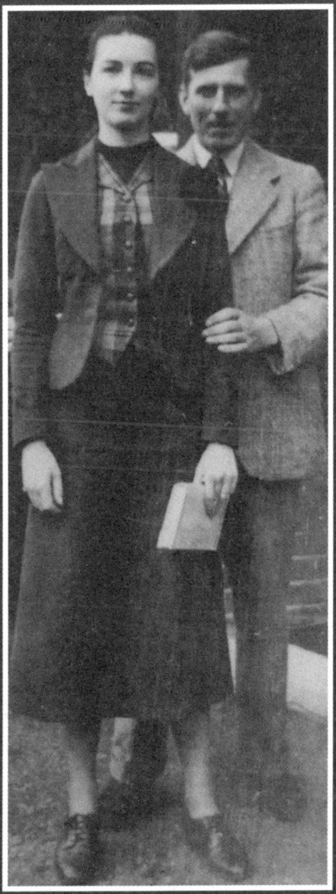

1938 年，温盖特从巴勒斯坦回国休假，与洛娜结婚

在艾因哈罗德训练的“夜间别动队”（S.N.S.）

流亡皇帝海尔·塞拉西返回埃塞俄比亚，查普曼·安德鲁斯在宣读普拉特将军的致辞，
站在皇帝左边的是温盖特

D. A. 桑福德准将

1941 年 4 月，温盖特在丹巴查检阅埃塞俄比亚“爱国阵线”部队

温盖特和桑福德与海尔·塞拉西讨论战事

海尔·塞拉西和温盖特

温盖特一马当先率部进入亚的斯亚贝巴

CONTENTS

目录

译者序

初识奥德·温盖特是通过多诺万·韦伯斯特先生的《滇缅公路》。温盖特这样的天才人物，不论在现实生活中还是在书本里，都注定会给人留下深刻印象。译者对阿拉伯的劳伦斯、温盖特这类怪杰，向来怀有难以抗拒的好奇心。十年前，当译者一口气读完这部传记的英文原著时，就决定将它译成中文。

奥德·温盖特是一位军事天才和极具传奇色彩的英雄。他的传奇经历大体可以分为三个阶段。第一段传奇经历是1936年至1939年间，温盖特作为英军情报官，在巴勒斯坦组建英犹混编的“夜间别动队”，打击暴乱分子。他不顾官方政策，积极支持犹太复国主义运动。以色列国防军的缔造者摩西·达扬、兹维·布伦纳，以及一些犹太复国主义军事骨干都曾参加过“夜间别动队”。以色列国父、首任总理本·古里安不无遗憾地说，“如果温盖特不死，他很可能会成为以色列国防军的首任参谋长”。第二段传奇经历是1941年温盖特帮助埃塞俄比亚流亡皇帝海尔·塞拉西打败意大利侵略者。他率领区区两千人的“基甸军”以及当地“爱国阵线”部队，与上万意军在崇山峻岭间周旋，打了一连串以少胜多、以弱胜强的漂亮仗。他坚定支持埃塞俄比亚独立，反对兼并埃塞俄比亚的任何阴谋，甚至不惜以死抗争。第三段传奇经历是1943年至1944年间，他临危受命领导缅甸的敌后作战，创造性运用远程突破战术在日军后方实施破袭战。他亲自领导和指挥的英勇卓绝的第一次“钦迪特”远征，为英军在远东战场赢得了第一个胜利，也令他声名远扬，成为丘吉尔的爱将。就在更大规模的第二次“钦迪特”远征刚刚拉开帷幕之际，温盖特将军因飞机失事罹难，在他人生巅峰上像流星一样突然陨落。

在常人眼里，温盖特无疑是位怪人。他喜欢在腰间挂一个闹钟；他走到哪里都戴着那顶怪里怪气的遮阳帽；他喜欢生吃洋葱，甚至认为只吃洋葱就足以提供身体所需的营养；他习惯赤身裸体，经常让别人难堪；他不喜欢洗澡，而是用一个刷子刷身体。在他那乖张的外表下藏着一颗永不安宁的心。他将自己视为命运的工具，是某种不可知力量的化身，正是这种强烈的使命感奠定了他一生的成就，没有伟大的人格力量不可能取得那样的成功。他对那些命运不济的人和饱受压迫的民族抱有深切的同情，他虔诚的宗教信仰带有强烈的追求正义的色彩。正因为如此，他公然支持犹太复国主义；出于同样的原因，他坚决反对英国兼并埃塞俄比亚。

温盖特超越了他所处的时代，他的军事成就并不限于战场功绩，更在于其创造性思想对后世的影响。丘吉尔首相在其著名的颂词中说：“有这样一位天才人物，他本来也会成为主宰世界命运的人。他走了，但他的精神永远活在远程突击作战群中。”以色列国防部长摩西·达扬曾经这样评价温盖特的深远影响，他说：“时至今日，以色列陆军中的每一位指挥官都是温盖特的信徒。他传授给我们的战术，是我们的灵感源泉和行动动力。”21 世纪初，恐怖主义成为世界安全的首要威胁，非正规战再次成为热点。2011 年，美国军事战略与理论分析家约翰·阿尔奎拉（John Arquilla）在《非正规战大师列传：他们如何改变世界》（*Insurgents, Raiders, and Bandits: How Masters of Irregular Warfare Have Shaped Our World*）一书中这样写道：“奥德·温盖特克服了前线、河流与山脉等限制，派遣部队深入敌后，仅用几个旅的兵力就给整个战区的敌军造成了巨大破坏，这一创举堪称后世用兵之典范。就这一壮举的规模与影响而言，直到近七十年后的今天，仍无人能超越。”“全世界仍在期待下一个温盖特的出现，一位能够率领小规模部队持续进行纵深突击的指挥官。”

特立独行的温盖特在军队中注定属于另类。他是幸运的，因为有丘吉尔、韦维尔、蒙巴顿等大人物的信任和支持；同时，他的军旅生涯也是坎坷的，总有一些上级和同僚不喜欢他的个性和做派。即使在第二次世界大战结束多年之后，温盖特在英国军队中仍然是褒贬不一的人物。在军队这样一个以服从命令为天职和行为准则的社会组织中，每一名军人都时常面对严格执行命令与创造性完成任务的选择，或许还会遇到服从命令还是遵从良心的困境，他们会发现做正确的事与走成功的路可能背道而驰。历史上不乏像温盖特一样“不服从”的军人，他们坚信自己的信念是正确的，他们蔑视军队等级森严的官僚制度，他们是坚韧不屈的斗士，他们是特立独行的先知。如何在和平时期保护这些人，以便让他们有朝一日在战争中崭露头角、力挽狂澜，是世界各国军队共同面对的难题。1955 年，美国陆军参谋长马修 · 李奇微（Matthew Ridgway）在退休仪式上被问到，他作为陆军参谋长最重要的作用是什么。他的回答迅速而简洁，震惊四座，他说：“保护特立独行的人。”他又进一步解释说，像过去发生过的战争一样，未来战争往往完全不同于计划人员的预见。当战争到来时，他最希望的就是身边有一群特立独行的人，他们看问题的角度有别于正统观念和学校里的标准答案。但是，由于军队是如此强大而僵化的机构，这些特立独行的军官并不总是受欢迎，他们的职业生涯常常岌岌可危。因此，李奇微觉得自己的首要贡献就是保护这些特立独行的人。

温盖特这样的传奇人物自然会吸引许多作家为其著书立传。起初，温盖特家人婉言谢绝了众多作家的盛情，因为温盖特终生的挚友德里克·塔洛克正准备为他立传，还因为20世纪40年代中后期巴勒斯坦犹太人为扩大移民和谋求建国与英国人交恶，他们担心一旦英国公众了解了温盖特对犹太复国主义的态度，会对他造成负面影响。1956年，威廉·斯利姆在回忆录中有意无意贬低了温盖特和“钦迪特”部队的功绩，这件事促成温盖特家人下决心尽快为其立传。此时，英国诗人、小说家罗伯特·格雷夫斯（Robert Graves）主动找上门来，他曾为T. E. 劳伦斯写过一部颇为畅销的传记，但温盖特家人认为格雷夫斯不是严肃的历史学家，担心他将温盖特的传记写成《我，克劳迪斯》（*I, Claudius*）那样的历史小说。后来，他们联系过英国著名军事历史学家利德尔·哈特，哈特表示自己不赞成温盖特的犹太复国主义立场。最终，温盖特家人选择了克里斯托弗·赛克斯，其父马克·赛克斯（Mark Sykes）是著名的《赛克斯—皮科协定》的发起人。第二次世界大战期间，赛克斯曾在中东地区和特种部队服役。他是英国著名作家罗伯特·拜伦（Robert Byron）和伊夫林·沃（Evelyn Waugh）的好友，曾与拜伦合著过一本小说《纯真与设计》（*Innocence and Design*），也是伊夫林·沃的授权传记作者。为了完成好这部传记，赛克斯不可谓不努力，他曾遍访温盖特生活和战斗过的地方，专程去以色列、埃塞俄比亚、缅甸和印度考察，亲自采访魏茨曼、本·古里安、海尔·塞拉西等政要，以及桑福德、弗格森、卡尔弗特等与温盖特一起战斗过的人。尽管如此，当这部传记成书后，温盖特夫人洛娜与赛克斯却反目成仇。洛娜希望赛克斯既能保持学术上的客观，又能对温盖特的错误视而不见，但很显然赛克斯令她大失所望。洛娜一怒之下封锁了温盖特所有的私人文件，甚至拒绝记者采访，直到她1991年去世。这有助于解释，为什么自1959年这部传记出版后，在随后的三十多年里，除了德里克·塔洛克1972年出版的《和平与战争中的温盖特》（*Wingate in Peace and War*）以外，再无温盖特的其他传记问世。

洛娜去世后，温盖特的私人文件才得以重见天日。1996 年，温盖特将军的儿子乔纳森 · 温盖特，在伦敦苏富比拍卖行拍卖了父亲的私人文件和勋章。根据协议，文件一分为二，伦敦的帝国战争博物馆拍得有关埃塞俄比亚战役和两次“钦迪特”远征的文件，纽约的史提夫 · 福布斯（Steve Forbes）收藏馆拍得战前巴勒斯坦时期的有关文件。1995 年，英国历史学家特雷弗 · 罗伊尔（Trevor Royle）出版了《奥德 · 温盖特：特立独行的战士》（*Orde Wingate: Irregular Soldier*）。1999 年，约翰 · 博尔曼（John Bierman）和科林 · 史密斯（Colin Smith ）合作出版了《黑夜里的火焰：温盖特在缅甸、埃塞俄比亚和耶路撒冷的经历》（*Fire in The Night: Wingate of Burma, Ethiopia, and Zion*）。这两部传记都使用了温盖特的私人文件。2013 年，已故的洛娜的回忆录被编辑出版，书名是《绿玫瑰：洛娜 · 帕特森回忆录》（*A Green Rose: The Memoir of Lorna Paterson*），书中提供了有关温盖特私人生活的一些鲜为人知的记录。但在所有这些传记和回忆录中，赛克斯写作的这部传记仍然被公认是最全面、最权威的。

英国探险家、作家彼得 · 弗莱明（Peter Fleming，“007 之父”伊恩 · 弗莱明的哥哥）对这部传记评价道：“说本书写作手法高超，还不够恰如其分。在 550 页引人入胜的文字中，赛克斯先生凭借学者的耐心、侦探的敏锐和艺术家的想象力，解开了温盖特之谜。”除了传主温盖特本人外，这部传记还刻画了许多有趣的人物，诸如志向远大、思想轻浮的奥尔马希伯爵，热衷冒险又喜欢享受的休 · 鲍斯特德，盛气凌人却举止优雅的拉斯 · 海卢公爵，外表迷人、善于交际的玛丽 · 纽沃尔夫人，木讷寡言、大智若愚的韦维尔将军，兼具南丁格尔的仁慈与严厉的麦吉尔里护士长等等，这些人物在赛克斯的笔下都栩栩如生，令人过目难忘。

正如赛克斯在前言中所说，“温盖特的传奇故事注定会带他的传记作者去很多地方，并让他对很多事情产生兴趣”。翻译这部传记吸引译者读了许多有趣的书、了解了许多有趣的人，包括 20 世纪最后一位伟大的探险家和旅行家威尔弗雷德·塞西杰，智勇双全却命运多舛的战将迈克尔·卡尔弗特，两次世界大战中英军传奇人物、维多利亚十字勋章获得者卡顿·德维亚尔，小说《英国病人》男主人公的原型人物、匈牙利贵族奥尔马希等。阅读他们的传记或回忆录，让译者在这个平庸的时代领略了完全不同的精彩人生。

译者

2018 年 2 月

前　言 13

温盖特的传奇故事注定会带他的传记作者去很多地方，并让他对很多事情产生兴趣。必要的调查研究需要依赖许多人的帮助，为此，笔者要由衷感谢很多与温盖特相识的人，要感谢的人比前言中出现的名字要多得多，如果所有的事实和轶事都被采用，那么这本书可能厚得让人无法阅读。首先必须感谢洛娜·史密斯（Lorna Smith）夫人①，她让笔者随意使用她已故丈夫的文件。同样，罗纳德·温盖特（Ronald Wingate）爵士也允许笔者查看已故的雷金纳德·温盖特（Reginald Wingate）爵士的文件。这两部分收藏为温盖特生平提供了基本的文字记录，时间跨度从他刚刚成年到 41 岁遇难。关于他进入皇家军事学院以前的生活细节，笔者主要感谢西比尔·温盖特（Sybil Wingate）女士提供的内容广泛的家庭文集。还要感谢格兰维尔·温盖特（Granville Wingate）先生，奈杰尔·温盖特（Nigel Wingate）先生，莫妮卡·温盖特（Monica Wingate）女士，在此再次感谢西比尔·温盖特女士，他们与笔者广泛讨论了温盖特的个人生活及其家庭环境。

在本书创作之初，时任陆军大臣的安东尼·黑德（Antony Head）先生鼎力相助，让笔者感激不尽的不仅仅是他本人，也包括研究过程中结

---

① 洛娜是奥德·温盖特的夫人，温盖特遇难后，她改嫁约翰·史密斯（John Smith）先生，改姓夫姓。——译注

识的许多政府官员。他们总是能让笔者在浩如烟海的文件中找到出路。

1956年，笔者在印度、缅甸、埃塞俄比亚和以色列，对温盖特战斗和生活过的主要地点进行了考察。印度驻伦敦的高级代表潘迪特（Pandit）夫人，英国驻新德里高级代表马尔科姆·麦克唐纳（Malcolm Macdonald）先生提供了帮助，在国防部副部长B. B. 戈什（B. B. Gosh）先生和斯里纳南德·普拉萨德（Srinanand Prasad）博士的帮助下，笔者得以参考印度方面有关温盖特缅甸远征的许多珍贵文献。在约翰·罗布（John Robb）的盛情安排下，笔者从新德里前往仰光，通过英国大使保罗·戈尔·布斯（Paul Gore Booth）先生，以及约翰·班德雷（John Baddeley）先生，见到了当时的缅甸首相吴努（U Nu），他慷慨同意笔者进行实地考察。那是一次令人难忘的旅行，在时任眉苗
14 领事克兰利·翁斯洛（Cranley Onslow）先生的陪同下，笔者愉快地考察了毛卢（Mawlu）附近的钦迪特据点，然后又从容地顺着伊洛瓦底江（Irrawaddy）前往曼德勒。后一段行程很大程度上得益于杰沙（Katha）警察总监吴登翁（U Thein Ohn）的帮助。在因育瓦（Inywa）的吴盛吞先生（U Sein Tun）盛情安排下，笔者会见了因育瓦、亨卢（Henlu）和底格言（Tigyaing）的许多群众。

笔者从缅甸出发经新加坡到达埃塞俄比亚，我们的大使道格拉斯·巴斯克先生（Douglas Busk），安排笔者会见了埃塞俄比亚的社会贤达，他们作为第一手权威在本书中有所提及。笔者受到特别礼遇，皇帝陛下亲自接见，笔者还花了一天时间与桑福德准将（Sandford）及夫人进行了深入的探讨。

此行的最后一段是以色列。经驻伦敦的以色列大使埃利亚胡·埃拉斯（Eliahu Elath）先生推荐，国防部档案室负责人里夫林（Rivlin）上校和本·蔡恩·库尼恩（Ben Zion Kounine）博士为笔者提供保护，并引见了一些以色列方面的权威人士，其中大多数在本书中也有提及，

他们还带笔者进入国家档案馆。可敬的首任以色列总统的遗孀魏茨曼（Weizmann）夫人，提供了许多珍贵的个人回忆，并允许笔者使用魏茨曼档案。笔者也非常感谢以色列总理本 · 古里安（Ben Gurion）先生、外长摩西 · 沙雷特（Moshe Sharett）先生和达扬（Dayan）将军，他们在国家危急关头[①]还抽出大量时间接受笔者采访。

本书得以完成要感谢许多人，以上提及的权威人士只是其中的一小部分。通常情况下，笔者会在前言中开列一个长长的名单，而读者会快速跳过这部分内容，除非有人要故意寻找遗漏。所以，在此最好还是打破常规，将其余权威人士的名字，包括一些大名鼎鼎的人，放到脚注和正文中。但是，这里要特别提到三个人，因为他们为传记提供了全面指导，将他们排斥在前言之外将无法充分表达笔者的感激之情。自温盖特从军的第一天起，塔洛克少将就与他结下了不解之缘，除了家人以外没有人比塔洛克将军更了解温盖特。1956 年，德里克 · 塔洛克（Derek Tulloch）在新加坡担任要塞司令，笔者与他有过较长时间的接触，以后回到英国也有长期交往，他详细讲述了温盖特一生各个阶段的许多经历，对笔者的帮助无法估量。在研究工作中，最困难的一段要算 1936 年至 1939 年巴勒斯坦的军事形势，约翰 · 埃维茨（John Evetts）爵士在没有官方材料的情况下，费尽心机给笔者讲解当时纷繁复杂的形势。关于温盖特最后两年的生活，笔者要特别感谢伯纳德 · 弗格森（Bernard Fergusson）准将，他不仅是一位不厌其烦的好顾问，而且还给笔者介绍 15
了许多“钦迪特”部队的同事。

现成的参考书目很少，而且水平参差不齐。关于温盖特的传记著作，只有伦纳德 · 莫斯利（Leonard Mosley）先生写的一部短小精悍的《走向战争的基甸》（*Gideon Goes To War*）。任何传记作家多多少少都要

① 当时正值第二次中东战争期间。——译注

感激创作过同一人物传记的前辈，因为他为后来者提供了一幅完整的图画，不论这幅图画在着色和绘画技巧方面有多么不完善。然而，对于《走向战争的基甸》这部传记，笔者的感激之情不像预想的那样多，因为它看上去似乎非常缺乏充分的调查研究，一些记录甚至是最容易查证的事实，例如温盖特的家庭住址，都存在严重错误。此外，笔者在研究过程中运气不佳，当他引用像兹维·布伦纳（Zvi Brenner）这样第一流权威的著作时，使用的是经过严重篡改的版本。不过，此书最大的缺点在于散布谣言，编造故事称温盖特在海法的一次集会上煽动犯罪（附录中对此作了详细说明），事实上这完全没有根据。尽管有这么多缺陷，莫斯利先生的这本书还是有一些看点，因为笔者在埃塞俄比亚远征期间就认识温盖特，他的描写完全有可能真实地反映了温盖特那一时期的某些言行，当时温盖特刚刚经历了一个充满激情与痛苦的危机。应当说，此书提供了一段非常有趣的史实，那就是第一次缅甸远征后温斯顿·丘吉尔爵士成了温盖特的保护人，其他官方文件对此都没有记载。

除了莫斯利先生的著作，还有两部非常简短的传记体著作，一部是查尔斯·罗洛（Charles Rolo）的《温盖特的奇袭队》（*Wingate's Raiders*）；另一部是威廉·布尔切特（William Burchett）的《温盖特的影子部队》（*Wingate's Phantom Army*），两本书都概略介绍了温盖特的早年生活。关于温盖特于 1927 年至 1933 年在苏丹服役的经历，除了罗洛和布尔切特的两本书中少许几段文字和《走向战争的基甸》一书以外，几乎没有发表过其他相关文字，唯一的例外是温盖特本人在《地理学杂志》上发表的有关扎苏拉（Zerzura）探险的报告。温盖特在巴勒斯坦的经历是他职业生涯中最重要的一段，对于这段经历，除了上述著作以外，能够提供参考的书籍有亚瑟·凯斯特勒（Arthur Koestler）的《夜贼》（*Thieves in the Night*），洛娜·林赛（Lorna Lindsley）的《战争之于人民》（*War Is People*），以及魏茨曼博士的自传。

自从 1940 年温盖特被任命到埃塞俄比亚之后，他就开始被一些作家所了解，因而可以在现有出版物中找到一些线索。关于基甸军最好的著作无疑是威廉 · 艾伦（William Allen）的《阿比西尼亚的游击战》（*Guerilla Warfare in Abyssinia*），这是一部军事历史经典著作，可惜现在已经绝版。关于那些加入埃塞俄比亚皇帝私人部队的志愿者，马 16
克 · 皮尔金顿（Mark Pilkington）的信件为他们的日常生活提供了饶有趣味的记述，《生活》杂志刊登过埃德蒙 · 史蒂文斯（Edmund Stevens）有关这次远征的一篇很好的报道。然而，总的来说，新闻界关于基甸军的报道并不可靠。这次战役不是世人关注的焦点，而编辑们的文字也过分随意。

要全面了解作为基甸军指挥官的温盖特，除了要看那些与其在戈贾姆（Gojjam）从事游击战有关的书籍外，还需要阅读一些“背景材料”，因为温盖特率先在政治上倡议恢复埃塞俄比亚独立。伦纳尔（Rennell）勋爵在《英国在东非的军事管制》（*British Military Administration in East Africa*）一书中，对英国与埃塞俄比亚的关系作了精辟的描述，而有关这方面的许多个人细节可以在菲利普 · 米切尔（Philip Mitchell）爵士的《非洲回想》（*African Afterthought*）一书中找到。桑福德夫人的《犹大之狮大获全胜》（*The Lion of Judah Hath Prevailed*）有过于讨好之嫌，算不上权威之作，但这本书里有许多其他书中找不到的内容，因而值得一读。随着“钦迪特”扬名天下，温盖特的故事被新闻界大量报道，尽管前后说法不一。1943 年夏天，他出名了。尽管许多新闻报道上的处理一定会让温盖特家族的全体成员脸红难堪，也有夸大和煽情，但大部分有关“钦迪特”的报道是经得起行家推敲的。显然，当时在印度的记者和新闻官非常称职。

第一部关于“钦迪特”的著作是查尔斯 · 罗洛 1944 年出版的《温盖特的奇袭队》。那本书主要是根据约翰 · 杰夫里斯（John Jefferies）和罗伯特·汤普森（Robert Thompson）两位亲历者的口述写成的（笔者要特别感谢后者在印度提供的帮助）。《温盖特的奇袭队》出版一年后，伯纳德·弗格森发表了经典之作《越过钦敦江》（*Beyond the Chindwin*），接着，1946 年威廉·布尔切特发表了《温盖特的影子部队》。这三部著作对于研究温盖特生平非常重要，而且都高度准确。1947 年，菲利普·斯蒂布（Phillip Stibbe）的《经仰光返回》（*Return Via Rangoon*）出版。与其他几本书不同，这本书讲得更多的不是温盖特本人，而是一个并非其直接下属的年轻人有关第一次钦迪特远征的珍贵记录。

现在关于第二次钦迪特远征的著作开始出现了。第一部是美国出版的《重返曼德勒》（*Back to Mandalay*），作者是洛厄尔·托马斯（Lowell Thomas）。这本书尽管也有一些可取之处，但总的来说意思不大，因为这本书并非来自菲利普·科克伦（Philip Cochran）的直接口述，而它恰恰通过巧妙的手法给人以这样的错觉。不仅如此，此书的一大败笔在于
17 它想以不光彩的方式证明，温盖特第二次攻入缅甸实质上是美国人领导的行动。使用这本书需要慎重，笔者也是这么做的，但此书并不乏味。科克伦对温盖特的记述看起来是那样真实而有趣，让笔者觉得那不完全是虚构。笔者在引用时进行了“重构”。

1946 年，伯纳德·弗格森出版了第二部关于“钦迪特”的著作《绿色原野》（*The Wild Green Earth*），讲述了第 16 旅参加第二次远征的经历。这本书可以视为《越过钦敦江》的姊妹篇，作者写作过程中抱着一种错误的战略观念，这倒让它成为时文品头论足的话题。

第二次钦迪特远征后八年，迈克尔·卡尔弗特（Michael Calvert）出版了《怀着希望的囚徒》（*Prisoners of Hope*）。尽管此书构思不够老道，也不是一部平民百姓易于阅读的书，但它算得上近年来最好的战争史著作之一，作者在许多次行动中勇担重任。在讲述“钦迪特”经历方面，卡尔弗特堪与弗格森媲美。卡尔弗特能与温盖特保持轻松的个人友谊，

这样的人寥寥无几，仅凭这一点，他的叙述就很值得期待。此外，卡尔弗特是能够准确把握这位苛刻主子的目标和思路的下级指挥官之一。他理解这个人和他的想法，这一点其他人无人能及，所以他的著作有坚实的基础。笔者要格外感激这位真正的权威。“钦迪特”解散时，卡尔弗特受命指挥驻英国的特种空勤旅。笔者在那里与他相识，结下了深厚友谊，并通过他第一次了解到那支奇特的部队和那个奇特的指挥官，就是在那个人手下卡尔弗特赢得了英勇无畏的美名。

关于缅甸战区的英文回忆录首推威廉·斯利姆（William Slim）爵士的《反败为胜》（*Defeat into Victory*）。这部非同凡响的著作体现了一位天才作家的高超技巧，然而，研究温盖特生平的人读到此书必定会感到困惑。这位陆军元帅在叙事上采取了公正而谦逊的态度，从 1942 年的失败到随后的缅甸战役，直至最后的光复似乎都无可挑剔。但就是这样一个人，当他谈到温盖特时却与其他人的回忆和见解大相径庭，而且还与已查明的事实相抵触，这不禁让人感觉陆军元帅在这个问题上并非完全没有偏见。温盖特在判断人方面出现过严重失误，特别是对桑福德准将、艾伦·坎宁安（Alan Cunningham）将军、菲利普·米切尔（Philip
Mitchell）爵士。面对这些人，温盖特让成见蒙蔽了双眼，甚至证据摆 18
在眼前也视而不见。颇有讽刺意味的是，温盖特自己也遭受了同样的冤枉，而这种冤枉竟然来自一个他非常钦佩的人。这里要强调的是，关于缅甸作战及第 14 集团军的组建、指挥和行动，威廉·斯利姆爵士的著作可以作为主要文献使用，但涉及温盖特和“钦迪特”的内容则不能如此，除非有当时的文件佐证。

最后，必须提一下第二次世界大战官方史《对日战争》（*The War against Japan*）第二卷，其作者是 S. 伍德伯恩·柯比（S. Woodburn Kirby）少将。此书出版时，目前这部传记已经付印，当然不可能作为初始研究之用。但那本书还是值得用来作为修正和参考，为此要感谢作者及其合著者。

笔者必须感谢多萝西·贝克（Dorothy Baker）夫人，她提供了许多文学方面的宝贵建议，还要感谢 E. H. 哈里斯（E. H. Harris）夫人，她为笔者打印书稿。

第一章

出生和家世 19

1903年2月26日，奥德·查尔斯·温盖特（Orde Charles Wingate）出生在印度联合省的纳尼塔尔（Naini Tal）。他父亲在致岳母的信中详细叙述了儿子出生的过程。

蒙特罗斯，纳尼塔尔

星期二，夜，1903年3月3日

亲爱的奥德－布朗夫人：

我担心，2月26日的电报“男孩（今天出生），埃塞尔（已经）大出血，渴望（为她）祷告”，一定让你们大家都非常焦急，在当时高度紧张情况下，我能想出来的惊动最小而又能达到目的的办法，就是请大家为她的生命祷告。也就在星期四傍晚6点到7点，我拍急电给瑟尔斯、斯科特将军、比达尔夫先生、在拉瓦尔品第的安德森一家、在密拉特的格里特一家、在亚丁的德温顿一家，恳求他们为她祷告。我还打电报要A. E.马上从拉合尔赶来。大夫说她不可能及时赶到，我当然知道她星期六下午之前不可能赶到蒙特罗斯，可是我当时和现在都认为这样做是对的，让她尽可能赶来——我说的是尽可能——一切都还正常。星期四，也就是2月26日早上7点左右，埃塞尔告诉我，她感到自己开始分娩了。从2月5日起，卡罗尔护士就在家里了。西姆拉很远，到这儿要三天路程，我说服埃塞尔让她早点来，但26日（分娩）实在太晚了——本来以为10日比较有可能，不仅埃塞尔本人这样说，费雷尔大夫也这样说——

分娩本身非常顺利，小家伙出来很正常，费雷尔大夫认为他在纳尼塔尔接生过的所有产妇中，埃塞尔的分娩算是最轻松、最迅速的……

下午2点40分，我们可爱的儿子降生了——一个格外健
20 硕的婴儿，有9磅重。大约下午4点，费雷尔大夫要暂时告辞，他走出房子正要离开时，我听到卡罗尔护士在楼梯口大叫（埃塞尔的卧室在楼上，为的是防止传染百日咳——雷和西比也与一楼的两个奶妈隔离），“大夫，大夫，快点。”——我们跑上楼——是大出血——从下午4点到次日早上8点在那间屋子里发生的事真是一言难尽——但我尽量告诉你一些重要的——大出血很严重——使用注射器在皮下注射了麦角，并不停地用热得几乎沸腾的水进行灌洗，这么烫的热水注入体内令埃塞尔疼痛万分，但我认为在当晚采取的所有治疗措施中，正是热水灌洗最终救了她的命。我事先做了一些准备，包括让人从纳尼塔尔山顶上搞来60磅雪，这样可以用冰水进行外敷——

晚上6点至8点，我看到埃塞尔体力越来越弱——于是我离开房间几分钟，去发那封请人帮助祷告的急电——那天晚上费雷尔大夫曾三次放弃抢救她的努力——第一次他几乎对我说她死了——另一次他拉着我走到埃塞尔身边，然后自己走到房间的另一头，把最后的时间留给我一个人。每隔一刻钟，卡罗

尔护士就对着她的耳朵大声喊："醒醒，温盖特上校正跟您说话。"——卡罗尔护士片刻也不敢离开埃塞尔。她不断将手放在埃塞尔的嘴上，看看她是不是还有呼吸——当晚有好几个小时，埃塞尔看上去就像死尸一样——卡罗尔护士不断催促大夫尝试些新办法，而费雷尔大夫已经对我解释过，在出现严重大出血的情况下，他没有理由不尝试一下所有可能有效的疗法。但是，晚上2点左右，我看出所有这些积极的努力正在耗尽她最后那点气力。我把费雷尔大夫拉到一边，告诉他我的想法——他表示赞同：他说唯一还可以试试的办法就是皮下注射高氯酸铁，但是以她现在的状态，这样做可能是致命的。我回答说，我不同意这样做——费雷尔说你的决定非常正确。

我很庆幸，那天晚上在场的是费雷尔。他有着精湛的医术，也有着良好的常识——来家里的原本有可能是一位讨厌的皇家陆军医疗队大夫。卡罗尔护士有点耳背，还有些"加布劳德"
(gabraoed)——这是印度斯坦语，英文中没有对应的词汇，意 21
思大致是一惊一乍——这是她的两个缺点——而且，如果让她单独与患者在一起，这两个毛病就会很严重——但她不会丧失理智——她常有出色的建议，而且大多数都被费雷尔大夫采纳。

屋里的三个人中，只有我能听懂埃塞尔说什么——我时而听到她气若游丝地说："透透气——透透气。"

我用一把蒲葵扇对着她的脸扇风——用一个浸过冰水的手帕放在她的额头上——窗户开着——夜里风雨大作，那是我们经历过的最狂暴的夜晚，我以为这个风雨飘摇的小屋会被大风吹倒——每当她陷入昏迷或神志不清，就往她脸上喷凉水——白兰地和乙醚之类的东西都用上了——大出血的症状渐渐减轻了。我从未放弃希望，因为我相信祷告——我自己不停地为挽救她的生命而祷告。星期五早上4点，我看到病情出现了转机，那时我知道上帝听到了祷告。到早上8点，可以完全确信，她活过来了。费雷尔大夫非常惊讶……

6个星期前，我在护理西比尔时得了严重的百日咳。为了保护新生儿，我被隔离了很长时间，但现在我希望很快就能解除隔离——昨天我给埃塞尔念了《圣经·诗篇》第三十篇[①]。主可以将我们的经历谱写成一首救赎之歌。

深爱您的儿子

乔治·温盖特

这封信从各方面来看都非同寻常，充分体现着写信人的个性和经历。

乔治·温盖特属于一个古老的苏格兰家族，有关这个家族的过去，他父亲威廉·温盖特（William Wingate）牧师，在笔记中有过简短的记载："据说，他们于11世纪随征服者威廉从诺曼底来，他们的法语姓氏为温居特（Winguet）。后来他们分成两支，一支定居在苏格兰，另一支定居在英格兰。我希望，监禁约翰·班扬（John Bunyan）[②]的尤斯顿·温盖特（Euston Wingate）属于英格兰的那一支。过去有人送过我一本拉丁语书，作者是爱丁堡的一位姓温盖特的人，写作时间是诺克斯（Knox）[③]所处的宗教改革时期。我们属于斯特林郡的温盖特家族。我的祖父是斯特林郡克雷因海尔特的威廉·温盖特，我的祖母叫莎拉·卡里克（Sarah Carrick），

① 该篇第五句为："因为他的怒气不过是转眼之间。他的恩典乃是一生之久。一宿虽然有哭泣，早晨便必欢呼。"——原注

② 约翰·班扬（1628—1688），英国基督教作家和布道者。16岁参加克伦威尔的军队与保皇派军队作战。退伍后参加非国教教会组织，两度因非法传道受监禁，著有《天路历程》。——译注

③ 约翰·诺克斯（1510—1572），苏格兰教士、宗教改革领袖。——译注

她哥哥是布里斯托尔著名的卡里克大夫。俩人都是虔诚的基督徒，祖父还 22
是圣尼尼安教区的正式执事，为教区服务长达 50 年之久。”

写下这段笔记的威廉 · 温盖特生于 1808 年，卒于 1899 年。他的一生很不平凡，可以说，他为温盖特的家族史开启了新篇章。工业革命时期，温盖特家族渐渐积累起可观的财富，威廉 · 温盖特的父亲是格拉斯哥一位富裕的商人。老天对威廉 · 温盖特厚爱有加，他 21 岁时不仅成为家族生意中财力雄厚的合伙人，而且出落成一个快乐的、讨人喜欢的年轻人，与北方社交界保持着“良好的关系”。他的传记作者说：“他进入商界时，为人热情而勤勉，在各种运动、舞会、宴会、晚会等社交场合堪称佼佼者，他醉心马术，长期豢养着一两只猎犬，他是哈利猎兔犬俱乐部的成员，经常参加猎狐活动。”[1]

这个倍受命运眷顾的人却自愿结束了快乐而令人羡慕的世俗生活。结婚三年后，他还不满三十岁，妻子就去世了。面对个人的灾难，他的性格发生了突如其来的变化。这个悲痛的年轻人向宗教寻求帮助，听从上帝的召唤，立志一生行善。他在格拉斯哥作了两年福音派传教士。有一天，“他走在文森特大街上，思考着肩负的种种使命，突然意识到自己从未对犹太人做过任何事情”。于是，他明白了自己该做什么：他决定要用毕生的努力让“上帝的选民”[2]皈依基督教。他最终放弃了自己的生意，在柏林学习德语和希伯来语，并获得苏格兰长老会的正式任命，去匈牙利向犹太人传教。1842 年，他在布达佩斯获得教职，在那里让许多犹太人皈依了基督教，直至 19 世纪 50 年代早期，当时在奥地利的反对下，新教和其他非罗马天主教的传教活动都遭到禁止。他回到英国继续从事自己的工作，直至 91 岁时去世。

---

① 引自加文 · 卡莱尔（Gavin Carlyle）所著《威廉 · 温盖特牧师的生平》（*Life and Work of the Reverend William Wingate*），1901 年出版。——原注

② 上帝的选民即犹太人。——译注

他是一位果敢而执着的人，但并不因意志坚定而严厉刻薄。对宗教的绝对虔诚也未使他变得心胸狭隘。他没有忘记自己年轻时曾酷爱社交，晚年时，他常常同情那些麻烦缠身的纨绔子弟。他死后留在人们记忆中的印象永远是那么谦和，而他关于尤斯顿·温盖特那段奇特的评论，即使是因为此人在神学上仇视约翰·班扬，[①]也极不符合他温顺的性格。1843
23 年，他娶了第二个妻子玛格丽特·华莱士·托兰斯（Margaret Wallace Torrance），她为他生育了后代。

乔治·温盖特是家中的次子。他1852年出生，1871年从军，10月的官方公报公布了他被任命为旗手的消息。他是最后一批靠买卖军职获得委任的军官，但事实很快证明，他可不是那种败坏买卖军职制度的轻浮、懒散的军官。年轻时，就能从他身上看到父亲的精神传承，尽管在许多方面表现有所不同。

他获得委任后不久，就从第19步兵团，也就是著名的格林霍华德团（Green Howards），调往驻印军任职。在印度服役期间，他也经历了父亲在19世纪30年代的宗教体验。他知道自己应该怎么做，却找不到合适的方式，他不能像有些人那样远离自己的传统和民族。也许应该这样说，印度的宗教精神博大精深，可以滋养出与环境格格不入的性格和气质，甚至可以照顾到像英国清教支派那样距故土遥不可及的东西。这里要说的是，印度的生活驱使年轻的乔治·温盖特加入了普利茅斯兄弟会[②]。

在印度发生的两件小事，可以帮助我们了解这个青年军人的宗教信仰是多么深切而热烈。当时他还是年轻人，有一天（在印度的某个小城，具体地点和时间不详），他遇到一位神秘主义者，或许是一位苦行僧，他

① 威廉·温盖特庆幸苏格兰的温盖特家族与对约翰·班扬的宗教迫害无关。——原注

② 普利茅斯兄弟会是基督教新教的派别之一，1827年以普利茅斯为中心创立并迅速发展壮大。它宣称英国国教已背离了基督教的古老传统，故任何信徒都有责任执行教会职司。——译注

正在进行一种称之为“三火”的修行。这位圣人按照一种著名的修炼方式，在炙热的太阳下，端坐在两堆熊熊燃烧的篝火中间沉思默想，为了万能的神经受着烈火酷暑的考验。弄清楚苦行僧这样做的意义之后，乔治 · 温盖特突发奇想，“要为基督而战胜他”，他试着与苦行僧辩论。而那位苦行僧或许是因为发誓要保持沉默，或许是因为要考验一下这位年轻军官，暗示对方在开始任何交流之前，必须首先接受同样的考验。据说，乔治 · 温盖特是当天的值班军官，他全副武装，还佩戴着军刀。他真的接受了邀请，加入这位圣人的苦行，俩人顶着太阳面对面坐在两堆篝火中间。他们这样静坐了很长时间，具体多长时间没人说得清楚，反正长得足以让这位圣人确信对方的诚意，所以他最终同意开口说话了。不幸的是，直到最后俩人之间似乎也没有什么重要的交流，乔治 · 温盖特从这次经历中没 24
有得到任何智慧和启示。

这是一段小插曲。第二段小插曲没有那么戏剧化，但以现代标准看，仍然非同寻常。1879 年，缅甸国王锡袍（Thibaw）继位后发生了骚乱，当时还是年轻军官的乔治 · 温盖特，奉命向印度边境集结，参加一次小规模行动，这次行动后来被人们称为那加山远征（Naga Hill Expedition）。指挥这次行动的将军正等着乔治 · 温盖特和他的分遣队。指挥官在行动前夜可能会急躁，但不论他怎么样急不可耐，他都不得不多等 24 小时，他的下属坚持要部队在路旁停留了一整天，就因为那天是星期天，他不愿因亵渎安息日而让神不悦。对我们这些生活在效率时代的人来说，这是多么令人震惊，而最让人感到不可思议的是，对于乔治 · 温盖特的独断专行和桀骜不驯，将军居然表示完全理解，年轻人不但没有受到责难，还获得了战役勋章，并在战况报告中受到表扬。清教主义在英国社会生活中发挥着持久的影响。乔治 · 温盖特的故事只是证明其强大势力的众多例证之一。

乔治 · 温盖特很晚才结婚，而正像他人生境遇中的大多数情况一样，他的婚姻也与众不同。他 26 岁时跟随指挥官米切尔（Mitchell）上校回英国度假，曾造访奥德－布朗（Orde-Browne）上尉夫妇，他们住在靠近伍利奇的普拉姆斯蒂德。奥德－布朗夫人是米切尔上校的妹妹。上尉和妻子有 6 个女儿和 1 个儿子。乔治·温盖特后来宣称，当他第一次见到布朗家的大女儿埃塞尔时，就下定决心只要她一到岁数就立即娶她为妻，而当时她只有 12 岁。要争论人们为什么会一见钟情是愚蠢的，需要说明的是，乔治·温盖特之所以受到奥德－布朗一家的吸引，其中一个重要原因是他们属于同一教派，即普利茅斯兄弟会。他爱奥德－布朗小姐，俩人天各一方长达 20 年，最终于 1899 年 9 月在伍利奇的福音堂结婚。那时，他 46 岁，已经获得了上校军衔，而她也有 32 岁了。

要了解温盖特夫人，最好先了解一下她的父亲查尔斯·奥德－布朗。此人的性格和职业生涯与乔治·温盖特有某些相似之处，当然也有很大不同。他出身于当时称之为“乡村绅士”的家庭。他父亲是斯托茨山庄[1]的
25 布朗上校，曾经指挥过第 9 枪骑兵团，英年早逝，年轻的查尔斯继承家产时还是个孩子。查尔斯 16 岁时获得军官委任，同年被派往东方参加了克里米亚战争。就在那里，在战争压力下，在最敏感的年纪，他为自己的灵魂找到了归宿，放弃英国国教，改投普利茅斯兄弟会，此事让他的家族大为恼怒。他感受到宗教生活的召唤，战争结束后，年轻的上尉毅然辞去军职，为的是要在北伍利奇建立一个普利茅斯兄弟会中心，或者用术语说，就是“礼拜场所”。他掌管着这个中心，通俗地说，他建立了一个贫民区教堂，在那里作为一个没有执照的牧师主持宗教仪式。他把自己的生命全部奉献给穷人。在从事传教工作早期，也就是在 1865 至 1871 年间，他认识了戈登（Charles George Gordon）将军[2]，并结为好友，当时戈登在格雷

---

① 斯托茨山庄是 18 世纪哥特复兴风格的乡间别墅，位于英国西南部科茨沃尔德丘陵地带。——译注

② 查理·乔治·戈登（1833—1885），英国军人，先后参加过第二次鸦片战争、镇压中国太平天国起义、镇压苏丹马迪赫起义。他所率领的“常胜军”在镇压太平天国起义中发挥了重要作用，他也因此得名“中国的戈登”，他最终在喀土穆被马迪赫起义军击毙。——译注

夫森德“指挥着皇家工兵部队”。他们在宗教信仰和救济贫民方面有着共同的兴趣，俩人还在一起合作过一段时间。

布朗家族智力超群。查尔斯·布朗的侄子爱德华·格兰维尔·布朗（Edward Granville Browne）是英国乃至世界上最伟大的三四位东方文化学者之一，差不多可以肯定地说，如果查尔斯·布朗接受全面的教育，他一定会非常出众，也许还会很有名望。事实上，尽管几乎完全靠自学，他也能够把自己培养成一个精通的数学家和某些工程学科的权威。他被选中代表英国政府参加在德国举行的弹道学和装甲护板研讨会（在提尔皮茨和德皇威廉二世之前的时代），他凭借自己的专业特长，曾陪同皇家首席天文学家远赴埃及探险。查尔斯·布朗的子女越来越多，他需要养家糊口，他挣钱的方式是在伍利奇皇家军事学院讲授数学，并在《工程师》之类的杂志上发表专业文章。

他性格强硬，有一件小事可以说明他是怎样的人。很多流浪汉和乞丐经常光顾他家的后门，有一天，他发现墙上用粉笔写的象形文字，那是一个流浪者给其他流浪者的忠告，使用的是他们之间的古老密语。翻译过来就是“慷慨却严厉”。然而，除了有些严厉以外，他有着独特的魅力，让众多子女为他着迷。他最喜欢大女儿。他待她像亲密的伙伴，与她分享智力和精神生活。他尽全力影响她，其程度达到了父亲对孩子影响的 26
极致，若干年后，温盖特夫人的孩子们仍能通过母亲感受到这位未曾谋面的外祖父的强烈影响。在母亲的影响下，他们从小就有旺盛的求知欲，从哲学到音乐，他们都有广泛的兴趣。她像父亲一样教育自己的孩子，让他们懂得数学是一种智力探险。孩子们从母亲身上学到了外祖父有关诗歌创作的观点，虽然不合时宜，却也绝非无用。查尔斯·布朗很有艺术品位，经常通过绘画自娱自乐，在哥特复兴的年代，他用自己在金属电镀方面的知识来制造盔甲，但是他最主要的艺术追求还是诗歌创作。不过，在这方面，他与丁尼生（Alfred Tennyson）① 时代的诗风很不合拍，死抱着上个世纪的观念，深信诗歌很大程度上是一种机械发明和一门手艺，每个人都可以使用这种工具抒发情怀。他强迫自己的女儿们写作大量诗歌，而他的大女儿就像一位严厉的缪斯女神，要求温盖特家族的孙辈们同样刻苦创作。她将查尔斯·布朗的奇特信条传授给下一代，即只有“空虚”才会阻止有文化的人通过诗歌表达感情。因此，温盖特家族的小孩子们虽然毫无诗歌方面的天赋，却被迫屈从于繁重的诗歌写作任务。这是一种艰苦的训练，但对于学习写作不失为一个好办法。

如果我们相信幸福的婚姻某种程度上是基于双方的差异，那么可以说上校和温盖特夫人非常般配。他们结合在一起是为了献身宗教，对此他们深信不疑，然而俩人性情迥异。他们都保持着虔诚的信仰，改信新教的丈夫性情悲观、忧郁，而妻子要活泼、开朗得多，其快乐的天性并不因为信仰宗教而有所减损。他从不放弃独立思考，尽管他的信仰根深蒂固，却始终崇尚思想自由。她思想正统，从不对兄弟会的教义提出任何质疑。他是性情中人，常常为内心深处难以名状的冲动所左右。她则属于不同的类型。尽管她绝非浅薄，却也不愿费力去思考那些深奥难懂的问题。她不间断的脑力劳动只是为了提高自己的精神境界。从某种意义上说，夫妇俩人在现实生活中可能都扮演着不恰当的角色。如果早年有人能帮乔治·温盖
27 特打牢神学基础，他很可能会全心全意地献身宗教事业，过着离群索居、与世隔绝的生活。如果埃塞尔生活在一个妇女接受全面教育深入人心的时代，她很可能会成为某个大学女子学院的院长，或者通过其他途径成为杰出的知识分子。她可以（尽管不一定公正）被视为关于“妇女地位”的狭隘偏见的牺牲品。如果俩人在生活中遇到什么挫折，那么表现出来的是丈

① 丁尼生（1809—1892），维多利亚时期的桂冠诗人，主要作品有诗集《悼念集》、独白诗剧《莫德》、长诗《国王叙事诗》等。——译注

夫，而不是妻子。他严厉，而她欢快。在他脸上有某种狂热的气息，特别是那双深陷在眼眶里的明亮的蓝眼睛，在白发和浓密的白眉衬托下显得更加引人注目。她外表瘦弱，身材娇小，长着线条优美的鹰钩鼻。她是一位非常聪明的女人。他并不聪明，也不指望别人那么想。

他们的长子在纳尼塔尔出生 5 个月后，上校和温盖特夫人带着两个女儿和新生的男婴回到英格兰。他们住在布莱克海斯，离奥德－布朗夫人很近，度过 6 个月的假期后，他们于 1904 年 2 月返回印度，留下三个孩子交给外祖母照看，就住在帕拉冈路 11 号。次年，也就是 1905 年（又一个女儿降生后），温盖特一家的生活发生了巨变。温盖特上校 52 岁了，按新近颁布的规定，他被列入编外人员，授予永久上校军衔。实质上相当于退休，但事实上又并非如此。他是最后一批（很可能是最后一个）从“结算制度”中得到丰厚退休金的军官之一，薪水与服现役时几乎一样。他不会再被强制安排退休。就像多年前毅然从军时一样，这位虔诚、正直、简朴的人毅然离开了军队，在一个特权很少受到质疑的年代，放弃了舒适而安逸的生活。

1905 年是温盖特上校生活中具有重要意义的一年，10 月，夫妇返回英国，永久定居在那里。此后，他们一直住在（期间搬过几次家）南部郡，从未远离过伦敦。1905 年底，他们搬进在英国的第一个家，就在苏塞克斯郡的沃辛，开始住在一所公寓里，后来搬到圣杰曼广场的一个别墅，租期是两年半。

他们过着简朴的生活，以他们的收入而言，生活算不上舒适。主要原因是他们将很大一部分收入用于传教事业。上校服务于好几个宗教团
体，一个与北非有关，一个与“化外之地”（指中非）有关，一个叫“约 28
翰·格鲁姆残疾人协会”（John Groom's Crippleage），另外一个叫“救济会”（The Rescue Society）。但在他所热衷的几个传教组织中，最上心的还是“中亚传教团”（The Central Asian Mission），他在该机构担任负责人

很多年。他在印度西北边境服役时，曾帮助开创了这项特殊的事业，后来他将其视为自己的“第八个孩子”。为了这些宗教团体和类似的慈善机构，温盖特上校和夫人倾其所有，不仅拿出了大部分收入，也付出了大部分精力。他们为日常事务不辞辛劳，管理来往账目，抄写会议日程，编辑传教士来信以便出版，校对文字，邮寄和分发宗教刊物，撰写祈祷文和其他通告。温盖特夫人负责编辑两份刊物，一份是《中非的曙光》（*Dawn in Central Africa*），另一份是《代祷报》（*The Intercession Paper*）。孩子们到了懂事的年纪后，也被要求分担这些繁重的宗教工作。多年以后，其中一位说，承担这些工作让他们从小就认识到传教机构及其成就背后的辛苦劳动，并关注世界上许多遥远的地方。

不论发生什么事，星期天全家都照例要参加兄弟会的“晨会”。温盖特上校经常对会众发表证道演讲。他的许多演讲并不完全合听众的口味，他往往刻意精心准备，但在真正的兄弟会成员看来，这样做“不符合宗教精神”，因为他们认为在这种场合讲话应尽可能不受理智的束缚，只要按照圣灵的提示去讲就行了。然而，有些时候，他能让最苛刻的听众也感到满意，冥冥之中仿佛得到了神灵的启示。此时，在听众看来，这个人好像完全被某种外部力量控制着，激烈而狂热的表情一扫而去，换之以专注而慈爱的面容，昭示着内心深处的安宁。他的手在翻动旧得发黄的《圣经》时会激动地颤抖，开始讲话时往往还要挖空心思地引用几句神秘的诗篇，他会一改平日单调的风格，发表一篇充满宗教热忱的演讲，就仿佛完全换了一个人。兄弟会的教友有时私下交流说：“上校有当牧师的天赋。”

家庭人口不断增加，到 1911 年，夫妇俩人总共生育了四女三男七个孩子。直到此时，上校和妻子仍未找到一个永久的居所。他们后来又搬
29 过几次家，在此有必要交代一下。1908 年，他们花了一年半的时间在奥尔平顿的格丁顿巷，找到一处叫希尔登的别墅，为的是跟住在布罗姆利（Bromley）的上校的母亲靠得近一些。两年后，也就是 1910 年，他们搬

到赖盖特菲兹菲尔德路一处叫马什沃斯的房子，最小的儿子就出生在这里。此时，本书的主人公已经8岁了。

30

第二章 早年生活

伟大的天才很少像常人那样按部就班地成长。他们的童年通常分为两类，一类显而易见属于神童，他们聪明伶俐，少年老成，不是让长辈们欣喜，就是让长辈们惊愕；另一类看起来丝毫没有过人之处，仿佛是在暗暗积蓄力量，不但普通人看不出来，就算是预言家也难以察觉。奥德·温盖特属于第二类人。在童年和青年时期，他没有表现出非凡的特长、过人的机敏和格外的天赋。从小认识他的人，常常发现小家伙像父亲一样喜欢沉思，但没人想到他将来会成为杰出的大人物。他看起来不过是一个普普通通、有点难缠的小男孩，只是极其特殊的家庭背景才让他显得有些与众不同。以上是从长辈的角度看，下面让我们从孩子的角度来观察。

温盖特一家非常重视读书，孩子从小就承受着很大的工作和学习压力，就像我们读到的麦考莱（Thomas Babington Macaulay）和穆勒（John Stuart Mill）的童年一样。[①] 与温盖特家学习室里开设的课程相比，当时公

---

① 托马斯·巴宾顿·麦考莱（Thomas Babington Macaulay，1800—1859），英国历史学家、作家、政治家，著有五卷本的《英格兰史》（*History of England*）。约翰·斯图亚特·穆勒（John Stuart Mill，1806—1873），英国哲学家、经济学家，著有《英国政治和社会思想》（*British Political and Social Thought*）。这两个人都是很小的时候就开始接受启蒙教育。——译注

立学校的学习生活真算得上轻松安逸。家庭教育制度是这样设计的：温盖特夫人为四个大孩子进行阅读、写作和基础知识的启蒙教育；他们学会以后再教三个小的，聘请一位女家庭教师帮助他们辅导提高。此外，还聘请当地小学的男女教师来家里教授音乐、绘画、数学、法语、拉丁语和希腊语。孩子们一度曾有七位老师，赖盖特附近的邻居们听着此起彼伏的练琴声、教室里传出的唱歌和朗诵声，看着来来往往的教师，还以为这所房子不是家庭住宅（这不无道理），而是幼儿学校。1909年，上校的哥哥安德 31
鲁·温盖特（Andrew Wingate）爵士开始对年轻的侄子和侄女的教育施加影响，更加深了邻居们的这种特殊印象。安德鲁·温盖特在教育方面很有主见，他要求在孩子们学习的房间里挂上地图，以便让他们尽早了解世界地理。他劝说弟弟和弟妹让孩子们参加公立学校相应年级的考试，他还建议减少对教会的捐助，以便给孩子们多添置些合身的衣服。但家里似乎从来没有人提议要减少工作时间，孩子们每天按照全日制学校的作息时间上课，星期天除外，但那一天也不是睡懒觉的日子。

星期天上午全部花在礼拜仪式上，下午用来学习《圣经》，这是全家的主要爱好。孩子们围坐在圆桌旁阅读宗教读物并听父母解释教义，接下来读稍微轻松一些的书，例如《战争呐喊》（救世军的刊物）。晚些时候允许孩子们从事一些严格节制的娱乐活动，通常鼓励他们埋头用素描法绘画《圣经》历史插图。在星期天下午这些富有宗教色彩的活动中，全家慢慢养成了寓教于乐的习惯，训练孩子们熟练掌握《旧约》钦定版本的某些章节，直到可以通读并默背其中部分内容。要是测验结果令父母满意，就送给孩子们一本《圣经》。

人们发现，温盖特家的小孩子们到五岁半时基本都能阅读和背诵《圣经》，但大儿子要达到这个水平尚需时日。他只有在别人帮助下才能熟记《圣经》。由于跟不上母亲的阅读训练，他已经打乱了家庭的教育体制——他在掌握《圣经》经文方面明显落后于其他孩子，而别的孩子很快就能结合日常生活恰当地引用《圣经》。人们忘不了老四莫妮卡的一件趣事，莫妮卡告诉厨娘应该在脖子上套一个磨盘，然后将她沉入海底，因为她得罪了小孩子，这里说的小孩子是一只宠物鼠，有一次厨娘忘了给它喂食。[①]但这种灵性在“小奥迪”身上一点也看不到。他在读书方面怎么也不开窍，而且也看不出上帝的话在他的头脑和心灵中留下怎样深刻的印象。

32 后来他突然开始爱读书了，但并不像上校和温盖特夫人所希望的那样是出于对《圣经》的渴望，而是因为遭到两个姐姐雷切尔和西比尔的取笑。姐姐们正在读《格林童话》，她们以小女孩惯用的方式捉弄弟弟，故意向他透露一点神奇故事的线索，却又不告诉他全部。这样戏弄人的做法让温盖特一气之下开始用心读书。他后来回忆说，自己先是读《格林童话》，然后是《一千零一夜》、《草原小狗乔克》（*Jock of the Bushveldt*）[②]、《海角乐园》（*The Swiss Family Robinson*）[③]。从此以后，他在背记《圣经》方面与姐姐西比尔已经不相上下。但是，这个总拖后腿的小男孩最初的变化并未引起注意。在大家心目中，他仍旧是个相当迟钝的小家伙。

要是上校能认真研究儿童心理学，他就会对这个小男孩在游戏方面表现出来的非凡才能感到欣慰。孩子们为自己创造了一个幻想的世界，像大多数类似的幻境一样，那里充满着战争、阴谋和打斗的浪漫故事。他们称之为“洛道夫”（Lodolf），这个名字究竟代表一个想象的王国，还是一种“生活方式”，从来没有人能说清楚。也许两者兼而有之。它的统治

---

① 小莫妮卡在此机智地引用了《圣经·路加福音》第十七章里的话。——译注

② 《草原小狗乔克》，1907 年出版，是南非作家珀西·菲茨帕特里克（Percy Fitzpatrick）根据亲身经历写成的历险记，讲的是 19 世纪 80 年代，作者带着自己的爱犬乔克在南非德瓦士兰省布什维尔德地区旅行的故事。——译注

③ 《海角乐园》，1812 年出版，是瑞士牧师约翰·大卫·怀斯（Johann David Wyss）和他的儿子约翰·鲁道夫·怀斯（Johann Rudolf Wyss）创作的历险小说，讲的是瑞士人鲁滨逊一家在东印度群岛遭遇沉船后的荒岛历险故事。——译注

者是国王哈罗德，这一充满激情的角色由小奥迪扮演，他被迫与另外两位国王阿尔弗雷德和伦纳德分享王权。“洛道夫”王国逐渐变得人口过剩了，孩子们不得不“兼任”多个角色，但只有哈罗德国王始终由小奥迪一个人扮演。王国里有惹人怜悯的人物，如放荡不羁的威廉王子；也有异常勇猛的人物，如亚马逊女战士一样的埃尔弗蕾达小姐，她骑马与王兄们交手对阵；还有滑稽可笑的人物，如生性怯懦的德鲁塞斯拉小姐，她将自己的所有家具付之一炬。这些达官显贵、王族贵胄，是孩子们有意无意间虚构出来的，来源是格林兄弟、司各特（Walter Scott）[①]、马洛礼（Thomas Mallory）[②]和丁尼生的著作，以及《一千零一夜》和当时各种各样的儿童读物。1910 年，上校和温盖特夫人带孩子们去爱丁堡旅行，送给小奥迪和二儿子奈杰尔每人一身道格拉斯（Douglas）方格呢短裙[③]，此后“洛道夫”就囊括了苏格兰历史，于是“北方联盟”形成了。[④]道格拉斯家族史上的许多血腥传奇又在“洛道夫”王国重新上演，附近的小山坡经常用来表演基利克兰基之战（Battle of Killiecrankie）[⑤]。不管玩什么游戏，战争和权力斗争是永恒的主题，游戏地点遍布温盖特家的灌木丛、种植园、花园、教室和育婴室，先是在奥尔平顿和赖盖特，尔后又到戈德尔明。小奥迪是孩子头儿，多年以后，他说这些游戏在自己身上留下了永恒的印记，并且深深地影响了他的性格。

---

① 沃尔特·司各特（Walter Scott，1771—1832），英国作家、历史小说家，其作品大都以历史或民间传说为题材，表现古代苏格兰、英格兰君王和贵族们的骑士冒险经历，代表作有长诗《湖上夫人》、历史小说《艾凡赫》《城堡风云》等。——译注

② 托马斯·马洛礼（Thomas Mallory，1395—1471），英国作家，他根据亚瑟王的传奇故事编著了《亚瑟王之死》。——译注

③ 道格拉斯是苏格兰一个古老的姓氏，在盖尔语中“dubh”表示黑色，“glas”表示灰色，所以道格拉斯方格呢的图案主要是黑灰相间的条纹。——译注

④ 温盖特上校的母亲一方与苏格兰的道格拉斯家族有亲戚关系。——原注

⑤ 英国光荣革命时期发生的一次战斗，一方是支持詹姆士七世的苏格兰高地家族，另一方是支持“奥兰治的威廉”（William of Orange）的政府军。——译注

在大多数子女众多的大家庭里，孩子们往往会幻想出一些可以逃避
33 现实的虚幻世界，“洛道夫”并非唯一的理想国。虽说如此，它还是相当另类。正如勃朗特（Brontë）家的小孩子们幻想中的安格里亚王国和冈德尔王国一样，[1]“洛道夫”让孩子们在紧张激烈的游戏中感受到某种活生生的东西，而这种紧张激烈源自孤独感和对现实世界的渴望，这一点对于温盖特家的孩子们和勃朗特家的孩子们是一样的。温盖特一家的生活最不同寻常之处在于与世隔绝的状态，特别是不让自家孩子与别人家的孩子接触，这完全属于19世纪的生活方式，有利也有弊。有人计算过，从1909至1915年，整整有六年时间，温盖特家的孩子们接触过的同龄人不超过六个，主要是奥德－布朗家的朋友亨利·曼德维尔（Henry Mandeville）一家四个年纪较小的孩子，还有一个叫弗兰克·琼斯（Frank Jones）的小男孩，他是家中的独子，父亲是在印度服役的英国军人，目前生活在赖盖特。他们与其他孩子的接触，除了在教堂以外，就是有一年在赖盖特，四个大一点的孩子参加过中学组织的军训。其他时间，他们从未跟别人家的孩子一起外出，没有参加过儿童聚会，没有去过青少年舞会，没有玩过足球和板球，也没有看过家门以外的世界。这种与世隔绝是精心安排的，因为父母坚信与信仰不同的人来往会腐蚀孩子的心灵。

也许所有的家庭痛说起家史来，都会多多少少让人感到恐怖。成长的过程总是与痛苦为伴，即使最慈爱的父母也会表现出必要的专制，哪怕是最听话的孩子，对此也会感到某种程度的怨恨。奥德·温盖特成长于极端严格的清教徒家庭，这种家庭很容易受到人们的指责，认为其有意压抑和束缚家庭成员。但这种判断过于肤浅。纵然可以说，奥德·温盖特幼年接受的严格而反常的教育强化了他性格中的古怪和严厉；但是，同样可以

---

① 英国著名作家勃朗特姐妹一家有四个孩子，分别是夏洛特、艾米丽、安妮和布兰韦尔，她们童年玩游戏时虚构出两个想象中的王国，一个是属于夏洛特和布兰韦尔的安格里亚王国，另一个是属于艾米丽和安妮的冈德尔王国。——译注

肯定，他父母生活在一个对上帝的意志无限虔诚、忠实和恭顺的世界里，而他从中获得的力量让他终身受益。孩子与大人想法不同，而大人往往忽视孩子的想法。很难说这是一个幸福的家庭，还是一个不幸的家庭。孩子们的回忆中有许多欢乐，也有许多忧伤。他们当然会抱怨学习时间太长，为此他们总是受到父母的申斥，他们也会抱怨去教堂的次数太多，还有不让他们吃奢侈的饭菜。但是在这样一个精神生活如此丰富的家庭中，他们从未有过无所事事的烦恼，而“洛道夫”带来的欢乐在仙境破灭之后还长期萦绕在他们心头。他们的童年固然缺少玩伴，但他们可以在乡间自由自在地玩耍，并且从小就被鼓励去探索大自然。奥德·温盖特后来说，在外 34
人看来，他们家死气沉沉，但实际上对家里的孩子们来说并非如此。当然，不是所有的家庭成员都同意他的观点。不管这个问题的最终结论怎样，可以十分肯定地说，严厉的父亲对家人要求非常严格，特别是对长子。毫不奇怪，在这样的家庭环境下，他叛逆的一生在童年已经初露端倪，正是早年的生活造就了那种叛逆精神。他是一个不听话的孩子，也是一个性情专一的孩子。他爱自己的父母，虽然他从母亲那里继承了机敏和才气，但他更崇拜父亲。我们也许会隐约联想起俾斯麦的英语传记作者对这位现代德国缔造者的一句评价：“他是一位聪明而优雅的母亲所生的聪明而优雅的儿子，而他终生把自己伪装得像笨拙而土气的父亲。”

1914 年，他们最后一次搬家，乔迁到戈德尔明“避暑山庄”的一栋大别墅里。这样做是为了能让父母离长子近一点，因为他已经到了入学年龄。他们想让温盖特接受最好的教育，却要避免他因在公立学校住宿而脱离兄弟会的危险。由此看来，在他度过幼年可怕的隔离期并融入英式教育的集体生活后，父母仍然希望继续对他实行封闭式管教。他们在一定程度上做到了。1915 年，他进入戈德尔明一所叫“山坡”（Hillside）的私立学校；一年后，他又进入卡尔特公学（Charterhouse），开始了受欺负的新生生活。他在两所学校就读期间都是走读生。

奥德·温盖特的学校生涯在这部传记中不需要占很大篇幅。他在学校中可以说是微不足道。虽然他因古怪而闻名，却从未表现出众。他几乎没留下什么痕迹。当时的一位同学回忆说，他在私立学校期间，是一个沉默寡言、衣着不整的小淘气儿，走路时总是弓着腰。另一位回忆说，他是“一个像小老鼠一样的家伙”，但又补充道，“那时你就能看出他很有主见”。他当时的外号是“讨厌鬼”。还有一位同学，也是走读生，他回忆起一段颇具代表性的对话。一个星期六，两个男孩从山坡小学回家，俩人走在戈德尔明的街道上，温盖特的朋友告诉他，父母要带自己去听星期天的音乐
35 会。小温盖特惊骇不已。他告诉朋友千万不能参加这种严重亵渎主日的活动，但他并未说服对方，于是这位小宗教狂惊恐万状地喊道：“你要是去，你的灵魂就有被打入炼狱的危险。”

卡尔特公学的宏伟校园是维多利亚风格建筑的典范，在校园小礼拜堂的门廊内，有一座温盖特纪念碑，1946 年一位出身皇族的著名指挥官[①]主持了纪念碑揭幕仪式。纪念仪式配得上这位当代最有名的卡尔特公学校友，但温盖特在卡尔特公学学习期间，人们似乎看不出他有朝一日能获此殊荣。如果当时真有人认为他会获此殊荣，那么人们一定会觉得大理石纪念柱或高贵的纪念碑是专门用来纪念那些剪草坪或擦靴子的人。在卡尔特公学期间，从 1916 年 9 月入学到 1920 年毕业，温盖特从未荣获过任何奖励，也从未在某一学科或运动项目上有过突出表现。他在军官训练营中的军衔从未超过一等兵。

卡尔特公学是寄宿学校，走读生也有宿舍，奥德·温盖特的宿舍在校长官邸［卡尔特公学校友称之为“桑德莱斯”（Saunderites）］。老师们和同屋的伙伴似乎对他没有多少印象。当时的校长是非常知名且极受尊敬的

① 此处指蒙巴顿元帅。——译注

弗兰克·弗莱彻（Frank Fletcher）爵士。他写回忆录时，根本没有提及温盖特。回忆录于1937年出版，那时温盖特就快出名了，但弗莱彻似乎完全忘记了20年前那个恼人的小男孩。那时曾经认识温盖特的人，只有努力回忆，才能勉强记起他当时的样子。

如果说有人注意他，那也是因为他是一个有着古怪宗教气质的小男孩。尽管他的宗教热情与家人相比算不上什么，但在学校那样的世俗环境中，就显得非常突出。多年后，当温盖特扬名天下时，卡尔特公学的一位牧师，也是教过温盖特的老师，被人问起他对将军少年时代的印象。他只记得有一天下午，当男孩子们开始自由活动时，绝大多数选择板球或足球，而温盖特偷偷溜到小礼拜堂专心致志地祷告。在别人看来，这样做无益于身心健康。

温盖特在卡尔特公学默默无闻，除了那块纪念碑外，很难找到他在那里生活的证据。40年后还能寻觅到一些踪迹的就是校方的档案，以及每年夏天在“桑德莱斯”孩子们围着弗兰克·弗莱彻爵士身边拍的照片。从照片上一眼就能找到温盖特。他个头不大，却顶着个大脑袋，童年的面孔与长大后的样子非常相像，咄咄逼人的眼睛也与长大后没有什么两样。36
从照片上看他整洁利索，但人们记得最多的还是他当时衣着不整、头发蓬乱的样子，即使以少年时代低得不能再低的卫生标准来衡量，他也达不了标。他朋友很少。与这位孤独、易怒的少年相比，人们更容易记起他父亲温盖特上校访问卡尔特公学时的情景。上校非常担心在学校的小礼拜堂参加圣公会的宗教仪式可能影响儿子对普利茅斯兄弟会的忠诚，于是他跑到学校就此问题与老师们进行争论。他给老师们留下了令人生畏的印象，一看到他沿着山路往学校走，老师们就会忐忑不安。上校对儿子的担心并非凭空想象。温盖特离家后便开始背离父母的宗教信仰，尽管他只是早出晚归。

温盖特在校期间的事情能够搞清楚的寥寥无几，但有一件事是千真万确的。他非常沮丧。他觉得自己受到迫害。事实上，没有证据表明他确实受迫害。卡尔特公学素来讲究人道，像马克斯·比尔博姆（Max Beerbohm）① 这样敏感的人都终生深爱的学校绝对不是监狱。但这说明不了什么。无端的痛苦，发自心底的莫名其妙的悲伤更加折磨人，因为这种痛苦更加难以捉摸，无法从明显的因果关系找到一个合乎情理的解释。

孩子往往对成长的痛苦一无所知，只因为他身处痛苦之中。幼稚的头脑并不知道未来的天才将经历怎样的磨难；他不可能理解那种因人们的忽视和傲慢而本能地产生怨恨的微妙心理；他只能体会到遭到排斥的痛苦。温盖特从来不曾摆脱这种痛苦，如果说他最初的叛逆起因于家庭，那么随后更加自觉的叛逆则起因于学校。他的整个人生从始至终都是个人与集体的对抗。在其短暂的一生当中，他从来不放弃维护个别人的权力，他常常将大多数视为“一群庸人”和“乌合之众”，他决不愿顺从他们的信仰、习俗、期待、希望和道德。在这种长期对抗中，他表现出全部的优秀品质，他常常遭到误解，他时而聪明、时而糊涂，他还被安上了许多莫须有的罪名，而正如他自己承认的那样，这种长期对抗始于卡尔特公学。这种对抗或许是不可避免的。

这段单调的经历还需要多说几句。1920 年，温盖特 17 岁时，他从公
37 立学校（以低分数）考入伍利奇（Woolwich）皇家军事学院。这个家庭充满了奇遇，就连这次最普通的变动也会遭遇离奇的怪事。考完试后，温盖特收到了要他去桑赫斯特（Sandhurst）皇家军事学院报到的命令。他将命令退给陆军部，随后收到了正确的命令。他父亲向学院申请减免学费，理由如下：“政府声称非常乐意帮助子女众多的家庭。”上校写道，“我有七个孩子同时接受教育，从 9 岁到 20 岁不等。我的固定收入因沉重的税负而大大缩水，难以承受这样大的教育开支。因此，我将十分感激贵院能减

---

① 马克斯·比尔博姆（1872—1956），英国著名漫画家。——译注

免学费。”

学院同意了他的申请。

年轻的军校生通过了体检。他们发现温盖特的健康状况良好，身高5英尺6英寸，体重93磅。1921年2月3日，他正式进入皇家军事学院。对荣誉没有丝毫憧憬，他的军事生涯就这样开始了。

第三章 初露锋芒

38

温盖特在伍利奇两年多的生活，只不过是他在卡尔特公学黯淡时光的延续，情况没有多少改变。成为军校生的第一个学期，在多数人看来，他是一个喜欢对抗、不爱交际、让人讨厌的年轻人。尽管他长相不错，可总装出一副愁眉苦脸的样子。他比上中学时整洁不到哪里去，现在又利用一些人对不修边幅的崇拜，故意向军队传统挑战。只要不被开除，他在学业上不愿多花一点力气。他在知识领域的兴趣是音乐。所有课程中，他只热衷射击和马术两门课。他看上去只不过是一个野小子，没有什么军事上的或其他方面的抱负。

即使他身上发生了某些重大变化，也未令校方感到欣慰，或者让他们从中看出他的远大前程。他现在博览群书，但作为读书人，他显然缺乏增长才智的心气，只是如饥似渴地阅读那些紧张刺激的故事，这类书他倒是收集了不少。不过，他已经成为一个非常有进取心的年轻人。他开始引起别人的注意；他虽然常常激怒那些教员和思想守旧的同学，却能聚集一些具有反抗精神的人。他也得到了别人的友情。在英国爱马的人实在太多了，那些人很自然会喜欢上温盖特，还有少数朋友喜欢他是因为他们对怪人感兴趣。温盖特给人的印象是，有点荒诞，更多的是叛逆，在骑术方面有着非凡的天才，他在低年级学员中有一些追随者，但军校生中反对他的势力更强大。总的来说，他不受欢迎。温盖特在伍利奇的最后一年，也就是 1923 年，因为不得人心而遭遇了一次羞辱，此事在他一生中有着重要影响。

英国陆军军官学校有一条不成文的规矩，高年级学员可以罚有严重
过失的低年级学员“奔跑”，这种非官方的处罚有点类似令人厌恶的秘密
军事法庭。不过，从实际情况看，这种处罚算不上很残忍。夜里，受处罚
的人被强迫脱光衣服，在足球场上游行示众，高年级学员站成两行，两面
夹击，用打了结的毛巾抽他。熬过夹道鞭挞后，受处罚的人要一头跳进附 39
近的水池，因此，冬天比夏天更适合处以“奔跑”。

温盖特在伍利奇的最后一个冬天，“老生”决定罚他“奔跑”。正常情况下，他本人也应该是“老生”了，但由于生病，他在这个学期失去了“老生”的资格。这种情况下，本来不至于罚他“奔跑”，但他们还是做出了处罚的决定，可见温盖特是多么不得人心。通常来说，“奔跑”这种处罚只针对那些严重违反军校礼仪和传统的最恶劣、最可耻的行为，而他所犯的过失没什么大不了的，不值得处以如此严厉的惩罚。事情的经过大致是这样的，他一有时间就去骑马，一天下午，他骑马超出了规定时间，影响了别人享受纵马驰骋的乐趣。这个并不严重的过失却招致了严厉的报复。实际上，他受惩罚是因为他与大家格格不入，骑马事件只不过是一个借口。一天夜里，“老生”来到他的房间宣布了处罚决定，他表示服从。

大多数被罚“奔跑”的人都会狂奔，通常大家会一边喊叫一边追打，最后以受罚者“扑通”一下跳到水里而告终。温盖特横下一条心，要表现得不慌不忙，以示他对处罚的轻蔑。他有一个特殊的有利条件：他不会因裸体而感到羞愧。他一生当中经常因为在不合适的场合赤身裸体而让别人感到难堪，但他自己从来不觉得尴尬。所以，当站在两排鞭挞者中间时，他表现出令人不安的镇静。他问他们想要怎样。他们说要他接受夹道鞭挞。他二话不说就慢慢地往队列中间走，眼睛看着周围的人，目击者回

忆说，他“像一头小公牛，或者说是一头小犀牛”一样怒目圆睁，咄咄逼人地瞪着自己面前的每一个敌人。那位目击者还说，他似乎在释放一个信号，即如果鞭挞者中有人敢与其单挑，他会轻而易举地将对方击倒在地。暴风雨般的抽打并未发生，他只挨了几下软弱无力的拍打。他慢慢地走到队列尽头，来到水池旁，摆好姿势，优雅地跳入水中，没有人敢去推他。高年级学员散去了，他们心里清楚，是他愚弄了大家，而不是大家愚弄了他。

这次羞辱很快遭到了报复。温盖特同期的学员联合起来支持他，第二天夜里，一群人闯入挑头的“老生”宿舍，毁坏了他的家具和照片，并把他的衣服扔到水里。那个挑头的“老生”藏了起来，直到骚乱结束才敢
40 露面。事件平息后，人们比较了俩人的行为，温盖特赢得了大家的尊敬，朋友和敌人都对他刮目相看。在高年级学员中，有一位叫德里克·塔洛克（Derek Tulloch）。在“奔跑”事件之前，他几乎没听说过温盖特。他钦佩温盖特在此次事件中所表现出来的风度，后悔自己当时随大流参与惩罚温盖特。俩人将成为终生的挚友。有人想制服温盖特，而他却相当成功地赢得了道义上的胜利。

尽管如此，这个恃强凌弱的恶作剧还是造成了深深的创伤。他后来告诉别人，他终生无法抹去那件事留下的痛苦和耻辱记忆。这件事加深了他的孤立感，进一步证实了他的猜疑，即大家串通起来与自己为敌，特别是当他们处于比自己优越的地位时，不仅如此，一想到在别人印象中自己曾经遭受过令人厌恶的身体虐待，他就会无比愤懑。这次侮辱之所以造成如此持久的伤害，一个重要原因是，当时他像大多数年轻小伙子一样，正经历着一段充满深情的友谊[①]，就在“奔跑”的那天晚上，他的朋友自己

① 此处并非暗示温盖特是同性恋。虽然有许多关于温盖特的谣传和诽谤，但从来没有人怀疑他具有同性恋倾向。——原注

溜了。在温盖特的余生中没有任何事情比第一次被出卖所造成的伤害更大。另外，也可能是因为这件事发生在最敏感的年纪，所以影响格外深，深得让他难以自拔，就像我们对待蜇伤一样，碰也不敢碰。

这段小插曲之后紧接着又发生了一件令人惊奇的事情。几天后，军校校长韦布 · 吉尔曼（Webb Gillman）爵士把温盖特叫到跟前进行了严厉的训斥。校长对他说，他的学业、着装和纪律观念都远远低于学校的期望，甚至到了难以容忍的地步，除非他立即改进，否则校长将命令他马上离开伍利奇，通过其他方式获得军官委任，这是他可能得到的最好结果。毫无疑问，韦布 · 吉尔曼爵士对其他人也说过类似的话，同样可以肯定的是，他所希望的只不过是稍有改进，让他可以保住这个孩子的学业。但正是他的话促使温盖特从此洗心革面。

温盖特当天就把自己收集的大量廉价小说拿到操场上付之一炬。他开始刻苦学习军事科学，把闲暇时间全部用来阅读严肃作品，他突然发现自己在读书方面有着广泛的爱好。他埋头苦读古代经典和现代大师的著作，范围涵盖哲学、思想、历史、小说、诗歌和经济学。他怀着远大的抱负，希望自己将来能成为集当代思想和文化大成于一身的名人。从此以 41
后，虽然上级对他仍有不满（常常是有道理的），但再也不需要批评他不够用功。他成了精力异常充沛的工作狂，并且一直保持不变。

校长对这种翻天覆地的变化做何感想并未留下文字记录。但温盖特是怎么想的我们却可以知道。事后不久，他告诉德里克 · 塔洛克，“奔跑”事件让他痛下决心，此生决不再受一群乌合之众的摆布和侮辱。他坚信，为了杜绝这类事件，唯一的办法就是要拥有权力。他面临的问题是如何获得权力。正当他苦思冥想之际，校长的训斥突然擦亮了他的眼睛，他认识到，除非一个人受过教育，不仅是一般的教育，而且要拥有强大的思想武器，否则就不能出人头地。所以他果断决定改变自己的生活。他不再靠惊险小说和传奇故事取乐，对学习也不再敷衍了事，他决心将来不仅要精通自己的专业，而且要熟读大师们的作品，从早到晚只要有时间他就读书，凭借这种超人的刻苦，有朝一日自己一定会成为军界的佼佼者，甚至还会成为世界政要。那时，他再也不用担心那群乌合之众了。

从他的言谈话语中已经可以看出这种巨大的转变。温盖特身上那种刨根问底的治学精神，更像一个牛津学子，而不是一个伍利奇的军校生。他在陆军军官学校后期结交的一位朋友理查德·古德博迪（Richard Goodbody）回忆说，他常常大谈特谈柏拉图、托尔斯泰和卡尔·马克思的学说，立志要彻底改变人类及其生存环境。在学习上，他是一个喜欢争论却专心致志的学生，使其成为名将的战略素养已经朦朦胧胧地显现出来。但教官们很少注意到这些变化。他的朋友古德博迪饶有兴致地谈论起一件往事。他当时住在温盖特隔壁，一天晚上俩人走在通往宿舍的室外楼梯上，此时相邻楼梯上的人要袭击他们，具体是什么原因已经记不清了。他们围住俩人并猛冲过来。顿时许多家具和物品被打碎，攻
42 击者凭借人数上的优势最终得手，屋子里一片狼藉，但是此前温盖特面对围攻进行了长达一个半小时的抵抗，并且巧妙地阻止他们占据身后的楼梯，那是他本人和同伴撤离战场的通道。温盖特有一种驾驭局势所需的气魄和天生的权威，他性情机敏、足智多谋，这些都给古德博迪留下了深刻印象，很久以后，他还坚持认为，温盖特很早就证明了自己是一个天才的军人。

1923 年夏季结束时，温盖特从伍利奇毕业，成绩尚佳，但算不上优异，毕竟他开始发奋读书的时间不长。1923 年 8 月 28 日，他接到皇家炮兵的任命，到第 5 中型炮兵旅任职，驻扎在斯通亨奇（Stonehenge）附近的拉克希尔（Larkhill）。德里克·塔洛克就在附近的兄弟连队任职。俩人在伍利奇还没来得及发展起来的友谊，在这里开花结果，他们成为一辈子不离不弃的挚友。奇怪的是，俩人的交情始于那次让温盖特感到义愤填膺且始终挥之不去的屈辱经历。很多认识温盖特的人都说，他这个人一生极

少记仇。德里克·塔洛克参与“奔跑”事件对他来说算不了什么。他介意的只是自己曾经被罚“奔跑”。

他在索尔兹伯里平原（Salisbury Plain）驻扎了三年时间，人生由此进入了一个无忧无虑、快乐逍遥的新阶段，此后他再也未有过同样的经历。童年和青年时代长期困扰他的挫折、消沉和懒散从此一扫而空，突然间，他变得意气风发，尽情享受着不同以往的新奇生活。他把自己培养成为一流的骑手，而且他就住在英国一些最好的猎场附近。他在拉克希尔军营安顿下来以后，立即开始纵情于骑马、读书和听音乐。乍看起来有些奇怪，他没有花同样的心思在履行“军职”上，不过，那是一个军队颓废涣散的时代。德里克·塔洛克在回忆朋友的文章中写道：“我并不是说他玩忽职守，而是说那个年代军官的工作并不费劲儿。所有的杂役和营区勤务都交给战斗部队，加上繁重的海外服役造成人员短缺，诸如此类的问题彻底打消了许多年轻军官的职业热情。除了夏季短暂的训练期以外，早操时，执行杂役和勤务的人员被带走后，剩下的人就屈指可数了。这些人通常也免于出操，去从事为花园除草、用白石灰水给营房刷墙围等轻松的工作。高级军官尚未从战争后遗症中恢复过来，而上尉以下的年轻军官很大程度上可以自行其是。”

在这种情况下，严格的军事训练被摆到次要位置，而温盖特的这段 43
生活经历不禁让人联想起瑟蒂斯（Surtees）[①]小说中的某些情节。

尽管他和朋友德里克·塔洛克都靠工资生活，很少有其他收入来源，但俩人毫不吝惜地纵情于最昂贵的消遣和狩猎。他们有自己的战马，此外，他们还与索尔兹伯里平原上其他许多喜欢打猎的军官一起租用了两匹马，并将他们寄养在派特庄园服务周到的马厩里，那里靠近多塞特郡边界

① 罗伯特·史密斯·瑟蒂斯（Robert Smith Surtees，1805—1864），英国作家，作品多描写骑马打猎生活。——译注

上的塞姆雷。俩人以前都没打过猎，而对于那些从未参与过这项古老运动的人来说，狩猎比他们预想的需要更大的社交胆量。

30 年前，狩猎的人都信守一条不成文的规矩，即有些人可以打猎，另外一些人则不行。老百姓对此持有一套复杂的、令人费解的偏见，而这些不成文的规矩在军人的传统中更是表现得完全有悖常理。某些团的军官打猎被认为是天经地义的事，而其他团的军官则默默承认骑马打猎与他们无缘。在炮兵部队中，野战炮兵旅的军官打猎，而中型炮兵部队的军官不打猎，因此，当奥德·温盖特和德里克·塔洛克决定参加狩猎时（陆军章程对此采取默许态度），野战炮兵旅的军官觉得他们受到了侮辱，对这两个向上钻营的小子大不以为然，摆出一副盛气凌人的贵族派头。25 年后，德里克·塔洛克写道："大家都很幼稚……而我们很容易生气，后来为此还发生了小小的流血事件。"

他们买不起狩猎专用的华丽的猩红色猎装和红褐色帽子，用德里克·塔洛克的话说，他们"退而求其次"，穿上黑色外套（不合习俗），打扮得像个牧师或葬礼主持人，俩人都戴上自己仅有的一顶大礼帽。幸而他们的靴子擦得都很亮。他们并不知道该怎么做。德里克·塔洛克在回忆文章中说："我们知道如何策马扬鞭、纵横驰骋，这就足够了。我本人穿着祖父的白色马裤，尽管质地很好，但剪裁得怪里怪气。我们对打猎时应当如何叫喊没有信心，听起来与书本上写的很不一样，所以我们明智地保持克制，直到我们听清楚别人怎么喊，还私下练习了一段时间。"11 月的第一周，他们怀着忐忑不安的心情，参加了在莫特康比举办的威尔特郡西南地区狩猎大会。那天的狩猎活动没有记载，在《泰晤士报》和《西部公报》
44 看来那根本不值一提。也许可以断定那次狩猎活动毫无特别之处，但德里克·塔洛克回忆说，他和朋友骑马走在回家的路上时，心情很是飘飘然。

只要他们各自养的两匹马状态许可，两位来自拉克希尔的黑衣骑手就尽可能参加狩猎活动。起初一段时间，俩人不紧不慢地跟在经验丰富的骑手后面，很不起眼，但是春天前他们信心大增，狩猎期还远未结束，他们不仅引起人们的注意，而且成为当地小有名气的骑马打猎好手。刚开始，温盖特就特别注重锻炼独自追猎能力，他一个人骑马疾驰在多塞特郡和威尔特郡的乡间，让人联想起米顿（Mytton）[①]的英雄时代。当猎犬遇到障碍向左或向右转弯时，猎手们急不可耐、怒气冲冲地争论着如何尽快追上它们，温盖特往往会先快马加鞭，领先大家一段距离，然后按照自己选择的路线径直追赶上去，一口气越过乡间的水沟、“树篱”、沼泽、树墩、栅栏等一切障碍。他的许多次眼花缭乱的大胆表演让人难以忘怀，有一次，他骑马穿行在矮树墙间，前面遇到一个铁床架，他策马一跃跳过壕沟，把叮当作响的床架一起带了过去。还有一次，猎手们止步于一个似乎不可逾越的障碍前，那是一段又高又厚的树篱，温盖特发现一处可以跳过去的地方，但那里有一根大树枝横在上面。他决定碰碰运气，于是大喊：“它会折断。”他驱马跳过树篱，用身体把大树枝撞断。喜欢打猎的人也许很守旧，但他们钦佩那些敢于如此冒险的人，温盖特开始打猎生涯后不久，第一次发现自己是一个受大家欢迎的人，甚至赢得了那些时髦的野战炮兵旅军官们的尊敬，而他们以前是那样不可一世。

不过，他的崇拜者们并非不加批评。他们总能找到毛病。他们不赞成温盖特对马的冷酷无情，他残忍的骑马方式总是让马累得筋疲力尽，他们也不认同温盖特花样翻新的惊人表演。他们说他骑马时过于作秀。有时人们看到，他独自一人骑马在乡间急驰，故意绕开笔直的大路，径直冲向栅栏门，他不会为了节省马匹的体力而打开栅栏门，而是直接跳过去。当然，翻身落马对他是家常便饭。

他们刚开始打猎的时候，要费很大劲儿才能从拉克希尔营区赶到集

① 约翰·米顿（John Mytton，1796—1934），著名的英国怪人，以骑马打猎和从事各种危险活动而闻名。——译注

45 合点。一起打猎的同伴，以及转变态度的野战炮兵旅军官，有时允许他们搭便车，但大多数时间他们必须自己解决交通问题，靠的就是一辆道格拉斯牌轻型摩托车。俩人骑这辆摩托车跑20英里赶到派特庄园取马，然后再骑马前往集合点。然而，狩猎期开始数周后，摩托车的低速档出了故障。他们没钱修理，这意味着道格拉斯摩托车再不能爬坡了。遇到陡坡，他们只能推着沉重的摩托车上山，山外有山，越推越重，到了山顶后他们再发动摩托车。遇到缓坡，可以省点劲儿，后座上的人下来，另外一个人开车往山上冲，幸运的话可以一直开到山顶，那个走在后面的人则气喘吁吁、步履蹒跚地徒步上山。到了下一座山，两个戴着大礼帽的人再交叉换位，重复前面的做法。他们最讨厌怀利至贝克的一段长距离山路，从山脚下到山顶足足超过2英里。我们时常对古时狩猎爱好者的坚韧表示惊叹，他们风雨无阻，骑马走很远的路到达集合点，打一整天猎，天黑后再骑马回家，但是我们同时代的这两位英雄去打猎的往返途中竟然有一半以上的路程要靠步行，这是多么令人钦佩！

夏季的第一个狩猎期过后，温盖特从叔祖父那里继承了一笔2000英镑的遗产，他立即将这笔钱的大部分用来购置马匹和汽车。马的名字叫"塔特斯"（Tatters），此马是以最不正规的方式买来的，甚至事先都没看上一眼。事情是这样的，有一次，温盖特听一位军官同事当众说，他在爱尔兰的叔父正要出售一匹他特别推崇的马，价钱低得可笑，温盖特听说后兴奋不已。他立即安排马夫去爱尔兰买马。温盖特给了马夫一笔旅费，又另外多给了100英镑，他对马夫说："这是地址，在西米斯的巴伦斯顿。到那儿去把马带回来。"一个星期后，马夫牵着"塔特斯"回来了，这匹马后来成了西部地区的明星。与他所做的大多数交易不同（温盖特不谙此道），这次交易极为成功。

购车的经历就远没有那么成功了。与买马不同的是，汽车价格昂贵。那是一辆白色的豪华赛车，样子十分招摇，不过已经老掉牙，差不多不能用了，开车人的驾驶技术也不老练，因为教温盖特开车的塔洛克自己也是最近才学会驾驶，而温盖特刚一入门就尽可能把车开得飞快。此后他每次回忆起那段往事，总会大谈自己当时如何兴奋地超速行驶，让不幸的同路人大惊失色。他开车与骑马一样，都追求最快的速度，根本不顾路上的危 46
险，一心只想着快点到达目的地。最刺激的是，第一辆汽车刚买来的时候低速挡和离合器都坏了，路上遇到车时根本停不下来。对温盖特来说，这辆汽车带给他无穷无尽的快乐，而通常作为乘客的塔洛克却称其为涂着白色油漆的坟墓。

关于温盖特如何使用遗产，还有一件事值得一提。他借给一位军官同事 100 多英镑，大多数情况下这只是变相的馈赠。这不仅仅是出于年轻人轻率的慷慨，也是温盖特的个性使然。温盖特很有理财头脑。他一生中从未因囊中羞涩而限制自己的需要，也从未出现过债台高筑的情况，而且只要手头宽裕，他总是乐善好施。他在金钱问题上决不小气，在一张当时用拉克希尔的信笺纸写成的欠条上，开头这样写着“你好——向你要 3 英镑……”这也许可以说明一切。

秋天又来了，与第一个狩猎期相比，两位友人都换了更好的坐骑。温盖特自己有两匹马，即“塔特斯”和“火红”，德里克·塔洛克有一匹“上了年纪的纯种马，绰号是‘单身汉’”。很快，俩人声名远扬，狩猎范围也扩大了。第二个狩猎期，他们开始到波特曼乡间打猎，就在多塞特郡的布兰德福德附近。狩猎队的负责人是威廉·布朗上校，人称比尔·布朗，他和妻子对两个年轻人颇有好感，经常邀请他们住在家里参加周末狩猎。波特曼乡间的许多地方因为水网发达而不适合骑马，这恰恰让温盖特神奇的观察能力得以充分展现。打猎过程中经常出现这样的情况，猎犬们在河边来来回回寻觅着，领头的猎犬会先游到对岸寻找猎物的踪迹，尔后带领其他猎犬继续追踪。此时，狩猎队的负责人会率领仆人和其他猎手骑马飞奔到最近的桥梁（通常离得很远），但当他们追上猎犬时，经常发现温盖特已经独自骑马过河，正在带领猎犬追赶猎物。由于童年时代经常在乡间闲逛，玩“洛道夫”打仗游戏，温盖特对自然界的蛛丝马迹有着独特的观察和领悟能力，他不无惊奇地发现自己能凭借河水的颜色和流速找到
47 可以涉水而过的地方。当有人问及此中诀窍时，他总是说自己也讲不清楚，或者说他也无法准确描述流速和颜色的差异，这只是一种难以言传的本能。虽然他有时候也会踌躇不定，但他很少在渡河问题上犯错误，据多塞特的农户说，温盖特至少在斯陶尔河上发现了两处不被人所知的浅滩，还在温特本河、德弗尔小溪，以及流经比尔里吉斯的河流上发现了其他几处浅滩。波特曼农村的猎户们给温盖特起了一个绰号，叫“水獭”。

多年以后，温盖特成为英国家喻户晓的英雄，报纸总是喜欢将他比作凶猛、严厉、不苟言笑的克伦威尔，对此上校和布朗夫人感到惊讶不已。在他们的记忆中，温盖特是一个快乐的年轻人，对户外生活充满热情，说话很风趣，每次打猎回来与大家一起用完茶点后，他最喜欢做的事情是与小孩子们一起玩耍，给他们讲离奇的冒险故事。

1925 年春季狩猎期即将结束时，来自拉克希尔的两位骑手决定要将狩猎运动推向一个新阶段。德里克·塔洛克说：“我们突然发现自己战战兢兢（主要是我）地出现在威尔特郡西南地区赛马会上，走在最前面的是一个五短身材的发令员，他骑着一匹体格比自己还粗壮的矮脚马，参赛者跟在他后面鱼贯而入。没人看好我们：奥德的赔率是 15 比 1，我的赔率是 33 比 1，我们都是毫无希望取胜的人。”跨过第一个障碍后，有人将塔洛克的名字划掉，暂时把他排除在外，不过，温盖特从一开始就是有力的竞争者，令在场所有人感到震惊的是，温盖特以领先两个马身的优势赢得了冠军奖杯，这是他第一次参加赛马会。德里克·塔洛克最终得了第三名。越野赛马季节结束前，温盖特和塔洛克各自赢得了其他一些比赛，两年后他们成了西部地区有名的“绅士骑手”。让温盖特在比赛中大获成功的主要不是“塔特斯”，而是一匹叫“克拉伦斯”的马。温盖特在一次越

野赛马会上看到“克拉伦斯”闪电般的起跑，就立即决定将它买下。“克拉伦斯”的起跑是那样神速，温盖特坚信它拥有战胜对手的加速能力。由于多次严重犯规，“克拉伦斯”在赛马场上已经无人问津，可正是这头带着铁嚼子的怪物赢得了1926年和1927年的苏布尔坦杯。温盖特的成功给自己带来了新问题。可以想象，从一个普利茅斯兄弟会成员迅速转变为一个杰出的障碍赛骑手，并不完全符合家庭的传统观念，然而，母亲还是难以拒绝分享儿子的胜利果实。他总是把奖品保存在戈德尔明的家中，而温盖特夫人曾经对一位来访者这样说：“我不赞成赛马，但奥德现在乐此不 48
疲，好吧，毕竟他拿回了奖杯。”

当时陆军还保持着骑兵情结，他们相信马术可以作为军事训练的一项辅助课目，用约罗克（Jorrocks）[①]先生的话说，这项运动承载着“战争的全部荣耀，却没有战争的罪恶和八成的危险”。温盖特在打猎和赛马上的成功让他在事业上提前获得了回报，1926年1月，他被挑选参加在北安普敦郡的威登组织的马术训练班。这是英军最好的马术学校，照理说温盖特应当感到荣幸，因为该校通常不接受中型炮兵部队的军官。即使他真的感到荣幸，他也未表现出来。一旦身处时髦的骑兵军官中间，他内心沉睡已久的反叛精神就会再次苏醒。他故意制造轰动效应，而且达到了目的。他带在身边的一只阿尔萨斯母狗在宿舍里产下了小狗，让校方感到非常为难。他藐视教学，不断制造麻烦。威登是古典骑术的示范和培训基地，温盖特从一开始就公然违反规定，更让教员气得发疯的是，他竟然表现非常出众。刚开课不久，按一般人的看法，他还处在马术学习的入门阶段，因为他了解到在某个马术训练学校，跳跃训练已经全面接近奥林匹克马术表演的要求，于是就要求试试“奥林匹亚跳跃”。获得同意后，他表

① 约罗克是英国作家瑟蒂斯创作的连环画《约罗克的远足和欢宴》（*Jorrocks' Jaunts and Jollities*）中的主人公。——译注

演了极具个人风格的跳跃，那是他和“塔特斯”在西部地区马术表演中演绎出来的。正统的跳法是骑马慢速小跑 10 码左右后跳过障碍，尔后骑马中速离开障碍；但是，温盖特更喜欢类似“维也纳学院派”的跳法，始终不把马带出慢速小跑。让教员又钦佩又气愤的是，他竟然以这种既不正统、也不雅观的方式，干净利索地完成了“奥林匹亚跳跃”。

1 月是狩猎的黄金季节，他和威登马术训练班的其他军官一起在英国最时髦的狩猎区，尽情享受着打猎的欢娱。他处处标新立异，别人身着红色猎装，他却穿着黑色外套；别人衣着考究，光彩照人，他却戴着压得变了形的大礼帽，衣衫不整，蓬头垢面；别人举止有度，沉默寡言，他却动辄发怒，言语粗俗。然而，与在威尔特郡西南地区的情况一样，他的勇敢精神很快扭转了不利的舆论。北安普敦郡到处都是树墙和栅栏，为了显得高人一筹，他专门跳铁道路口的栏杆。在酷爱骑马的上流社会，他本来很容易交到朋友，然而他却始终站在众人的对立面，宁可受人冷落。他乐于
49 在骑兵军官中间热情颂扬卡尔·马克思的理论，经常在午餐时间发表长篇大论，有时甚至是枯燥乏味的独白，特别是当他穿着像样的猎装时，就显得更不安分。他总算有了白色马裤，但只此一条，他不愿错过可能参加的任何狩猎活动，由于担心马裤因频繁洗涤而缩水，所以晚上从打猎地点回家的路上，他就让仆人用力擦掉马裤上的污点，然后涂上白粉，他这样做时从不脱掉裤子。他变本加厉地刁难教员，拿一些现学现卖的知识向他们提问，故意表现出高深莫测的样子。他从不按课本上的标准答案回答问题，在毕业考试上有一道题目要求解释“与马合拍”，他回答道：“最恰当的定义就是不谋而合，看似自相矛盾，实则大有玄机。”校方将他视为一个麻烦，但也承认他有过人之处。1926 年 7 月，学校授予他马术教员资格证。他接受资格证时显得很不情愿。校长在训练班结业时问他下一步有什么打算，他说自己打算学习机械化运输，“为的是去除一身的马臭味”。

下面是德里克·塔洛克讲述的最后一个有关打猎的故事。有一个星

期，温盖特和塔洛克住在布兰德福德的王冠酒店（Crown Hotel），温盖特从星期一到星期六每天都出去参加狩猎活动，他轮换着骑自己的战马、“塔特斯”、“火红”和一匹租来的马。星期五那天，温盖特骑着租来的马一个人出去参加狩猎。那天，塔洛克因为有事留在布兰德福德去不了，下午早些时候，塔洛克惊讶地看见自己的朋友走着回来，手里拖着马鞍和马镫。温盖特看上去很沮丧。他解释了事情的经过：在一次快速追猎过程中，猎犬嗅到猎物强烈的气味，紧追不放，猎手们突然被一段高大的铁丝网拦住了去路。像平时一样，大家你一言、我一语，乱哄哄地争论着应当怎么办，温盖特还是以他特有的方式解决问题。他脱下外套像晒衣服那样把它挂在铁丝网上，掉转马头向后跑了几步，然后催马加速纵身一跳，从挂衣服的地方跳过了铁丝网。没有人跟着跳，大家很快找到一个可以通过的门，或者是缺口。要是温盖特不那么莽撞，他跳过铁丝网后，本来应当先下马，然后再从铁丝网上取回衣服，可是他偏偏要骑着马直接去拿衣服，然后把缰绳放在马脖子上，就坐在马鞍上穿衣服。马突然受惊而狂奔起来，骑手就像拜伦笔下的英雄马捷帕（Mazeppa）那样在马背上拼命挣扎[①]，两只手被衣袖缠在一起，后来温盖特从马屁股后面滑下来，重重摔在地上，把马镫从系留环上拽了下来。据德里克·塔洛克说，那匹马很长 50
时间没有找到。

这段生活充满了狩猎、赛马、疯狂的欢宴和招待晚会，充满了狩猎舞会和马术表演，也充满了小地方的欢乐、魅力与荒唐，还有一次不成功的月光障碍赛，尽管生活如此丰富多彩，但在温盖特心中严肃的生活目的正在形成，这一点日后会看得更加清楚。温盖特一生从未远离过书籍。我们一定可以想象，他经常在马鞍上度过一整天后，回到拉克希尔，还要花

① 英国诗人拜伦的抒情叙事诗《马捷帕》，讲述了年轻人马捷帕爱上了伯爵夫人特里萨，事情败露后，为了惩罚他，将他赤身裸体绑在马背上，然后任马狂奔。——译注

几个小时博览群书，通常是哲学和政治理论方面的书籍，有时苦读之余，他也会换换脑子，用留声机听听伟大作曲家的音乐，主要是贝多芬、莫扎特和瓦格纳的作品。他从未忘记自己的远大目标：要精通全世界的大学问，使自己成为当代“完美之人”。温盖特在拉克希尔时期的朋友，经常发现他在喧闹的场合中目光冷漠，仿佛专注于某种神秘的思考。在伍利奇经历了突变后，温盖特再未发生大的变化。在这心满意足、尽情享受的三年时光里，如果说有什么证据能证明他内心深处存在着庄严的思考，那就是在他身上刚刚显露出来的强烈的征服欲，那是一种让人夜不能寐的雄心，将会带他去向世界上一个伟大的地方。年轻本身就意味着雄心。

第四章 奇人奇事

51

前面说过，温盖特这几年热衷骑马打猎，对于履行军职并不十分上心。但他也未忘记自己的职责。1925 年，他由少尉晋升为中尉。他得到的评价是“有前途，敏锐，工作勤奋”。次年，也就是 1926 年，温盖特顺利通过了晋升上尉的首轮考试。他以一篇题为《三次军事行动的战略》的论文通过了这次考试，所谓“三次军事行动”是指 1914 年德国入侵法国，1917 年艾伦比（Allenby）① 指挥的巴勒斯坦战役，以及 1904 年的日俄战争。当时人们基于第一次世界大战的经验，将“包围”视为正统的战略战术，温盖特写作此文旨在驳斥这种观点，他极力强调集中兵力在战略上的优越性，认为这样便于部队在内线快速机动。此文的主要观点并非作者首创，因此在这里没有必要详述。更让人感兴趣的是他大胆的表达方式。例如，他在导言中这样写道：“尽管外线作战可能获得某些特殊优势，但如果有人故意分割兵力去执行不必要的任务，那他就是不懂战争的书呆子。”温盖特以后还会使用这样的语言，但不是在学术文章中，而是在官

---

① 埃德蒙·艾伦比（Edmund Allenby，1861—1936），英国陆军元帅，第一次世界大战期间曾指挥埃及远征军，在中东打败奥斯曼帝国军队。——译注

方报告中。

路易斯·奥德菲尔德（Louis Oldfield）少将给这篇论文打了 78 分。这令人有些失望，因为还差 2 分才够得上优秀。在职业道路上，他仍然按部就班地往前走。

随着家中的孩子们长大成人并陆续离家，温盖特一家的生活正经历着寻常人家的变故。大女儿雷切尔继承了家庭传统，成为瑞典在中国新疆传教团的实地调查员，离开英国到喀什工作。“她一定经常孤独寂寞，可怜的女儿。”温盖特夫人在给儿子的信中写道，“不过没关系，我相信当她看到那些古老的、勇气非凡的喀什人皈依基督时，定会为自己所做的
52 一切感到欣慰。”比长子小两岁的莫妮卡，就读于纽纳姆学院（Newnham College）；1926 年 10 月，次子奈杰尔上了剑桥的彭布罗克学院（Pembroke College）。在长假中，莫妮卡想去日内瓦参加国联的大学联合会组织的一次会议，哥哥奥德给了她 10 英镑作为开销。当奈杰尔去剑桥上学时，哥哥送了他 20 英镑。温盖特上校写信说：“我不知道你怎么能省下这么多钱。我希望从现在到圣诞节期间，你不会因此而忍饥挨饿。”然而实际情况差不多就是这样。

1925 年，就在雷切尔即将远赴中亚前不久，温盖特夫人得了一场大病。她后来康复了，但此后身体一直虚弱。以下引自温盖特夫人 6 月在布莱克希斯（Blackheath）写给儿子的一封信，它能告诉读者一些有必要了解的情况。

> 周一和周二，埃里克·莱西（Eric Lacey）大夫来了，周二，他还在家里见了你父亲。他发现我的心脏“非常疲惫”，还有其他一两处小毛病，但与那位“热心”的戈德尔明绅士所说的完全不是一回事儿……最后决定要我去找托马斯·霍德尔（Thomas Horder）爵士（唉，他可是顶尖权威！出诊一次要 4 几

> 尼[①])，我今天照着他的话做了。我急着去看医生，因为承蒙天意雷（切尔）今天在家，她在家的日子已经不多了。托马斯爵士的诊断报告很令人鼓舞，我们必须感谢主对我的恩典。托马斯爵士认为心灵疲惫都是一样的，他说自己为某事操心时也会受到心脏病的困扰……我总是操心……最后，愿上帝保佑，我能恢复到以前的状态。上帝是仁慈的。他对我们有求必应。

托马斯·霍德尔爵士的名字以后还会再次出现。

拉克希尔的生活刚刚开始，温盖特就琢磨着为去海外服役做准备，也许是受了堂叔雷金纳德·温盖特爵士的影响，他告诉父亲自己想到伦敦的东方研究院学习阿拉伯语。父亲并不反对这个想法，但由于某种原因（也许是舍不得狩猎场的欢娱），直到两年后，也就是1926年，温盖特才付诸行动。早在1924年1月，温盖特上校在给儿子的信中谈到了学习阿拉伯语问题。

> 对于你10月来信中提到要学习阿拉伯语的问题，我不太理解。那是很遥远的事。10月参加第一次考试需要做些准备。我
> 知道，我自己到加尔各答12个月以后才通过政府组织的乌尔都 53
> 语和印地语初级考试，也许你的意思是说，10月你可以获准休假去芬斯伯里广场（Finsbury Circus）参加阿拉伯语培训班。如果是那样就太好了，届时你可以尽自己所能刻苦学习阿拉伯语。

1926年秋，温盖特在自己的职业生涯中迈出了关键的第一步。虽然看上去他仍然疯狂迷恋赛马，以及波特曼和威尔特郡西南地区的狩猎生

① 几尼是旧时英国金币，合21先令。——译注

活，然而此时他开始渐渐对这些东西感到厌倦，也许还预见到了某种危险，他清楚尽管自己读书、听音乐，但无休止地参加体育运动容易导致精神空虚。年轻时，他经常会大谈（有时说个没完）所谓“怀才不遇的悲剧”。不管怎么说，1926 年秋，他终于说服指挥官为自己申请参加在东方研究院举办的陆军部阿拉伯语培训班。申请获得批准，他于 1926 年 10 月入校学习，到 1927 年 3 月结束。刚入校的头两三个月，他与另外两名军官同学住在海霍尔本（High Holborn）的一间阁楼里。

他们三人构成了一个非常奇特的组合：很难想象这三位朋友的差异如此之大。三人当中的年长者是位打扮入时的年轻人，他对性有着过分放纵且相当反常的兴趣。工作之余，他将主要精力用于引诱自己所接触的每一位异性，他总是毫不迟疑地将自己的风流韵事一五一十地告诉两位好奇的同伴，虽然不时会有父亲、丈夫或者更有地位的情敌们出来干预，可他竟然毫发无损。说来奇怪，他在三人中学习成绩最优秀。

温盖特的另一位伙伴属于完全不同的类型。这个年轻人头脑迟钝、性情沉闷，根本没有学习谜一样复杂的东方语言所需的天赋。他设法到东方研究院学习是出于对温盖特的英雄崇拜，结果却令温盖特这位始作俑者感到沮丧。温盖特后来回忆说，每当晚上三人埋头学习时，那个可怜的家伙总是对着书本唉声叹气，仿佛承受着巨大的痛苦，他坐立不安的样子实在让温盖特感到害怕。尽管如此，他顽强地坚持着，并未放弃努力，他强迫自己苦心钻研阿拉伯语语法，最终赢得了龟兔赛跑的胜利。他们三人除了工资以外都没有其他收入。他们强迫自己过着极其节俭的生活（那位唐
54 璜式的人物可真不简单），但他们也想方设法让日子过得开心。有时他们会通过胡闹寻开心，可是过不多久，他们就会被带到伦敦地区最高指挥官鲁思文（Ruthven）勋爵面前，罪名是在皮卡迪利地铁站下行的自动扶梯上逆行追逐一位同学（也是一位军官）。他们因此遭到申斥。

1927 年初，温盖特搬出了阁楼，在卡姆登希尔路租了一间房。如

果说海霍尔本体现了小说《特里比》(*Trilby*)[1]的风格，那么接下来的住处则为研究杰罗姆·K. 杰罗姆（Jerome K. Jerome）[2]提供了一个活样本。卡姆登希尔的女房东在当地小有名气，因为很多人相信霍雷肖·博顿利(Horatio Bottomley)[3]勾引过她女儿。她总是说自己和女儿如何接近那位名人，他“坐在桌子后面，满脸堆笑，表情夸张”，当她们向他告别时，这位过火的演员对她女儿做出亲昵的表示，讲到此处，女房东会说：“我说：‘请不要这样，博顿利先生。我想我知道下院的绅士们逮到机会时会做什么。’于是，我带着女儿大义凛然地走了出去。”

还有另外一些房客：一个貌似拜伦的商务旅行者，人称“舞蹈大师”；两个印度人，女房东夸奖他们是谦谦君子；一个好酒贪杯的技术员，他经常殴打自己肮脏、丑陋、矮小的妻子，温盖特则充当了这个女人的保护人。从一开始，女房东就对这位年轻的炮兵军官另眼相看。这有两方面的原因：其一，她很高兴能有一位上等人作房客（她容忍他不整洁的习惯和邋遢的穿着，以为那是贵族化的玩世不恭）；其二，她敬重他的家庭，她亲口对温盖特说：“我曾经给你亲爱的母亲做过衣服。”

完成东方研究院的学业前，温盖特一直住在这里，但是，在最后阶段，他与女房东的关系恶化了，愉快的开场最终落了个不欢而散的结局。温盖特临走前彻底得罪了女房东，因为当她暗示要他带走未让霍雷肖·博顿利得手的女儿时，他竟然无动于衷。在他离开前一刻，她积蓄已久的愤怒终于爆发了，当他正要乘出租车去滑铁卢火车站时，女房东对他说了下面这段话：

---

① 《特里比》是法裔英国作家乔治·杜·莫里哀的小说。——译注

② 杰罗姆·K. 杰罗姆（1859—1927），英国小说家和剧作家，代表作有《三人同舟》(*Three Men in a Boat*)和《懒人有懒办法》(*Idle Thoughts of an Idle Fellow*)。——译注

③ 霍雷肖·博顿利（1860—1933），英国金融家、下院议员。——译注

> 在我看来，温盖特先生，你说的不是实话。如果你是军官，
> 55 你的军装在哪儿呢？我查看过你的所有衣服，你根本就没有军装。哦……我不是说你以前没当过军官，但如果说你已经离开军队而此刻正在躲避警察，我丝毫也不感到奇怪。我知道你母亲要是看到你现在的样子一定会心碎的，她会以你为耻。她是位了不起的淑女，而你可算不上绅士。

在这五个月当中，除了圣诞节期间短暂的假期，温盖特每天都去东方研究院上课。他在系主任托马斯·阿诺德（Thomas Arnold）指导下学习阿拉伯语。他的老师还有乔治·埃雷特·艾尔斯（George Ehret Iles）和沙伊克·戈马·穆罕默德·马哈穆德（Shaykh Goma'a Muhamad Mahmud）。为他讲授发音学的是劳埃德·詹姆士（Lloyd James）教授，他像亨利·斯威特（Henry Sweet）[①]［因萧伯纳的戏剧《皮格马利翁》(Pygmalion）而成为不朽的人物］一样，堪称发音学方面的魔法师。有一次，詹姆士和眼前这位年轻人简单地聊了几句，就从发音方式上推断出他来自于与印度有某种渊源的英国家庭，而且还推断出他在英格兰南部长大，在卡尔特公学念过书。和所有在东方研究院工作过的人一样，温盖特觉得那里是一个令人神往的地方。

1926年，东方研究院这个成立不久却成绩斐然的研究机构，位于芬斯伯里广场上一座18世纪的建筑里，第一任院长是丹尼森·罗斯（Dennison Ross）爵士。"教授"(所有的学生都这样称呼他）是最和蔼可亲、平易近人的大学校长，他是温盖特表亲爱德华·布朗（Edward Browne）[②]

① 亨利·斯威特（1845—1912），英国语言学家。爱尔兰剧作家萧伯纳1913年创作了一部名为《皮格马利翁》的戏剧，剧中主人公亨利·希金斯（Henry Higgins）教授就是以亨利·斯威特为原型的。——译注

② 爱德华·布朗（1862—1926），英国东方学家。——译注

的得意门生，也是雷金纳德·温盖特爵士的朋友，所以，他自然会经常把温盖特叫到自己的书房。在那里，温盖特会看见“教授”坐在堆满书籍的桌子后面，周围坐着全伦敦最漂亮的女书记员，不同年纪的印度和英国学生，很可能还有一两位门第显赫的贵妇。她们来这里是向他请教中国学或西藏学方面的问题，或者问他研究印度教神秘主义第一步应当从哪里着手，“教授”的高明之处恰恰在于他能让东方学研究成为一种时尚。屋子里总是烟雾缭绕、高谈阔论，主人会突然掏出怀表，然后大叫一声说自己还有别的课要上（他通常讲授波斯语，尽管他总是说只要给他 20 分钟准备，他可以教授任何一门语言），于是所有人，包括那些并没有得到他特殊关照的贵妇立即作鸟兽散。学院的气氛像一个由三教九流组成的俱乐部，教学楼像许多 18 世纪建筑一样是奢华和寒酸的奇妙结合。位于二
楼的图书馆是摄政时期伦敦建筑的经典之作，而由此通向报告厅却要穿 56
过一条阴暗、潮湿、狭窄的走廊，那里一年四季都要靠灯光照明。报告厅简陋得就像救济院，在那里听讲不可能不感冒。尽管如此，那些年里，在一位善于激发求知欲的院长主持下，东方研究院在英国同类机构中仍然是最惬意的地方。东方研究院取得了惊人的成就，而温盖特正是它创造的奇迹之一。

1927 年 3 月，经过四个半月的学习后，温盖特以 85 分的成绩通过了阿拉伯语初级考试。托马斯·阿诺德爵士对他的表现非常满意，鼓励他按自己最初的计划出国到伊斯兰世界生活一段时间，以便让自己成为一个合格的阿拉伯语翻译。

这一段生活也许可以称为“芬斯伯里广场时期”，也就是在这一时期，温盖特第一次见到了父亲家族中最有名的人物雷金纳德·温盖特（Reginald Wingate）爵士，孩子们都叫他“雷克斯堂叔”。此时雷金纳德 66 岁，已经不再担任公职，他到伦敦时就住在安妮女王大厦的一所公寓里（他家在苏格兰邓巴的诺克因海尔）。年轻的堂侄向他吐露了想当翻译

的想法。他强烈建议温盖特去埃及或苏丹继续学习阿拉伯语，温盖特家族在这两个国家很有声望，他本人曾经继基奇纳（Kitchener）勋爵之后担任过英国驻苏丹总督和驻埃及高级代办。

计划一开始就出了问题。3 月 14 日，温盖特一拿到考试成绩就提出申请，但上级没有准假。温盖特拜访了堂叔，留下一张简短的字条。

> 亲爱的雷克斯堂叔，很遗憾没见到您。我是来道别的。我明天去戈斯波特的布罗克赫斯特堡。很不幸，上司利奇上校拒绝递交我的请假报告，理由就是我年轻，真可笑。

6 月，他再次递交了请假报告，这次获得了批准。可是好事多磨，由于公文上的差错，他最初被安排到亚丁地区任职。最后上级给了他 6 个月假期，要他到苏丹旅行并学习语言。9 月，他前往苏格兰（这个苏格兰人唯一一次造访家乡）去见雷金纳德爵士，出国计划最终敲定。温盖特准备
57 先到开罗的苏丹代办处报到，请他们提供前往喀土穆的交通工具。在喀土穆，他将申请进入为政府官员开办的语言培训班，学习期间他还将设法“临时转隶”苏丹国防军。雷金纳德爵士让温盖特带一封推荐信给司令官赫德尔斯顿（Huddleston）将军。

信中写道：“他要到 1928 年 8 月才服役满五年，除非破例缩短服役期，我想在完成规定的服役期之前，他要加入苏丹国防军的任何申请都不应予以考虑。”

对信中明显的暗示，有关方面自然心领神会。

温盖特对雷金纳德的拜访非常成功，诺克因海尔之行为他短暂而辉煌的职业生涯奠定了坚实基础，令他 14 年后在缅甸登上人生的巅峰。然而，这并不是说他本人完全不具备成功的条件。雷金纳德爵士在写给赫德尔斯顿将军的第二封信中说：

> 我要说的是，他来邓巴在我这里小住几日，在此之前，我对他几乎一无所知，我认为他个性很强，但他的社交才能并没有给我留下很深的印象，我和新派的年轻军官接触不多，他也许是唯一的例外，但我深信他是一位优秀的运动健将和勤奋工作的人。

至此，温盖特在拉克希尔、威尔特郡西南地区和波特曼的生活就画上了句号。德里克·塔洛克到驻印度的一个野战炮兵连任职，两位朋友好几年未再见面。可怜的、劳累过度的猎马被卖给别人，“克拉伦斯”早在几个月以前就被处理掉了。汽车似乎根本卖不出去，只好当它不存在了。拜访雷金纳德·温盖特爵士后不久，他回到戈德尔明与家人告别。离家之前，他请求西比尔为他祷告。她大感惊讶，半开玩笑地说，她原以为以他所拥有的新知识和先进思想，肯定早就不相信祷告能应验了。然而，他回答说：“我们家怎么会有无神论者呢？”当时还是 9 月，他说走就走。

温盖特以前从未出过国，尽管手头并不宽裕，他还是决定不为省钱而乘船旅行，而是取道欧洲走陆路前往目的地。他把行李发往埃及，自己骑自行车经法国、德国、捷克斯洛伐克、奥地利到达南斯拉夫，然后再从那里乘火车去热那亚。

这次旅行自然又成为一段富有传奇色彩的经历，关于他到达埃及和 58
在苏丹报到的传说极具想象和夸张的成分。有人绘声绘色地说，他抵达伊斯梅利亚或塞得港，一头闯入领事馆自报家门，还说他骑自行车到开罗，找到苏丹代办处，仗着温盖特家族成员的身份要求送自己去喀土穆，并在大耍一通脾气后得到了所需的一切。然而真实的情况要平淡得多。他出发时准备很充分，随身带着雷金纳德爵士给开罗的苏丹代办、英国驻苏丹总督约翰·马菲（John Maffey）爵士、赫德尔斯顿将军及其他一些要人的信。最倒霉的是他邂逅并结交了一个犹太小贩，此人在布拉格偷了他一些钱后溜之大吉。温盖特到达喀土穆后不久，全面记述了他的冒险经历。

> 苏丹俱乐部，1927 年 11 月 1 日
>
> 亲爱的雷克斯堂叔：
>
> 我没及时写信，是因为我想等有了真切的见闻再告诉您。我的欧洲之旅极为愉快，整个算起来，我骑自行车跑了 600 英里，乘火车大概三四百英里。
>
> 我发现如果不出意外，每天平均可以骑 70 英里。所以，一路上我食量大得惊人，现在仍是如此。
>
> 我在捷克斯洛伐克遭遇抢劫，在维也纳被拘留，在南斯拉夫把我的自行车卖了 5 英镑。尔后我乘火车去威尼斯，再辗转到热那亚，由那里乘“西特瓦”号轮船到亚力克斯（Alex）。
>
> 离开威尼斯时，我发现身上的钱最多只能到热那亚，还要沿最短的路线走，而且大部分路程要骑自行车。另外，在意大利自行车卖不了钱，因为在那里它就像泥巴一样一文不值。
>
> 如果我坚持按原计划通过卢波尔隘口进入南斯拉夫，万一短时间内卖不掉自行车，我就不得不因为买不起火车票而一路骑自行车到热那亚，那样就会错过 10 月 6 日的船票。
>
> 为了好好看看南斯拉夫，我决定碰碰运气。实在不行，可以等上一个月，靠当服务生或干农活挣点钱，说不定还能得到好心人的资助。
>
> 我碰巧很走运，在诺伊马克特边境对面遇到了一位好心的
> 59 撒马利亚人（good Samaritan）[①]，他不仅带我观光，还花 5 英镑买

① 好心的撒马利亚人是《圣经·路加福音》中的一个人物，常用来比喻对苦难者给予同情和帮助的好心人。——译注

下了我的自行车，虽然那对于住在山坡上的他没有多少用处。

在中欧，经常有人把我当成工人阶级。我发现老百姓总是乐于助人，但官员多少有些无礼，至于斯拉夫国家，简直可以说是极端拖拉、愚蠢、无知、自大、低效。当然，斯拉夫国家也有优点。他们很乐观，人们看上去总是笑呵呵的。我在布拉格见到的美女比欧洲其他地方都多。但是国家贫困、欠发达，人老得很快，不久就失去了青春美貌。我坐的是“西特瓦”号的三等舱，幸运的是竟然在同一个船舱中见到一位很熟悉的炮兵。

我们的船舱里有六个人，但总的来说非常舒适，吃得也很好。实际上，我认为对一个单身汉来说，多花钱坐二等舱不划算。我们认识几个二等舱的旅客，当我们的食物不够时，他们就偷偷从窗口给我们拿吃的。我们经常坐在二等舱的甲板上，也常常使用他们的房间。我与一位朋友吉姆·伍德福德（Jim Woodford）在开罗待了十天。他就住在总督官邸对面。我们每顿饭都跟国家银行的布朗热（Boulanger）一起吃，他就住在楼上。不知您是否还记得他。

我结识了几位埃及官员，有时候在上班时间跑去看他们。要是留在开罗，学习阿拉伯语会有很多便利条件，但我想第一步最好还是先去喀土穆在苏丹国防军谋个差事。

在开罗我找到了易卜拉欣·贝·迪米德特里（Ibrahim Bey Dimitri），他住在赫利奥波利斯（Heliopolis），我把您的信交给他。

他对我好得不能再好，不厌其烦地为我提供帮助，待我就像亲儿子一样。他简直乐意为您做任何事情。他介绍我认识了一些过去在您手下工作的叙利亚人，他们都说永远忘不了您，还要向您和基蒂堂婶行额手礼。我尽可能把更多人的名字搞准，说不定您会对他们有兴趣。

接下来三段是一些具体的人名。随后又写道：

60 我到喀土穆只花了四分之一的票价，多亏您给苏丹代办的信，他临时外出，但赖德（Ryder）替他招待我吃晚饭，还帮了不少忙……

约翰·马菲爵士也外出了，要到本月中旬以后才能回来，所以您给他的信还在我手上。赫德尔斯顿在家，我已经跟他一起吃过饭。他认为明年4月1日前可以给我找到一个空缺。我已经填写了申请。我不太喜欢喀土穆，对于学习阿拉伯语的学生来说，它并非理想之地。目前没有我可以参加的语言学习班，而且像我这样出入各种俱乐部，很少能接触到阿拉伯人。我聘请了戈登学院的老师，每隔一天来讲一次课，但这还远远不够。

我与很多人讨论过此事，他们都认为如果可能的话，我最好找个地方待上几个月。

所以，我写信给一位在旅途中结识的朋友维卡斯·迈尔斯（Vicars Miles），他住在努巴山区的拉沙德，我问他能否去他那儿待一段时间……

乘船从瓦迪哈勒法（Wadi Halfa）去喀土穆的途中，维卡斯·迈尔斯先生注意到旅客中有一个怪模怪样的人，尽管他衣着不整、蓬头垢面，但怎么看都是英国人。他注意到那人好像身体不适，就走上前问他是谁，是不是不舒服。温盖特道出身份，说自己正闹牙痛。同所有生活在热带地区的人一样，维卡斯·迈尔斯先生总是随身带着充足的药品，温盖特用了一剂药后，牙立即就不疼了。俩人开始攀谈起来，一路上成了朋友。这位长者对温盖特一见如故，他觉得这个弯腰驼背、神情沮丧的年轻人是位让人兴奋的旅伴。俩人还在船上的时候，他就告诉温盖特学习阿拉伯语最好的办法就是到偏远的地方定居，远离喀土穆的俱乐部生活，并说欢迎他到拉沙德去。正如温盖特写给雷金纳德的信中所说，他接受了邀请。新年伊始，他就动身前往拉沙德，最后一段路是骑着骆驼走完的。

维卡斯·迈尔斯先生发现他的新朋友是个非常古怪的家伙。这个年轻人有着极其独特的想法和习惯，特别引人注目的是，他总是心神不安地坐在客厅的沙发上，一坐就是几个小时，不是吃甘蔗，就是不停地吸烟，还把烟蒂随手扔在地板上。他对热带地区的养生之道自有一套新奇的见解，与其他一些离奇的举止相比，吃甘蔗不过是小巫见大巫。一天，维卡
斯·迈尔斯先生发现他赤裸上身坐在正午的烈日下晒太阳。他有些生气， 61
问对方究竟想干什么，温盖特回答说，他正在体验对酷暑的忍耐力，并设法搞清楚中暑的临界状态。维卡斯·迈尔斯先生听了温盖特的回答，更是气不打一处来，他命令温盖特立即回房间。这次自讨苦吃导致温盖特的皮肤严重灼伤，好多天都不能痊愈。他一辈子都不轻信任何理论，不论它们经过怎样充分的检验。

晚饭后，他们整夜整夜坐在一起聊天，喝威士忌，温盖特经常在沉思片刻之后滔滔不绝讲个没完，他言辞激烈，常常自以为是，有时让维卡斯·迈尔斯先生气愤到极点。这个年轻人完全缺少对现行社会秩序的尊敬，他与那个以维持统治为己任的官僚集团不可能志趣相投。有时在谈话中，盛怒之下的维卡斯·迈尔斯先生会对这个鲁莽无礼、古怪反常的年轻人产生强烈的厌恶感。多年以后，他回忆说，往往就在此时，俩人会在瞬间突然达成和解。这个年轻人满嘴都是些现学现卖的、让人懊恼的新名词，然而正当他的反叛和亵渎让人恼怒不堪之时，他会突然绽放出孩子般天真的笑容，好像是承认自己让人难以容忍，而对方是明智的；也好像是承认尽管自己知道那些信念靠不住，但争论本身有着让他无法抗拒的乐趣。于是，维卡斯·迈尔斯先生不再后悔邀请这个旋风小子到自己的房间，后来经过长期接触，他最终承认，尽管自己对温盖特的言行大不以为

然，但还是将他视为朋友，而且是位了不起的朋友。

然而，维卡斯·迈尔斯先生的两位手下却没有这么大度。他们将这位不速之客视为不堪的讨厌鬼，是他们不得不承担的巨大负担。他们丝毫不掩饰对他的憎恨，他们之间水火不容。温盖特一生中，与长辈和晚辈相处要相对融洽一些。除了个别几个亲密的朋友之外，他往往很难与同辈人友好相处，甚至还经常得罪他们。

前面说过，雷金纳德·温盖特爵士给赫德尔斯顿将军的信确实发挥了
62 作用。“凯德”（Kaid，苏丹语对指挥官的称呼）立即写信向陆军部举荐这个年轻人。陆军部答复，温盖特可以于 1928 年 4 月以后加入苏丹国防军，也就是说同意让他在 8 月完成五年服役期之前调动岗位，而且免去了他在结束假期后必须回国的麻烦。

在英军历史上，苏丹国防军是一支绝无仅有的特殊部队。李·斯塔克（Lee Stack）[1]爵士遇害后，艾伦比勋爵向埃及政府施压，作为赔偿的一项条件，埃及军队撤出了苏丹，此后不久，也就是 1925 年 1 月，赫德尔斯顿将军创建了苏丹国防军，而此时这支部队刚刚成立三年。士兵来自苏丹和邻国许多不同的部族，也有在非洲定居的阿拉伯人。军官多为英国人，但苏丹军官的数量逐年增加。由于主要交际语言是阿拉伯语，加之作风懒散，这支部队会让人误以为它是一支弱小的阿拉伯军队。苏丹国防军下辖四支部队：摩托化机枪营、骆驼军团、西阿拉伯军团和东阿拉伯军团。这里所说的“军团”只不过是一个好听的叫法，一个军团实际上也就是两个不满编的旅，总共约 4500 人。

温盖特被分配到东阿拉伯军团，司令部在加达里夫（Gedaref），该军团共有四个主要驻地，分别在卡萨拉（Kassala）、辛贾（Singa）、鲁赛里

① 李·斯塔克（1868—1924），曾任英属埃及苏丹总督，1924 年 11 月 19 日，在驾车前往埃及的路上遇刺身亡。——译注

斯（Roseires）、加拉巴特（Gallabat）。加入苏丹国防军后不久，他到了加达里夫，那里地处“麦罗埃之岛”（Island of Meroe）（这样说是因为那里被青尼罗河和东岸四季不断流的尼罗河支流所包围）。驻守在那里的军人过着典型的边远哨所的生活。同其他人一样，温盖特很快发现自己不得不培养新的兴趣。苏丹国防军在管理上有一个秘诀，就是新人头几个月都要到边远地区任职。新人从来不会直接安排到喀土穆。他们大多接触不到西方人，只有一部留声机做伴，他们发现治疗孤独症的有效办法就是完全与周围人打成一片。温盖特在东阿拉伯军团服役六年，先后驻扎在加达里夫、卡萨拉和加拉巴特。第一年，他仍然是名中尉。

1929 年夏天，他回英国休假，并于 6 月 18 日参加了东方研究院组织
的官方考试，他实现了最初的目标，获得了一等翻译资格。他申请了一等 63
翻译的特殊津贴，从 7 月 23 日起，只要他在阿拉伯语国家服役，每年就可以多拿 120 英镑。9 月，他返回苏丹。次年 3 月，他当上了连长。军人常说，这是军旅生涯中最快乐的时刻。从此以后，他就是温盖特上尉了，不过这是一个长期性的临时军衔，或者说只在当地算数；按照英军当时论资排辈的晋升条件，他正式获得上尉任命还要等上七年时间。苏丹国防军的编制很奇特，他所辖的连，或者称“艾达拉”（Idara），实际人数相当于英军半个营。他被授予一个苏丹国防军特有的军衔“千夫长”（Bimbashi），翻译成英文相当于少校。那年他 26 岁。

麦罗埃属于草原和疏林地带，除了短暂的暴雨季节外，那里气候干旱，炎热的灌木林间河床密布，一年多数时间河床是干涸的，但有许多常年不干的水洼，野生动物可以在那里饮水。对于像温盖特这样热衷于冒险和探索的年轻人来说，这里简直就是天堂。他自称曾带领手下到过欧洲人从未去过的地方（但这并不很难），他在水洼边耐心观察，发现自然界存在奇妙的“国际法”，在它的支配下，动物们饮水时相安无事。他别出心裁地将军事训练设计成疯狂的游戏，那些游戏很适合手下人原始的性格特

点。他组织各排比赛快速装卸枪炮，优胜者可以获得一只羊的犒赏，在黄昏时分的欢宴上享用。他不满足用常规的靶标练习射击，他画出一个大大的阿比西尼亚骑兵的侧影，让奴仆用铁皮制成靶标，这些靶标被安在木制轨道上，用卡车拖着快速通过射击区。士兵们发现打这种靶标比打单调的方形靶标有趣得多。

现在，他第一次成为管理者。同许多在苏丹服役的缺乏经验的年轻军官一样，他发现自己占据着一个有实权的位置，在此情形下形成的很多思想将伴其终生。

他不久后说："我的'艾达拉'，有 300 名第一流的苏丹勇士。我的职责就是训练他们打仗，并且管理他们的家务事。他们差不多都是穆斯林，多数来自苏丹中部和东部的各部落，少数是巴格拉（Beggara）的阿
64 拉伯人，还有个别血统纯正的索马里人和黑人。他们的女人也同样来自多个种族。我生活在这些人中间……他们让人愉快，我要是能永远为他们操心，那真是太幸福了。我统治他们靠的是特定的权力。按照规定，我拥有的最高处罚权限是 25 犀牛皮鞭的鞭笞，30 天的单独监禁，扣 30 天薪水。这些是最高的惩罚，在此范围内，还有各种较小的惩戒权力。要是我成心跟某人过不去，我可以把他逼得自杀，或者，完全相反，我可以成为他的领路人、开导者和朋友。已婚军人住宅区的所有争吵最终都会找到我头上。"

以下是他讲述自己如何处理一件杀人案的经过，这本来不在他的权限之内。他说："我本来无权处理杀人案，但我这样做了，使犯人免于绞刑。两个列兵为一个女人发生口角。一个闷热的下午，一名列兵在屋子里睡觉，他的情敌进屋找到他。那人发现列兵脸贴着地板睡着，于是拿起包着金属头的棍子，猛地砸向他的后背。毫无疑问，他只不过是想好好教训一下自己的情敌。但他恰巧击碎了对方的一只肾，受害者经受了可怕的痛苦，很快就死了。当然，这个案子属于过失杀人，不是谋杀……但那也意

味着长期监禁……我的想法非常简单。我对自己说：‘他是一个无知的农民。他头脑相当简单……我知道，因为他是人，就会有喜怒哀乐……把长期监禁的苦难强加给这样一个人，让他过与世隔绝的生活，在我看来，是比过失杀人本身更大的犯罪。’想到这里，我告诉那个犯人，我不打算把他的案子报上去。”

他对于惩罚和正确运用惩罚的态度来自于在苏丹的经验，此后基本没有改变。他的态度非常鲜明。他十分痛恨监禁，厌恶这种慢慢毁掉人的方式，憎恨这种与犯罪本身缺少因果联系的惩罚。必要时，他会毫不犹豫地处以鞭笞，但他很在乎被惩罚的对象是谁。他从前在家里和学校受体罚的记忆，让他对自己忍受折磨的能力缺乏信心。他曾广泛涉猎哲学著作， 65
这使他明白暴力和痛苦会导致严重的后果。

他在加拉巴特任职期间，结交了一些埃塞俄比亚朋友，也结交了一些越境赶集的生意人。他开始研究他们的生活方式，试图理解那边的宗教习俗，这种奇异的基督教习俗在中世纪是祭司王约翰（Prester John）传说[①]的一个重要来源。他经常找机会越过边境，星期天，他有时会在新朋友的带领下到边境另一边有着白色穹顶的小教堂做弥撒。来往次数多了以后，他开始对埃塞俄比亚及其人民产生兴趣。但是，此时还没有迹象显示这种兴趣会将他引向何方。

过了一段时间，他详细说明了自己对这些新伙伴的感受。他的主要职责是防止偷猎大象，偷猎者主要来自埃塞俄比亚，他们偷猎经常是为了自己，但更多情况下是受非法象牙商人雇佣。温盖特的办法是找到这些偷猎者的踪迹，包围他们，如果有可能就将他们绳之以法，要是不可能，就把他们赶跑了事。温盖特说，当他第一次被迫采取行动时，他就开始同情

① 祭司王约翰是传说中的一位信奉基督教的中世纪国王兼祭司，据传他在远东或埃塞俄比亚地区统治着一个基督教王国。——译注

这些勇敢无畏却目无法纪的家伙，那种感情就像猎人对猎物的爱，越是生气就越是暗自钦佩。他说当自己开始接触有教养的埃塞俄比亚人并了解他们的生活时，便有一种肃然起敬之感。他渐渐相信（像许多人一样），这个多种族混居的国家代表着非洲文明的最高水平，在非洲人中唯有埃塞俄比亚人创造了可与亚洲和欧洲文字媲美的书写语言，他们在世界历史上曾扮演过重要角色。此外，他还说，他确信埃塞俄比亚人的性格和命运之所以如此高贵，原因在于他们选择了真正的宗教，这在非洲民族中是绝无仅有的。

一天，为了防止有人偷猎大象，温盖特正带领手下巡逻，手下人包围了一个不法之徒，那个人试图穿过灌木丛逃跑，没能得逞，结果被打死了。手下按惯例立即将此事报告巡逻队队长，并带他到事发地点。温盖特以前从未见过死人，尽管他一生中将要目睹那么多死亡并夺走许多性命，但此时却被眼前的景象吓得目瞪口呆。据他自己说，他被一种深深的负罪
66 感彻底征服了。他目不转睛地盯着尸体，多年后，他还记得那人衣衫褴褛，穿着当地的长袍，外面套着一件旧的卡其布夹克，那是英军士兵穿旧后扔掉的。死者身上再没有其他东西。温盖特后来说：“他只有一样有价值或者说重要的东西，那就是他的生命，而我们却将其剥夺。”

服役的大半时间里，他是驻地唯一的欧洲人，苏丹籍下级军官和士兵给他起了一个绰号“尊敬的法官大人”。温盖特非常器重的一位苏丹籍军官是个高大伟岸的阿拉伯人，他忧郁、高傲的气质非常引人注目。一天，俩人谈论起英国统治前的时代，于是温盖特拿出一张老照片。他给朋友看照片，并解释说这是他的堂叔雷金纳德爵士拍摄的。照片上哈里发和他的埃米尔们横尸在羊皮上，时间是 1899 年。据温盖特说，这个苏丹人仔细看完照片后，“脸色异常苍白”。他把照片还给温盖特说：“我是哈里发的小儿子。”温盖特窘得不知所措。尽管发生了这次不幸的误会，俩人的友谊还是经受住了考验。他的领导能力总是得到上级的肯定。苏丹的生

活适合他，他也适应那种生活方式。

在喀土穆的军团司令部里，温盖特面对自己的同胞却到处碰壁。当时还是苏丹国防军年轻军官的特伦斯·艾雷（Terence Aircy）爵士认识温盖特。他记得人们对温盖特的矛盾性格褒贬不一。这个年轻军官有着苏丹最显赫的姓氏，自然到处受到热情接待，可是他特立独行的举止很快疏远了一些人。还在拉沙德考察期间，他就开始四处树敌，一半是成心的，另一半是不由自主地要发泄一下旺盛的精力。在英国管辖的海外殖民地，英国式的绅士风度的确被夸大和歪曲了，但是温盖特却是这样一个我行我素的年轻人，他蔑视一切礼仪，他经常衣冠不整，他怀疑公认的信条，他喜欢说些不中听的话，故意惹恼和激怒别人，好像是为了从中取乐。在大英帝国，任何时候、任何地点，都不会有官场同僚对像他这样的年轻人抱以尊敬，这样的人只能让他们感到困惑和不满。在一个思想保守的社会中，温盖特给大多数人留下的印象就是，他是共产党。

他让同胞们大为光火，甚至影响到自己的前途。事情是这样的，一 67
天，一位高级军官把他叫到办公室，以训斥的口吻对他说了以下这番话：“你说得太多了。像你这个年纪的年轻军官应当少说多干。我不喜欢你的言论，也不喜欢你这个人。我给你一个选择，要么你给我闭嘴，把那些关于共产主义之类的想法烂在肚子里，要么我把你退回团里，并附上对你不利的评语。”

温盖特的第一反应是，如果服从就意味着屈辱地放弃言论自由的权力。他有好一会儿不知道说什么好。他心里盘算着，不管自己怎么说，这个蠢货都不可能理解，于是他说，“遵命，阁下”，然后回到自己的住处。他用心吸取这次教训，注意谨慎行事，但多年后回首这段岁月时，他还是能够再次回想起那位长官，以及卡尔特公学和伍利奇军校的那些老对头，所有这些蠢材的专制带给他莫大的痛苦和屈辱。

不过，要是有人认为温盖特在苏丹不论什么时候都是同胞们讨厌的对象，那就错了。不管在什么情况下，他这个人都不可能成为所有人的朋友，但是在非洲最初的几年里，他的朋友比敌人多。人们发现他的古怪并非装腔作势，或者说即使有装腔作势的成分，内心也是真诚的，于是大家对他的猜疑也就烟消云散了。同在威登的情况一样，勇敢精神帮他赢得了友谊，但更多是在马球比赛中，而不是在狩猎场上。有一次，他的确令人刮目相看，因为他成功地试验了一种理论（要有足够的胆量才行），即要对付直冲过来的野牛，最好的办法就是猎手冲上去——不给它转身的机会——当猎手和牲畜以大约每小时 30 英里的相对速度擦肩而过时，一枪打在野牛的肋部。苏丹国防军的人员素以掌握高水平的阿拉伯语为荣，而他在语言学习上所表现出来的认真和毅力赢得了大家的尊敬。英国政府（不论在其他领域里犯过多少错误）一向高度重视通过亲身体验去了解被统治民族，而他总是找机会跟苏丹人和埃塞俄比亚人一起生活，这也让别人对他充满敬意。最初的敌意消失后，一旦人们认识这个年轻人的真正品质，人们反而会因为他的古怪行为而喜欢上他。在苏丹，单调乏味的生活是永远无法摆脱的负担，也是每天都要面对的问题，即使最不容易受外界
68 影响的人有时也会感到“正午魔鬼”（noon-day devil）[①] 的来临。现在有人打破了千篇一律的生活，而这个人竟然是伟大的殖民地总督的亲戚，一个马克思主义者。温盖特确实让人生气，但他也可以解闷。

他的同事、下属和上级都不曾想到，在这一时期，他的心灵正经历着一场严峻的考验。此时他只向一个人吐露心声，在他的一生中如此信赖的人不超过六个。他亲笔写下有关这方面的一点点内容非常隐晦。在 1931 年 4 月的几篇日记里，有他写给一个远在英国的女孩的话，当时他正爱着那个女孩。

---

① 古代僧侣通常很早起来祷告，到正午时就会身心疲惫，不能集中精力，仿佛受到了魔鬼干扰而心神不宁。——译注

1931 年 4 月 12 日。我想告诉你我今天下午的体验和想法。刚开始，我想到一句能让我安慰和坚强的警句，“敬畏上帝而非死亡”，“服侍上帝而非自己”，但是，过了一会儿，我稍微调整了一下句式，我突然发现仿佛悟到了真理。如果我们同情周围的人，通过服侍他们来服侍我们的造物主，像服侍我们的造物主一样服侍他们，那么我们的个人生活就显得不那么重要了。死亡面前人人平等，别人会死，我们也会死。我自认为热爱仁慈和正义，但我过于屈从自己的欲望，因为我想那样做。从这个意义上讲，我的居所是建筑在自我的沙土上……

这些想法给了我莫大的安慰，因为我感到可以摆脱自恋——要是上帝愿意剥夺我的生命，我知道我会一如既往地热爱他的创造，我也知道自己只是我身上很小的一部分……如果上帝愿意宽恕我——那么我希望自己将在余生中更加关心万物生灵，较少放纵自我……

1931 年 4 月 14 日。最近几个月，我没有待在上帝安排的地方，而是一直住在英国……感觉就像我的躯干在英国的客厅里，而我的胃却游荡在非洲的森林中，并且将要被野兽撕成碎片。我在想，“这种危险与我何干？”究竟基于怎样的常识和公认的正义，需要我承受与自己的生活方式毫无关系的风险？

我必须学会爱上帝的创造，不论我身在何处，我决不会因为现实世界如此残酷无情而将自己禁锢在梦想的世界里。这并
不是说秉承相反的信条，即完全拒绝梦想就是正确的。拒绝梦 69
想就是走下坡路。从这个意义上说，现在就是一场梦，将来和过去也同样是一场梦——正确的生活态度是实现三者的完美结合，或者更准确地说是实现两者的完美结合，因为从这个意义

上说，现在并不存在。梦寄托着我们对未来的憧憬（只要梦见的不仅仅是过去，通常如此），而梦见过去的真实经历……我的意思是说，我们既不可能完全生活在此时此刻，也不可能完全生活在幻想的将来，但我们必须时刻保持脚踏实地的信念……

1931年4月15日。我现在身处荒无人烟的野外。走上一小时也看不见一个人，从这里到有人居住的边远村落有四天的路程。我们位于尼罗河和宾德尔河（Binder）之间。不管朝哪个方向走，一天路程之内都没有水源，我们现在要走一天半才能找到水……

12日的日记记述了他听说妹妹康斯坦斯（Constance）突然去世的心情。15日，他似乎已经从悲痛中恢复过来，我们也许会以为他经受了数日的哀痛后重新开始正常的生活。这种判断是错误的。关于他内心经历的痛苦，这几篇日记只提供了一点点线索。家庭年轻一代中出现的第一起死亡，往往令家人茫然不知所措，其惊骇程度远远超出他们的想象。温盖特所经历的还不只这些。他发现自己无法摆脱一种不受理智控制的念头，即自己注定不久于人世，同时他陷入某种幻觉，即世间万物皆是一片混沌，没有希望，也没有意义，只有不幸是永恒的现实。在他的生命中这也许是第一次，他发自内心地渴望祷告，也许同样是第一次，他由衷感激自己的家人，因为他们教会他如何祷告。他所描述的感受正像一个失去知觉正堕入死亡漩涡的人，拼命挣扎着求生，不断重复着几句简单的话，以坚定自己的信念，这几句简短而朴实的话语简直就像是救命稻草。

人们在极度悲痛时会产生极度恐惧，这种恐怖的体验只要经历过一次，就永远无法从生活中抹去；不错，这种恐惧感还会再次出现。过了一段时间，当他内心接受了妹妹去世的现实时，他再次被一种突如其来的不祥之感压倒，仿佛透过幻觉看到了真相，他意识到世间万物不过是一片毫无意义的蛮荒之地。他发现自己深深陷入绝望，感觉体力不支，四肢颤 70
抖，他出于本能想要抓住某个固定物体，无论是一棵树、一根木桩，还是一根绳子都行，他不断重复着虔敬的话语，直到恐惧过去。他需要一些短小精悍的话，以便能在瞬间想起来。他在日记中记录了一些这样的短句，如“敬畏上帝而非死亡”。还有一次，他一遍又一遍地重复：“上帝是仁慈的，上帝是仁慈的。”

这种恐怖的体验并不仅限于在苏丹的日子；它也不是源于孤独寂寞。最不可思议的是，有一次他竟然在大庭广众之下被恐惧感征服。这一时期（具体时间不详），他在伦敦休假，有一天他和一个女孩一起去电影院，他曾向那个女孩吐露过日记的内容，当时他们已经订婚。电影并无特别之处，但凑巧的是，男主人公的名字也叫“温盖特”，照理说这种巧合算不了什么，却让他坐立不安、焦虑不堪。故事以主人公的惨死而告终。此时，坐在下面的温盖特再也无法忍受，小声咕哝着说，“我们走吧”，然后匆忙离去。走在街上，女友发现他面色苍白憔悴。他们一起回到女孩的住处，看到他病得那么厉害，她吓坏了。过了一会儿，他吐了，感觉好一些。他无法解释为什么会不舒服，在晚上剩下的时间里，他坐在那里一句话也不说。她问他究竟怎么了，他嘀咕着说，他确信自己将来也会“那样死去”。

次日，她照料他一整天，他的状态仍然很差，直到晚上才感觉好些。他很快恢复了正常，尔后告诉她所发生的一切。他说每当自己预感死亡即将来临时，这种抑郁症就会突然发作，而引发的事件可能仅仅是电影中人物名字巧合这类小小不言的事情。他为自己的脆弱感到羞耻，却无力克服。这次犯病算是轻的，只持续了 24 小时。女孩看到他说这些事的时候很痛苦，就不再强求他继续说下去。这是唯一一次有人见证他犯病的经过。人们并不清楚他的病多长时间会发作一次，但从他留下的零星记录看，病症一直潜伏着，第一次全面爆发是在日记提到的那次巡逻中，当时他因为妹妹的去世而心情沮丧。关于此事唯一明确的说法是在九年以后，他说像这样“歇斯底里的发作”一共经历过四五次。他很少说起这
71 些事，因为那让他内心充满恐惧，并且持续折磨他将近十年之久，险些把他逼疯。①

一想到这些非同寻常的经历，人们可能会再次联想到温盖特的父亲。

前面暗示过，温盖特上校是一个神秘主义者，因为没有机会，他从未真正领悟上帝对他的召唤。他儿子的情况难道不是一样吗？他虽然读过许多书，但不可避免地受到时尚的影响，也许他从未听说过《心灵的黑夜》（*The Dark Night Of The Soul*）②。

温盖特每年夏天都回英国待上三个月，但 1932 年 2 月到 5 月，他一直在英国休假。延长休假的原因是他正在为利比亚沙漠探险做准备，那将是他人生首次大胆的个人冒险。他将于 1933 年 4 月结束与苏丹国防军的临时隶属关系，显然他想以一个宏大的收场结束自己的非洲之旅，这可能为他赢得一定的声望，甚至是不朽的名声。

他第一步是要找到一个值得探险的目标，以他一贯的浪漫情怀，他开始着手研究学术界尽人皆知的两个极富神话色彩的猜想：失踪的冈比西斯（Cambyses）大军和扎苏拉（Zerzura）绿洲。

两个计划相比，冈比西斯计划成功的可能性更小，而他首先研究的似乎是这个计划。据希罗多德记载，征服埃及的波斯皇帝派大军去锡瓦（Siwa）捣毁神庙，路上遭遇沙暴，全军覆没。有人由此认为，在利比亚

---

① 与温盖特通信的那个女孩在信中提到了他对死亡的预感。他如此强烈地预感到死亡，以致他甚至安排将日记留给她，以防自己突然死去。以上所说的内容取材于多人对作者的口述，其中包括在电影院目击温盖特犯病的伊妮德·杰利（Enid Jelley）小姐。G. W. B. 詹姆士的证言证实了这些口述的真实性，后面的章节还会涉及。——原注

② 《心灵的黑夜》，是西班牙诗人、罗马天主教徒和神秘主义者德·拉·克鲁斯（San Juan de la Cruz）创作的一首诗。后来人们用这个词表示精神生活中某种孤独无助的状态。——译注

的沙漠之海（Sea of Sand）[1] 中的某个神秘之地，一定埋葬着大量的阿契美尼亚（Achmenian）勇士。尽管希望渺茫，好事者们还是不遗余力地寻找遗址和宝藏，人们想象那里有古代盔甲、武器、器具和诸如此类的东西，简直就像一个巨大的博物馆。但这个故事经不起推敲，即使这位万王之王的大军真的集体窒息而亡，他们的战利品也很可能早在几个世纪以前就被人转移走了，而那些人肯定不是考古学家。温盖特没有在这个异想天开的计划上浪费太多时间，他很快放弃了冈比西斯计划，把注意力转向扎苏拉绿洲。

是否存在绿洲在当时是一个很值得怀疑的问题。13 世纪以来，阿拉伯作家到处散布有关绿洲的传说，称在尼罗河以西有一个绿洲，那里鸟语花香，其中有一座雪白色的城池，遍布金银财宝。那里住着一对沉睡 72
的国王和王后，还有能够发动毁灭性攻击的黑色巨人。尽管类似的传说不可信，但包括约翰·加德纳·威尔金森（John Gardner Wilkinson）[2] 爵士在内的地理学家们还是非常重视，扎苏拉绿洲被认为是未来的探险家们很有可能获得的一个大奖。沙漠之海是世界上少数不为人知的地方之一，在那里发现任何奇迹的可能性都不能排除。当时，拉迪斯劳斯·奥尔马希（Ladislaus Almasy）[3] 伯爵给出一个关于扎苏拉绿洲的合理解释，他说有关失踪绿洲的传说，有很多并非虚构，而是对自然现象的曲解，例如利比亚的几处地点突降大雨之后，绿色植物就会快速生长，随后几年那些地方就会暂时出现令人心旷神怡的绿洲，再后来因为干旱植被枯萎，绿洲就会“消失”。所以，他争辩说，当植被枯萎后，赶骆驼的人仍然记得某个地方有绿洲，却怎么也找不到，多年搜寻未果，他们就开始编造神秘的传说，

① 沙漠之海即撒哈拉沙漠。——译注

② 约翰·加德纳·威尔金森（1797—1875），英国著名旅行家、作家和古埃及学家，被人们誉为“英国古埃及学之父”。——译注

③ 拉迪斯劳斯·奥尔马希（1895—1951），匈牙利贵族、沙漠探险家、飞行员。电影和同名小说《英国病人》中的主人公奥尔马希伯爵就是以他为原型的。——译注

称存在某些可以神奇地避开探险者的世外桃源。根据奥尔马希的理论，可以推测，在“起点位于新近发现的大吉勒夫高原（Gilf Plateau，阿斯旺以西 450 英里）的南北走向的河床”，还会有绿洲周期性的出现或“消失”。扎苏拉绿洲可能就是寓言中快速生长的蘑菇，如若不然，传奇也可能与其他几个地点有关。

温盖特很可能没听说过奥尔马希的学说，但他在想方设法研究利比亚沙漠的过程中，结识了另一位沙漠探险的前辈，此人以前也曾在苏丹国防军服役，后来对温盖特的一生产生了重要影响。这个人就是威尔弗雷德·詹宁斯－布拉姆利（Wilfred Jennings–Bramly）上校。他住在一个叫伯格埃尔阿拉伯（Burg el Arab）的地方，在亚历山大港以西 30 英里处，位于塞努西部族的边界上。上校的家族与埃及有三代渊源，他祖父约翰·威尔弗雷德·拉金（John Wingfield Larking）是穆罕默德·阿里的密友，上校本人在第一次世界大战期间曾在埃及服役，并由此对塞努西部族产生了持久的兴趣。从埃及边防部队退役几年后，他决定将自己的余生致力于向利比亚的塞努西部族传播人类最起码的文明。他运用自己的影响，劝说这个游牧部落修建了一个四方小城，名叫伯格埃尔阿拉伯，这个小城既是贸易中心，也是每年一度部族向埃及君主献礼的地方。当时伯格埃尔
73 阿拉伯尚未完全竣工，1932 年下半年，温盖特和詹宁斯－布拉姆利曾两度到过那里。

8 月，他写信给雷克斯堂叔，显然这不是关于沙漠探险的第一封信，他告诉堂叔自己的准备情况：

> 现在最主要的事情是尽快搜集必要的工具，赶在明年 1 月前能够熟练使用它们。

> 经鲍尔[1]推荐，我已向皇家地理学会提交了需求清单，我相信他的意见还是有分量的。同时，我正设法从这里的测绘部借用一些。雨季后成行的机会很大。
>
> 我也许应当带一部无线电台。我当然没有，不过可以去买，去借，或者去偷！但是我还是认为不带更好。我可能一个人去，或者很可能跟一位有经验的测量员一起去。我想在阿马拉购买骆驼，并于明年 1 月从海法出发。要是您感兴趣，我稍后会报告全部细节。

雷金纳德爵士对这位天才、古怪、固执的堂侄的前程非常关心。他为这次历险提供了很大帮助。

非常凑巧的是，另一支目的相同的探险队此时也在寻求帮助。大约在 10 月底，一个叫伯曼（Bermann）的博士写信给雷金纳德爵士，说他正在筹备一次探险，目的是寻找利比亚失踪的绿洲。前期的调查令人非常鼓舞。6 个月前，皇家空军少校彭德雷尔（Penderel）和奥尔马希伯爵对大吉勒夫高原进行了航拍，通过仔细判读，可以在干涸的河道中隐约辨认出动植物遗迹和古代岩刻。他们据此断定那一定是失踪的扎苏拉绿洲。彭德雷尔、奥尔马希的发现激发了卡迈勒（Kemal ed Din）王子和罗伯特·克莱顿（Robert Clayton）爵士的兴趣，他们同意为探险队出资购买专门用于沙漠旅行的汽车。可是到了夏天，王子和准男爵相继去世，探险队从此失去了赞助人。他们不需要很多钱。小汽车已经买好，随时可以使用。难道就没人感兴趣吗？伯曼在信中想问的正是这个问题。

雷金纳德立刻想起了自己的堂侄。他向各方权威打听后，于 10 月 27 74
日给温盖特写了如下这封信。

---

① 约翰·鲍尔（John Ball）是当时英国在埃及进行沙漠勘测的负责人。——译注

亲爱的奥德：

尽管我最近没给你写信……对于你提出要去西部沙漠探险的事，我并未怠慢，事情的进展既离奇又有趣。

你应该记得我对你说过的伯曼博士，他是匈牙利人（不要对外人说，他是《柏林市民日报》驻维也纳的政治评论员，在欧洲非常有影响），与我长期以来的老朋友斯拉京（Slatin）非常要好，我们一直保持通信。

就在昨天，我收到他的一封长信，我随这封信一起寄给你，信中说他正在筹划一次探险，某种程度上与你存在竞争关系，他还有一个更大的想法，要写一本书。从你的角度来看，这一切都是有利的，因为不论他正在筹划的探险是否成功，都会引起广泛关注，如果你决定加入，对你来说是件大好事。

我一收到伯曼的信，就立即通过快递将它转给德兰斯·福斯（de Lancey Forth）[1]，因为我不想浪费时间，希望尽快得到他的答复和意见（特别是他马上要去埃及找詹宁斯－布拉姆利），就我所知，他是最可靠、最值得信赖且最有经验的西部沙漠旅行家，他的意见绝对可以信赖且无比珍贵，请相信我，你最好听从他的建议，我把他的复信一并寄给你。鉴于这是一个生死攸关的问题，我要求你非常慎重地考虑他信中的意见。我倾向于认为，你应当加入探险队而非独自前往，这对你和你的前途非常有利，但我必须要你独立做出判断，我只想强调一下福斯提出的严肃忠告，在无边无际的沙漠之海探险比看上去要难得多，其艰难困苦远远超出伯曼及其朋友们的想象。

① 德兰斯·福斯，英国军官，曾在驻埃及军队服役，20 世纪 20 年代曾在撒哈拉沙漠探险。——译注

> 我急着口述这封信，今天就寄出，必须尽快与你联系，一刻也不能耽误，我想最好是按福斯的建议，由你直接与伯曼取得联系，福斯的信中有伯曼的住址，遗憾的是，我不知道他是否有电报地址。
>
> 我不再多说了，祝你万事如意，但愿你在这个非常重要的 75
> 问题上能够有一个明智的决定。再重复一遍我的忠告，如果你仍然想独自面对沙漠之海的危险，你的最终决定必须无比慎重，每一步都要三思而后行。

这只是五方通信中的一封，这五个人分别是雷金纳德爵士、奥德·温盖特、德兰斯·福斯上校、伯曼博士和奥尔马希伯爵。各方通信一直持续到12月。雷金纳德爵士将各方通信复写后分送给每个人，不久主要的意见分歧显露出来，一派意见使用骆驼，另一派意见使用汽车。以德兰斯·福斯上校为首赞成使用骆驼的一派宣称：“不可能乘汽车从库夫拉（Kufra）向东穿越沙漠……如果他们固执己见，一意孤行，注定会命丧黄沙。”以奥尔马希为首赞成使用汽车的一派说，他们如何在1929年和1930年开汽车走遍整个地区……虽然德兰斯·福斯上校认为无法乘汽车穿越库夫拉以东的沙漠地带，但他在汽车制造厂试验部门当工程师是12年以前的事了，而且他不曾开汽车走遍非洲全境，包括南部地区。

一派守旧而令人敬重，另一派新潮而崇尚机械，从来往的书信看，对于两种不同风格的探险，雷金纳德·温盖特爵士刚开始倾向于保守派，但很快发现自己转而同意奥尔马希的观点，因而建议堂侄加入汽车探险队。奥尔马希表示支持并写信告诉伯曼博士。但是一贯叛逆的奥德·温盖特仍然站在保守派一边。他给伯曼博士写信说，他的主要目的绝非寻找扎苏拉绿洲，用他的话说是“对沙漠之海部分地区进行粗略的地形测量”。温盖特还说，购买骆驼的合同已经敲定，他觉得到“这个阶段”不能再改变计划。他拒绝了堂叔的建议。没有理由认为他拒绝的原因有丝毫不实之词，但可以假定他并未说出内心深处的动机，即他希望独立进行探险。

11 月中旬的情况是，温盖特正筹备一次骆驼探险，而奥尔马希正筹备一次汽车探险，双方都希望有重大的地理发现，都希望因发现失踪的绿洲而青史留名。然而，就在此时他们都遇到了麻烦。

76 就在温盖特写信给伯曼博士的当天，苏丹国防军司令部拒绝了他参加探险的请求，理由是无法为他的安全担保，也拒绝接受他个人的担保。与此同时，奥尔马希的探险计划也触礁了：由于没有新的后台，某些贪婪的埃及高官想要霸占卡迈勒王子搞来的汽车。两支遇到挫折的探险队中，温盖特首先摆脱困境。他知道苏丹国防军司令部的禁令后，立即再次向雷克斯堂叔求援。后者给陆军大臣的军事秘书写了一封措辞委婉的信，结果陆军部打电报给喀土穆同意温盖特参加探险，条件是一切可能的后果都由他本人负责。苏丹国防军司令部收到电报后不再表示反对，前面的路畅通无阻了。

可以理解，他的主要目标是在昔兰尼加（Cyrenaica）地区，考察一条通往库夫拉绿洲的阿布芒加（Abu Mungar）古道，一直沿这条道路走
77 到昔兰尼加边界，再向北寻找水源。他装备了皇家地理学会和苏丹测绘部提供的测量工具，其中有一件工具很特别，那是一个装有测距仪的自行车轮子。这个装置每显示 130 英里，有 2.5 英里误差，由于种种原因，它将会引起很大麻烦。

离开喀土穆之前（他再次返回是 1940 年），他将自己的行李寄给理查德·古德博迪保管，此人是他在伍利奇和威登时结交的朋友，现在驻扎在开罗。与行李一起寄给古德博迪的还有他给家人、女友和少数几个朋友的信，以防他在沙漠之海遭遇不测一去不复返。他告诉古德博迪将行李和信件保管八个星期，此后如果他还没到开罗，古德博迪就将行李中的东西卖掉，并且把信寄出去。那就意味着探险家已经不在人世了。

1月28日，他离开喀土穆乘火车北上。此行的一个旅伴杰弗里·佩恩（Geoffrey Payne）先生，当时是苏丹政府的法律顾问，佩恩记得温盖特穿着很不合身的制服，样子非常蹩脚，但他令人兴奋，也很健谈，显然处于一种亢奋状态。2月1日，温盖特在费尔舒特附近的绿洲结合部下了火车，此地位于开罗以南350英里处。他从火车站乘卡车先到哈里杰绿洲（Oasis of Kharga），再前往达赫拉堡（Qasr Dakhla）。达赫拉堡堪称人类世界最边远的村落，它位于利比亚和撒哈拉沙漠边缘，在它与库夫拉之间只有几处破房子。温盖特这样描述他所到之处。

> 通常在这种情况下，当乘车到达有人居住的地方时，要一直按住汽车喇叭，直到有人出来欢迎你，并回答你提出的任何问题。开始我感到很诧异，认为这样做不礼貌，但后来我发现这种想法完全是无知的偏见，如果你不按这种流行的做法行事，好心的农民们就会觉得受到了伤害。这些用土坯垒起来的拥挤不堪的村落看上去实在迷人。它们全部或者说几乎全部建在垒起的土堆上，那无疑是以前村落的废墟，它们给人的感觉像城堡，不禁让人联想起穿着盔甲的武士。黄昏时分，眼前景物的大小比例不知何故被彻底颠覆了，仿佛有一个巨大的迷宫一样的城堡矗立在山上，周围环绕着像《格列佛游记》中的巨人一样高大的海枣树，还有流淌着小溪的舒适的花园。

温盖特在这里见到了他的13匹骆驼和4名阿拉伯骆驼夫，这些人就是未来五周时间里的旅伴。眼前的景象实在让他气馁。一个阿拉伯人压根 78
儿就是孩子。另一个是“其貌不扬的瘦高个儿，像猫一样鬼鬼祟祟”。他们全都想回家。只有驼队的首领，来自库夫拉的埃斯·塞努西·阿卜杜拉（Es Senussi Abdullah）似乎还信得过。那些骆驼全是埃及山地骆驼，而非他想要的迈格拉比或西部的品种。这些牲口没有一个像温盖特那样经受过烈日炙烤的磨炼，他后来说，“它们慢吞吞、老大不情愿地走着，真让人气不打一处来”。次日他动身出发时，成就一番事业的希望已经大打折扣。

他们花了四天半时间到达第一个目的地比尔阿布芒加。第一次歇脚是在谢赫迈哈布。温盖特记录了自己探险时的穿着，他头上戴着穆斯林的缠头巾，脚上穿着凉鞋，身披一件阿拉伯长袍，里面是军用衬衣和短裤。他此行的部分目的是检验自己的忍耐力。他为自己携带了 80 磅的食物，仅仅包括“像纸板一样硬的干枣”、饼干、橙子和鱼肝油。他的皮囊可以盛 10 磅水。他在应当带多少毯子的问题上犯了错误，只带了 3 条。结果每天晚上都冻得够呛。温盖特将轮子托付给一个阿拉伯人，承诺给他奖赏，他才肯接受这项工作。然而，此人似乎并未掌握这个装置的使用原理，在最初的行军中，他把测距装置和其他行李一起放在骆驼背上。后来，他像斜背步枪一样背着它。他最终了解了轮子的用途，但即使如此，“他的方法还是让人不放心”。

> 他不是像蛇那样走之字形路线，就是带错路，将骆驼引向歧途，要么就是拾柴火时迷了路。我决定自己背着轮子，直到五周后返回达赫拉堡。我很快适应了，当我把它还给苏丹测绘部后，有好几个星期，外出散步时身上没有它就觉得少了点什么。

从一开始，温盖特就在旅行队建立了严格而特别的纪律。在东方，沙漠旅行的正常做法是，日头高照的白天，大部分时间在休息，快日落时出发，借助星空导航走一晚夜路，日出以后一两个小时停下来。可是这样无法观察周围的景象，于是该着手下人倒霉，温盖特坚持要求大白天
79 赶路。他事后写道：“从拂晓到黄昏，我们从不给骆驼卸鞍；骆驼兵专家

一定会对如此违背常理惊骇不已。但所有这些规矩几乎完全取决于骆驼的身体状况。一旦你的牲口经受过全面考验，你就可以对它们为所欲为。”为了让大家了解全部真相，他也许应当再多说一句，即他采用这个办法部分原因仅仅是因为它背离正统。接下来这句话可能无意中泄露了他的真实想法：“政府的牲口当然够肥，但几乎都不够结实，所以必须得到特殊对待。”

他在比尔阿布芒加建立了一个食物和饮水存储点，然后向西朝库夫拉前进，他们所走的路是古代形成的沙漠古道。温盖特对眼前的情景作了生动的描述：

> 这里是一片荒芜之地，风化的灰白色巨石幽灵般地矗立着，给人以强大的想象空间。突然置身此地，会让人以为是在月球上。万物仿佛都彻底分崩离析。

可以想见，在这样可怕的地区旅行，他一定会从《圣经》中寻找慰藉，而让他感到惊讶和震撼的是，骆驼夫们竟然大声背诵《圣经》钦定版本中的内容。眼前激动人心的情景与以前了解的情况实在对不上号。旅行中他带在身边的唯一一本书是休谟[①]的《英格兰史》，而他不大可能通过朗读这本非宗教的优秀著作来吸引同伴们。

他们在沙漠中艰难跋涉着。从旅行笔记中可以看出他炉火纯青的观察能力，那是他从小在乡间练就的非凡眼力，人们因此钦佩地叫他“水獭”，这种能力也是其指挥才能的重要组成部分。以下这段笔记与沙子颜色和质地有关。

---

① 大卫·休谟（David Hume，1711—1776），英国哲学家、历史学家，对不可知论和经验主义两个哲学学派都有重要影响，主要著作有《人性论》和《英格兰史》。——译注

> 当地表有一些格外大的沙粒时，特别是如果它们的外表略呈紫色，那么这种沙子很可能比较软。略呈紫色的外表主要取决大沙粒的颜色，但是我认为它所以如此显眼，是因为周围较小的沙粒比沙漠之海中沙粒的平均尺寸要小。它们看上去发白，我说不出为什么，但事实就是如此，这种白色又衬托出略带紫色的大沙粒，它们的色彩并非在任何距离上都能正常分辨。所以当人们看到一块略呈紫色的沙地时，他可以说，第一，这块
> 80 沙地比较柔软；第二，它是由特别大的沙粒和特别小的沙粒混合而成。

他们没有找到扎苏拉绿洲的任何痕迹。他们发现了一具骆驼遗骸、一副鸟骨架、一个鸟蛋和一个属于史前文明的石器。他们遭遇过沙暴，一个骆驼夫宣称当旅行者接近神秘绿洲时，总会引起沙暴。这就是他们收集的全部证据，可以说毫无用处。2 月 18 日，在探险途中发生了一件令人震惊的事。他们大白天走在酷热的沙漠里，温盖特突然发现远处有一个小黑点。他们改变方向，朝着那个小黑点走去。越靠近越觉得那个东西外形怪异。渐渐真相呈现在探险队面前，那是一辆小汽车。他们走上前去，发现车是空的。温盖特钻到车里，发动引擎，毫不费力地将车启动。显然，很快就会有人来认领。此时此刻，他一定会想到奥尔马希。但是在温盖特的记录中找不到这样的想法。事实上，那辆车的主人是帕特里克·克莱顿先生（Patrick Clayton，与他同名的人太多了，不要搞错），他是埃及政府沙漠测绘部的官员，正独立对这一地区进行探险。他有一匹骆驼在附近，但探险队没有看到。像道蒂（Doughty）和伯顿（Burton）[①] 那样探险充满

① 托马斯·道蒂（Thomas Doughty）和理查德·弗朗西斯·伯顿（Richard Francis Burton）是英国两位著名的探险家。——译注

了危险和恐怖，以及令人难以忍受的困苦，温盖特虔诚而又谦卑地追随着两位伟大探险家的足迹，可是最糟糕的是，经过两周艰苦跋涉，最终发现全部路程可以乘汽车一天跑完。的确，奥尔马希在信中肯定提醒过他存在这种可能，但温盖特又怎么能听得进去呢。让温盖特感到少许安慰的是，他的探险队正走在回家的路上。温盖特于 3 月中旬回到达赫拉堡。他确信扎苏拉绿洲不在库夫拉古道上。在返回途中，他在道路以北发现了一些有意思的史前文明遗迹。

温盖特到理查德·古德博迪在开罗的住处时，正好是他从喀土穆寄出那封信以后八个星期，那封信清楚而不无伤感地交代了身后的事情。他穿着一件旧外套，而且好长时间没有洗过澡。他看上去瘦弱而疲惫。温盖特问可否让他住下来，朋友说欢迎他住在家里，愿意住多久就住多久。他在开罗住了些日子，休养并恢复体力。他用阿拉伯传说和民间故事逗房东夫妇开心，有时也给他们唱自己在沙漠之旅中偶然记下的小调。他们发现他 81
既快乐又自信，这是以前不曾见过的。

此时，所有的迹象都表明，他的人生理想就是跻身英国伟大的东方学家之列。同那些人一样，他发现自己对东方人生活中大量古老传统存在着永不枯竭的兴趣。同那些人一样，他不喜欢东方大都市中那种半欧化的文化；他发现自己从始至终反感开罗，耶路撒冷之行也令他失望。他发现居住在乡下和游荡在沙漠中的阿拉伯人，过着古老、原始、野蛮却优美的生活，像粗犷的古典诗歌一样充满魅力。他为皇家地理学会写了一篇有关此次探险的报道（直到 1934 年 4 月才发表），文章的结束语这样写道：

> 别人曾经有过更伟大的发现，他们的旅途也许更加凶险和引人入胜。但没有人像我一样，在冒险精神的激励下前去探险，并在一次失败的探险中找到那么多快乐和喜悦。

本章可以称为“非洲探险”，为它增加一个后记也许并不算跑题，因为读者很可能想知道奥尔马希后来的情况。他和彭德雷尔最终在埃及和英国的要人中找到了靠山，他们的探险队有四辆汽车，分别由奥尔马希、彭德雷尔、伯曼博士和布达佩斯大学的卡达（Kadar）博士驾驶，3 月 22 日，他们带着 3 个苏丹仆人从哈里杰（Kharga）绿洲出发。他们花了两个月时间详细考察了人们至今尚知之不多的大吉勒夫高原。他们发现了三条干涸的河道，那里可以找到植被的痕迹。这一发现相当重要，因为根据约翰·加德纳·威尔金森爵士在 1838 年的记载，那个神话般的地方由三条流域组成。没有哪位地理学家敢于断言，大吉勒夫高原上干涸的河道绝不是扎苏拉绿洲，但是，如果说在诱人传奇的背后站着探索真理的人，他们的名字就是奥尔马希和彭德雷尔。

那些对历史的阴差阳错津津乐道的人，可能会因温盖特与奥尔马希伯爵未能见面而感到遗憾，尽管俩人都密切关注着对方。奥尔马希与温盖特只有一个共同点，那就是要实现抱负的非凡意志。其他任何方面，俩人
82 可以说毫无共同之处。奥尔马希处事圆滑、风流成性、思想轻浮，是一个四海为家的匈牙利上流社会公子哥，不过，他对无人尝试的探险极度热衷，特别是对改造汽车以适应沙漠环境做出过重要贡献。他不太在乎谁帮他或者他帮谁，只要能让他做自己想做的事：在地球上未知的地方穿行。这次探险后，大概在他 35 或 36 岁时，他获得了德国希特勒政府的资助，可以想象，作为交换条件，他要提供情报。但他真正钟情的是英国，他曾在英国受过教育，1939 年大战爆发时，他身在开罗，想让阿奇博尔德·韦维尔爵士的军队聘他当沙漠顾问。总部似乎了解或者怀疑他与纳粹有关系，所以拒绝了他的提议。于是，两年后，他离开匈牙利到埃及给隆美尔将军当沙漠顾问。不可思议的是，德国人曾报告他于 1942 年战死，但战后有人在开罗见过他，当时他的身份是观光客。他的变节行为和与纳粹德国的关系，并未对他造成很大影响。除了专业方面的兴趣，世界事务在他

头脑中没有多少分量。他是个上流社会的花花公子，喜欢培育唐璜那样的名声。他和蔼可亲、善于应酬、为人风趣，差不多对任何事都满不在乎。他不太可能与温盖特志趣相投！

第五章

83

结婚，巴尔福德，谢菲尔德

温盖特结束探险时 31 岁，一个男人到了这个年纪，已经不再年轻，如果事业上一事无成，便开始怀疑自己的能力，人生由此进入一个苦闷的时期。而立之年的温盖特也无法摆脱人生这一阶段常有的失意。

温盖特个性鲜明，但尚未定型。他的思想渐渐成熟，也显露出某些才能，但与以往任何时候相比，甚至与处在性格形成期的大多数人相比，他显得更加自相矛盾。用老派的心理学术语来说，他是“有矛盾情感的人”。大多数这类人的矛盾性格表现为个性暧昧、犹豫不决，还经常表现出行为荒唐、思想混乱。温盖特与众不同之处正是其性格的多面性，这也让认识他的人觉得有趣。他给人留下的印象是举止粗鲁、狂放不羁。

他不是一个容易相处的人，在人生的这一阶段尤其如此。他总是焦躁不安，常人随着青春逝去而得到的那种内心安宁，在他身上一点也找不到。有人认为这是因为他从来不是一个“完整的人”，对此，他本人似乎也表示同意。他把自己比作《仲夏夜之梦》中喜欢恶作剧的小精灵，声称自己命中注定要周游世界、漫无目的、居无定所，成为一个四处漂泊、离经叛道的小精灵，他有时承认自己不会成为一个十分果断的人。他是一个游荡的幽灵，他是一个迷路的孩子！他自己也经常这样想。

他脱去了普利茅斯兄弟会的外衣，但早期的宗教信仰给他留下永恒
的烙印。他能感受到上帝无处不在，甚至会像布莱克（Blake）[①]那样说自
己看见上帝的前额贴在窗玻璃上。像许多在新教控制的大教区长大的人一
样，基督不如耶和华那样令他专注，新约的智慧也不如华丽迷人的旧约那 84
样让他感动。结果自然是，他始终自觉的宗教感情和自我反省，主要出于对主的敬畏而不是对上帝的爱。他终其一生都怀着一种强烈的负罪感，找不到任何证据可以推翻原罪说。他认为自己或者别人身上发生的每一次冲动都是魔鬼在作祟，除非有证据表明并非如此。当他与别人争论行动方针或讨论世界大事时（他半辈子都在争论），他说着说着会突然停下来，或者当他弓着背在屋里转圈时会突然止步，出人意料地发问："是吗？但是这有助于正义吗？"

有人说温盖特身上有很多十七世纪英国清教徒的特征，但对这种说法不必太当真。典型的清教徒性格专制，但温盖特正好相反，他几乎可以说是极端痛恨专制。他看见到处存在着奴役人的本性，他声称早年生活使他认识到这种普遍存在的人性弱点影响之广、危害之大、罪恶之深。他说这种人性的弱点可以在神秘的祖父统治下的家庭中找到，也可以在学校中找到（他在那里受到歧视），那些伍利奇的军校生们贬低他，就因为他与他们格格不入。他是一个激情澎湃的自由主义者，正因为如此时常会走入极端。他有时会臆想出根本不存在的专制迫害。此时他已订婚，未婚妻是伊妮德·杰利小姐，他叫她"佩吉"，他有时会激烈抱怨她蛮横、残忍，仅仅是因为她不与自己争吵！与所有专横的人一样，不按他说的做就是专制，这是他一生经常容易犯的错误（但他知道自己不对，并经常加以改正）。

① 威廉·布莱克（William Blake，1757—1827），英国诗人、画家。他创作了大量以宗教为主题的绘画作品，他的艺术风格极具神秘主义和象征主义色彩。——译注

现在再来说说他性格中最根本的矛盾：仿佛是为了折中一下他那极端严肃的思想，他的性格中也有轻松快乐的一面，对此德里克·塔洛克最清楚不过。温盖特喜欢运动和欢宴，他从母亲那里继承来的笑容有着异性难以抗拒的吸引力。他有时会像其他年轻军人一样轻率、鲁莽，而且有着非常另类的幽默感。他会放下架子扮演逗乐的小丑。有一次，他走在伦敦的大街上，胳臂下夹着一盒巧克力。当时佩吉跟他在一起。他在人群中看到一位神情有些沮丧的绅士，于是拍拍他的肩膀，打开巧克力盒子，用低沉而郑重的语调对他说："先生，你想尝尝巧克力吗？"那个男人有些惊
85 慌地拿了一块巧克力，然后匆匆逃走。虽然温盖特总是显得过分严肃，但他也会为这样的恶作剧而发笑。像许多爱搞笑的人一样，他经常通过恶作剧排遣内心的忧郁。而让他忧郁的主要原因是怀才不遇。

许多人年轻时都憧憬着远大前程，日后却不得不接受现实，放弃幻想。温盖特从未放弃过在伍利奇定下的天真决心，即有朝一日要成为时代伟人。他成年后仍未摆脱梦想的折磨。在 30 岁生日那天，他曾经说："我不能默默无闻！我不能一事无成！"他鄙视平庸，也看不起常人对安稳和幸福的追求。在英国的网球俱乐部或其他类似场合（他会摆出一副冷漠的样子，拒绝加入比赛，并说，"谢谢你，我不玩球"），他曾对佩吉说："看看那些人和他们的妻子洋洋得意地坐在那里。你怎么能指望我会满足于那样的幸福。那是自私的理想。"他曾经说自己需要一项值得为之战斗的事业，当朋友们不断向他建议时下各种有意义的事情时，他根本不屑一顾。他要的是一项需要全心全意投入的事业。他曾经说自己命中注定要"领导一个国家"，还会补充说（有时爆发出一阵笑声），"哪个国家都行"。他有时说，他感到"光荣的梦想在召唤他"，而他担心的是一个人可能无法把握命运，尽管他会努力追寻，但仍然可能一事无成，最终默默无闻地死去。

苏丹的五年时光和利比亚沙漠探险，让他看到自己拥有杰出的领导

天赋。他很早就发现，与自己认识的军官同事们相比，他拥有远为活跃的头脑和博大的胸怀，这更加激励了他不屈不挠的雄心壮志。与此同时，他也很快认识到自己的天赋有发展成为专制的危险，那是他所厌恶的，尽管（直到生命尽头）他始终肆无忌惮地发挥着自己的天赋，但在自己身上发现的那种力量也让他感到有些害怕。他知道只要机遇来临，就有办法实现自己的抱负，但他对那从未放弃的雄心壮志也不免渐渐产生怀疑；同样，他也怀疑是否应当傲慢地冷嘲热讽，他知道那样做会伤害无辜的心灵。在温盖特的身上存在着另外一层矛盾：他是个虔诚的人，但又玩世不恭。

他过去经常说希望得到内心的安宁，希望摆脱充满矛盾的自我。在这种冲动的驱使下，他爱上了佩吉，因为她与自己迥然不同。他与佩吉的 86
舅爷詹姆士·默里（James Murray）① 建立了深厚的感情，同样因为在这位和蔼、虔诚和明智的老人身上，他找不到任何困扰自己的弱点。这份友谊也标志着另一个矛盾。前面说过，温盖特往往与长辈或晚辈相处融洽，但三十岁的他既不成熟，也没有地位，很难容忍这样一位老人，而是将他视为自己成功道路上一位顽固的暴君。有一次，他鼓足勇气说出了自己的想法，佩吉对他说：“你知道吗，你的焦虑是因为你内心深处的自卑感。”出乎她的意料，他回答说：“是的，我确实有自卑感。”过了一会儿，他又说：“看，你太了解我了。”还有一次，他对她说：“当你在屋里的时候，我就会抬不起头。我无法畅所欲言。当我不切实际的时候，当我卖弄自己的时候，当我逢场作戏的时候，你都能看穿我。你对我了如指掌，而我不喜欢这样。”

他确信自己是个勇于献身的人，却不知为何献身，他始终生活在自己不能认知的恐惧之中。

1933 年 3 月中旬，他离开亚历山大港返回英国。他计划回去后不久

---

① 詹姆士·默里（1850—1932），苏格兰政治家，英国下院议员。——译注

就结婚。

前面已经说过，温盖特与伊妮德·杰利小姐即佩吉订过婚。他们于1927年相识，也就是他在斯芬伯里广场的那段日子。他们坠入情网，然后谈婚论嫁，但在长期相处过程中，温盖特始终怀疑这桩婚事是否明智和“正确”。他经常对她说，除了枯燥的军营生活，他什么也给不了她。她经常说，自己心甘情愿为他接受这样的命运，但是不论佩吉做出怎样的承诺，温盖特始终难以摆脱心中的不安，他认为她理应有丰富多彩的生活，却因为嫁给自己而要忍受单调乏味的日子，这让他感到愧疚。由于心存疑虑、犹豫不决，直到初次相识六年后俩人才订婚。他回家休假时，他们几乎形影不离。

关于温盖特对佩吉的感情也许应当多说几句，并非要暴露个人隐私，而是为了从俩人关系中洞察温盖特的性格。他有几次对佩吉说，她对他来说就像母亲一样，她代表着他母亲所处的社会，这是他爱她的根本原
87 因。如果硬要由此推断出他一生都在从女人身上寻找母爱，那就大错特错了。情况比这要复杂得多。他告诉佩吉，尽管他对母亲的感情像所有的儿子一样，但某种程度上，他将她视为“敌人”，因为母亲与他不同，她相信耐心、幽默感、体谅他人的难处和弱点是人性的美德。母亲有着迷人的风度，这是他爱她的一个非常重要的原因，从中再次可以看出，他喜欢那些没有他本人性格缺陷的人。但同时，他说自己知道母亲风度优雅、和蔼可亲、循循善诱，却永远无法效仿，他的行为方式更像老乔治·温盖特上校。他说尽管自己也很想模仿母亲的做派，但那样将无法实现自我，只能碌碌无为。他尊敬、渴望并且热爱母亲所处的世界，但并不想成为其中的一员。

到了1933年，大家都觉得婚事不能再拖了，于是就在温盖特从埃及返回英国前夕，报纸上刊登了俩人订婚的消息。在这件看似最不可能发生意外的事情上，温盖特的人生出现了重大转折。他在亚历山大港搭乘半岛

和东方轮船公司的“中国”号轮船，从远东经埃及去往马赛。旅客中有一位帕特森（Paterson）夫人，她带着女儿洛娜·帕特森（Lorna Paterson）小姐结束在澳大利亚的旅行返回英国。她的女儿当时只有十六岁。

温盖特和这位年轻姑娘立刻坠入情网，但刚开始他还有意保持着矜持。倒不是因为清教徒的教养令他在女性面前本能地表现出不自在，原因不言自明，此时发生恋情将使他置身进退两难的窘境。清教主义的影响给予他强烈的责任感和荣誉感。他害怕给这位共度许多欢乐时光的女孩留下痛苦和幻灭。

他回到伦敦后，很快就与佩吉见面，地点在帕尔马尔大街陆海军俱乐部外面。会面时间到了，他失魂落魄的样子让她大为惊愕。温盖特面色憔悴、痛苦不堪，“看上去就像死人”。她立刻猜到发生了什么。俩人一起走了一会儿，她问他：“你怎么了？”他说：“没什么。”她说：“我想你是恋爱了。”他并没有坦率地回答“是”，但也算是默认。他说自己不能确
认，而且内心非常矛盾。她坚持认为他一定是恋爱了，而他最终还是向她 88
承认了自己不愿意承认的现实。他说她猜对了，他的确坠入情网。她说果真如此应当立即解除婚约。他不愿意那样做，可是她坚持要求解除婚约。春天他们在伦敦见过几次面，经过反复商量，他终于开始接受她认为正确的做法。他告诉她（又是一次非常奇特的坦白），他之所以在解除婚约问题上如此犹豫不决，是因为他觉得那样做就等于与母亲决裂，因此在做出决定前，他希望与母亲商量，并无条件地听从母亲的意见。当他把自己的难题告诉温盖特夫人时，她对他说：“如果你心里哪怕存在一丝疑虑，就不要硬着头皮结婚。”于是俩人解除了婚约。

不久后，在一个夏日，佩吉在圣詹姆士宫（St. James's Palace）停车时，听见身后有人跑过来喊她。来人正是温盖特。他说看见她开车从旁边经过就一直跟着她。俩人沿着圣詹姆士大街走着，无言以对。当走到皮卡迪利大街时，她说：“好了，我走这边。”他说：“我走那边。”在她

心中没有一丝怨恨，俩人分道扬镳，从此再未相见。

在讲完这段爱情插曲之前，也许应当简要介绍一下温盖特事业上的进展，也就是从 1933 年离开苏丹国防军到 1935 年结婚前的情况。这段日子在其军旅生活中算得上最平淡、最无趣的时期，所以不值得浪费过多笔墨。

他在苏丹服役到 1933 年底，有人说他对于炮兵理论和实际运用既落伍、又生疏，但其实他已经提前补课，专业上并未荒废。由此想见，他一定花了大量时间钻研军事技术。他重新回到炮兵部队的时机非常幸运，此时大家都要从头开始学习大量新知识。第 9 野战炮兵旅最近刚实现机械化。温盖特不是一个顽固不化、自欺欺人的人，不像有些人那样坚信不论工业怎样进步，马匹还将保持昔日的地位和荣光，继续履行古老的军事使命。尽管如此，他和同事们还是不喜欢新的变化。他也和他们一样怀恋过去的好时光，那时一门炮要用八匹萨福克马（Suffolk Punches）来拉，而团部驻扎在铁匠铺里，比现在的车库要舒适得多。温盖特也许是一个浪漫
89 主义者，但绝不是一个多愁善感的人。他开始努力学习如何使用新的牵引车辆。

就在刚到家的当月，他被分配到第 9 野战炮兵旅，驻扎在位于威尔特郡附近埃姆斯伯里（Amesbury）的巴尔福德（Bulford）军营。他要在巴尔福德待上两年半时间。他现在又恢复使用“先生”的头衔，根据军事惯例，当局剥夺了他临时上尉的军衔，这种做法很有点像狄更斯笔下的索尔比利（Sowerberry）[1] 先生，此人会在葬礼结束后摘下哀悼者的披巾。他还要再干两年中尉。在那个年代，单凭热情奉献和主动精神很少能够加快晋升。

他当时是老资格的中尉，担任旅司务长。这个职位激发了他的改革

① 索尔比利是小说《雾都孤儿》中的殡仪馆老板。——译注

热情，他的改革措施有时会让官兵们叫苦不迭。他在苏丹时就知道往晚会的杜松子酒里偷偷搀一定比例的水可以大大压缩伙食费。他现在也采取这类不光彩却行之有效的办法节省巴尔福德的伙食开支。他在奥尔德肖特（Aldershot）参加了烹饪培训班，尔后对厨房进行了整顿。他认为肉、香肠、土豆泥和巧克力布丁不利于健康，于是就像管教托儿所的孩子们一样，强制大家吃蔬菜和水果。有一天，他听见一个人小声抱怨说：“没用的，就算把那些西梅干剩下也没用，只要老温盖特先生说‘把他们吃光’，你就得吃光，否则没有其他东西给你吃。”他渴望大幅度改善后勤保障，但由于任职时间短而没来得及实行。不过，他记录下自己的一些想法。非洲的经历告诉他，向所有士兵提供已婚人员住房，同时又保持军纪是完全有可能的。他坚持认为不论国内还是海外的兵营，都应当是欣欣向荣的社区，到处充满幸福的家庭生活。有人说住房建设费高得负担不起，针对这种毫不掩饰的批评，他会怒不可遏地回答说，没什么浪费能与现行制度造成“宝贵人才的浪费”相提并论，这种制度的后果是训练有素的人员拒绝再次服役，以及同性恋、逛妓院和性病的猖獗肆虐。

他到巴尔福德的第一个月，情绪不免有些低落。过去在苏丹过着自由自在的冒险生活，薪水不错，还有些特权，现在却要适应初级炮兵军官拘束的生活，而且收入微薄，一想起这些就令他沮丧。当时的巴尔福德破
烂不堪，到处都是罐头盒子一样的小屋和木棚，简直就像流放犯人的地 90
方。温盖特与另外三人共住一栋供未婚初级军官居住的平房，那栋肮脏、狭小的临时营房有一个阳台连着四间陈设简陋的房间，房间之间用帆布墙隔开。这里没有隐私，一位同伴抱怨说，温盖特的心跳让他无法入睡，因为心脏每搏动一下，那张糟糕的弹簧床就会响动。他第一次感到幽默感不能帮助自己摆脱痛苦。他一向喜欢读书，下午和晚上他把门窗打开，坐在一张硬扶手椅上贪婪地读书，即使这种屡试不爽的自我逃避方式也无法让他得到慰藉。他一直渴望和怀念过去的生活，这使他比在苏丹时更加孤独

寂寞，所以毫不奇怪的是，他不得不再次与笼罩在心头的绝望情绪做斗争。不过，他天生的活力再次发挥了作用，于是他开始渐渐适应环境。恋爱中的人往往如此。

他从小就保持着对大自然的好奇和兴趣，此时这种极为可贵的天赋帮助他摆脱痛苦。他开始探究索尔兹伯里平原的朴素之美，绵延不断的荒野和山谷，与深藏不露的林间空地和树林形成强烈反差，神奇的景色令他叹为观止。他从前似乎从未意识到平原之美，现在却为它着迷。沙漠生活使他养成了一种非常奇特的偏好，一看到水便会产生感观上的愉悦。在干旱地区生活过的人都知道，流淌的河水在视觉和听觉上能给人们带来多么美好的享受。干旱地区有一个习俗，家人和朋友聚会常常坐在水边，愉快地沉思默想，一待就是好几个小时。温盖特后来一直保持着这种雅兴，即使是在气候潮湿、风景如画的英国。他还保持着热带地区的生活习惯，在浴缸里一泡就是很长时间，为此毁坏了不少书，更不可思议的是，他在英国这样多阴雨的地方还会因为见到水而欣喜。他开车时常常会突然停下来，走过一片空地去近距离观察池塘或小河，有时甚至还会对小水沟发生兴趣。值得一提的是，他驾驶的那辆小汽车是一辆双座敞篷车，挡风玻璃、喇叭、电动起动装置和备用轮胎一概没有。他花 15 英镑买下这辆车，然后以最快的速度将它开走。让朋友们感到意外的是，他竟然没有出过严重的车辆事故。

91 温盖特在巴尔福德的最大乐趣和主要安慰，是在这段人生的低潮期又重新找回了友谊。德里克 · 塔洛克此时已经成家，去年从印度回国，现在随部队驻扎在拉克西尔。他们又可以像初到部队时那样尽情享受郊游和欢宴。尽管炮兵的机械化存在不合情理之处，但好在炮兵军官仍保留着一项古老的特权，由政府出资供养一匹军马。温盖特为这匹马取名汉尼拔（Hannibal）。这是一匹膘肥体壮的枣红马，前额处有一撮星状白毛，它野性未驯、脾气暴躁。一年前，当他从苏丹回国休假时买了一匹良种母马

（因不能生育而价格便宜），由德文郡的朋友们替他饲养。那匹马的名字叫马特里尼（Matrine），夏天时被带到巴尔福德。秋天到来时，温盖特已经有两匹健壮的马，他和塔洛克又可以像从前那样在威尔特西南地区游猎；“水獭”又能与上校和布朗夫人在波特曼乡下长时间享受令人愉快的周末；他们从犬舍牵出成群的猎犬，骑马去狩猎场会合；在非洲炙热的阳光下生活了五年之后，他兴趣盎然地欣赏着英国冬天银子般迷人的清晨，马匹哈着气，“树篱看上去黑森森的”，空气中弥漫着好闻的味道，这一切都令他着迷。春天，他骑着马特里尼参加了狩猎期障碍赛马，据说她“运气不好”，虽然经常取得前三名，但温盖特从未骑着她赢得过冠军。第二个猎狐期从 1933 年冬天一直持续到 1934 年秋末。这次同样充满荷马诗歌的情调：到处是歌声婉转的红腹灰雀和可以畅游的河流，到处是令人惊喜的乡间美景，但这次未必像初次那样令人欣喜若狂。往昔的欢乐难以重现。现在温盖特有更专注的事情：他的事业，他那被激发的雄心，他重新找回的对婚姻的希望。

大约在他和洛娜初次相识两年后，俩人于 1935 年 1 月 24 日在切尔西老教堂举行了婚礼。在德文郡渡过了短暂的蜜月后，他们回到巴尔福德军营，住在已婚军官住宅区，那所被称为“索姆河防线”5 号的公寓是他们的第一个家。一般来说，军营并非田园牧歌生活的理想场所。不过，那里确实成了俩人的世外桃源。

他们的住处靠近军营边缘，好处是视野开阔，可以看到广袤的平原。这里不久前还是医院，因此，另外一个好处就是房间宽敞。住所边上有一幢阴森可怖的建筑，样子像停尸间，而且设备齐全。他们接手这间屋子时，那里灰尘遍布，更让人难以忍受的是前主人留下了成卷的马口铁和成 92
捆的电线，但他们设法将它布置成舒适、安逸的居所。许多年后，有人这样描述俩人在此地的生活，“读书，听贝多芬，食无定时”。俩人都是那样另类，他们收养了一只叫“所罗门王”的狒狒，更加彰显了这个家庭放荡不羁的风格。军营里普遍猜测，这只狒狒是温盖特在非洲丛林里探险时捕到的，然后经过特殊的驯养，事实上，“所罗门王”是在哈罗兹百货商店宠物部买的。“所罗门王”的口碑好不过一般狒狒。她老早就迷上了烈性酒，然而好酒贪杯与她的其他放荡之举相比不过是小巫见大巫。他们还养了一只山羊，不过人们对那只山羊没有多少记忆，也许因为它的生活方式比起狒狒来实在太乏味了。

对于操持家务，他们总是能推就推，甚至完全交给两个仆人打理，一个仆人做饭，另一个整理房间，这样夫妻俩就有大量时间可以进行热烈讨论，用留声机听醉人的音乐，探讨世界名著。有两个星期，两个仆人同时回家休假，他们回来时发现盘子和酒杯堆积如山。即使是在自己料理家务的情况下，这对奇特的夫妇也不让家庭琐事干扰他们的主要精力，据说俩人会先用干净盘子，直到把结婚时别人作为礼物送的盘子都用光为止，尔后如果仆人未能及时回来，他们就准备直接从罐头里掏东西吃。

德里克和玛丽·塔洛克就住在附近的拉克西尔，他们经常到巴尔福德与奥德和洛娜聚餐，也经常回请温盖特夫妇。塔洛克随笔记录了很多次聚会，有时还有其他人参加，但通常只有他们四个人，谈话在晚餐前很长时间就开始了，一直持续到深夜。塔洛克回忆说：“他说话确实非常快。有时他一个人就能撑起一个晚餐会，可是有些时候，他边咀嚼边说话，真让人替他捏把汗。”塔洛克记得，洛娜“很有主见，也很博学”，夫妻间经常爆发激烈的唇腔舌战。当争论白热化时，显然会超出理性辩论的界限，让人有些摸不着头脑。有时候，通常是度过了漫长而劳累的一天之后，温
93 盖特和塔洛克会各拿一杯威士忌酒坐在火边，像一对年迈的乡绅，慢条斯理、老气横秋地谈论着各种各样的狩猎场、品种最好的猎犬、驯马的方法，以及马嚼子、马勒、马颔缰、最好用的皮具和马镫。当温盖特叙述这一幕幕场景时，会神秘地说一句：“塔洛克和我彼此非常了解。”

骑马打猎的日子就要结束了。1935 年，温盖特最后一次参加赛马，

此后再也没有系过那条被他称为“运动象征”的白围巾。在预示着他将大展宏途的工作调动来临之前，直到在巴尔福德的最后一刻，他始终保持着对马术的浓厚兴趣，甚至到了狂热的程度。多年后，一位在马术学校见过温盖特的朋友念念不忘地说：“看温盖特驯马真是长见识。他对待不同的马有不同的办法，几乎可以说，他在改变马的同时也在改变着自己的个性。他很少用缰绳，即使骑野性难驯的汉尼拔也只是轻勒马衔……他还有一匹又高又瘦的纯种幼马，名叫‘轻盈的情人’，他驾驭这匹胆小而温顺的马时，总是表现得冷酷无情。对待那匹叫马特里尼的母马，他显得既高兴又温和，有时甚至还会采纳她的意见。他尊敬她的感觉和勇气……但他最喜欢的还是汉尼拔，这匹马是他坐骑中最好的，也是最漂亮的，只是脑子不太正常。他总是不停地跟汉尼拔交谈。”

1935 年末，温盖特时来运转。英国北部本土自卫队的两个炮兵旅需要人事行政参谋，选中的两名军官就是塔洛克和温盖特。两个旅的驻地分别位于约克郡和谢菲尔德。他们通过抓阄来决定各自去向，温盖特不幸抓中了阴郁晦暗的谢菲尔德，不免唉声叹气。他再次被授予临时上尉军衔，于 12 月 13 日到本土自卫队第 71 野战炮兵旅报到。他和洛娜心情沮丧地去了谢菲尔德，但很快发现那里有不少让他们感兴趣的东西。他发现自己非凡的教学才干和热情第一次有了用武之地。就是在谢菲尔德，人们第一次看到温盖特站在沙盘上给大家讲课。

旅司令部设在埃德蒙路的军训中心，那是罗伯茨（Roberts）[①] 勋爵时代为响应民众第一次踊跃参加本土自卫队而建造的一幢黑色砖结构建筑，从建筑学角度看，算不上美观。在大楼的正厅，枪炮摆放整齐、擦拭

① 弗雷德里克·罗伯茨（Frederick Roberts，1832—1914），英国陆军元帅，参加过镇压印度叛乱、阿比西尼亚战役、第二次阿富汗战争、布尔战争，是维多利亚时代英国最杰出的指挥官之一。——译注

94 一新。舞厅占据着二层的大部分空间，那是圣诞晚会、“一便士读书”活动[①]、社交聚会和全旅军官晚餐的场所。这里有一个吧台，边上有一个布置优雅的房间，那是一间没有窗户的候见室，铺着黑地毯，摆着两把黑皮扶手椅。太太、小姐们可以在那里喝饮料。人事行政参谋的办公室在一层，人们记得那里就像一个巨大的生锈的罐头盒。这座建筑简直就是一个北方的庞然大物，坚固得足以千年不倒。

这次任职，日子并不好过。尽管钢铁贸易当时正在恢复，谢菲尔德仍然显露出贫穷、破败的景象，这里的工人阶级与其他地方的工人阶级一样，苦难深重，敌视政府，让他们怒火中烧的主要是持续的失业。没受过教育的穷人作为国家经济低迷的主要受害者，容易因误解而对军队深恶痛绝。他们将不幸归咎于政府，又将军人视为政府的象征，按照这样混乱不清的逻辑，他们坚信军队是造成失业率居高不下、难以承受的根本原因。在肮脏的街道上，穿制服的军人经常受到侮辱，甚至遭到攻击。就任人事行政参谋之初，温盖特遇到了一件有趣的小事，使他清醒地认识了这种奇特的偏见，而他的职责就是克服偏见。

有一天，他去谢菲尔德俱乐部吃午餐，他把车停错了位置，边上还有其他车辆。警察发现了，于是违规者们在指定时间被传唤到地方法官面前。他记得法官个头矮小，看上去脾气暴躁。不由分说，每个违规者被罚款 10 先令，直到轮到温盖特。只有温盖特没有请律师作代理，当地方法官处置他时，他站了起来。他身着军装，正是他的军装让这位愤怒的矮个子法官怒火中烧。这个人激动地发表了一大通反对军队的言论。温盖特记得，他叫喊着说，“你们这些该死的军人，以为你们来这儿可以为所欲为——好像法律是你们制定的！——我倒要让你们看看”，诸如此类的话。

① “一便士读书”活动是一种社区娱乐活动，包括读书、听音乐等，门票为一便士。——译注

这是人类常有的不光彩表现：一个受过良好教育的人为了媚俗而发表无知的谬论。疯狂的地方法官罚了温盖特 15 先令（前面的人只罚了 10 先令），大概是为了当众羞辱和惩罚一下国王的军队。面对大肆攻击和不公正的处罚，温盖特一言不发。事后洛娜问温盖特为什么不反驳。他说："这个人心存偏见。与偏见争论毫无意义。"他从这件事上得到很多启发。 95

他开始通过耐心的工作打消工人阶级的不信任。他很胜任这项艰苦而陌生的工作。北方人欣赏忧郁的气质，同时又迷恋喜剧风格，温盖特喜欢沉思，笃信宗教，偶尔兴高采烈，这些加起来正好符合谢菲尔德人的品位，于是他很快就与各色人打成一片。他可以与矿工一起下井，并详细了解他们的生活。他说自己喜欢矿工们一贯的忠诚，欣赏他们以自己的矿山为骄傲，就像水手们看待自己的船只一样。他发现工作将自己带入一个新世界，并使其认识到工厂的压榨并未泯灭北方人的好心肠。他渐渐发现自己可以提高本土自卫队征兵的数量，并得到陆军部的好评。

像所有"长期萧条的工业区"（通常说的贫民窟）一样，生活必需品的极度短缺逼得大批人走上犯罪道路。那个年代，在谢菲尔德贫民区黑社会活动猖獗，一群群帮派分子手持剃刀、破酒瓶和其他武器欺压百姓。温盖特无意间得到帮派势力的好处，并从中了解了有关谢菲尔德帮派活动的大量情况。

事情的由来是这样的。一个炎热的夏日，温盖特率领手下进行演习和旅次行军。他们大约有 50 人。返回途中，他命令队伍在一个酒吧附近停下，并派两个手下去买啤酒。派去的人空手而归，据讲店主说，"没有啤酒给当兵的"，他们"可以继续开路"。温盖特勃然大怒，准备亲自到酒吧大闹一场。此时，一位军士自告奋勇前去解决问题。温盖特同意了军士的请求，一分钟后成箱的啤酒便搬到士兵面前。温盖特问那位军士是如何做到的。那位军士说："哦，我告诉他如果不给我们啤酒，我就要告诉'杂狗'。而如果真的告诉了'杂狗'，他们就会来砸酒吧。"他继续解释说，谢菲尔德的帮派里最凶狠的就是“杂狗”和“白小子”，你只要暗示“杂狗”和“白小子”会帮你摆平就行了。可以肯定的是，酒吧事件后，部队在谢菲尔德附近演习再未遇到喝不上啤酒的问题。

温盖特从来不是一个很善于交际的人，他与大多数军官所出身的商业社会接触不多。但他难免要出席晚餐会之类的社交场合，渐渐他开始了
96 解并享受工业革命后继者们所领导的生活潮流，那种生活充斥着盛宴豪饮、维多利亚时代中期的家具和绘画、诺丁汉的花边窗帘、装有厚玻璃窗的郊区别墅。他融入了自给自足的英格兰北方社会，那个地方对他也怀着深厚的感情和格外的自豪，尽管在那段短暂的日子里，他们相处融洽，但温盖特并未摒弃一贯的批判眼光。他曾说，他发现这里同多数保守的英国社交圈一样，在社交场合实行男女隔离，他将其视为一大怪癖。他说，自己惊奇地发现一些已婚军官只有在床上才能见到太太，他们早上八点上班，下班后参加军训中心举行的晚会，通常要深夜才能回家，在社交晚会上，不论是晚餐前，还是晚餐后，他们只能待在男士专用的房间里。

严格来说，当地的社交圈具有 19 世纪的特征，并且受到约克郡非国教宗教传统的熏陶，言谈中百无禁忌。他出席过几次家庭宴会，有时他甚至会怀疑自己是不是听错了；而在军事训练中心举行的“一便士读书”活动中，炮长们及其家人坐在长椅上笑得前仰后合，两个受宠的喜剧演员打扮成牧师的样子，他们的表演大胆露骨、难登大雅之堂。一次娱乐演出中，刚刚念完一首粗鄙不堪的五行打油诗，一位年长的贵妇人就转过头对温盖特说：“这难倒不是第一流的杰作吗？”他发现这里的风俗习惯令人非常困惑，却又妙趣横生。

在约克郡期间，温盖特和洛娜一直住在距谢菲尔德 12 英里的巴斯洛，他们下榻在“孔雀”旅馆，旅馆主人是有点轻微斜视的韦伯斯特先生。由于本土自卫队需要在下班后训练，所以温盖特只能像印刷工人一样晚上工作。他在办公室工作的时间通常是下午 5 点，很少在凌晨 1 点前结束。当

他回到“孔雀”旅馆时，会加入韦伯斯特先生及其密友的夜餐，吃些盐渍核桃、奶酪，喝点啤酒。这群夜猫子中有一位常客特别引起温盖特的好奇心，他是一个牧羊人，名字叫威尔弗雷德，受雇于一位小气的雇主，每星期的报酬只有 12 先令。温盖特不理解他怎么活得下去，直到一天晚上威尔弗雷德透露了其中的秘密。他从口袋里掏出两只拧断脖子的小公鸡让众人看。当大家对鸡的品质发表评论时，他一边将它们收回到口袋里，一边说：“狐狸又回到鸡群里。”温盖特一般会在半小时以后上床睡觉，留下韦伯斯特先生和他的朋友们继续喝酒聊天。他总是奇怪他们为什么睡得那么少。他习惯于早上晚起，有时甚至睡到午饭时间。他矛盾的性格也体现在 97
运动方面，一段时间他会从事极其严格的锻炼，过一段时间，就像在巴斯洛，他让自己彻底松弛下来，不了解他的人还以为他是不可救药的懒汉。他会整天待在床上，吃得很少，喝一些淡茶，不时洗热水浴，然后再躺回床上读书或睡觉。他相信，或者要证明男人通过这些方法可以保存能量，他看不出从事无益的锻炼有什么意义。他鄙视英国人关于运动可以健身的观念。

有人记得他说：“集体运动与生命无关。有谁见过野生动物浪费时间从事集体运动呢！游戏完全是孩子们的事，而且是一些非常复杂的游戏，但只要仔细观察，就会立即发现他们是在模仿生命本身的方方面面。真实的情况是，大多数人自娱自乐的能力在童年时代就被成人彻底扼杀了，他们不得不玩高尔夫球和板球，因为他们不知道有什么更好的事情可以做。这个理由已经足够充分，要说游戏可以健身那就太荒唐了。更准确的说法是游戏可以让孩子们不调皮捣蛋。人们要健身只需要少吃多睡。”

他几次安排去打猎，但都没有什么收获，因为 1935 年至 1936 年冬天，猎物少得出奇。他的静处养生法并不意味着闲暇时完全不从事户外运动。他喜欢驾车去广袤的原野远足，那从未蛰服的浪漫主义情怀带他走进人迹罕至的古老庄园和村庄。他想买下一座小庄园，但经调查发现，规划中的水库将彻底毁灭这座低地宅第。一个寒冷的冬日，温盖特在查茨沃斯（Chatsworth）庄园[1]看到公爵的客人们在银装素裹的湖上滑冰。有人记得，他望着那里出了神，好像在问自己要是有那样的权势会成就怎样的伟业，全然想不到那样会遇到多少艰难困苦。

总的来说，这一时期他工作在自己喜欢的人中间，周围的人也喜欢他，婚姻生活幸福美满，许多新奇的经历让他内心得到了极大满足。温盖特肯定度过了人生中一段非常令人享受的时光。但事情也不尽如人意。尽
98 管日子过得有滋有味，但他从未摆脱对丑陋不堪的谢菲尔德的厌恶感，大面积的厂房和高耸的烟囱笼罩在阴霾、多雨的天空下，空旷的乡村被堆积如山的黑矿石煞了风景，连青草和树木也被煤烟熏黑了。他和洛娜甚至想过逃离这令人沮丧的环境。

1936 年夏末，离开谢菲尔德的机会神奇地出现了。在巴尔福德和谢菲尔德期间，温盖特经历过两次事业上的挫折，其中一次算不了什么，另一次则影响较大。1935 年 6 月，他参加了东方研究院一年一度的阿拉伯语考试。他希望能“再次通过”。满分 150 分，他得了 100 分，虽然没及格，但面子上还过得去。他本来就对能否通过表示怀疑（因为很少专门学习），所以这次挫折并未给他增添更多的烦恼。然而，次年也就是 1936 年，他在谢菲尔德遭遇了一次更严重的失败，这次失败让他非常忧虑。他一直抱定决心要上坎伯雷参谋学院。进入这所军校需要分两步：第一步是报考者参加入学考试；如果通过考试，或者说“合格”，第二步就是由遴选委员会经认真审查后“提名”。温盖特在 1 月和 6 月先后参加过两次考试，第二次考试合格。由于某些说不清的原因，他不仅怀疑而且预感自己不会被提名，这让他倍受折磨。没有什么明确的迹象表明他会被拒绝，但

① 查茨沃斯庄园当时是德文郡公爵的宅第。——译注

他就是担心某个能说会道的无名之辈凭关系抢走自己的位置，一想到这些他就愤愤不平，于是他决定趁一切悬而未决之时，再次打出那张屡试不爽的王牌。他又一次请求雷克斯堂叔出面干预。他写了一封最能表达自己内心真实感情的信。

德贝郡，巴斯洛，孔雀旅馆。1936 年 6 月 10 日

业主：T. W. H. 韦伯斯特

亲爱的雷克斯堂叔：

我已经具备了上参谋学院的资格。要成功入学还有一些工作要做。

我相信自己应当得到提名是基于以下原因： 99

（1）我在多个兵种服过役，而且担任过驻地指挥官等职务，管辖的范围和拥有的权力远远超过大多数合格的报名者。

（2）据我所知，我的任职鉴定都是非常肯定的，没有负面评价。

（3）我读过的书和我的知识面超过一般人许多倍。（这么说不足以令人信服，但我还是告诉您。）

（4）我是一流的阿拉伯语翻译，在近东有过广泛游历，对近东民族的性格和情况有着非常深入的了解。

（5）我现在是人事行政参谋，而本土自卫队比正规军能提供更多施展才华的机会。同样重要的是，未来的指挥官应当具备一些本土自卫队的任职经历。

（6）我自己掏腰包组织过一次探险，皇家地理学会杂志对此做了全面报道。（在我看来，这一点很有分量。我担心的只是有人会阻挠陆军委员会了解这一事实。）

（7）最后一点不是上级应当考虑的问题，但对我影响很大：

现如今，你要么从参谋学院毕业，否则别想升到高级军阶。要说我对自己的能力评价很低，那是虚伪的自谦。我自视很高。只要给我施展才能的机会，我看不出有什么理由能阻止我晋升到英国陆军的最高军阶。但是，如果我现在失去了进入坎伯雷的最后机会，继续留在陆军就是浪费时间。我将视其为失败的标志。

鉴于我在近东有过极特殊的经历，而且在步兵和炮兵部队任过职（担任过步兵连长数年）；当过人事行政参谋；不仅组织过具有军事价值的探险，而且皇家地理学会杂志刊登了我写的报道；综上所述，我相信自己理应得到提名。

问题在于如何将上述事实以正当的方式提交陆军委员会。

很多人怀着卑鄙的野心，决计为获得提名而不择手段，他
100 们从事着无关紧要的参谋工作，却可以随时随地得到大人物的美言。这比真才实干和硬性条件更重要。

好了，阁下，我再次斗胆请求您继续在事业上给予我慷慨的帮助。如果您愿意看到我步您的后尘（稍微慢一些！），如果您愿意看到温盖特家族成员在服务国家过程中成就辉煌，那么我希望您想办法帮我获得提名——这将是我人生的转折点。

洛娜致以她的问候。我希望你们都好。我现在担当绿洲俱乐部的秘书，七月份大概会在城里。那时您还在吗？

深爱您的堂侄

奥德·温盖特

于是雷金纳德爵士再次插手干预。6 月 11 日，就在收到上面那封信的当天，他给陆军大臣的军事秘书写信，极力举荐温盖特。可以想见，

在提名前进行干预完全是一个错误，这一举动难免让人怀疑家族势力的不正当影响。不管怎么说，这一努力彻底失败，温盖特上尉未获得提名。这一打击是毁灭性的。他怀着激愤的心情给堂叔写了一封信，让人不禁联想起小说《潘丹尼斯的历史》(*History of Pendennis*)[①]。

约克郡卡特里克军营军官俱乐部，1936 年 7 月 24 日

亲爱的雷克斯堂叔：

我看了今天的《泰晤士报》，我没有获得提名。没什么好说的，但我想写信向陆军委员会申诉，他们的遴选办法不可能详述有关“绿洲之旅”的细节。也不会提到时任苏丹总督的约翰·马菲爵士写信称赞我在阿比西尼亚驱逐偷猎者和强盗的英勇之举。

我会写一封措辞委婉的信，鉴于目前的处境很难有转机，我也就不再有顾虑。我对结果几乎不抱什么希望，但积极争取比什么都重要。再次感谢您的关爱。

爱您的堂侄

奥德·温盖特

附笔：新任帝国总参谋长西里尔·德弗雷尔（Cyril Deverell）爵士将于 8 月 3 日到我部视察，但除非他问到我，我很难接近 101
他谈这件事。

① 《潘丹尼斯的历史》是英国小说家威廉·梅克皮斯·萨克雷（William Makepeace Thackeray）的作品，描写的是乡村绅士亚瑟·潘丹尼斯想方设法晋身上流社会的经历。——译注

信的开头和结尾值得多说几句。首先是信的开头，《泰晤士报》刊登获提名人员的名单时，温盖特正在本土自卫队训练营。那里的职业军人自然会看到名单，而其中一些人可能知道温盖特是候选人。这个消息在最不适宜的时间和地点公开，让他当众蒙羞。

信结尾处的附言更有意思。温盖特写这封信时未必真想采取行动，但等到西里尔·德弗雷尔爵士观摩演习时，他下定了决心。8 月 3 日，帝国总参谋长站在山坡上，居高临下环视着整个演习现场，左右站着随从，此时，一脸怒气的温盖特上尉闯入一群高级军官中间，那些人就像法国画家韦尔内（Vernet）笔下的人物。温盖特径直走向站在中间的人，向他敬礼，手里拿着一本旧杂志站在他面前。

“喔。”德弗雷尔将军说，“有什么事吗？”

温盖特先作了自我介绍，尔后接着说：“阁下，我想您就是参谋学院遴选委员会主席，是吗？”

“是的。”将军说，“怎么了？”

“尽管我符合进入参谋学院的条件，但我未获得提名。”周围的随从被眼前的情况搞得不知所措，温盖特继续说：“现在，我想问您是否知道我曾独自在利比亚沙漠探险，并取得了一些有价值的成果。您不知道吗？”

“不知道。”将军说，“我必须承认我不知道。”

“那么，”温盖特说，“我认为遴选委员会应当了解这些事。您同意吗？”

将军“嗯”了一声，就在他下面的话还没说出口前，温盖特递上那本 1934 年 4 月的皇家地理学会杂志。“您可能对这个感兴趣，”他说，“请看看我探险的记录。”

有传闻说温盖特用俏皮话堵住了帝国总参谋长的嘴，从而结束了这次会面，但这种说法根本靠不住。这段小插曲的关键在于这个粗野的炮兵上尉突然闯入英国最高军事指挥官的核心圈子，并给他留下了深刻的印象。德弗雷尔将军要求对此事进行调查。据温盖特后来说，最终的结果是承诺给他一个适合其军衔的参谋任命，同时也告诉他去参谋学院的可能性不大，因为没有空缺。有关方面信守承诺。9月，他接到命令作为参谋军官到海外服役。他知道这个消息后，立即写信给每每出手不凡的保护人。

巴斯洛，孔雀旅馆。1936年9月7日

业主：T. W. H. 韦伯斯特

亲爱的雷克斯堂叔：

您一定会感到欣慰，我已经接到命令去位于卡特里克（Catterick）的第5师司令部报到，下一步将去巴勒斯坦担任第5师的情报官。我去过卡特里克一次，希望他们明天会把命令送到这里。

我确实非常高兴，也将尽全力抓住机遇，我希望尽快接到动身的命令，越早离开这里越好。我很庆幸自己没有完全丢掉阿拉伯语，我将尽可能在伦敦多买一些阿拉伯语书报，唤起即将失去的记忆。您是否认为这是一项正经差事？我将及时向您报告事情的进展。洛娜特别想去，但我告诉她最远只能到开罗。

爱您的堂侄

奥德·温盖特

战胜了事业上的挫折让他大大松了一口气，而且他无疑为自己努力争取来的结果倍感骄傲，但他并未心满意足。他跟洛娜说，尽管知道希望不大，他还是对未能获得参谋学院的提名感到失望。他接到命令，准备立即动身。

8月20日，就在即将启程之际，温盖特在巴斯洛接到妹妹的电报，知道父亲病危的消息，要他当天动身赶往戈德尔明。他于次日凌晨赶到，刚好来得及跟父亲作最后的诀别。老温盖特上校去世时 84 岁，卧床不起
103 已经有一段时间了。尽管家人对他的去世有思想准备，但死亡真正来临时仍不免悲伤。21 日他离开了尘世。当一切结束后，他的长子按照自己特有的方式，立即行动起来排遣巨大的悲痛。稍微恢复平静后，他马上打电话给《泰晤士报》，要求由他口授一篇讣告，然后由他们刊登。《泰晤士报》社的人说，他们不接受口授讣告，但如果有文字稿，可以尽快刊登。他立即写了一篇讣告，并开车送往伦敦。

9 月，他前往海法去第 5 师报到。温盖特丝毫也没有预感到天将降大任于自己。

第六章

在巴勒斯坦的新发现 104

纵观温盖特的一生，他有着非常敏锐却又极端片面的政治判断力。1936 年 1 月，意大利入侵阿比西尼亚，他写信给雷金纳德 · 温盖特爵士，这封信有理有据，堪称典范。但同样是这个人，在伊斯兰世界服役五年期间，却从未注意到巴勒斯坦日益严峻的犹太复国主义问题，尽管有证据表明他曾访问过耶路撒冷。对于他即将全身心投入的事业，他后来讲述了与它初识的经过。令人难以置信的是，初次相识的地点竟然是狩猎场。在波特曼的一个狩猎期，他结交了一位犹太骑手，从他那里了解了在俄罗斯帝国的犹太人居住区，犹太复国主义运动最初如何在迫害下发展壮大，又如何在西奥多 · 赫茨尔（Theodore Herzl）领导下创立于世纪之交，并于 1917 年引起世人关注，当时亚瑟 · 贝尔福（Arthur Balfour）以英国政府的名义发表了一项宣言，同意在巴勒斯坦为犹太人建立一个“民族家园”。那个人告诉温盖特，这个最为独特的民族统一运动，对于生活在东方和西方的犹太人，以及对于散居在世界各地的以色列民族的子孙来说究竟意味着什么。这激发了温盖特的好奇心，对于这类言论他很难无动于衷，但当他事后回忆起最初的见闻时，他承认当时并未太往心里去。他肯定没有想到有朝一日自己会成为犹太复国主义者。

作为一名称职的阿拉伯问题专家，他得到了一份与说阿拉伯语的人打交道的新工作。当局就这样选中了他，而他也就这样接受了去巴勒斯坦的任命。

既然温盖特注定要在这个世界上偏僻的角落留下永恒的印记，那么对于想了解他生平的读者来说，最好先对 1936 年秋巴勒斯坦的局势有一个简要的了解。以下是一个非常概略的介绍：

从 1919 年起，这一地区作为国际联盟的托管地，由大英帝国殖民部管理。对该地区的托管是一项费力不讨好的使命。从一开始，整个阿拉伯世界，包括在巴勒斯坦占大多数的穆斯林，以及基督徒，甚至在当地
105 占少数的犹太人，都充满愤怒和惊恐地看待《贝尔福宣言》。巴勒斯坦土地的传统所有者及其叙利亚邻居，对于在他们一无所知的情况下出现的社会结构的巨大变局都大感惊骇。在政府的首任高级专员赫伯特·塞缪尔（Herbert Samuel）爵士的治理下，阿拉伯人的怨恨和不满渐渐平息。巴勒斯坦享受了六年的和平，部分归因于政府掌握在一群深谙政治策略的一流人才手中，同时也归因于犹太人领袖哈伊姆·魏茨曼（Chaim Weizmann）的克制政策，以及他与费萨尔国王达成的倍受瞩目的协议（1919 年费萨尔将信将疑地签署了这个协议，它给许多阿拉伯人以安全感），[①] 但归根结底是因为移居巴勒斯坦的犹太人并未像最初担心的那样潮水般地大量涌入。脆弱的和平就像暂时沉睡的火焰，随时可能蔓延成熊熊大火。危机终于在 1928 和 1929 年爆发。但在那个年代，犹太复国主义并未引起整个伊斯兰世界的普遍恐慌，紧张对立只限于局部地区。在 20 世纪 30 年代初，恐慌情绪再次波及周边国家，造成这种情况的原因是西方命运的彻底改变。

---

① 1919 年，双方签订了《费萨尔—魏茨曼协议》，同意阿拉伯人和犹太人开展合作，在巴勒斯坦建立犹太人家园，并在中东广大地区建立一个阿拉伯国家。——译注

《贝尔福宣言》的颁布并为人所接受，是因为人们对形势做出了严重错误的判断，虽然这种失误情有可原。没人能想到，时值 1917 年，欧洲国家还会有大批犹太人甘愿到复国主义者的定居点过艰苦的开拓生活，因为没人能预见到欧洲在 18、19 世纪形成的高度文明会大踏步地倒退。但随着国家社会主义的崛起，人类文明的倒退明显成为可能，1933 年 1 月，它变成了活生生的现实，德国和中欧的大批犹太人经过漫长而心酸的大迁徙来到民族家园。移民的数量由开始的数百急增至数千，进而到数万。新移民带来了非常棘手的社会问题。犹太人首先需要的就是定居的土地，但他们获得越多的土地，就会激起阿拉伯民族主义者越多的愤怒，尽管他们没有非法侵害前土地所有者的利益。

当时对犹太人的普遍指控是说他们诱骗阿拉伯人以低价出售高价值的土地，还有传闻说，犹太奸商通过欺骗和施压，从不懂土地真正价值的纯朴农民手里购得高产的土地，并在那里狂饮作乐。这些谣传当然经不起调查。事实完全不是这么一回事。首先，所有土地交易都要经过犹太事务 106
局的详细审查，该机构对国际舆论非常敏感，对于有可能给世人造成犹太人喜欢欺诈和不公平交易的宣传口实，真是避之唯恐不及。犹太官员的这种政治敏感性使犹太商人处于明显不利的地位，然而犹太人急于买土地，阿拉伯人急于卖土地，所以上述不利条件虽然不容忽视，但与日益迫切的供求关系相比就显得微不足道了。在阿拉伯人方面，土地买卖很大程度上与其他商品交易没有什么不同；而在犹太人方面，土地贸易与建立国家和建设家园的理想密不可分，那是一种充满了强烈渴望有时甚至是极端狂热的爱国主义热情。由于阿拉伯人知道他们处于优势地位，所以经常以远高于市场价的价格出售土地。情况的恶化并非由于行市上涨或者财政混乱，而是由于这个前土耳其行省有害的社会结构。

大部分土地买卖是阿拉伯小地主与犹太移民的个人交易，这些简单的交易不是双方结仇的真正原因，更不是直接原因。巴勒斯坦土地问题主要出于完全不同的原因：通常是外地的大地主与犹太复国主义者个人或财团之间的大宗土地交易。这类交易的前提条件是要将佃户们赶走，因为犹太复国主义者感兴趣的主要是占有阿拉伯人承租的土地。那些世世代代都靠这些土地为生的可怜的阿拉伯佃户，发现自己被强行逐出家园，丢了唯一的生计，却没有任何补偿。政客们替他们鸣不平，佃户们的悲惨境遇很容易点燃针对犹太人的怒火，但很少有人指责那些丧尽天良的大地主，政客与他们恰恰是一丘之貉。失去土地的佃户是犹太移民问题的真正受害者，也是巴勒斯坦问题的核心。

1933 年以前，矛盾尚能有效控制，但随着移民数量的大幅增加，灾难降临只是时间问题。到 1935 年，危机已经开始显现出来。年底，人们发现大量武器被偷偷运进该地区，巴勒斯坦北部发生的一起骚乱让当局看到了暴力的苗头：由阿拉伯民族主义者组成的武装团伙准备向犹太人定居点发动有组织的攻击。阿拉伯民族主义者迅速取得了领导权。大规模暴乱一触即发。1936 年骚乱震动了巴勒斯坦（不出所料）。

107 高级专员亚瑟·沃科普（Arthur Wauchope）爵士试图通过成立议会来解决争端，因犹太人反对而失败。[①] 这件事进一步刺激了阿拉伯民族主义者。经过准备，他们于 4 月宣布举行为期六个月的罢工。同月 15 日，两名犹太人被杀，阿拉伯人的暴力行动由此开始。犹太人在特拉维夫为两名遇害者举行的葬礼演变成反穆斯林的示威，阿拉伯人借机宣传犹太人发动侵略，此后阿拉伯人的暴力行为迅速蔓延，暗杀手无寸铁的平民成了暴行的主要特征。在一个电影院，有人朝密集的人群开火；在一家犹太诊所，护士和患者遭到枪击；还发生了杀害犹太儿童的事件。在许多地方，阿拉伯农民组织起来在夜里捣毁犹太定居者的庄稼和橙子林。战端由此开

① 议会有咨询职能。阿拉伯议员和犹太议员的比例为 2∶1，对阿拉伯人有利。阿拉伯人准备就这个建议进行谈判，但魏茨曼拒绝了，理由是犹太人将永远屈居少数民族地位。——原注

启，从那时起直到现在，断断续续的战争一直蹂躏着苦命的巴勒斯坦。正在发生的事情远非间歇性的群众骚乱那么简单。那是民族主义者发起的军事行动（当时的规模还很小），在开始阶段就相当肆无忌惮，幕后主使是一个叫法齐·卡瓦吉（Fawzi Kawakji）的叙利亚人。他非常推崇冷酷无情的现代观念。他不仅杀害犹太人，也同样残暴地杀害自己的同胞。最臭名昭著的事件就是暗杀希伯伦市市长，这位市长公开宣布反对血腥政策后不久，就在自家的花园里遭到枪杀。人们知道法齐·卡瓦吉得到巴勒斯坦和叙利亚以外的阿拉伯政府的支持。他与穆夫蒂（Mufti）[①]秘密结盟。英国当局似乎无力压制他领导的伏击行动，尽管第 5 师和第 8 师到达后，当地驻军已经增加到 30 000 人，还是无法保护公路和铁路安全。虽然实行了军事管制，并采取了诸如拘留、捣毁叛乱分子庇护所、集体罚款等强硬措施，事态仍然未得到有效控制。

面对出现的暴力局面，英国的政策顾此失彼。国内的政客和驻巴勒斯坦的代表们，完全清楚《贝尔福宣言》对于阿拉伯民族主义者造成的心理伤害，也非常明白全力支持犹太人重返家园对于英国在亚洲地位的不利影响，毕竟英国与伊斯兰世界有着千丝万缕的联系。身处威胁和混乱之中的政府采取了安抚政策，类似后来人们所说的“绥靖政策”。这项政策一 108
度收到了一定效果。1936 年 7 月，在外约旦国王和伊拉克外长的支持下，巴勒斯坦的阿方高级官员向英国高级专员提交了一份立场温和的声明。秋天，英国政府选择适当时机重申将全面调查阿方的申诉。于是，在阿方自治机构的号召下，取消了为期六个月的罢工。年底前，皮尔（Peel）勋爵领导的一个皇家委员会被派往该地区视察。然而，就在此时，法齐·卡瓦吉在巴格达受到款待，并得到伊拉克国王的正式承认，持久和解的希望就这样破灭了。

① 穆夫蒂，通常指伊斯兰律法学家，此处指当地的伊斯兰教领袖。——译注

在这一年的冲突中，有三百多人丧生。巴勒斯坦的犹太人表现出了极大的克制。这得益于犹太政治领袖的策略和哈伊姆·魏茨曼宽容大度的方针。他懂得要永久解决犹太复国主义问题，需要世界的同情和国际联盟的认可。国联虽然存在着致命的弱点，但仍然是一个庄严的、受人尊敬的、强有力的机构，拥有着后来的联合国所没有的巨大威望。当时是一个和平主义盛行的时代，美国尤其如此，后来证明美国的善意对犹太复国主义具有决定性的意义，而当时魏茨曼博士对此看得非常透彻。然而，魏茨曼博士的领导也面临一个相当棘手的问题。20 世纪 30 年代，犹太人组建了一支秘密的非法军事力量，名为“哈贾纳”（Hagana），他们认为这样做是迫不得已，因为当局害怕犹太人和阿拉伯人爆发武装冲突，坚持只有英军有权镇压阿拉伯人的暴乱，不承认犹太人有保卫自己的权力。“哈贾纳”虽然得到秘密训练和武装（实力很弱），却从未发动过哪怕是最小规模的攻击。他们仍然坚守着自我克制的政策，在争端不休的几年中，虽然犹太人不断受到挑衅，但没有一个犹太人因伏击或暗杀阿拉伯人而遭到指控。魏茨曼的政策在当时仍然发挥着决定性的影响，尽管后来出现了彻底的逆转。如果说历史上曾经有和平主义思想取得过胜利，那非当时在巴勒斯坦的犹太人莫属。就在那个年代，他们目睹了迫害犹太民族的最血腥的刽子手在德国实现了独裁统治。

1936 年 9 月，巴勒斯坦的局势大致是这样的，犹太移民的数量不断
109 增加，阿拉伯人的不满和暴力逐步升级。一个精神错乱的政府正推行着一套压制自由的制度，一项前景诱人却希望渺茫的谈判正在进行中。温盖特开始在海法研究这些情况，他入住的萨伏伊酒店，此时已经用作军队的司令部。

温盖特在海法只待了三个半月，就在这期间，他成为一名犹太复国主义者。这一转变是从他研究当地局势开始的，他发现自己以前对犹太人有很多错误认识。温盖特一生充满对被压迫者深切的同情，他对新的工作

岗位了解不多，原以为阿拉伯民族是穷人遭受富人压迫的悲惨例证，而犹太复国主义者掌握着世界范围内的资源，得到百万富翁们的资助，受到众多宣传机构的同情，可生活在巴勒斯坦的不幸的阿拉伯人，只有落后、穷困的邻居支持他们，在决定世界命运的地方根本听不到他们的声音。在力量如此悬殊的竞争中，他们哪里还有什么希望？只有大不列颠的保护是防止他们灭绝的屏障。这正是当时普通英国人的观点，似乎也是温盖特刚到任时的看法。但是，当温盖特发现土地交易是多么不公平时，他开始彻底改变原来的看法，他很快就察觉到，真正需要保护的是犹太人，而不是阿拉伯人。他坚信自己发现了一个令人极其厌恶的骗局。那些不听穆夫蒂劝告把土地卖给犹太人的阿拉伯小地主，有时会成为恐怖分子的牺牲品。但这并不是民族主义的唯一恶果。就在同时，穆夫蒂的一位近亲正在通过非法交易牟取暴利。此人的做法颇具代表性，他从阿拉伯小地主那里以极低的价格强行收购土地，然后转手以极高的价格卖给犹太人。据说不爱国的小地主会被处决（也许证据不足），不是因为他们缺乏爱国心，而是因为他们妨碍了一个规模庞大、利润丰厚的产业。当温盖特发现阿拉伯人的冤情是一个谬误时，便如饥似渴地寻找其他可以为之献身的理想，他很快就找到了。也就是在一个月的时间里，他转变成一名犹太复国主义者。在海法认识温盖特的第一个犹太人，发现他拥有与犹太人完全一致的民族信念。

他是如此彻底的犹太复国主义者，是激进分子中的激进分子，甚至
在当时，许多人包括一些犹太人，都认为他的热情靠不住。有人猜测他是 110
犹太人，即使不是纯正的，至少也有部分血统，从他的鹰钩鼻来看，这种猜测似乎不无道理。但事实上，他的父母都没有犹太血统。也有人指出，正如温盖特在巴勒斯坦看到的那样，那里的英国人大多亲阿拉伯人，以他反叛的性格，定会支持犹太人的事业。这样说肯定不无道理。作为阿拉伯人的捍卫者，他不过是众多人中的一员；而作为犹太人的守护神，他就要

孤军奋战，而这正符合他独特的战斗性格。但是，如果由此认为喜欢反叛是他转而支持犹太复国主义的主要原因，而非他性格中某些固有的东西使他顿悟，那就大错特错了。温盖特在谈话中多次解释过为什么改变立场。威尔弗雷德·塞西杰（Wilfred Thesiger）曾经问他，为什么他不是犹太人却全心全意地支持犹太复国主义。他这样回答说："在学校时别人看不起我，我感觉自己是一个失败者，这个世界不需要我。当我来到巴勒斯坦，我发现一个民族世世代代遭受不公正的对待，但到头来他们并没有被打败，反而成为世界上的一支重要力量，正在重建自己的国家。我觉得自己属于这个民族。"

温盖特后来给弗雷德里克·基什（Frederick Kish）一个更明确的解释，他说起《圣经》对自己的影响，就像他打了一针，而多年后它的效果才显现出来。读到这里，也许我们会再次想起，温盖特给人的感觉有时就像克伦威尔时代的清教徒，许多清教徒因为熟读《圣经》而成了犹太复国主义者。也许人们忘记了，当年正是由于有犹太复国主义情结的清教徒施加压力，著名的犹太拉比梅纳西·本·以色列（Manasseh ben Israel）才应邀从荷兰前往伦敦。[①] 那些清教徒们相信，一旦犹太人在英国定居，但以理预言的"分崩离析"就会结束，人们就能如愿以偿地重返以色列，似乎没有人注意到这样的预言在 1917 年得以实现。[②] 但是，到了 1936 年，温盖特这个继承了护国公执政时期精神衣钵的英国后裔注意到了这个事实。

在海法最有地位的犹太人中，有一个人叫大卫·哈科恩（David Hacohen），他以前是土耳其军队的一名军官，现在领导着一个叫索尔鲍奇（Solel Bouch）的大公司。他很可能是温盖特遇见的第一个有影响的犹

---

① 1645 年，梅纳西·本·以色列从荷兰前往伦敦，正是这一时期，在清教徒的同情和支持下，居住在英国的犹太人取得了合法地位。——译注

② 《圣经·但以理书》有一个预言，即"当圣民的权力分崩离析之时，世界末日就会来临"。对此预言有不同的解读，有人认为圣民（the holy people）即为上帝的选民犹太人。——译注

太复国主义者。住在萨伏伊酒店的一名同情犹太复国主义的英军情报官，建议哈科恩见见这位古怪的新同事，说他“正试图了解这一地区的真相”，但缺乏与犹太人的直接接触。大卫·哈科恩对此并不热心，特别是听说了这个新人的名字之后。像当时和后来的许多犹太复国主义者一样，他对英国人大失所望（主要是因为低估了他们的困难），更重要的是，哈科恩很难相信著名的驻埃及英军总司令温盖特将军的堂侄会不同情阿拉伯人。但是，温盖特的同事一再坚持，于是温盖特和哈科恩在萨伏伊酒店单独会面。 111

哈科恩看到温盖特的第一眼，就有相见恨晚的感觉。“他的样子像个苦行僧。”他后来在一篇文章中写道，“他穿着朴素而发旧的制服，越发衬托出他消瘦而严肃的面孔，他双目炯炯有神，没有一丝笑容，从深陷的眼窝中射出逼人的光芒，有他在场，任何人都不敢轻举妄动，或者多说一句废话。他长着精巧的鼻子，凌乱的黑发遮住前额，他的谈话流畅、真诚、切中要害，说话直奔主题，没有通常的客套。”哈科恩一上来就对温盖特说，他应当抓紧了解一下犹太复国主义者在巴勒斯坦取得的成就。哈科恩问他以前是否接触过犹太人。

温盖特回答说：“我一生中接触过的犹太人寥寥无几，但我同情犹太复国主义。”

哈科恩问，关于犹太复国主义，他读过哪些书。

温盖特回答：“这方面只有一本重要的书，那就是《圣经》，这本书我认认真真读过多遍。你读过《古兰经》吗？”

哈科恩回答说，自己读过《古兰经》的许多章节。温盖特接着问他是否读过阿拉伯语《古兰经》。哈科恩回答说，阿拉伯语《古兰经》也读过一些。温盖特又说：“我读过整本的阿拉伯语《古兰经》。”于是，他激动地发表了尖刻的评论，他对哈科恩说，自己越读《古兰经》，就越觉得其中尽是些华而不实的空话，浮华和晦暗的语言给人一种错觉，让人觉得那仿佛是伟大而神秘的诗篇，但除了夸夸其谈以外，其实什么也没有。他还说，当自己偶尔发现一些有价值的内容时，便会一眼看出那是可怜的阿拉伯人从新约或旧约中剽窃来的。总而言之，《古兰经》根本无法与《圣经》相提并论，在基于《古兰经》的运动和基于希伯来语《圣经》手稿的运动之间，只有白痴才需要做出选择。

哈科恩惊诧不已。尽管犹太复国主义者从不在政治上向阿拉伯人妥
112 协，但他们一贯强调要对伊斯兰教以礼相待，听到如此出乎意料的抨击后，这位犹太复国主义者对《古兰经》及其作者讲了一些好话，对此温盖特一概不予理睬。会谈结束时，温盖特向初次见面的哈科恩表白了自己的忠诚。哈科恩记得他是这样说的：

“这是关系你们生死存亡的事业。我很荣幸能帮助你们战斗。为了实现这一理想，我愿意牺牲自己的生命。我坚信为人类的生存而战是正义的，因为这符合《圣经》的道义原则。无论谁插手阻挠你们和你们的事业，都应当与他坚决斗争。不论是出于嫉妒、无知还是虚妄的教义，使你的邻居反对你们，或者是出于‘政治’目的，让我的同胞支持他们，我都会与你们并肩战斗。但是，要记住这是你们的战斗。我的责任仅仅是帮助你们，尽管我说过自己为此感到荣幸。”他又补充说：“你愿意让这个地区的犹太人敞开心扉接纳我吗？”

结束与新任情报官的会面后，哈科恩大喜过望，觉得自己像在做梦一样。他急不可待地跑去告诉犹太复国主义同事说，“一个了不起的人，一位将为我们的事业勇敢战斗的朋友”已经来到我们中间。他的犹太同事对此表示怀疑。这个人会不会是精心伪装的间谍，或者是具有超凡才能的密探？大家都知道哈科恩喜欢开玩笑，所以不论他怎么游说，别人也不太当真。一个英国人不履行政府赋予的职责，却积极支持犹太复国主义，这种想法超出了巴勒斯坦犹太人的正常经验。

然而，有一个犹太人不怀疑温盖特。他就是俄罗斯籍的犹太工程师

伊曼纽尔·维伦斯基（Emanuel Wilenski）。他与英国人和犹太复国主义者都有着密切的联系，他是菲利普·奥德·盖伊（Philip Orde Guy）的朋友，后者是苏格兰人，也是现代犹太复国主义运动创始人本·耶胡达（Ben Yehuda）的女婿。维伦斯基通过菲利普·盖伊认识了温盖特在萨伏伊酒店的同事，就是那位带温盖特去见大卫·哈科恩的英国军官。维伦斯基已经检验过此人对犹太复国主义事业的忠诚，这位军官不仅警告他警察即将搜查“哈贾纳”的武器，而且还建议他故意让警察找到部分武器，因为那些武器的存在已经被确认。这位军官邀请维伦斯基吃晚饭，那是“单身男人的聚会”，席间将会见到新任的情报官。

许多人第一次见到温盖特时，会发现他穿着皱巴巴的衣服，头发蓬乱，连手也不洗。而这次会面，温盖特的面貌焕然一新，维伦斯基看见他 113
穿着漂亮的蓝色西装，外表英武帅气，有着英国人特有的整洁。温盖特同以往一样直奔主题，一本正经地讨论起犹太复国主义问题。维伦斯基对热情洋溢的温盖特印象深刻，他纳闷英军中怎么会有这样健谈而博学的狂热分子，同时，维伦斯基对他的极端想法深感震惊和担心。温盖特似乎说了一些同大卫·哈科恩说过的令人紧张的话，有人记得他在谈话中引用了阿拉伯语《古兰经》和希伯来语《圣经》（他已经开始学习希伯来语，他从不在学识方面表示谦虚）。还有人记得在这次聚会上，他把维伦斯基逼得走投无路，他大嚷大叫说，犹太人需要拿起武器进行战斗，开展“血腥斗争”之类的话。这种说法过于夸张，事实上，当晚确实有过激烈的讨论，但晚宴结束时气氛相当平静。在当时的犹太年轻人中，成立军事组织的呼声越来越高，这不符合犹太事务局为“哈贾纳”制定的行动路线，在这次聚会上还谈到了少数极端分子正秘密组建非正规军事组织以推进激进政策的情况。温盖特说这些极端主义者的做法是正确的。维伦斯基提到了自我克制政策。温盖特从容而不失热情地强调，随着事态的转变，犹太民族和伊斯兰教之间已经进入战争状态，以前那种奉行消极被动和单纯防御政策的时代已经一去不复返了。组建军队是形势所迫，他极其严肃地宣称自己的志向就是率领犹太军队战斗。这次讨论的时间很长，维伦斯基离开时，原先的信念极大地动摇了。夜里他发现自己无法入睡；那个肩膀厚实的小个子军官在他的脑海中挥之不去，那个人目光逼人，用低沉的声音不停地抱怨着，说着那些通常不会在晚宴上说的话。他所表达的那些观点，严肃也罢，肤浅也罢，都是发自内心的肺腑之言。从此，维伦斯基毫不动摇地坚信，温盖特是他一生中遇到的最了不起的人。

维伦斯基跑到海法去见犹太复国主义同事和“哈贾纳”秘密成员（他在“哈贾纳”组织中任情报官），向他们正式宣布新来的英国人是犹太复国主义者坚定而重要的盟友。同哈科恩遇到的情况一样，人们对他充满
114 怀疑。那些犹太人说，英国人不可能支持犹太复国主义。英国人为什么要支持犹太复国主义呢？大不列颠在伊斯兰世界有着广泛的利益和义务，犹太人的复国理想是他们的大敌。一个英国军官为什么会对犹太复国主义存在好感呢？托管当局默认了《贝尔福宣言》造成的既成事实，也肯定会保护现有的定居点，但他们会愿意看到定居点扩大范围吗？或者说，他们会赞成犹太复国主义者的坚定目标，即在这块土地上建立犹太国家吗？当然不可能。也许，温盖特只是一个醉心于“古老的朱迪亚（Judea）”和“重建王国”的梦想家，自古以来，有许多自我蒙蔽之人、假装虔诚之人、装疯卖傻之人，寄生在这块宗教诞生之地。犹太人对梦想家已经彻底厌倦了。维伦斯基越是用温盖特的声明来驳斥这些成见，人们就越觉得他让人讨厌。大家用“哦，你和你的朋友”这样的话取笑他。从此，温盖特在维伦斯基的熟人中有了一个绰号，即“谢赫朋友”或“你的朋友”。刚开始这一称呼带有讽刺意味，但没过多久，“朋友”（Hayedid）就成了犹太复国主义者们私下里对温盖特的尊称。

海法的犹太复国主义者慢慢开始对温盖特信任起来，在这一过程中，一件有趣的小事成为转折点。事情的经过是这样的。大卫·哈科恩领着温

盖特夜里视察代加尼亚（Deganiya）。这个定居点坐落在约旦河和加利利海交汇处附近，是犹太人在巴勒斯坦最早建立的集体定居点（犹太人集体农庄）。那个地方是宗教发源地，也是犹太人重新获得的一块土地，人们在那里怀着古时候的虔敬，共同分担着艰辛、责任和欢乐，他们凭借着集体主义的热情凝聚成一个融洽的整体；在这种地方，即使不是犹太人，也同样能感受到犹太宗教信仰的生命力。这是温盖特第一次访问犹太定居点，也是他第一次真正置身犹太人的生活中。根据集体农庄的习惯，客人或陌生人来访很少有人关注，但食堂的值班人员按照公务活动的礼遇，用蔬菜、干酪、奶油、鸡蛋和水果招待他们吃晚餐。哈科恩记得，温盖特对周围的一切都充满好奇，他仔细观察着犹太人用餐时的传统习俗，小心翼翼地照着做，那些他以前都听说过，却从未亲眼见过。晚餐后有一个联欢会，是为了庆祝一批新来的德国移民完成培训，那是一个喧闹的聚会，人们挤在一间房子里，在口琴的伴奏下跳舞。年纪大的人先走了，舞会仍在 115
继续。哈科恩问温盖特是否累了，要不要上床休息。温盖特却说："这好像是我第一次看到年轻人以恰当的方式跳舞，优美而欢快，简单而文明。"他坐在那里看大家跳舞，"仿佛钉在椅子上"一样。不过，他从来不是一个消极的旁观者，就在此时，一对母子开始争论起来，母亲试图劝阻儿子不要继续跳舞了，因为他已经在地里累了一天，温盖特非要加入母子间的争论不可，他强调应当用精神的坚韧克服体力的虚弱，并坚持让孩子继续跳舞以证明这一点。

晚饭时，温盖特发现代加尼亚的面包很好吃，同哈科恩动身返回的那个早上，他要了一条新出炉的面包带走。回到海法后，他将面包送给上级，告诉他应当为英军部队供应这种面包。他说生产这种面包的地方还能为士兵生产其他许多新鲜的食物，用以替代他们常吃的罐头食品。说来奇怪，正是一条面包这样不起眼的小事，让温盖特见过的为数不多的犹太人相信，他支持犹太复国主义并不像有些人怀疑的那样是出于多愁善感，而是基于情理上的考量。温盖特很快在海法结交了不少犹太朋友，但要完全被犹太人接受和信任还需要等上很长时间。

在洛娜来海法与丈夫团聚之前，温盖特有时会住在哈科恩家里。他奇特的行为方式着实让主人惊诧不已。晚饭后，一家人通常围坐在炉火旁谈天说地，他们会突然发现温盖特一边说话，一边脱下鞋子，然后再脱下袜子，尔后从口袋里掏出一支铅笔，用它给自己的脚趾做一个全面的按摩。有时候，他不修边幅的习惯会与主人家的规矩产生严重冲突。一天，哈科恩夫人敲他的房门，他立即把门打开，可当他意识到自己一丝不挂时，又猛地把门关上。他不是一个理想的房客，大卫·哈科恩评价说，尽管他的习性经常让人讨厌，但还不至于像乡下人那样粗俗。他天生感情细腻，并富有同情心，却把自己伪装成一个不善交际的粗人。尽管他为人真
116 诚，可有时不免要故意把自己伪装起来。像所有具备指挥才能的人一样，温盖特是一个天才的演员。

温盖特对犹太复国主义运动的热情与日俱增，以其专横的性格，他很快就开始对犹太朋友们发号施令。他告诉他们必须做什么才不会愧对祖先的遗产，还有什么千万不能做。一天，他和大卫·哈科恩为一件根本不值得争论的小事大吵了一架。那件事让大家真正见识了这位朋友近乎狂热的信念。事情的经过是这样的：温盖特和一些英国人参加犹太人的聚会，哈科恩为了逗大家开心，讲了一个名为《山羊》的意第绪语笑话。一个男人因为贫穷和家庭的不幸遭遇而感到万分沮丧，他跑去问拉比如何才能在生活中找到幸福。拉比问他是否有牛，得知他有牛以后，拉比要他把牛拴在屋里，第二天再来报告他的心情。次日，那个人报告说，他觉得更不幸了，因为牛在屋里让他感到很不舒服。于是，拉比要他再把一只家禽放在屋里，第二天再来报告心情。当那个人按时报告说他的心情更加低落时，拉比要他安排所有的亲戚住在家里，而当他被家里的拥挤和肮脏搞得快要发疯时，拉比命令他再往屋里塞进一只山羊。次日，那个人来报告时，拉

比开始采取相反的办法，命令他一天挪走一样东西，等到牛、鸡、亲戚、最后是山羊全都搬走后，那个人已经高兴得快发疯了，于是他懂得幸福生活究竟意味着什么。这就是那个名为《山羊》的故事，只不过是一个无伤大雅的笑话而已，但经过这个擅长插科打诨的犹太人一讲，就显得特别滑稽。听众们听完后，哄堂大笑，只有温盖特怒目而视，大不以为然。他走上前去对哈科恩说："大卫，我厌恶你讲这种故事！"

"为什么，你是什么意思？"他的朋友问道。

"我的意思是，"温盖特咆哮着说，"这类肮脏的故事有辱犹太人的名声，让他们遭人鄙视。你为什么不收起你那套民间故事呢？重返以色列的全部目的就是不再让犹太人与这类故事联系起来。"他继续大声斥责。

温盖特经常重游代加尼亚，那是他第一次实实在在见识犹太复国主
义的地方，他对那里情有独钟。有一天，当他和哈科恩开车穿过伊茨雷埃 117
勒（Jezreel）山谷返回海法时，哈科恩注意到温盖特瞪大眼睛不安地向四处张望，口中念念有词，显然处在一种兴奋不已的状态中。温盖特突然大喊道："可是他为什么被打败了？他理应赢得战斗。这人真是个蠢货！"

"你说的是谁？"哈科恩一边问，一边努力回忆着艾伦比战役。

"我说的是扫罗（Saul）[1]。"温盖特大声嚷道，接着他说了以下这番话："扫罗的全部大军就在这儿（用手一指）。我说的是这儿，就在基利波（Gilboa）高地上，北面是水源，就在那儿（他用手指着河道），想一想，当他的敌人位于北面的书念（Shunem）时，他为什么要做那样的蠢事呢？他本应把大军带到那里［他指向埃因多尔（Ein-Dor）方向］——他有行动的自由——我怎么知道的，因为就在大战前夜，扫罗大老远跑到他泊（Tabor）去拜访隐多珥（Endor）的女巫。你知道这个该死的蠢货为什么这么做吗？就因为他走到哪儿都带着他的女人、家具和帐篷，还有他

① 根据《圣经·撒母耳记》记载，扫罗是古代以色列王国的第一任国王。——译注

的一大家子人。他不懂得如何轻装前进。他是一个拙劣的军人。”

“但是，你认为这对现在来说重要吗？”哈科恩问道。

“你说什么！”温盖特大吼道。“重要！当然重要！就因为他的愚蠢和无能，扫罗丢掉了王位，他曾经占据着人类历史上最重要的位置。他是犹太人的王。他被推举出来统治世界上最出色的民族，就是那个唯一寻找到上帝的民族，可是他因为自己该死的愚蠢无能，把这一切通通葬送掉了。”类似的话他念叨了很久很久。

读到此处，读者也许会感到一阵难受，可或许并不觉得意外，对这个《圣经》的狂热信徒来说，《撒母耳记》中的相关事件可谓意义重大。他发现自己迷上了一个最独特、最离奇的神学学说，即有关英国人是以色列人后裔的学说，其核心内容是大不列颠的居民是以色列十个支派的后裔，他们自巴比伦之囚后就没有返回迦南（Canaan）。他对此做了研究，机智而有趣的语源学和种族理论显然给他留下了深刻印象，还有由金字塔演绎出来的占卜术，那些相信英国人是以色列人后裔的信徒，试图用占卜
118 术来巩固这种离奇的学说。当然，读者尽可以放心。对这种高深莫测、离经叛道的学问，温盖特的兴趣只维持了很短一段时间。他的性情中始终有喜欢幻想的成分，这只不过是一次短暂的精神放松。

温盖特在大卫·哈科恩的记忆中是个充满宗教狂热、喜欢大声责骂、举止古怪的人，而维伦斯基一家人对他的印象却与此形成强烈反差。温盖特在海法等待洛娜的几星期里，有时候住在维伦斯基家，于是主人渐渐看到了他不为常人所知的一面。他们家的小孩子像大人一样思想活跃，温盖特经常喜欢跟小孩子们聊天或一起做游戏。这样就养成了一种习惯，每次温盖特住在他们家，都不得不把小女孩拖到床上，她才肯睡觉。主人看到他无拘无束、自由自在，以前他与德里克·塔洛克谈起猎马、猎狗时，或是与比尔·布朗上校家的小孩子一起玩耍时，或是在韦伯斯特的营业室里闲聊时，也是这个样子。他们经常看到他露出笑容，那是温盖特从母亲身

上继承来的。不应因此夸大他温柔的一面，因为正是在巴勒斯坦的岁月最后铸就了他惊人的性格，他冷酷而坚强，具备狂热的理想主义者的奉献精神，然而，也不要错误地认为他对日常生活中的天伦之乐丝毫无动于衷。

11 月，洛娜来到巴勒斯坦与丈夫团聚。她的到来引发了一件趣事，使温盖特新近产生的犹太复国主义情结遇到了突如其来的严峻考验。

自从利比亚沙漠探险之后，温盖特与詹宁斯－布拉姆利上校一直保持着友谊，当洛娜准备动身离开英国时，这位伯格埃尔阿拉伯的创建者邀请温盖特和洛娜到埃及小住，他们计划在亚历山大会合，然后在伯格埃尔阿拉伯休息几日后再去海法。从 1932 年起，詹宁斯－布拉姆利的伟大计划开始开花结果。小城和他自己的城堡此时均已完工。约翰·威尔弗雷德·拉金的后代成功说服了穆罕默德·阿里的后代支持自己的大胆尝试，福阿德（Fuad）国王对这项计划中每年一度的献礼非常感兴趣，他甚至还帮助设计了一个恰当的仪式。多年以后，詹宁斯－布拉姆利回忆说："各部落的人列队从城门进入……为首的是谢赫和奥莫达①。前面打着一面有部落骆驼标志的大旗。当所有人在广场集合起来后，奥莫达会将城门锁上。我希望阿拉伯人能由此感受到，他们处于一个无法逃避的困境。此时，奥莫达会将城门的钥匙交给福阿德国王，国王听完一年来重大事项的
报告后，如果他表示认可，就会交还钥匙。福阿德国王听了以后很高兴， 119
表示接受这个建议，他说，'应当由大谢赫献上钥匙。钥匙要用纯金打造。'我不得不说，'陛下想让您的大谢赫活多久？'于是，他说，'钥匙用铁打造，四周用黄金镶边。'"

然而，福阿德国王还没来得及亲眼观看献礼仪式就一命呜呼了，他

① 在英国统治下的埃及，殖民地当局为维护统治，将宗主国的行政制度与非洲国家传统的酋长制度结合起来。行政区域通常为省、县、乡三级，各级的行政长官均为酋长，各级酋长职衔和名称因地而异。在有些地区，县一级酋长称为奥莫达（Omda）或大谢赫（Head Sheikh），乡一级酋长称为谢赫（Sheikh）。——译注

的继任者法鲁克（Farouk）国王对这类计划不感兴趣。虽然伯格埃尔阿拉伯还是实现了它的主要功能，但这项劳民伤财工程的最大受益者却将它淡忘了。

温盖特在亚历山大接到洛娜后，就带她去了伯格埃尔阿拉伯，那是一座阿拉伯人用托勒密王朝采石场的石头和希腊、罗马时期别墅的断壁残垣建造起来的城市。20 年后，洛娜回忆说："在一个寒冷的月夜，我第一次看到这个地方，感到极度震惊。在一片平坦的银色沙漠上，足有 20 英尺高的围墙拔地而起。我们穿过 20 英尺厚的城门，来到一个巨大的广场，广场微微倾斜，有些地方铺着鹅卵石。在左侧远远的城墙上有一个拱廊，从它后面透出微弱的烛光。除此之外，只能看到建筑物在沙地上投下的冰冷暗影。"詹宁斯 – 布拉姆利的住宅一半像城堡，一半像意大利别墅，看上去就如同阿拉丁的山洞一样，让人怀着无限的惊喜。房间里的整面墙都悬挂着华丽的威尼斯镜子，那是詹宁斯 – 布拉姆利夫人祖上传下来的。在家中收藏的宝物中有一条嘉德勋章的蓝色勋带，已经旧得褪了色，那是查理一世上绞架时佩带的。这个地方简直就是现实世界中的"洛道夫"。

游览结束时，可能就是在温盖特夫妇准备离开伯格埃尔阿拉伯的当天，詹宁斯 – 布拉姆利十分动情地向客人提出了一个郑重的建议。詹宁斯 – 布拉姆利是一个充满幻想的人，他能深切感受到这个年轻人难得的浪漫性格，于是他问温盖特是否愿意同他本人一样将这个小城作为终生财产。他提议要温盖特离开军队来这里定居，实现建设伯格埃尔阿拉伯的崇高理想，然后作为创建者的继承人得到这份独特的财产，就当是他收养了一个有继承权的长子。詹宁斯 – 布拉姆利转向洛娜说："我会在城墙上为你修建一所房子。"不用说，温盖特被如此高尚而慷慨的恩惠深深打动了，这会让他出人头地，不仅会带给他地位、财富和前途，也会使他从父母亲
120 那里继承来的根深蒂固的宗教精神有一个归宿。这深深吸引着他内在的全部优秀品质。他只不过刚刚才对犹太复国主义产生兴趣，可以说世间没有

任何理由能让他拒绝如此诱人的恩惠，但仿佛有来自尘世之外的神谕给他以拒绝的理由。温盖特虽然感动，却经受住了诱惑。他笑着说，自己必须留在军队。他“带着遗憾，却毫不犹豫”地拒绝了詹宁斯 – 布拉姆利的好意。随后，他带洛娜去了海法。

到巴勒斯坦后不久，温盖特夫妇应亚瑟·沃科普之邀参加在耶路撒冷政府大楼举行的晚宴。那是一个盛大的晚餐会，主宾是魏茨曼博士及夫人（温盖特先前已经带着雷金纳德爵士的推荐信见过总督）。晚餐后，按照英国人的习俗，男士们会单独享用波尔图葡萄酒和白兰地，尔后全体客人再回到客厅，魏茨曼找到妻子，问她是否知道哪位是温盖特夫人。她说：“是的，她丈夫就坐在我旁边，我发现他是我见过的最有趣的人。”晚宴结束时，魏茨曼夫妇邀请温盖特夫妇去家里做客，大家坐在一起一直聊到第二天早晨。他们由此结下的深厚友谊，将对犹太复国主义事业和犹太民族产生历史性的影响。

他们之间的友谊是深情、热烈而持久的，有时也充满了暴风骤雨，然而最初的一幕却非常温情。托斯卡尼尼（Toscanini）即将对巴勒斯坦进行短暂访问，期间要指挥刚刚成立的巴勒斯坦交响乐团演出几场音乐会，在全体犹太复国主义者和其他许多人看来，这是一个万众瞩目的事件，是当代最伟大的音乐家抵制德国迫害犹太人的盛大抗议活动。不仅如此，据说自从 1813 年贝多芬在维也纳首次指挥乐队演奏第七交响乐以来，没有哪次音乐会如此富有激情和深刻的内涵。音乐会的门票自然很紧俏。魏茨曼知道他的新朋友非常喜欢音乐，却没有搞到门票，便主动邀请温盖特夫妇跟他们一起去。系列音乐会从 12 月 26 日一直持续到 1 月 2 日。

不久，温盖特被调到耶路撒冷的总部，仍然担任情报官。到新岗位赴任时，他已经打定主意支持犹太复国主义。但是，似乎直到他见到犹太复国主义领导人以后，才最终下定了决心。

需要抉择的时刻到了。迄今为止，英国政府做出的最大胆或许也是

121 最正确的努力就是在巴勒斯坦问题上达成永久性和解。皮尔勋爵领导的皇家委员会，是1921年开罗会议以来英国派往近东的最干练的团队。11月12日，他们开始在耶路撒冷展开调查，当温盖特到达那里时，听证会还有一个星期就要结束。温盖特头脑一热，根本不顾自己人微言轻、缺乏经验，决心要利用这个机会充分表达自己的见解，要向那些掌握国家命运的人提出自己的建议。于是，他故伎重演。

法斯特酒店，耶路撒冷，1937年12月1日

亲爱的雷克斯堂叔：

我本来早该写信，但是由于这封信需要指人专送，所以只能等待合适的机会。

还好，正因为我前面没有写信，现在可以更切中要害。我相信，国内身居高位的人很少能了解到当前局势的“实情”。我认为重要的是，当权者不应对严重危及英国未来的形势做出错误的判断，所以我提笔写这封信，否则我情愿不写。

我来巴勒斯坦已经有四个月了。我跟外约旦边防军跑遍了北部边境。我在犹太人集体农庄住过几个晚上。我还见过许多阿拉伯和犹太要人。

我已经见过高级专员，并且与这里的大多数政府官员交谈过。

我坚信目前提出的书面意见是正确的，任何人有不同看法，我都愿意与他辩论。您知道，我对阿拉伯语和阿拉伯人并非一无所知，我对他们毫无偏见。

我提供的很多信息只有这里的人知道，其中一些情况皇家委员会并不了解。

以下是目前的局势：

（1）巴勒斯坦以外的阿拉伯世界，有意避免与大英帝国交

恶，因为他们认识到大英帝国比几个月以前想象得要强大得多。 122
只要不有意羞辱伊斯兰世界（这是叶海亚教长[①]的原话），他们乐意将巴勒斯坦的阿拉伯人托付给上帝。

（2）事实上，伊斯兰世界并不在乎巴勒斯坦的阿拉伯人，他们关心的是保住圣地，虽然他们讨厌巴勒斯坦犹太人的想法，但他们准备接受既成事实。

不管怎样，今天的伊斯兰世界虚弱无力。英国认为它还像战前一样有影响力，那完全是一种谬论。

（3）巴勒斯坦的阿拉伯人正在虚张声势，宣称如果委员会的裁决不能满足他们百分之九十的愿望，他们就会如何如何。假使他们真的将威胁付诸行动，例如，组织集体暴动，我们只需要：①武装犹太人；②颁布戒严令，逮捕并流放所有的阿拉伯要人。我们将会发现，靠目前驻扎在这里的8个营兵力足以制服叛乱。

（4）外约旦的阿拉伯人参加巴勒斯坦叛乱的危险确实很大。尽管出现这种情况会比较棘手，但其实反而对我们有利。外约旦和巴勒斯坦是一个整体，它就在约旦河流域的东岸，注定要与约旦河流域一起加入地中海市场花园计划。外约旦如果插手巴勒斯坦问题，将为我们清除腐败、龌龊的阿卜杜拉（Abdullah）[②]并收回巴勒斯坦提供借口。

（5）不论是过去、现在，还是将来，整个阿拉伯集团的军事力量都微不足道，这一点我不说您也知道。

（6）犹太人的军事潜力，特别是如果采纳我的建议，进行

① 叶海亚阿訇（Imam Yahya）是也门王子。——译注

② 阿卜杜拉·伊本·侯赛因（Abdullah ibn Hussein，1882—1951），在英国委任统治时期，他是外约旦名义上的君主，1946年委任统治结束后，他成为约旦国王。——译注

必要的训练和组织，至少相当于英军两个军。

（7）对于阿拉伯人以劳伦斯事件为借口提出的任何要求，我将在这封信的附件[①]中详细探讨。

（8）巴勒斯坦和外约旦的行政当局，无一例外地反对犹太人、亲阿拉伯人。主要原因是我们把最差劲的英国官员派往巴勒斯坦。他们痛恨犹太人，喜欢阿拉伯人，因为阿拉伯人会拍马屁，让他们觉得自己很了不起，尽管阿拉伯人也朝他们开枪。阁下，真实的情况是，此地的全部官员都是三流货色。我不认为您
123 可以找到许多能提出像样意见的人来驳倒上述说法。这里的行政机构与苏丹的相比简直是天壤之别。此地的外交官很少有人懂阿拉伯语（或者认识阿拉伯人），更不要说懂希伯来语（或者认识犹太人）了。

（9）尽管我很同情高级专员，也钦佩他的良好品行，但他事事都要征得大家一致同意，他已经过时了，应当撤换。他不知道该做什么，遇事缺乏主见，一味向反叛的阿拉伯人示好，向那些年幼无知的首领们寻求帮助，这一切都表明他失去了对事态的掌控。

（10）过去的六个月实在太糟糕了。麻烦出现时，我们本来用手中一半的兵力就可以将它消灭在萌芽状态。完全是因为高级专员的优柔寡断和整个行政机构对叛乱者的同情，一场小骚乱演变成了武装暴动。

一向守法和忠心的犹太人不得不眼睁睁地看着他们的工厂被毁，看着他们的家庭受到威胁，看着他们的鲜血在流淌，而所有的罪名都落到他们身上。

---

① 文中提到的附件后来没有找到。——原注

（11）犹太人忠于大英帝国。犹太人说话算数——他们一向如此——事实上，非犹太人抱怨的主要是这一点。全世界有1500万犹太人。

七年内，巴勒斯坦将轻松接纳100万犹太人。您肯定想象不到他们所取得的成就。您一定会感到惊奇，就像在沙漠中看到盛开的玫瑰；到处是精心栽培的蔬菜瓜果——这种干劲、信念、智慧和创造力世间罕见。

我在集体农庄接触过犹太青年。我要告诉您的是，犹太人比我们的人更适合当兵打仗。我们只需要提供训练。他们会武装自己。

（12）巴勒斯坦对我们的帝国至关重要——我们的帝国对英国至关重要——英国对世界和平至关重要。

伊斯兰世界与这些无关。我们有机会在巴勒斯坦和外约旦扶植一个忠诚、富裕和理智的国家，我们可以同它签订一个永久性的条约，它将为我们主宰世界提供一把钥匙，而无需我们花钱或者费力。

如果爆发战争，拥有一个强大的犹太民族将是十分重要的。

委员会似乎倾向于阿拉伯人。它所到之处遇到的都是亲阿拉伯的官员。它十有八九不会知道该如何思考和行动。但是， 124
以下是必须要做的事情。

（1）公开宣布不称职的行政当局应当对最近的暴乱承担责任。

（2）建议政府全面承担起保护阿拉伯人合法权益的责任：政府应当妥善解决所有的土地纠纷；对阿拉伯人的个人权益应给予必要的尊重；政府应当为巴勒斯坦阿拉伯人的经济前景做出担保（这一切都太容易了——直接向犹太人提出要求）。

最后，政府对各项裁定都要不折不扣地执行，任何反抗都应遭到无情镇压。

（3）政府应当承诺永久保护伊斯兰圣地。

（4）政府承认犹太人有权向巴勒斯坦移民，只要该地区的接纳能力容许（有证据表明上一届行政当局大大低估了这一能力）。

（5）政府承认将巴勒斯坦作为犹太人的民族家园；政府的职责就是全力促进建立犹太人自治机构。

（6）政府现在就应当认识到武装犹太人的必要性，并立即组建两个犹太旅接管巴勒斯坦的内外防务。

如果我们做到上述事情，就能为帝国保住巴勒斯坦，从而也就能为世界保住帝国。如果我们做不到，就等于把信任寄托在阿拉伯人压坏的苇杖上，我们若靠上去，就会刺穿我们的手。[①]

我们迟早要卷入战争——阿比西尼亚的惨败已经使战争无可避免——看在上帝的份上，让我们在战争来临之前做点公正而荣耀的事情。让我们履行对犹太人的诺言，让纳粹主义、法西斯主义和我们自己的偏见通通见鬼去吧！

看样子，我在这里还要待一段时间。我在耶路撒冷的司令部任情报官。这项工作很有趣，但我想尽早组建一个犹太旅
125 （在政府领导下！），以便在即将来临的战争中保护我们的利益。洛娜和我在一起，她很健康，也很快乐。我遇到很多有趣的人，首推魏茨曼博士，他是一位真正的伟人，我可以骄傲地说，他是我们的朋友。我也遇到过很多亲阿拉伯、反英国的官员，对于这些人我在这里就不细说了！

上个月，詹宁斯－布拉姆利与洛娜和我一起在伯格埃尔阿

① 《圣经·列王记下》18:21，“看哪！你所倚靠的埃及，是那压伤的苇杖。人若靠这苇杖，就必刺透他的手。”——译注

拉伯待了几天，他要我问您好。

我感到，从今往后巴勒斯坦比埃及更重要。我希望自己的命运与它紧紧联系在一起。

对您献上我们的爱和最美好的祝福

爱您的堂侄奥德·温盖特

这封奇特的信很是耐人寻味。其观点体现了敏锐和偏见的奇妙组合。温盖特说其他阿拉伯国家不关心巴勒斯坦人的命运，这一点后来证明大体上是正确的，他暗示阿拉伯势力因英国政策暧昧而气焰嚣张，基本上是正确的。他主张通过武装犹太人和宣布戒严来镇压叛乱，从此后两年的情况看，基本上也是正确的。他关于应当引诱外约旦干涉从而借机搞垮哈桑王室的观点，确实有些骇人听闻，这也表明初生牛犊不怕虎的他自始至终都有冷酷无情的一面。这封信的政治观点是荒谬的。将犹太人的优势扩大到约旦以外地区是（现在仍然是）一个极端的想法，将不可避免地导致激烈的暴力反抗，其灾难性的后果会首当其冲地降临在犹太人身上。温盖特显然没有认识到的是，尽管阿卜杜拉有很多过错，但他有着良好的判断力，能够发挥积极的影响。他在这封信中对阿拉伯军事力量和犹太人军事潜力的评价虽然不无夸大，但其正确性已经被 1948 年和 1956 年的两次战争所证实。他对当地英国行政官员的恶语谩骂实在过分夸张。有一批非常可敬的官员治理着巴勒斯坦，但他拿巴勒斯坦行政机构与苏丹行政机构所做的对比是符合实际情况的。巴勒斯坦的治理者从未把当地的需要当成自己的事情。他声称巴勒斯坦的行政官员亲阿拉伯人，这一点基本上是正确的。对此，后面还要详细论述。他对高级专员亚瑟·沃科普爵士的责难很有意思。不少有身份的人也有同样的看法，因而不能轻易否认温盖特的批评。沃科普是一位品德高尚的军人，但当他试图执行自己难以左右的混乱政策 126

时，他发现这一切超出了自己的能力。值得注意的是，温盖特所说的犹太移民数字现在已经突破了。然而，还有另外一个问题，100 万犹太人移民巴勒斯坦能否避免流血冲突，这一点他并未说明。他的主张存在另外一个缺陷，即彻底排除了在约旦和巴勒斯坦以外建立犹太国家的可能性。他从未真正理解极端主义的危险，或者说，他从来不懂得审慎稳健的价值。也许正是因为这个原因，他对皮尔委员会正在采取和即将采取的行动抱有错误的看法。然而，当他在信中写道“建立犹太人自治机构”时，实际上与委员会的某些决定不谋而合。他完全忽略了这样一个事实，即不论哪个政党执政，任何一届英国政府都不可能采纳他建议的政策。最让人感兴趣的是，这封奇特的信体现了他经过深思熟虑后的全部想法，而他在这个问题上却永远不会保持客观公正。

温盖特一家搬到耶路撒冷后，住在塔尔贝埃（Talbieh），那是信奉基督教的阿拉伯人的聚居区。他们在一处叫霍拉克的二层别墅租了一套楼上的房间，选择那里是因为视野开阔，大门上还有漂亮的铁饰。从起居室的窗户向外望去，越过分隔新城与老城的山谷，可以看到那个神秘的准国家组织的中心，为了它温盖特准备献出自己的生命。如果不理解他对巴勒斯坦这块神圣土地的深厚感情，就无法想象他心中怀着怎样的激情。这里并没有特别吸引人的自然美景，也没有像希腊小岛周围那样美丽的地中海风光，这座城市位于大海与约旦河之间一片荒凉多石的地带。除了金顶圣殿和土耳其风格的围墙，再没有其他宏伟的建筑可以将耶路撒冷与其他地中海东岸的小城区别开来。站在住所的阳台上，温盖特可以看到锡安山的一角，那里的景色并不令人陶醉。在地平线上首先映入眼帘的是一座呆板难看的德国式教堂和一个钟楼，两者都是十九世纪简陋的诺曼风格建筑。在锡安山上有大卫王的陵墓，就在这里，耶稣基督与他的十二个门徒吃了最后的晚餐。这里是寄托着三千年信仰的神圣之地。乍一看，你会觉得它有些像温布尔登（Wimbledon）的某个地方。巴勒斯坦只适合那些有着丰富想象力的人，他们并不在乎有没有养眼的美景。 127

1937 年，温盖特进行了长时间的学习、思考和准备。他通过研究地图和实地旅行对当地的地理环境了如指掌。他熟悉手中的每一份文件，并报告了所有近期发生的军事行动。他抓紧一切时间学习希伯来语，直到会话基本流利。在司令部大楼里，他与一位朋友安东尼·西蒙兹（Antony Simonds）上尉共用一个办公室，那里简直可以说是凌乱不堪。温盖特从来不是一个容易相处的同事，他固执己见，从不迁就他人，但刚到耶路撒冷总部时，他与同僚和上级的关系还算马马虎虎。他因组织情报军官培训时表现出来的老练和高效，深得顶头上司空军上校巴斯（Buss）的好评。他再次通过了阿拉伯语考试（因而有权享受语言津贴），并被指定为军队口语考官，在这个岗位上他以严厉著称。这段时间并非温盖特与当权者的蜜月期，他可不会与当权者谈情说爱，但在这一年里，他与自己的上级和同事们保持着相对平稳的关系。直到 1937 年末，这一地区还算太平。这也许正是温盖特与周围人相安无事的原因。

他和洛娜利用大部分业余时间来熟悉这个世界角落的生活、居民和领袖人物，同在巴尔福德一样，家庭琐事被置于次要位置。不要认为他因为偏袒犹太人，就忽略了对伊斯兰世界的责任，他在这方面甚至还赢得了官方的表扬。在给雷金纳德·温盖特爵士的一封信中，他提到自己在春季拜访了阿卜杜拉国王。温盖特结识了乔治·安东尼厄斯（George Antonius）[①]，此人是阿拉伯事业的杰出辩护士，也是迄今为止关于现代阿拉伯民族主义最优秀的作家，仅以此判断，就有理由认为他完全熟悉阿拉伯人对犹太复国主义的强硬态度。但是，温盖特大部分时间还是待在犹太

① 乔治·安东尼厄斯（1891—1941），出生在埃及，在英国受过教育。1921 年曾在巴勒斯坦英国政府里供职，是巴勒斯坦民族主义的热情支持者，著有《阿拉伯的觉醒》（*The Arab Awakening*），此书是阿拉伯民族主义的经典著作。——译注

人的小圈子里，再过十一年这个小圈子将发展壮大为一个国家。就在这一时期，他与摩西·谢尔托克（Moshe Shertock）[1]结下了永恒的友谊，这是他当时的名字，此人是犹太事务局委员会中仅次于魏茨曼博士的二号人物。他结识了大卫·本·古理安（温盖特对他有些低估），以及教他希伯
128 来语的埃德万·扎兹拉尼（Advan Zazlani）[2]。此时，他还遇到了一位叫埃利亚胡·爱泼斯坦（Eliahu Epstein）[3]的人，这个人注定要对温盖特的生活和犹太国家的命运发挥影响。有人记得，俩人初次见面时天气非常热，爱泼斯坦经人引见于午后来访。温盖特一个人在家，来访者惊讶地发现主人赤身裸体出现在门口。温盖特将他引入客厅，立即开始严肃的谈话。裸体者目不转睛地盯着他说，“我相信你是一位东方学家。你有什么特殊的兴趣？”

爱泼斯坦回答说，他专门从事波斯学研究。

“我告诉你，”温盖特习惯性地用居高临下的口吻说，“关于波斯和波斯文学为数不多的真正的好书是爱德华·布朗写的。你读过他的游记《在波斯人中生活的一年》吗？”

爱泼斯坦回答说，他非常熟悉那部经典著作。

“那是关于波斯人唯一值得读的书。”温盖特继续说，“其他书都不值一读。只读布朗的书就够了。”

接下来，他们聊了很多关于犹太复国主义的话题，这次温盖特没有再用居高临下的口吻说话，他向爱泼斯坦详细询问情况，学到不少知识。天色渐晚，主人光着身子恭敬地将客人送到门口。

现在，他找到了可以全心全意为之奋斗的事业（也许是要领导一个

---

① 摩西·谢尔托克（1894—1965），后来改名为摩西·沙雷特（Moshe Sharett），担任过以色列第二任总理。——译注

② 埃德万·扎兹拉尼后来改名为希洛（Shiloah）。——译注

③ 埃利亚胡·爱泼斯坦后来改名为埃利亚胡·埃拉斯（Eliahu Elath），当过以色列驻外大使。——译注

国家），他的性格也固化下来并最终定型。但这决不意味着他性格中的古怪有丝毫减少。情况恰恰相反，他仍然像白骑士[①]一样乐此不疲地试验自己的奇思妙想。大概也就是在这段时间，他开始经常吃洋葱，坚信光吃这种东西就足以提供自身所需的营养。人们记得他与一位年轻的犹太女士初次邂逅的趣闻。这位女士晚上住在一个朋友家里，而温盖特正好准备去那家吃晚饭。男女主人都不在家，丈夫还没下班，妻子在外购物，门铃响起时，女客前去开门，只见一个灰头土脸的人站在门外，他穿着短裤、衬衫，抬着一棵小松树，要说小，那只是相对森林而言，如果放在家里，那可是个大家伙。

“你能帮我一起抬这棵树吗？”温盖特问。

“哦，是的，当然可以。”她回答说。

他们想把松树从前门挪进屋里，结果没成功，于是俩人一起连拖带
拉，绕着外墙将松树搬到屋后的阳台，着实费了不少力气，就如同搬一架 129
三角钢琴一样。当他们在阳台上找了一块地方把松树放好后，那位年轻的犹太女士问温盖特为什么弄棵松树来。他坐在楼梯上详细解释说，他在苏丹时发现，一些当地人相信把小树挪到贫瘠的土地上照样可以生长，只要移植时事先在土坑里浇上些牛血。年轻女人问他现在是否准备这么干，他回答说是。她提醒说，女主人很敏感。他说自己还没准备买牛血来。看到他身上满是灰尘和汗水，年轻女士建议他在饭前先冲个淋浴。他表示同意，于是就去了浴室。当他再次回到客厅时，主人们已经回来了。他们问温盖特是否认识这位年轻女士。“是的。”温盖特说，“我们认识很长时间了。”有关松树的大胆尝试再也没人提起。

在巴勒斯坦的日子里，温盖特夫妇与魏茨曼博士及夫人成为心腹之

---

① 白骑士是英国著名童话作家刘易斯·卡罗尔《爱丽丝镜中奇遇记》的人物，他经常会有常人难以理解的奇思妙想。——译注

交。这位犹太领袖的家位于特拉维夫东南的雷霍沃特（Rehovoth），这里也是温盖特和洛娜这两位另类的英国人的家。这位犹太民族的领导人不乏好奇心，也从不拒绝生活的乐趣，他海纳百川，随时准备接受新思想。魏茨曼将温盖特视为志趣相投的忘年交。他们成为亲密的朋友，长者破例给予年轻朋友充分的自由。他从不因温盖特喋喋不休的争辩和粗野的举止而生气，有一次温盖特突然心血来潮抓起一根支窗户的长杆绕着屋子跳起舞来，还有一晚，他赴宴时已经喝得酩酊大醉，即使这样，魏茨曼博士也没有生气，他甚至觉得有责任给温盖特用一点强力恢复剂。犹太复国主义是其追随者的忠实信条，而魏茨曼博士和其他犹太人一样，从不怀疑这位狂热信徒对犹太复国主义事业的忠诚。在温盖特方面，虽然他对犹太复国主义的忠诚已经无以复加，但与魏茨曼博士的交往很快令他增添了信心和胆量。5 月，他采取了一个异乎寻常的举动，这是他作为犹太复国主义者迈出的第一步，也将为他招来指责和中伤。

要理解下面的事情，读者最好先了解一些皮尔委员会的后续情况。1937 年 1 月，就在返回英国途中，他们听说国内对巴勒斯坦问题的看法（特别是劳合·乔治），尔后他们准备了一份报告，并于 6 月提交政府。政府原则上同意其主要内容，即把巴勒斯坦一分为三，分别由英国人、犹
130 太人和阿拉伯人控制。英国的永久控制区（由国联托管）将包括耶路撒冷、伯利恒、拿撒勒、加利利海，以及从耶路撒冷通往迦法（Jaffa）的走廊；而英国的临时控制区（通过谈判确定它的未来）将包括海法、阿卡（Acre）、萨法德（Safad）、太巴列（Tiberias）、红海上的阿卡巴（Akaba）港等混居城镇。犹太人控制区将成为一个国家，包括加利利的其他部分，埃斯德赖隆（Esdraelon）平原，以及除了最南端和图勒凯尔姆（Tulkarm）以外的所有沿海平原地带。上述地区以外是阿拉伯控制区，它将与外约旦酋长国连成一片。

这份报告公布之前，消息灵通人士已经就其中的主要建议展开了讨

论，争论最激烈的莫过于土地的划分。作为情报官的温盖特当然了解不少内幕。5 月 31 日，在报告公布之前，他写信给魏茨曼博士。

亲爱的魏茨曼博士：

听谢尔托克先生说您近来身体不大舒服，我深为难过。希望您已经完全康复了。在这样关键的时刻，如果您不能亲自执掌大局，对于犹太复国主义运动将是一场灾难。

自从您离开以后，我对当地的情况和人事比几个月以前有了更多的了解。我已经掌握了 1000 个希伯来语单词，并且能够背诵《圣经》中一些我喜欢的章节，“当耶和华将那些被掳的带回锡安的时候……”和“主耶和华的灵在我身上，因为耶和华用膏膏我……”① 对我来说，能够阅读旧约原文实在是一种巨大的享受。

我希望并真心盼望您能在 3 月回来，您以前也是这么打算的，可是我知道您处在居中斡旋的位置能发挥更大的作用。处在我的位置上，能够目睹正在发生的许多事情，而我不得不承认划区分治的解决办法绝非是不可能的。您当然比我更了解情况。假使采取这样的办法，我断定政府会承认你们的自卫权。

您也许还记得，我曾经说过，巴勒斯坦犹太人可能愿意参加一场未来的世界大战。要组建犹太人的巴勒斯坦国防军，关键在于它必须是高效的，且采用特殊的方式。

因此，我断定您已经考虑过吸收少数称职的英国军官的好处。我知道这样做可能带来的问题，但以我对军事科学的了解， 131

① 原著此处为希伯来语，分别引自《圣经·诗篇》126:1 和《圣经·以赛亚书》61:1。——译注

加上我所观察到由于人员缺乏训练而必然造成的混乱局面，使我更加坚信，如果缺少这样的帮助，您将无法得到所需的部队。但是，以我对英国军事当局的了解，如果您不指定由您所信任的人来负责，那么您多半会得到一些对您的事业漠不关心的军官（原因您当然很清楚），这些人会妨碍您实现理想，而这对您来说至关重要。

为了证明这个判断，我只需要说明一点即可，据我所知，没有哪个英国军官比我懂更多的希伯来语，而我只认识1000个单词！……

我一心盼望着组建这样一支部队，已就有关问题进行了一些研究。我对在耶路撒冷的另一位军官非常感兴趣，他对巴勒斯坦的了解无人能及。

您是犹太复国主义运动的领袖，我想向您承诺的是，只要您愿意接受，我们渴望为您效劳。如果您同意，我请求您就一些重要的问题进一步征求我的意见，因为我还有很多话要说，不知您是否同意？

现在最重要的是要看得远一些，避免犯下无可挽回的错误。我知道，您会认识到在军事上需要听取有见地的好主意。

我妻子向您和魏茨曼夫人致以衷心的问候。愿上帝保佑您和您的事业。

忠于您的奥德·温盖特

由于这类通信可能会严重败坏温盖特的名声，所以，我们最好还是深入探讨一下其中的道义问题。毫无疑问，这封信很不得体。对当地的英国官员有严格规定，要求他们不要介入巴勒斯坦政治。温盖特无法逃避违抗命令和言行轻率的指控。他在这两方面确实存在过失。

然而，要知道，任何人处在他的位置上几乎都可能干出同样的事情，而且往往会更加有害，如此看来，他的罪名或许可以减轻。在 20 世纪三四十年代，没有哪个地方比巴勒斯坦更具争议。那里就像新芬党作乱时期的爱尔兰。只有无忧无虑的傻瓜才会无视异己的存在，从而摆脱左右为难的困境。但那些与当地人有交往的正常人不可能无忧无虑，他们当中极 132
少能有人真正保持中立。几乎所有的人都站在阿拉伯人一边。温盖特在给雷克斯堂叔的信中所说的情况，即使稍有一点夸张，但大体上是属实的。现在回想起来，这些事情很不合逻辑。造反的是阿拉伯人而不是犹太人，可是犹太人对英国的忠诚却远远敌不过阿拉伯人的宣传。同样令人气愤的是，如果温盖特支持阿拉伯民族主义，那么对他轻率言行的指责就会轻得多。

实际上，他给魏茨曼博士的建议并没有乍看上去那样富有创意。温盖特在思考这些建议时，显然有现成的先例可循。就在对面的外约旦，阿拉伯军团仍然由其缔造者皮克（Peake）上校指挥，军官中有很多英国人。温盖特似乎算计到了，一旦分治方案被采纳，新生的犹太国家也会希望建立一支类似的部队，他显然想抢占先机，说不定还想得到指挥官的位置。即使在最严厉的批评者看来，这一切也无可厚非。如果温盖特申请到阿拉伯军团任职（为某个立场温和却公开同情叛乱的王子效劳），没有人会觉得这样做有什么罪过。他的过失在于讨论国家机密。他错在不够谨慎，然而在那样一个充满无休止激烈争论的地方，谨慎这种乏味的美德很少派得上用场。

魏茨曼博士的回信没有保存下来。其实，未必存在这样一封信。他们经常见面，也许很快俩人就会面对面讨论此事。由于此后这个问题再无下文，所以最有可能的情况是，魏茨曼博士劝说他的朋友不要操之过急。他尊重温盖特的热情，但他在政治上一贯保持自我克制，无论如何，在当时的情况下，他更需要的是高层暗中帮忙的朋友，而不是堂吉诃德式的侠客。俩人都没有想到，温盖特向犹太复国主义领导人请求的东西，很快就从英国政府那里得到了。到那时，对温盖特忠诚的任何怀疑都将暂时中止。

在学习过程中，温盖特熟读了 T. E. 劳伦斯（Thomas Edward Lawrence）[①]的著作、通信和有关他的文学作品。然而，他对这位名人大加批评，不论
133 是作为军人，还是作为老百姓。他坚信劳伦斯的军事思想是荒谬的，更强烈反对人们对劳伦斯的个人崇拜。就在去巴勒斯坦之前，他从雷金纳德·温盖特爵士的谈话中了解到，劳伦斯属于与老温盖特夫人有亲戚关系的查普曼（Chapman）家族，所以说，劳伦斯是他的远亲。这个消息在当时并未让温盖特感到高兴，现在更是如此。

很快，他就得到了一个自己不喜欢的新绰号，“朱迪亚的劳伦斯”。

---

① 托马斯·爱德华·劳伦斯（1888—1935），即著名的“阿拉伯的劳伦斯”，第一次世界大战期间帮助阿拉伯起义军与奥斯曼土耳其军队作战，战后陪同费萨尔国王参加巴黎和会，为阿拉伯国家争取独立。随后他又隐姓埋名参加英国皇家空军和陆军，直至 1935 年退役。同年 5 月 13 日，他在骑摩托车时为了躲避两个骑自行车的男孩，发生车祸，头部严重受伤，六天后去世。劳伦斯根据他在一战中的经历写成了著名的《智慧七柱》（*Seven Pillars of Wisdom*）。——译注

第七章

基甸之剑 135

在局势相对平稳的1936年和1937年，英国在巴勒斯坦的驻军从两个师削减到两个旅。可是，和平的假象骗不了任何人。进入夏季，虚假的和平破裂了。敌对双方以牙还牙，凶杀事件层出不穷。大家都清楚，委员会的报告公布后，注定会爆发新一轮冲突。当时的普遍看法是，皮尔勋爵及其同事的建议对犹太人有利，但大多数犹太人却不这么看，该报告还遭到美国人和英国左翼人士的抨击[①]。不过，在犹太人代表大会上，魏茨曼博士领导的温和派同意将该报告作为谈判的基础，大会表决结果为300票赞成、158票反对。阿拉伯方面的情况则完全不同。除一派以外，其他各派均一致表示反对。起初拉加布·贝·纳沙希比（Raghab Bey Nashashibi）赞成以分治政策为基础进行谈判，但在随后与自封为大穆夫蒂的哈吉·阿明·艾尔·侯赛尼（Haj Amin el Husseini）的争执中，纳沙希比发现自己被迫接受一个比极端派还要极端的立场。形势的逆转不可避免。在如何与委员会打交道的问题上，阿拉伯人铸成大错（1月前他们一直抵制会谈），开出一系列难以接受的条件：立即成立全国性的政府，停止接收犹太移

① 英国工党和自由党坚决支持犹太复国主义者。——原注

民，禁止向犹太人出售土地。上述策略的效果适得其反，不但没有达成与皮尔勋爵及其同事讨价还价的目的，反而最终失去了委员会的同情，他们认为委员会偏袒犹太人是为了报复阿拉伯人，于是他们接下来要做的事情自然就是发泄愤怒。在穆斯林阵营中，唯一不同的声音来自阿卜杜拉国王。阿卜杜拉和他为数不多的追随者继续呼吁接受《皮尔报告》作为谈判的基础。但他的意见根本无人理睬。新一轮的秘密战争直到9月才爆发。[①]温盖特的运气来了，他果断抓住机会。

136 拿撒勒地区的行政专员名叫刘易斯·安德鲁斯（Lewis Andrews）。他是澳大利亚人，自从托管当局成立以来一直在这里工作。他会说阿拉伯语和希伯来语，对当地情况了如指掌，在巴勒斯坦行政当局中算得上最有才干的人。9月26日，他和警卫在拿撒勒的英国圣公会教堂附近被三名阿拉伯恐怖分子暗杀。阿拉伯最高委员会（巴勒斯坦穆斯林的行政机构）正式致歉，但没有多少人相信其诚意（这些暗杀事件是否受到最高委员会的纵容并未得到证明）。10月1日，托管当局采取报复措施，解散了阿拉伯最高委员会，并将那些本来可以逮捕的成员驱逐出境。穆夫蒂逃往贝鲁特。当局正式宣布实行变相的戒严（称为“军事管制”）。但是，阿拉伯人的恐怖活动仍在继续，巴勒斯坦的准内战状态持续了近一年时间。

同以前一样，法齐·卡瓦吉率领阿拉伯人越过北部边境发动了一系列袭击。以英军在数量、训练和士气方面的优势来衡量，袭击者取得了巨大的胜利。他们充分利用英军的弱点：一支从事正规战的军队往往对付不了一支能够巧妙避免正面作战的小股游击队。温盖特清楚地了解当前的问题，他后来极其生动地（尽管并非完全公正）描述了英军与精干而狡猾的敌人交锋失利的过程。温盖特写道：

---

① 9月8日，泛阿拉伯大会在大马士革附近召开，除也门以外的全体阿拉伯国家均出席了会议。大会决议与阿拉伯人向皮尔委员会提交的意见完全一致。——原注

> 鉴于巴勒斯坦的道路条件，英军的高度机械化，以及航空兵的存在，与叛乱分子的战斗已经呈现出某种固定的模式。叛乱分子会在道路旁边精心选择一处居高临下的地点，附近有隐蔽的撤退路线和可以就近躲避空袭的地方。他们躲在暗处向走在最前面的军人、警察或犹太人射击，他们觉得这样小打小闹不会受到惩罚。如果袭击的是军队，就会出现以下情况。部队肯定处在不利地形条件下，他们会跳出汽车隐蔽起来，然后开火射击。此时，部队会召唤空中支援，飞机通常在20分钟内到达，经常还会更快。一看到飞机，叛乱分子就藏起来，一般是在岩石或树丛中，不论事后怎样虚报战果，接下来的空中行动很少能造成伤亡。经验证明，地面部队在近距离空中支援下进攻会比较危险，所以，在飞机停止攻击或飞离前，部队通常原 137
> 地不动。此后，他们可能沿敌人撤退的方向进行侦察，也可能什么都不做，这取决部队的实力和时间因素，以及当前任务的紧迫性等等。这样的战斗将作为一次成功击退匪徒的行动向上报告。而事实上是匪徒成功袭击了部队……
>
> 有时还会发生另外一种战斗，当有人报告在某地发现大量匪徒时，大部队就会展开协同动作。这类行动通常不会有什么结果，因为匪徒们有许多耳目，他们及时得到警报后，早就把自己伪装成老老实实的农民。大胆的匪首有时会故意设圈套等待军队上钩。虽然他们事后通常后悔这样做，但是关于谁发动突然袭击的问题，不会有任何疑问，是匪徒们。

温盖特的说法有失偏颇，他没有提及1937年秋推行的行之有效的巡逻政策。他同样未提及的事实还有：部队摆脱机械化运输工具和道路限制而采取的灵活战术；1937年10月东约克郡团2营成功夜袭基利波山

（Mount Gilboa）；1938 年 2 月埃维茨（Evetts）准将在杰宁（Jenin）指挥大规模行动暂时粉碎了叛乱。温盖特这么写是有目的的。他在这份报告中说，军队如果不把夜间行动作为日常勤务，就不可能真正制服叛乱，这一点是有道理的。1938 年军队开始了夜间值勤，最初的倡议正是温盖特提出的。这其中有着相当幸运的因素，因为现任巴勒斯坦的最高指挥官懂得如何驾驭这位不顺服的下属。1937 年 9 月，阿奇博尔德 · 韦维尔爵士接替约翰 · 迪尔（John Dill）爵士[1]，担任英军驻巴勒斯坦的最高指挥官。他给了温盖特第一次大显身手的机会。在巴勒斯坦之后的岁月中，他还会给这个年轻人全面施展才华的机遇。他们完全属于两类人，但俩人所共同拥有的浪漫主义情怀使彼此的交往容易了许多。

韦维尔是那个时代最优秀、最奇特的英国人之一。表面上看，他是温切斯特大学、桑赫斯特军官学校和苏格兰团的标准产物，像一个循规蹈矩的绅士，看不出有什么非凡的想象力和活跃的思想。而事实上，他完全
138 是另外一种人。他总是乐于接受新事物并及时调整自己的想法。他认为军事科学只能作为概略的指导原则，因为在他看来战争远远超出人们的正常计算。他的非凡之处在于对任何事情都不抱偏见。他似乎比大多数人更喜欢独处，因此话不多，但他不会让人怀疑自己对事情的理解力。尽管他举止镇定、头脑严谨，尽管他既不好色，也不爱哭，尽管他是一个典型的英国人，人们见到他时还是会联想起托尔斯泰笔下的库图佐夫元帅。他在私下和公开场合都不善辞令，但当他向部队训话时，却能让官兵们感受到前所未有的信心。要说他只是凭直觉行事，那也许过于简单了，他的确有某种灵感，并听任它影响自己的判断。他对军营生活的限制似乎不无遗憾，出奇地喜欢轻浮、喧嚣的社交场合，仿佛是为了给自己沉默寡言的生活寻

① 约翰 · 迪尔（1881—1944），英国陆军元帅，1940 年 5 月就任帝国总参谋长，1941 至 1944 年，任英国驻美国联合参谋团团长。——译注

找慰藉。他对诗歌充满深深的眷恋，他的诗作虽然蹩脚，但感情真挚。舆论开玩笑地公然称他是一个标准的高尔夫俱乐部秘书长，可是命运却安排他在第二次世界大战中临危受命、执掌危局。以他平庸的风度，他很容易遭到那些眼光肤浅的人的贬抑，但他本人却是一个喜欢透过现象看本质的人。温盖特违反常规的做法，既不会轻易激起他的反感，也不会给他留下过分深刻的印象。人们对温盖特的抱怨，他肯定有所耳闻，当听说自己的情报官是个刺头儿时，他突然想到的不是如何把温盖特打发走，而是怎样充分利用这个人的干劲。温盖特没有令他失望。

1938 年初，温盖特已经有了一些成熟的想法。他一直在思考组建一个犹太军团，类似现在的阿拉伯军团一样。冬天，他给魏茨曼博士写了一份报告，题为《犹太国家过渡期的内部安全和边境防御》，其中包括组建犹太正规武装的建议（显然他假定英国政府将采纳皮尔委员会的建议）。以今天的视角看，报告中最有意思的部分是有关组建边境民兵的建议。他设想这支力量由一些小股武装组成，如果遇到阿拉伯人的攻击，它们“可以在正规部队到达前，让每个农庄有能力抵挡一段时间”。这只是他最初 139
的想法，他下一步的大胆设想是从忠实可靠的民众中抽组巡逻队。

1 月，温盖特写信给雷克斯堂叔，明确指出犹太人是一流的战士。从那时起，他亲身感受到犹太定居点认真严格的保卫纪律，更加坚信自己在信中所说的话。有一件小事给他留下了深刻印象。温盖特经常花大量时间考察犹太集体农庄，一天夜里，他到达一个农庄时已经很晚了。那里大门紧闭，里面还上了闩，温盖特只好翻墙而入。进去后正撞上一个端着枪的女孩。温盖特认识她，但她却没有搭理他的问候。

“你是怎么进来的？”她问。

“我是翻墙进来的。”他回答说。

“那你再翻墙出去，”她说，“然后我给你开门。不然的话，我就开枪打死你。”

他乖乖地服从，内心暗自赞赏这种严格执行命令的负责精神。

这只是温盖特亲身经历的一个小插曲，许多类似的经历使他坚信犹太人是一个英勇善战的民族，这与大多数人的看法截然相反。他刚到巴勒斯坦后不久就曾经说过，自己的理想是领导一支犹太军队。现在，他开始看到自己的远大目标近在咫尺。

他的第一步行动是征得上级的同意，允许他到巴勒斯坦北部讨论在犹太人定居点组建军事情报系统的可能性。大约在 2 月中的某一天，他到海法面见埃维茨旅长，此人将对他在巴勒斯坦的职业生涯发挥重要作用。当时，埃维茨指挥着第 16 步兵旅。他和温盖特不久前刚刚见过，去年 9 月，埃维茨旅长和旅参谋长到耶路撒冷司令部参加阿拉伯语考试，考官就是那位古怪的炮兵军官温盖特，埃维茨第一次领教了这个表情严肃、目光逼人的年轻人。旅长通过了考试，但旅参谋长没及格。现在三人再次碰到一起。事情还算顺利。埃维茨事先收到了阿奇博尔德·韦维尔爵士简明扼要的命令。"我指望你，"韦维尔将军说，"在巴勒斯坦北部建立法律与秩序，如果有困难就来找我。"

埃维茨旅长与温盖特有着某些共同点：精力异常充沛，敢于挑战权
140 威，讨厌循规蹈矩。他丝毫没有温盖特那样的犹太复国主义情结，但他看不惯巴勒斯坦大多数英国人对叛乱者的偏袒，同时，他也钦佩犹太开拓者的奋斗精神。对于韦维尔给温盖特的命令，他表示欣然配合。温盖特的大致想法是，利用他在巴勒斯坦犹太人中的关系，摸清走私者和袭击者从外约旦、叙利亚和黎巴嫩进入该地区的秘密小道。他准备首先监视北部和东北部边境，就住在贝桑（Beisan）附近一个叫蒂兰泽维（Tirat Tsevi）的定居点。那里位于加利利海南二十多英里处，靠近约旦。2 月，温盖特搬到那里。

1936 年后，骚乱不断加剧，当局允许犹太人成立某种形式的自卫组织，同巴勒斯坦委任统治当局的其他政策一样，这一措施实行起来也一反

常规。在正规警察部队基础上组建了一支小规模的临时警察部队，这些“临时雇员”堂而皇之地成为大规模非法军事武装“哈贾纳”的中坚力量，而大多数犹太男性都是“哈贾纳”成员。根据新制度，从临时警察部队遴选部分人员，经过武器使用训练，以准下士的军衔返回定居点，负责训练“编外”警察，承担定居点的自卫任务。他们的武器只有步枪，数量也不多，之所以如此吝啬，是因为人们知道他们可以从非法武装“哈贾纳”得到武器。看起来，当局并不指望犹太警察能够镇压叛乱。英国人本意也许是要组建一个装装样子的警察组织，然而，正如温盖特见过的那个端着枪站岗的女孩一样，犹太移民恪尽职守。温盖特让这支小小的警察部队成了以色列军队的摇篮。

在蒂兰泽维，温盖特首次将几个月以来的研究成果付诸实践。他已经算计出武器走私的可能路径。他从定居点警察部队中抽组了数支巡逻小分队监视这些路径。他前往约旦边境，再次发挥了“水獭”寻找浅滩的本领。功夫不负有心人。他将返回耶路撒冷以证实侦察结果并获取更多的情报，然后再巡回视察各定居点。起初他还是苦于克服犹太人的怀疑，这 141
也从一个侧面反映出巴勒斯坦英国人亲阿拉伯的情结到了何种程度。有一次，他视察位于约旦河和加利利海交汇处的阿菲基姆（Afikim）定居点，那里有一个犹太移民叫兹维·布伦纳（Zvi Brenner），他事后记录了初次邂逅温盖特的经历。“我以前从未听说过他，”兹维·布伦纳写道，“我原以为他不过是一个来参观定居点的英国人。但当我们刚开始交谈，我就意识到他是一位非常奇特的人。他对我们取得的成就不感兴趣，而是不停地询问一些基本情况，他说话总是一针见血，谈话过程中，我渐渐认识到他和我以前见过的英国人完全不同。他特别询问了我们的武器装备和防御部署，当我们知道他是情报部门的军官时，都变得小心谨慎起来。”

这次短暂的考察结束后，温盖特去海法见埃维茨，向他建议：应当赋予他本人一项任务，即从犹太人临时警察部队征招人员组成夜间巡逻队，加强以部分英军官兵，以定居点为依托组织巡逻。他说，只有组织经常性的夜间巡逻，才能彻底阻止武器走私和越境袭击，因为叛乱根本上就是夜袭。旅长和参谋长亚瑟·达夫（Arthur Dove）赞同温盖特的设想，于是三人一起草拟了一个详细的计划。他们还敲定将这种巡逻队称为“夜间别动队”。下面的事就是征得司令部同意。为此，温盖特返回耶路撒冷。

142 这一建议在司令部遇到很大阻力。托管当局有少数几条雷打不动的原则，其中之一就是避免采取可能导致犹太人和阿拉伯人武装冲突的行动，而允许犹太人参加任何攻势行动，都有悖上述原则。反对意见并非没有道理，但此时温盖特的倔脾气又上来了，在他看来，反对他的人都是出于无知、偏见和愚蠢，简直是十恶不赦。他在同事面前毫不隐讳自己的观点，也不照顾别人的感受，因此树敌过多。大家讥讽说，如果温盖特实现了自己的想法，那是因为在耶路撒冷实在无人再能容忍他了，毫无疑问，他的确让人很难忍受。我们可以想象，他一定经常想大发脾气，但许多时候他控制着自己尽量不撕破脸皮，因为正在交涉的事情是他梦寐以求的理想。

温盖特返回北部的方式似乎非常奇特。有可靠证据表明（但时间、地点不详），温盖特曾亲自与总司令面谈，并得到了他的同意。以将军的标准来看，韦维尔算不上难以接近，但温盖特不这么看，他认为要见司令官一面，需要使用非同寻常的办法，甚至不惜采取暴力手段。将军通常乘飞机到各地视察，但有一天，他乘汽车去视察一个军营。温盖特事先知道了路线和时间，于是他守候在路边。当卫队通过后，将军的座车进入视线，温盖特走到路当中伸手拦车。当时在巴勒斯坦，只要军人招手拦车，任何车辆都会停下来。将军的座车刚刚停稳，温盖特就钻了进去，他告诉司机继续往前开，然后向阿奇博尔德·韦维尔将军解释说自己有重要的事情报告，于是他以特有的热情和口才，也许还有偶尔才施展一下的魅力，竹筒倒豆子一样把心中积蓄已久的想法全都说了出来。他告诉韦维尔自己最近值勤时的新发现，并以经常能够扭转乾坤的激情介绍了组建“夜间别动队”的方案，以及巡逻队的编制和训练，他说巡逻队员一部分从韦维尔指挥的部队招募志愿者，一部分从符合条件的犹太人中招募，他还说犹太人堪称大不列颠在该地区的唯一朋友。韦维尔独具慧眼，能够分辨出可贵 143
的热情与无用的瞎积极，也能够分辨出异想天开的狂热分子与信念执着的理想主义者。韦维尔不大可能同情温盖特的犹太复国主义理想，但他清楚那种理想所激发出的能量可以为自己所用。他完全不会因为下级军官跳上自己的汽车而生气，只要他们能够告诉自己一些有趣的事情。他同意了温盖特的计划。

这次成功的游说并未解决所有问题。虽然获得了司令官的支持，但要满足他的需求，还需要克服许多障碍，有些在意料之中，有些则在意料之外。最初的难题之一，也是最出乎意料的，竟然是争取犹太人的合作。温盖特刚刚获得官方的授权，就跑去海法与维伦斯基商议。他向自己的朋友介绍了有关计划，说这是他与埃维茨和达夫共同制定的，并得到了司令官的同意。他说想通过维伦斯基直接联系“哈贾纳”的主要军事领导人埃利亚胡·戈隆布（Eliahu Golomb），要他承诺“哈贾纳”向“夜间别动队”提供最优秀的人员。维伦斯基和哈科恩一直不遗余力地劝说同事们相信温盖特的真诚，并重视他对犹太复国主义事业的价值。他们的努力取得了一定效果，但是兹维·布伦纳的证据清楚表明，犹太人对于“谢赫朋友”仍存在许多误解。这些怀疑来源于长期受迫害的记忆，不可能在短短一年时间里完全消逝，尽管许多人相信温盖特的犹太复国主义热情是真诚的，但他要领导犹太人和英国人混编部队的想法，还是遭到许多猜疑和冷遇。这一想法有悖自我克制政策，也违反了许多犹太复国主义领导人的信念，他们的首要目标之一是与当地穆斯林居民达成某种暂时妥协。不仅如此，如果以犹太人的非法武装为基础征召英王领导下的军队，以当时犹太人在巴勒斯坦的特殊处境来看，这种想法明显是灾难性的。所以，尽管维伦斯基做了大量协调工作，但他最终答复身在耶路撒冷的温盖特说，“哈贾纳”的人员不会参加巡逻队。

可以想见，得知这个消息后，温盖特勃然大怒。他的第一个举动是派人告诉扎兹拉尼，晚上不能去上希伯来语课——这是他对以色列不悦的一种奇特表达方式。他决定要与犹太复国主义高层把事情说说清楚，于是
144 要求立即会见摩西·谢尔托克。会见地点安排在耶路撒冷的犹太事务局总部。他穿上最好的军装，虽然正在气头上，他还是完全控制住自己。会见期间，温盖特一直站着。谢尔托克再次确认了埃利亚胡·戈隆布的决定。会谈很简短，结束得也颇具戏剧性。我们可以想象，温盖特不失时机地说：“谢尔托克，你为什么花这么多时间与敌人调情，而对朋友的帮助视而不见呢？”说完之后，他愤然离开了房间。

第二天一早，身在海法的维伦斯基接到谢尔托克打来的长途电话。谢尔托克对这次会面有另外一种说法，他最后说：“你的朋友对我大吵大嚷，尽管如此，他给我留下了深刻印象。经过再三考虑，我想说，我们后悔没有听取你的建议。”有谢尔托克的支持，加上维伦斯基力挺，反对的声音渐渐平息下来，“哈贾纳”接到指示，要他们完全相信“朋友”温盖特。关于“哈贾纳”拒绝提供人员的决定也被撤销了。

在英国方面，事情差点前功尽弃。4月初，阿奇博尔德·韦维尔爵士由巴勒斯坦调往位于英国的南方司令部，继任者是有爵士头衔的罗伯特·海宁（Robert Haining）中将。没有理由认为海宁将军会继续支持前任大加赞赏的新奇构想，而恰恰有理由认为，他会坚持奉行更为正统的路线。现在的情况是，温盖特在海法很有势力，但在耶路撒冷却缺少盟友（部分原因在于他的傲慢）。他的直接上级是空军军官里奇中校，俩人的关系很难说十分融洽。温盖特很少能与自己的直接上级和谐相处，在这件事情上，里奇对于温盖特的忠诚存在怀疑，这当然会加剧双方之间几乎不可避免的冲突。最终结果表明，里奇的公正和耐心是有目共睹的。温盖特很

少把自己视为下级，当他执行中校的命令时，往往表现得极为独断专行。即使目前组织“夜间别动队”的事情尚悬而未决，他也根本不想与上级保持一致。4 月，里奇派温盖特第二次去北部视察。

大约一个月以前，也就是在 3 月，犹太人在黎巴嫩边境建立了一个 145
新的农业定居点，那里距地中海海岸约有 5 英里。那个地方名叫“哈尼塔”（Hanita）。这个边远的定居点地处危险地带，比其他集体农庄都更具军事性质。儿童不允许在那里生活。哈尼塔有 90 户居民，住得都是活动板房，那些活动板房用 300 辆卡车拉来，并在 48 小时内搭建好。定居点刚刚竣工，围墙还没来得及建好，就遭到袭击。在临时警察部队遭遇的一次伏击中，耶路撒冷的“哈贾纳”指挥官雅科夫 · 伯杰（Yakov Berger）遇难。接替他的是另一位“哈贾纳”首领兹维 · 本 · 雅各布（Zvi Ben Ya’akov）。有 40 名犹太临时警察派给他担负定居点警卫任务。那里的生活和气氛一定很像我们的祖先在哈德良城墙上见到的小型罗马兵营。

4 月里的一天，温盖特到了哈尼塔。他穿着军装，但没有挂军衔，行李只有一个帆布包。他随身带着地图、一支步枪、两支手枪和一本《圣经》。他有两个要求：一是立即会见本 · 雅各布；二是把他的武器擦拭干净。一见到定居点的负责人，他就要求了解防卫计划。本 · 雅各布介绍了周围部署警卫的情况。温盖特问：“你们为什么在定居点里面而不是在外面布置警戒线？”大家不知道如何回答是好。有人解释说给哨兵补给弹药很困难。温盖特询问其中缘由。本 · 雅各布说，因为“哈贾纳”的武器是非法的，只能偷偷保存，这迫使他们只能在围墙内保卫定居点，其他任何想法都不切实际。这次轮到温盖特哑口无言。这些强制性政策造成的扭曲和混乱，常常令最有经验的人也感到诧异。最终，他说从外部进行防御是绝对必要的，他有意组织巡逻队。大家同意这样做，但并非完全出于自愿。还有人怀疑他的动机。兹维 · 布伦纳从阿菲基姆（Afikim）赶来参与保卫哈尼塔。他在温盖特视察期间所做的记录很有意思。

我再次见到温盖特是在哈尼塔。我们已经把他当朋友看，但认为他毕竟是英国人。定居点的负责人兹维·本·雅各布告诉我们，一个英国人拿着埃利亚胡·戈隆布的介绍信，要求我们给他看所有的东西，让我们不用担心，因为他是我们中的一员。我还是反对这样做，于是决定跟温盖特睡一个帐篷，以便
146 监视他的行踪，要监视温盖特这种人是一件非常困难的事。

当时，没有指挥官的特别许可，谁也不能离开定居点半步，但温盖特经常失踪，过几个小时又回来。我们怎么也找不到他，他详细勘察过周围的环境。温盖特远离定居点尔后又安全返回，这让许多人对他的真实意图表示怀疑，人们疑心他与阿拉伯武装分子有联系。

一天，温盖特要我跟他出去走一趟，我跑去向兹维·本·雅各布报告。那时候，我们只要出门，就必须有全副武装的卫队护送，还要带上最好的武器，而兹维说，“好吧，我准备派30人给他，让他去吧”。温盖特根本不会同意这样的建议，经过很长时间的争论，最后他只同意除我们俩以外，再带一个人。

我们从基地出发走了很远，走得越远，生还的机会就越小。温盖特总是走在我们前面约一百码的地方，我们来到山脚下，坐在那里休息了一会儿。此时，温盖特向大家解释这次行动的真正目的。他想接近公路那边一座特殊的房子。阿拉伯人经常把那座房子作为袭击阿菲基姆的基地，温盖特想过去看看里面到底有什么。我很惭愧地承认自己很害怕，建议最好回哈尼塔多叫些人来，但温盖特说，我们只需要待在这里等着，他一个人过去，如果超过约定时间还没回来，我们就自行返回。指定的时间已经过了，我们只好返回定居点，把发生的事情告诉其他人。我们完全绝望了，以为他已经遇害，大家忧心忡忡地想

> 着该如何向军事当局交代。
>
> 我们正在谈论这件事，温盖特突然走了进来，告诉我们他在那个地方搜寻武器，结果一切正常。随后，他建议我们改变战术，不要再从内部保卫定居点，而应当走出去，在靠近敌人村庄的开阔地带与他们较量。这些想法令我们耳目一新，对于这种作战样式，我们一点经验也没有。
>
> 上级允许他带一个排出去，但他不同意带这么多人，只从
> 我们当中挑选了七个人。到达黎巴嫩边境时，我们坐下来休息 147
> 了几分钟，于是温盖特说，他正试图找到阿拉伯武装分子渗透的路线。"做这件事有两个办法。"温盖特说，"一种办法是坐下来写一份报告，另一种办法是实地考察，然后找出答案。"他做事情喜欢采取后一种办法。我们非常佩服温盖特走夜路的本领，他总能找到正确方向。我们当中的一些人出生在巴勒斯坦，对这一地区非常熟悉，但他们都承认要不是因为生在巴勒斯坦，他们根本找不到路。
>
> 在行军途中，我们当中的一个小伙子晕倒了，大家不得不背着他去就近有泉水的地方，而另外两个人返回哈尼塔去找驴子，但温盖特设法让他完全清醒过来。我们原计划晚上十点钟回到驻地，但实际上次日早上七点才到家，那次行动使我获得了一生中最重要的军事经验。

这份记录委婉地隐晦了一个重要事实，即温盖特的首次侦察行动实际上越过了黎巴嫩边境。从一开始，他就向犹太移民灌输一个基本原则，即防御绝不是被动的，而应当是敢于冒险的，为了向他们传授经验，他承担了很大风险。如果耶路撒冷当局发现他在未得到组织巡逻的授权之前就已经违反了国际法，那么仅凭这一点就会使整个计划前功尽弃。不过，当

局对此一无所知。相反，他们知道正值温盖特在哈尼塔期间，就在 4 月 22 日，法齐 · 卡瓦吉的人组织了大规模袭击。两位犹太移民丧生。温盖特指挥防卫行动，他以标准的军人风度视察了临时设置的警戒线，激励部下的士气。除了从过去的残酷经历中所取得的有限经验外，这些犹太移民完全缺乏野战技能和战斗训练。他们只知道如何操纵武器和射击，其他一概不懂。温盖特看到兹维 · 布伦纳亲自在一个哨位组织战斗。他身边躺着一具死尸。他明显处于一种过分紧张的状态。温盖特蹲在他身边，把手放在他的肩膀上说："你们干得太棒了，尽了最大努力，你们比他们强得多。他们害怕靠近你们。"他说得很对。阿拉伯人遭遇抵抗后，立即停止进攻。这并非兹维 · 布伦纳经历的首次战斗，但对温盖特来说却是第一次。

148 他结束北部定居点的巡回视察并向埃维茨旅长报告后，于 5 月初回到耶路撒冷。目前形势正朝着他所希望的方向发展。海宁将军已经确定新的兵力分配方案：只保留 2 个步兵旅（6 个营）和 1 个装甲连作为地面部队，取消过去在该地区巡逻的机动分队，以便在人口稠密地区建立警戒系统。这个方案符合正统的军事逻辑，因为叛乱已经被有效镇压，建立警戒系统将有助于巩固战果。同时，在北部地区修建"特加特墙"（Tegart Wall）[①]：沿北部边境东段修建一道有铁丝网的围墙，并配有辅助的防御工事和支撑点（这是大卫 · 哈科恩利用犹太和阿拉伯技术人员及劳力修建起来的）。当时"特加特墙"尚未完工。法齐 · 卡瓦吉领导的游击队近来采取了一种新的更加恼人的破坏行动，他们夜里在一些分散的地点进行爆破，以此破坏伊拉克石油公司的输油管线。4 月以来，几乎每个晚上都要有几次破坏行动得手。虽然司令官并不喜欢在有输油管线的地区组织夜间巡逻，但该方案与他的总体计划相当吻合。

---

① 特加特墙是一条长 75 公里、高 18 英尺的铁丝网围界，横贯巴勒斯坦北部边界，建成于 1938 年，主要是为了防止叙利亚和黎巴嫩人越境从事暴力活动。该计划由查尔斯 · 特加特爵士提议，故得名"特加特墙"。——译注

“夜间别动队”正式组建之前，仍有一些障碍需要克服，说来奇怪的是，最后的障碍竟然是温盖特自己制造的。当温盖特带着有关袭击者秘密行动的最新报告回到耶路撒冷时，里奇中校决定将他派往北部的拿撒勒，让他在那里建立并掌管一个情报中心。那个地方就在温盖特想要组建的夜间小分队的活动区域，而他将再次接受第 16 步兵旅的指挥，他知道自己可以凭借旅长的支持组建一支小部队。因此，人们自然可以推断，里奇中校的最新指示一定合乎温盖特的心意，但让人想不到的是，他竟然拒绝了。也许他以为任命他为情报军官，就只能从事一般性的情报工作，当局可能以此为由拒绝让他组建和指挥巡逻队；也许他根本无意服从这道命令，不愿受它的束缚。不管怎么说，他告诉上级自己反对执行这项任务，理由是他“拒绝暗中监视犹太人”。里奇驳回了他的反对意见，坚持将他 149
派往北部地区。温盖特上任后，立即将他在拿撒勒的全部职责交由第 16 旅联络官负责，自己则一心扑在组建“夜间别动队”上。正如所料，他得到了埃维茨旅长的支持，后者这样说：“你晚上追剿他们，我白天追剿他们。”罗伯特·海宁爵士对眼前的事情采取了默许态度。5 月，他不无疑虑地下达了组建“夜间别动队”的命令，这正是温盖特期盼已久的。

温盖特将他的司令部设在一个叫“艾因哈罗德”（Ein Harod）的定居点，那里位于阿富拉（Afula）和贝桑中间。它的优点在于地理位置正处在水源哈罗德河（River Harod）北面（因为他念念不忘国王扫罗在战术上的错误）；那里离输油管线也很近，毕竟保卫输油管线是他的主要职责；还有一个好处就是那里离拿撒勒只有 20 英里，这样可以给人一种假象，即他把主要精力放在新组建的情报中心上。部队完成组建后，他在每个哨所都部署了两个排的兵力。包括司令部在内一共有四个哨所，其他三个分别位于：艾因哈罗德以西数英里处的盖瓦（Geva）；艾因哈罗德西南约 10 英里处的特拉阿玛尔（Tel Amal）；加利利海岸上的基尼烈（Kinneret）。除基尼烈以外，其他哨所都在埃斯德赖隆（Esdraelon）平原上，靠近古以色列王国的首都伊茨雷埃勒（Jezreel）；上述地点都处于旧约《士师记》中基甸①与米甸人和“东方人”作战的地区。基甸正是在哈罗德河通过观察士兵饮水方式来挑选精兵。②毫无疑问，对于基甸这位上帝选民的大救星的想法，温盖特始终牢记在心。

5 月，上级派皇家阿斯特步枪团的布雷丁（Bredin）中尉来艾因哈罗德，给温盖特当副手。布雷丁对分配给自己的任务一无所知。他以前没见过温盖特，而温盖特也不急于揭开神秘的面纱。温盖特在定居点附近的路上见到布雷丁。“你是布雷丁吗？”温盖特说，“好吧，跟我来。”同布雷丁一起来的，还有 3 名英国军官和 36 名来自第 16 步兵旅的志愿者。“哈贾纳”出了 80 人。从定居点的犹太临时警察中再招募一些人，就可以组
150 建 9 支巡逻队。5 月，他们一直忙于初始训练，建立管理制度，从第 16 步兵旅挑选和接收武器，从海法的犹太朋友那里收集其他有用的东西。温盖特决定为他的部队装备步枪（弹药装在子弹袋里）、手雷，以及他自己发明的一种特制的手电筒，摩擦电筒的底部可以发出电光，这样就可以联络其他人。这些手电筒在海法生产。至于制服，他选择的是蓝色的警察衬衣、亚麻布裤子、轻便的橡胶底帆布鞋，以及澳大利亚陆军的宽檐帽。他指定维伦斯基采购这类东西，然而，令他的朋友感到惊讶的是，温盖特坚持要求从伦敦订购帽子。这种帽子很贵，所需款项只能从“哈贾纳”财政中支出，维伦斯基就此事请示摩西 · 谢尔托克。没有一个人同意花钱买这种花里胡哨的东西，但温盖特坚持认为这类细节容易给他的同胞留下良好印象，因此，帽子就这样按时订购和发放了，而维伦斯基又听到不少关于“谢赫朋友”的新玩笑。温盖特自己戴了一顶老式的军用软木遮阳帽，很

① 基甸是《圣经 · 旧约》中的人物，曾率领 300 名犹太勇士战胜十几万米甸大军，使以色列享受了 40 年的和平。——译注

② 据《圣经》记载，耶和华让基甸将手下带到水边，告诉他凡用手捧着舔水的就留下，凡跪下喝水的就遣散，结果 10 000 人当中只有 300 人用手捧着舔水。耶和华对基甸说：“我要用这舔水的 300 人拯救你们。”——译注

像五十年前沃尔斯利（Wolseley）勋爵①头上戴的那种形状如铲斗的帽子。这顶帽子是他在 1936 年动身去海法前在伦敦买的，他对那个丑陋的东西渐渐培养起一种近乎迷信的感情。他戴着它（以及它的后继者）参加了所有的战役，而在他的笔记本中不止一次出现过这顶帽子的草图。

6 月 3 日，“夜间别动队”第一次投入实战。可以想见，大多数队员不仅装备简陋，而且缺乏经验，虽然外出巡逻过几次，但当晚要经历的却是一次近乎战斗的行动。那天晚上的战斗没有具体记录。无法搞清楚究竟发生了什么，大致的情况可能是：温盖特带着小分队中的 7 名“哈贾纳”战士从艾因哈罗德出发，对一伙破坏分子发动突然袭击。双方发生交火。破坏分子仓皇逃跑，这说明优势是一边倒的；事后有迹象表明两名阿拉伯人受伤。这些已经足以向上表功了。人们在艾因哈罗德都可以听到枪声。在午夜后、黎明前的几小时里，塔楼上的哨兵怀着忐忑不安的心情焦急地等待着他们归来。借着晨曦的微光，哨兵看见巡逻小分队翻过了山坡，他逐个清点着人数，正好是八个。这是一次胜利。但胜利的果实还要等些时候才能收获。他们对这次表现很满意。接下来好几天，没有发生破坏输油管线的行动。

6 月 11 日，这支奇特的小部队参加了第一次真正的战斗。现在找不 151
到关于那次战斗的报告，但我们勉强可以描述出战斗的大体经过。两支混编巡逻队，每支由 1 名军官和 20 名士兵组成（10 名皇家阿斯特步枪团士兵，10 名犹太巡逻队员），他们傍晚从艾因哈罗德出发，沿输油管线向北巡逻。温盖特有一条原则，即“在巴勒斯坦总有人监视你”，为此，巡逻队天黑以后乘民用小汽车离开司令部向西南开往贝桑。他们在艾因哈罗德和贝桑之间下车休息，通过事先安排好的联络信号集合部队，再向北越过

① 加尼特・沃尔斯利（Garnet Wolseley，1833—1913），英国陆军元帅，参加过第二次缅甸战争、克里米亚战争、第二次鸦片战争、镇压印度起义、阿善堤远征。——译注

田野。他们已经摸索出一套标准的行军队形。走在最前面的两名巡逻队员拿着手雷，与后面的人保持 20 码距离。接下来是侦察小组，保持同样的行军间隔。后面的主力部队成单纵队行进。温盖特通常加入侦察小组的队伍，他手下的大多数军官也是如此。那天晚上，他们到达输油管线后，就沿之字形路线行进，来来回回沿输油管线巡逻，这样可以对该地区进行广泛的搜索。他们走到阿富拉以东一个叫丹那（Danna）的小村子。非常凑巧的是，当他们接近这个地方时，正好有一伙匪徒在破坏输油管线，距离他们大约只有 300 码。前方突然发生了剧烈的爆炸。在两支巡逻队交叉火力的掩护下，投掷手雷的人向前冲锋，把匪徒赶进了丹那村。巡逻队包围了村庄，战斗中，匪徒 2 死、3 伤，6 人被俘，他们的武器也被缴获。温盖特一向怀疑官方公布的敌军伤亡数字，所以，他要确保自己上报的敌军伤亡数字确凿无误。早晨在返回艾因哈罗德以前，他将匪徒的尸体交给阿富拉的警署以确认他们的身份。在巴勒斯坦，他总是在冲突结束后将敌人尸首交给就近的警署，这成了一成不变的规矩。接下来又好些天未发生破坏输油管线的活动。

对匪徒的打击丝毫未因暂时的胜利而放松。在整个 6 月期间，巡逻队每天晚上都会出动，巡逻区域也不断扩大；训练和作战并没有明显的界限，实际在很大程度上，巡逻队员是通过参加作战行动来完成训练的。经过数天培训和实习后，新来的人就要参加夜间巡逻，常常在第一次巡逻时就遭遇战斗。参加过这支小部队的人认为，在温盖特手下待三周时间，一名巡逻队员就能锻炼成为合格的战士。“夜间别动队”最初的值勤制度是这样的：士兵每两周轮一次班，期间参加 9 次或 10 次夜间巡逻；每次值
152 勤结束后，可以放一周假，休完假后再回到营区值勤两周。当然，经常会有紧急任务，所以这种值勤体制并非总能严格遵守。温盖特对手下要求很严。大家说他在不同场合简直判若两人：在检阅或训练中，特别是在作战行动中，他是一个无情的暴君，对于不服从命令的举动总是怒不可遏，当

他发现手下一名犹太新兵不能正确识图时，他不仅恶语相加，还动手打人。如果有人在夜间行动时咳嗽，或者发出不必要的响声，温盖特就会用枪托揍他的屁股。一名犹太军士当着手下人醉倒在水塘里。温盖特朝着他的两眼之间猛击一拳。然而，休息时，这个暴君会完全“放下长官的架子”，与犹太士兵打成一片（对英军士兵并非如此）。他的姓氏很少有人使用。手下经常亲切地用希伯来语称他为“朋友”，更多时候叫他“奥德”。小分队每天晚上都要组织巡逻，除了艾因哈罗德以外，他们还在北部边境组建了两个临时哨所，一个位于胡拉湖（Lake Hula）西南 4 英里处的艾耶莱特哈沙哈尔（Aiyelet Hashahar），另一个在哈尼塔。6 月，巡逻队一共经历了 6 次战斗。

其中两次战斗尤为重要。一次发生在 6 月底，就在 28 日那天，那次战斗差点成为一场灾难。一支 8 人巡逻队，由 4 名皇家阿斯特步枪团士兵和 4 名犹太巡逻队员组成，在一名英军下士带领下，大白天里跑到巴夏韦（Beshattwe）牧民的帐篷区，那里靠近约旦河，有输油管线通过。巡逻队的任务是告诉阿拉伯部落的人，针对油管的破坏活动又开始了，如果查明这些事与他们有牵连，将把他们全体驱逐到外约旦（不清楚温盖特是否有权力宣布这项政策）。巡逻队执行任务使用的是卡车，此时就停在边上。阿拉伯人的营地分成两片。在第一处营地，巡逻队只发现了道蒂[①]所说的大量“脾气暴躁的老妇人”。他们继续前往第二处营地，那里一片死寂，营地位于炎热的峡谷中。他们的蛮勇很快遇到了麻烦。正当他们寻找谈判对手时，突然遭到阿拉伯人居高临下的围攻，大约有 60 到 70 人从高地上向他们开火。他们凭借着非凡的勇敢精神，悄悄绕到北面一座山的背后，将袭击者从那里赶走。停在边上的两辆卡车错误理解了联络信号，都开回了艾因哈罗德。巡逻队员的枪法很准，始终没让敌人靠近，他们击毙

① 托马斯·道蒂（Thomas Doughty），16 世纪英国著名探险家。——译注

153 了数名阿拉伯人，自己没有伤亡。战斗结束后，他们来到位于拜特尤瑟夫（Beit Yosef）的犹太人定居点。卡车载着增援部队于拂晓前返回巴夏韦营地，他们再次与阿拉伯人发生战斗，打死打伤对方十多人。这次行动有着非同寻常的意义，犹太人经历了最严峻的战斗考验，他们遭到绝对优势之敌的伏击，交战地点对他们也不利，尽管如此，他们还是凭借着过硬的军事素质变被动为主动，最终赢得胜利，而他们参加军事训练的时间都不超过一个月。有一名犹太军士获得了温盖特极高的评价。他的名字叫以色列·卡米（Israel Carmi）。

另一次战斗发生在6月17日，也就是巴夏韦伏击战之后11天，地点就在哈尼塔。温盖特晚上来到哈尼塔，审查一份根据阿拉伯人提供的情报而制定的作战计划。他怀疑告密者的目的，但表面上却装作信任的样子，为了防备其中有诈，他和手下人制定了一份新的作战计划。格罗夫（Grove）中尉率领犹太人和皇家西肯特团士兵组成的3支巡逻队于傍晚出发，赶往东面3英里以外的朱尔迪（Jurdeih）村。但是，由于使用的地图有误，他们走到了一个地图上没有标注的小村子，就在朱尔迪村附近。他们发现一名贝都因男子正在黑暗中徘徊。巡逻队抓住这名阿拉伯人，他供出有15名匪徒躲在村子里过夜。巡逻队没有带那个阿拉伯男子一起走，因为他们看到附近帐篷里有一个女人正在监视他，他们担心这名男子或那个女人会向匪徒报警。巡逻队包围了叛乱者的藏身处，但是就在他们就位前，贝都因人已经跑到黎巴嫩边境一侧大喊："兄弟们！兄弟们！犹太小子们朝我们来了！"他们听到有女人报之以一声尖叫。当巡逻队员进入朱尔迪村时，匪徒已经从屋子里跑了出来，他们看到巡逻队员，却漫无目的地乱开枪。匪徒被格罗夫中尉的人追赶着仓皇逃过边境，留下了两具被手雷炸烂的尸体。"夜间别动队"还没来得及搜索匪徒藏身处，黎巴嫩方向就点燃了火焰信号向匪徒报警。巡逻队小心翼翼地撤出战斗，于早上6点返回哈尼塔。这次战斗算不上一次很了不起的胜利，但事后证明它比当初预想的要成功得多。它产生了非常显著的效果。

朱尔迪的村长派出一个由当地要人组成的代表团，去见哈尼塔的首领约瑟夫·费恩（Joseph Fein），建议双方达成一项和平协议。此后，有好几个星期，哈尼塔这个受到惊吓的小哨所免遭袭扰，17 日晚被挫败的 154
那伙当地匪徒，以后再也没有袭击过哈尼塔。

7 月初，一个齐装满员的营进驻边境地区，北部地区的两个临时哨所，即艾耶莱特哈沙哈尔和哈尼塔，因无保留必要而被撤销。“夜间别动队”再次回到最初创建的四个兵营。他们已经证明了自身的价值，并且注定将取得更大的成功，但是，在讲述他们下一步的行动前，最好先介绍一下小分队官兵的日常生活。

小分队的驻地与英军的军营有很大不同。它们的性质更像犹太集体农庄，那里是他们生活的中心。尽管有温盖特的专制统治，但驻地的运行更像一个民主国家，许多报道谈到形形色色的会议，会议前的游说，以及推选委员会对申诉进行调查等等。他们好像总有各种各样的冤屈，总是没完没了地诉说犹太人受迫害的经历，经常使快乐的人感到厌烦。他们有时怀疑英国同事瞧不起他们，因为他们似乎天生不合群。他们有时也抱怨英军士兵有更好的伙食和军装。驻地的管理经常显得很随意，部分原因在于这支部队的游击性；部分原因在于复杂的双轨供给渠道，一条线来自海法的司令部，另一条线来自仍属非法的“哈贾纳”；也许还有一点原因，那就是温盖特本人并非一个完美的管理者，他过分关注诸如采购武器、制定训练计划和战略计划等主要工作，不可能投入同样的精力关注乏味的日常琐事，而关注细节恰恰是优秀管理者的秘诀。至于供给之类的事，很大程度上依靠他在哈尼塔结识的诺亚·索宁（Noah Sonin）。此人是早期开拓者，一辈子生活在巴勒斯坦，这在犹太复国主义者中并不多见。人们记得他长着一头黑发，留着胡须，外貌和举止都像《旧约》中的先知，双眼闪烁着信仰的光芒。不管在什么地方，他似乎都能在转眼之间制造出任何东

西：汽车、电线、饮料、刀子等等。然而，驻地好像总是缺少衣服、帐篷
155 桩和其他必要品，而且像从前一样，人们总是“低声抱怨”。

假如没有强有力的领导，“夜间别动队”很可能迅速夭折。犹太人喜欢愤世嫉俗，他们认为英国人总是出卖犹太人，这已经成为一种根深蒂固的成见。此外，他们对自身的军事技能还缺乏自信。温盖特泼辣的领导作风和高明的训练方式，以及他证明犹太人在胆量方面胜过阿拉伯人的做法，给这支小部队注入了不可战胜的活力。尽管总是有私下的抱怨，尽管当“队长”和布雷丁不在时经常有违纪事件发生，尽管他们在军营里闲着没事儿的时候会感到烦躁（比正规军士兵更明显），但“夜间别动队”逐渐像温盖特暗自希望的那样成为犹太军队的摇篮。温盖特在工作和精力方面为他人树立了难以超越的榜样。每天 6 点 30 分（除非外出执行任务），离吹起床号还有好一会儿，他就穿着皱巴巴的短裤和军用衬衣，带着那顶怪里怪气的遮阳帽，在军营里忙碌起来；每次训练或执行任务回来，当其他人累得都只想躺在床上倒头大睡时，他却要检查武器是否擦拭干净，调查营区里各种各样的申诉，开车去其他兵营视察（通常以令人神经紧张的速度），或者去海法与埃维茨准将、达夫少校或韦勒（Wieler）少校开会。正像那些有意要自我磨炼的人一样，温盖特给自己增加了很多没有必要的工作负担和生活艰辛。在热带地区生活，能洗个澡或冲个淋浴是最大的奢侈，然而由于某种原因，也许跟他在健身方面所做的试验有关系，温盖特在艾因哈罗德时很少洗澡，他休息时宁愿光溜溜地躺在床上，在那间与副手同住的闷热的小屋里，用刷子擦拭身体。前面已经说过，他酷爱吃洋葱。他同样酷爱吃葡萄。有时，他一天的饮食就是几大串葡萄。他的这些怪癖无疑有某些表演成分，但千万不要将其与故意卖弄混为一谈。士兵喜欢光彩照人、衣着体面的领导，他们也同样会喜欢苦行僧式的人物。在所有人当中，普通士兵最会判断一个人是否诚实可靠。这些士兵，无论是英国人，还是犹太人，从未怀疑过温盖特的真诚。

按照温盖特自己的说法，“夜间别动队”是从 7 月开始“真正得到成功运用的”。他们从拿撒勒的情报中心和犹太定居点获得大量情报，温 156
盖特懂得如何利用它们。与此同时，新的冲突正在酝酿之中。叛乱者的大本营对 6 月中破坏活动的失败和武装分子的溃逃感到非常愤怒，他们决定发动更猛烈的新一轮攻击。结果在 7 月间，“夜间别动队”和叛乱分子发生了三次重要的战斗。其中一次由布雷丁中尉指挥，另外两次由温盖特指挥。

5 日午夜时分，布雷丁率领 4 名皇家阿斯特步枪团士兵和 5 名犹太巡逻队员，正在艾因哈罗德北部的输油管线附近巡逻，他们来到丹那附近的考卡艾尔哈瓦山（Kaukab el Hawa）脚下，那座山的山顶上有贝尔沃（Belvoir）的十字军城堡。巡逻队在那里发现了大约 100 名叛乱分子。叛乱分子看到他们后就开火射击，造成 1 名英军和 1 名犹太士兵重伤。布雷丁立即将小分队分为两组，采取钳形攻势向山上运动。这下可把阿拉伯人吓坏了。他们放弃了坚固的工事，逃向安全的地方。法齐·卡瓦吉知道这次可耻的溃退后，立即着手准备一次决定性的攻击。布雷丁的大胆冒险为即将发生的一次最大规模的战斗拉开了序幕。这次战斗被称为“代布里亚之战”（the battle of Dabburiya）。他们预先掌握了敌人的意图，并据此制定了作战计划。

考卡艾尔哈瓦的匪徒被击溃后，各方面的情报都显示叛乱分子蠢蠢欲动。他们进攻拿撒勒，甚至还在那里坚守了一夜，第二天早上才被驻扎在北部的英军赶走。叛乱分子在贝桑以南发现了温盖特的汽车，并朝它开枪射击。从掌握的情报看，一支较大规模的阿拉伯武装正秘密向代布里亚和艾因马西勒（Ein Mahil）集结，为首的是沙耶·纳伊夫·祖比（Shaykh Naif Zobi）。于是温盖特决定对当面之敌发动进攻。

代布里亚是拿撒勒东面 5 英里外的一个小镇，紧邻他泊山（Mount

Tabor），传说中，他泊山是耶稣基督在使徒面前变容的地方。艾因马西勒是代布里亚西北 3 英里外的一个村庄。还有一个地方需要记住，就是代布里亚以西 2 英里处的伊克沙尔（Iksal）。7 月 10 日，温盖特调集他的全部兵力，部署在代布里亚周围，形成包围之势。叛乱分子已经逃往该地躲藏，并胡乱布置了岗哨。温盖特的小分队通过精心伪装躲过了敌人的视线。他们在黄昏时分离开兵营，一部分人向东，温盖特率领另一部向北开
157 往太巴列，为掩人耳目，汽车上还坐着一群女孩。天黑以后，所有的卡车都沿着拿撒勒至太巴列的公路行驶，一部向东，一部向西，在卡车不减速的情况下，按照预先安排好的间隔将人员放下。行动的首要目标是包围代布里亚。麦康维尔（MacConville）下士率领一支由皇家阿斯特步枪团士兵组成并装备了刘易斯机枪的巡逻队，乘卡车开往一个叫马哈纳以色列（Mahanah Israel）的犹太定居点，那里位于莫雷山（Hill of Moreh）脚下，在城镇西南 5 英里处。布雷丁中尉指挥一支由皇家阿斯特步枪团士兵和犹太人混编的巡逻队，部署在伊克沙尔附近的灌木丛中。格雷中尉指挥另一支由曼彻斯特团士兵和犹太人混编的巡逻队，从他泊山以东沿南线接近代布里亚（兹维·布伦纳也在这支部队中）。还有一支由皇家阿斯特步枪团士兵和犹太人混编的巡逻队从正南面向代布里亚运动。温盖特指挥的主攻部队有 45 人，其中包括皇家西肯特团和皇家阿斯特步枪团的士兵，以及两个排的犹太巡逻队员，他们从北面逼近代布里亚。部队集结的时间是凌晨 1 点，各部队的行动不够准时，因而导致了混乱。

更大的麻烦还在后面。从正南面进攻的巡逻队或许是过早发动了攻击，或许是靠代布里亚太近。不管怎样，他们在城镇边上遭到伏击，眼看自己将被敌人包围，于是被迫退了回来。一名叫阿夫拉姆·约菲（Avram Yoffe）的犹太巡逻队员被打伤，情急之中他打出了一发红色信号弹。这
158 是求救信号。北面的温盖特看见了红色信号弹，他的部队急忙奔向指定的会合点，与麦康维尔指挥的机枪队会合。机枪队正在城西 1.5 英里处的一

个干草堆埋伏。他们发现一个可疑的阿拉伯人蹲在干草堆附近，于是就朝他开枪射击。干草堆处提前开枪和红色信号弹惊动了城中的叛乱分子。攻击行动就这样失去了突然性。温盖特决定立即发起进攻。他告诉麦康维尔使用刘易斯机枪为他提供火力掩护。他说："掩护我进去，再掩护我出来。"于是，他发信号命令各路发起进攻，然后领着自己的部队率先冲向代布里亚。就在他们迅速从干草堆冲向城里的过程中，又一次忙中出错。温盖特手下的两名皇家西肯特团士兵在路上捡了两件阿拉伯斗篷披在身上御寒。小分队中突然有人大喊，有阿拉伯人混在里面，于是有人朝着两名披斗篷的士兵开枪。虽然没有人受伤，但他们再次丧失了突然性。当温盖特和手下冲进代布里亚时，遭遇了猛烈而严密的火力。其他各路部队也在同时发起攻击。城中的战斗短暂而激烈，由于失去了突然性，温盖特的部队很快就面临被包围的危险。撤出战斗前，他们大干了一场，但为避免被歼灭，不得不尽快撤离。麦康维尔下士握着手中的机关枪正严阵以待。他看见有人从代布里亚城里冲出来，以为是逃跑的阿拉伯人，于是就朝他们开火。他打死一人、又打伤一人，才猛然意识到自己搞错了：飞奔而来的是回撤的温盖特一伙人。被打死的是一名犹太巡逻队员，受伤的是温盖特本人，子弹击中了他的右臂和双腿。

手下人背着温盖特回到干草堆，急忙为他进行包扎。大约 10 分钟后，布雷丁带着他的小分队完成攻击任务撤回来。温盖特要他继续指挥部队。布雷丁催促他立即乘卡车去医院。温盖特坚决不从，他要布雷丁接替自己指挥，而自己坚守在干草堆旁，强忍剧痛坐在那里观敌料阵。布雷丁指挥部队发起了第二次攻击，但此时战斗差不多结束了。阿拉伯人的头领沙耶 · 纳伊夫 · 祖比已经逃跑，匪徒们也迅速消失在夜色中。据惊恐万状的居民说，匪徒撤退时搬走了不少伤员和死尸。人们在阿拉伯人的哨位上找到了 9 具尸体。

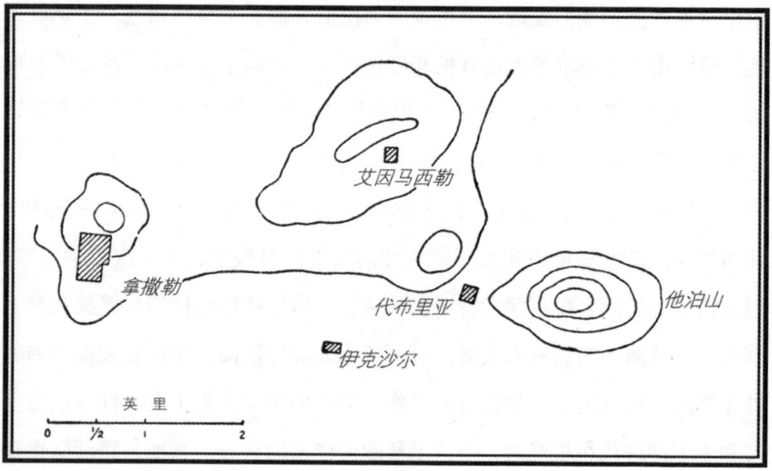

代布里亚之战

天快亮时，温盖特仍然坐在干草堆旁，以色列·卡米和一名英军下士
159 在身边照料他。他拒绝离开，直到了解更详细的情况。温盖特特别担心格雷中尉的小分队，就是那支打出红色信号弹的部队，因为其中许多犹太巡逻队员完全没有实战经验。当天边露出第一缕曙光时，兹维·布伦纳正与一排犹太士兵从他泊山赶往马哈纳以色列，他看见干草堆边上的人群，就赶上去报告。温盖特问他情况怎样。

“我很好。”兹维·布伦纳说。

“我听说你们都被干掉了。”温盖特说。

随后，他知道那个小分队实际上没有伤亡，于是他转向卡米说：“好吧，现在可以送我去医院了。”但此刻他已经不知道自己在说什么了。

温盖特看上去处在一种过度亢奋的状态，刚刚结束战斗的人们常常会这样，尤其是那些亲自计划和指挥战斗的人。代布里亚之战中，几乎所有的事情都出现了差错，正如人们所知道的那样，大大小小的战斗莫不如此，然而，一个无可辩驳的事实是：“夜间别动队”第一次投入较大规模的战斗，并赢得了胜利！此时要温盖特去医院就意味着要他从“凯旋的战场”上隐退，要他远离胜利的喜悦，要他放弃七嘴八舌的讨论和搞清事实真相的审讯，要他告别刚刚撤出战斗却仍然兴奋不已的战友，这对凡事喜欢亲历亲为的温盖特来说是难以忍受的。

起初，温盖特想去艾因哈罗德，但由于困难太大而放弃了，路途遥远会有危险，而且需要坐长途车，灰尘可能造成伤口感染。最终温盖特坚持返回拿撒勒。一大早，误伤他的麦康维尔下士开车送他回到情报中心。据说，他亲自向同事们报告了战况，又给海法司令部的值班军官打了电话。尔后，他要了一份早餐，早餐并不丰盛，从战场上下来的战士通常想吃鸡蛋、熏肉和咖啡，而他只要了一份橄榄，因为橄榄、葡萄和洋葱已经成了这位喜欢试验的营养专家最钟爱的食物。不论何时有人提出上医院的事，他都想办法把话岔开。吃完早餐后，他去作战室开始制定“代布里亚之战”之后的行动计划。他要来最新得到的情报，开始认真研究起来。终于有人打电话去海法司令部，报告旅参谋长说，温盖特受了三处枪伤，却拒绝上医院，而且表现有些异常。旅参谋长说他会干预此事，然后就挂断了电话。过了没多久，司令部的电话打回拿撒勒。这次是埃维茨准将亲自
要温盖特听电话。他告诉温盖特救护车已经在路上了，当温盖特试图报告 160
艾因哈罗德的情况时，准将对他说，他应当立即上医院，这不是建议而是命令。就这样，去医院的事才算有个了结。

第八章

161

政治与利剑

温盖特在拉姆拉（Ramle）附近萨兰凡德（Sarafand）的军队医院里住了两周时间，他不甘心无所事事，整天忙着接待数不清的来访者，研究地图和报告，草拟新的作战方案，用打字机写备忘录，把女护士们气得发疯。他出院之前见不到洛娜，因为她回苏格兰避暑去了，除了妻子以外，唯一能让他安静下来的人就是魏茨曼博士，而他当时也不在巴勒斯坦。他让妹妹安娜·魏茨曼（Anna Weizmann）捎口信给温盖特，告诫他打仗没必要那么拼命。前面说过，温盖特相信健康需要劳逸结合；可是，他现在正处在事业的巅峰期，却不得不躺在床上养伤，错失许多宝贵的锻炼机会，这让他很难泰然处之。休养期间，他处于一种狂躁的状态。不过，这两周时间并未白白虚度。为了不让自己闲着，他写了很多材料，其中一份文件让人非常感兴趣，在这份文件中，他全面阐述了自己对巴勒斯坦问题的看法。事情是这样的，就在 5 月正式组建“夜间别动队”之前，温盖特曾会见过伍德黑德委员会（Woodhead Commission）成员。[①] 会谈结束后，

---

① 皮尔委员会的建议遭到双方拒绝后，为了进一步解决巴勒斯坦地区的冲突，英国于 1938 年成立了伍德黑德委员会。——译注

委员会的人要求温盖特将有关情况写成书面材料。他现在做的正是这件事。故事讲到这儿，也许应该再次关注一下巴勒斯坦托管领土上正在发生的事情，同时，也要看看温盖特在这个广阔政治舞台上的短暂表演（后来他对自己在巴勒斯坦的表演如此短暂多少有些耿耿于怀）。

1938 年 4 月 27 日至 8 月 3 日，接替皮尔委员会的巴勒斯坦分治委员会，在耶路撒冷召开了 53 次秘密会议和 2 次公开会议。该委员会的职责 162
是就落实《皮尔报告》拿出切实可行的办法。他们走遍了巴勒斯坦和外约旦，询问了许多证人，但与皮尔委员会遇到的情况一样，他们发现阿拉伯人对此非常冷漠。不过，这次阿拉伯人的战术成功了，1938 年成立的这个委员会陷入困境，处处左右为难，事事谨小慎微。委员会主席是约翰·伍德黑德爵士，他是当时最杰出的文职官员。伍德黑德和他的大多数同事一样，在印度积累了丰富的管理经验，他毕生的使命就是维护法律，反对那些狂热而偏激的社会主张。可以毫不夸张地说，伍德黑德委员会正热衷推动的那种波澜不惊的和平，是 20 年前由高贵的理想主义冲动虚构出来的，完全有悖于政治常识。他们出于最美好的动机，颠覆了前任的工作。这个过程或多或少难以避免。《贝尔福宣言》要求广大文职官员执行的政策，与他们所接受的训练南辕北辙。诗人也许更能把握《贝尔福宣言》的真谛。莎士比亚似乎也赞同当时盛行的排犹主义，他一生中可能从未见过犹太人，但是他比当今任何一位行政官员或委员会成员都更能理解犹太复国主义，在他的笔下，卑鄙的夏洛克向世人大喊道："誓言！誓言！我对天发过誓！难道我能让自己的灵魂背上毁誓的罪名吗？不，把整个威尼斯给我都不行！"[①] 这种表达方式从来不合英国政府的口味，也不可能被首相内维尔·张伯伦（Neville Chamberlain）所理解。若非如此，他们原本不会铸成大错。

① 引自莎士比亚的著名讽刺性喜剧《威尼斯商人》。——译注

现在不清楚温盖特是否作为证人出席过听证会，委员会并未记录每个证人的名字。温盖特很可能是在休会期间，由他人引荐给委员会成员的，他有机会发表“不正式记录在案”的观点。有趣的是，这次会面是由海宁将军引荐的。

应委员会成员的邀请，温盖特从巴勒斯坦地区内部安全问题说起，他借机强烈呼吁将推行英国政策与扩大犹太临时警察的职能结合起来；
163 “夜间别动队”目前仍有争议，他显然在努力争取委员会的支持，他按自己的观点概括了地区专员应当履行的职责，直言不讳地批评某些人的失职。听起来，温盖特过于自以为是，但事实上，听众对于他所说的非常感兴趣，并鼓励他畅所欲言。他说起话来就像一个犹太复国主义的辩护士。他说：“实行委任统治以来，阿拉伯人所取得的进步主要集中在犹太人聚居区附近，这是犹太人影响的结果……最野蛮、最无知的民众，受别有用心的蛊惑最厉害的，正是那些远离犹太人影响的阿拉伯人……这些人……现在占了上风……过去两年的暴乱实际上中止了移民，阻碍了犹太民族家园的发展，（因而）不要再指望（阿拉伯）稳健派会成为主流。现在统治阿拉伯人的不是狂热分子，就是玩世不恭的人，他们既不信任，也不爱戴国王陛下的政府。”像所有偏执的人一样，温盖特严重低估了对方的判断力和真诚。

在讨论过程中，不论温盖特出于怎样高尚的动机，他所说的话还是令伍德黑德委员会对他本人产生了极大的误解。他在第一部分谈话结束时总结道：“我要说的是，在我就政治议题或准政治议题发表看法之前，我想强调一下，尽管两年来我的主要任务就是研究这里的政治形势（事实上，我是本地区正式承担这项任务的军官），但除了我的直接上级以外，我无权向其他人谈论这类问题。我一直严格遵守这条纪律，所以在我破例之前，我请求得到委员会的同意。”想必他作为官员所说的话，与“不正式记录在案的”谈话有着天壤之别，其实他如果什么也不说反而更好。1 月，他结识了两位杰出的英国籍犹太复国主义者，一位是达格代尔（Dugdale）夫人①，另一位是维克托·卡扎勒特（Victor Cazalet）②。达格代尔夫人记录了她与温盖特第一次会晤的情景，她的日记有助于纠正温盖特不太可靠的说法。“1 月 23 日，他（温盖特）告诉我们，伊本·沙特接到驻伦敦代表的电报……他判断英国政府可能会接受由全体阿拉伯国家的国王们起草的巴勒斯坦问题联合备忘录。这让哈伊姆·魏茨曼更加确信其中存在阴谋……对我们来说，幸运的是，温盖特狂热的犹太复国主义信仰战 164
胜了他作为情报官的责任。他无疑是上帝手中的工具。”

尽管温盖特公开宣示了其敏感的官方身份，但委员会成员却只询问他政治问题。他们可能认为，不论他持怎样的观点，这个人在两年时间里对巴勒斯坦人有很多了解，比大多数官员通过长期工作获得的经验更多。

有一个问题涉及巴勒斯坦的阿拉伯基督徒的思想倾向，温盖特的回答十分巧妙。他说，他们有“一种奴隶心态。就是说，他们心里怎么想的，嘴上并不说出来，言谈之中有着深藏不露的动机……他们最害怕的是再次屈从于穆斯林的强权。他们越害怕，就越要将恐惧掩盖起来，不让他们所惧怕的势力知道……同时……他们很讨厌犹太人，因为在理财和发展地区经济方面，犹太人把他们打得一败涂地……信奉基督教的阿拉伯人想要……英国的委任统治。如若不行，他们最害怕的是并入伊斯兰国家，正是由于这个原因，他们决不说出心中的恐惧。他们宁愿并入犹太国家，那样他们就可以享福了。起初，他们可能会强烈抗议……尔后，他们可能会采取观望态度，看看自己能否在犹太国家谋得一个称心如意的职位……他们的财产在犹太国家会迅速升值”。这些观点本身是有争议的，但无可否

---

① 达格代尔夫人是亚瑟·贝尔福的外甥女和传记作者。——原注

② 维克托·卡扎勒特（1896—1943），参加过第一次世界大战，并荣获军功十字勋章。战后当选英国保守党议员。第二次世界大战中重新入伍，起初在第 56 轻型防空旅任职，后被派往波兰流亡政府领袖希科尔斯基将军手下工作，1943 年 7 月 4 日，与希科尔斯基一起乘飞机从直布罗陀返回英国，途中坠机身亡。——译注

认的是，温盖特表现出了高超的诡辩技巧，趁机为犹太复国主义说了不少好话。有人怀疑他在暗中影射乔治·安东尼乌斯，此人是位优雅的阿拉伯基督徒，也是最能干的阿拉伯宣传家，他对身边的一大批欧洲朋友有着很大的影响。如果温盖特果真想诋毁安东尼乌斯的声誉，那么这一巴掌打得很漂亮。

下一个问题是："将加利利划入犹太国家会产生怎样的后果？"这个问题让他得以全面阐述自己关于建立犹太国家的完整设想。"我想从另外一个角度提出问题。"他说，"因为……如果不将该地区划入犹太国家，所产生的问题要严重得多。"他的许多观点前面已经介绍过，其他一些已无现实意义或被人遗忘的观点在此毋庸赘言。然而，有一点需要注意，他准确预言了限制犹太移民政策可能导致的后果，从而证明他具有良好的判断力。要理解他的观点，首先需要回顾一下巴勒斯坦的移民情况，1935 年
165 有 61 000 名犹太人被允许移民巴勒斯坦，但到 1938 年伍德黑德委员会接手后，尽管犹太移民需求急剧增加，移民数字却降至 12 868 人。温盖特是这样说的：

"犹太人清楚政府公务员需要不断提醒。他们也知道犹太人从事的伟大社会实践已经被迫陷入停顿，这正是英国政府针对阿拉伯人杀害英国人所做的反应。他们被告之要相信政府，要等待时机……他们认为已经得到承诺的犹太国家至少包括加利利。只要条件合适，他们愿意真诚地接受这一解决方案。但他们的耐心是有限的，他们能忍受的程度也是有限的。目前在犹太阵营内部有一股（极端主义）势力，正慢慢地积蓄力量，其原动力恰恰在于政府对阿拉伯叛乱的反应……"这些言论在今天看来无疑是千真万确的，然而当时却并非如此。英国政府一贯的错误就在于自以为犹太人忍气吞声是理所当然的。

委员会的一名成员声明自己反对强行迁移人口，这激起了温盖特的强烈抗议。他说，如果这样瞻前顾后，"那么巴勒斯坦当局将寸步难行。那

将意味着一事无成。铁路也修不成，道路也没法建。所有这些造福于民的举措都涉及强制手段。反对强制移民的最终结果就是，巴勒斯坦当局只能按照大多数阿拉伯人的意愿行事。好吧，我们完全清楚他们想干什么。大多数阿拉伯人想做的就是割断全体犹太人的喉咙，并把英国人赶到海里去……我们总是以民主原则为借口，为我们的无所作为寻找开脱”。

接下来的问题涉及人口迁移，讨论的焦点是失去土地的佃户，这是一个根本性问题。温盖特说：“阿拉伯地主肯定想丢下处境困难的农民不管，必须强迫他们将出卖土地所得的收入留出一定比例，在新购置的土地上或者其他地方，为农民提供就业机会。”他补充说，其余的农民“将由犹太国家负责安置，按照目前设想的方案，尽量安排他们在现在耕种的土地上从事有利可图的工作，如若不行，就在附近的土地上安置”。这是谈话中最缺乏说服力的一段言论，他这种肤浅的乐观情绪不禁让读者联想起西奥多·赫茨尔的著作《犹太国》(*Der Judenstaat*)。温盖特已经不可避免 166
地接受了犹太复国主义宣传中某些不可靠的思维习惯。

会谈快结束时，话题转向安全问题，温盖特抓住机会大胆预言了疏远犹太人可能导致的后果。他的判断极为准确。“这一地区的所有犹太人，”他说，“不论其祖先或风俗传统怎样，都认识到他们有一天将为自己的国家而战。犹太人所表现出来的惊人的自我克制，经常被英国官员误解为胆小怕事。有朝一日，如果犹太人有足够的理由相信自己被别人出卖了，或者相信要实现他们最美好的愿望，必须采取完全相反的政策，那时我们就会发现，我们要面对的问题完全不同于阿拉伯叛乱……犹太人将团结一致，不会像阿拉伯人那样一盘散沙。”温盖特滔滔不绝地讲了很长时间，内容多有重复，没必要全部引用，但最后几句话很耐人寻味。“我觉得，”温盖特说，“我如此坦率，一定会有人指责我偏心。我拒绝接受这种指责。今天，人们往往以为不偏不倚就是随时准备将谎言混同于真理，随时准备把白的说成黑的，把黑的说成白的。与此截然相反，我坚信一个人如果没有诚实的态度，就根本不要处理实际问题。我来此开诚布公，为亲眼看见的事实真相作证。我坚信，正义兴邦，而正义决不意味着为维护自身利益，挑唆两派相斗而从中渔利。”我们不知道伍德黑德委员会如何看待这番奇特的言论。

最后一个问题有关犹太国家对英国利益和阿拉伯世界的价值。他用自己所钟爱的一套理论概要回答说：一个拥有重工业的犹太国家，一个在大英帝国资助下拥有自己军队的犹太国家，将为英国提供巨大的、可靠的、极具价值的兵工厂和要塞，确保大英帝国在地中海具有不可动摇的地位［这种观点并非温盖特原创，刘易斯·内米尔（Lewis Namier）教授两年前就提出过类似观点］。“阿拉伯世界最大的希望，”他说，“就在于迅速创建犹太国家。”在回答最后一个问题时，他的预言有一点美中不足，就是没有注意到石油这个无所不在的因素。

在萨兰凡德住院期间，有一位年轻人与温盖特邻床，温盖特将对此
167 人的生活产生影响。他就是阿奇·约翰·韦维尔（Archie John Wavell）中尉，韦维尔将军之子。俩人的友谊由此开始，并在多年后开花结果。

就在温盖特百无聊赖地躺在床上养伤期间，他的小分队发生了两件大事。埃维茨旅长即将于 7 月回国休假，临走前，他起草了一份“嘉奖令”，准备授予温盖特优异服役勋章，“以表彰其在巴勒斯坦的英勇和卓越表现”。13 日晚，就在代布里亚之战两天后，布雷丁中尉率领两支小分队沿输油管线巡逻。他们在一个叫“比拉”（Bira）的地方发现一大群匪徒，那是沙耶·纳伊夫·祖比的残余部队。他们两面夹击将匪徒赶跑，并击毙了 14 人。布雷丁在战斗中负伤。这一仗为代布里亚之战画上了圆满的句号。在 7 月剩下的日子里，再未发生针对输油管线的破坏活动。“夜间别动队”已经熟悉了自己的任务，也证明了自身的价值。原来有些人怀疑温盖特是精神错乱的狂热分子，现在他们改变了看法。温盖特又有了一个英

国式的新绰号“朱迪亚的劳伦斯”，既诙谐，又不失尊敬。成功终于向他招手了。

7月30日，温盖特回到艾因哈罗德，定居点的犹太移民为他举行了盛大的欢迎宴会，宴会由温盖特最亲密的朋友、集体农庄的负责人主持。晚宴进入尾声时，大家频频举杯敬酒，纷纷用希伯来语和英语发表长篇演说，布雷丁将其形容为“犹太民族最喜欢的运动项目”，现场的英军部队突然发现定居点的生活如此陌生，冗长的演说让英国人尤其感到困惑和厌倦。最后一个发表演讲的是温盖特。人们记得他这样说，英国作为受托管理国，承担着庄严的责任，就是要忠于《圣经》和圣地；英国在接受委任统治权的同时，也接受了巨大的荣誉和特权。他用希伯来语说：“上帝授权我们杀死犹太人的敌人，因为与犹太人为敌就是与全人类为敌。”

早上，麦康维尔下士奉命向温盖特上尉报到。这个大块头的爱尔兰人穿上最体面的军装，怀着惴惴不安的心情在传令兵的房间等候召见。温盖特不曾跟他提起过代布里亚，但毫无疑问，即使温盖特原来不知道实情，现在也一定知道了。麦康维尔进屋后先向长官敬礼，然后站在一边，等待这位脾气暴躁的上司发泄愤怒。温盖特抬起头，用那双凶狠的蓝眼睛看着麦康维尔。他说：“麦康维尔，在代布里亚我们犯了很多错误。我们需要做的就是从错误中吸取教训。”双方沉默了一会儿，麦康维尔敬礼， 168
然后转身离开。这件事就此画上了句号。

那天晚上，温盖特率领“夜间别动队”倾巢出动，在贝桑西南地区发动了一次攻击。这次行动不是保卫输油管线，而是长途奔袭从约旦过来的走私团伙。现在“水獭”寻找浅滩的本领已经炉火纯青，他算计出走私者可能取道一个叫乌姆麦加达（Um Mejada’a）的地方，那里位于贝桑至纳布卢斯（Nablus）途中的瓦迪塔伯斯（Wadi Tubas）。要到达那个小村庄，需要穿越巴勒斯坦最难通行的地区，不仅要翻山越岭，还要通过平原的沼泽地，有时要蹚着深深的河水走上很长一段路。每次步履艰难地穿过沼泽地，温盖特都需要更换绷带。强劲的风从南面吹来，夹杂着灼热的沙粒，战士们刚刚经历了河水的严峻考验，又要饱受风沙的痛苦折磨，每个人都感到口渴难耐。他们的行军纪律真是无可挑剔，凌晨3点，他们准时到达乌姆麦加达。就在几分钟前，走私团伙赶着一队骆驼和驴子，满载着武器和药品进入村子。“夜间别动队”迅速占领伏击阵地。天亮前，骆驼队由大约45人押运，从村子里出来。伏击战之后，小分队又发起追击，双方在山中交火。11名走私者被击毙，4人被俘。行动结束时，温盖特已经不能行走，只好乘卡车从大路返回。他几乎说不出话。在人们的记忆中，这是他第一次在执行任务时因过度疲劳而崩溃。毕竟他刚刚出院，身体严重缺乏锻炼。

乌姆麦加达战斗导致了一出悲剧。此役刺激阿拉伯人想出一条新诡计。长时间以来，阿拉伯人只在大路上埋设地雷。现在他们开始在通往浅滩的小路和乡间小道上埋设地雷。这引发了一场灾难，让温盖特悲痛不已、怒不可遏。

艾因哈罗德集体农庄的负责人叫哈伊姆·施图尔曼（Chaim Shturman）。他是从沙皇俄国移民到巴勒斯坦的第一批犹太开拓者；他也是“哈休莫”组织成员，该组织充当着旧式的看门人——保镖之类的角色，后来成立的“哈贾纳”从该组织那里继承了堪与美国历史上的“印第安战士”相媲美的浪漫骑士作风。施图尔曼曾经反对在艾因哈罗德设立“夜间别动队”司令部，当他最初听说这件事时，根本就不同意如此冒险，担心这样做会挑起阿拉伯人与犹太人之间的战争，或者至少会导致两个民
169 族的永久对立。但是，当施图尔曼结识温盖特，并认识到他的犹太复国主义热情之后，施图尔曼的思想发生了改变。他们的关系变得非常密切。晚上，俩人经常一起悠闲地散步，往往什么话也不说。有人记得，温盖特曾经说过：“施图尔曼的沉默胜过其他人的空谈。”这位年长的开拓者对温盖特帮助很大。他几乎认识埃斯德赖隆平原和约旦河谷的每一位居民。他一

直建议犹太人与阿拉伯人打交道时要保持克制。他怀着虔诚的信仰，坚持主张优待定居点内的阿拉伯俘虏，像对待客人那样，让他们住好、吃好。在他看来，阿拉伯人是“这块土地上的外来者”。他牢记《圣经·利未记》中的告诫，“若有外人在你们国中和你同居，就不可欺负他。和你们同居的外人，你们要看他如本地人一样，并要爱他如己”。有一天，施图尔曼和三位朋友正走在贝桑南面一条人迹罕至的小道上。他们看见好像有武装匪徒在附近鬼鬼祟祟地活动。当他们走近时，其中一位踩响了地雷。施图尔曼和另外两名同伴当场被炸死。幸存者跑到大路上找到一辆汽车，逃回了艾因哈罗德。

温盖特接到报告时，正在定居点的大厅发表演讲，以色列·卡米为他担任翻译。幸存者报告了情况。最初的一瞬间，温盖特似乎感到这一切无法理解，当他明白过来时，表现出前所未有的震惊。有好一会儿，他一句话也说不出来，整个人好像要崩溃了。温盖特很快缓过神来，咆哮着下达命令，要艾因哈罗德的全体巡逻队员立即集合，准备行动。大家吓坏了，因为以前从未见过他如此愤怒。几分钟内，在家的巡逻队员全部登上卡车，整装待发。接到报告后半小时，他们已经来到贝桑。他们径直向南开，没有采取任何伪装和佯动，很快到达了出事地点。温盖特命令围捕犯罪现场附近的所有叛乱分子，如果他们拒捕，就开枪射击。这是头脑发热的鲁莽之举，结果导致在追击匪徒过程中伤及无辜行人。这是一次没有准备的仓促袭击，失误在温盖特，这不符合他平时的言传身教。

必须强调的是，温盖特领导“夜间别动队”期间，经常要求下属要小心区分阿拉伯平民与叛乱分子，而这次行动可以说是唯一的例外。如果说，不可否认的是，“夜间别动队”确实做过一些违反纪律的事，那么， 170
同样不可否认的是，除了这次极端情况以外，温盖特一直严加管束那些鲁莽的手下，坚持要求即使在危急情况下，也不能滥杀无辜。针对温盖特的指控很多，有时让那些出身平民的正直的犹太部下感到震惊。除了这次在贝桑南部不分青红皂白地乱开枪以外，其他任何指控都站不住脚，经验表明许多无法核实的事件纯属子虚乌有。温盖特在巴勒斯坦有许多敌人（与他自己树敌过多不无关系），他们想方设法败坏他的名声。但他们从未提出过证据如此确凿的指控。温盖特有不少缺点，他确实有点鲁莽，偶尔也会因此犯错误，就像他在施图尔曼遭暗杀后所表现得那样，但在他身上丝毫没有那种激发"人对人的残暴"的阴暗、邪恶的冲动。

言归正传。"夜间别动队"成绩斐然，于是，温盖特决定扩大部队规模，他开始全力推行一项新计划。在迄今为止的所有行动中，他总是能实施包围，但成功追击的情况并不多。他决定为自己的部队增编一支骑兵分队，他打算在天亮前一小时发起行动，这样在破晓时分，骑兵就可以突然呈扇形展开，快速追击逃跑之敌，并俘虏那些惊慌失措的残余分子。他决定在犹太人的帮助下组建这支骑兵分队。犹太事务局派了一名联络官来艾因哈罗德协商此事。此人名叫埃弗拉伊姆·克拉斯纳（Ephraim Krassner），温盖特不善于记外国名字，总是叫他克莱施纳（Crashner）。同大多数第一次见到温盖特的人一样，克拉斯纳发现他衣着不整，外表根本不像军人，看上去"更像个教授而不是当兵的"。克拉斯纳来的那天，正赶上温盖特会客的日子。客人中为首的是艾萨克·萨迪赫（Isaac Sadeh），他是"普拉格特萨迪赫"组织（Plugot Sadeh）[①]的创始人，在巴勒斯坦犹太人中颇有名气。"夜间别动队"组建以前，萨迪赫的巡逻队曾于骚乱初期在耶路撒冷周围与阿拉伯叛乱分子交过手。在场的还有杰出的犹太复国主义政治家、宣传家约书亚·戈登（Joshuah Gordon），以及犹太临时警察部队的负责人阿夫拉姆·伊卡（Avram Ikar）。过了一会儿，他把克拉斯纳拉到一边。温盖特告诉他，自己需要 30 匹马及配套的马鞍和缰绳。克拉斯纳事先得到

① 普拉格特萨迪赫（Plugot Sadeh）为希伯来语，意思是"野战连"。该组织成立于 1937 年，是"哈贾纳"的特种作战部队。这支部队曾与温盖特的"夜间别动队"共同作战。——译注

授权可以表示同意。当他们讨论此事时，温盖特就“像鹰一样”目不转睛地盯着克拉斯纳。他问克拉斯纳是否是“哈贾纳”成员。克拉斯纳说，是 171
的。温盖特有些刻薄地问，为什么不直截了当告诉他，非要等问了再说。克拉斯纳不知如何解释，温盖特对他说：“你们不信任我。”

30 匹马到手了，于是他们开始努力训练骑兵，但没过多久，他们就放弃了这项大胆的尝试。温盖特几乎找不到训练有素的骑手，而且他发现无法在较短时间内训练马匹在战斗中卧倒，以便为骑手提供架枪射击所需的斜面。骑兵从未参加过实战。创建骑兵的努力就这样夭折了，但温盖特那富于幻想的天性另有一番短暂而惊人的表现。

大家应当记住，正是温盖特心目中的英雄俄弗拉的基甸，最终使用号角和火把以意想不到的方式赶走了米甸人和东方人。正如《圣经·士师记》第七章记述的那样：“于是，基甸和跟随他的三百人，在三更之初才换更的时候，来到营旁，就吹角，打破手中的瓶子。”（瓶中藏有火把）。“三队的人就都吹角，打破瓶子，左手拿着火把，右手拿着角，喊叫说：‘耶和华和基甸的刀！’他们在营的四周各站各的地方。全营的人都乱窜；三百人呐喊，使他们逃跑……”

温盖特决定要让“夜间别动队”故伎重演。他命令克拉斯纳想办法搞到犹太教仪式上使用的羊角喇叭。克拉斯纳发现这项任务简直无法完成。宗教仪式上使用的羊角喇叭产量不多，只能在犹太教堂的牧师那里找到，而他们也没有多余的。所以，他没有弄到羊角喇叭，而是托人从海法采购了一批军号。温盖特发火了。整件事让克拉斯纳百思不得其解，他跑去向布雷丁问个究竟。布雷丁摆摆手说，就他所知，上尉对《圣经》有很深的研究，他想用羊角喇叭吹倒窝藏匪徒的村子的围墙，更多的他就不知道了。克拉斯纳跑回去对温盖特说，他要么拿军号试试，要么就彻底放弃。牧师无法为军队提供羊角喇叭，连一个班也满足不了。后来，在一两次行动中，他们好像使用了军号，然后这件事就不了了之了。但是，在温

172 盖特作为指挥官的军事生涯中，这种“洛道夫”式的幻想还会反复出现。

一些更为严肃的计划进展顺利：为了将“夜间别动队”的规模扩大一倍，温盖特在艾因哈罗德开设了训练班。8 月间，温盖特一直在积极争取各方的支持，包括耶路撒冷的部队司令部、犹太事务局、“哈贾纳”执行委员会，正像“夜间别动队”组建之初那样，困难有时会出现在意想不到的地方。部队司令部还算合作。温盖特已经证明了自己的能力；将军批准了埃维茨旅长的建议，同意授予温盖特优异服役勋章；当局似乎也乐意给他想要的一切。但犹太人的情况就不同了。没有哪个民族比犹太人更热衷于民主和议会政治，温盖特要组建英国人和犹太人混编部队，这虽然对犹太复国主义事业有利，却在犹太人内部引发了政治纷争。犹太复国主义者有数不清的派别，但大体上可以分为左、右两派。左派的基础是集体农庄，走公社路线，其中一些人是共产党员。他们激进的社会主义、阶级意识和左派偏见，激怒了许多珍视传统和个人主义的犹太人，左派和右派就像城里人和乡下人一样对立。当温盖特提出从“哈贾纳”再征召 100 名新兵参加小分队时，右派的抱怨声更大了，他们指责左派垄断了犹太人参加军事训练的机会。右派担心有朝一日犹太国家成立时，左派会强制推行极端的社会主义制度，而不容否认的是，小分队的成员大部分来自集体农庄。两派相争的结果是暂时停止向艾因哈罗德输送新兵，等待双方协商解决分歧。必须有人将这些新情况通告温盖特。这个任务落到了拉特纳（Rattner）教授身上，他是俄国出生的犹太人，从前是沙皇俄国军队的军官。由于他在非法组织中身居要职，所以通常只与犹太人打交道，他从未见过温盖特这位充满争议的焦点人物。人们预料温盖特听到消息后一定会大发雷霆，正是为了不伤害业已建立的友谊，他们选择了拉特纳，而不是哈科恩或维伦斯基。选择拉特纳还有另外一个原因，因为他是“哈贾纳”军事部的成员，如果有必要，他可以临机决断。

173 拉特纳开车去艾因哈罗德，他以俄罗斯人特有的巧妙，委婉地向温盖特透露了消息。果然不出所料，温盖特勃然大怒。他猛烈抨击说，犹太人的伟大胜利近在咫尺，此时搞党派斗争简直愚蠢透顶。他说自己很难说服英国当局同意推迟扩编计划，这种搁置会让他们改变主意。他对海法的犹太复国主义者恶语相加。拉特纳耐心地听着。这场暴风雨渐渐平息了，并未造成过多的伤害，因为使者的英语水平有限，根本听不懂那些攻击谩骂的言语。当温盖特恢复平静后，他建议拉特纳同自己一起驱车去海法把事情说清楚。拉特纳同意了。

他们开车从艾因哈罗德出发，穿过埃斯德赖隆平原驶向西岸，温盖特习惯性地谈论起沿途经过的地方在《圣经》中的重要地位。温盖特往往能在很短时间内与人一见如故，这正是他的过人之处，而拉特纳也感到对方仿佛已经相识多年，而不是当天下午才认识的。教授并非虔诚的宗教信徒，他也难以掩饰自己对《圣经》及其地理学的一知半解，不过，温盖特一直说个不停，所以并未注意到对方宗教知识的欠缺。就这样，俩人开车跑了一下午，此时温盖特忽然记起刚才的愤怒，再次为自己经历的挫折大发脾气。他对拉特纳说，犹太复国主义所取得的非凡成就，与巴勒斯坦那些平庸的、二流的犹太复国主义运动领导人相比，存在着惊人的反差。温盖特接着说，他越想就越觉得是这样，他甚至怀疑自己是否见过这个复兴之国的真正领袖。他继续说，他认识的人当中只有魏茨曼博士堪当领导以色列的重任。温盖特还说，他相信其他人都串通起来对他采取不信任态度，想方设法不让他结识任何犹太要人。拉特纳教授该怎么回答呢？

教授想了片刻说："那么，温盖特上尉，你或许也相信《锡安长老会纪要》[①]吧？"

听拉特纳这么说，温盖特的心情豁然开朗。教授最后说的这句话触发

---

① 《锡安长老会纪要》（*Protocols of the Elders of Zion*）是一部伪造的著作，1905 年出版，谎称犹太人和共济会欲主宰世界。希特勒利用这本书为其排犹计划大造声势。——译注

了温盖特的幽默感，在接下来的几英里旅程中，他一直暗自发笑，这是他的习惯，当他被别人逗得很开心时，总是乐得连话都说不出来。最后，他总算说了一句话：“也许所有外邦人很容易对犹太人抱有愚蠢的想法。”在去海法的路上，他一直偷笑，当他们到达目的地时，拉特纳已经成了温盖
174 特的新盟友。温盖特得到了他想要的100个人。这些人很快于9月初到位。

8月间，巡逻队每天夜里都外出执行任务，也发生过一些战斗，但非常重要的一次也没有。代布里亚之战后，匪徒在艾因哈罗德地区的活动暂时停止。截止至8月底的八周时间里，破坏输油管线的活动只有3次。然而，这种相对平静的局势在整个巴勒斯坦地区并不具有普遍性。8月间，其他地区的叛乱活动更加猖獗。火车出轨、抢劫银行、破坏电报机、拦路杀人越货的事情比比皆是，阿拉伯人谋杀犹太人的事件层出不穷，更多的是阿拉伯人之间的自相残杀。在这些暴行中，只有一起发生在“夜间别动队”责任区内，有三名英国人在杰宁遭暗杀。然而，这并不意味着叛乱分子已经撤出战斗。他们正计划在南加利利地区反扑，10月这项计划付诸实施，给犹太人和他们自己都造成了可怕的后果。然而，眼下还是先讲讲9月间“夜间别动队”扩编的情况。

随着新兵的到来，艾因哈罗德的训练方式有了一些新变化。不过，总的来说，训练仍然是别具一格、讲求实用和冷酷无情的，这符合温盖特的一贯风格。训练以11天为一个短周期：前3天在大沙盘周围上课，并在营区附近进行操练和演习，接下来4天是例行巡逻，然后放4天假。现在，在短短一周时间内，新兵们就发现自己实现了从平民向战士的转变。

温盖特有八篇讲义[1]保存至今。这些讲义准确简洁、切中要害，专业

---

[1] 根据以色列国防部档案，八篇讲义按先后顺序分别为：（一）战争性质、战争机器、步兵任务和军人戒律；（二）战斗中的步兵排；（三）步兵防御；（四）步兵进攻；（五）领导能力和军队恶习；（六）各类部队的任务；（七）战场上野战炮兵对步兵的支援；（八）工兵和骑兵的任务。最后三篇讲义属于一个相对独立的主题，即“各类部队的任务”。——原注

性很强。有趣的是，这些讲义的内容大多是温盖特的自我表白。许多地方简直就是下意识的自画像。“伟大的军人在青年时期是严肃而勤奋的。”他说，“他们当中的许多人人品出众……粗鄙、野蛮之人会是一名非常糟糕的军人。”显而易见，他对自己所从事的职业并不完全认同，他警告大家不要以职业军人为榜样。“学习他们的纪律性和处事冷静，”他说，“但不要效仿他们的残忍、愚蠢和酗酒。”他要求大家以恰当的方式认真听讲，在这方面他表现出坚定的自信，他说：“如果你们认真学习和消化我的讲课内容，你们将掌握一些基础性的东西，将来可以借此进一步学习战争艺 175
术。我不想看到任何人记笔记。笔记是用来被忘记的，记笔记必然妨碍你们理解总体思想……”其实，温盖特要大家记住的是他本人。温盖特讲到“军人戒律”时，充分表现出他对《圣经》的精通和他的清教徒背景。他给手下讲克伦威尔的训词：“要知道你们为何而战，而且无怨无悔。”当他教导手下的军官和士官如何履行职责时，他这样表达自己的见解：“需求要有节制。基甸在一万候选者中只挑选了三百不暴饮者。在利益面前，要先人后己。”在下面这段训词中，人们仿佛又听到克伦威尔的声音在回荡：“只有在执行任务时才可以使用武器，而且要慎重使用。要禁绝残忍和野蛮。要尊重妇女、儿童和个人权利。要始终保证身体和装备处于良好状态。”当他说到下面这段话时，人们一定想知道他是否会露出一丝会心的微笑，他说：“对于指挥官下达的每一项正确命令，要理解意图，并迅速执行。要忠诚地接受他的领导，不允许在他的命令和指示中夹杂你的理解。”然而，很难说温盖特会始终不折不扣地遵守这条重要的训令，除非对“正确”一词加以许多额外的限定。

协助温盖特训练的副手是雅科夫 · 多里（Yakov Dori），他是“哈贾纳”领导人之一，很有组织才干。有时他也充当翻译，温盖特讲课时说英语，也经常穿插一些希伯来短语，但大部分时间需要翻译。通常由以色列 · 卡米当翻译。一天温盖特要训话，但身边没有翻译，于是他要求大家毛遂自荐。新兵中一位最年轻的小伙子愿意提供帮助，这需要很大的勇气，因为大家都知道温盖特对反应迟钝或结结巴巴的翻译毫不客气。这个年轻人表现好极了，以后温盖特经常让他担任翻译。他的名字叫阿夫拉姆·阿卡维亚（Avram Akavia）。俩人从此建立起亲密的友谊。

有时候，不完美的记忆如同最准确的记忆一样可以反映事实真相。许多在艾因哈罗德参加过训练的人清楚记得温盖特在开幕式上的讲话："我们来这里的目的就是创建犹太军队"；他们似乎记得他毫不含糊地说，"夜间别动队"的犹太队员要把自己当作未来以色列军队的骨干。虽然温盖特在政治上常常不够谨慎，但他从未在公开场合发表过如此轻率的言
176 论，不过，那些巡逻队员后来的确成为以色列军队的中坚，而他们也自觉承担着这样的使命。创建以色列军队毫无疑问是温盖特的真实想法，他不但从未说过与之相抵触的话，而且在私下里说过很多鼓励的话。兹维·布伦纳记得，有一次温盖特白天说梦话，宣称犹太军队的司令部应当建在卡梅尔山（Mount Carmel）上，赫茨尔（Herzl）[1]的遗体也应当安葬在那里。温盖特从到海法的第一天直到离开人世，一直梦想着要带领精心挑选的以色列人冲锋陷阵。他眼下正在挑选精兵，教他们像基甸军那样拿起武器为事业而战。在这个问题上，队员们与温盖特心心相印。

艾因哈罗德的训练刚刚开始，"夜间别动队"就取得了历史上最辉煌的一次胜利。这次战斗发生在一个叫拜特里德遗址（Khirbet Beit Lidd）的小村庄，那里位于埃斯德赖隆平原中央。有消息说，法齐·卡瓦吉的副手阿布·杜拉（Abu Durra），在一个叫塔赫尔（Tahir）的谢赫手下纠集了四十多名匪徒，就在村子附近安营扎寨。针对输油管线的破坏活动又开始了，罪魁祸首就是阿布·杜拉一伙人。"夜间别动队"故技重施，采取巧

① 西奥多·赫茨尔（Theodor Herzl，1860—1904），是奥匈帝国的犹太裔记者，后来成为现代犹太复国主义的创始人。——译注

妙伪装，神不知鬼不觉地占领了阵地。他们还在输油管线附近组织了一次小规模的佯动，用来吸引敌人的注意力。五支小分队悄悄进入阵地，包围了村庄和营地。来自附近萨莱德（Sared）集体农庄的援军在最后一分钟赶到。温盖特指挥部队于拂晓前发动攻击。这次进攻彻底达成了突然性，匪徒还没来得及集合，就在黑暗中四散逃窜了。小分队抓到了俘虏，混战中有 14 名阿拉伯人被击毙，其中包括那个叫塔赫尔的谢赫。在缴获的战利品中，有谢赫的全部书面指示，其中涉及许多迄今尚未被怀疑的阿拉伯领导人。

同代布里亚之战结束后一样，温盖特还是一刻也闲不住。行动一结束，他就赶往海法。当时还是大清早，他叫醒还在睡觉的韦勒少校，全面报告了拜特里德行动的经过。“他来到我的房间，头发乱糟糟的，”多年后旅参谋长回忆说，“他告诉我晚上发生的事情，最后说：‘我把缴获的步枪放在警卫室了，我现在必须包扎一下我的腿。’”他的腿伤在这次行动中复发。他包扎好腿上的伤口后，埃维茨也起床了，他立即跑到旅长的房间，177
把缴获的文件给他看，其中有阿布·杜拉的记事本。阿布·杜拉缺乏先见之明，他把即将与坦图拉（Tantura，海法以南约 20 英里）的阿拉伯镇长见面一事记在本子上，此次会面的目的是要在 4 日，也就是第二天，接应一批用小船偷运来的武器。温盖特建议逮捕镇长并截获小船，旅长同意他的想法。正当他们仔细研究这个记事本并商讨对策时，温盖特突然因筋疲力尽而失去知觉。他晕倒在沙发上，昏睡了大半天。他甚至不能起床吃饭，不得不让埃维茨夫人喂他吃东西。

次日，温盖特带人去塔图拉抓捕镇长。这次行动的具体细节没有留下记录。大致情况是，巡逻队员包围村庄后，温盖特带一小队人进村抓捕罪犯。由于没人认得镇长，所以几个嫌疑人通通被带出村子甄别。正当温盖特逐个审问俘虏时，一个俘虏见势不妙，拔腿就跑，结果被巡逻队员当场击毙。温盖特很生气，劈头盖脸把开枪的队员大骂一顿。死者正是镇长。此事就这样草草收场。

只要有可能，温盖特就回艾因哈罗德参加训练。

在“夜间别动队”控制的加利利部分地区，再次出现了一段相对平静的时期。叛乱分子又一次偃旗息鼓，在拜特里德大败而归后，他们需要积蓄力量才能报仇雪恨。此时，他们行动有所收敛，只限于暗杀和破坏。然而，到了月底，有迹象表明冲突即将再次升级为激烈的战斗。9 月 23 日，又发生了一次较大的战斗，规模接近代布里亚和拜特里德之战。侯赛因 · 阿里 · 迪亚卜（Hussein Ali Diab）和纳伊夫 · 祖比从叙利亚返回巴勒斯坦，他们在丹那附近招兵买马。艾因哈罗德方面掌握到相关情报，于是“夜间别动队”再次包围了丹那。匪徒又一次被击溃，有 12 人被击毙，其中包括侯赛因 · 阿里 · 迪亚卜。

这个饱受战火创伤的小城象征着巴勒斯坦平民百姓的苦难经历。两年前，这里是繁荣的集市，人们过着典型的地中海东部的田园生活；现
178 今，一半人口出去逃难，一些房屋因藏匿匪徒和叛乱分子而被官方拆除，许多田地也荒芜了。叛乱结束时，那里已经很少有人居住，从那以后这个小城就在地图上消失了。1938 年夏天仍然居住在丹那的人们，时刻生活在恐惧之中，他们害怕被巡逻队抓去讯问，也同样害怕因为被怀疑向巡逻队告密而遭到叛乱分子的毒手。

10 月，叛乱分子的活动较前一段时间更加猖獗。《慕尼黑协定》结束了欧洲的危机，也增添了阿拉伯人的自信。尽管阿拉伯人在政治上远远算不上精明，但叛乱分子把捷克斯洛伐克的灾难看作是纳粹取得的又一个胜利。长期以来，德国政府暗中支持流亡的穆夫蒂，纳粹法西斯轴心国也一直公开鼓动阿拉伯叛乱。欧洲危机的发展演变似乎证明阿拉伯人选对了后台，他们又开始加紧从事破坏和暗杀。9 月，被阿拉伯匪徒打死的人数上升到 188 人，伤者有 156 人。新一轮的恐怖和流血冲突于 10 月 2 日达到高潮。

此时，埃德蒙·艾恩塞德（Edmund Ironside）爵士与埃维茨准将正在海法，埃德蒙爵士现在是直布罗陀总督兼中东战区总司令。2 日晚，他和埃维茨在海法的一家酒店用餐，在座的还有韦勒少校和海宁将军。谈话间，埃德蒙爵士声称自己对巴勒斯坦局势感到疑惑。他说，这个地区有大量部队，而叛乱分子严重缺乏武器，他不能理解局势怎么会像当局宣称的那样严峻。他甚至还说，他认为是地中海宜人的气候和对勋章的渴望导致官方夸大威胁。“好吧，阁下，”埃维茨说，“那我只能寄希望于您在此地逗留期间会亲眼看到一些不愉快的事，让您改变对局势的看法。”

晚宴快结束时，温盖特打来电话找埃维茨。他正在执行任务，打电话来是要告诉旅长，他刚刚接到消息，叛乱分子已经进入太巴列。他知道的只有这些。埃维茨旅长接完电话后，向众人建议，明天一早由他亲自陪同艾恩塞德将军去太巴列。事情就这样敲定了。

太巴列发生了一场针对犹太人的蓄意屠杀。一大群叛乱分子经过周 179
密计划和严格保密，渗透到城中一些精心选择的地点。太巴列的犹太人相对较多，而且很多人在犹太复国主义者到来之前就在此地定居，这些人往往不认同犹太复国主义。这场屠杀显然是精心策划的，但并没有像法齐·卡瓦吉手下人期望得那样成功。19 名犹太人遇害，其中包括 10 名儿童。他们当中许多人是被刺伤后活活烧死的。要不是凶手们急于抢掠财物和寻欢作乐，屠杀的规模还会更大。这件事让英国人倍感羞辱，因为就在当天晚上，1 营英军到达太巴列，驻扎在一座土耳其城堡里。他们不大了解游击战，并未设置警戒线，他们的粗心大意造成的结果是，1 营人被少数几个装备自动武器的歹徒包围了。警察和外约旦边防军从加利利海南岸的萨马赫（Samakh）前来营救，但他们来得太迟了。1 营英军只能躲在墙后面等待屠杀结束，匪徒就这样逃之夭夭了。

就在这个血腥的夜晚，温盖特听说在太巴列以南 10 英里的斯金（Skin）村有一伙匪徒，他命令小分队主力将他们包围。幸运的是，他本人率领两个班（据推测是从基尼列出发）去麦沙村（Kafr Mesha）执行同样的任务，那里位于太巴列以西不远的地方。太巴列不在“夜间别动队”的责任区，也许正因为如此，才派 1 营英军到那里驻守。温盖特事后痛苦地责备自己说，因为“夜间别动队”担负着从北面伏击渗透之敌的任务，所以他本来可以阻止匪徒接近目标。不论责任是否在他（很难责怪他），他还是成功地实施了补救。他带两个班撤出麦沙村，赶往太巴列。不知通过什么渠道，他掌握了城中匪徒的动向和意图，于是他用为数不多的人（不超过 20 人）组织了一次伏击。

太巴列是一个用石头堆砌起来的小城，坐落在约旦裂谷与加利利海交汇处的山坡上，地势比地中海平面低很多。从太巴列城出来有两条路，
180 一条路向北与出海口的海岸线平行，另一条路向西经过一段陡峭崎岖的山间小道直通平原地区。我们不知道温盖特是在一条路上设伏，还是在两条路上设伏，但可以肯定的是，主要伏击地带设置在向西的山路上。他们没等多久，敌人就出现了。刚刚挫败了 1 营英军的匪徒有些得意忘形，许多人喝得酩酊大醉，大约在拂晓前 1 小时，杀气腾腾的匪徒排成长长的纵队出现在向西的山路上，正好钻进了温盖特设置的陷阱。

此时艾恩塞德改变了他在前一天晚宴上的看法。他驱车从海法赶往太巴列，亲眼看到了这个受到英国保护的小城的骇人场面。他看到倒下的路标、炸断的桥梁、毁坏的岗哨，以及两年来的冲突所造成的破败景象。

艾恩塞德到达太巴列时，正赶上人们从断壁残垣中搬出烧焦的尸体，他听见周围的人抱怨英军如何无能，这让他非常生气（当场将指挥官撤职）。他怀着满腔怒火向西返回海法。就在太巴列城外的山上，他遇见了一个表情冷酷的人，此人头戴古怪的遮阳帽，正在指挥手下摆放一具具穿着阿拉伯长袍的尸体，并把缴获的武器集中起来。

“你是谁？”艾恩塞德将军问道。

“我是温盖特。”那人回答道。将军好奇地看着他。年轻人说话的口

气就仿佛自己是尽人皆知的名人。艾恩塞德将军问了几个问题，对方一一作答。温盖特向他介绍了“夜间别动队”的情况，解释了自己如何设伏，并找到了6具尸体，他还说，他推测有40名匪徒被击毙。经过询问，将军知道眼前这位上尉是前驻埃及英军总司令的亲戚，也了解了这位与众不同的指挥官领导下的英犹混编部队的具体情况。当艾德蒙爵士返回直布罗陀后，他对巴勒斯坦的民事和军事当局都有了一些新的看法，那位在太巴列附近山上见到的表情严肃的上尉给他留下了永生难忘的记忆。艾恩塞德注意到，在那个杀戮之夜，温盖特指挥手下仅有的部队主动出击，给凶手以应有的惩罚。他决定要牢牢记住这个人。

太巴列屠杀事件发生后的第二天，温盖特最后一次率领“夜间别动 181
队”执行任务。他赶往斯金村与小分队一部会合，他们自2日晚扑空后好像一直住在那里。4日早上，温盖特从赛林（Sirin）开车去拿撒勒的路上发现了两辆形迹可疑的出租车。车上的人看见他后立即驾车逃跑，一辆车开往杰宁方向，另一辆车开往代布里亚方向。凭着在远距离上辨认相貌的出众才能，温盖特立即认出车上的人是阿布·杜拉和纳伊夫·祖比。幸运的是，在太巴列附近打伏击的两个班此时突然出现，他们正乘卡车前往拿撒勒。温盖特带领他们朝代布里亚和他泊山方向追击纳伊夫·祖比。匪徒们被小分队一直追到山里。小分队配备了电台，于是温盖特呼叫皇家空军支援，飞机很快就来了。由于准备不周，飞行员搞错了地面信号，炸弹给小分队造成的威胁远比给敌人造成的威胁大得多。14名匪徒被击毙，此次行动的最后一幕是布雷丁中尉与纳伊夫·祖比的激烈对射，地点就在基督变容教堂所属的修道院边上。

很不幸，天不遂人愿，温盖特率领“夜间别动队”的最后一次亮相只能草草收场。由于小分队当时只有不到20人，因而没有发动追击，大部分匪徒跟随匪首一起逃跑了。

第九章 时运不济遭人冷眼

182

此时，温盖特已经显露出过度疲劳的迹象，有两次（可能更多）在执行任务后出现虚脱。一次发生在拜特里德之战结束后，另一次发生在海法，当时有人企图暗杀他。有一天夜间巡逻后，他住在维伦斯基家。下午他在城里开车时，一个阿拉伯人朝他的汽车扔了一枚炸弹，然后立即逃跑，炸弹没有爆炸。温盖特停下车，一跃而下，紧追刺客不放，直到在一条小巷里失去了目标。在追击过程中，他表现得像以往一样勇敢，但回到维伦斯基家时，病痛发作，他几乎迈不动步，身体因疼痛而一阵阵战栗。他太需要度假休养了。

然而，令人怀疑的是，在这个迟到的假期中，他是否有心情安心养病。随着“夜间别动队”创建、训练和壮大，温盖特越来越深地介入巴勒斯坦政治。他为魏茨曼博士写了一篇题为《犹太复国主义政策和分治方案》的文章，建议犹太人接受皮尔委员会的建议，以便为建立犹太军队创造条件（尽管他梦想能亲自指挥这支军队，但文中并未提及自己）。他的核心观点是，手中拥有军队的犹太国家，可以在第二次世界大战中发挥作用，从而在战后主宰叙利亚、黎巴嫩和外约旦。10 月 10 日，巴勒斯坦的一名杰出犹太复国主义者达夫 · 约瑟夫（Dov Josef），写信给远在英国的魏茨曼博士，这封信清楚地表明温盖特对犹太事务的高度关注。约瑟夫的信准确反映了温盖特的表达方式。

> 您一定会感兴趣的是，我与我们在军队中的一位英国朋友有如下谈话。他想告诫我们，不要在这个关键时刻犯致命的错误，不要再像过去那样与英国政府打交道。捷克斯洛伐克的教训完全可以打消我们在这个问题上的任何幻想。现在正是决定这个国家命运的时刻。如果我们不能立即采取正确的路线，我们将彻底失去机会。千万不要天真地以为，我们把英国人当成朋友，他们就会公正地对待我们。
>
> 我打断他说，我们在这个问题上的态度并非仅仅基于猜测。我们都知道，几个月前，魏茨曼博士已经见过张伯伦先生。据我所知，张伯伦先生态度非常友好，并充满同情。对此他的回答是，送羊去屠宰之前总会善待它们。他接着说："如果我是魏茨曼博士，我就要设法登门拜访张伯伦先生，事先订好回巴勒斯坦的船票。我要对他说：'你们刚刚断送了捷克斯洛伐克，你们显然认为以同样的办法对付犹太人是天经地义的。我们知道，你们正在考虑牺牲我们的利益以解决你们在巴勒斯坦的问题。如果你们以为这样做会成功，那就打错主意了。我们已经不再信任你们，也不会听任你们牺牲我们的利益。我们将以武力反抗任何剥夺我们权力的企图，并将与你们战斗到底。我们将来会依靠我们自己和上帝。再见。'说完我就会转身离开房间。我知道，我说的这些听起来可能很戏剧化，甚至有些异想天开，但我向你保证我了解自己的同胞。我太了解他们了，我保证即使他（张伯伦先生）不当场叫住魏茨曼博士，也会在魏茨曼博士启程回巴勒斯坦之前挽留他。'你们的人，'他继续说，'错在

183

总是用逻辑和你们对正义的理解来指导政治活动。你们自以为只要讲道理、做事公正，英国政府也会按同样的原则对待你们。如果他们对你们的逻辑和理智没有兴趣，如果他们对你们根本不在乎，而只关心自己的利益，你们的逻辑和据理力争又有什么用处呢？英国人又怎么可能公正地对待你们呢？让我来打个比方。假设你有一匹马，并且对我说你准备卖掉它。我出价 80 镑，而你要价 100 镑。如果你诚心要卖这匹马，我就有必要找出各种理由，让你相信我出价 80 镑是合理的。然而，假设另外一种情况，如果你根本无意卖马，而只是跟我逗着玩，一旦让我发现，再苦口婆心地劝你接受我的开价还有意义吗？在这种184情况下，我应当做的就是对你说，我发现你根本无意卖马，你只是在愚弄我，如果你以为自己可以这样做，那就大错特错了。我不会花 100 镑买你的马或任何东西。我会告诉你的所有朋友，你是个流氓，然后转身就走。在这种情况下，十之八九，你会对我的无情责备大感吃惊，你会立即道歉，并表示自己诚心诚意要卖马，不论以前是否真是这样想的。你们必须彻底认清现实，即英国政府一点也不在乎你们。它不想巴勒斯坦再有更多的烦恼和纷争，一心只想着牺牲你们的利益，以换取这里的和平与安宁。”

我反驳说，要我们与英国决裂不是件容易的事，英国是我们为数不多的朋友之一，我们忠于英国，更重要的是，当前犹太民族的国际地位还没有保证，如果按他的建议与英国政府决裂，将产生严重后果。英国的反应很可能如他所说，但也存在另外一种可能。对此，他回答说，如果缺乏敢作敢为的勇气，那就别指望成功。“你们所拥有的一切都危如累卵。”他说，“我坚信你们唯一正确的选择就是按我说的去做。”

这份报告如此直言不讳，读者可能会再次强烈谴责温盖特违背了自己对伍德黑德委员会的保证，他曾信誓旦旦地说自己从不在职责允许范围以外谈论政治问题。然而，如果读者了解当时巴勒斯坦的情况，也许就不会妄下结论。假使他说的是不实之词，假使他的警告是不必要的，那么温盖特也许会受到更多的责难。这份报告和其他一些证据表明，温盖特似乎知道《伍德黑德报告》即将出台的消息。

临回英国前，温盖特和洛娜在耶路撒冷住了几天，他们邀请兹维 · 布
伦纳到位于塔尔贝埃的家中做客，那里可以望见锡安山。温盖特的大量藏
书给这位年轻的犹太移民留下了深刻印象，他颇为赞赏地注意到，藏书
中有很大一部分是希伯来语著作。有一天，温盖特带兹维 · 布伦纳去司令
部，他在那里有一个短暂的约会。兹维 · 布伦纳在外面等候，温盖特回来 185
时，布伦纳看上去有些垂头丧气。他说：“一群反犹太分子坐在里面。”离
开巴勒斯坦的决定显然非常仓促。一天晚上，兹维 · 布伦纳一进门，发现
日用品都已经打包装箱。他问温盖特是不是要回英国。温盖特说是的。兹
维 · 布伦纳又问，是不是去伦敦。温盖特说，是去伦敦。兹维 · 布伦纳问
他为什么要回伦敦。温盖特说，是出于某些个人原因。兹维 · 布伦纳又追
问，是什么样的个人原因让他在如此重要的时刻离开巴勒斯坦。温盖特这
才悄悄地告诉他，魏茨曼博士打电报要他去伦敦，为此他申请休假。他对
上面谎称自己有紧急的私事要处理。

在军队中，如果一个人地位不稳，他要是去休假，就会冒被撤职的危险。温盖特在巴勒斯坦的地位并不稳固。当局对他毁誉参半。大家知道，海宁将军从一开始就对组建“夜间别动队”持保留态度，温盖特特立独行，很少向上级报告自己的想法，而对于上级的指示，自己不同意的，就置若罔闻，这样当然不可能打消海宁将军的疑虑。夏天，将军甚至一度考虑要撤他的职。将军召见作战处的达德利 · 克拉克（Dudley Clarke）上尉，说了下面这段话：“这里有个家伙叫温盖特，他公开表示只服从自

己认为合意的命令。不论他对上级命令的评判对错与否，如果他不愿执行命令，我就不能再信任他。如果你对下级失去了信任，那么，最好让他滚蛋，不管他是对还是错。我要你去找温盖特，把这些话告诉他。”于是，达德利·克拉克赶到艾因哈罗德，人们又把他带到埃斯德赖隆山谷的一个山洞。一支巡逻队在这里宿营，来访者到达时，温盖特（指挥这支巡逻队）恰巧外出了。一会儿，他回来了。多年以后，达德利·克拉克回忆说，他当时的样子“就像一个穴居人，刚为山洞里的家人猎杀了一头野兽”。达德利·克拉克传达了将军的口信，温盖特听了以后很平静。他答应今后要改过自新，更好地服从上级命令。这件事包含着明显的不祥之兆，温盖特一年内经历了多次类似的信任危机。他的政治活动并非无人知晓。他仓促离开巴勒斯坦确实有些鲁莽，可是魏茨曼博士的召唤让他
186 别无选择。在决定犹太民族命运的重大时刻，他渴望尽自己所能去影响当权者。

伍德黑德委员会做出了最令犹太人担心的决定。他们于 11 月 9 日公布了报告。新提案与皮尔委员会的建议相比，主要区别在于犹太国家的领土面积。该报告将整个加利利排除在犹太国家之外，加利利将与内盖夫（Negeb）一并继续实行托管。报告还拒绝了双方对耶路撒冷的领土要求，因为它无法被公平分割。犹太国家和托管地之外将成立一个阿拉伯国家，除了耶路撒冷、海法、太巴列以外，在托管地内禁止将非犹太人的土地转让给犹太人，以此作为防止犹太人扩张的措施。这一禁令的有效期为十年，届时将重新评估，然而，除非阿拉伯人同意，禁令不得撤销或放宽。人们知道那些逆政治潮流而动主张放宽禁令的阿拉伯人会有怎样的下场。在几乎是一片荒芜的南部，这些苛刻的条件有所放宽。当局采取一些审慎的措施激励犹太人的开拓精神。只要政府许可，犹太人可以获得并开发未植垦的土地，但要购置和占有更有价值的土地，就得在委员会中与野

蛮的贝都因人打交道，并达成协议。报告还明确提出，考虑到贝都因人极度贫困，他们在谈判中拥有优先购买权。伍德黑德委员会向犹太人开出的条件并不诱人。为了让犹太人在英国的米字旗下服从歧视性法律，为了让犹太人永远忘掉耶路撒冷，他们可以在小得出奇的移民地中自由定居。提议中的犹太国家边界，从地中海岸的坦图拉延伸到特拉维夫，但内陆纵深只有这个距离的四分之一：新国家将拥有约 400 平方英里的领土，南北长约 40 英里，东西宽约 10 英里。很难想象伍德黑德委员会或张伯伦政府会相信这样一份报告能获得通过，他们的真实想法只不过是继续实行委任统治。然而，必须提醒大家注意，这是一个“绥靖主义”盛行的年月，在懒散、惊恐和理想主义的混合作用下，产生了许多奇异而不失真诚的错误。这也是一个退让的时代，而这次是邀请犹太人放弃权力。

伍德黑德委员会的建议于 11 月下旬提交议会讨论。殖民地大臣马尔 187
科姆·麦克唐纳（Malcolm Macdonald）先生，于 24 日在议会介绍了报告的有关内容，尽管他有着非凡的议会游说技巧，他的演说并未赢得广泛认同。他对犹太人在移民安置和土地开垦方面取得的巨大成就给予了高度评价，他恰如其分地强调了当前困境的根本原因：欧洲对犹太人的迫害给巴勒斯坦造成的移民压力。他还宣称，英国通过亚瑟·贝尔福许下的承诺，针对的是规模较小的移民和可控的局面，不应该也不可能适用于德国的野蛮行径所造成的异常局势。麦克唐纳先生准确而公正地描述了阿拉伯人的境遇，不仅谈到了他们不道德的政治和斗争方式，也指出了不容否认的事实，即他们的事业是正义的，并且“受到真正的爱国主义热情的激励”。他强调说，尽管从周边地区移民到巴勒斯坦的阿拉伯人并不多，但十六年来，这一数字已经从 60 万上升到 99 万，主要原因是在有西方医疗设施的地区，有更多的儿童活下来，这要感谢犹太人提供了医生和医院。他的演讲非常客观公正，逻辑性也很强，只有一点例外，就是他最后谈到“巴勒斯坦的阿拉伯人已经获得的”物质利益。说真的，这位大臣也许是想说，即使为了眼前可观的利益，阿拉伯人也不会拿自己与生俱来的权力做交易；他也许是想呼吁对犹太人采取政治上的限制措施，但他朝那个方向走得太远了，完全超出了人们的预料。不错，令大多数亲阿派议员都感到意外的是，他否定了皮尔委员会的建议，理由竟是犹太人太能干了。他说，按照《伍德黑德报告》提出的分治方案，“犹太国家每年的财政将有大量盈余，而阿拉伯国家和托管领土将年赶一年地出现巨大的财政赤字”。他同意犹太复国主义者的说法，即“这极大地归功于犹太人的成就”，但正是因为他们取得了如此非凡的成就，正是因为他们不像邻人那样好吃懒做，他们将因善于理财而被限制在只有英国一个县那么大小的区域内。他说，他希望尽早开启阿拉伯人、犹太人和英国政府的谈判。当他结束演讲时，说了一句颇具感情色彩的话。他觉得巴勒斯坦问题令他感到敬畏，“我不记得，”麦克唐纳先生说，“有哪一次人们不向我谈到拿撒勒和加利利，以及耶路撒冷和伯利恒，基督耶稣就降生在那里。”根据未经证实的传说，
188 当这位来自伊平（Epping）选区的议员阁下谈到基督耶稣时，有人听到他低声自语：“我一直以为他出生在伯明翰（Birmingham）。”[①]

温盖特载誉而归，却发现自己无人问津，这种冷遇绝不是最后一次。在慕尼黑会议召开的那个秋天，公众很少关注巴勒斯坦问题，当 11 月德国开始大规模迫害犹太人时，解脱感变成了相互指责，人们普遍对形势感到忧心忡忡。希特勒的威胁迫在眉睫，而巴勒斯坦却遥不可及，将两者联系起来只会令人更加厌恶，那种感觉就像看到精美的蛋糕发霉变质一样。正常情况下，太巴列的复仇者理应受到热烈欢迎。对于大多数听说过屠杀事件的人来说，当务之急是要将它忘掉。就在内维尔·张伯伦结束慕尼黑谈判 4 天后，太巴列的不幸消息传回英国。三周后，太巴列的复仇者默默无闻地回到英国。

① 有人怀疑是丘吉尔用此话来挖苦张伯伦，因为张伯伦是伯明翰人。——译注

度假期间，温盖特和洛娜住在韦尔伯克大街（Welbeck Street）一所陈设考究的房子里。此时此刻，只有一线希望能够反败为胜。温盖特立即开始工作，会见那些有影响的政要，目的是为说服他们相信，英国政府只有奉行犹太复国主义政策才能找到巴勒斯坦的永久和平之路。他一贯善于交际，而现在他玩弄阴谋的名声越来越大。他得此名声不足为奇，然而必须强调的是，他并没有阴谋家那种鬼鬼祟祟的性格。他公开倡导并想方设法帮助自己信仰的事业，为此招惹了不少麻烦。这次游说活动一开始，他就再次找到雷金纳德·温盖特爵士寻求帮助。俩人的关系多少已经不像从前那样亲密了。这位年迈的前驻埃及英军总司令是老一辈帝国建设者的杰出代表，他当然不满堂侄心血来潮的犹太复国主义信念，但这并不意味着他失去了对堂侄的喜爱和信任。他能看到奥德·温盖特内心的爱国主义动机（尽管他对其形式并不认同），并且愿意一如既往地帮助他。

首要问题是会见哪些要人，温盖特记得，1933 年他和理查德·古德博迪在开罗期间，曾经参加过英国专员公署举办的露天晚会。当时有人把他引荐给高级专员劳埃德（Lloyd）勋爵，勋爵知道他是前驻埃及英军总司令的亲戚，对他的沙漠探险也有所耳闻。劳埃德勋爵对他颇有好感，专门拉 189
他单独交谈，详细询问了他在利比亚沙漠和苏丹的探险经历。五年半后，在雷克斯堂叔的干预下，温盖特写信给劳埃德勋爵，信中提起了那次会面。勋爵回信表示对他很感兴趣，并约他见面。现在劳埃德勋爵经常在上院就伊斯兰世界有关问题发表强有力的演说。他不过是英国文化协会主席，可他的气势经常让人觉得他是英国首相，而他的确在挖空心思让人以为这个半官方的职位（正是他本人创建的）在某种程度上代表着英国政府。

11 月，大卫·本·古里安也在伦敦，他因亲阿派言论在英国甚嚣尘上而大为苦恼。他和温盖特与魏茨曼博士共商对策，三人好像讨论出一个新的分治方案，他们认为可以将这个方案提交尚未最终表态的殖民部。在该方案中，犹太复国主义者将放弃整个加利利地区和海法港，作为补偿，他们要全部占有南部人烟稀少的地区，一直到阿卡巴湾，并在特拉维夫以东富饶的中心地带分享很大一部分土地。犹太人的这个方案比一年前的要求低，这样做也许是为了从皮尔委员会的沉船中打捞出最后一点有用的东西。方案的起草者决定，首要目标是争取劳埃德勋爵支持，以便通过勋爵将他认可的方案转交给殖民部。温盖特和本 · 古里安主动承担了游说任务。俩人一起去拜见劳埃德勋爵，但他们对勋爵的印象却大相径庭。

劳埃德勋爵不赞成排犹主义，但他也顽固地反对犹太复国主义，他认为《贝尔福宣言》是严重的政策失误。不过，他处事公平，总是愿意虚心听取别人的意见，他高度重视犹太人的新方案。只有一点他认为完全不合理，即组建犹太军队。在他看来，这样做只能使局势进一步激化。他说，如果真的爆发战争，他赞成组建两个营即可，一个阿拉伯营，一个犹太营，不能再多了。至于新方案的其他内容，他也听了，但未发表任何可能招惹麻烦的评论。他欣然同意将文件转交殖民地大臣。会见结束后，本 · 古里安兴奋不已。而温盖特却大不以为然。他看出来劳埃德勋爵是犹
190 太复国主义的顽敌，这让他感到很沮丧，想起自己曾经那样钦佩他，以及俩人第一次会面时的美好回忆，他产生了更加痛苦的幻灭感。毫无疑问，一起参加会面的两个人中，温盖特具有更好的判断力。劳埃德勋爵终其一生都反对犹太复国主义。

温盖特还受到马尔科姆 · 麦克唐纳先生的接见。同与伍德黑德委员会的会谈一样，温盖特畅所欲言，而对方则礼貌地表达了同情。对他的仕途而言，这次与殖民地大臣的会晤是极端轻率之举。这不可能瞒过巴勒斯坦当局，也不可能不激怒他的上级，包括始终不信任他的海宁和那个长期容忍他的里奇。

他们继续设法游说要人，但除了各种会晤以外，似乎没有任何结果。在一个犹太商人的聚会上，温盖特听说，犹太人手中有 3000 万英镑资金可以投向巴勒斯坦，前提条件是英国政府要宣布支持犹太复国主义。温

盖特应邀参加了一次午餐会，目的是为了向英国报界说明巴勒斯坦问题。他向听众们详细阐述了自己的观点，在座的有杰弗里·道森（Geoffrey Dawson），他是张伯伦最忠实的时事评论员，也是绥靖政策最有影响力的宣传家。可以肯定，温盖特没有给这个人留下任何印象（当然也未能给他所供职的《泰晤士报》留下任何印象），安抚反叛的阿拉伯人（他们的很多要求是正当的）已经成为绥靖政策的一个组成部分，该政策的总目标就是安抚那些公然无视正义的人。不过，温盖特在这次午餐会上至少有一点收获：有人鼓励他去见最后一位伟大的“报业巨头”。

在向公众宣传官方政策方面，《每日快报》与《泰晤士报》发挥着同样的作用。在巴勒斯坦问题上，《每日快报》这份销量最大的报纸毫不讳言英国的私利；不论董事会或员工是否知道《伍德黑德报告》的内容，在该报告公布之前，《每日快报》一直在为它争取公众支持。为该报报道巴勒斯坦问题的埃姆里斯·琼斯（Emrys Jones）、汤姆·德赖伯格（Tom Driberg）、塞夫顿·德尔默（Sefton Delmer），很少告诉读者有关阿拉伯起义背后的凶残、犯罪和迫害，也很少告诉读者犹太人的坚忍和克制。这并不是说他们故意歪曲报道，而是说他们代表着英国人的普遍态度，即造反
的一方情有可原，因为他们是出于爱国心，其道理既简单又熟悉，而犹太 191
人的情况就另当别论了。别的报纸要兜许多圈子才说出来的话，《每日快报》则直截了当，毫不隐讳。10月13日的头版头条文章很具代表性，这篇报道宣称：“阿拉伯人必须承认巴勒斯坦现存的犹太人有权居住在他们当中。而犹太人必须同意停止继续移民。”文章言简意赅，却道出了政府的心里话。《每日快报》的后台老板与报纸的政策导向有着密切关系。在一张写给报社的便条上有比弗布鲁克（Beaverbrook）勋爵[1]的亲笔签名，

[1] 比弗布鲁克（1879—1964），加拿大裔英籍出版商、金融家和政治家。他凭借《每日快报》和《晚间旗报》创立了自己的报业帝国，20世纪40年代，他在英国内阁担任过许多职位。——译注

上面写着："那是谎言。要说英国背叛了向巴勒斯坦犹太人许下的任何诺言，那完全是撒谎。那个不幸的地区所发生的冲突，起因于全面和忠实地履行对犹太复国主义的诺言。一些人仇恨这个国家，并准备伤害英国人民的感情，他们在国内外传播谎言，说英国背信弃义。"公平地说，在犹太民族生死存亡的关头，尽管比弗布鲁克的报业帝国在英国对犹政策方面提过一些不光彩的建议，但它的确曾再三呼吁让塞缪尔勋爵全权处理巴勒斯坦问题，这一建议比大多数空谈更具建设性。

11 月 9 日，布鲁斯 · 洛克哈特（Bruce Lockhart）[①] 为温盖特和比弗布鲁克勋爵安排了一次会面。这次会晤并不成功。可以说，迄今为止，温盖特的全部努力所遇到的只是彬彬有礼、富于同情的劝阻，他已经感到万分厌倦，于是他决定采取极端措施，就像他上个月向达夫 · 约瑟夫建议的那样。总之，当这两位截然不同的新教徒后裔见面时，彼此并未产生惺惺相惜的感觉，恰恰相反，温盖特意识到自己无法打动这位不可一世的无冕之王，无法让他相信犹太复国主义运动有利于大英帝国的利益，他发现自己肝火上升，嗓门越来越大，言语越来越激烈，而对方"一言不发、脸色铁青"地听着。比弗布鲁克勋爵一直默不作声，直到温盖特停顿片刻，比弗布鲁克开始说："我已经决定了——"可是，温盖特打断他的话，大声咆哮道："不是由你决定，而是由上帝决定。"唇枪舌剑持续了一小时十五分钟。当温盖特大步走出房间时，并没有人挽留他，比弗布鲁克报业集团的政策也没有丝毫改变。四天后，《星期日快报》发表了一篇社论，最后一段话这样写道："本报一贯同情犹太人，现在仍牵挂着他们的安全，然而本报有一句忠告，小心犹太复国主义。这是一个会导致国家分裂的问题。
192 没有理由非要压制政治争论或者调和意见分歧不可。但是，你们的热情

① 布鲁斯 · 洛克哈特（1887—1970），英国作家、著名间谍，1918 年因涉嫌刺杀列宁而被苏维埃政府判处死刑，后通过交换人质返回英国。1932 年出版了《一名英国间谍的回忆录》，一时名声大噪。——译注

应当有所节制。千万当心那些哗众取宠的煽动，一些人大肆渲染犹太人问题，他们并不忠于犹太复国主义事业，他们利用它不过是为了实现一己私利。”

一些人想方设法帮助温盖特，其中一位就是以色列·西夫（Israel Sieff）[①]夫人。她听魏茨曼先生说，温盖特这位犹太复国主义的重要见证人希望召开一次听证会，却遇到了困难，魏茨曼先生建议她邀请温盖特去家里，与那些可能改变观点的要人会面。她答应了魏茨曼的要求，她和丈夫当时住在靠近圣詹姆士宫的布鲁克别墅，温盖特在那里见到了许多名人，主要是各大报纸的编辑和记者。在布鲁克别墅，温盖特再次见到了劳埃德勋爵，当时犹太复国主义者对他仍抱有希望。从当时的情况看，对劳埃德发动第二次攻势很难奏效，而事实上这次活动导致温盖特的使命过早夭折。陆军部的人告诫温盖特，他与殖民地大臣会晤的消息传到了巴勒斯坦，引起了人们的议论，像他这个级别的军官不该如此自作主张。有人强烈要求他不要再过问政治，尽管这不是命令。温盖特将此消息转告西夫夫人，请她不要再为自己浪费时间。他说：“说白了，就是要我闭嘴，也许我现在最应当说的，就是让尽可能多的人知道这条禁令。”他补充道：“有人命令我闭嘴，而我打算尽可能大吵大闹地闭上嘴。”他有一个重大收获。温盖特与西夫夫人结成了新的同盟，她的友情后来让他受益匪浅。

说来也巧，就在返回巴勒斯坦前夕，温盖特获得一个大好机会当众发表讲话。事情是这样的，他曾通过利德尔·哈特（Liddell Hart）[②]上尉与温斯顿·丘吉尔先生有过联系。利德尔·哈特上尉读过温盖特送给他的一份备忘录，内容有关“夜间别动队”的理论与实践，利德尔·哈特随后将它转交给丘吉尔先生，而后者表示了兴趣。

---

① 以色列·西夫（1889—1972），英国实业家，1931 年至 1939 年曾担任英国“政治与经济规划”智库的主席。——译注

② 利德尔·哈特（1895—1970），英国著名军事理论家和军事历史学家。——译注

11月，温盖特通过魏茨曼博士认识的罗斯柴尔德（Rothschild）勋爵，想出一个办法安排他与丘吉尔会面。每年11月30日丘吉尔生日那天，维尼夏·蒙塔古（Venetia Montagu）夫人都会为他举办生日晚会，她是杰出
193 的犹太政治家埃德温·蒙塔古（Edwin Montagu）[1]的遗孀。晚会的风格是半正统半轻松的，在严肃的政治话题中夹杂着嬉戏和玩笑，有时饭桌上也会发生激烈的争论。在一次晚宴上，一位年轻出众的牛津大学教师遭到丘吉尔的痛斥，还有一次，达夫·库珀（Duff Cooper，他是常客）[2]先生也遭遇了同样的难堪。罗斯柴尔德勋爵是维尼夏·蒙塔古的密友，他设法安排温盖特受邀参加1938年的生日晚餐，这是最后一次举行类似的庆祝活动。

操持晚会是蒙塔古夫人的拿手好戏，她机智幽默、美貌动人，长着高高的个子，头发虽然过早白了，两眼却依然炯炯有神。生日庆典像以往一样，轻松的娱乐与热烈的讨论交织在一起，客人们个个声名显赫、容光焕发，他们都是社交老手。今年的晚会真是一帆风顺，没出一点乱子。直到晚宴结束时，温盖特并未给大家留下特别的印象（有丘吉尔这样一位主宾在场，其他人很难引起注意）。饭后，维尼夏·蒙塔古拉着温盖特，与丘吉尔先生讨论起巴勒斯坦问题。

其他人的谈话渐渐停下来。双方的交谈演变成了一个人的独白，温盖特向温斯顿·丘吉尔介绍了巴勒斯坦当前的局势，受到威胁的集体农庄，移民所取得的成就，以及他在犹太人身上发现的军人品质。他还介绍了“夜间别动队”的编制和战绩，他说着说着觉得有些不对劲儿，全世界最有口才的一群人居然静静地听他一个人讲话。温盖特大概用了10分钟介绍了巴勒斯坦的形势、存在的问题和个人的冒险经历。他发言结束时，席间一片寂静，突然有一位女士说：“好了，总算完了。”洛娜事后回忆，

---

① 埃德温·蒙塔古（1879—1924），英国政治家，1917年至1922年担任过印度大臣，是英国历史上第二个进入内阁的犹太人。——译注

② 达夫·库珀（1890—1954），英国保守党政治家、外交官、作家。——译注

丘吉尔先生此刻面露不悦，“像坦克炮塔那样慢慢地”转过身去说：“这个人亲眼见证并亲自参与了伟大的行动，他讲话的时候，你最好保持安静。”那位女士的非难毕竟算不上很过分，而丘吉尔的回击也恰到好处，于是生日晚会再次回到喧闹和欢快的气氛中。

大约在 11 月底或 12 月初，上级命令温盖特返回巴勒斯坦。他本人
处境不妙，因为当初应魏茨曼博士的请求，他走得匆忙，未能正式办完休 194
假手续，而召他回去的命令明显带有威胁口气。温盖特无力抗拒那令人不快的命令：他将回耶路撒冷的司令部报到，而不是回艾因哈罗德，此时“夜间别动队”的指挥权已移交给布雷丁中尉。12 月 12 日，温盖特到耶路撒冷报到。就在同一天，艾因哈罗德的兵营解散了。

温盖特是这支小分队的缔造者，现在要撤他的职，意思当然再明确不过了。当局“对‘夜间别动队’的发展方向表示担忧”，也就是说，他们知道温盖特的“主要政治目的是让犹太人最大限度地以攻势行动镇压叛乱，尽管他很清楚这违反政策……”当局的真正意图是将“夜间别动队”降格为“一个被动的角色”，类似于 1938 年春天以前的犹太临时警察部队。此时正是做出改变的好时机。慕尼黑危机结束后，大量援军被派往巴勒斯坦，包括 10 个步兵营、2 个骑兵团、皇家骑炮团的 1 个炮兵营和 1 个炮兵分队。现在总共有 18 个步兵营驻扎在巴勒斯坦。有这样的重兵优势自然可以恢复秩序，而叛乱也开始渐渐平息。温盖特和他的“夜间别动队”再也不像从前那样急需了。

他回到英国时，发现人们对他的功绩漠不关心；而他返回巴勒斯坦时，发现自己成了一个尴尬的角色。太巴列之战刚刚过去还不到三个月，他发现自己时运不济、遭人冷眼。现在人们都知道他喜欢过问政治，而有关伦敦会晤的报告进一步证实了仅存的怀疑。他回来不久，里奇空军中校就告诉他：“作为在巴勒斯坦服役的一名军官，他与殖民地大臣会晤是不合适的。”温盖特回答说，他认为这只不过是“陆军的观点”，而他本人更忠

于自己的良心。1 月发生了一件事，让他深刻领会了新路线的全部意义。

195 艾因哈罗德兵营关闭了，沙盘也被推倒，但“夜间别动队”的前途尚未最终确定。然而，就在 1 月 23 日，当局批准解散小分队的建议。那天，某师情报官会议向司令部提出如下建议：“与会人员普遍反对把犹太人打扮成英国士兵；特别需要指出的是，‘夜间别动队’有犹太人是不合适的，他们应当全部是英国人。与此相关，一个值得注意的事实是，输油管线安然无恙……因为‘夜间别动队’撤离了该地区。总之，如果想要安抚阿拉伯人，我们就不应利用犹太人的进攻来刺激他们。”①

温盖特值班时恰好看到这份报告。不出所料，他不肯委曲求全。他立即找到上级，要求允许他去那个师访问，并告诉他们有关“夜间别动队”的真实情况。他得到的答复是这样做不合适，因为戈特（Gort）②勋爵正在巴勒斯坦视察，温盖特想见的人忙得没时间接待他。处于弱势的温盖特不得不接受这种冷遇。

当温盖特走投无路时，他总是做同样的事：写备忘录。现在他正在做这件事，同以前一样，他要写出那些自己凭良心做的事情。他把自己想说的话告诉了埃维茨旅长。

他指出，那份报告的措辞表明，他们对事实存在严重的误判，因为当时“夜间别动队”还在输油管线地区巡逻，而输油管线仍然是袭击目标，当然，他的主要目的是为自己的部下讨个公道。他说，“夜间别动队”雇佣“忠诚的居民抗击叛乱……这些人不论种族、信仰如何，他们都在英国军官的指挥下同叛乱分子英勇战斗，拿着国王委任状的军官不应把这些人说成‘打扮得像英国士兵一样’”。情报军官们对巴勒斯坦犹太人使用了无礼的语

---

① 根据约翰·比尔曼（John Bierman）和科林·史密斯（Colin Smith）合著的《黑夜中的火焰》（*Fire In The Night*）一书，是英军第八师情报官会议提出的上述建议，当时蒙哥马利将军任该师师长。——译注

② 约翰·维里克·戈特（John Vereker Gort，1886—1946），英国陆军元帅，1937 年至 1939 年，曾任帝国总参谋长。——译注

言，自己弄巧成拙，让人抓住了把柄。温盖特可不会轻易放过他们。

备忘录用最大篇幅介绍了“夜间别动队”的创建、发展和功绩。前面说过，温盖特的书面报告往往过于冗长，这份备忘录当然也不例外。不 196
过，也有人为他不能畅所欲言而感到遗憾。他想不到的是，这份备忘录日后将具有重要的文献价值：第二次世界大战中，官方文件被毁，他的手稿作为私人文件保存下来，至今仍然是有关“夜间别动队”最详尽的官方记录，它记载了那支特殊的英犹混编小分队的传奇事迹，那可是他亲手缔造的部队。在结尾处，他用醒目而凝重的花体字写道：“如果我们在这个地区继续奉行亲者痛、仇者快的政策，那么等待我们的将是怎样的命运？”

正是由于那份会议记录措辞不当、恶语伤人，温盖特才赢了这场笔墨官司。蒙哥马利将军很清楚“夜间别动队”的工作，他看了备忘录后，写了一张字条给温盖特，表示自己不同意情报官会议的措辞，为了补偿犹太人，他愿意推荐部分队员授勋。话说到这儿，有些人可能就消气了，但温盖特不肯善罢甘休，毕竟这是他为之奉献生命的事业。他看到一起出生入死的弟兄就要大祸临头，他要为这些人争取的远远不只是几句感谢的话。对于手下遭受的不公正待遇，他仍然感到愤愤不平。

犹太人此刻预感到悲剧即将发生。诚然，英国政府否决了伍德黑德委员会的意见，以及他们建议的那一小块犹太人居留地，但英国议会和媒体的争论表明，人们更同情立场强硬的阿拉伯人，而不是犹太人。正是在这种不利的大气候下，阿犹双方领导人同意举行一次会议。会议于 1939 年初在伦敦召开。很显然，阿拉伯代表团会要求全面限制犹太移民，但英国政府会不会反对尚不清楚。巴勒斯坦的犹太复国主义者陷入一种难以自拔的悲观主义情绪之中，过去他们对当局一贯忠诚，现在他们开始动摇了。人们知道温盖特是他们的智囊人物。这让海宁将军和里奇空军中校非常担心。俩人商议后，将军授权里奇向温盖特封锁一切可能导致他轻举妄动的消息。心怀怨恨的盟友往往比看得见的敌人更加危险。

197 温盖特并不知道上级对他封锁消息，但他或许已经有所察觉。可以肯定的是，在这个充满消沉、失望和义愤的时期，他开始认真思考自己的未来，而且差一点采取一步大胆而危险的行动。有一天，他与自己的朋友大卫·哈科恩和另外两个人作了一次严肃的长谈。谈话快结束时，温盖特说了这样一段话："你们知道，大英帝国相信，自己要生存下去，唯一的办法是每隔两个星期就灭绝某些人的希望。这种想法非常荒谬。大英帝国还没有那么糟；她根本不需要灭绝任何人的希望。现在需要你们犹太人去粉碎这个可笑的神话。"哈科恩听了这番话后非常困惑，对别人的激烈言论他总是感到茫然不知所措。于是，温盖特向他吐露了更多的心里话。他说："过去犹太人自我克制，公开进行合法斗争，并与英国保持合作，这样的时代已经结束了。你们的活动将不得不转入地下。我会跟你们走。我将递交辞呈，然后加入你们的行列。"他指着自己胸前的优异服役勋章说："这不是问题，我作为英国军人的前途也不是问题。"哈科恩问他为什么说这些。温盖特说想听听他的意见。哈科恩毫不犹豫并且十分坚定地警告说，他说的都是疯话，不论对犹太复国主义，还是对他个人都没有任何好处。他恳求温盖特彻底摒弃这类想法。哈科恩的话给温盖特留下了很深的印象。温盖特征求了其他犹太朋友的意见，得到了同样的忠告，于是他听从朋友们的忠告，放弃了这个危险的计划，再也没有动过这方面的念头。

这是一个有勇无谋的计划。建议温盖特放弃这个想法无疑是明智的，对温盖特的犹太朋友们来说，在这样一个关键时刻，任何暴动和反抗的动议都是诱人的，他们能在此时反对温盖特的想法，实在难能可贵。必须强调的是，虽然温盖特有些鲁莽，但他的打算并未超出人类应有的权利，如果说存在过失的话，只是他使用权利的方式有些极端。还需要特别指出的是，这段小插曲很久以后演绎成一个谣言，称温盖特是一个秘密的叛国者。这个谣言没有任何确凿的证据。那完全是胡说。

现在该交代一下"夜间别动队"的结局了。这段文字很简短，因为到 1939 年 1 月，这支部队已经快走到尽头了。艾因哈罗德营地关闭后，“夜间别动队”的主力向北转往胡拉湖（Lake Hula）以北地区。胡拉湖北面边境属于沼泽地，那里人烟稀少，“夜间别动队”就在这块荒凉之地打击最后一股有组织的匪徒。从为数不多的记录看，他们的行动似乎是成 198
功的，但仗打得也很艰苦。就在主力转往胡拉湖的同时，驻艾因哈罗德的另外一部，转往一个叫卡杜莱（Kadurie）的地方，那里位于他泊山西北 1 英里处，是一个非常小的犹太人定居点。后来从基尼烈来了少量人员加入卡杜莱小队。他们主要在胡拉湖地区活动，同时继续执行输油管线巡逻任务，他们所在的地区没有发生暴力事件，这也许说明他们的行动富有成效。根据犹太队员的日记，部队继续奉行“去犹太化”政策，在这一点上，诚实的英国人表现得毫不通融。当局派没有经验的年轻人指挥小分队，他们对犹太人抱有无礼的歧视态度，专门派犹太人去干仆役的差使，以免除英国士兵不愿意干的苦差。到了 3 月，大多数班已经完全是英国兵了，只有卡杜莱小队还是英犹混编的，他们继续执行输油管线巡逻任务直到进入夏季。与此同时，“夜间别动队”的创始人也被贬去从事乏味的参谋工作。

“在司令部里，”温盖特后来说，“我的主要工作是研究政治形势。我更适合从事富有建设性的军事工作，而不是这类纯学术工作。”他试图重返加利利，但没有结果。他注意到军事情报机构运转不灵，不能及时向战场指挥官提供所需情报，常常造成危险的情报延误。他记得，在“夜间别动队”的行动中，自己建立了相应的机制，能够从拿撒勒的情报中心迅速获取情报，于是他建议上级赋予自己某种巡回性的任务，以便在司令部和前线部队之间建立高效联络。他为此提交了书面报告，但没有得到答复。当他催促上级表态时，被告知哪里也不许去。3 月，他又一次想溜掉。前一年，他曾去过大马士革，那里有人告诉他有关巴勒斯坦叛乱组织的情况。他现在建议派自己去大马士革作进一步调查，但得到的答复仍然是要他留在耶路撒冷。他试图逃离司令部的所有努力均告失败。他只能待在耶路撒冷，哪儿也去不了。

在这段日子里，他结识了美国新闻记者洛娜·林赛（Lorna Lindsley）[①]，她留下了一段有关温盖特的记录。她曾多次造访温盖特的居
199 所，在她笔调辛辣的新闻体著作《战争之于人民》一书中，对当时温盖特的个人生活，有一段生动但略欠准确的描写。“房间里有舒适的椅子，”她写道，“但温盖特上尉讨厌这些东西。他的童年是在东方度过的，他喜欢地板上那把低矮的躺椅，上面铺着一块毯子。桌子的高度也很低，与躺椅相称；房间里有用罐子盛着的鲜花和水果，墙上整整齐齐摆着书，其中很大一部分是希伯来语著作。像许多长期在户外生活的人一样，即使在自己的书房里，他也会感到说不出的别扭。他身材矮小、体格消瘦，脸上棱角分明；他的目光像水手一样忧郁，向远处眺望着……我突然想到他很像阿拉伯的劳伦斯……

“洛娜·温盖特美丽动人；她的头发和眼睛都是黑色的，看上去就像东方人……她对在巴勒斯坦重建中的国家充满信心：她被耶路撒冷的神秘气质完全迷住了，同时也被它的悲剧所感动。他们两人都深爱着朱迪亚，对他们来说，去其他地方无异于背井离乡。

“温盖特对矮胖的约翰牛（John Bull Humpty-Dumpty）[②]毫不客气。他把巴勒斯坦的错误完全归咎于伦敦的英国外交部。白厅是混乱的根源。那里到处都是不了解情况的官僚……英国的巴勒斯坦政策常常是由根本不知道当地历史的官僚制定的，而推行政策的往往是完全不了解东方人想法的武夫。官员们自从走出校门那天起，就躲着犹太人走，而他们之所以赞赏

---

① 洛娜·林赛（1889—1956），美国新闻记者，1936年作为战地记者赴西班牙，追随共和军报道战地新闻。1940年德国入侵法国期间，她帮助犹太人和政治流亡者逃离法西斯魔爪。1941年返回美国，著有《战争之于人民》一书。晚年她曾投身肯尼亚独立运动。——译注

② 当时挖苦英国政府的漫画，常常把它画成又矮又胖的牛。——译注

阿拉伯人，仅仅是因为阿拉伯是一个善骑的民族。”

洛娜·林赛还简要介绍了“夜间别动队”的情况，这里不再赘述。有一件有关温盖特的趣事，别的地方都没有提到过。在小分队成立初期，温盖特曾对一位犹太朋友说：“这些小伙子都是优秀的士兵，可是所有的犹太人都这么健谈吗？他们一个星期说的话比英国小伙子一年说得还多。”

谈起见到温盖特时的样子，她说他“在帐篷里，多少有些生气”。她继续写道：“他痛恨无所作为，痛恨对他封锁消息，不喜欢被人牵着鼻子走。他觉得辜负了手下的犹太士兵；他们都是出色的战士，所以应当让他们战斗。他激动地告诉我，犹太人是优秀的战士，能够也愿意保卫自己；看在上帝的份上，为什么不让他们战斗？至于说伦敦的那帮家伙，他们迫 200
不及待地要安抚每个人，但最终谁也安抚不了。

“我在巴勒斯坦听说，柏林每年付给大穆夫蒂 10 000 英镑——H. R. 尼克博克（H. R. Knickerbocker）[①] 探听到了一点消息，我还听人说，英国政府也给他 5000 英镑，要求他让阿拉伯匪徒停止攻击……我问温盖特上尉是否有这么回事儿？他摇了摇头说，那纯属谣言。然而，看上去，他相信除了这个荒诞不经的谣言以外，英国政府完全可能采取任何形式的绥靖政策。

“我离开巴勒斯坦前再次造访温盖特的住处。我看到他躺在躺椅上，留声机里放着巴赫的 B 小调弥撒曲；地板上散乱地堆放着巴赫的唱片。他一边听音乐，一边在看希伯来语《旧约》。他放下手中的书，关掉留声机，对我说他永远也不会厌倦希伯来语著作和基督教音乐。”

1939 年 5 月，巴勒斯坦的委任统治步入了战时最为艰难的时期。2 月，犹太和阿拉伯领导人齐聚伦敦，但策划中的圆桌会议未能举行，因为阿拉伯代表团拒绝与犹太代表团直接接触。于是，接下来只好分别召开英犹和英阿两个独立的会谈，结果犹太人和阿拉伯人都拒绝接受英国的提案。3

---

① H. R. 尼克博克（1898—1949），美国著名新闻记者，德国问题专家。——译注

月，以魏茨曼博士为首的犹太代表团宣布放弃进一步协商，很快阿拉伯代表团也做出同样的决定。英国政府对外宣布，如果达不成一致协议，他们将强制推行自己的政策。其意图相当明确；总的来说，他们将按两个会谈以前的既定政策办。阿拉伯人拒绝该政策是因为它没有废止《贝尔福宣言》，而犹太人拒绝是因为它大幅度限制移民并禁止自由转让土地。4 月至 5 月上半月，大家都在焦急地等待和观望。就在《白皮书》发表之前，有一则消息让许多犹太人大失所望："朋友"温盖特奉命调离，他们预感到大祸临头。

5 月第一周，司令部接到陆军部通知，温盖特将另有任用。10 日得到确切消息：他被任命为新组建的防空旅的参谋长，旅司令部设在英国阿
201 克斯布里奇（Uxbridge）。他将在月底前离开巴勒斯坦。温盖特非常清楚，这次调任是因为官方反对他过问政治。他看得很准：海宁将军要求陆军部调离他已经有些日子了。温盖特接到调令后，向上级提出最后一个请求：他要再去一次加利利，收拾个人物品，并与朋友道别。在临行前与海宁将军的会面中，温盖特指出，凭借他在犹太人中非凡的影响力，可以利用最后一次访问加利利的机会，劝说愤怒的犹太复国主义团体保持克制。将军同意他的建议。

他在海法的言行均有详细记载，从中可以看出，他信守了对海宁将军的诺言。可是，温盖特就是温盖特，他性情冲动，随时准备为伟大事业献身，有一次他不小心说出了心里话。在卡杜莱的"夜间别动队"营地，温盖特把英犹混编小分队集合起来，用英语向他们训话，要求他们保持业已建立的合作精神，随后他又用希伯来语补充道："我被派到别的地方，远离你们和我深爱的国家。我想你们知道其中的原因。我被调走是因为我们是亲密无间的朋友。他们想伤害我，也想伤害你们。我向你们保证，我还会回来的，如果我不能通过正常渠道回来，那么我将作为流亡者回来。"人们记得他大致是这么说的，不幸的是犹太人的报纸刊登了他的讲话要

点，而那篇文章又被人捅到了陆军部。

温盖特在艾因哈罗德收拾个人物品，与那里的朋友告别。他在加利利完成了最后一次长途旅行，途中还去了其他集体农庄，5 月 15 日前后，他到达海法。5 月 17 日，正当他在海法的时候，英国政府发表了有关巴勒斯坦问题的政策声明。

声明的内容不出所料。分治的想法被否决了。新政策的目标是用十年时间准备建立独立的巴勒斯坦国，为了兑现这个恩惠，犹太人和穆斯林都将比以前更加离不开委任统治当局。五年内，犹太人每年可以向巴勒斯坦移民 10 000 人，除此以外，还可以从中欧移民 25 000 人。五年后，当巴勒斯坦的新增犹太移民达到 75 000 人时，或者当犹太人口达到当地总人口三分之一时，“除非得到巴勒斯坦的阿拉伯人许可”，将不再接受新的犹 202
太移民。英国高级专员有权“禁止和控制土地转让”。《白皮书》建立在某种假设前提下（事实上这种假设毫无根据），即阿拉伯人和犹太人都热爱巴勒斯坦这个国家，为此他们双方能够也愿意放弃分歧。对犹太人来说，接受这个政策声明，就意味着在这块上帝“应许之地”上，他们将永远屈居少数民族的地位。阿拉伯人赢得了大奖，实现了造反的目的：终止犹太移民（在他们起初感到不满的条件下）。

看起来，温盖特（可能通过海法的师部）事先得知了《白皮书》的具体条款。他的第一个反应就是买了几瓶威士忌，作为礼物送给维伦斯基一家。他们对温盖特的慷慨感到诧异，他们（表示感谢的同时）问他为什么这么做。他们笑个不停，而他却一本正经。“我送你们威士忌，”他说，“是因为接下来几天，你们将靠威士忌度日。”

次日，也就是《白皮书》对外公布当天，维伦斯基为十天后即将远赴英国的温盖特举行了告别晚宴。他们邀请了在海法的犹太复国主义头面人物，包括埃利亚胡 · 戈隆布、雅科夫 · 多里和伊曼纽尔 · 维伦斯基的兄弟。在场的每个人都是“哈贾纳”成员，其中一些还颇具影响。这次聚会后，谣言四起，温盖特成了众矢之的，很多人信以为真，所以在此有必要尽可能把真实情况交代清楚。

根据有关著作记载，温盖特到达聚会地点（书中称这是一次非法秘密集会）后，立即向犹太朋友们大声疾呼，要求“对英国宣战”，称他已经准备好宣言，并制定了首次攻击方案。这本书还说，他郑重建议，如果他们同意，他愿意率领犹太人秘密潜入海法的大炼油厂，一举将其摧毁。[①]

这完全是没有根据的杜撰。

那次晚宴安排在维伦斯基家中，温盖特看上去面色苍白、心神不宁。对于犹太人的不幸，他感同身受。此前，当这一切还是传言时，大家虽然
203 沮丧，但还心存一线希望；现在一切都清楚了，《白皮书》毁灭了最后的幻想。尽管这是一个令人悲痛的时刻，但晚宴照常进行，晚餐后，人们才开始讨论严肃话题。首先是埃利亚胡·戈隆布问温盖特，他是否真的要离开巴勒斯坦。温盖特回答说，“是真的。”尔后，戈隆布对他说了很长一段话，大意是在这样一个前景黯淡的时刻，失去一位如此忠诚的朋友，他和大家都感到非常遗憾。《白皮书》像一块巨石压在大家心头，于是众人开始你一言我一语地谈论起犹太复国主义的前途命运，而温盖特自然而然地将谈话转变为个人演说，在场的每个人都听得津津有味。他讲了很长时间。他感到这是一个历史性的时刻，而他借此机会发表了告别演说，主题是犹太复国主义运动的历史、意义和前景堪忧的未来。话题再次回到《白皮书》上，他呼吁犹太人采取更加积极而强硬的政策。当时，在欧洲对犹太人大肆迫害的白色恐怖中，犹太复国主义者从事着一项秘密交易，他们通过德国代理商租用废旧船只，超负荷运载犹太人逃离纳粹统治地区，他们告诉船主，可以随意处置乘客，只要不送他们回德国就行。绝大多数这

① 详见附录一。——原注

样的“棺材船”秘密地将“货物”卸载到巴勒斯坦沿岸。当时有一批被称为非法移民的犹太难民，在海法等待被驱逐出境。温盖特强调，海法的犹太人决不能允许将这些难民驱逐出境。他将这些移民的命运视为对犹太人意志的考验。他说，犹太人必须不惜任何代价，阻止将这些可怜的难民送回加害者手中。

讲到此处，大家开始争论犹太人究竟应当怎么办，温盖特对此提出了明确意见。他说自己呼吁采取更积极的政策，但决不应理解为暴力政策。他非常赞赏圣雄甘地在印度组织的那类运动[①]。他再三强调这种观点，并且说：“此时此刻，你们可能嫉恨英国和大不列颠政府，但是，不要忘记有数以十万计的英国人像我一样支持犹太复国主义事业。在英国有很多人对我们抱有善意，未来这将成为犹太复国主义的巨大财富。我警告你们不要损害这种善意。如果你们诉诸武力，如果你们杀害一名英国士兵或英国警察，就会大大伤害同情你们的英国人，那样就等于抛弃一笔巨大而宝 204
贵的财富。”

此后话题又转到新的土地转让规定，以及它对保护现有移民权益所产生的影响。这部分谈话内容大家都记不太清楚了，它是在有关非法移民问题的激烈争论之前，还是在那之后，也存在不同的说法。在人们的记忆中，那是一个深情和忧伤的夜晚，而绝非一个激动人心的夜晚。那天晚上从未提及攻击海法炼油厂。

没过多久，温盖特夫妇最后一次访问耶路撒冷。他们在那里见到了一些朋友，其中有乔治·安东尼厄斯，此人倍受瞩目的著作《阿拉伯的觉醒》已在年初出版，很可能是受这本书的影响，许多英国人对阿拉伯民族主义产生了同情。一天晚上，三人在巨大的石头广场散步，坐落在广场中

---

① 在印度争取独立过程中，圣雄甘地成功地领导了不合作运动，通过非暴力抗争手段与英国殖民当局进行斗争。——译注

间的正是贴着蓝色瓷砖的圣殿山清真寺。闲庭信步之间，洛娜突然转向他们的朋友说：“乔治，你知道，现在你和我们势不两立。你可以先朝我开枪，但我也会想办法先下手为强。”对于洛娜的挑衅，安东尼厄斯不失幽默地回答说：“不，洛娜，如果我们如愿以偿将英国人赶出巴勒斯坦，我不会被你或奥德打死，而会被我们自己人从背后开枪击毙。”他是一个真诚的民族主义者，但他心中可没有天真的幻想。

犹太人还为温盖特举行了其他一些告别聚会。其中一次是在达夫·约瑟夫家。一年前，他与温盖特结识，并参加了“夜间别动队”的战斗。就在温盖特启程前几天的一个晚上，他聚集了五十多位朋友。晚会快结束时，达夫·约瑟夫向主宾赠送了一件特别的礼物，那是温盖特被收入犹太大教堂金册的证书。温盖特为获此殊荣郑重道谢，刚开始他讲英语，可是他抑制不住突如其来的冲动，举起右手，用希伯来语背诵了一段犹太人离开崇敬的故土时常念的誓言：“耶路撒冷啊，我若不记念你，情愿我的右手忘记技巧；我若不记念你，若不看耶路撒冷过于我所最喜乐的，情愿我的舌头贴于上膛。”①

他们于5月26日启程，乘火车到塞得港，在那里换乘“多塞特郡”
205 号运输舰。司令部负责运输的军官没有注意到运输舰是从塞得港出发经停海法，再向西取道直布罗陀返回英国，这类错误在军队中并非绝无仅有；上船后不久，他们发现自己又回到了巴勒斯坦，并且要在那里停留一天。不过，这出令人扫兴的小插曲却成就了一桩好事。他们听维伦斯基说，魏茨曼博士的老母亲在海法，于是温盖特跑去向她致敬并道别。当他离开时，老夫人将手放在他的头上，以犹太人的礼仪向他祝福。

① 引自《圣经·诗篇》137:6。——译注

第十章

意气消沉 206

运输舰穿越地中海途中，温盖特开始重新规划自己的未来。他很清楚，官方的排挤令他前途黯淡，他相信船上的人都知道这一点。不过，旅途中他并未流露出痛苦和愤怒。相反，他表现得极为和蔼可亲，部分原因也许是由于长期紧张之后的放松，部分原因是因为他开始服用止痛药，他常以此来缓解精神痛苦。离开海法后不久，他就动笔写了一份长达 27 页的备忘录，题为《英帝国战略中的巴勒斯坦》。

他写作时不仅带着强烈的感情，也怀着远大的抱负，他决心改变英国东方政策的整个走向，像以往一样，他在备忘录中不自觉地加入了很多自我表白。在一通令人信服的辩解之后，他首先提出了自己所反对的观点，表面上用的却是赞同的口吻。然后，他论述了泛阿拉伯主义、巴勒斯坦与伊斯兰世界的关系、犹太民族的性格，所有这些论点都是基于亲阿拉伯的立场提出来的，接下来，他开始逐一推翻上述论点。他的这份备忘录并非无懈可击。像许多站在各自立场上辩解的人一样，他有时会把问题过分简单化，而实际上这些问题盘根错节，根本难以找到有效的解决方案。但是，当他的论述更多地基于本人的观察，而不是抽象的推理时，就会令人感到非常有说服力。他强调指出，对阿拉伯民族性格的错误认识在很大程度上影响着现行政策。他写道："一些英国名流觉得生活在阿拉伯人中间，写作阿拉伯人的故事，既有趣，又讨巧。那部不合时宜的名著《智慧七柱》[1]，起到了推波助澜的作用，向英国公众传达了一个完全错误的观念，即阿拉伯人是一个英勇善战的民族。其实，阿拉伯人懒惰、无知、低效，即使不是特别胆怯，也不知道牺牲生命的意义何在。他们愿意承担一定风险从事杀人越货的勾当。"他还说："乔治·安东尼厄斯华而不实的著作……在很大程度上为《白皮书》铺平了道路。"

温盖特对阿拉伯民族性格和民族主义事业发表了轻蔑之词，其间又
207 插入了许多有关犹太复国主义者忠诚、能干的论述，与前者形成鲜明反差。他写道："没有详细考察过巴勒斯坦犹太人定居点的人，决不会轻易相信他们取得的巨大成就。"考虑到这份备忘录的读者，他总算强忍住自己，既没有采用以往那种狂想曲式的表达方式，也没有引用《圣经》。备忘录通篇贯穿着有关组建犹太军队的建议。他提出一个强有力的论据，即巴勒斯坦的勇敢开拓者是其天然的保卫者。"我不久将证明，"他以其特有的自信写道，"巴勒斯坦地区安全的唯一出路就是任用犹太人。"于是，按照他写备忘录的一贯思路，接下来他介绍了"1938 年叛乱期间在巴勒斯坦组建和运用'夜间别动队'的简要情况"。

这份备忘录的结尾部分最耐人寻味，温盖特预测了《白皮书》将产生的后果。之所以说耐人寻味，是因为其结论异常准确。他预见到，政府在对犹太人和阿拉伯人的政策上所做的决定，必将最终导致与犹太人的武装冲突，这种违背常理的做法必定会严重削弱英国的世界地位。任何人只要反省一下巴勒斯坦后来的历史，都会深深钦佩温盖特的先见之明，他透过纷繁复杂的历史事件，高度准确地预见了未来。但是，像许多富有敏锐

① 《智慧七柱》是 T. E. 劳伦斯的自传体回忆录，讲述了他在第一次世界大战期间帮助阿拉伯人反抗奥斯曼土耳其的经历。——译注

洞察力的人一样，他在时间预测上犯了错误。他认为英国在东方的地位将迅速衰落。事实并非如此，在巴勒斯坦的绥靖政策很大程度上是成功的。伊斯兰世界的亲英派感觉到英国政策的变化，他们人为振奋，这对当时的战争起到了相当重要的作用。犹太复国主义暂时不再是阿拉伯人的首要威胁；巴勒斯坦的叛乱逐渐平息；德国在叙利亚和伊拉克的阴谋破产，这很大程度上归因于那些国家里有同盟国的朋友。在盟军遭到惨败的黑暗时刻，伊本·沙特国王利用自己的威望给予同盟国道义上的支持。埃及为中东战区的盟军部队提供了稳定的后方基地。犹太复国主义者不得不承认一个令人不快的现实，英国政府宁愿安抚叛乱分子，也不愿扶助巴勒斯坦的良民，而且收到了成果丰硕、立竿见影的政治回报。正如温盖特准确预见的那样，这种不可靠的交易最终必定要付出高昂的代价，但不是现在，而是要经过很长一段时间才能见分晓。

温盖特写完备忘录的那天晚上，运输舰正朝直布罗陀航行。他问舰
上的部队指挥官，船是否会在直布罗陀停泊，停泊多长时间。那位军官回 208
答说，运输舰将在一大早到达，只停留几小时。他又补充说：“人员不允许上岸。”他说话时显得不怀好意，或者说让人以为他不怀好意。温盖特显出无所谓的样子。

次日拂晓时分，当运输舰到达后，温盖特起床并穿戴整齐。他沮丧地发现运输舰并未停靠在码头上，而是与一只货船并排停泊在码头与防波堤之间。不过，这样有一点好处，就是由于人员难以登岸，当局并未设置警卫。温盖特很快找到一个地方，纵身从运输舰跳到货船上，然后轻而易举地通过跳板上了岸。上岸后，有人向他敬礼，但没人盘问。他步行进城，拦了一辆车去政府大楼。到了那里后，他发现除了个别仆人和值班军官外，其他人还没起床。温盖特走近值班军官，对他说自己有急事要立即见总督，并说他没时间耽搁。于是军官将他的名字禀报了还在卧室的总督大人。

想必这位不速之客一定怀着焦急的心情等了一会儿。很快，有人回话说，立即带他去总督的更衣室。幸运的是，那天埃德蒙·艾恩塞德爵士起得格外早，为的是迎接来访的一位海军上将。对于这么早有人求见，他并未表现出丝毫不悦。他没有忘记大屠杀次日早上在太巴列山上见到的那个勇猛的上尉，他也还破例担任着中东战区总司令一职。他急于了解任何有关巴勒斯坦的第一手情况。尽管这么早不适合会客，但他还是友好地接见了温盖特，并问他有什么要求。温盖特向他递交了备忘录，说自己唯一的要求就是请他看看这份备忘录。埃德蒙爵士保证他一定会看。会见非常短暂，俩人都要赶时间，并未谈及备忘录的具体内容。走之前温盖特留下了他在伦敦的住址。读者可能很想知道温盖特是怎么离开的。有没有派车送他回港口？他又是如何回绝了这种令人尴尬的便利？我们只知道他返
209 回了码头，上了那艘货船（他事先知道那艘船不会开走吗？），并趁没人注意的时候跳回到运输舰上。温盖特回去时大约是早上 9 点，正是早饭时间，他看上去兴高采烈。

他为自己所做的一切感到心满意足。

6 月 13 日，“多塞特郡”号抵达南安普敦。他去阿克斯布里奇（Uxbridge）的司令部报到后，与洛娜一起休了几天假，假期到 23 日结束，度假期间他们住在肯辛顿宫酒店（Kensington Palace Hotel）。他们的房间可以俯瞰肯辛顿花园，郁郁葱葱的景色让他们大饱眼福，只有那些曾经在终日阳光暴晒的土地上生活过的人，才能充分体会到如此特别的快乐。一天，温盖特收到一封令人兴奋的来信。

直布罗陀政府大楼，6 月 8 日

我亲爱的温盖特：

我完全赞同你的备忘录。1920 年伊拉克叛乱期间，我曾与那个可怜的江湖骗子劳伦斯打过很多交道。他是一个令人难以

忍受的家伙，我真不能理解有关他的胡编滥造的神话是如何传播开的。他最终变得狂妄自大，让人难以容忍。要不是有利德尔·哈特那帮人，他会被人们彻底遗忘。

我对你的小分队在巴勒斯坦取得的成就表示由衷的钦佩……听说这些活动已经停止让人非常难过。

我本来已经下定决心，如果9月的危机进一步恶化，我将下令武装犹太人，并撤回大部分部队。

我不太了解犹太人，只知道他们在俄国和德国受到最残酷的迫害，但我必须承认，我对犹太复国主义的实力和执着有些恐惧。看到这么多的犹太人，真让人有点害怕。我必须承认特拉维夫的经验很了不起。我很想知道将来会出现怎样的局面，如果这个地区变得非常繁荣——我相信那将是在犹太人领导下。我也很想知道，犹太人是否会再次以巴勒斯坦新家园为中心向非犹太教地区扩张。这符合大英帝国的利益吗？这的确令人非常困惑。在巴勒斯坦投资兴建工厂能否得到有效控制，并没有十足的把握。我认为在巴勒斯坦发展重工业可能存在很多困难。原料从哪里来？原料应当在附近。在俄国苏维埃确定工厂地点时不考虑经济效益，为我们提供了很多失败的教训。但是我对整个事情知道得很少。

希望你到伦敦来看我。我很愿意听听你的想法。 210

你忠实的朋友

埃德蒙·艾恩塞德

假期结束后，温盖特去了阿克斯布里奇，洛娜则搬到坎伯兰酒店（Cumberland Hotel）。他经常去伦敦，有时候与犹太朋友亚瑟·劳里

（Arthur Louri）一起住几天。温盖特夫妇刚回英国时经历了一件奇怪的事。温盖特在巴勒斯坦认识的一位军官写信向他借 100 英镑，作为投资汉普郡果园的保证金，而且说越快越好。俩人在巴勒斯坦时并非要好的朋友，虽然也没有过不愉快的经历，这让温盖特感到对方一定是走投无路才写这封信的。他表现出一贯的慷慨。他写信要求银行说明自己的财务状况，银行答复他的存款为 105 英镑。温盖特立即给那位军官同事汇去 100 英镑。洛娜问他是否准备接受对方提供的抵押。"哦，不，"温盖特说，"他现在一定比任何时候都更需要那个果园。"

在此期间，也就是战前那个夏天的最后几个星期，发生了一件事，使温盖特的人生有了一段不寻常的经历。

正当他在肯辛顿宫酒店休假时，他收到两份鉴定报告，那是他的上级里奇空军中校和海宁将军给他的年度工作评语。两份报告一致对他做出了不利的评价。里奇说他能力非凡，具有卓越的头脑和过人的胆识，但他天生是一个狂热分子，往往将他的天资用在自己热衷的事业上，而不是用它来履行公职。里奇空军中校说，在巴勒斯坦，温盖特将他的同情心毫无保留地给予了犹太人，以致他作为情报官无法中立地履行职责。他建议派温盖特到团里任职，不要再让他从事参谋工作。海宁将军同意这个意见，他对温盖特的能力和业绩赞许有加，但同时也更加严厉地指出，温盖特的狂热性情严重妨碍了他公正地执行公务。任何了解温盖特职业生涯和政治
211 活动的人，也许都会认为这两份措辞温和的报告是完全正当的。但对温盖特本人来说，好像蒙受了巨大的不白之冤，他立即采取了最强硬的自卫措施。他上诉国王要求撤销这两份报告。

这是温盖特传奇一生中又一个荒唐事层出不穷的时刻。有人说他在调查中表现得颐指气使，当庭指责陆军委员会无知，然后冲出白厅，跳进一辆出租车直奔白金汉宫，手里拿着那两份让他气不过的报告。据说，他在白金汉宫的大厅里奋笔疾书给国王写了一封短信，随后侍从武官向他传

达了国王仁慈的口谕，这些说法就像老派电影里的传奇故事。但事实上，事情的来龙去脉大不相同，而且要有意思得多。

他收到报告后，当即决定依据陆军法案第 42 款的申诉权为自己讨回公道，他写了一份长达 15 页的备忘录，完成时间是 6 月 27 日。备忘录的扉页上写着："O. C. 温盖特上尉致国王陛下的申诉状，主要内容：（一）诉空军十字勋章获得者、巴勒斯坦司令部情报处长里奇空军中校，事关他对申诉人从 1938 年 10 月 1 日至 1939 年 4 月 30 日服役表现所做的鉴定报告，申诉人是优异服役勋章获得者、皇家炮兵军官 O. C. 温盖特上尉；（二）缺少 J. F. 埃维茨准将的鉴定报告，他是巴思骑士勋章、大英帝国司令官勋章、军功十字勋章获得者，他在上述时期领导过温盖特，而且与里奇领导温盖特的时间一样长，从实际工作关系看，从 1938 年 6 月 1 日至 1938 年 10 月 13 日，温盖特上尉直接受命于埃维茨准将，尽管严格来说只是借调一段时间；（三）缺少对申诉人 1938 年 7 月 11 日以后服役表现的评语。"仅从扉页就能清晰地看出温盖特申诉的主要思路：他想证明里奇空军中校并不了解实际情况，并从埃维茨的正式报告中寻找有利于自己的证据。

申诉状被立即送交陆军部。但温盖特要等到圣诞节才能得到答复。

申诉状的办理程序分三步：第一步，陆军委员会对申诉状进行研究，在全面调查情况后提出处理意见；第二步，他们的裁决意见将送交陆军大臣审阅；第三步，陆军大臣拿出自己的意见后，将申诉状和他的建议一并呈报国王。除了最后一步外，温盖特的申诉都是按上述程序办理的。这期
间，他仍然担任第 56 轻型防空旅的参谋长，他还经常去伦敦会见犹太复 212
国主义者朋友，并参加他们的政治讨论。

温盖特的申诉状古怪、冗长、结构混乱，读起来索然无味，原因是其中充斥着很多自传性的文字。他是在很不利的条件下写这份材料的，由于手上文件寥寥无几，大部分情况只能靠回忆。让他感到吃力的还有另外一个不利因素。他不得不承认报告的措辞相当严谨，让他很难找到抗辩的借

口。鉴定报告并未指责他不忠诚、搞阴谋诡计，或者其他任何罪名，只是说他性格上存在缺陷。他写申诉状时，真恨不得上司说过一些更过火的话。

他在申诉状开头部分争辩说，如果狂热有损于他在司令部的工作，那么他镇压叛乱也同样值得怀疑。在这个问题上，只有埃维茨准将最有发言权，因此写鉴定报告的应当是他，而不是里奇空军中校。他补充说，如果准将的报告还不能充分澄清问题，那么应当请埃德蒙·艾恩塞德爵士发表意见。他写道："为了凭事实说话，而不是靠主观臆断，我要说说自己在这份报告出台前 11 个月所做的工作。"接着又是一段有关"夜间别动队"的简要说明，他并未按时间顺序记述重大事件，主要还是介绍他们的功绩。在这段文字中，他提出有关优异服役勋章的问题，强调他在代布里亚之战后所做的卓有成效的工作并未得到公正评价。他的自我表白效果并不好。给人的感觉是，他不仅想要更多的勋章，而且还希望得到晋升。他在第一部分结尾处强调："我坚持认为，我在工作中表现出以下素质：创造性的才干；对部属、军事问题和政治现实的判断力，没有这些我可能早就大难临头了；老练，要是不够老练，我无法与那些不得不打交道的各类官员保持友好而成功的合作。"在这样一份惊天动地的文件中自称老练，恐怕很难博得广泛认同。

在接下来的一段文字中，他谈到 1938 年 12 月以后自己在耶路撒冷的服役经历。他声明自己虽然对犹太人友好，但做事不偏不倚，他还夸大了自己遇到的困难。他在这部分结尾处写道："我想提醒里奇空军中校，
213 从我往上算起，我们家连续五代在皇家陆军中服役，要说我因同情外族而无益于君主，需要拿出充分的证据。"

接下来是"对鉴定报告的分析"，在这部分文字中，他更加详细地阐述了前面的观点，并针对报告中的个别措辞进行了反驳。只引用一段即可知其大意："我公开和私下支持犹太人是出于义不容辞的责任。"他写道，"他们一贯忠于我，也忠于大英帝国。我要声明的是，不论是我，还是我

妻子，或者我们两家的任何成员，血管里没有一滴犹太人的血。说实在的，经验告诉我，凡事要争取好的结果，靠的是持之以恒，而不是见风使舵。当你的部属受到攻击时，你应当挺身而出替他们说话，这难道是‘容易激动’吗？”

最后一部分的标题是“我在巴勒斯坦发挥的作用”。这部分内容没有一点是前面不曾说过的，结尾处有一段非常有意思的话，他将爱写自传的习惯发挥得淋漓尽致。他这样写道：

> 一个拥有创造性才干的人，难免有自己的独到见解。除非他非常幸运，否则，如果不经过严格的实践检验，他的意见很难被上级接受。对许多行业来说，确实存在这种实践检验。但和平时期的军队通常缺少实践检验。然而，我坚持认为，如果确实经过了实践检验，且当辉煌的胜利足以打消事前的疑虑时，要是再固执己见，非要压制创造性人才，那真是不公平到极点了。
>
> 我一生中至少经历过三次这样的严峻考验。第一次考验是在苏丹，那是我有生以来首次拥有独立的指挥权。我计划并实施了一次大规模扫荡，到达了许多被认为无法通行也没有人走过的地区，完全出乎众多阿比西尼亚和苏丹匪帮的意料。第二次考验是在 1933 年离开苏丹之时。我计划并实施了一次远征，沿着沙漠边界的垂直方向自西向东穿越了沙漠之海。这次探险完全由我一人独立完成，我用经纬仪对整个地区进行了科学测量，皇家地理学会杂志第 83 期刊载了这次探险的全部经过……
>
> 第三次考验是在巴勒斯坦，前面我已经说过。这次考验恰恰证实了我的判断，也证明了我的想法。我组建“夜间别动队”绝非一时冲动。早在两年前，我就顶着上级的反对推行自己的想法，后来我成功地应用于实践。而里奇空军中校认为这些判 214

断和想法是出于错误认识和心血来潮。

我认为只要存在实践检验，就应根据检验结果做出公正的判断，否则个人的观点毫无价值。我自以为具备指挥官的能力和素质。我声明，也可以证明，通过与犹太人的成功交往，我能够很好地为君主效力，尽管我个人要为此遭受非难。我还要说的是，巴勒斯坦的未来发展可能需要我再次为之效劳，我在那里有用武之地。

文件最后摘要重述了申诉的理由，并且不无遗憾地表示，这段文字本应“占据更大的篇幅，可那样难免有自我夸耀之嫌”。

陆军委员会将申诉状全文抄送海宁将军和里奇空军中校，征求他们的意见。7 月 20 日，白厅收到他们的反馈意见。俩人都拒绝收回原报告中的任何一句话，并说没有补充其他报告的必要。海宁将军写道：“我只想说，在我看来，优异服役勋章足以肯定温盖特上尉在战场上的表现，他要求埃维茨准将和埃德蒙 · 艾恩塞德爵士提供报告，实在毫无意义，他自 1937 年 1 月在巴勒斯坦和外约旦英军总指挥手下任职，他在此期间的鉴定报告分别于 1937 年和 1938 年按正常程序提交，后一份鉴定报告是我写的；我认为里奇空军中校的鉴定报告非常公正，而且堪称宽宏大量。”

里奇的答复更长一些。这份文件很有意思，因为它从官方角度提供了温盖特在巴勒斯坦任职期间的许多细节（上文中已经讲过）。他再次“赞扬了温盖特非凡的能力和勇气”，并强调优异服役勋章是对他工作的充分褒奖，这一点与海宁将军的意见一致。温盖特认为自己的功绩足以证明他恪尽职守、无可指摘，对此，里奇进行了反驳，他声称温盖特在担任小分队指挥官后期，违反上级指示，热衷从事政治活动。关于温盖特在巴勒斯坦的最后表现，他说：“我收到的报告使我相信，温盖特上尉在巴勒斯坦的最后几个月里，不断向犹太领导人提供政治和其他方面的建议。尽管表面上

他是以个人身份从事这些活动的，但我认为，不论他提供怎样的建议，以 215
他的官方身份，以及他对官方信息和观点的掌握，温盖特上尉的行为决不仅是轻率，而是确为不妥。”他声称自己对温盖特提到埃德蒙·艾恩塞德爵士感到困惑，最后他再次强调，无意收回或缓和自己报告中的观点。

海宁将军的答复抄送了温盖特（里奇空军中校的答复未抄送），温盖特立即动手写了一份新的备忘录。这份备忘录上写着：“附录……与申诉状一并呈国王陛下……优异服役勋章获得者、皇家炮兵上尉 O. C. 温盖特。”它重复了前一份备忘录的内容（带有更多的自传体手法）。在前面的备忘录和后面的附录中，温盖特处处试图将论战转移到有利于自己的阵地上：即他在“夜间别动队”的服役经历，而事实上，这段经历在鉴定报告中几乎未受到质疑。两位上司看过附录后，坚持认为争论应当限制在鉴定报告所特指的问题上，而且他们的报告也没有特别严厉的批评。此后，温盖特的申诉与海宁、里奇的意见，被一并提交陆军委员会审议。此时已经到了 8 月，陆军委员会手头还有其他工作，此案的审理被迫耽搁了一段时间。

在此期间，军队高层发生了重大的人事变化。后来证明这些变化有利于申诉者。埃德蒙·艾恩塞德爵士被免去中东战区总司令和直布罗陀总督职务，被任命为英国海外部队总监。艾恩塞德有话在先，所以温盖特毫不迟疑地去伦敦拜访他，在多次会面中，他向将军谈起了自己当前的麻烦。他加深了初次相识时给将军留下的好印象。就在他给国王的申诉状等待讨论期间，艾恩塞德爵士给军事行动与情报局局长写了一封信：

8 月 22 日，海外部队总监办公室，泰晤士河大厦，邮编 SW1

亲爱的波纳尔（Pownall）：

这里有一份炮兵上尉温盖特写的报告[①]，此人在巴勒斯坦期

① 该报告题为《在战争中使用犹太部队的评估报告》。——原注

间曾与犹太人一起工作。我想他是因为与犹太人来往过于密切而得了不好的评语。他是一位极其不寻常的战士和带兵人。他
216 给他的犹太小分队争了光。如果我们要卷入这场战争，我们将调动一切可以利用的资源。1938年9月，我任中东战区总司令时，曾下决心武装犹太人。这是你不应忽视的一支新生力量。这份报告推荐使用美国和南非的犹太人。有一个人堪当此任，就是现在身在印度的埃维茨准将，他是一个非常有才干的军人。

不必回信。不过，别忘了，你可以在国内找到温盖特，他现在是第56轻型防空旅的参谋长，地址是切尔西的约克公爵官邸。

您忠实的朋友

埃德蒙·艾恩塞德

英国对德宣战时，埃德蒙·艾恩塞德爵士被任命为帝国总参谋长。阿奇博尔德·韦维尔爵士就任中东战区总司令。而温盖特的处境，用一句常用的军事术语来说就是，形势严峻，但并非毫无希望。

在那个阳光明媚的早晨，首相发表了决定命运的声明，此时达德利·克拉克正沿圣詹姆士大街开车前往白厅的陆军部。路上，他看见一个穿着卡其布制服的矮个子大步流星地走在大街上，腰间挂着一支大号的左轮手枪。他认出那人是温盖特，每当他回首那段岁月时，那一幕总是立刻浮现在眼前。一年前，达德利·克拉克主动要求离开巴勒斯坦，因为他发现面对自己无法容忍的言行，要恪守中立实在太难了。

9月6日，温盖特的申诉被提交审议，会议纪要呈报给陆军大臣的军事秘书，上面写着："鉴于目前的形势，此申诉状应当呈送国王或者暂时搁置，有关意见应通知当事军官。"三天后，军事秘书办公室答复："我们认为申诉状必须呈送国王陛下。根据陆军法案第42款，任何人都无权阻

止一位军官行使申诉权。请就此案起草一份书面报告。”看来，英国人与罗马人的观点一样：“你既上告于恺撒，可以往恺撒那里去。”①

10 月初，陆军委员会做出裁定：向陆军大臣建议，两份鉴定报告应维持现状，关于请埃维茨准将和埃德蒙·艾恩塞德爵士出具报告的要求，应予驳回。这个裁定意味着，除非陆军大臣反对陆军委员会的意见（他似乎没有理由这样做），申诉状将直接呈送国王，而无需陆军大臣再“下达 217
任何特别指示”。申诉看来不会成功。这不但无助于温盖特的仕途，甚至还会葬送他的前程。

温盖特一直认为，当权者总是联合起来阴谋陷害自己；而在他人生中这一关键时刻，当权者正联合起来挽救他，避免他因过分自负而断送前程。人们也许会再次联想到圣保罗在罗马官场的冒险经历。“当保罗这样说的时候，亚基帕（Agrippa）站了起来，接着非斯都（Festus）、百妮基（Bernice）与同坐的人也纷纷起身。他们走到一边相互谈论说，这人并没有犯什么该死该绑的罪。亚基帕又对非斯都说，这人若没有上告于恺撒，就可以释放了。”②

埃德蒙爵士决心尽力劝说温盖特不要上诉“恺撒”，这样他就可以“无罪释放”，以便日后大展宏途。于是，他向陆军大臣报告陆军委员会的建议时，附上了一张措辞巧妙的字条：

> 温盖特上尉是一个非常难得的人才，他现任第 56 轻型防空旅参谋长。我相信事实是这样的，温盖特上尉在一位皇家空军军官手下任职，此人在海宁将军的参谋班子中负责情报工作。要想制止下属的某种不明倾向总是很困难的，对于另外一个军

① 引自《圣经·使徒行传》25:12。——译注
② 引自《圣经·使徒行传》26:32。——译注

种的军官来说，就加倍困难。

要是对温盖特上尉管教有方，我想他本来不致犯下过分亲犹太人的大错。司令官海宁将军无疑认识到这一点，而且他在报告里也是这么说的。

我认为应当阻止上诉。我感到鉴定报告丝毫不会妨碍温盖特上尉继续为陆军效力。我想他可以放心，他的优点大家都非常了解。

帝国总参谋长　埃德蒙·艾恩塞德

1939 年 11 月 3 日

不难推断，当这张字条呈送给犹太人霍尔 – 贝利沙（Hore–Belisha）先生[①]时，自然会产生额外的效力，尽管没有证据能够证实这一点。不管怎么说，霍尔 – 贝利沙先生在这张字条的最后 25 个字下面划了一条红线和一个叉号。他给陆军部副官署署长写了一段话：

218 鉴于帝国总参谋长的意见，可否将叉号部分的文字通知温盖特上尉（告诉他这是陆军委员会认真研究后的意见），并问他在目前的情况下是否愿意继续上诉？正当的程序是怎样的？

——H. B.

1939 年 11 月 4 日

副官署署长答复说，没有理由反对将霍尔 – 贝利沙先生的意见传达

① 霍尔 – 贝利沙（1893—1957），英国政治家，时任陆军大臣。——译注

给当事人。于是，他将此答复和陆军大臣的提议及其他所有文件给陆军委员会的同事们传阅，他强调说，如果温盖特坚持，他的上诉仍将呈送国王。他指出“应当好好规劝温盖特不要再坚持，因为他的四项申诉全都不会成功。此外，一位军官要求上级承认自己的功劳……这是极不合适的”。陆军委员会成员一致同意此建议。12 月 25 日，军事秘书办公室给温盖特发出了下面这封信：

阁下：

我奉陆军委员会之命通知您，您于 1939 年 6 月 27 日依据陆军法案提出申诉，反对鉴定报告中对您所做的评语，经过认真调查后，委员会成员决定鉴定报告维持不变，并且不需要其他鉴定报告作为补充。这就是说您败诉了。

我还要说的是，委员会认为鉴定报告丝毫不会妨碍您继续为陆军效力，而且您大可以放心，您的优点大家都非常了解。鉴此，我要问的是，您是否愿意继续上诉国王陛下。

您恭顺的仆人

G. W. 兰伯特

帝国总参谋长私下向温盖特面授机宜。12 月 28 日，温盖特答复军事秘书，对他的来信表示感谢。“在目前情况下，”他说，“我不想继续上诉国王陛下。”此案就此了结。

上诉国王的风波结束后，已经到了 1939 年底。这段时间温盖特还经
历了其他一些事情。他又开始为犹太民族的命运积极奔走，满腔热情地帮 219
助犹太复国主义领导人努力实现创建犹太军队的目标。

1939 年 8 月，第二十一届犹太复国主义代表大会在日内瓦举行，战

争迫在眉睫，加上英国政府的《白皮书》给全体犹太人造成的失望情绪，使大会笼罩在阴影之中。会议拒绝接受英国的巴勒斯坦政策，但一致赞同犹太民族应为反抗纳粹贡献力量。月底，魏茨曼博士派摩西·谢尔托克去伦敦，与英国军方商谈犹太人如何为反抗纳粹出力。谢尔托克会见了波纳尔将军，但会谈未取得任何结果。他决定返回巴勒斯坦，并订了一张途经柏林和华沙的返程机票。就在临走的前一天晚上，他去了亚瑟·劳里家。亚瑟·劳里的住所位于汉普斯特德（Hampstead）的教堂路，在那里谢尔托克再次见到了温盖特，他们攀谈起来。当温盖特听说谢尔托克准备取道柏林返回巴勒斯坦时，他简直难以置信。他恳求谢尔托克改变主意，他指出，一位国家领导人冒着被纳粹逮捕和监禁的危险去德国是逞匹夫之勇，这样做唯一的结果就是从地球上彻底消失。但谢尔托克不为所动。由于英国当局没有任何积极的表示，他觉得自己留在英国已经毫无意义，应当尽早回巴勒斯坦去。战争一刻刻临近，经华沙返回巴勒斯坦是条捷径。此时，温盖特想出一个办法。他问谢尔托克，如果能安排他与艾恩塞德将军会面，他是否愿意留下来？艾恩塞德当时仍是海外部队总监，在组建海外部队问题上，他是最有影响力的人物。谢尔托克对这个建议未置可否。温盖特立即打电话给埃德蒙·艾恩塞德爵士，请求他接见谢尔托克。爵士想搞清楚谢尔托克在巴勒斯坦具体担任什么职务。犹太复国主义组织错综复杂，就连温盖特也被这个问题难住了。“哦，”他迟疑了片刻说，“他相当于巴勒斯坦犹太人的头儿。”埃德蒙·艾恩塞德爵士同意约见，谢尔托克感到盛情难却。这位以色列未来的政治家也许因此逃过一劫。

这次会见并未达成预期目的，以后也未能如愿以偿。埃德蒙·艾恩塞德爵士一贯赞同组建犹太军队的想法，后来的历史证明了他在军事上的远见卓识。但他的意见遭到了压制。就在他与谢尔托克会面后十天左右，他向陆军大臣提交了一个组建“犹太军团”的方案。可以肯定的是，霍尔–贝利沙先生“暂时”拒绝了这个方案。这只是刚刚开始，组建犹太军队的

谈判旷日持久，一直持续到战争快结束，在头一年的谈判中温盖特扮演了 220
重要角色。

夏天，就在战争爆发之时，温盖特夫妇结交了一位犹太朋友，此人抱着坚定的犹太复国主义信念，对温盖特夫妇的生活产生了重要影响。他就是犹太医生本·蔡恩·库尼恩（Ben Zion Kounine）。温盖特夫妇在 1938 年 10 月至 11 月休假期间与他相识。他们现在经常来往，温盖特夫妇对库尼恩非常信任。库尼恩对温盖特夫妇也充满爱戴之情，像许多人一样，他发现温盖特是一个浑身散发着魔力的谜一样的人物。库尼恩坚信温盖特定会成就一番丰功伟业，因为他有着不可动摇的意志，在他身上自我和无私两种截然相反的品质不可思议地结合在一起。前面说过，与常人相比，温盖特一生中性格变化不大。他年轻时就意志坚定，当时他常对佩吉说，他知道自己将为某种理想献身，但他还不知道那是什么——他现在仍然坚信自己是命运的工具。他能讲出拿破仑那样的话：“我不是一个人，而是一件工具。”内心有如此感受的人，不是空想家，便是旷世奇才。库尼恩相信温盖特是位了不起的人物。他察觉到温盖特内心并非没有弱点：一方面他对自己的人生目标怀着狂热的梦想；另一方面，当他意识到自己人微言轻，无力对抗不可动摇的世界秩序时，就会产生绝望情绪，以为自己终将一事无成。但库尼恩也认识到，温盖特有着最起码的判断力，他能够将自己内心的冲突严格限制在一定界限内。给库尼恩留下深刻印象的是，温盖特富有想象力的推理背后是大量单调而艰苦的工作。俩人曾经讨论过利比亚探险期间温盖特在饮食方面所做的奇特试验，库尼恩最终得出的结论是，温盖特对医学相当精通，绝非一知半解的江湖术士，尽管他常常给人以那样的印象。在未来的艰难岁月中，温盖特从他的朋友本·蔡恩·库尼恩身上汲取了巨大而宝贵的精神力量，而库尼恩始终保持着坚忍，从未让鲁莽的热情蒙蔽自己的双眼。

9 月 30 日，第 56 轻型防空旅司令部移防肯特郡的锡德卡普

（Sidcup）。从到那里的第一天起，温盖特就全力投入工作，一心想要逃避现实，同往常一样，当他想要逃避时，他就通过写备忘录寻求解脱。在位于中途街的军事训练中心，他写了不少精彩的学术文章，其中一份今天读起来仍然很有趣。他认为当时的防空理论是完全错误的，因为它致力于实
221 现一个无法达成的目标，即在所有来袭飞机投弹之前将它们全部击落。他指出，按照这种理论，在实际行动中，防空火炮往往会在不利条件下过早向敌机开火，这样反而会让敌机强行飞越防区。他建议采取威灵顿式的听令射击战术，并且认为每个防区都会有一定数量的敌机到达目标并投下炸弹。防空不是为拦住所有的轰炸机寻找一个不切实际的方案，而是要给袭击者以足够的惩罚，让他们认识到空袭得不偿失。“怎样才能给敌人造成这样的损失呢？”他写道，“要判断敌机投弹和脱离必须飞越的区域或地带，然后部署防空火炮控制该地区。”不论这份备忘录是否产生作用，毫无疑问，他正确揭示了后来的防空战略中某些本质性的东西。

温盖特去伦敦时，经常把自己内心的苦闷说给库尼恩听。库尼恩记得，在一个冬日的晚上，俩人在肯辛顿花园散步，温盖特对他坦白说，在这样的人生转折时刻，他的内心充满了无法克服的悲哀。在青年和刚成年那段时期，他曾不断搜寻，试图找到实现自己命运的途径。结果他发现自己离目标越来越远。现在当权者或许愿意向他表达善意，但这种善意是对一个名誉扫地的人的施舍，因为这种人最不中用、最没有危险。他说，他被人们遗忘了，他完蛋了。库尼恩只能劝说他决不要放弃希望。

温盖特很少向别人倾诉内心的感受。他在军官同事面前从不表露出痛苦和内心的冲突，他与两任旅长相处得都很融洽。他的行为和习惯还像以前那样离经叛道，但偶尔也表现出和蔼可亲的一面。有时军官的妻子和家人们会去食堂，她们在不熟悉的社交场合常常感到拘束。温盖特会不厌其烦地让她们放松心情，而他的所作所为说明，只要他愿意，他也会像朝臣那样圆滑，不过，他做不到随时像朝臣那样口是心非。

只有一点，温盖特会惹军官同事们生气，他总是习惯以某种方式打破时人轻松的幻想。他曾经说："我告诉你们，法国不可救药。德国一旦发起进攻，就会迅速突破法军防线。"有人清楚地记得他指着地图上的色当。他继续说："英国将遭遇有史以来最大的科伦纳（Corunna）之战[①]，我们根本别指望在法国赢得战争。真正解决问题是在东方。"他总是列举 222
英国和法国将领的名字，并一一细述他们的无能。这些话虽然不中听，但也未过多影响他与同事们的良好关系。人们记得温盖特只吵过一次架，对方是位敌视犹太人的军官，温盖特将一腔怒火发泄到他身上。

在司令部里，温盖特只跟一位军官说心里话。这个人就是艾伦·亚伯拉罕·莫卡达（Alan Abraham Mocatta）中尉。像许多人一样，他们因为一件意外的小事而成为朋友。一天，前面提到过的那位敌视犹太人的军官在食堂里大放厥词说，陆军大臣"一无是处，因为他是犹太人"。莫卡达说，自己作为一名犹太人非常痛恨这种说法，并要那个蠢货闭嘴。温盖特当时并不在场，听说这件事以后，他很欣赏莫卡达的反抗精神。他们从未谈论过犹太复国主义，因为俩人在这个问题上存在分歧，然而，他们经常谈起温盖特的雄心和理想，有时候更有趣的话题是备忘录。司令部的首席打字员波科克（Pocock）小姐或许感到惊讶，她亲手打的一份又一份备忘录不仅仅是给军队上级的，有时还有给政府官员的。

碰巧的是，第56轻型防空旅与伦敦的犹太复国主义者总部有着密切联系。维克托·卡扎勒特在第16轻型防空团任连长。这段时间，他每隔一两个星期就要去多尔切斯特酒店，与达格代尔夫人和一些犹太复国主义领导人会面，自然而然他也经常带旅参谋长一起出席会议。从达格代尔夫人保存完整的日记看（一份极有价值的政治文献），由于霍尔－贝利沙拒

---

① 科伦纳之战是19世纪初半岛战争中的一次战役，时间是1809年1月，当时约翰·摩尔（John Moore）爵士率领英军部队阻击法军，掩护大部队从西班牙的科伦纳港撤回英国。——译注

绝支持组建“犹太军团”，而马尔科姆·麦克唐纳与他意见一致，所以卡扎勒特委员会决定要争取一个较为现实的目标。丘吉尔通过布伦达·布拉肯（Brendan Bracken）[①]转达了对犹太复国主义组织的支持，在丘吉尔的鼓励下，魏茨曼博士提出了两项建议，一是在巴勒斯坦建设一座兵工厂，二是集中200名巴勒斯坦犹太人组成犹太军队的骨干。对于第一条建议，军需大臣莱斯利·伯金（Leslie Burgin）先生表示“欣然接受”，但并未采取具体行动；第二条建议被搁置了将近一年，而在当时，一年时间简直就
223 像一生一世。这两条建议与温盖特给艾恩塞德将军的建议非常相似，所以由此可以推断，他的备忘录很可能起了重要作用。

然而，就在此时，43名“哈贾纳”成员因从事军事训练而被判处长期监禁，这让委员会大伤脑筋，前面提到的两条建议被暂时摆到次要位置。他们辩解说，犹太人组织军事训练是准备参加反对纳粹的战争，对此并没有人提出质疑。被判刑的人当中，有许多是前“夜间别动队”成员，其中就有摩西·达扬（Moshe Dayan）[②]。

这桩令人震惊的案子，折磨了卡扎勒特委员会很长时间，11月1日，他们开始发动攻势。达格代尔夫人说，那天她去多尔切斯特参加每周一次的例会。“温盖特也在那儿”，她记录道，“我们讨论了对43名小伙子所处的严刑，他们携带武器为‘哈贾纳’从事军事训练。维克托和温盖特极度愤慨。最后大家决定由维克托找哈利法克斯（Halifax）[③]勋爵疏通，如果不行，就把事情捅到下议院。从他们的动机看，我们的判决未免太冷酷无

① 布伦达·布拉肯（1901—1958），英国商业家、保守党内阁成员，他坚决支持丘吉尔，反对“绥靖政策”。——译注

② 摩西·达扬（1915—1981），14岁加入“哈贾纳”组织，曾参加过温盖特的“夜间别动队”，1939年被捕，1941年出狱后，曾在盟军领导下，在巴勒斯坦地区打击法国维希政府军，战后任以色列军队总参谋长，以色列国防部长、外交部长。——译注

③ 哈利法克斯（1881—1959），英国保守党政治家，曾担任过印度总督、陆军大臣、外交大臣、英国驻美国大使等职。1939年末，“43人案”发生时，他是外交大臣。——译注

情了。”两天后，卡扎勒特至少得到马尔科姆·麦克唐纳的保证，判决不会生效。14 日，艾恩塞德将军也加入抗议者的行列。他称这个判决“野蛮而愚蠢”，并且告诉魏茨曼博士，他已经打电话向巴勒斯坦当局表达了上述意思，他还说：“（他们竟然）判处温盖特手下的一个小伙子监禁！他们本应为他颁发一枚优异服役勋章。”同时，帝国总参谋长还告诉魏茨曼博士，他支持组建犹太军队的想法。“43 人案”一直拖到 1941 年 2 月，继马尔科姆·麦克唐纳之后出任殖民地大臣的劳埃德勋爵也反对犹太复国主义，他在临终前才授权赦免了 43 个年轻人。

温盖特经常去维克托·卡扎勒特在汤布里奇附近的乡间别墅吃晚饭，有时也在那儿过夜。11 月 5 日，达格代尔夫妇也在那里，她在日记中写道：“温盖特上尉来这儿吃晚饭并过夜。埃德加（Edgar）[1] 说他像 T. E. 劳伦斯，对他的狂热劲儿感到害怕。他是个非常强硬的人物。”卡扎勒特的另一位朋友哈罗德·尼科尔森（Harold Nicolson）[2] 先生也有类似的印象，他也看出温盖特像劳伦斯，并为此有一种不安的感觉。1939 年至 1940 年冬季的某一天，维克托·卡扎勒特邀请温盖特见了一位要人，此人对温盖特的一生产生了决定性影响。他就是利奥波德·埃默里（Leopold Amery）[3]。

1939 年 9 月，丘吉尔加入政府后，埃默里先生俨然成为下院中最有 224
影响的议员，而且大家相信他过不了多久也会入阁。这位有权有势、才华横溢的埃默里先生对温盖特一见如故。他凭直觉立刻感到眼前这个人能力超群、堪称天才。他诧异地发现，自己好像在哪儿见过那双锐利的蓝眼

① 埃德加·达格代尔（1972—1964），英国翻译家，他首次将希特勒的《我的奋斗》翻译成英文，达格代尔夫妇俩人都积极投身犹太复国主义运动。——译注

② 哈罗德·尼科尔森（1886—1968），英国外交官、记者、作家，他的夫人是英国著名女诗人、小说家维塔·萨克维尔－怀斯特（Vita Sackville-West）。——译注

③ 利奥波德·埃默里（1873—1955），英国保守党政治家、新闻记者，曾先后担任过海军大臣、殖民地大臣、印度大臣等职务。他的父亲是英国人，母亲是匈牙利犹太人。——译注

睛，同埃德加·达格代尔和哈罗德·尼科尔森一样，他想起了劳伦斯。这么多人看到温盖特都会联想起劳伦斯，温盖特也许并不因此感到荣幸，但他们之间确实有某些相似之处，而这一点对他很有好处。埃默里先生从魏茨曼博士那里已经了解了“夜间别动队”取得的成就，现在他要听听温盖特本人的说法。温盖特像以往一样，讲了很长时间，对方认真听着。埃默里先生回到伦敦后就下定决心，一定要让温盖特在战争中有用武之地。数月后，政府发生巨变，埃默里先生在其中发挥了重要作用。现在他有能力实现自己的决心了。

这段时间，尽管温盖特经常参加卡扎勒特委员会在多尔切斯特的会议，也在政治游说中体会到刺激与兴奋，但总的来说，他仍然感到意气消沉。看起来，这个自以为极具领导能力的雄心勃勃的男子汉，在整个第二次世界大战期间，就只能屈就于伦敦外围的一支防空部队了。有一天，他去找大卫·哈科恩。此时有一项秘密计划（与组建犹太军团无关），要从中欧招募犹太人，任务是破袭向德军提供油料的炼油厂和德国航道上的水闸。当局暗地里找到谢尔托克，寻求与犹太事务局合作，而他在这方面与大卫·哈科恩所在的部门有联系。温盖特可能听犹太朋友透露过这项计划，他对哈科恩说：“大卫，我不能再无所事事了。你能安排我参加你们的工作吗？”哈科恩说他必须请示上级。哈科恩兑现了诺言，接下来召开了一次部门会议，温盖特也出席了。他发表了讲话，在场的一位听众事后记录说，他终于在这次邂逅中见识了“温盖特赢得人心的能力”。委员会
225 同意，如果上述计划得到批准，将再次征求温盖特的意见。这项计划的大部分内容很快得到批准，其中包括成立一支犹太间谍部队。一位犹太领导人邀请温盖特负责作战指挥。

事到临头，温盖特突然举棋不定。他把犹太人的提议告诉了洛娜。自从 1936 年他投身犹太复国主义运动以来，成立犹太军队一直是他为之奋斗的梦想，现在这个梦想终于要实现了，不仅如此，还将由他亲自领

导这支军队。梦想虽然即将成为现实，但却是以一种可疑甚至是有害的方式。他越想越觉得前景渺茫，最后他得出如下结论："犹太人需要一支军队，这会让他们感到骄傲，这会带给他们自尊。可是一支间谍部队不但不能为犹太人赢得自尊，反而会给那些喜欢造谣的人以口实，说犹太人是一个靠不住的、善于玩弄阴谋的民族。我本人不想成为一名间谍。我是一名战士，我想领导犹太战士。"可是，如果不接受这个邀请，他就只能留在锡德卡普，继续碌碌无为地生活。

这个难题最终被埃德蒙·艾恩塞德爵士解决了。参与这项计划的一位犹太人跑去问埃德蒙爵士，能否放温盖特去执行这项秘密使命。将军这样回答："如果温盖特愿意，他可以跟你走。但是我不建议他这样做。在一场这么大规模的战争中，像他这样的人有很多机会，他只需要耐心等待，机会自然会找上门。如果他跟你走，他永远也无法实现自我；他理应成为一名伟大而杰出的战士。如果他接受你的邀请，会对你们很有帮助，但对他本人则没有什么好处。"后来，将军请温盖特来，对他本人说了上述观点。他说，对于一名正规军军人来说，"与正规军分开"无异于自毁前程。温盖特同意继续耐心等待。一旦定下这个决心，他也就失去了领导犹太军队的最后机会。

此时已经是 1940 年春天。当风暴积蓄力量并最终爆发时，温盖特还待在锡德卡普的防空旅。在他的一生中，很少有哪个时期像此时这样令人沮丧。他过去作为指挥官所取得的成就，以世界大战的标准衡量，简直微不足道，现在他几乎能听到大战的枪炮声，而他这位能力出众的军人却掌管着一炮不发的防空连，它们在战争中根本用不上。迪斯雷利（Disraeli）[①] 在他的一本小说中写道："试想默默无闻的拿破仑在巴黎街头忍饥挨

---

① 本杰明·迪斯雷利（Benjamin Disraeli，1804—1881），英国著名政治家，小说家，曾两度担任首相。本书中引用的这段话引自他的小说《年轻的公爵》——译注

226 饿！圣赫勒拿岛与这种痛苦境遇相比又算得了什么？昔日的荣光甚至能照亮幽暗的监禁岁月；但是，要是他知道自己超自然的能量会慢慢消逝，最终一事无成，这种折磨难道不比刑车和拷问台更令人痛苦吗？”两个人的情况即使不大一样，其内心的困境却是相似的。

大卫·哈科恩是温盖特在巴勒斯坦最早认识的朋友，也正是在这段时间，俩人见了最后一面。会面是在亚瑟·劳里家中，哈科恩当时住在那里。“温盖特晚上没事的时候就来我们这儿，”哈科恩回忆说，“他大部分时间都在发表长篇大论的演讲，辛酸地述说盟国如何软弱，以及他对国家领导层如何缺乏信心。当时张伯伦还是首相。法国的衰败和变节已经不再是秘密。德国入侵挪威取得惊人的成功，而盟军从纳尔维克（Narvik）撤退却是一次可耻的失败。温盖特对自己无聊的工作恨得咬牙切齿，他同我们在一起时，总是显露出阴郁和失望。他确信更糟糕的情况还在后面，德国将征服整个欧洲。他经常对我们这样说：‘在那里，在海峡对面，他们会稳稳当当地把炮口对准伦敦。法国将被彻底击败，我们现在所依靠的盟友将成为一具僵尸！有人相信法国将在最后一刻振作起来战胜侵略者，这纯属一派胡言。然而，英国最终会赢得战争，不是因为什么‘光荣传统’，也不是因为轻浮地吹嘘英国总能赢得最后一战，而是因为在每个英国人的内心深处，都为自己对战争的贡献怀有一种负疚感，他们都感到必须为乞求和平所犯的错误付出代价，任何代价都在所不惜。大街上每个人都知道，要想让自己的同胞拥有美好的未来，他们必须全力以赴，甚至牺牲生命去争取胜利。他们知道必须这么做，而不是寻找别人的过错替自己开脱。’我们在一起通过无线电收听了那次历史性的议会演说，会后张伯伦辞职，丘吉尔继任。”

哈科恩并未提及温盖特继续关注着组建犹太军队的事情。到此时为止，实现这一目标的前景尚不明朗。尽管新任首相公开同情犹太民族主义事业，但新任殖民地事务大臣劳埃德勋爵却竭力反对武装犹太人。不过，

就在 5 月 24 日，魏茨曼博士拜访了劳埃德，并且受到热情接待，达格代
尔夫人凭借着异常敏锐的判断力发现，魏茨曼博士相信自己对殖民地大臣
的游说取得了“一点进展”。事情后来的发展表明魏茨曼并非一厢情愿。
大约就在魏茨曼会见殖民地大臣的当天，温盖特做了一件很出格的事。他 227
向首相递交了一份有关巴勒斯坦问题的备忘录，在这份备忘录中，他严厉
指责托管当局和英国政府的巴勒斯坦政策，并含蓄地批评了新任殖民地大
臣。在犹太复国主义者中流传着一种说法，称温盖特“控告高级专员是法
西斯”，而达格代尔夫人在她的日记中激动地写道：“温盖特很能干，但他
是一个不负责任的疯子。”

事实上，温盖特从来没写过诸如哈罗德·麦克迈克尔（Harold MacMichael）爵士[1]是法西斯之类的蠢话，他的错误在于不够老练，对政治运作缺乏经验。也许正是这次冒失之举，提醒官方注意到温盖特一贯喜欢插手政治，这让他领导犹太军队的终生志向彻底落空。这一点越往后看得越清楚。

5 月 27 日，应埃德蒙·艾恩塞德爵士本人请求，他被免去帝国总参谋长职务。继任者是帝国副总参谋长约翰·迪尔爵士，他指定罗伯特·海宁将军接任帝国副总参谋长。埃德蒙·艾恩塞德爵士被任命为本土部队司令。这些人事变化为温盖特逃离肯特指出了一条新路。法兰西之战败局已定，而不列颠之战迫在眉睫。5 月的最后一周，温盖特与旅长亨特（Hunt）准将讨论了他的最新计划，随后他于 6 月 1 日去伦敦拜会新上任的埃德蒙·艾恩塞德爵士。

温盖特的计划是这样的：一旦德国人侵英伦诸岛，温盖特将领导“一支特种部队，对付敌军坦克、伞兵或机降部队对（英国）战线后方的

① 哈罗德·麦克迈克尔（1862—1969），时任英国驻巴勒斯坦高级专员。——译注

渗透”。德军的两种成功战术给军事思想界留下了深刻印象：利用少量装甲部队突破盟军战线，然后从盟军后方发起攻击，同时利用德国第五纵队在盟军防区内从事破坏活动，当时人们过分夸大了德国第五纵队的规模和作用。温盖特建议，在英国本土的地面作战中，他将使用类似“夜间别动队”那样的部队，抗击上述两种样式的攻击。埃德蒙爵士听了他的建议

228 后表示赞同，并安排他向自己的参谋班子成员多布兹（Daubuz）上校作详细汇报。上校问他需要多长时间可以做好准备，根据温盖特本人的记录，他当时回答说：“如果接到命令，温盖特[1]可以在一周多的时间内组织和训练一支小型部队。他还向多布兹描述了法国战事的进展，并说以最坏的情况估计，我们还有几周时间。”

6月4日，温盖特奉命飞往北爱尔兰。他在那里见到了赫德尔斯顿将军，将军同埃德蒙·艾恩塞德爵士一样赞赏他的想法。当时人们盛传所谓的“凯斯门特[2]行动”将会重演。5日，温盖特飞回伦敦。温盖特记录了接下来发生的事：“温盖特在锡德卡普第56轻型防空旅司令部召集选中的人员开会。所有人都是自愿参加，亨特准将亲自向团长们动员，声明为了陆军的利益，只要本土部队司令部需要，他同意从本旅的120名军官和4000名士兵中，抽调出10名军官和150名士兵。”然而，温盖特再次遇到了麻烦。

6日，就在第56轻型防空旅开会当天，温盖特到埃德蒙·艾恩塞德爵士的司令部报到，匆忙之间生动地记下当时发生的事情。温盖特继续用恺撒式的第三人称记录自己的经历。他说，6日他“在现场听到帕吉特（Paget）将军与帝国总参谋长助理安德森（Anderson）将军打电话，通话

---

① 温盖特在很多个人笔记中都用第三人称称呼自己。——译注

② 罗杰·凯斯门特（Roger Casement，1864—1916），著名的爱尔兰民族主义者。第一次世界大战期间，他与德国人合作，试图利用爱尔兰战俘组建“爱尔兰旅”，从事分裂活动。1916年4月21日，他乘德国潜水艇秘密潜回英国，上岸后即遭逮捕，最终以叛国罪处以死刑。——译注

过程中，安德森将军好像对帕吉特说，海宁将军非常反感温盖特上尉（他向国王陛下抗议海宁将军对他本人和他的手下不公）。帕吉特将军问温盖特，他与海宁将军关系怎么样，温盖特作了回答，又说艾恩塞德将军对数月来发生的每一件事都一清二楚”。

陆军部又召开了第二次会议，军事情报部部长博蒙特－内斯比特（Beaumont–Nesbitt）将军出席会议。温盖特回答了众人对其计划提出的质疑，他记录了当时的情景：“没人提出反对意见，只是有人担心这样做会惹恼北爱尔兰共和军，从而加深积怨。温盖特回答说，赫德尔斯顿将军认为使用上述部队的效果正好相反。温盖特的印象是，有人出于个人原因决定扼杀这个计划。”

次日，温盖特从本土部队司令部听说，正如他所料，考虑到北爱尔兰的局势[①]，他的计划遭到否决。他坚持认为这个决定是出于发泄私愤， 229
而非出于审时度势的考虑，他在日记中写得很直白：“于是，温盖特去见艾恩塞德将军，向他抱怨他人对自己的人身攻击是不公正的。他指出，显然有人暗指他准备采用皇家爱尔兰警备队（Black and Tan）[②]那样的强硬措施，而正如艾恩塞德将军所知，温盖特指挥的部队在巴勒斯坦使用的策略恰恰相反，他们一贯严守军人的行为规范，对敌人宽大为怀。鉴于他在巴勒斯坦作为犹太人的朋友树敌过多，这样的结果是必然的，即使不是他想要的……艾恩塞德将军说，他猜想海宁将军担心北爱尔兰的风吹草动可能会挑起事端，而且他认为温盖特比别人更有可能招惹麻烦。他不认为反对纯粹是出于私心。不管怎样，他全力主张使用温盖特的部队。”

温盖特对海宁将军的怀疑似乎没有根据，他的计划暂时幸免于

---

① 1939 年 1 月 12 日，北爱尔兰共和军对英国宣战，随后在英国境内展开了为期一年多的破袭战。——译注

② 皇家爱尔兰警备队是 1920 年至 1921 年间雇佣的一支准军事部队，在镇压爱尔兰叛乱期间，这支部队因为多次攻击平民而声名狼藉。——译注

难。当局很快与北方司令部达成一致意见，北方司令部的福布斯 · 亚当（Forbes Adam）将军完全赞同温盖特的建议。6 月 9 日，埃德蒙 · 艾恩塞德爵士写信给温盖特。

我亲爱的温盖特：

已经决定用你临时组建的部队驻守北方司令部的南段防区。亚当将军会满怀热情地接纳你，我相信你会有大显身手的机会。就我所知，外界风传林肯郡有第五纵队已经有一段时间了，但实际上什么也没发现。那里很可能成为登陆地点。

你应当找一个能干的副手，这样你可以派他去外地执行任务，或者当你外出时，让他坐镇后方。

祝你好运。让我随时知道你的情况，尽早安顿好自己。

您忠实的朋友

埃德蒙·艾恩塞德

6 月 10 日，温盖特到北方司令部赴任。11 日，他去了约克。21 日，本土部队司令部将最终的详细计划呈报陆军部。这个故事就这样不了了之
230 了。温盖特拼命想冲出意气消沉的困境，最终却毫无结果，因为（正如读者所知）德国根本没有入侵英伦诸岛，而温盖特和他的"特种部队"当然也就没有用武之地。与此同时，为他准备的另外一项更宏大的计划正在酝酿之中。6 月 10 日，意大利对英法宣战。又过了一个月，阿奇博尔德 · 韦维尔爵士和埃默里先生再次想起了温盖特。

7 月，在内阁中东委员会的一次会议上，已经担任印度大臣的埃默里先生提出一个建议。他向海宁将军提议，在对意作战中，有一个"理想人选"可以在意大利占领的北非领导抵抗力量，此人就是"一个叫 O. C. 温

盖特的上尉”。埃默里先生后来回忆此事时说，他认为温盖特是“一个更有阳刚之气、心理素质更稳定的劳伦斯，而且具有同样的感召力”，他在委员会上完全有可能说过类似的话。有关方面将这个建议转达给中东战区司令阿奇博尔德·韦维尔爵士。他表示热烈欢迎，但附加了一个条件，而这个条件令温盖特抱憾终生。

大好机会近在咫尺，然而，就在他人生的这一关键时刻，发生了一件阴错阳差的事，令温盖特痛失良机。没有什么事能转移温盖特对犹太复国主义的兴趣，尽管这段时间忙忙碌碌，经常开会，备忘录也比以前写得多，但他在抓紧组建部队的同时，还是尽量去多尔切斯特参加维克托·卡扎勒特的犹太复国主义者委员会活动。自《白皮书》公布以来，他们开会时多半在长吁短叹，除了日益渺茫的希望，再没什么好讨论的了。然而，1940 年夏天，犹太复国主义的政治命运突然出现了转机。组建犹太军队的前景从未像现在这样指日可待。7 月 15 日，魏茨曼博士与海宁将军进行了成功的会晤，结果将军答应打电话给阿奇博尔德·韦维尔爵士，
敦促他“继续训练犹太军官和军士骨干”。达格代尔夫人感慨道：“耶利 231
哥（Jericho）[①]的城墙终于倒塌了，而号角根本没吹几下！”温盖特挤出全部业余时间制定了一个详细的战略计划。他计划在提贝斯提（Tibesti）山区集结兵力，向北攻击驻利比亚的意大利军队。但此时又遇到了挫折。海宁将军反悔了，可是就在 9 月 6 日，首相对魏茨曼博士重申，自己支持这个方案，这样看来，该方案不会再次搁浅。陆军大臣安东尼·艾登（Anthony Eden）站出来声援，最令人吃惊的是，他竟然得到了劳埃德勋爵的支持。达格代尔夫人记录了这一空前乐观的时刻：“9 月 13 日，星期

① 耶利哥，巴勒斯坦古城，即今天的杰里科。根据《圣经·约书亚记》记载，为了攻占耶利哥，约书亚遵从耶和华的指点，让七位祭司吹着羊角走在约柜前面，每日绕行耶利哥城一次。第七天，绕城七次，然后由祭司吹起羊角，以色列百姓跟着大声呼喊，城墙就塌陷了。——译注

五——然而，这是幸运的一天！伟大的一天！今天，哈伊姆会见了劳埃德勋爵、安东尼·艾登和外交部的巴格里（Bagally）先生，他们同意了我们的全部要求。很快将组建一支1万人的犹太战斗部队，其中三四千人在巴勒斯坦招募，在国籍和待遇方面与波兰人、捷克人一样。耶利哥的城墙倒塌了，倒塌了！下午5点左右，我顺道去了多尔切斯特，哈伊姆刚刚结束会谈回来，他兴致勃勃，但表情庄严。他说：'今天同《贝尔福宣言》发表之日一样，是一个伟大的日子。'奥德·温盖特也在那儿，他看上去容光焕发。今天对他来说也许同样是远大前程的开端。"

"9月14日，下午4点，我去了温盖特的寓所，刘易斯·内米尔也在。奥德介绍了征兵、训练和未来使用犹太战斗部队的计划。他说，不是自夸，除了他本人以外，没人能够贯彻这些想法；如果他去不了，就得埃维茨将军。一想到哈伊姆在安排他与迪尔将军会面问题上不够坦率，他便大发雷霆，差一点砸碎茶杯。他后来道了歉，他是一个极难驾驭的人。"

魏茨曼博士可能了解一些埃默里与韦维尔会谈的情况，因此，在安排温盖特与迪尔会面问题上，他显得犹豫不决。然而，温盖特感到，自己初到巴勒斯坦以来渴望已久的时刻似乎指日可待。他接到命令，要他把在林肯郡临时组建的部队的指挥权移交他人，并于17日亲自向帝国总参谋长报到。1923年5月，寇松（Curzon）勋爵基于确凿的证据产生了错误的希望，[①] 此时的温盖特陷入了同样的尴尬境地。他现在有充分的理由相信，过去的历史再也不能成为反对他的借口，他即将指挥一支犹太军队。
232 但到陆军部后，他发现自己和约翰·迪尔爵士说的根本不是一回事儿。当温盖特抛出自己的计划和想法时，约翰·迪尔爵士显得有些困惑，他解释

① 1923年5月，英国首相安德鲁·伯纳尔·劳（Andrew Bonar Law）退休，继任首相的有两位人选，一位是乔治·寇松（George Curzon），另一位是斯坦利·鲍德温（Stanley Baldwin）。英王乔治五世最终决定任命鲍德温为首相，他紧急召见时任外交大臣的寇松，准备告诉他自己的决定。寇松在乘火车返回伦敦的途中，以为自己将出任首相。但当他听到国王的决定时，不禁泪如泉涌。——译注

道："确切地说，是要派你去阿比西尼亚"。温盖特回到希尔大街 49 号，他和洛娜住在那里的一处公寓，他找到达格代尔夫人和刘易斯·内米尔。达格代尔夫人在日记中写道："我希望他（温盖特）能扭转乾坤，很明显，没有他，整件事都将彻底失败。"事实证明，她的最后半句话是正确的。此后全部计划彻底告吹。从未组建过犹太军队。[①]

次日，也就是 9 月 18 日，温盖特去陆军部详细了解他的新任务，在那里听到了一个让他抱憾终生的消息。他被告知"直接去"开罗，到中东战区司令部一个叫"G（R）"的部门报到，最终要去东非参加对意作战行动。他接到的指示中包括一条禁令，即不允许他去巴勒斯坦，不论出于何种原因，也不论是公务还是休假。

会谈结束后，他开车直奔罗素大街的犹太复国主义者总部，他在那里见到了魏茨曼、劳里、库尼恩和达格代尔夫人。他怒不可遏地大发脾气。他要求魏茨曼博士请首相干预此事，但魏茨曼回答说，这不可能。温盖特坚持要求他这样做。魏茨曼对英国政府近来的亲犹政策信心十足，他说："离开这儿，到别的战场上去赢得你的声望。即使没有你，我们也会有自己的军队。"但这些话并未让温盖特立即冷静下来。就在当天，本·古里安见到了温盖特，他说任何向犹太人提供帮助的人都有可能遭遇不幸，他讲了一个自己以前认识的俄国人的故事，那个人因为抗议沙皇俄国的排犹政策，自己成了"基督徒血案"[②]的受害者。然而，这也安慰不了温盖特。犹太朋友们劝温盖特要忍耐，直到他们发现自己的耐心到了极点。温盖特的绝望之所以如此狂暴，或许是因为他感到自己孤立无援。他内心一定知道，当权者永远也不会撤销禁令，而且还会找到充足的理由支

① 1944 年，英国政府同意组建一个"犹太旅"（Jewish Brigade），但这支部队隶属英军，成员来自数十个国家，并非真正意义上的犹太军队。——译注

② "基督徒血案"是一个古老的反犹传说，谎称犹太人利用基督徒的鲜血制作一种未经发酵的面包。——译注

持这条禁令。他也知道战时一名军人不能拒绝上战场。他相信禁令出自陆军部那些一心想要报复他的人。他似乎从来不曾了解，这条禁令出自阿奇博尔德·韦维尔爵士。

233 后来魏茨曼见到迪尔，后者解释说，组建犹太战斗部队的计划是最近才开始酝酿的，而很早以前，就决定派温盖特去G（R）部门，两者之间没有关系。但温盖特听说这些话，仍不能摆脱痛苦和愤怒。魏茨曼的所作所为甚至让他更加恼怒。温盖特与魏茨曼争吵得越来越厉害，脾气也越来越大，俩人分手前不免恶语相加。就在即将赴任之前，温盖特单独造访了魏茨曼，再次要求他出面干预。此时，他开始相信禁止自己去巴勒斯坦是官方准备取消犹太战斗部队的一个阴谋（他这样想也许不对，但事情的结果正如他所料）。魏茨曼再次表示拒绝干预，温盖特发表了长篇大论的抗议，甚至指责对方是道德上的懦夫。争吵中，魏茨曼说："就算你说得对，你有什么好办法？"温盖特回答说："你应当去温斯顿那儿，要求组建犹太军队！你应当拍桌子！你为什么不那样做？"魏茨曼博士回答说："我可以按你说的做，我那么做甚至也可以争取到一些东西，但是我只能那么做一次，而我还想见温斯顿·丘吉尔很多次。"然而，温盖特是一个地地道道的军人，他容忍不了政治运作的狡诈、微妙和乏味，他也分辨不出谨慎和胆怯的区别，于是俩人一气之下就这样分手了。

没过多久，也许就在同一天，库尼恩博士到希尔大街与温盖特一起吃晚饭。温盖特告诉他的朋友，自己与魏茨曼博士吵了一架，并为自己的行为辩护。他说，犹太复国主义者万万不能心慈手软，只有向英国的政治家们施加压力，才能肃清英国政策中的错误，他提醒自己的朋友说，即使是现在，"哈贾纳"成员仍在阿卡湾监狱中服长期徒刑。他说，这就是魏茨曼温文尔雅地与英国政府打交道的结果！他说着说着，由于无法容忍犹太复国主义者的谨小慎微，他开始攻击全体犹太复国主义者，甚至是全体犹太人，他大声吼道："他们不是一个民族！不是——这就是他们的问题——他们不是一个民族！”

库尼恩博士当即建议温盖特把他的想法告诉本·古里安，后者当时住在汉普斯特德。前面已经说过，温盖特低估了这位能干的犹太政治家。他摇摇头说：“本·古里安不是一位领袖。”

库尼恩回答说：“这并不是问题的关键。他现在是掌权者。就为这 234
个，你也应当去见他。”

经过一番讨论后，温盖特夫妇和库尼恩立即动身去汉普斯特德。当时伦敦正在实行灯火管制，他们坐的是库尼恩博士的汽车。9月7日以来，德国开始对伦敦实施“大规模空袭”，当天晚上，就在他们出发前，伦敦遭到德军的猛烈轰炸。在高爆炸药的爆炸声和防空火炮的轰鸣声中，他们驱车从希尔大街驶向汉普斯特德，可以断定，此时此刻，温盖特想的不是肯特郡那些从前的战友们，也没考虑自己可能突然被炸身亡，他唯一牵挂的是犹太民族的命运。向北到达汉普斯特德后，三个人暂时脱离了轰炸的危险。库尼恩博士进入本·古里安的住所，不出所料，本·古里安正在学习希腊语，他经常在晚上工作之余学习希腊语。

由于某种原因（也许是因为正在搬家具，房子里很乱），本·古里安没有邀请客人们进屋，而是走出来钻进汽车与他们见面。本·古里安和温盖特最终决定在汽车里讨论问题（这是一个非常奇怪的决定），汽车绕着汉普斯特德西斯公园转圈，此时伦敦正在他们脚下燃烧。温盖特一个人滔滔不绝地讲了很长时间，他把对魏茨曼博士说过的话全都对本·古里安又说了一遍，他情绪激动，口若悬河，库尼恩觉得他就像一位盛怒的先知。快讲完时，他告诉本·古里安，犹太复国主义者有责任去鼓动美国人，要求他们把组建犹太战斗部队作为援助英国的条件。本·古里安什么也没说，只是使劲儿摇头。于是，温盖特使用了污辱性的语言，就像对魏茨曼博士那样，他说本·古里安是民族叛徒。本·古里安脸憋得通红，愤怒地瞪着他，但还是一言不发。这时候，汽车又转到家门口了。本·古里安下了车，走进自己的房子，自始至终未说一句话。

空袭仍在继续，库尼恩博士和温盖特开车返回希尔大街，一路上俩人谁也不说话。此时轰炸正值高潮，许多年以后，库尼恩博士回忆起那个夜晚时，十分肯定地说，外面暴风雨般的轰炸似乎没有车内无声的紧张更让人揪心。他们回到住处后，温盖特问库尼恩是否愿意按他的建议去美国进行游说。库尼恩回答说不，于是他也被指责为叛徒。说来奇怪，经历过
235 这些事后，温盖特并未失去犹太朋友的信任，一个无可争辩的事实是，他们不仅仍然信任他，而且仍然爱戴他。争吵都过去了，就好像什么也没发生。

差不多就在接到出发命令的同时，他又接到另外一条命令，这本来应当是一个令人满心欢喜的好消息。从前的期望终于可以如愿以偿。即使是不久前在锡德卡普的日子，虽然他的功劳簿上已经有了“夜间别动队”的经历，温盖特仍然经常抱怨自己未能进入坎伯利参谋学院深造。他现在终于可以把那些牢骚撇在一边了。他被召到陆军部，得知自己被提名进入军事学院的第四期作战参谋班学习。他断然表示自己无法从命。9月19日，他乘船离开英国前往开普敦，并将从那里走陆路去埃及。他随身携带的日记本只记录了旅途中的四件事：10月1日在阿松森岛停靠，3日在圣赫勒拿岛，7日到达开普敦，17日到达开罗。当不列颠民族奋起捍卫自己的尊严时，温盖特被迫经历了人生中最后一段意气消沉的时期。

第十一章

埃塞俄比亚的召唤 236

战争头两年，阿奇博尔德·韦维尔爵士靠着自己的人格魅力统治着开罗。历史对于他作为将军的功绩或许褒贬不一，但对于他作为领导者的功绩则不会有任何疑问。韦维尔话不多，常常给人以墨守成规的假象，其实他像丘吉尔一样有着万丈豪情和动人口才，能够在逆境中激励人们的斗志。在中东地区重整旗鼓，凡是指望不上首相的，都要指望韦维尔。他的地位独一无二，不论是普通官兵，还是高级指挥官和参谋人员都对他无比爱戴。1940 年夏，几乎听不到对他的任何批评。人们知道温盖特是总司令器重的人，他此时来到开罗，正是大显身手的好时机。温盖特似乎透露了一些他与内阁大臣的关系，这更让别人对他另眼相看。在中东战区司令部，以及在后来的喀土穆，都有一些流言蜚语，传说温盖特如何神通广大，而温盖特本人也无所顾忌，并不站出来公开反驳。

10 月，温盖特到达中东战区司令部，向 G（R）部门的负责人艾德里安·辛普森（Adrian Simpson）上校报到。尽管印度大臣推荐他到埃塞俄比亚从事游击战，但总司令下达的指示并不明确，而且他来到中东战区时，发现早在数月前，领导埃塞俄比亚起义的全部空缺岗位已经被预订了。这正是中东战区司令部的特点，其他远离本土的司令部恐怕也是一样：除了温盖特以外，有许多二级[①]参谋军官被打发到开罗卸任，就因为那些岗位已经分配给别人，而需要大家很快掌握的一条竞争法则就是，要获得中东战区的低级别岗位很大程度上靠主动进取精神。指挥官们通常问
237 新来的人："你想做什么？"温盖特回答说，他想写一份备忘录。他念念不忘从南面进攻利比亚的计划，来到开罗之后的一段日子，他整天忙于为辛普森上校撰写详细报告。这份备忘录并未保存下来，但长达八千字的评估意见得以留存，从中我们不难推想温盖特在中东战区这个大舞台上的最初亮相。

提贝斯提计划最终毫无结果。唯一值得一提的是，这个计划反映了温盖特的一些主要思想，而这些思想奠定了他日后的丰功伟绩。"夜间别动队"让他懂得在小区域发动奇袭的军事价值，而他现在正将这一经验应用于广大区域。他想起了艾因哈罗德，当时"夜间别动队"的一条重要经验是，在远离常设司令部且尽可能靠近敌占区的地方，分别建立数个游击司令部。他将这一思想应用于全新的广大空间和远距离背景下，建议在提贝斯提山区创建一个大型军事基地，并在尽可能靠近意军防线的地区，建立一个集结地和一个能够得到皇家空军特遣部队支援的要塞……按照上述想法组建一支雇佣军，大约需要英国陆军 10 000 人，皇家空军 1000 人，以及规模庞大但无法确定具体数量的尼日利亚部队。他们需要装备大量适合沙漠运输的汽车。显然，温盖特吸收了奥尔马希寻找扎苏拉绿洲时的成功经验。正如他 1934 年在皇家地理学会杂志所发表的观点，即"汽车在沙漠中可以畅通无阻，就像舰船在大海中可以自由航行一样"，他现在认为这是不言自明的道理。他的想法是对的，但并不完全符合实际。德国人比英国人更早利用奥尔马希的试验成果，而提贝斯提计划之所以终成泡

① 英军将参谋军官划分为三级，一级通常为上校或中校；二级为少校；三级为上尉。——译注

影，很可能是因为当时英国和美国都没有适合在沙漠中长期使用的车辆。

对温盖特本人来说，提贝斯提计划可以说是“毫无结果”，但该计划对后来的作战行动产生了影响。这份计划得到有关方面的重视和认真研究。有迹象表明，勒克莱克（Leclerc）[①]将军后来从乍得湖（Lake Chad）发起的著名远征，受到了提贝斯提计划的启发。果真如此，也许是因为温盖特的备忘录曾在司令部各部门之间广为传阅。该计划可能对“沙漠远程作战群”（Long-Range Desert Group）[②]的卓越战绩提供了某种借鉴。不过这些推断都缺少确凿的证据。

备忘录有一点令人感到意外。它建议从英国征兵，而没有借此机会 239
提出组建犹太军队。温盖特被迫接受了重新启用自己的条件，他内心的痛苦可想而知。正当备忘录在司令部传阅期间，11 月 2 日，他接到去喀土穆的通知。他最终还是投身了埃塞俄比亚的游击战。

意大利入侵埃塞俄比亚四年半后，当地局势令征服者和被征服者都感到沮丧。奥斯塔公爵（Duke of Aosta）较为文明的治理取代了格拉齐亚尼（Graziani）[③]的残暴统治，但是这一改善来得太迟了，已不足以改变意大利的命运。征服者的幻想破灭了。他们不仅被仇恨所包围，而且认识到他们梦寐以求的新罗马帝国实际上得不偿失。一份权威的评估报告描述了越来越糟糕的经济形势。“拿伯的葡萄园，从里面看并不像从外面看那样诱人。本以为矿产收入足以补偿海港、国有工厂、道路桥梁的巨大花费，但实际探明的储量尚不足以偿还购买采矿设备的费用；原指望能找到石

① 菲利普·勒克莱克（Philippe Leclerc，1902—1947），自由法国军队的将领，二战时期曾参加过解放北非和欧洲的战役，死后被追认为法国陆军元帅。——译注

② “沙漠远程作战群”是第二次世界大战期间活跃在北非战区的一支英国特种部队，他们装备了适合在沙漠地区行驶的车辆，主要从事侦察和情报搜集，有时也承担战斗任务。——译注

③ 鲁道夫·格拉齐亚尼（Rodolfo Graziani，1882—1955），意大利法西斯主义者，20 世纪 30 年代，曾任意属索马里总督、埃塞俄比亚总督。——译注

油，后来也未能如愿；贸易额少到可以忽略不计；社会保险根本不存在，农业税也缴不上来；这样的条件当然无法吸引外国资本，尽管意大利政府在这方面想了不少办法。”6 月 10 日，意大利对英法宣战，此时埃塞俄比亚已经成了熟透的果子，随时任人采摘。

奇怪的是，苏丹的英国人作为意大利东非帝国的邻居，竟然对埃塞俄比亚的局势知之甚少。征服者凭借着战场上的胜利和其他方面的收益，让意大利在宣传上占据着优势，而墨索里尼更是得寸进尺。根据 1938 年 4 月英、法、意三国签订的“友好条约”，英、法政府撤销了驻亚的斯亚贝巴（Addis Ababa）的外交代办处，保留下来的领事馆也取消了“东方事务秘书”和其他一些专职岗位。结果，意大利在宣传上大获全胜。西方联盟的报纸，由于缺少报道素材，只能跟着法西斯的报纸随声附和，而喀土穆的“消息灵通人士”也不知不觉地做着同样的事情。要不是有三名勇
240 敢的特工，英国人在形势判断上的致命错误很可能得不到及时纠正。他们的情报来得正是时候。

法国人可不像英国人，“友好条约”在他们眼中不过是一纸空文，他们搞起情报来一点也不会缩手缩脚。有一名法国上校情报员名叫莫尼耶（Monnier）。他在埃塞俄比亚境内进行了大量的秘密调查，并于 1939 年 7 月底到达喀土穆。没过多久，他就死于疟疾。莫尼耶在历尽艰辛的旅途中有一位同伴，此人是埃塞俄比亚人，品格高尚、经历非凡，当时他使用的化名是瓦尔德 · 米卡埃尔（Walde Mikael），他有时也化名汤普森，而他的真名叫洛伦佐 · 泰扎兹（Lorenzo Taezaz）。莫尼耶死后，泰扎兹跑到开罗，接受了中东战区司令部的调查。他全面报告了自己和莫尼耶的发现。第三位特工名叫保罗 · 兰格里斯（Paul Langrois），他是流亡法国的意大利人，在西班牙内战中表现英勇。1940 年初，他到达喀土穆。他反映的情况与前面两位特工说的一样：鉴于埃塞俄比亚的内部形势，意大利无力对苏丹开战，然而，罗马还是有可能宣战。还有一点，他们三人看法

一致：不论意大利人怎么说——有多少得到资助的珀金·沃贝克（Perkin Warbeck）①——埃塞俄比亚难以压制的爱国主义力量始终团结在流亡皇帝海尔 塞拉西（Hailc Sclassic）② 周围。

基于这些有力的证据，在英国阵营内部出现了一股乐观势力，但他们的依据只是三个人的考察结果，还不足以打消保守派的疑虑。保守派的首领是驻苏丹英军的少将司令威廉·普拉特（William Platt）爵士。大战爆发前，他曾宣布英国在苏丹的全部资源应主要用于防御。他原则同意鼓动埃塞俄比亚人起义，以维持高涨的爱国主义热情，但他说，他不同意以区区数千人发动进攻，那些人只装备了步枪，每个连只有 1 到 2 挺机关枪和 2 至 3 个弹夹，他们要进入阿比西尼亚山区，却不了解当地的情况，也没有当地首领的支援和起义可以依靠，而对手是欧洲人领导的军队，敌人在空中力量、地面部队数量和装备方面拥有巨大优势。普拉特将军无意中概括了战争第二年他们将要克服的困难。

阿奇博尔德·韦维尔爵士属于乐观派。1939 年 9 月战争爆发前，他听取情报参谋的建议，采取了一个重要步骤，招募了一个叫丹尼尔·亚 241
瑟·桑福德的人，此人是吉尔福德大教堂（Guildford Cathedral）的司库。桑福德在埃塞俄比亚的经历比其他任何欧洲人都要长。1914 年，他在亚的斯亚贝巴任领事，1920 年至 1936 年间，他靠经营农场为生，同时兼任埃塞俄比亚政府的临时顾问。帕默斯顿（Palmerston）③ 曾经说过，如果你想了解有关外国的错误信息，你只需要听听长期住在那个国家的英国人的

---

① 1491 年，英王亨利七世继位六年后，一个叫珀金·沃贝克的人，自称是英王爱德华四世之子，即失踪的约克公爵理查德，他声称有权继承英国王位，并得到一些欧洲王室的支持。1497 年，他率部在英国康沃尔登陆，以英王理查德四世的名义起兵造反。战败被俘后，他承认自己欺世盗名，两年后因企图越狱而被绞死。——译注

② 海尔·塞拉西（1892—1975），埃塞俄比亚末代皇帝，1930 年称帝，1935 年曾组织军队抵抗意大利入侵，战败后流亡英国，1941 年在英国人的帮助下重新夺回政权。——译注

③ 亨利·帕默斯顿（Henry Palmerston，1784—1865），英国政治家，曾先后担任过英国外交大臣和两任首相。——译注

意见。桑福德算得上是一个极少见的例外。自1939年以来，他有关埃塞俄比亚重大问题的建议从未出现过失误。他坚信两点：第一，海尔·塞拉西皇帝值得鼎力相助，不仅因为他的帝位没有真正的竞争对手，也因为他有能力领导忠诚的臣民；第二，埃塞俄比亚爱国主义者是一股强大的力量。他坚持认为大量有关埃塞俄比亚人服从意大利人统治的说法都是空洞的宣传。1939年10月，这个精力充沛、目光远大的桑福德，起草了一份鼓动埃塞俄比亚人起义的计划，这为后来的一切奠定了基础。

从1939年10月至1940年秋，英国的埃塞俄比亚政策经历了漫长而微妙的变化，这里不再赘述。在喀土穆，保守派和乐观派的论战好不容易才平息下来，居中调停的是陆军部与中东战区司令部的联络官埃尔芬斯通（Elphinstone）上校。10月，在他的协调下，各方同意对喀土穆的埃塞俄比亚人进行人口普查，并在苏丹和埃塞俄比亚边境设立军械库。在这些建议基础上，苏丹国防军边防营应运而生。这支部队在次年的作战中扮演了重要角色。

随后，桑福德进行了长时间准备，他得到了许多人的支持和帮助。尽管当权者对他们的工作表示怀疑，还经常泼冷水，但他们并不气馁。1940年春天到初夏，他们取得了一些进展。在喀土穆成立了由罗伯特·欧内斯特·奇斯曼（Robert Ernest Cheesman）领导的埃塞俄比亚情报局；边防营扩编为5个连，由休·鲍斯特德（Hugh Boustead）少校指挥，此人后面还会多次提到；桑福德在索马里兰（Somaliland）和肯尼亚考察了两国与埃塞俄比亚的边境，并与埃塞俄比亚政要们进行了初步接触；在喀土穆的埃塞俄比亚难民都被登记造册，这样就知道大概有多少埃塞俄比亚人可
242 以参加战斗。埃塞俄比亚难民分成两派，他们时而在街上互相攻击，这使怀疑派的观点占了上风。眼看乐观派就要大势已去，此时三名情报人员的证词发挥了起死回生的作用。桑福德手下的一名特工，偷了一个意大利邮包，并送到喀土穆进行检查。他们在私人信件中发现了很多失望和思乡的

情绪。

6 月 10 日，意大利宣战，当时桑福德正在开罗。总司令要他参加一个高级参谋军官会议，并正式命令由他负责策动埃塞俄比亚起义。空军司令亚瑟·朗莫尔（Arthur Longmore）爵士当时也在场，他承诺空军会提供支援。会后亚瑟爵士悄悄对桑福德说："你记着，桑福德，我没有飞机，这一点你很清楚，但如果你确实需要空中支援，请直接告诉我本人，我保证你会得到它。然而，我也真诚地希望，除非你别无选择，否则不要请求空中支援。"此时，喀土穆方面批准了桑福德和奇斯曼的计划。当局向埃塞俄比亚的 9 位酋长分发了武器弹药。6 月 25 日，发生了一个震惊喀土穆的重大事件。皇帝陛下到达了亚历山大港。

随同皇帝前来的还有他的次子和洛伦佐·泰扎兹，以及一位秘书和乔治·斯蒂尔（George Steer）先生。这件看起来不可思议的事其实很简单。法国不日即将陷落，不可能从英国直飞埃及。英国为皇帝的非洲之行提供了一个飞艇，以供不时之需。英国外交部把所有问题都留给苏丹当局处理。事实证明需要处理的问题实在太多了。

皇帝到达亚历山大港两天后，又乘飞艇前往喀土穆，随行人员中增加了埃德温·查普曼·安德鲁斯（Edwin Chapman Andrews）先生，此人是英国大使馆的"东方事务秘书"。飞艇还在向南飞行途中，喀土穆当局做出了第一个反应。他们用无线电通知飞艇，目的地由喀土穆改为瓦迪哈勒法，那里正值酷暑季节，食宿准备也非常仓促，国王陛下被迫在那里停留了一周时间。在此期间，查普曼·安德鲁斯飞往喀土穆，极力主张皇帝有权定居在喀土穆，这遭到了总督和驻苏丹英军司令的反对。安德鲁斯带着桑福德回到瓦迪海法。皇帝对这位勇敢的朋友为自己的事业所付出的努力大为感动，但听说自己的追随者只分到数量很少的武器，他感到颇为失望，他发现桑福德遵照官方禁令，反对他立即返回自己的出生地，他又觉 243
得深受伤害。不过，查普曼·安德鲁斯最终设法撤销了禁止皇帝南行的禁令。他们在距喀土穆28英里的杰贝勒奥利亚（Jebel Aulia），为皇帝安排了一处舒适的、绿树成荫的住所。7月2日，皇帝化名史密斯先生在那里安顿下来。

皇帝归来的消息在他的臣民中传播开来，大量难民涌入喀土穆应征入伍，其数量如此之大，很快就成为令当局头疼的新问题。没有足够的兵营和宿舍，没有多余的武器，也没有人训练他们（为了能有人指挥他们，连苏丹警察都被授予军士衔）。与此同时，苏丹的形势令人绝望，意军对英军的数量优势达到20比1，英国人在索马里兰、卡萨拉堡（Forts Kassala）和加拉巴特（Gallabat）缴械投降。出于安全原因，可怜的皇帝陛下受到严密保护，与其说他是友邦的君主，还不如说是东道主英国的阶下囚。当初他为国家忍辱负重选择了退位，在流亡期间，他一直保持着君主的尊严。现在他连人身自由都受到限制，这只能加剧他的愤怒，他比以前更有理由感到委屈。

海尔·塞拉西到达苏丹一个多月以后，桑福德进入埃塞俄比亚发动起义。他带领先遣人员从多卡（Doka）出发，于9月18日到达萨卡拉（Sakala）地区的法古塔（Faguta，在塔纳湖以南约35英里处）。他在此地设立了司令部，并以法古塔为根据地，克服给养不足、喀土穆方面的怀疑、埃塞俄比亚人的厌战情绪等重重困难，重新唤起了埃塞俄比亚人的爱国主义激情。桑福德遇到的主要难题是两位酋长的争权夺利，一位是麦卡（Mecha，在亚的斯亚贝巴附近）的曼加沙·詹贝尔（Mangasha Jambare）侯爵，另一位是伯耶（Burye）的纳加什·卡巴达（Nagash Kabada）侯爵（Dejasmach）[①]。桑福德设想由两位酋长领导起义，俩人的想法是首先攻打戈贾姆（Gojjam）地区，以策应从苏丹发起的进攻。然而，由于曼加沙和

① Dejasmach，埃塞俄比亚旧时的一种军事贵族头衔，传统的埃塞俄比亚军队包括先锋、本队、左翼、右翼和后卫，本队司令即为Dejasmach，相当于西方的侯爵。——译注

纳加什相互妒忌，除了纳加什的部队在伯耶以东地区与意大利军队进行了小规模战斗以外，整个计划毫无进展。桑福德有许多烦恼，令他一直担惊受怕的是，他动员起来的每一个埃塞俄比亚人都喜欢轻举妄动，不过盟友们在军事上的轻率反倒帮了他的忙。他们虚张声势，变本加厉地大肆造势，这让意大利人乱了阵脚，士气更加低落。10 月底，在喀土穆发生了一系列政治事件，起义的前景焕然一新。

海尔·塞拉西与英国的关系开始紧张起来。皇帝抱怨说，他的人民得 244
到的步枪远远少于事先承诺的数量；这些为数很少的武器如何分配，他本人无权决定；他的卫队既无训练，也无装备；在他的王国境内即将展开的作战行动，并未征求他本人的意见；在意大利与阿比西尼亚的战争中，有一营厄立特里亚士兵脱离意大利军队开了小差，他们现在被扣留在肯尼亚，而未被送往喀土穆归他调遣。他从一开始便要求，埃塞俄比亚应当作为一个主权独立国家与大英帝国结盟，以证明英国的诚意，现在他说，希望英国人立即与他商谈缔结长期友好同盟条约。

海尔·塞拉西提出了一些重大而严肃的政治问题，足以证明他是一位真正的政治家，这不是第一次，也不是最后一次。他令苏丹当局左右为难，于是，他们决定召开一次有内阁大臣参加的会议。会议于 10 月 28 日在喀土穆召开。时任陆军大臣的安东尼·艾登代表英国政府参加了会议。陪同他前来的还有斯马茨（Smuts）陆军元帅、阿奇博尔德·韦维尔爵士、开罗使馆的代表迈克尔·赖特（Michael Wright）先生、迪金森（Dickinson）中将，以及接替迪金森担任东非军司令的坎宁安（Cunningham）中将，在陪同参加会议的参谋人员中，有 G（R）部门的代表。为期三天的会议可以用“暴风骤雨”来形容，但皇帝与英国方面最终在主要问题上达成了一致。这是因为安东尼·艾登重申了他 1935 年在国联大会曾经捍卫过的原则。他坚持认为海尔·塞拉西有权领导起义，他劝说苏丹政府将目前的起义看作解放战争。这个伟大的成就与温盖特的命运紧紧联系在一起。

尽管缔结条约的要求遭到拒绝，但会议的决议对海尔·塞拉西和乐观派势力大为有利。查普曼·安德鲁斯和洛伦佐·泰扎兹前往肯尼亚去解决棘手的厄立特里亚营问题；埃塞俄比亚的造反者（此后应皇帝要求，称为“爱国阵线”）得到了大量的斯普林菲尔德式步枪和布伦式轻机枪；安
245 东尼·艾登保证，不论花多少钱都要解决 101 特遣队的运输问题；由英国军官领导并由英国军士供职的“作战中心”，在整个中东地区招募人员，为的是训练“爱国阵线”的士兵，并率领他们进入埃塞俄比亚作战；两名英国正规军军官将被派往喀土穆，作为英国军事当局和 101 特遣队与皇帝之间的联络官；他们的任务是将埃塞俄比亚人的需求通报给中东战区司令部，并负责监督埃塞俄比亚爱国者的集中、招募和训练。军需处的塔基（Tuckey）少校和奥德·温盖特，被选中担任上述联络官职务。这就是温盖特去埃塞俄比亚领导游击战的由来。11 月 6 日，他到达喀土穆。

几年前，温盖特在伦敦的布朗酒店曾见过皇帝陛下。那次见面，俩人似乎没讲过话，但皇帝对温盖特的印象不错，而且并未忘记这位怪杰。温盖特记录了他与海尔·塞拉西在喀土穆初次会面的情景。“我发现皇帝很沮丧。”温盖特写道，“他说，迄今为止，爱国主义运动还只是空谈，他显然担心自己仅仅被当作走卒让人利用。我对他说，解放埃塞俄比亚是英国战略目标中不可或缺的一部分；同样至关重要的是，埃塞俄比亚人必须在未来的行动中发挥主导作用；最后，我还说，他应当坚信自己的事业是正义的，并将一句古老的谚语作为自己的座右铭：‘如果我不为自己着想，谁会为我着想？’”温盖特似乎已经决定了如何实现自己的远大抱负，皇帝后来对查普曼·安德鲁斯说，初次会晤时，温盖特的活力四射和敏锐的战略思维给他留下了深刻的印象。在这次觐见快结束时，温盖特对皇帝说，他可以将埃塞俄比亚人的事业引向胜利，如果皇帝愿意“给他一样东西”。

“你要什么？”皇帝问。

温盖特回答说：“陛下的完全信任和信心，要毫无保留，从始至终。”

很显然，从理论上说，温盖特的新职位并非很有权威。他的军衔只
是少校。如果他是一个没有野心的人，如果他只是小心谨慎地执行上级指 246
示，那么他本应当将领导起义的重任留给桑福德和鲍斯特德，而自己则安守幕僚和联络官的本分。有趣的是，当温盖特将自己的岗位转变成指挥角色时，并没有人提出反对。那是一个怪异的时代；人们表现得英勇、豪迈，从某种意义上说是不负责任，从另外一种意义上说则是高度负责。表面上看战争已经输了，但英国人决不愿承认失败。在那个时代，如果任何人相信他有办法转败为胜，并向他人灌输必胜的信念，大家都会认真倾听，而且很可能会获得一批追随者。很快这种状况使埃塞俄比亚之战陷入了极大的麻烦。

离开开罗之前，温盖特获得了一笔100万英镑的资金，这笔钱的用途就是援助埃塞俄比亚起义。温盖特顿时感到财大气粗，于是开始大刀阔斧地履行自己的新使命，他要办的第一件事是按照艾登和海尔·塞拉西的协议，搞到足够的运输工具。在苏丹机动交通工具少得可怜，马匹和骡子也不够用，但骆驼却有的是。温盖特一向是急性子，他一下子买了大批骆驼，用于从喀土穆向埃塞俄比亚边境运送武器装备。按照权限，温盖特最多可以买25 000匹骆驼，他的运输官是知名学者威廉·艾伦（William Allen）。据艾伦说，温盖特一共买了18 000匹骆驼，其中15 000匹（根据官方记录）在战争中投入使用。进入埃塞俄比亚的那些可怜的牲口，没有哪个活过6个月。

埃塞俄比亚第1营从肯尼亚到来，第2营（在查普曼·安德鲁斯视察之后）即将到位。从北面运来了10 000支斯普林菲尔德式步枪，每天都有自愿效力的英国军官和军士来喀土穆的“作战中心”报到。几个星期以来，埃塞俄比亚难民中的志愿者和爱国人士集中到喀土穆附近的索巴

（Soba）军营。以英军的标准衡量，这里只能算是一个临时凑合的集结地，既不舒适，也欠整洁，但现在它开始渐渐像个军营了，编配了一名营区指挥官、一名副官和一名军需官，还有其他令人愉快的变化。尽管大人物们还持有疑虑，但起义之事总算正式开张了。这是温盖特取得的第一个了不起的成就。

247 温盖特到达喀土穆后，决定尽快约见桑福德。最初有人建议让他伞降到法古塔，但这个方案很快就被放弃了，因为伞降者返回喀土穆需要太长时间。最终还是决定乘飞机视察。在法古塔的台地上有一块平地，技术精湛的飞行员勉强可以着陆，可以想见，在这块平地上起飞也需要高超的技术。四周都是悬崖和峡谷。温盖特找到一名飞行员科利斯（Collis）中尉，准备冒险试一试。11 月 20 日，他们乘飞机前往该地，同行的还有两个埃塞俄比亚人，一位是阿托 · 格塔洪 · 特塞马拉（Ato Getahun Tesemmra），另一位是马康南 · 德斯塔（Makonnen Desta）侯爵。在飞行途中，温盖特向下俯瞰着边境地区的景色（这是他离开苏丹后第一次看到埃塞俄比亚的领土，当时他还是一位年轻军官，从未听说过犹太复国主义），他决定在时机成熟时，让皇帝取道这条路线回国。给温盖特留下深刻印象的是，这里是依靠罗盘行军的典型地区，完全不依赖于道路。根本没必要找向导，因为贝莱亚山（Mount Belaiya）高高耸立在平原之上，在很远的地方就可以看到。这里的防线上有一个缺口。山背后还有另外一个缺口，奇斯曼发现了一条可以攀上悬崖的路，而意大利人并不知道。

雨天加剧了飞行的危险和不适。尽管如此，他们没有直飞法古塔，而是先飞到设防城镇丹格拉（Danghila）、恩吉亚巴拉（Engiabara）和伯耶上空，他们正确估计到午休时间飞机不会被敌人发现。下午早些时候，他们到达法古塔，飞机着陆非常完美，起义的两位主要领导人实现了第一次会面。他们很快将成为相互仇视的竞争对手，但错误不在桑福德方面。双方的初次见面令人相当愉快。四年后，韦维尔写道：“我真想亲眼看看桑福德与温盖特会面时的情景，当时温盖特飞往阿比西尼亚腹地的一个临时着陆场。很少有人比温盖特更像一位风风火火的游击战领导人，也很少有人比桑福德更不像游击战领导人了——他带副眼镜、朴实无华、为人厚道——但他与温盖特一样勇敢、一样活跃。”

双方进行了会谈。桑福德满腹牢骚地抱怨喀土穆方面的三心二意和坐失良机。他只收到 1000 支步枪，弹药也不足；他缺乏资金、高爆炸药、机关枪和迫击炮。由 150 匹骆驼组成的运输队正从罗塞拉斯（Roseires）赶来，这是他所知道的仅有的支援。他曾听说过艾登会谈的要点和决议， 248
然而这不是他第一次听到令人鼓舞的消息，他对决议能否落实表示怀疑。随后温盖特向他详细介绍了最新的行动方针，并鼓励他说，虽然在艾登会谈之前起义遇到了一些挫折，但现在英国政府已经义无反顾地承诺发动大规模起义。温盖特还向桑福德介绍了作战中心的编制，他说每个作战中心由 1 名英国军官指挥，编有 5 名英国军士和大约 200 名埃塞俄比亚士兵。3 个作战中心已经满编，有望在三周内离开苏丹前往埃塞俄比亚。这些消息令桑福德感到高兴。俩人在初次会晤中只有一点分歧。温盖特希望由他指挥的作战中心来分配所有补给和装备。桑福德自然希望继续按自己的想法办。按照桑福德目前的安排，运送装备的第一批驼队需要在悬崖脚下会合。这当然不是什么大不了的分歧，因为计划可以推迟，但这预示着后来还会出现更严重的分歧。其他事宜双方均达成一致，特别是他们都同意一旦皇帝陛下的卫队完成组建和训练，皇帝本人应当尽快返回埃塞俄比亚。

青尼罗河有许多源头，法古塔营地就坐落在这条河的一个发源地附近，那里是埃塞俄比亚的一处宗教圣地，因圣米迦勒之泉教堂（The Church of St. Michael’s Spring）而闻名。返回喀土穆之前，温盖特和马康南·德斯塔侯爵花了 4 个小时，骑马从法古塔前往附近的名圣游览。一路上，他们怀着轻松的心情消遣观光，同时也期待着政治上的好运。教堂里有一小群人，马康南·德斯塔向他们介绍了温盖特的使命，并向他们保证这预示着国王陛下即将回国，这正是埃塞俄比亚人怀着宗教敬畏期待的“征兆”。这个消息一传十，十传百，越传越神奇，很快在埃塞俄比亚境内传播开来。

22 日，温盖特一行启程返回喀土穆，他留下马康南·德斯塔协助桑福德为作战中心到来做准备。如果说飞机在那一小块台地上降落是危险的，那么起飞则是一场噩梦。科利斯估计跑道长度刚刚够飞机滑跑升空，差一点就可能坠落悬崖。飞机之所以能成功起飞，完全因为它是一架老式
249 飞机，滑跑距离较新式飞机短。科利斯两次试图起飞，由于担心速度不够，又把飞机紧急拉向一边。第三次飞机成功离地了，起飞时离悬崖边只剩几码距离。要知道，温盖特天生缺乏飞行的胆量，即使是最安全的空中飞行，也会令他非常紧张。

返回开罗前，他在喀土穆逗留了一个星期。他住在喀土穆的格兰德大酒店（Grand Hotel），整日忙于管理和组织工作。

他在这段时间直至离开埃塞俄比亚之日的整个表现，成为他人生的一幅漫画像。原因似乎非常简单。尽管他从来不曾坦言，但有明显证据表明，禁止他重返巴勒斯坦的禁令给他造成了极大伤害，这几个月对他来说简直就是流放，他生活在极端痛苦之中。温盖特身上的许多迷人之处被掩盖起来，只是偶尔才显露一下，不论是从前，还是以后，他都不曾表现得如此严厉、急躁、偏执和做作。他能唤起许多年轻军官的忠心，但除此而外，他交友不多，树敌却不少。只有了解他内心正经历着怎样的痛苦，才能理解他为什么会如此反常，但性格上的突变从来不曾真正威胁到他的事业，这也恰恰证明他的意志是何等坚强。

在温盖特一生中的其他时期，他的古怪性情往往是不由自主地表现出来，然而，现在他却故意夸大性格中乖僻的一面。他有许多别出心裁的刻意表现，其中之一就是在腰间挂一个闹钟，以便凭借闹铃声准确控制会客时间。他再次恢复了以刷身代替洗澡的习惯，在格兰德大酒店的

房间里，他赤身裸体接待客人，当着他们的面擦拭身体，令客人们大为
惊愕。如果说这些“懊恼之时想出来的古怪花样”[①]还让人容易忍受一些，
那么与之相伴的那些极端粗鲁的言行则另当别论。现在不论是在公务活动
中，还是在私下场合，他的粗暴无礼都已经发展到了荒诞不经的程度，他
在谈公事时经常指责对方是意大利走狗；他在私下里总是以奚落别人为
乐，言语之尖刻好像非要激怒对方不可。G（R）部门的联络官多兹－帕
克（Dodds-Parker）上尉当时也住在格兰德大酒店，他吃早餐时总是找最 250
小的桌子，为的是避免与温盖特一起用餐而引发争吵。有一次温盖特恶毒
地指责手下两名参谋是懦夫，说他们谋得现在的职位，就是为了逃避战场
上的危险。俩人实在忍无可忍，一怒之下说再也不能在如此侮辱他们的人
手下供职了，他们必须立即辞职。幸亏多兹－帕克当时也在场，他出面
解围才避免了尴尬的局面。

“等一下，奥德。”他说，“如果他们俩都被指责为懦夫，并且被迫辞职，那么我也一样。我跟他们的职务相同，我认为你说的话也同样适用于我，所以，我们三人都将辞职。”

温盖特自我解嘲地笑了笑，又恢复了幽默感。不过，通常情况下，没有人会帮他摆脱坏心情，而大多数时间里，温盖特的心情都很糟糕。他需要朋友，他需要把所有人团结在自己周围。

可以想象，温盖特与上级的关系更加紧张了，海宁将军和里奇空军中校不得不忍受的一切，威廉·普拉特爵士一样也少不了。有几次驻苏丹英军司令声称，他再也不愿意看见温盖特了，而温盖特在格兰德大酒店酷热的房间内大发雷霆，发誓自己再也不想见威廉·普拉特爵士。每次都是多兹－帕克或者斯科比（Scobie）准将为双方说和，暴风雨虽然过去了，但雷声还时常可以听到。这类冲突和争吵影响了作战行动的实施，有人

① 引自莎士比亚的剧本《安东尼和克利奥帕特拉》。——译注

曾听威廉·普拉特说："这场战争的祸害就是上次战争中的劳伦斯。"

他不能善待别人，因而失去了同事们的爱戴；他公开藐视上级，经常做得非常过分，这给他的使命造成了很多不必要的麻烦；似乎就是从那时起，他有时会过分粗暴地对待下属。有一次一名翻译翻得不对，温盖特怒不可遏地用皮鞭将他打倒在地。还有一次，他视察埃塞俄比亚军队时，发现一名士兵着装不整，他当场就把那人打翻在队伍里。这类传说还有一些，它们也许被严重夸大了。那是严酷世界里的严酷生活，体罚是家常便
251 饭，同温盖特一起在非洲战斗过的亲密战友，坚决否认他曾表现出不必要的残忍。然而，可以肯定的是，这段时间他因粗暴而赢得的坏名声高于其他任何时候，过去他时常出于本能和冲动表现出宽容的一面，而在这一时期，他很少给人留下这种印象。可以说，在埃塞俄比亚的日子是一段不同寻常的岁月，在温盖特一生中独一无二。焦躁和痛苦差一点毁了他。

有一天，就在温盖特与桑福德会面的那个星期，他遇到了威尔弗雷德·塞西杰，此人曾因在埃塞俄比亚探险而闻名，现在是苏丹国防军军官。他将要在埃塞俄比亚之战中扮演一个重要角色。他在索巴营地找到了温盖特，并做了自我介绍。

温盖特问："你快乐吗？"

塞西杰不知如何回答，他迟疑了一下说："嗯，是的，我想我还不错。"

温盖特说："我不快乐。不过，我一直在想，也许没有哪个伟人会真正快乐。"当然，他说这句话时，用的是开玩笑的口气，但即使是说俏皮话，他也表现出内心的忧郁和烦恼。

12月2日，在开罗召开作战会议，这次会议要确定对整个意属东非地区的军事方针。会议由中东战区总司令亲自主持，只有高级军官才有资格参加。本来像温盖特这样低级别的军官能否参加讨论是存在争议的，但亚瑟·朗莫尔爵士强烈建议请他参加，所以温盖特被允许列席一次短会。

阿奇博尔德·韦维尔爵士要他讲10分钟，主题是埃塞俄比亚的爱国起义和他的游击战方案。他并未严格遵守韦维尔的指示，但他完成了一生中最精彩的一次表演。

在规定的10分钟发言里，温盖特向与会代表介绍了他在喀土穆的准备工作，桑福德报告的埃塞俄比亚内部形势，以及他对未来行动的设想。他强调最多的是，起义要想取得成功，必须与崇高的道义目标联系起来。“迄今为止，”他后来记录下当时说的话，“我们犯下的致命错误是利用金钱和劣质的战争物资来唤起埃塞俄比亚人的贪婪和自私。这些品质只对敌人有利。我们要成功唤起的是勇气、信念和自尊，因为只有这些品质才对 252
我们有利。我们首先要向埃塞俄比亚人保证……我们的诚意……他们必须明白我们不仅仅站在他们一边，而且冲在他们前面……（我们）必须保证……我们不仅是勇敢的战士，而且愿意为他们的自由事业献身。”他要求英国对埃塞俄比亚的宣传应当以大卫和歌利亚的故事[①]为基调。“我向韦维尔、普拉特和坎宁安将军指出，”他事后记录道，“我们应当向世界公开表明，我们对埃塞俄比亚是慷慨和公正的，这对我们的事业至关重要。为了让埃塞俄比亚完成战前疏散，有必要支持皇帝的权威，并从一开始就为他提供一支军队。”

10分钟很快就到了，但他并未停止发言，他简要汇报完情况后，又将话题转向大战略领域。当时意大利正在入侵希腊，他向与会代表强烈呼吁，从肯尼亚和苏丹撤出大量英军，以便让中东战区司令部将意军赶出整个北非，然后他们可以在希腊和巴尔干半岛与德国人交手（他并未冒昧地提出犹太军队问题，但他确实有这样的想法）。与此同时，只要在南部地区留下足够的部队，保持对埃塞俄比亚的围困，就“会使意大利帝国从内

① 根据《圣经·撒母耳记》，以色列的大卫迎战非利士巨人歌利亚，大卫对歌利亚说：“你来攻击我，是靠着刀枪和铜戟，我来攻击你，是靠着万军耶和华的名。”然后，大卫杀死了歌利亚。——译注

部瓦解”。他信心十足地说，在这一战略指导下，他可以迫使意军在 5 月前投降（他的这一判断是错误的，因为后来在埃塞俄比亚投入的英国部队多达两个军，直到 5 月才迫使意军投降）。

他讲了半个小时。尽管他的发言时间远远超出议程安排，尽管在这次会议上，他的官阶最低，而且是最不受欢迎的人，但温盖特还是给与会者留下了深刻而良好的印象。

对温盖特而言，这次会议取得了如下成果：皇帝及其卫队将尽快进入埃塞俄比亚，在贝莱亚山脚下建立第一个司令部；从边防营抽调一个连进驻那里；从肯尼亚调回埃塞俄比亚第 2 营、第 4 营，以它们为主组建皇帝的卫队，埃塞俄比亚第 1 营的人分散到各作战中心；集中起义军主力攻
253 打戈贾姆，不要四处分兵。一份正式文件称：“该计划的最终目标是夺取意军在戈贾姆的据点，如果拿下丹格拉更好，就近安顿好国王，并以此为中心扩大起义和投诚地区。”

12 月 7 日，温盖特返回喀土穆，继续忙着改编和训练部队。

就在这个月，在埃塞俄比亚发生了一个非常奇怪的小插曲，虽然没有改变整个事件的方向，却造成了一些干扰。这件事对温盖特的影响远远超出了事件本身的意义。

事情是这样的。12 月上半月的一天，苏丹一位离职的狩猎区管理员，从伦敦到达开罗，他背后的势力是谁并不清楚，当时各种各样的势力如雨后春笋般迅速壮大，他的使命显然有一点官方背景。此人的名字叫考特尼·布罗克赫斯特（Courtenay Brocklehurst）。他的使命与埃塞俄比亚南部的盖拉族（Galla）有关。这些部族有点像阿富汗的哈扎拉族（Hazara）[①]，哈扎拉人是帖木儿（Timurlane）军队的后裔，在今天的阿富汗仍然是一

① 哈扎拉族是阿富汗一个有蒙古血统的部族，在较为封闭的环境中，他们一直保持着蒙古族的习性。——译注

个独立的民族。与哈扎拉人一样，盖拉人曾经是征服者，后来被其他民族征服。在埃塞俄比亚早期文明中，被征服的盖拉族一直仇视占据统治地位的阿姆哈拉族（Amhara），然而原始社会的种族仇恨并非那样你死我活，随着时间的推移，各部族之间渐渐淡忘了种族仇恨，甚至出现了种族融合的迹象。盖拉族和阿姆哈拉族之间过去和现在都不存在种族隔阂（皇帝本人就有部分盖拉族血统）。然而，很自然的是，盖拉族比阿姆哈拉族有更多的不满。

布罗克赫斯特有一个自以为能壮大起义声势的计划，并将这个计划呈献给阿奇博尔德·韦维尔爵士。他建议派他和另外两个同伴进入盖拉族居住区，告诉各部族说，如果他们站在英国一方起事，那么他们不仅可以摆脱意大利人的暴政，也可以摆脱阿姆哈拉族的暴政，英国胜利后可以让他们实现自治，并保证他们免受中央政府的压迫。布罗克赫斯特认为，通过这个办法，他可以将那些对英国的胜利毫无兴趣的埃塞俄比亚人争取过来。阿奇博尔德爵士听了这个尚有许多疑问的设想。前面说过，韦维尔很像库图佐夫，在那段时期这种相似之处表现得更加充分，当时胜利还遥遥无期，只有靠大量的时间和耐心才能扭转命运的车轮。他很喜欢那些富有想象力和活力的人，对于新奇的想法，他同意的时候总比反对的时候多。 254
韦维尔对埃塞俄比亚的内部事务知之不多，布罗克赫斯特向他献策时，不仅保证国内会支持，而且施展了非凡的个人魅力。于是，韦维尔对他说“放手去干吧”，并为他在喀土穆做了一些安排（他理应征求手下专家的意见，但他脑子里的事情太多了）。

皇帝可能是通过西拉克·赫劳伊（Sirak Herouy）了解到该计划的，此人是埃塞俄比亚外交部长之子。如果他是从英国人那里听说的，他的疑心会小一些。事实上，他既惊恐又气愤。温盖特也立即产生了强烈的同感。他认为布罗克赫斯特使命有着巨大而险恶的用心，目的是要阻止埃塞俄比亚独立，使其沦为英国的保护国。他的怀疑并非没有根据。几乎可以肯定地说，许多肯尼亚白人和一些在苏丹服役的军人，希望埃塞俄比亚永远也不要恢复独立。布罗克赫斯特有可能受到这些人的帮助和影响。这些人的心理并非那样见不得人。他们希望文明得到传播，他们厌恶肮脏、不公正和偶尔发生的暴行，而刚刚独立的政权难免存在这些现象。同先前来非洲的白人一样，他们的理想主义也夹杂着贪婪。对于那些想继续维持保护国地位的白人，桑福德已经有所领教。101 特遣队的一个小伙子经常在给父亲的信中谈论开发埃塞俄比亚的可能性，他父亲是位富有的澳大利亚商人，儿子的信激发了父亲的希望，他但愿海尔·塞拉西无法统一国家或恢复帝位。桑福德制止了年轻人的错误想法，让他乖乖摒弃了商业思维。桑福德并非未察觉某种不祥之兆，但他不让自己的工作受到过多干扰。作为政客，他比温盖特老练得多。他深知皇帝的实力。当他听说布罗克赫斯
255 特的使命时（比温盖特稍晚一些），他几乎想都没想。然而，温盖特想了很多，也想了很久。

对于皇帝及其支持者来说，需要立即采取行动阻止这项使命，以免造成危害。

皇帝征求了温盖特的意见，于是他们决定以皇帝的名义给阿奇博尔德·韦维尔爵士发一封电报，并请他转呈丘吉尔先生，该电报对布罗克赫斯特使命表示抗议，要求取消，并指出皇帝“不愿承认这项使命丝毫也未改变他实现合理地方自治的初衷”。如果这样做还达不到目的，他们准备诉诸罗斯福总统。这封电报导致中东战区总司令向皇帝陛下保证取消这项使命。在查普曼·安德鲁斯的劝说下，阿奇博尔德·韦维尔爵士已经完全意识到这是一个不明智的想法，看起来，在给首相发电报之前，他已经主动采取了行动。布罗克赫斯特使命很快就夭折了。

这项使命被撤销了。原计划为此提供的武器移交给坎宁安将军的部队。有势力的后台也无法挽救它，甚至可能从未想要出手相救，在喀土穆有人曾反对取消这项使命，但这样的情况只出现过一次。

布罗克赫斯特使命注定会失败。在民族主义兴起的时代，海尔·塞拉西皇帝在英美是倍受敬仰的人物（当时人们对霍尔—拉瓦尔的耻辱[①]还记忆犹新），分裂或贬低埃塞俄比亚政府是不可能成功的。即使布罗克赫斯特计划的初衷不是分裂或贬低埃塞俄比亚，但它可能产生的实际效果就是如此。这个国家远未开化，它的人民无法理解非暴力抵抗那样复杂而微妙的斗争策略，有些人认为原始的盖拉部族能够一方面代表一个国家与意大利作战，而另一方面又能严守古老的议会政治传统，通过和平抗议去争取国家主权，任何人只要动脑子想一想都会发现这种观点有多么荒唐可笑。还有人主张挑起埃塞俄比亚内战，以实现分而治之的目的，在爱国主义空前高涨的时刻，这种观点不仅会让英国选民（和军人）深感厌恶，而且也是极端危险的。意军士气固然低落，但它巨大的数量和装备优势不容忽 256
视。克伦（Keren）之战表明，只要有取胜的机会，意军是准备顽强抵抗的。[②]而埃塞俄比亚内战将给意大利人提供这样的机会。

以上几点基本考虑可以证明布罗克赫斯特使命没什么价值。还有反对这项使命的其他理由。即使布罗克赫斯特的想法有良好的基础，那么也有充分的证据表明他的想法完全不可行。埃塞俄比亚各营招募了很多爱国主义者，他们拥护海尔·塞拉西皇帝，其中很大一部分是盖拉族人，如果布罗克赫斯特的想法付诸实施，那么第一个成果很可能就是索巴军营的兵变。此外，10月以来，桑福德已经通过纳加什·德斯塔（Nagash Desta）承诺与盖拉族首领进行谈判。人们似乎没有意识到布罗克赫斯特的判断存在严重的偏见；他本人对皇帝怀着深深的厌恶，这蒙蔽了他的双眼，让他

① 1935年，法国总理兼外长皮尔·拉瓦尔（Pierre Laval）与英国外交大臣塞缪尔·霍尔（Samuel Hoare）签订了一个协定，史称霍尔－拉瓦尔协定，要求埃塞俄比亚将一大块领土割让给意大利法西斯。此事在英法两国引起轩然大波，霍尔被迫辞职，拉瓦尔政府次年倒台。——译注

② 1941年初，盟军进攻埃塞俄比亚北方城市克伦，遭到意军顽强抵抗，直到3月26日意军才被迫投降。——译注

看不到许多无法回避的现实。他坚信（怀着正义感）皇帝无权要求恢复帝位，也不会有很多埃塞俄比亚人追随他。

当布罗克赫斯特的计划提交喀土穆当局审议时，根本找不到支持者。同时在开罗，阿奇博尔德·韦维尔爵士指定菲利普·米切尔爵士作为他的首席政治顾问，负责处理意大利占领区的所有事务。尽管菲利普爵士后来发现自己在埃塞俄比亚独立问题上与皇帝存在分歧，但他似乎毫不犹豫地谴责了布罗克赫斯特使命。很快还会有许多疯狂的冒险大行其道。这些冒
257 险之举都无足轻重，只不过释放出某种危险的信号，表明白人对非洲仍然抱着顽固而陈旧的思维方式。这件事烟消云散之后，还长期困扰着温盖特，甚至成了他的一块心病，若非如此，也不值得在本书中浪费如此多的笔墨。

又过了一个月，起义开始了。

第十二章

战役发起 258

1 月 18 日，皇帝在随从和英国代表的陪同下，乘飞机从喀土穆飞往罗塞拉斯。20 日，他的飞机降落在埃塞俄比亚边境附近一个叫乌姆艾德拉（Um Idla）的小地方。次日，他主持了一个低调却激动人心的誓师仪式。在埃塞俄比亚境内 30 英里处，埃塞俄比亚第 2 营的仪仗队列队接受皇帝陛下检阅。皇帝抵达现场后向自己的追随者们招手致意，并亲手升起了埃塞俄比亚国旗，仪仗队行持枪礼。查普曼 · 安德鲁斯走上前，宣读了驻苏丹英军司令的贺词，在场的全体人员都肃穆立正。温盖特站在皇帝身后，从一张照片上可以看出他的表情严肃而庄重，头上戴着那顶怪里怪气的遮阳帽，那顶帽子他在巴勒斯坦戴过，整个埃塞俄比亚战役期间他一直戴着它。宣读贺词期间，人们可以听到远处意大利飞机的轰鸣声，有人相信自己听到了丛林中的狮子报之以怒吼，他们认为这是一个好兆头。

他们来得正是时候。两天前，也就是 19 日，普拉特将军率领英印军第 4 师、第 5 师开始挺进厄立特里亚。

下一步计划是护送皇帝到位于贝莱亚的司令部。12 月，边防营已经在那里集结，他们护送着运送补给的庞大驼队，在险峻的边境地区长途跋涉，穿越了荆棘丛生的灌木林，翻越了崎岖不平、沟壑纵横的火山岩地区。许多牲口死在路上。就在大规模行动展开的同时，还有一个小规模行动产生了令人惊喜的效果。1 个连护送着第一支驼队作为开路先锋，为了转移敌人的视线，1 个排和 60 名苏丹警察事先进入驼队行军路线以南的古穆兹（Gumz）地区。他们给当地黑人分发武器，并设法将谷巴（Gubba）的意大利守军牵制在原地。牵制行动很成功，后来皇
260 家空军空袭了谷巴，武装起来的黑人农民让意大利守军成了惊弓之鸟。就在皇帝到达边境前一周左右，意大利人撤出了这个孤立的前沿据点。这意味着从贝莱亚到罗塞拉斯的道路已经畅通无阻。然而，温盖特决不会对皇帝陛下的安全掉以轻心，他命令部队必须沿乡间小道前往贝莱亚，靠罗盘方位角行军。这激起了很多人的愤怒和抗议，对此温盖特只是怒气冲冲地回答说，他比绝大多数人都更懂得按罗盘方位角行军的诀窍，他拒绝改变命令。他事后承认自己错了。他过于相信在巴勒斯坦的经验，忽视了一个基本事实，即按罗盘方位角行军要有准确的地图，而在一个缺乏可靠地图的国家，就另当别论了。他的决定给人员、牲口和车辆造成了大量不必要的损耗。

进入埃塞俄比亚的第二天，温盖特向东朝着贝莱亚方向侦察了皇帝即将行经的路线，将随同皇帝一同前来的还有他的卫队、随从和埃塞俄比亚第 2 营。温盖特一行乘坐两辆卡车，随行人员中包括他的犹太秘书，这里顺便介绍一下此人。不久前，温盖特曾向开罗的伊尔蒂德·克莱顿（Iltyd Clayton）准将请求，派前“夜间别动队”成员给自己当助手，最好是卡米。当时卡米已经被英国陆军任用，但阿夫拉姆·阿卡维亚闲着没事，就在温盖特准备出发去罗塞拉斯之际，阿卡维亚到达了喀土穆。温盖特向他解释了自己为什么要联合犹太人。他对阿卡维亚说，埃塞俄比亚之战是为了将一个国家从不公正的压迫中解放出来，这同犹太复国主义者的斗争属于同一性质。有一次在喀土穆，他曾对多兹－帕克透露了更多的心里话：他希望亲自领导埃塞俄比亚之战取得胜利后，自己能够占据一个

足够强势的位置，这样他就可以要求一件渴望已久的事，即指挥两个犹太师。他将率领这些部队与敌人在米吉多（Magido）平原（即哈米吉多顿[①]）进行决战，以此实现自己的犹太复国主义抱负。还有一次，他对阿卡维亚说："阿比西尼亚人的朋友也是犹太人的朋友。如果我在这里取胜，日后将对犹太人大有帮助。你来这里是为了犹太民族的事业。"他请阿卡维亚到手下供职的同时，还请（也是通过克莱顿）巴勒斯坦的犹太医生来他的部队担任军医。有12名犹太医生志愿报名。他们尚未到达，但已经在路上。在整个埃塞俄比亚战役以及随后的一段时间里，温盖特从未忘记自己的终极目标：实现足以排除一切阻力的个人成功，以便能够为犹太民 261
族效力。这并不是说他对埃塞俄比亚的解放事业不够专注，他发现自己满腔热情地投身于两项休戚与共的事业之中。

在侦察行动的最初阶段，温盖特发现道路比预计的要好走。27日，他派人告诉皇帝路上可以通行卡车，并催促皇帝立即动身。皇帝按他说的做了。但这是个错误。温盖特太急于求成了。他们一行人使用的地图有错误，没有标示灌木林和大山之间的阿布文迪（Abu Wendi）丘陵地带，也没有标示沟壑纵横的火山岩地区。温盖特到达该地区后，没有再派人传话回来，也没有改变行军路线，要不是我们知道他一向义无反顾，我们很难理解他为什么会这么做。他这个人一旦发现目标，就会采取最直截了当的方式，从不考虑自己和别人会为此付出多大代价。他已经下定决心直接挺进贝莱亚，他非常固执地坚持自己最初的想法。他不得不放弃卡车，徒步走完了剩下的路。埃塞俄比亚偏远地区的地图错误百出，当他朝着司令部所在地前进时，发现图上位置与实际位置竟然相差二十多英里。31日，他终于到达了目的地。

鲍斯特德指挥边防营对贝莱亚山进行了详细勘察，他断定那座山形

① 哈米吉多顿（Armageddon），《圣经》中世界末日善恶决战的战场。——译注

成的天然要塞实在难以接近，不适合部署司令部。他们在山脚下的丘陵地带另选了一块地方，并在河床上为皇帝及其随从挖了一个掩体。边上有一小块平地，他们在那里平整出一个着陆场。温盖特只停留了一天一夜，就带着骡队赶回来迎接皇帝驾临。他凭借着识别方向的本领，沿着自己的足迹原路返回，并于 2 月 3 日，在距目的地 40 英里的地方与皇帝一行会合。此时，温盖特已经极度疲劳，又饿又困。炎热的酷暑让人难以忍受。皇帝和他的一小队人马行进在贝莱亚以西沟壑纵横的火山岩地区。他们已经丢弃了牲口和卡车，为了保住皇帝本人乘坐的卡车，不得不经常靠人力推着卡车通过峡谷。包括皇帝本人在内的所有人都要参与修路之类的苦差。2 月 4 日这天，他们只前进了 6 英里。次日，路况好一些，他们走了 30 英里。他们经过的地区一片荒芜，让人感到害怕，一路上大量死亡和奄奄一息的骆驼更增添了恐惧感，可怜的牲口驮着沉重的负担，完全不适应这种
262 路况，大多数赶牲口的人不懂得驾驭骆驼，或者从未侍弄过同一品种的骆驼。散发着臭气的牲口尸体和随处丢弃的卡车，成为行军途中的路标。2 月 6 日，温盖特能提供给后来者的骡子已经所剩无几了，皇帝陛下骑着其中的一匹骡子到达了贝莱亚山脚下的司令部营地。

两天前，也就是 2 月 4 日，在南面，坎宁安将军指挥 3 个师从肯尼亚向埃塞俄比亚发起进攻。

最令人费解的是，直到此刻，这次起义的指挥关系仍未明确。温盖特还挂着少校军衔，仍然是一名被赋予额外职责的联络官。第一步措施似乎是组成一个多人委员会，温盖特凭借个人魅力主导了该委员会，因此，他实际上掌握着贝莱亚远征的指挥权。但现在皇帝和两营官兵到达了戈贾姆边境，行动即将发起，更重要的是，在贝莱亚迎接海尔·塞拉西的还有桑福德，他是 101 特遣队的创始人，考虑到这一点，更需要正式明确指挥关系。2 月 6 日，也就是皇帝一行到达贝莱亚的当天，他们通过无线电收到喀土穆方面的决定。这份电报堪称英国式折中主义的杰作。温盖特得

到的任命是“派往 101 特遣队的总参谋部情报官”，授中校军衔，他的职责是“协助皇帝在战场上指挥英国和埃塞俄比亚部队”；桑福德被任命为皇帝的政治军事顾问，查普曼·安德鲁斯作为他的助手。温盖特需要通过桑福德与皇帝商讨军机大事，并且所有军事计划都要征得顾问的同意。这种安排真是莫大的不幸，即使是驾驭委员会的天才也会一筹莫展。这一安排从未在俩人之间发挥作用。从始至终，俩人都不可避免地侵犯到对方的职权范围。温盖特和桑福德的立场与主张难以调和，而试图调和俩人矛盾的努力让手下大吃苦头，第一个受害者，也是受害时间最长的人，要数部队的行政主任唐纳德·诺特（Donald Nott）少校。他经常从两方面接到相互冲突的命令，直到他本人的职务被正式明确，但那已经是 3 月底的事情了。

皇帝的军队加起来只有三个营多一点（卫队和作战中心算一又三分之一营），勉强算得上一个规模较小的旅，温盖特得到任命后所做的第一
件事，就是为这支部队命名。他立即对“101 特遣队”这个乏味的名称 263
大声说“不”！就像他以前曾经想摒弃单调的首字缩写“S. N. S.”[1]一样。他将这支小部队命名为“基甸军”（Gideon Force）。

皇帝一行到达贝莱亚 5 天后，飞机着陆场竣工，温盖特和桑福德申请了一架飞机，去喀土穆与普拉特将军作最后的会谈。陪同普拉特将军参加会议的还有驻苏丹英军司令的首席政治顾问拉什（Lush）准将（他是桑福德的妹夫），以及温盖特以前在苏丹国防军的同事艾雷（Airey）少校，此人现在是 G（R）部门的代表。会议确定了起义的军事目标：在贡德尔（Gondar）至迪巴莱克（Debarech）之间，塞提特（Setit）河沿线，以及贡德尔至德塞（Dessie）的北段；在亚的斯亚贝巴至阿斯马拉（Asmara）中段；在莱切姆蒂（Lechemti）至亚的斯亚贝巴的东西向公路的南面，破

① S. N. S. 即“夜间别动队”（Special Night Squads）的首字缩写。——译注

坏意大利人的交通线。他们并不需要摧毁这些道路。这一战略的主要目的是将尽可能多的意军牵制在埃塞俄比亚首都，从而减轻在厄立特里亚和南面发动攻势的压力。这些计划并未付诸实施，但它们影响了游击战役的方向和性质。从当时的天时地利看，作战计划能够设想的恐怕也就是这么多了。

会议期间，桑福德强烈要求立即夺取丹格拉。从法古塔前往贝莱亚途中，桑福德破译了发给意军指挥官托雷利（Torelli）上校的一封电文，该电文要求他尽快撤出丹格拉。温盖特成功阻止了桑福德的计划。很快将证实，就在英国人开会这几天时间里，意大利人果真撤出了丹格拉。很难说温盖特和桑福德的意见哪个正确。但俩人都极力主张皇帝尽快进入戈贾姆，这一建议得到了批准。

经过进一步努力，温盖特与桑福德的分工终于有了一些令人满意的进展。温盖特将被授予上校军衔，有权对 101 特遣队实施作战控制，并全权指挥基甸军。桑福德将获得准将军衔。温盖特负责指导作战，而桑福德负责宣传，并与埃塞俄比亚领导人进行联络。普拉特将军分别与桑福德和温盖特建立直接联系，桑福德向普拉特汇报政治事务，而温盖特向普拉特
264 汇报军事事务，所有通信都抄送第三方，桑福德和温盖特互派联络官，确保俩人了解对方的情况。还有一些诸如此类的具体安排。这只相当于把房间里乱七八糟的东西摆放整齐，要是能把它们通通扔掉效果会更好。

会议结束后，桑福德飞往开罗，而温盖特飞回贝莱亚。在那里，基甸军立即开始攀登戈贾姆悬崖，从炎热、缺水的平原向高原地区运动。

就在头头们聚集喀土穆开会前后，发生了一件改变战争进程的稀罕事，这件事第一次证明（桑福德从一开始就估计到）意大利人的士气已经到了崩溃的边缘。鲍斯特德上校命令手下 1 个连占领拜拉斯河（Balas River）上的防御阵地，那条河就在贝莱亚和大悬崖之间。尔后，他又从这个连抽出 1 排人，护送“千夫长”哈里斯（Harris）上高原与吐穆哈

（Tumha）和扎尔祖尔（Zarzur）部落联络。2月6日，在悬崖脚下，哈里斯经人安排见到了扎尔祖尔人的首领塔法拉·多里（Tafara Dori）。这位首领想方设法护送哈里斯上高原，但是，由于从丹格拉赶来的意军抢先占领了高处山口的有利位置，他们的第一次尝试失败了，经过一阵交火后，他们被迫退了回来。随后，多里和哈里斯又尝试了第二次攀登，此时把守山口的意军竟然撤回了丹格拉。这意味着，在整个战役中最危险的壮举即将开始的关键时刻，对他们构成最大威胁甚至能够挫败他们的敌人突然逃之夭夭了。但这件事还没完。哈里斯见到了吐穆哈人的首领，经过苦口婆心的劝说，甚至以武力相威胁，那位首领终于公开宣布支持皇帝。这鼓舞了民众的情绪，尽管老百姓什么也做不了，但他们只要造声势就够了。桑福德早就预见到，意大利人并不想留在丹格拉。哈里斯的一击帮他们下了决心。意大利人相信有1个师的英军到达此地，于是他们放弃了坚固防御地带，这是他们彻底放弃西戈贾姆的第一步。

如果1个排兵力都能发挥这么大作用，那么整个基甸军还有什么做不到的呢？

意军只在一个方面对基甸军占有优势。他们可以让基甸军得不到运输工具。要将辎重和装备运上山，唯一经济的办法就是使用骡子，但西埃塞俄比亚的骡子几乎全被意军征用了。桑福德努力过，但还是找不到骡 265
子。在整个战役期间，人们通过哄骗、贿赂和恐吓等各种手段设法搞到骡子，但他们总是无功而返，因为几乎就没有骡子。所以这次登山只能使用骆驼。山势陡得像悬崖，山体足有3000英尺高。让骆驼攀登连人都很难行进的陡坡，就像让拉货的马车攀登大理石台阶一样困难，但是实在没有别的办法，温盖特已经果断定下决心。有一点他们很幸运。当温盖特从喀土穆返回时，鲍斯特德手下的一名连长，苏丹国防军的“千夫长”约翰逊（Johnson），再次发现了马塔科尔（Matakal）东面的小道，五年前奇斯曼曾经发现过那条小道。这意味着部队可以走得快点，骆驼可以死得少些，尽管如此，部队行进仍然很慢，赶骆驼的人是门外汉，许多可怜的牲口累死在路上。登山从 2 月 15 日持续到 20 日。最后一个离开贝莱亚的是皇帝本人。17 日，桑福德再次见到皇帝，皇帝与他的随从和卫队（五百多人）于 26 日启程，于 3 月 4 日登上高原。意大利人的愚蠢和怯懦让这次机动成为一个令人难以置信的奇迹。

皇帝在贝莱亚逗留期间，发生了一件令人不安的政治事件。每天都有大量臣民赶到这个前景并不明朗的小朝廷，向皇帝陛下致敬。有一天，拉什准将从开罗飞到贝莱亚，与皇帝商谈埃塞俄比亚解放后的治理方案，该方案是开罗方面制定的。菲利普·米切尔爵士，在弗朗西斯·罗德（Francis Rodd）少校的协助下，经商阿奇博尔德·韦维尔爵士，起草了一份有关英国实行军管的方案。该方案名为《敌国被占领土管制方案》，这个标题艾伦比曾使用过。桑福德一眼就看出，该方案将导致对海尔·塞拉西的王国实施军管，对埃塞俄比亚的主权只字未提，这注定会重新激起皇帝的怀疑。为了减轻此事在外交上的不良影响，桑福德与拉什进行了一次长谈，俩人坐在河边的树下激烈争吵了一整天。最后，莫里斯·拉什飞回开罗，同意对方案进行必要的修改，以便更容易在埃塞俄比亚推行，并为皇帝所接受。此事对双方关系的损害虽然减轻了，但无法完全根除。英方
266 认为有必要将《敌国被占领土管制方案》原原本本地通告皇帝本人，这个任务交给了查普曼·安德鲁斯。海尔·塞拉西对此感到不快。他要是感到高兴那才奇怪。实际上，《敌国被占领土管制方案》的政治目标，是根据艾登先生（时任外交大臣）的指导方针确定的，该方针明确无误地表示英国同意恢复埃塞俄比亚独立，并承认皇帝的君主地位。尽管艾登先生在伦敦发表了公开声明，但远在贝莱亚的皇帝却认为英国已经着手准备统治埃塞俄比亚，而且根本就没征求他本人的意见。不仅如此，这些安排还是由总督大人亲自敲定的。难怪皇帝会将此事的政治动机与两个月前的布罗克赫斯特使命联系起来，这再次激起了他的满腔愤怒和满腹猜疑。桑福德非

常同情他的苦处。温盖特听说这些情况后，（自不必说）也深表同情，他不仅义愤填膺地记起了布罗克赫斯特使命，还联想到了政府在巴勒斯坦玩弄的两面派手法。多年以后，菲利普·米切尔爵士回忆此事时写道，他后悔当时没有亲自飞往贝莱亚与皇帝商谈此事。果真如此，他可能会化解对方的误解，当然，顺便说一句，如果他真去了贝莱亚，就有可能彻底改变温盖特的命运。

意大利人还不清楚基甸军的规模，对外面疯传的谣言信以为真，听说英军从南北两线发动进攻的消息，他们顿时惊慌失措，于是意军指挥 267
官托雷利上校于 2 月下半月仓促撤出了西戈贾姆。16 日，他撤离丹格拉，并准备放弃亚地斯亚贝巴公路上的下一个军事据点恩吉亚巴拉。意军的企图是放弃伯耶，然后在北面据守塔纳湖以南的巴赫达尔（Bahrdar），并通过占领丹巴查（Dambacha）以南塔姆查河（Tamcha River）上的阵地，在南面守住通往亚的斯亚贝巴的道路。读者后面将会看到，如果意军不是那么惊慌失措，如果这些决定得到认真贯彻，战事本来会产生有利于意军的结果。然而，当时在基甸军看来，所到之处都是一片恐慌。

当温盖特听说意军已经撤出丹格拉并准备撤出恩吉亚巴拉时，他正在悬崖边的营地俯瞰马塔科尔。敌人突然撤退让他萌生了一些新想法，但当时他正忙于与马塔科尔地区的部族首领进行谈判，此人是扎莱卡·比卢（Zalleka Birru）男爵（Fitaurari）[1]。他以前受过意大利人的好处，也证明自己是他们用得着的盟友，但他最近眼界大开，通过桑福德和 101 特遣队看到了爱国主义势力的优势。现在，温盖特需要这个人的帮助，他不仅需要借助此人确保马塔科尔成为一个稳定的后方基地，也需要壮大爱国阵线

① Fitaurari 是埃塞俄比亚旧时的一种军事贵族头衔，本意为先锋官，相当于西方的男爵。——译注

力量，并利用此人的声望来加强北部行动。温盖特与哈里斯、约翰逊两位“千夫长”，以及埃塞俄比亚第 2 营营长，一起来到扎莱卡所在的村子与他进行谈判。温盖特要他提供 20 匹骡子以示效忠，这个要求并不过分。扎莱卡 · 比卢说，他愿意尽力提供帮助。于是，温盖特一行暂时告辞。因为此前他已下令召集鲍斯特德和一些连队指挥官来山顶的营地开会，他要赶回去向他们介绍自己的新想法和新计划。

迄今为止，各方一致同意的近期计划只是袭扰撤退中的意军，联合曼加沙手下 4000 人的爱国阵线部队，追击托雷利的部队至巴赫达尔，在北面“千夫长”贾维斯（Jarvis）已按此计划展开行动。然而，意军突然撤退和重新发现马塔科尔小道这两件事，让温盖特突然看到了更大的机会，现在他提出基甸军不能仅袭扰撤退中的敌军，而应当迫使意军与看不见的敌人打一场孤立无援的战争。关于他的最新计划，他说：“大多数情况下，要隐蔽攻击，从尽可能多的方向发起攻击，让守军对我们的实力产
268 生错误印象，就如同托雷利上校撤出丹格拉时所产生的错觉一样。”他补充说，按他的想法，这类攻击“20 人一组就可以，15 人比 20 人要好，在夜里 10 人比 15 人要好”。如同在巴勒斯坦的情况一样，他正严格按照士师基甸的计谋行事。

会议结束时，温盖特明确了部队在恩吉亚巴拉东面的会合地点，尔后返回村子继续与扎莱卡 · 比卢男爵进行谈判。这位部族首领贡献出 6 头骡子，他向英军指挥官保证，他只能搞到这么多了。除了提供骡子外，男爵还承诺随同增援部队一起行军，为北部行动提供帮助。会谈就此达成协议。

两位“千夫长”和波义耳（Boyle）少校，以及一支埃塞俄比亚和苏丹混编卫队，随同温盖特前往恩吉亚巴拉，他们于 22 日到达，意大利人两天前就逃跑了。温盖特只带阿卡维亚一人，又继续赶往桑福德原来的司令部所在地法古塔。也就是在同一天，即 22 日，温盖特找到了西蒙兹少

校和“宣传队”，那是去年 10 月由乔治 · 斯蒂尔组建的，当时温盖特还没到喀土穆。温盖特立即派西蒙兹少校负责指挥北方行动。接着他又对宣传队发号施令。这个部门以起义创始人自居，一向我行我素。现在温盖特声称自己有权领导这个部门，并让他们针对所有自称埃塞俄比亚爱国者的人起草一份声明。这份声明翻译过来就是：“你们想获得彻底的解放吗？仁义之师正与极权主义势力在陆上、海上和空中进行战斗，他们承诺给你们全部的自由。你们希望让他们孤军奋战吗？我的司令部设在戈贾姆，我将从那里开始驱逐敌寇。你们可以从我的任何部队打听到我的消息。带着你们的骡子、你们的食物，还有你们的武士，我将指引你们打击敌人。”宣传队有便携式印刷机，他们凭经验知道如何在广大地区散发这类传单。

离开马塔科尔前，温盖特又发布了一份公告，那是给基甸军的动员令。他效仿拿破仑青年时期的风格。动员令这样写道：“我们没有舒适的生活条件，我们缺少补给，而这些都掌握在敌人手中。我决心果断出击，
从敌人手中夺取我们所需的一切，这需要你们全体斗志昂扬、奋不顾身。 269
未来几周将具有决定意义，我期待每位官兵都满怀勇气和坚忍经受这次最严峻的考验。”这份公告发表于部队到达恩吉亚巴拉以东会合点之前。在介绍那里发生的事情前，先简要介绍一下北方行动。

提起安东尼 · 西蒙兹这个名字，读者会想到 1937 年温盖特在耶路撒冷司令部的同事。后来俩人在开罗的 G（R）部门再次共事，又恢复了从前的亲密友谊。11 月，温盖特返回开罗参加会议期间，曾请求西蒙兹担任他的副手。西蒙兹欣然接受，并办理了调动手续。皇帝到达贝莱亚不久后，温盖特和桑福德都得到了新任命，西蒙兹也不再担任温盖特的副手，而是填补桑福德的空缺，负责指挥相对独立的 101 特遣队。可是，这个职务也没干多久，如前所述，他又从法古塔被派往北方地区。他奉命与“千夫长”贾维斯及其边防连会合。随后，他受命指挥一支临时组建的部队，其中包括贾维斯连、一个作战中心和爱国阵线部队，这支部队被称为伯根

德（Begemder）部队，取名于塔纳湖以东的伯根德省。尽管伯根德部队归温盖特指挥，但大多数时间他们要独立行动（当时情况下不得不如此）。他们的任务是阻止托雷利的部队在戈贾姆以北地区重整旗鼓，以防其攻击基甸军侧翼。尽管经常无法得到埃塞俄比亚盟军的配合，他们还是坚持不懈地执行着这项艰巨的任务。在西蒙兹到来前，他们实施了一次阻击。他们原计划在丹格拉至巴赫达尔全线袭扰撤退中的意军，然而，在从丹格拉至麦申迪（Meshenti）的第一阶段袭扰行动中，他们所依靠的阿亚鲁·马康南（Ayalu Makonnen）男爵未能及时提供向导，他害怕参与这次行动，因为他听说爱国阵线中的敌对势力也在追击意大利人。那是曼加沙的部队，在其首领的带领下正从萨卡拉赶来，随行的还有塞西杰。由于爱国阵线的其他部队四处流窜，曼加沙的部队也害怕参与行动。西蒙兹到达后，贾维斯连在意军的后半段撤退行动中取得了一些战绩。尽管如此，意大利人还是安全到达了巴赫达尔。2 月底的最后几天，扎莱卡·比卢加入了战斗。他率领 500 人的爱国阵线部队，其中有 450 人立刻开了小差。尽管有
270 这么多令人失望的事情发生，西蒙兹和贾维斯还是成功完成了任务。

有许多困难摆在基甸军面前，也有许多艰巨的任务需要他们发挥以少胜多的胆识。他们能保持足够的体力和士气确实是一个奇迹，不过，当他们登上高原后，形势不再那么严峻了。经历艰难的攀登后，苦尽甘来，他们立即发现自己置身于一块令人愉悦的土地上，炎热的天气不见了，到处是涔涔的小溪和葱翠的草木。影响健康的主要威胁通通消失了，再也没有不知不觉中暑，再也没有持续的心脏负担，再也没有可怕的疟疾，基甸军再次变得意气风发、斗志昂扬。然而，骆驼的情况就不同了。现在由于离开了它们熟悉的气候和环境，也由于没有它们习惯的食物，那些筋疲力尽的牲口吃得更少了。原来居高不下的死亡率还在继续攀升。

23 日下午，基甸军在恩吉亚巴拉外围完成集结。贾维斯连未随同伯

根德部队一起行动，另一个连大部还留在马塔科尔的前进基地，“千夫长”坎贝尔（Campbell）指挥的一个连彻底脱离了伯根德部队，此时伯根德部队的主力包括边防营的 2 个连又 1 个排、埃塞俄比亚第 2 营全部人马，以及 1 个迫击炮分队、1 个通信分队和前面提到过的宣传队。这支小部队想要赶跑一支意大利大军。他们的第一个目标是包括伯耶城和南面的曼库萨（Mankusa）村在内的要塞区。他们于 24 日日落时分开始向目标区进发。

在此，有必要介绍一下几个关键人物，因为他们将在接下来的行动中担任重要角色。基甸军有幸有一位多才的作家担任运输官，他留下了大量珍贵记录。威廉·艾伦与温盖特初次会面的气氛并不友好。温盖特问艾伦以前是哪个团的，当听说艾伦来自一个骑兵团时，他板着脸低声说：

“这么说，你是骑兵军官了。我可不想要一名骑兵军官。”

艾伦回答说：“要是那样的话，您就大错特错了。我是您的运输官，干这行，骑兵军官要比其他兵种的军官懂得多得多。他们学习过如何照顾 271
牲口。”

温盖特对此人的不卑不亢感到惊奇，他多问了一句：“战前你是干什么的？”

艾伦回答说：“我是作家。”温盖特马上对他另眼相看。

对于温盖特在非洲的激情岁月，没有人能比艾伦提供更好的记述了。

> 疲惫的人总是脾气暴躁，而温盖特很少迁就下属。成群的苍蝇围着美味的菜肴飞来飞去，此时经常会有人刻薄地质问，究竟要死多少人才能造就一个劳伦斯……我知道他对战斗怀着如饥似渴的热情，就像其他人对赌博的热情一样高。他长着一双淡蓝色的眼睛，时常若有所思地眯成一条缝，流露出充满欲望的光芒。他身材瘦削，步态就像潜伏在草丛中随时准备攻击猎物的野兽，他是一头被追猎的困兽，饥肠辘辘地等待着明晚的猎物。魔

> 鬼追赶他上了戈贾姆高地；前面等待他的可能是功成名就，也可能是痛苦失败。
>
> 过早花白的胡子也许让我获得了某种豁免权。晚上他略微放松一些。他公然坚持激进的犹太复国主义观点，他还是一位熟读经典的希伯来语学者。当他颂扬以色列人的荣耀时，他那高高的鼻子和浓密的胡须，让人联想起一位焦虑不安的山间先知；不过，他消瘦的脸型、高高的鼻梁和闪烁的蓝眼睛，表明他有某种古斯堪的那维亚血统……

无论从本质还是从表面看，休·鲍斯特德性格上的每一个细节都与温盖特形成明显的反差。俩人的相似之处仅在于事业上喜欢冒险、不愿循规蹈矩，特别爱给上级制造麻烦。1915 年，他 20 岁时，从皇家海军开了小差，当时他是海军中尉，他非常担心在非洲军港服役将使自己永无用武之地。他躲过了追查，参加戈登苏格兰高地团（Gordon Highlanders），当了一名列兵，在东方和法国战场上服役。他获得军官委任时并未引起太多关注，但军功十字勋章让他出了名，海军当局终于找到这个长期失踪的逃兵。随后，他获得了国王颁发的勋章，同时也得到了国王的特赦。战后
272 （在俄国南部为邓尼金将军效力之后），他于 1924 年参加了苏丹军队。他在赫德尔斯顿将军手下效力，时而在骆驼骑兵队任职，时而在喀土穆当参谋，温盖特在苏丹服役期间，俩人从未见过面。1935 年，休·鲍斯特德（1933 年试图攀登珠穆朗玛峰之后）从军队退役，转入苏丹政府任职。1939 年，他已经当上了西达尔富尔（Darfur）的地区专员。不惑之年的他再次担心失去带兵打仗的机会，于是他经常去喀土穆找总督和驻苏丹英军司令，强烈要求允许自己从军。1939 年 10 月，埃尔芬斯通上校获准组建苏丹国防军边防营时，指挥权立即授予了时任少校的鲍斯特德。艾伦对他的描写相当准确：

他瘦削而结实，有些神经质，性格就像一柄轻巧灵活的花剑。他的相貌、举止和习气都属于十八世纪。如果在他精瘦而布满皱纹的头上扣一顶三角帽，再加一根稀疏的小辫子和一个又高又紧的硬领，那么他简直就是克莱武（Clive）或纳尔逊（Nelson）[1] 手下的军官……

人们说“运动意味着消耗，不动意味着毁灭”。游击战争像星火燎原一样迅速蔓延，这对体格瘦削的休·鲍斯特德是一个很大的考验……不过吞食他的并不是温盖特那个饥饿的幽灵。在战场上，鲍斯特德会不顾一切地驱赶手下往前冲，他本人也是一个不要命的人。但他有着十八世纪的精神，喜欢从容不迫地享受生活的愉悦，而且他身上有那种许多战士所特有的过分的谦逊……他为人慷慨而仁慈。他谈话时思维活跃，就像一只兴奋的小猎犬，话题从史蒂文森（Stevenson）到萨基（Saki），再从斯宾格勒（Spengler）到柏格森（Bergson）[2]。在非洲，他是一位经历丰富的旅行家，无论走到哪里，只要支起帐篷，他就立即架起一张漂亮的桌子。

要说鲍斯特德和温盖特不能和谐相处是因为一山容不下二虎，或者说是因为同行相轻，那也未免太简单化了。不过，要说俩人关系紧张完全没有这方面的原因，那也过于遮遮掩掩了。鲍斯特德年长一些，是位更富

① 罗伯特·克莱武（Robert Clive，1725—1774），英国军事家，首任孟加拉行政长官，1757 年率兵赢得普拉西战役的胜利，将东印度公司带向鼎盛时期。霍雷肖·纳尔逊（Horatio Nelson，1758—1805），英国海军上将，在拿破仑战争的海战中取得诸多胜利，因在特拉法尔加之战中大胜法国、西班牙联合舰队而闻名于世。——译注

② 罗伯特·路易斯·史蒂文森（1850—1894），苏格兰小说家、诗人和游记作家；萨基（1870—1916），真名赫克托·休·芒罗，英国短篇小说家；奥斯瓦尔德·斯宾格勒（1880—1936），德国著名历史学家和哲学家；亨利·柏格森（1859—1941），法国著名哲学家。——译注

有经验的军人，他抱怨年纪轻轻的上校傲慢自大，无视指挥体系，他听不惯温盖特对任务戏剧化的理解和发布方式，认为这通通是装腔作势的卖弄。温盖特鄙视鲍斯特德喜欢享乐，即令这种生活观与他的清教徒精神井水不犯河水，他反过来认为鲍斯特德的时髦做派是装腔作势。在基甸军第
273 一阶段作战行动中，俩人的对立情绪浮出水面，并最终爆发，当时部队正位于伯耶和曼库萨之间。

从恩吉亚巴拉出来的第一夜，他们走了 15 英里，到达费塔姆河（River Fettam）与公路的交会处。意军撤退时将桥梁毁坏，因此基甸军就在河西岸宿营。温盖特指示，不要等掉队的牲口，部队要保持密集纵队行进，但由于不断有骆驼倒下，加上新手将驮在牲口身上的货物捆扎得松松垮垮，温盖特的指示并未得到有力贯彻，出发时长 2 英里的纵队，到达费塔姆时已经拉长到 4 英里。战争中经常有歪打正着的事发生，这种混乱反而帮了基甸军的忙。意大利人有自己的耳目，他们看到这么长的纵队，进一步证实了最初的判断，即与他们作战的是一支大部队。

次日，也就是 26 日下午，基甸军继续前进，那时桥梁已经修缮，可以通过一些骆驼。从此地到伯耶东面的会合点，他们走的都是乡间小道。天黑后，温盖特的先头部队点燃了烽火为后续部队引路，并留下两个人照看火堆。可这件事也出了差错，一位热情有余而头脑不足的埃塞俄比亚士兵点燃了荒野，火光照亮了整个乡间，任何人只要留心都会察觉部队的去向。这为意大利人打乱基甸军的追剿再次提供了机会，但他们却待在伯耶要塞里睡大觉，又一次错失良机，事实上，他们从未抓住过任何一次机会。此后，他们放弃了点烽火的办法，改以每隔几百码设置一个岗哨。午夜前，基甸军到达会合点，隐蔽在城东北 5 英里处一个林木茂密的峡谷内。温盖特最初想在当天晚上就进攻意军据点，但他最终听从了别人的劝阻。他同意让部队休息，但首先做出一项部署，这项部署后来导致了不幸（但不是因为他的错误）。他派埃塞俄比亚营（欠 1 个连）向东，要他们与

曼加沙和塞西杰取得联系，并在伯耶至德卜勒马科斯（Debra Markos）之间袭扰撤退之敌，德卜勒马科斯是通往亚的斯亚贝巴的东西向公路上的主要城镇。他们连夜出发。天亮前，基甸军的其他部队也走出掩蔽处，准备发起首次行动。

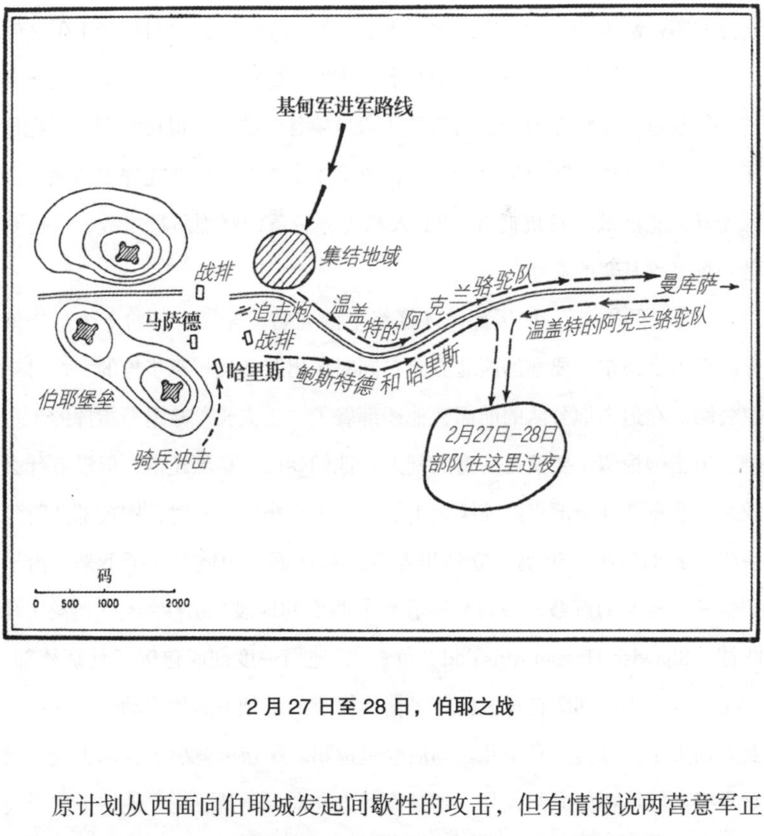

2 月 27 日至 28 日，伯耶之战

原计划从西面向伯耶城发起间歇性的攻击，但有情报说两营意军正向北朝他们夜间藏身的峡谷赶来，于是基甸军改变了最初的计划。他们制定了一个新方案，即从东面袭击要塞。鲍斯特德率主力部队 8 个排埋伏在 274
山上，那里位于伯耶东面 3 个要塞的西北方向，而温盖特率边防营的 3 个排继续前进。他们利用树林作掩护，从东北方向接近最东面的要塞，并派出 1 个排侦察前面的山冈。侦察排发现山冈上有大量敌军。他们向敌人开火，随后被牵制在原地，脱不开身。这部分埃塞俄比亚部队占据着一片较为开阔的地带，其间有山势较缓的小丘，个别地方还有低矮的树林，所以尽管有荆棘和矮树丛可以藏身，但并不适合在白天发起突然袭击。温盖特了解情况后，又派了 1 个排前去援救前面的侦察排，并派第 3 个排向西北方向阻击敌人的一次反击。他派人送信给鲍斯特德，这封信于下午 2 时送达。上午 10 时半，鲍斯特德曾听说意军已经停止行动，于是他向南开进，行动进展非常缓慢，他的骆驼队通过峡谷时耽搁了很长时间。现在他
275 正率 3 个排增援部队向温盖特靠拢，留下 1 个埃塞俄比亚连守卫营地。区区 450 人竟然敢于对抗拥有 7000 人和优势装备的坚固防御之敌，这可真是一场名副其实的豪赌。

直到下午 4 时，增援部队才联络上温盖特。鲍斯特德将 1 个迫击炮分队部署在最东面要塞的西北方向，同时派出装备反坦克步枪的 1 个排守卫公路。在迫击炮分队的前面，他还部署了“千夫长”哈里斯指挥的 1 个排。迫击炮惊醒了要塞里的意大利人，他们朝山上猛烈还击，但没有什么效果。意军调动全部火炮连续炮击了大约半个小时。此时，围攻部队听到一阵狂野的吼叫，50 名厄立特里亚骑兵从南面的山坡上冲了下来。由于荆棘和矮树丛的遮蔽，骑兵只能看到最西面的地段［由沙维什·哈桑·马萨德（Shawish Hassan Musa'ad）负责］，他们一度彻底包围了马萨德部。然而，这一小股部队在勇敢的苏丹籍指挥官的带领下岿然不动，厄立特里亚人损失了三名骑兵和十几匹马后仓皇逃窜。很快天就黑了，那天晚上没有月亮。鲍斯特德撤回人马，朝曼库萨方向向温盖特靠拢。他留下“千夫长”约翰逊率 1 个排断后，要求他们在夜里围着要塞放几通乱枪。这一简单的伎俩导致意军浪费了不少弹药用于击退想象中的反攻。意军的士气一落千丈，这方面的损失根本无法计算。

许多著名权威都曾感叹说，文字记载的战斗总是有条不紊，而实际

战斗总是混乱不堪。这次奇特的伯耶之战也不例外。各方音讯皆无，谁也不知道别人究竟在哪里，人们一度以为辎重队彻底消失了。从第一阶段伯耶之战转入第二阶段曼库萨之战后，混乱局面有增无减。夜幕降临后，谁也找不到温盖特。事实上，他正在寻找并营救辎重队。他让骆驼队撤出战斗，沿公路朝曼库萨前进，要他们在远离公路的地方宿营，但他们走得太远了，一直走到距伯耶 2.5 英里以外的地方，已经进入了曼库萨要塞的火炮射程。温盖特和阿卡维亚听到一阵嘈杂声，俩人骑着骡子一路飞奔去看个究竟。辎重队实在太长了，难以有效控制，当它进入敌人防区时很难避 276
免危险和麻烦，要它掉头转向也不那么容易，很难保证它不会陷入相反方向的险境。在夜里要控制辎重队是件令人灰心丧气的事情。温盖特好不容易摸黑将长长的骆驼队从曼库萨撤了出来，并将他们安置在公路以南 3 英里的地方宿营。整个战斗期间，他一直想联系鲍斯特德，而鲍斯特德也想联系他。直到凌晨 3 点俩人才见面，此时整个部队在骆驼队营地附近安顿下来。他们在那里一直待到 28 日，期间他们一直处在伯耶东要塞的火炮射程内。随后，温盖特命令骆驼队在 1 个排的护卫下赶往曼库萨以南 5 英里的地方，与此同时，他命基甸军主力赶到曼库萨要塞以东 1500 码的一座小桥。现在由他本人亲自指挥这些部队。此时已经到了 3 月 1 日。

那天发生了很多事情，但没有一件事是决定性的。首先发生的一件事是，纳加什的部队从东北方向赶来，为首的指挥官叫扎莱卡 · 德斯塔（Zalleka Desta），他率领着一支爱国阵线部队，塞西杰也在其中。现在温盖特制定好了下一阶段的攻击方案：基甸军用机关枪和迫击炮攻击曼库萨要塞，迫使守军逃出要塞进入开阔地，在那里扎莱卡 · 德斯塔和他的勇士将发起突然袭击。该方案的第一部分行动按计划进行。迫击炮分队部署在距曼库萨要塞 1000 码的一座小桥的西北侧［操纵迫击炮的是博迪（Body）中士，哈里斯负责指挥，说来奇怪，哈里斯不熟悉迫击炮，温盖特用了差不多一个小时为他讲解］。迫击炮将要塞内的建筑炸得起了火，正如所料，敌人逃出要塞朝山上跑，他们被埋伏在小桥上的人打倒一片。但是，爱国阵线部队的突然袭击未能“如愿以偿”。尽管如此，扎莱卡·德斯塔成功阻断了曼库萨至伯耶之间的公路，因而阻止了两地守军会合。当天，皇家空军的 3 架韦尔斯利飞机轰炸了伯耶要塞。这是基甸军得到的唯一一次空中支援。

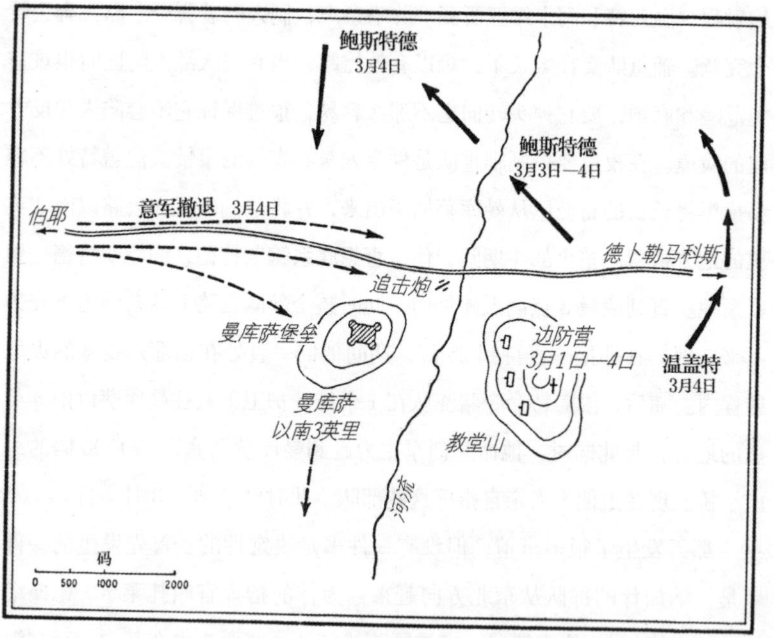

3 月 1 日至 4 日，曼库萨周边的行动

次日，也就是 3 月 2 日，交战双方均未转移部队。山上的人不停地开火，宣传队也来到要塞附近，用扩音器对要塞内的埃塞俄比亚人展开了强大的宣传攻势，敦促他们弃暗投明，结果许多人投靠到扎莱卡·德斯塔
277 这边。3 月 3 日，密探给基甸军带来了重大的好消息。意大利人准备放弃

伯耶和曼库萨的所有要塞。

针对这一突如其来的变化，温盖特又制定了一个新计划：午夜前一小时，鲍斯特德率基甸军主力向公路以北机动，温盖特率 3 个排于清晨与其会合，目的是袭扰撤退意军的后卫部队。这个计划未能实施。鲍斯特德离开后，皇帝的联络官阿扎兹·卡巴达（Azazh Kabbada）力劝温盖特说，如果看不到基甸军占领曼库萨要塞，将会对当地人产生负面影响。温盖特喜欢这个建议，他命令手下各排留在公路南面。如果另外一件事不出差错，这个决定本来也没什么大不了的。

温盖特向伯耶方向派出一支巡逻队，以便向他报告意军的动向，但当意军于拂晓开始行动时，巡逻队与基甸军的两支部队都失去了联系。艾伦记录了当时的情况："3 月 4 日拂晓后 1 小时，伯耶地区的全部意军倾巢出动。公路上挤满运输步兵的卡车、少量的装甲车，还有骑兵、炮兵，以 278
及大量企图逃避皇帝惩罚的埃塞俄比亚人。"

事先未得到消息的温盖特大为惊讶，他手里只有 3 个排，此时正像伯耶之战第一阶段一样，固执再次让他做出了错误的决定。按照他与鲍斯特德商定的计划，他本来可以将部队带到安全地点，但是他决定留下来战斗。这是一百人对上千人的较量，不仅如此，敌人还有空中支援。温盖特很快发现自己错了，他们只能尽力脱身，尽管没有造成伤亡，却遇到极大困难。此时，鲍斯特德已经从北面接近公路，但他们进展非常缓慢，因为一路上一直有意军飞机轰炸。鲍斯特德意识到自己面临被敌军骑兵和炮兵分割的危险，于是他带部队返回了最后的宿营地。这是一处备用会合点，正午时分，温盖特与鲍斯特德和塞西杰在此地会合。

在这一阶段的行动中，两位领导人的关系比以前更糟糕了，他们随时都会吵架。鲍斯特德认为温盖特最近的冒险简直愚蠢透顶，他接连不断地犯错误，一开始决定占领曼库萨要塞当面的阵地，而不是隐藏到乡间，最终又仓促改变计划。俩人会面时气氛很紧张，而鲍斯特德根本不想设法缓和气氛。凑巧的是，当时的场合更让俩人形同水火。说来奇怪，当时鲍斯特德和塞西杰正坐在餐桌前，享受着精心准备的午餐，按鲍斯特德的规矩，午餐能多讲究就多讲究。他邀请温盖特和阿卡维亚一起用餐。温盖特一边拒绝，一边气愤地说自己有其他事要做，根本不想在这个时候开午餐会。他问鲍斯特德，为什么不在战斗中增援他和手下的 3 个排弟兄，而鲍斯特德以令人恼怒的冷静回答说，他接到的命令是在公路北面与温盖特会合，他不知道对方改变了计划。没有接到通知，他怎么会知道呢？接下来，这个问题又引起双方在战术方面的争论，鲍斯特德始终沉着应对，他的理由就是自己一直按计划行事，温盖特气得不行，却占不到一点便宜。他怒不可遏地说，由于他得不到支援，让意大利守军毫发无损地跑掉了，对此，鲍斯特德说，“没关系，老伙计。他们会沿公路逃往丹巴查，我们就到那儿去找他们”，说完他再次邀请他们共进午餐。温盖特又一次粗暴地拒绝了，他气冲冲地从鲍斯特德的仆人端着的盘子里抓起一只烤鸡。正式午餐照常进行，一道道菜端上餐桌，而温盖特一声不吭地坐在石头上，
279 窝着一肚子火，用力与阿卡维亚撕扯着那只烤鸡，他们以出征者的方式充饥，根本不用摆放好的刀叉。双方的弦都紧绷着。

接着，他们又制定了下一步的行动计划，企图袭扰撤退中的意军，迫使他们陷入更大的混乱。“千夫长”哈里斯指挥的连被选中担任主攻；他们将立即出发，行动在夜里发起，由鲍斯特德负责指挥。下一步的行动地点是伯耶至亚的斯亚贝巴的公路与莱希（Lach）河的交会处。这次行动只是简单提一下，因为行动还在部署之中，温盖特就被召回去处理一些与皇帝有关的事情，所以他无缘参加莱希河的伏击战。这次战斗发生在 3 月 5 日拂晓至黄昏。行动同样充满混乱，而且差不多也是绝处逢生，好在基甸军比以前更加理解自己的角色，这次行动后来的进展还算顺利。意大利人继续向东撤退。现在他们的军队损失更加惨重、内心更加迷茫、情绪更加绝望。基甸军乘胜追击。

在介绍温盖特的下一次冒险经历前，应当审视一下他在伯耶—曼库萨之战中的表现。这是基甸军的首次战斗，也是温盖特首次指挥较大规模的行动。批评他的人可以在这次行动中找到许多过错。他们指出温盖特在军事上有四点失误：一是大多数时间喜欢在白天组织部队机动；二是让作战部队与辎重队一起行动（因此容易被一网打尽）；三是将几乎全部兵力用于在白天攻击伯耶要塞，这是不能容忍的鲁莽之举；四是在曼库萨当面停留过久（全靠所谓的虚张声势）。这些批评不无是处，然而，温盖特在以后指挥的所有行动中再未犯过这些错误。

这是温盖特第一次指挥训练有素的部队与训练有素之敌作战，这确实可以作为替他开脱的理由（也许他本人对此表示不屑）。许多最伟大的军人曾在这种情况下有过不称职的表现。也许他在令人麻木的恐怖气氛中已经体验到计划、理论与实践之间存在多么巨大的差距，正如亨利·詹姆斯（Henry James）① 所说，“最微不足道却最致命的问题是如何去做”。若非如此，很难理解一个如此富有想象力和理解力的人，怎么会允许庞大的 280 辎重队在极端危险的战场上四处乱闯，不仅危及自身安全，也限制了战斗部队的机动性。在曼库萨当面停留过久也属于同一类错误。

然而，对温盖特最主要的批评是指责他鲁莽，对于这一点，恰恰可以从此类战争的特殊性质中找到完全令人信服的辩解。基甸军从始至终是一个骗局，而非寻常的用兵之道。基甸军大胆进入戈贾姆，已经使意大利人相信他们的数量大得可怕。基甸军战略的关键就是让意大利人对此始终信以为真。不错，温盖特的确反复无常：他下达指示要如何如何实现目标，可是到了关键时刻，却又出尔反尔，采取完全相反的策略。他只在一个方面遵守了原计划的细节；他坚持不懈发动进攻。也许是因为他不想给

① 亨利·詹姆斯（1843—1916），美国旅英著名作家，代表作有长篇小说《一个美国人》《一位女士的画像》等。——译注

意大利人以思考的时间，所以也没给自己留下思考的时间。但是，最关键的在于，不论是出于偶然，还是出于精心设计，温盖特做得相当成功。要想让意军相信英军的后援就在附近，最好的办法莫过于将自己装成援军。他在大白天投入全部部队，采用“兵不厌诈”的策略，让意大利人对自己的错误判断深信不疑。如果他不那么做，如果他采取自己一开始所主张的谨慎策略，那么他设置的骗局很可能会被识破。

基甸军赢了第一回合，但这只是第一回合而已。意大利人还没有被打败。他们东撤后，有大量援军可以调遣，补给线也缩短了。尽管意军曾经输得那么愚蠢，但如果他们能够迅速而彻底地进行整顿，没有理由不能恢复元气。

第十三章

埃塞俄比亚的胜利 281

伯耶周边的战斗结束后，基甸军的形势越来越令人担忧。意军撤退前并未彻底毁坏他们的仓库，这个错误缓解了基甸军的补给问题，但到了3月的第一周，温盖特的后勤系统已经完全崩溃。为此，温盖特被召回伯耶，而鲍斯特德继续向丹巴查挺进。

最主要的问题在于交通线。从罗塞拉斯到曼库萨的前沿哨所，直线距离为200英里，公路距离超过300英里；大部分路段都挤满了慢吞吞的、短命的苏丹骆驼，这样的运输工具根本不适合运送补给。温盖特组织部队行动依赖无线电通信，但他们缺少必要的装备。他所从事的工作没有多少现成的经验可循。从基甸军的行政管理一点也看不出温盖特后来会取得那么了不起的成就。

3月5日，桑福德准将在伯耶至曼库萨的公路上见到了温盖特。当时，温盖特、阿卡维亚和另外几个人，正躺在公路附近的野地里睡觉，边上有一个岗哨在望风。他不仅疲劳，而且正为已经出现和眼看要出现的差错发愁。他和桑福德一起去了伯耶。

次日早上，温盖特前去觐见皇帝陛下，他觉察到皇帝的态度虽然和蔼，但还是掩饰不住内心的恼怒。尽管温盖特曾信誓旦旦地向皇帝表达过衷心，但自从他2月19日离开贝莱亚后，一直未向皇帝报告战事进展。25日以来，他未向皇帝发过一封电报。虽然电台故障可以为他开脱一些责任，但海尔·塞拉西已经厌倦了英国人凡事不征求意见的做法，他感到有必要向英国人讨个说法。皇帝的不悦很快就烟消云散了。不论怎么不
282 满，他还是应该为基甸军取得的成就感到高兴。在短短两周时间里，温盖特已经使他踏上了通往第二帝国之路。

随后，温盖特与桑福德就基甸军的作用和管理状况进行了长时间的讨论。桑福德对温盖特说，他的补给和援兵远在罗塞拉斯，交通线严重缺乏管理和指挥，从贝莱亚来的路上，他发现骆驼辎重队和8到10个作战中心正在高原上一路向东游荡，根本不清楚他们应当去哪儿。他坚持认为必须改革现行管理体制，对此温盖特表示同意。他们给喀土穆的艾雷上校发电，要求召开一次会议。艾雷回电说，他将于11日飞赴伯耶。

桑福德不仅批评温盖特的行政管理，还不同意他的作战计划。桑福德提醒他说，按照原来的设想，起义军在打败意军中发挥的作用是将意大利人牵制在戈贾姆，把他们牢牢地困在原地，让普拉特和坎宁安将军的部队将他们一网打尽。桑福德坚持认为，目前的计划只能将意大利人赶出戈贾姆，这让他们更容易支援意军抵抗英国从北、西、南三面发起的进攻。他希望温盖特在未来的作战计划中增编两支快速纵队，一支纵队在德塞至亚的斯亚贝巴公路上作战，另一支在瓦勒加（Wallega）至亚的斯亚贝巴公路上作战，这样才能使此次战役尽快回归正轨。对于桑福德的反对意见，温盖特只同意一点：依托爱国阵线的游击队组建一支快速纵队，由曼加沙·阿博因（Mangasha Aboyne，沃洛部族的首领）男爵指挥，在德塞至亚的斯亚贝巴公路上作战。事实上，由于战事进展太快，这项计划也未能实行。桑福德的想法是符合逻辑的，但他忘记了一个自己曾公开强调的观点：即埃塞俄比亚的意大利军队是愚蠢的。他低估了坎宁安南部攻势的推进速度。他也低估了温盖特的能力和老练，在战役的最后阶段，桑福德

将会看到，温盖特当机立断，一举实现了他本人和桑福德的全部设想。

正当桑福德和温盖特围绕行政管理和作战计划进行讨论时，3 月 6 日，从丹巴查传来了不幸的消息。一天前，基甸军乘胜追击，夺取了古加（Jigga）要塞，然而这次胜利却造成基甸军在整个战役中最惨重的一次伤亡。事情的经过是这样的。当意军主力匆匆逃往丹巴查时，埃塞俄比亚第 2 营正好穿越公路，他们既未设置观察哨，也未占领防御阵地。他们 283
对意军从伯耶逃跑的消息一无所知，于是被“一群到处乱撞的乌合之众”打得措手不及。意军并未展开，而是强行突破了基甸军的仓促防御。埃塞俄比亚人的勇猛战斗持续了不长时间，很快被意军击溃并落荒而逃。这是自 1936 年以来墨索里尼和海尔·塞拉西的军队第一次发生较大规模战斗。上帝拒绝惩恶扬善，法西斯军队最后一次痛击了埃塞俄比亚军队，当然他们自己也付出了惨重的代价。战斗结束时，有 200 名意军士兵被打死在公路附近，事后了解到意军受伤者接近 1000 人。然而，这次袭击对埃塞俄比亚第 2 营来说是致命的。他们损失了四分之一的人员。从实际情况看，他们在后续作战中没有发挥大的作用。错误的原因并不在官兵，更多是因为营长无能。该营的许多连队在后来的战斗中表现出色，但他们再未整建制参战。

这次损失惨重的遭遇战还在进行时，鲍斯特德部发起了一次无效的营救行动。此时出现了基甸军一直努力创造的局面：迫使意军陷入前有堵截、后有追兵的困境。但这已于事无补：埃塞俄比亚第 2 营溃不成军，疲惫不堪的追兵也无力继续追击。同一天，也就是 3 月 6 日下午，鲍斯特德失去了手下一名最优秀的军官。“千夫长”哈里斯在丹巴查外围作战中身负重伤，无法继续参加基甸军的征战。

当不幸的消息传到伯耶时，桑福德和温盖特正在一起。迄今为止，可以说，不论是出于客观上的竞争关系，还是出于个人内心的成见，桑福德一直是温盖特最严厉的批评者。但在如此骇人听闻的时刻，温盖特的坚韧和刚毅给桑福德留下了深刻印象。温盖特现在内忧外困，前线吃了败仗，后方行政管理陷入瘫痪。面对突如其来的危险和可能被全歼的结局，普通人一定会精神崩溃，但温盖特立即恢复了常态。他焦急地等待着艾雷前来开会，这样他好尽快回到前线指挥作战。

3 月 11 日会议做出决定，由桑福德全面负责部队的军需供给，将伯耶建成一个后方基地，由诺特少校领导。此时，脆弱的交通线有了一些改善，这要归功于“千夫长”勒 · 布兰克（Le Blanc）和蒂姆 · 福利（Tim Foley）。他们成功地将 12 辆卡车运上了大悬崖。他们是怎么做到的实在
284 难以想象：从照片上看，他们似乎抬着汽车走了很长一段路。尽管取得了如此了不起的成就，交通线一直到最后都是基甸军的薄弱环节。会议决议付诸实施后不久，威廉 · 艾伦到达了伯耶，他这样描写自己见到的新司令部。

他在书中这样写道：“要塞内一片阴郁、凄凉……营区里有一些石头房子，周围是一圈围墙。堑壕、掩蔽部、电线、死骡子、垃圾和粪便、人和牲口遍布整个山坡。苍蝇无处不在。下午，猛烈的沙尘暴……席卷了整个乡村，风终于停了，而尘土就像雾一样弥漫在空中。伯耶要塞已经成了基甸军的临时基地；所有的事情都围着一个人转，此人沉着冷静，他就是来自伍斯特郡团（Worcestershire Regiment）的唐纳德 · 诺特少校，他曾在巴勒斯坦荣获过军功十字勋章……他因一只脚发炎而躺在床上，每天痛苦地接受一位叙利亚医生的治疗，此人名叫哈加尔（Haggar），他对中东各王室的妇科病史掌故颇为熟悉。唐纳德强忍着枪伤的痛苦，一瘸一拐地走到桌子前处理各种各样的补给问题，有些问题是丹巴查的温盖特提出来的，有些问题是巴赫达尔的贾维斯或西蒙兹提出来的；有时，他会步履蹒跚地走到院子里平息苏丹人和阿比西尼亚人的争执，或者出面化解爱国阵线领导人之间错综复杂的纠纷。唐纳德的心腹里斯（Rees）中士也同样从容不迫，我高兴地发现，他对各种财政问题了如指掌，以致我

这个军需官[1]渐渐让人遗忘了。有一名年轻的通信兵，靠马灯照明在夜里走了很长时间，双眼因极度疲劳而失明。还有一名翻译叫约翰尼斯·阿布杜（Johannes Abdu），他性格温和、身材矮小，有一半阿拉伯血统，以前是戈雷（Gore）的小地主，在 1935 至 1936 年的战争中，他曾经参加过阿比西尼亚北方军队，现在他选择了……一份自己能找到的最满意的工作。在这出戏中，我给自己的定位是打杂的，可是很快我就忙起来了，我和比尔·麦克莱恩（Bill Maclean）一起着手制定伯耶地区的防御计划。”

上文最后一句话暗示了局势的变化。3 月 8 日，意军撤出丹巴查，并继续逃往德卜勒马科斯，然而，经历了 3 月 6 日那件事后，他们终于意识到自己上了当。温盖特的虚张声势被意大利人识破了。一个叫纳西（Nasi）的意大利将军，毫不留情地将意军战地指挥官纳塔莱（Natale）上 285
校撤职，继任者是更受部队信任的马拉文塔诺（Maraventano）上校。意军的形势有了转机。他们在德卜勒马科斯的部队有 12 000 人，而且他们也有相当的理由指望当地人的支持。他们的希望取决于巧妙地运用一位不同凡响的埃塞俄比亚人，在此对这个人的身份作一简要介绍。

此人就是海卢公爵（Ras Hailu）。他当时 66 岁，过度肥胖让他显得老态龙钟，即使带上黑色的假发套也掩饰不住衰老的痕迹。他的性格让人联想起道貌岸然的封建领主，就是英国二世党人时期搞乱苏格兰政局的那帮家伙。他有皇室血统，父亲是戈贾姆和卡法（Kaffa）王国的国王塔克拉·海马诺特（Takla Haimanot），一位向埃塞俄比亚皇帝曼涅里克（Menelik）纳贡称臣的君主[2]，海卢公爵是亲王唯一在世的儿子，尽管是私生子。早在意大利入侵之前，海卢公爵与海尔·塞拉西的关系已经搞得很僵。在背教皇帝亚苏（Yasu）公子动荡不安的统治时期，他玩弄两面派手

① 艾伦加入基甸军时是军需官，但在德卜勒马科斯时被任命为运输官。——原注
② 历史上戈贾姆曾是埃塞俄比亚的属国。——译注

法，海尔·塞拉西登上皇帝宝座后，①他又密谋支持亚苏公子复辟，他之所以要谋反，很可能是因为贪污而被处以 30 万美元罚款。他先是被判处死刑，然后被缓期执行，接着又被赦免，1936 年又奉命随同海尔·塞拉西流亡。但他找到机会从皇帝的专列上逃跑，此后为意大利人效力。他的所作所为远非正大光明，一个叫卡萨（Kassa）的公爵控告海卢公爵对纳粹政府谋杀他的儿子负有罪责，此人会出现在温盖特后面的故事里。2 月，意大利人宣布海卢为戈贾姆的合法国王。人们不禁要问，拥有如此恶劣记录的人（人们绝不可能认为他是无辜的），怎么会赢得臣民的尊敬。而海卢公爵恰恰非常受臣民尊敬，意大利人的这一步棋可谓相当精明。要理解这一点，英国读者只要想想在诺曼和金雀花王朝时期，顽固的保王党人对王宫贵族是怎样五体投地，哪怕他是个私生子，哪怕他反对一位公认的君主。

言归正传，在能干的新任司令官的指挥下，数量可观、装备精良的
286 意军正在德卜勒马科斯集结，他们得到海卢公爵及手下数千勇士的支援。此时，基甸军刚刚吃了败仗，正处在出师以来的第一个低潮。他们忍饥挨饿、疲惫不堪、破衣烂衫。不仅如此，基甸军是一支小部队这一事实已经掩盖不住了。在这种情况下，纳西将军气势汹汹地向部队训话，宣布立即发动大规模反攻，目标是收复伯耶。为此，艾伦上尉和麦克莱恩中尉着手制定防御计划，现在这个四周环绕着城墙的小镇，既是基甸军的前进基地，也是埃塞俄比亚皇帝的司令部和小朝廷。

与艾雷的会议一结束，温盖特就直接前往德卜勒马科斯，这是基甸军主力部队经历的最漫长、最艰苦的一次行动。此时比任何时候都更为关

① 1913 年埃塞俄比亚皇帝曼涅里克二世去世后，他的孙子亚苏公子（公子是一种爵位）继位，他过于亲伊斯兰教，得罪了占统治地位的阿姆哈拉基督教势力，他们拥戴海尔·塞拉西反对亚苏公子，并于 1916 年将其废黜，立曼涅里克二世的女儿扎瓦蒂图（Zawditu）为埃塞俄比亚女皇，海尔·塞拉西成为公爵、皇位继承人和摄政。1930 年扎瓦蒂图去世，海尔·塞拉西自立为埃塞俄比亚皇帝。——译注

键，只要走错一步就有可能导致戈贾姆起义全军覆没。温盖特全力以赴迎接这一艰巨的挑战。

目前形势下，基甸军只有一件事可做，那就是挫败敌人的反攻。骗局已经被识破，因此必须打掉敌人的嚣张气焰。必须让敌人再次相信基甸军是一支大部队，最重要的是，决不能让意大利人掌握主动权。这绝非轻而易举的事情，然而完成任务更大的困难在于补给到达之前部队只能无所事事地等待，而这期间主动权掌握在意军手中。在德卜勒马科斯西北二十多英里的地方，有一个军事据点叫埃曼努尔堡（Fort Emmanuel），意军撤退时将它遗弃。19 日，意军先头部队重新夺回这个要塞，英军 2 人战死，4 人被俘。不过，就在当天温盖特做好了行动准备。主动权在意大利人手中有几个小时。

温盖特进攻德卜勒马科斯的计划并未付诸实施，因为情况发生了变化，但需要指出的是，该计划影响了整个战役进程。他是个善于吸取教训的人，他意识到在这种作战样式中，如果直接指挥所有的部队，可能会丧失灵活性。所以，温盖特于 13 日将所属部队一分为二，他本人指挥埃塞俄比亚边防营的 2 个排，其余部队归鲍斯特德指挥。鲍斯特德部向德卜勒马科斯及其周边发动进攻，逼迫意大利人继续退却，温盖特部（暂时称作“塞法部队”）则将向东南前往塞法塔克（Safartak），在那里伏击和消灭逃窜之敌。行动原则仍然是“时时刻刻都要大胆进攻”[①]。两路人马于 14 日在一个叫安巴马里亚姆（Amba Mariam）的地方会合，那里位于德卜勒
马科斯北 12 英里处。在那里，他们听说海卢公爵终于亮明了政治立场， 287
并与海尔·塞拉西最忠实的追随者海卢·巴拉奥（Hailu Balao）公子领导的爱国阵线部队开战。战事发生在北部的乔凯山脉（Chokey Mountains），它的名气有如李尔王一样家喻户晓。海卢公爵正下山进入德卜勒马科斯平

① 此句为腓特烈大帝的名言，“进攻！进攻！时时刻刻都要大胆进攻！”——译注

原，离安巴马里亚姆和基甸军只有 2 英里。基甸军的部队仅有三百多人，现在被夹在敌人的两支大部队之间。温盖特当机立断，派一个埃塞俄比亚中间人送信给那位奸诈的老王公，劝他俯首称臣并缴械投降。海卢公爵礼貌地拒绝了他的劝降，并立即带部队前往德卜勒马科斯。现在温盖特改变计划。鉴于海卢公爵的人马进入德卜勒马科斯北面的乡村，温盖特不能再前往塞法塔克，因为那样将被切断与主力部队的联系。他迟迟没有动作，直到 17 日，他做出一项新决定，将塞法部队暂时留在德卜勒马科斯，并派塞西杰和福利（推卡车的英雄）去塞法塔克，命令他们联络巴莱·扎莱卡（Belai Zalleka）公子，此人是爱国阵线中最有才干的军事指挥官，塞西杰和福利将与他商谈如何伏击撤退中的意军。

与此同时，14 日至 19 日，温盖特与鲍斯特德和其他军官组织了详细侦察，为围攻做准备。用 300 人围攻 12 000 人，听起来简直太疯狂了，但他们就敢这么做。德卜勒马科斯的地形条件非常适合游击战。那里有茂密的灌木丛和树林，像基甸军这样的游击能手可以随心所欲地机动和攻击，然而，他们也必须付出代价，缺少睡眠、体力透支和过度疲劳经常让人无法忍受（这一点必须记住）。温盖特使他们的体力达到了极限。

19 日，也就是意军撤离埃曼努尔堡的当天，基甸军发起了首波行动，他们先是对德卜勒马科斯北面的要塞实施了侦察，接着又于 20 日早晨攻击了最北面的阿比玛（Abima）要塞。这次行动由“千夫长”约翰逊指挥边防营 3 个排担任攻击任务，“千夫长”阿克兰（Acland）指挥 2 个排负责掩护。行动取得了成功。约翰逊的手下从要塞上的斜坡接近意军哨所，用手榴弹将敌人赶出哨位，接着打出一颗绿色信号弹，随后又用迫击炮轰
288 击要塞，守军仓皇弃城逃命。早上四点，空中升起了绿色、黄色和红色信号弹（埃塞俄比亚国旗上的三种颜色），这表示部队撤出战斗。攻击者来时神不知鬼不觉，但撤出时比计划晚了一些。天亮时，炮位上的意大利守军看到他们向西撤退，于是向他们开炮，但并未造成伤亡。意大利人立即

开始怀疑原来正确的估计，搞不清基甸军究竟有多少人。

部队隐蔽到德卜勒马科斯正北面的一个地方，他们称之为“高山营地”，约翰逊部于 20 日正午时分到达那里。

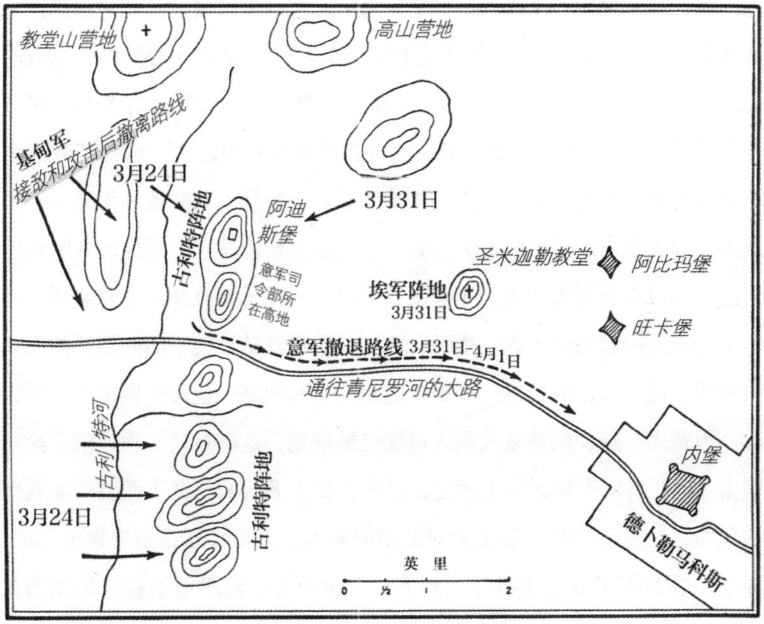

德卜勒马科斯和古利特阵地

19 日至 24 日间，基甸军未发动大规模攻势，但小规模的行动接连不断，他们通过这种办法逐步达成了主要目的：意大利人很快再次确信，他 289
们面对的不是一伙缺乏训练的亡命徒和冒险家，而是至少 1 个师的兵力。每天夜里，都有一小队人马潜入德卜勒马科斯的警戒线。小分队通常有四五十人，有时甚至更少。他们沿白天侦察的路线接近目标。靠近敌营后，他们就用轻机枪向周围意军士兵开火。很快敌人摸透了这种战法，并有所防备，因此，基甸军又开始使用一种更血腥的战法。他们摸黑匍匐到距意军阵地 10 码远的地方，甩一通手榴弹之后，端着刺刀冲上去。他们通常在黎明前消失得无影无踪。

很难说清楚温盖特本人在这些行动中究竟扮演了怎样的角色，因为他的报告并未说明这个问题，而个人记忆经常会出现偏差。有一点也许是清楚的，那就是温盖特经常身先士卒。作为目击者的艾伦提供了当时的记录："他总是闲不住，有人抱怨说他凡事都要插一杠子，好为自己捞取荣誉。"马康南·德斯塔提供了一段有关外出侦察的趣事。温盖特和两名军官抵近意军阵地，他让其中一人望风并提供掩护，以防他和另外一人被敌人发现或攻击。他们靠上去找到一个适合观察的位置，望风的人听到他们的响动以为是意大利人，于是就开了枪。一颗子弹打穿了温盖特同伴的帽子。那人一看形势不妙，撒腿就跑。温盖特没动，他一面向望风的人大声喊叫，说明自己的情况，一面叫逃跑的军官回来，他这样做多少有些为难。他转念一想，既然意大利人可能已经察觉，这次行动必须取消。给马康南·德斯塔留下深刻印象的是，尽管在孤立无援的情况下面临突如其来的危险，还是无法转移温盖特对侦察的兴趣。温盖特还在不停地记笔记，即使是在最不可能发生战斗的地方，他也经常比较眼前景物与地图的差别。令人奇怪的是，这样一个人竟然时常觉得自己天生缺乏勇敢精神①。

在一次夜间行动中，温盖特亲自操纵迫击炮，身边只有马康南·德斯塔协助。意军炮击的精度越来越高。当炮弹开始在附近爆炸时，他对马康南·德斯塔大喊："快离开这里。"马康南·德斯塔有些犹豫，不知该不该执行命令。温盖特愤怒地重复着命令，马康南·德斯塔只好离开，留下指

① 在巴勒斯坦时，一位反对打猎的犹太朋友曾经告诉温盖特说，他对于温盖特如此热衷狩猎感到很失望（温盖特经常外出围猎豺狗）。温盖特回答说，他很理解这个朋友的感情，但自己需要从骑马打猎中体验一些小小的危险，缺乏这样的体验，他的勇气将会消磨甚至丧失。——原注

挥官一个人操炮射击，直到炮弹打光为止。事后，温盖特向马康南·德斯 290
塔解释说："如果你死了，对你的国家是一个重大损失，因为埃塞俄比亚缺少受过良好教育的人。可是，如果我死了，那就是另外一回事。英国有许许多多人可以取代。"即使是在极端危险的情况下，他也会将个人安危置之度外。

自 21 日起，有迹象表明基甸军正准备再次大显身手。不断有埃塞俄比亚人从意军中开小差。他们报告说意军士气低落。此外，他们还提供了意军的准确部署，巴拉奥和扎莱卡领导的爱国阵线的密探，以及大量从海卢公爵那里叛逃过来的人，也提供了不少情报。22 日，从上述渠道传来消息，意军准备大举进攻基甸军所在的"高山营地"。于是，整个部队立即向北转移。进犯营地的意军扑了个空，出于安全考虑，他们返回了城镇和各要塞。这次进攻基甸军营地，加上 19 日重新夺取埃曼努尔堡，就是意军实现纳西将军反攻计划的全部努力。基甸军已经掌握了游击战的诀窍，即决不在敌人选择的时间和地点进行战斗，而在相反的情况下，决不停止战斗。24 日，围攻者发起了一次最大规模的攻势。

当天早晨，他们下山到达城西距意军防线 1.5 英里的地方，那条防线被人们称作古利特（Gulit）阵地。下午，他们组织了侦察，天黑后由 2 个连组成的主攻部队向古利特河谷东面四座山上的哨所发动了首轮攻势，他们一共组织了三次攻击。主峰叫"亚的斯高地"，那里的攻势由"千夫长"阿克兰指挥。攻击行动协同非常好。他们的基本战法是：部队抵近到可以投掷手榴弹的距离，尔后用手榴弹和刺刀发起冲锋。他们从东面突破了山上的所有阵地，苏丹士兵"制造了极大的混乱"，然后在防御者反应过来以前悄然撤离。亚的斯高地上的机枪阵地非常险要，只能通过悬崖间狭窄的山脊才能接近，阿克兰承担了这项最艰巨的任务。他手下有 3 人坠崖身亡。他本人也负了伤，不能继续参战。

尽管有这些困难，阿克兰指挥的基甸军小分队，同其他部队一样，

成功地袭扰了当面的敌军阵地。进攻部队在迫击炮分队的掩护下全部撤
291 出，迫击炮分队对敌军的主要营地进行了持续炮击，直到行动结束。很可能就是在这次行动中，温盖特只身操炮坚持战斗，而命令马康南·德斯塔回到安全地带。

基甸军撤回古利特阵地北面的营地后，温盖特同意部队进行必要的休整。

25日，温盖特遇到一位爱国的部族首领，这件事后来成为他有关外国“解放军”从事游击战的政治理论的经典例证，他经常说，他本人的理论与他亲戚劳伦斯的完全相反。温盖特在报告中写道，就在他到达德卜勒马科斯后不久，“一位土著王公”出现了，此人“表示愿意参加战斗，当然，前提是要满足他提出的大量武器和金钱方面的要求”。温盖特对这位土著王公说，他不是军人，打仗的事要由基甸军来负责，那人一声不吭地走了，内心非常困惑。古利特行动之后，他再次来到温盖特的营地。温盖特记录了自己与土著王公的精彩对话。土著王公首先说话。

“我听说你们昨晚攻打了古利特。”

“是的。”

“行动成功吗？”

“非常成功。”

“为什么不让我知道？我本来可以提供帮助。”

“这个吗，你不是军人。”

“什么！我跟意军作战有五年时间了！”

“不管怎么说，你没有武器弹药，而我什么也给不了你。”

“我有武器弹药。让我拿来给你看看！”

“好吧，如果你真想为你的国家战斗，明天跟我走，我会交给你一项任务。”

温盖特后来说，此人成为他最信赖的一名中尉。

基甸军计划于 3 月 27 日夜发起下一轮攻势，然而，在此之前，温盖特接到普拉特将军的命令，要他再次返回伯耶重组交通线。这次急迫而又令人讨厌的召唤，是因为桑福德与温盖特的职责交叉再次导致了新的分歧（这是委婉的说法）。

事情经过是这样的。3 月 19 日，桑福德在伯耶收到普拉特将军的电 292
报，要求温盖特尽一切努力阻止意军从伯根德向克伦增援，为此要他增援西蒙兹少校的部队，当时西蒙兹的部队还在塔纳湖以南围攻巴赫达尔。厄立特里亚的形势正处于关键时刻。2 月上半月，突破克伦天险的两次努力均告失败，守卫克伦的敌军有 39 个营又 36 个连，显然只有发动一次正面进攻才能取得成功。3 月 15 日，英军发动了正面进攻。到 19 日为止，克伦之战的规模虽然不大，但伤亡相当惨烈，战事第一次出现相持。桑福德设法用电报向温盖特传达普拉特将军的指示，由于基甸军的信号微弱，没有收到这封电报。

身处伯耶的他们并不知道温盖特在哪里，关于德卜勒马科斯的战事，他们接到一些令人担忧的报告。21 日，桑福德决定亲自出马寻找温盖特，他一大早就骑马出发。由于没找到温盖特，他于次日返回伯耶。于是，桑福德自作主张，他命令沃尔什（Walsh）中尉率第 6 作战中心增援西蒙兹部队。他又发了一封电报，通报了自己所采取的措施。温盖特收到了这封电报，他看了电文后，气得发疯。他事前曾向伯耶发电，要求增加人员和枪炮，但对方的反应简直可以说是无动于衷。13 日，他甚至命令诺特（他负责掌管交通线）前往德卜勒马科斯，但桑福德撤销了这道命令。现在，在战役最关键的时刻，包括 1 名军官、5 名英国军士在内的一个训练有素的作战中心竟然被调离，这让温盖特对桑福德的所作所为忍无可忍。他写了一封措辞无礼的抗议信，并派人送到伯耶。这下轮到桑福德忍无可忍了。他发电报给喀土穆当局说，目前的双重领导体制无法运转，要求驻苏丹英军司令派高级代表飞往伯耶，或者他本人飞回喀土穆，以便彻底解决问题。普拉特将军的答复是，要部队指挥官返回基地并组织他的交通线。

诺特少校记录了温盖特到达时的情景："伯耶。3月27日。奥德突然出现了，事先没打招呼，他看上去好像要找人打架。然而，他富有魅力的
293 个性最终抑制并驱散了一腔怒火，但他对从这里发出的命令大为不满。前进的困难在于迄今为止仍然没有骡子，骆驼也累坏了，最重要的是，赶骆驼的人不愿继续往前走，再说，你们又在哪儿呢？"温盖特盛怒之下质问诺特，为什么不服从他的命令，对此，诺特回答说："因为基于很充分的理由，我无法完全服从您的命令。"温盖特要他解释自己所说的话，诺特详详细细地告诉他，由于人手很少，又没有耐用的交通工具，要管理不断拉长的交通线存在许多困难。温盖特意识到自己多少错怪了后方司令部。但是，他仍然很生气。

温盖特觐见过皇帝之后，就去与桑福德开会。这次会议上，双方争论非常激烈。温盖特站在自己的立场上，要求解释为什么桑福德胆敢干扰作战实施，把急需的人调走，撤销他下达给诺特的命令，以及其他类似的令人恼怒的行为。桑福德则站在自己的立场上，要求温盖特设身处地想一想，他除了自作主张以外别无他法，当时前线与后方的通讯连续中断了好几天，最高当局有紧急命令，而后方对前线的战事一无所知，他们听说的全是吓破了胆的埃塞俄比亚人散布的失败主义谣言。俩人长时间大发雷霆，一直持续了几个小时。不过，怒气发泄之后，人也就轻松了。接下来的九天，温盖特全神贯注地投入行政管理和重组交通线工作。他转移了自己的司令部，率领埃塞俄比亚第2营的1个连、2个作战中心和边防营的1个前进补给群前往丹巴查。诺特少校作为参谋军官随行。各方一致同意，这个长期受夹板气的诺特今后只听从温盖特一人调遣。

在伯耶和丹巴查期间，温盖特见得最多的人是威廉·艾伦。要说俩人成了好朋友，那多少有些夸大其词，在温盖特的一生中，这一时期与其他时期相比，友谊只占据着较次要的位置。不过，俩人的关系可以说相当融

洽，或者说艾伦是温盖特在这里唯一可以和睦相处的人。艾伦对人一视同仁，对于温盖特的严厉粗暴，他总是毫不犹豫地报之以轻松的玩笑，心理压力大的人总是很喜欢听这些玩笑。有一次，温盖特问艾伦，为什么他总是为生活用品和食物而烦恼，不能像自己那样满足于吃椰枣。艾伦回答说，不论身处何地，他都希望尽可能享受舒适的生活。“如果我在纽约州 294
新新监狱，”他说，“我就会与看守交朋友，看看有什么奢侈品可以改善新新监狱里糟糕的伙食。”听到此处，温盖特只是勉强笑笑。作为一个知识渊博的人，艾伦可以为温盖特提供一种他所喜欢的消遣方式：长篇大论地探讨学术问题。在这种场合，艾伦也同样很享受，不过，他时常发现温盖特大谈特谈莫特利（Motley）的尼德兰史，那可是他本人近来的学术爱好，温盖特的学术演讲对艾伦来说简直就是一种煎熬。

在巴勒斯坦招募的 12 名犹太医生中，有 3 位到达丹巴查报到。当他们正从骆驼背上往下卸东西时，阿卡维亚来看他们，他说：“温盖特上校想立刻见你们。”他们抗议说还没来得及梳洗，但阿卡维亚说指挥官不喜欢等待，他们必须马上跟他走。他们投靠基甸军经历了漫长而疲倦的长途跋涉，然而与温盖特的初次会面却让他们有些狼狈。他们被带到温盖特的小屋，发现温盖特赤身裸体待在屋里。他说的第一句话是：“我又一次见到不在犹太军队里服役的犹太军医。”他请他们坐下来说话，但话题出乎他们的意料。他没说目前部队的形势，没说围城和公路沿线的战斗，也没说 1 个月前他和手下翻越大悬崖之后取得的战绩；他说了战争初期为了组建犹太军队而经历的无数挫折，并引用《圣经》来表达自己的观点。温盖特重复了他对阿卡维亚说过的话，向惊讶不已的听众阐明了埃塞俄比亚的胜利与实现犹太复国主义理想的必然联系。他说，这就是为什么非要犹太医生担任军医，当然也还有另外一个原因。他说，他意识到巴勒斯坦是招募军医的理想地点，自从大量移民从德国逃到巴勒斯坦，那里的医生已经超出了当地的需要，而其他人并未认识到这一点。其中一位军医贝哈姆

（Beham）博士以前从未见过温盖特，他对这位奇人印象深刻，很长时间以后，那双凶猛、敏锐而明亮的蓝眼睛仍然无法从他的记忆中抹去。

4月6日前，温盖特一直留在丹巴查，期间只去了一次德卜勒马科斯。此时，他曾经计划并发起的战斗已经接近尾声。这次战斗是整个战役的关键，对此当时参加战斗的人并未充分认识到。这里应当简要叙述一下战斗的最后阶段。

295 不论纳西将军的决心意志曾在多大程度上传达给自己的部队，当27日的最新战况传到德卜勒马科斯后，他们立刻泄了气。坎宁安将军从南面率领3个师（第1南非师、第11非洲师、第12非洲师），在30天时间里推进了1044英里。3月26日，他在埃塞俄比亚第二大城市哈拉尔（Harar）接受守军投降。经过53天的围困之后，克伦要塞的指挥官弗鲁希（Frusci）将军于27日向普拉特将军投降。此后，敌军在德卜勒马科斯的抵抗明显削弱。

3月27日，鲍斯特德率基甸军向西到达埃曼努尔堡后面林区里的一处营地。次日，他们对德卜勒马科斯以南地区进行了侦察，然后着手准备从南面攻击古利特阵地。在侦察过程中，他们发现距意军警戒线仅300码的地方有一个居高临下的山脊，愚蠢的敌人竟然没有占领这个地方。“千夫长”约翰逊带2个排和1个迫击炮分队爬上山冈，晚上11点，他们使用迫击炮和机关枪向敌军开火，并借助营区的火光准确命中目标，炮火覆盖了整个阵地。次日夜里，图拉尔（Turral）中尉指挥迫击炮分队从西北方向再次炮击了该阵地。30日，有逃兵说这两次炮击造成68人伤亡，当天鲍斯特德在古利特防线与意军殖民地营的高级军士们进行了秘密接触。这些人送信说，他们想出来投降，鲍斯特德看出来，他们代表大多数人的声音。当天夜里，马康南·德斯塔和阿扎兹·卡巴达率领爱国阵线部队，夜袭了德卜勒马科斯的内堡旺卡（Wonka）。次日，意军从埃曼努尔堡撤退时，被地雷炸死了23人、炸毁2辆卡车。晚上，有消息说敌人准备放弃古利特阵地，并退守德卜勒马科斯。这只是意军放弃整个地区的前奏，基甸军本来有机会一举结束整个战役。

基甸军没能抓住战机有两个原因，一个原因在意料之中，另外一个原因则大大出乎意料。他们原计划使用边防营的 2 个排于 31 日夜从东面进攻古利特阵地，并使用埃塞俄比亚第 2 营于次日在去往德卜勒马科斯的公路上伏击撤退的古利特阵地守军。午夜后，主攻行动进展非常快。基甸军以传统战术轻易得手，但负责指挥的军官科林·麦克唐纳（Colin 296
Macdonald）阵亡。黎明前，古利特阵地的全部守军大约 2000 人，开始穿过平原地区向东撤往德卜勒马科斯。这正是埃塞俄比亚边防连发动袭击并歼灭敌军的好机会。但是，他们并未采取行动。3 月 6 日丹巴查的惨败让他们记忆犹新，看到这么多敌军，整个连都吓呆了。英军指挥官试图激励他们的战斗精神，但毫无结果。他们认为自己将被敌军包围，并拒绝开火射击。意军暂时毫发无损地安全撤退到德卜勒马科斯。

这只是一次小小的挫折。按照基甸军的作战计划，真正的致命一击是在塞法塔克以西 25 英里的青尼罗河岔口。“千夫长”约翰逊和阿扎兹·卡巴达指挥的爱国阵线部队奉命前去增援塞西杰和罗（Rowe），他们的任务是加强埋伏在桥头的爱国阵线大部队。他们满怀胜利的希望，从 3 月 31 日一直等到 4 月 4 日。

随后几天，意军在德卜勒马科斯城里和周边地区的行动异常混乱，这也许表明他们一时还拿不定主意。就在古利特阵地守军到达的当天，部分部队开始撤退，主要是意大利部队。两天后，也就是 4 月 3 日，意军增援部队从东面接近德卜勒马科斯，他们遭到“千夫长”约翰逊组织的伏击后掉头返回（约翰逊因此役的卓越表现荣获了优异服役勋章）。然而，意军似乎并不甘心接受可耻的失败：他们后撤并重新集结部队。他们放弃了内堡旺卡，但试图坚守外围城堡。在据守和逃跑两种倾向中，逃跑的倾向占了上风，意军逐步退却，而基甸军步步紧逼，不断袭扰撤退之敌。

4月4日，意大利人撤光了。温盖特在丹巴查听说这个消息，随后海卢公爵也出乎意料地主动示好。海卢派一个穿制服的司机开着他那辆阿尔法–罗密欧牌豪华轿车来到温盖特的司令部，邀请他乘这辆车风风光光地进入德卜勒马科斯。温盖特表示感谢，但拒绝使用那辆小轿车，而是开着自己的卡车进城。随后发生了一件令人难忘的趣事。

297 他驱车直奔中心城堡，在那里接受意军医疗队一名上尉投降。他发现城堡内储备了大量的补给品。城堡内一点也未遭到破坏。在巡视过程中，他发现办公室的一部电话响了。随行人员中有埃德蒙·史蒂文斯（Edmund Stevens），他是《基督教科学箴言报》的战地记者。温盖特转身要史蒂文斯过来，对他说，“你会意大利语，你来接电话。”

“但我该怎么说呢？”史蒂文斯问。

“说你就是那位医生，”温盖特回答道，“告诉他英军已经夺取了德卜勒马科斯，并说1个师有万人之众，正向青尼罗河岔口挺进。”

史蒂文斯抓起电话，将这些话告诉意军总机的接线员。接线员惊骇地问，“那我应当向谁报告？”他能听到电话那边的吼叫声。

“当然是向你的指挥官报告。”史蒂文斯用流利的意大利语说，“如果你想听我的建议，如果你还想活命，那么收拾收拾东西赶紧跑吧。”

这个小小的计谋完全得逞了。意军放弃了青尼罗河上的阵地，向岔口退却。这与基甸军的作战计划完全吻合，他们正准备在塞法塔克桥给敌军以致命一击。于是，温盖特返回丹巴查，满以为撤退之敌将遭到伏击，而基甸军的使命也将圆满画上句号。然而，事情的结果并非如此，塞法塔克之战根本没有发生。这是第二个失误，而且完全出乎意料，这件事听起来很不可思议。

前面已经说过，巴莱·扎莱卡公子是爱国阵线领导人中最有才干的军人。只有他在战术上是内行，只有他能以正规军的纪律要求自己的部队，他是唯一能悄无声息地调动大部队的非正规军指挥官。他是基甸军最寄希

第 11 救护车队队长玛丽·纽沃尔，绰号“别手枪的玛丽”

韦维尔视察“钦迪特”部队，温盖特站在他身后不远处

温盖特和安德森少校在第一次钦迪特远征途中

钦迪特远征部队赶着牲口过江

库克上校登上救援飞机

两名国王利物浦团的士兵和一名廓尔喀士兵乘运输机从缅甸返回，他们兴高采烈，然而很多人却没有那么幸运

卡尔弗特

弗格森

朗泰涅

1943 年 8 月温盖特返回英国

1944 年，温盖特与德里克・塔洛克在印度阿萨姆

向第 1 空中突击队部署任务

钦迪特队员连推带拽，把骡子赶上运输机

钦迪特部队准备登机

温盖特与塔洛克、卡尔弗特等人仔细研究“皮卡迪利”空降场的航拍照片

温盖特和蒙巴顿将军

第二次钦迪特远征开始后，德里克向温盖特报告情况

温盖特与美军上校科克伦

温盖特在“百老汇”空降场等候飞机

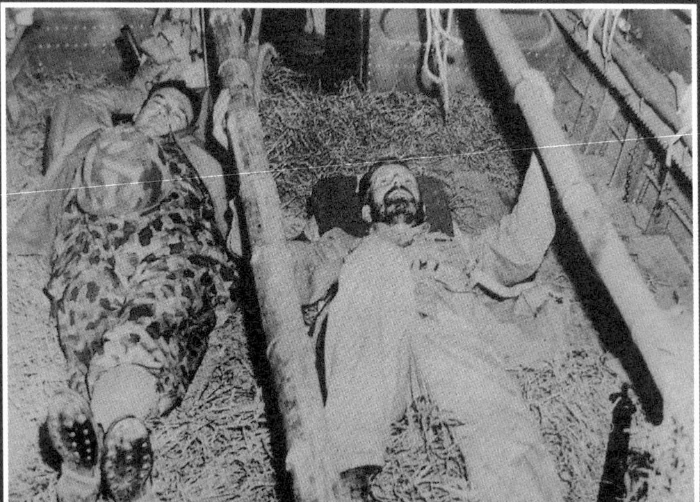

钦迪特部队最高指挥官乘坐运骡子的达科他飞机

《生活》杂志刊登的照片，温盖特戴着那顶标志性的遮阳帽

温盖特将军的最后一张照片，照片中的他目光如炬

麦吉尔里护士长参加钦迪特聚会，她身后站着塔洛克和卡尔弗特

温盖特等 9 名遇难者在美国阿灵顿国家公墓的墓碑

钦迪特部队纪念碑的背面刻着温盖特将军的头像，以及丘吉尔的著名颂词

望的盟友。然而，不幸的是，巴莱·扎莱卡也有人性通常的弱点。他有些势利眼。海卢公爵知道这一点，于是为了报答意大利人扶植自己登上摇摇欲坠的王位，他利用扎莱卡帮了他们最后一个大忙。海卢公爵派人对扎莱卡说，如果他允许意军安全通过塞法塔克桥，那么自己愿意将女儿许配给他。扎莱卡出身中产阶级，与皇族攀亲，哪怕是名声最不好的皇族，也是他的社会本能所无法抗拒的。于是，他撤走了准备打伏击的部队。“千夫 298
长”约翰逊和赖利（Riley）本来可以重创意军后卫部队，但他们的战果比预想的要小得多。4 月 5 日，鲍斯特德率主力部队赶到，但为时已晚。他发现最后一批意军已经通过峡谷间的大桥，他们准备在撤离前摧毁那座桥梁。可怜的扎莱卡只风光了很短一段时间。战争结束时，皇帝下令以叛国罪判处他死刑。

与此同时，经历了围困和战火的德卜勒马科斯（像许多后来被解放的城市一样），自解放之日起，政治上就陷入一片混乱。海卢公爵贪恋王位到了不要命的地步，他没有随意大利主子一起撤走，而是留在自己的戈贾姆王国。这个篡位者表现出来的不仅仅是勇气，还有足够的精明，基甸军接管德卜勒马科斯时遇到了各种各样的难题，他们发现自己需要海卢。特别需要指出的是，反对布罗克赫斯特使命的主要理由是它可能挑起内战。现在，如果将海卢投入大狱很可能导致同样的结果。温盖特离开丹巴查之前曾指示鲍斯特德接受海卢投降，一切具体事宜由他酌情处置。双方商定了受降地点，公爵穿着意大利将军制服，在市政大厅沉着而威严地接待了鲍斯特德。他主动提出负责维护秩序和安全，并许诺停止抢劫。鲍斯特德与扎莱卡一样（但应该不是出于势利的原因），感到很难拒绝老公爵的建议。因为这位地位显赫的卑鄙小人，不仅是一位可疑的君主，还是德卜勒马科斯实力雄厚的商人和封建领主，他在周边拥有成千上万英亩的土地。只有尽快恢复秩序，商业才能再度繁荣，没人比海卢更关心这一点，也没人比海卢更有能力做到这一点。因此，鲍斯特德同意由他担任某种非正式的职务，相当于德卜勒马科斯的民事长官。尽管海卢担任这个职务的时间很短，但他把持这个职位的事实足以让皇帝很难给予他应有的惩罚。他的牌打得很精明。

4 月 6 日，星期天，海尔·塞拉西以凯旋者的姿态驱车进入德卜勒马科斯。他坐在卡车前座上，就是那辆连拉带拽翻过悬崖的卡车，由“千夫长”勒·布兰克亲自驾车。坐在卡车里和站在两边的还有皇帝的主要军政
299 官员，包括桑福德、温盖特、宫廷大臣，以及皇帝的保镖。大街上挤满了人，这是一个令人兴奋的时刻，然而民众并未表现出保皇党人的极度狂热，只是彬彬有礼地鼓掌欢迎。长期的战事让民众惊魂未定，他们对官方默认戈贾姆的私生子为国王的做法普遍感到迷惑不解。就在同一天，坎宁安将军迫使亚的斯亚贝巴守军投降。埃塞俄比亚之战即将结束。

在德卜勒马科斯举行了简朴的官方庆典，皇帝亲自升起了埃塞俄比亚国旗，并对民众发表了讲话。在正式检阅仪式上，爱国阵线的勇士们按照古老的传统，昂首阔步从皇帝陛下面前走过，大声夸耀他们在战场上取得的功绩。还有一个较为现代的宫廷招待会，“皇帝邀请英国军官到他大本营密不透风的接待室喝意大利香槟”。所有这些小型宴会和国务活动都进行得相当顺利，但轮到皇帝讲话时出了问题。温盖特（有些自以为是地）为皇帝起草了一份他认为合适的贺词，他想当然地以为皇帝已经同意，于是他事先把贺词给了报社记者，准备让他们在报纸上发表。但海尔·塞拉西讲话时使用的却是自己完全不同的文本。温盖特起草的讲稿充满了虔诚的感恩和基督徒的博爱，而德卜勒马科斯的老百姓听到的讲话严肃地提醒他们不要忘记臣民的义务，那更接近于地狱之火的学说。人们并未立即发现两者之间存在的天壤之别。

与此同时，温盖特一安顿下来，便脸色阴沉、怒气冲冲地召见“千夫长”塞西杰，要他解释为什么精心计划的塞法塔克之战未能得手，并质问他为何不能不依靠变节者，并设法取得领导权。塞西杰解释说，他和罗

以及他们的部下，还有爱国阵线的追随者都处在扎莱卡的势力范围内，需要依靠他提供食物。虽然温盖特仍然不能平息怒火，但他总算接受了这个解释。他认识到塞西杰的处境极其困难。稍后，就在当月，他再次对这位能力非凡的手下表现出了高度的信任。

温盖特在这件事上发怒是很自然的，但并非很有道理（有些事后聪明）。意大利守军从德卜勒马科斯逃脱，让温盖特和另外一些人认为此役丧失战机、功亏一篑。这个判断绝对是错误的。人们很容易忘记一个基本事实，即在解放埃塞俄比亚的过程中，意军完全有机会成功地发动一次大 300
规模反击。温盖特的攻势最终迫使大量士气低落的意军弃守逃生，不论从哪个角度来说，这都算得上骄人战绩，而事实上，这的确是一次决定性的胜利。事后证明此役标志着埃塞俄比亚之战尘埃落定。

随着皇帝的到来，如何处置海卢公爵的问题被提上日程，当然解决这个问题需要采取特殊办法。皇帝要求这个卑鄙小人在城外大庭广众之下向自己效忠。温盖特也参加了这个仪式，事后他记录了当时的一些细节。

这个被废黜的篡位者让皇帝等了 20 分钟，这是他对皇帝所做的最后一次大不敬之举。温盖特注意到海尔·塞拉西有些生气，但并未说什么，他站在小丘上耐心地等着，表现出了他的远见和克制。经过漫长的等待，海卢公爵终于在保镖的护卫下坐着意大利豪华轿车出现了。他离很远就提前下车，步行走到皇帝跟前。他披着一件镶嵌着宝石的黑斗篷，而为他引路的那些人看上去就像一群卑贱的奴才。他朝皇帝走过来。温盖特事后说，直到那天他才知道什么是“盛气凌人”。尽管他未老先衰、身材臃肿，但他所表现出来的年轻人的精气神儿和朝臣的优雅，即使是路易十四也会赞赏。海卢走到距皇帝跟前一个合适的距离上，深鞠一躬，头几乎就要触到皇帝的脚面，然后又迅速站直身体，所有的动作一气呵成。他站在海尔·塞拉西面前，那副自信的样子就好像一位国王正在与另外一位国王交谈。温盖特说这个老恶棍的威严简直难以抗拒。局面对皇帝来说有些棘手：他有必要显示出内心的不快，却又不能激起爱国阵线与海卢分子之间的冲突。双方的交谈相当冷淡，皇帝通过举止而非言语表达了他的厌恶。海卢公爵暗示自己曾为赶跑意大利人出了力。皇帝很快为这次正式接见画上了句号。海卢公爵重复了他那凡尔赛式的鞠躬，“脸上带着深深的不悦”退了下去。这次礼节性的会面实现了预期目的。没过多久，海卢公爵的军队全体向皇帝表示效忠。事后，海尔·塞拉西恢复了他的威仪，他说公爵声称自己暗中扮演着忠臣的角色实在相当可笑。

301 自基甸军出征以来，这是第一次出现较长的行动间歇，正好可以让官兵得到渴望已久的休整，再说指挥官得了重感冒，也需要休息。但温盖特自己不想休息，也不想让部队休息，之所以如此，就是因为他与上级再次爆发了激烈争执，这对他的想法产生了强烈甚至是过分的影响。要读懂这段故事，有必要再次交代一下背景。

皇帝的境况令他本人感到不满，也让英国盟友觉得为难。3 月初，拉什准将在伯耶拜会了皇帝，并与他达成一项临时协议，所有人都相信这个协议会满足皇帝的要求，同时也可以确保英国人行使管辖权。协议规定只有海尔·塞拉西有权发表“国家声明”，而英国至多只能发表“公告”。埃塞俄比亚人犯的案子仅限埃塞俄比亚法庭审理，没有皇帝的签字不能执行死刑。外国诉讼人或被告的案子由英国法庭审理。英国当局承诺凡是任命埃塞俄比亚人担任本国的职务，都要征求皇帝的意见，除非情况紧急不允许这样做。所有这些都是临时条款，措辞也相当谦恭有礼，但还是露出了狐狸尾巴。英国官员提建议时会考虑皇帝的意见，但在决定性问题上，他们的建议必须得到皇帝的批准。皇帝原则同意了上述协议内容，他以为最终确定这些问题至少需要两个月时间。然而，双方已经没有时间进一步协商了。坎宁安将军突然发现自己成了半个埃塞俄比亚的征服者，还不到一个月时间就占领了首都。4 月 6 日受降后，皇帝想即刻进入首都。坎宁安将军激烈抵制。皇帝受到了严重伤害，大为光火。坎宁安将军认为皇帝是最不讲道理的人。

亚的斯亚贝巴守军投降后，艾伦·坎宁安爵士遇到了第二次世界大战中经常出现的一个问题：出乎意料地迅速征服一个国家后，如何治理广大的领土。埃塞俄比亚的被占领土管理机构还远未准备好，将军不得不在没有法律顾问帮助的情况下管理司法，而且在这样大的国家里，只有 5 个师 302
兵力担负守备和警察职责。后一个困难导致坎宁安将军采取了一项错误政策，对此他在正式报告中坦率承认。亚的斯亚贝巴有大量意大利人，其中包括许多妇女和儿童，谈判投降条件时，坎宁安将军坚持要意大利人留下足够的武装人员，保护他们的侨民免遭当地人报复。在城里和外围要塞，意大利人保留了一万装备精良的部队，这样大的规模实在不必要。坎宁安将军手下没有像桑福德那样富有经验和才干的顾问，他指挥的部队大部分来自肯尼亚，当他想听听权威意见时，通常得到的是鄙视埃塞俄比亚人的看法。桑福德从一开始就说，只要给皇帝这样的人以充分的领导权，埃塞俄比亚人并不会比欧洲人更容易放纵野蛮的报复，但他与在非洲的大多数白人（不知不觉中受了意大利宣传的影响）意见相左，以致在许多白人看来，这个异常明智的桑福德是个偏爱异国他乡的怪人。事情以惊人的方式证明桑福德是正确的。亚的斯亚贝巴的意军人数众多，他们以残忍的方式发泄内心的极度恐慌。发生了两次血腥的暴力事件，一次是意大利人向监狱的囚犯开火，打死打伤 64 人，在另外一次街头骚乱中，他们打死 7 人，打伤 14 人。即使受到了如此挑衅，埃塞俄比亚人也未采取以暴制暴的方式报复意大利人。这些暴力事件发生之后，当局采取措施解除意大利人的武装，用埃塞俄比亚警察（数量很少）和爱国阵线部队取代他们维持秩序，并抽出少量英国军官和军士对这些人进行了短期训练。上级指示坎宁安将军，要让皇帝尽快返回首都，但他一直拖延，直到他对安全措施感到满意为止。他有些过于谨慎了。

对皇帝来说，推迟不仅是一种侮辱，而且还充满危险。不论皇帝被迫流亡期间如何不失尊严，他归政时的地位都是相当脆弱的，海尔·塞拉西知道，他被外国军队挡在首都外面的时间一长，他的威望就会受到严重影响。皇帝多次派人向坎宁安表示抗议，但每次都遭到拒绝。绝望之余，
303 他宣布自己将前往亚的斯亚贝巴，不管坎宁安怎么想。他还记得布罗克赫斯特使命，他想知道英国是不是打着解放者旗号的又一个殖民主义者。

桑福德还像以前一样同情皇帝的苦处，他力劝皇帝要坚定信心、保持克制。温盖特表现出来的不仅仅是同情，他怒火中烧，再次联想到布罗克赫斯特使命。他想起为该计划储备的武器和物资没有给 101 特遣队，而是给了南方部队，据此认为坎宁安将军受了该计划的影响（他似乎不知道由于他本人和其他一些人的反对，布罗克赫斯特并未得到中东地区的职位，而是被派往印度，成了一个极度痛苦的失意者）。温盖特开始猜测存在一个针对皇帝、爱国阵线和他本人的阴谋。他预感到，或者自以为预感到，《敌国被占领土管制方案》预示着埃塞俄比亚将沦为一个受保护国，就像一战结束后实行委任统治的巴勒斯坦一样。他进而相信伯耶之战后自己之所以再未得到空中支援，就是因为英军指挥部不希望基甸军进展太快，那样的话，皇帝将先于坎宁安将军的部队进入首都。不能确定他是否跟皇帝本人说过这些想法，但他确实向少数几个人透露过，并通过马康南·德斯塔传到了皇帝耳朵里。然而，他似乎非常小心不让桑福德知道自己对政治感兴趣。或许是因为人们对战前温盖特与当局的矛盾记忆犹新，他的这些想法还是让坎宁安知道了。基甸军从此开始慢慢走向瓦解。

在德卜勒马科斯期间，温盖特无所事事，却又焦躁不安，他收到一封喀土穆的来信，而这封信似乎不大可能改善他的心情。

1941 年 3 月 31 日

亲爱的温盖特：

你知道，我刚从克伦回来，我们打赢了异常艰苦的一仗。

意军的阵地非常坚固，他们的抵抗也极其顽强。不过，我们的指挥官和部队比他们更能坚持，我们给敌人造成很大伤亡，而 304
自己损失也不小。

当我回到司令部后，我发现自己不得不从仅有的几小时中抽出大部分时间，梳理你和桑福德准将在戈贾姆引发的各种分歧、争吵和摩擦。不用说你也知道，我对目前的状况感到遗憾。1941 年 2 月 12 日在苏丹召开的司令部会议所形成的会议纪要，已经明确界定了你和桑福德准将的分工，如果你们俩人都愿意合作，完全有可能履行好各自的职责，而不会出现没完没了的冲突。

我希望你认识到我们都是同一个战壕里的战友，争吵必须停止。我看过你给桑福德准将的一些信件，你绝对不能再写那种挑衅性的信了。

我对你履行好自己的职责充满信心，衷心希望你采取一切措施避免进一步的摩擦，同时也希望你认识到，不论你怎样认为错误不在你，你都有责任改变处事方式。

最近几周内，我的部队在厄立特里亚经历了紧张激烈的战斗，伤亡不小，你们完全可以拿戈贾姆的情况进行对比，希望你们不要因小失大。

最后，我要你想一想，如果刚刚过去的几周内，我手下的师长们与负责交通线的指挥官相互打口水仗和笔墨官司，而不是精诚团结共同赢得克伦之战的胜利，那么会出现怎样的结果？祝你好运，希望你继续干好工作。

你真诚的朋友

威廉·普拉特

温盖特请求坎宁安将军允许他集结部队去对付纳西将军在贡德尔的部队，他的请求遭到了拒绝，温盖特再次怀疑坎宁安对他怀有深深的敌意。他被告知不要再拿基甸军从事新的冒险。温盖特仍然掌握着一定
305 的主动权：他决定派边防营的余部去德卜勒马科斯以北 60 英里的莫塔（Mota）。这是意军在戈贾姆地区的最后一个要塞。艾伦回忆说，有一天晚饭后，他与鲍斯特德正海阔天空地谈论着温莎公爵、教会等级制度和 20 世纪 20 年代的生活等话题，突然接到温盖特下达的紧急战斗命令，要他们准备立即出发向北转进。次日，鲍斯特德率领 3 个不满编的连，带着仅有的为数不多的骡子和 60 匹骆驼出发前往乔凯山脉。尽管他们在走山路时遭遇暴风雪，途中却只损失了 6 匹骆驼。当围城部队在莫塔要塞附近刚刚完成集结，就收到温盖特从德卜勒马科斯发来的电报，要求只留下苏丹边防营的 1 个排、1 个迫击炮分队和 2 个作战中心，其他人全部返回。留下来的部队（大约 2 个排兵力）将在鲍斯特德的指挥下，与当地爱国阵线合作，逼迫守军缴械投降。要塞守军有 1 个营，装备有迫击炮和 18 挺机枪。鲍斯特德仅用了 24 小时就迫使敌人投降。

白跑一趟的基甸军一边咒骂温盖特，一边原路返回，他们于 4 月 26 日到达德卜勒马科斯。随后，他们听说了温盖特为什么要下达这样愚蠢的命令。此事关系到皇帝和坎宁安将军的争执，皇帝主动挑起的争执此时已经到了非解决不可的时候。这个有趣的小插曲发生在鲍斯特德向北出发后不久。

争端始于 4 月 22 日，也就是在攻陷亚的斯亚贝巴后的第 16 天，温盖特收到一封电报指示。他得知坎宁安将军仍然不同意皇帝立即返回首都，5 月 9 日前可能无法成行。结果，温盖特又得到指示（后续电报），“要想方设法劝说皇帝推迟行程，除非有 2 个师的兵力确保沿线道路安全，他们才可以成行”，而且“如果皇帝不顾你的劝阻，一定要即刻动身，你要通知东非部队并提供足够的保护”。如果温盖特是一个容易良心不安的人，

那么这条指示足以令他陷入两难境地。如果他对忠诚的性质存在一点模糊的认识，他都将面临两种忠诚的痛苦冲突。但在这个问题上他非常清醒：他曾经请求皇帝给他无条件的信任，而皇帝是英国的盟友，他将自己视为皇帝忠实的仆人。当海尔·塞拉西得知还要被迫推迟行程时，他再也没有 306
耐心了。他公开宣布不接受将军的建议，自己作为埃塞俄比亚的君主，将立即动身前往亚的斯亚贝巴。他在德卜勒马科斯未听到任何反对声音。桑福德和其他英国人心底里都认为皇帝是正确的，他们毫不犹豫地表明态度。温盖特热情地提供帮助，他认为皇帝遭受了不公正的待遇，这让他又一次感到愤愤不平。要坚定海尔·塞拉西的决心，他只有一件事可以做，于是他说干就干。他不顾莫塔之战失利的危险，召回了鲍斯特德的大部分部队，这样他才能按照上级的指示，在途中“提供足够的保护”。同时，出于政治上的深谋远虑，他希望尽量多的基甸军部队能够参加亚的斯亚贝巴的历史性阅兵式。此时，坎宁安将军得知皇帝不听劝阻，皇帝一行由温盖特指挥的部队护送，已于 4 月 27 日从德卜勒马科斯启程。在去往亚的斯亚贝巴的路上，他们遇到了来自莫塔的车队，车上满载着意大利战俘。

温盖特接到的指示清楚表明，没有什么好办法可以阻止皇帝返回首都。入城仪式于 5 月 5 日举行，这一天是意军占领亚的斯亚贝巴五周年纪念日。温盖特负责组织游行队伍，他没忘记重温一下“洛道夫”的旧梦。他从某处买了一匹白马，恳求皇帝骑着这匹马风风光光地入城。但皇帝厌倦了马背生活，而且他对那些罗曼蒂克的冲动也不感兴趣。他情愿乘坐一辆漂亮的敞篷轿车，那是最近从意大利人手里缴获的。最终，温盖特骑着白马很不自在地走在队伍的最前面。他找不到马裤和马靴，只能硬着头皮穿短裤展示他优雅的马术。那顶自巴勒斯坦以来一直戴在头上的老式遮阳帽格外显眼，温盖特走在游行队伍的最前面，身后跟着埃塞俄比亚第 2 营，阿卡维亚和一些领头的军官紧随其后。皇帝的轿车后面跟着一长串小汽车，里面坐着他手下的政要和基甸军军官。走在最后的是边防营的 307

官兵。阿巴巴·阿雷盖（Ababa Aregai）公爵指挥爱国阵线的战士夹道欢迎。亚的斯亚贝巴的民众热烈欢迎皇帝陛下班师回朝，人们大声欢呼，无数人匍匐在地。当游行队伍走到市政厅时，皇帝受到艾伦·坎宁安爵士和国王非洲步枪团仪仗队的欢迎。随后，皇帝对他的臣民发表了庄严的长篇讲话，回顾了过去五年来发生的事情，描绘了皆大欢喜的结局，却一字未提近来的分歧。他说："当我的军队切断敌人的交通线并将他们追赶过青尼罗河时……我接到了喜讯，战无不胜的大不列颠军队攻占了我们的首都……苏丹军队捣毁了敌人在克伦的坚固阵地。于是，我收拢正在四处追击敌人的部队，今天我又回到了我的首都。"皇帝的私人住处是位于城外的一座新宫殿，当他回到那里时，他用法语对周围的人说："我真的非常兴奋。"

战役并未结束。在莫塔之战中取胜的 2 个排被调到北面加强西蒙兹少校的伯根德部队。他们去得太晚了，没有赶上旷日持久的巴赫达尔围城战，4 月 28 日意军从那里逃跑了。但他们随后又参加了在塔纳湖以东进行的德卜勒塔博尔（Debra Tabor）之战，不过战斗结束前，他们又奉命继续向东前往德塞，与第 1 南非旅并肩战斗。莫塔之战后，这支部队渐渐淡出。但塞法部队的情况不同，"千夫长"约翰逊指挥边防营一部继续追剿德卜勒马科斯的守军。

后者意图很明显：与德塞的意大利守军会合，然而，亚的斯亚贝巴的投降切断了他们的道路。他们现在有两条路线可以选择，向西南走，或者向西北走。他们选择了第二条路线，显然他们是想取道储备充足的阿迪斯德拉（Addis Derra）和阿吉巴尔（Agibar）要塞，前往德卜勒马科斯东北 140 英里处的默克德拉（Magdala）。由此他们大有机会与纳西将军指挥的贡德尔守军会师。他们的行军速度非常缓慢，有 2000 名埃塞俄比亚妇女为了逃避爱国阵线报复随意军一起出逃，另外还有八百多个病人同行，这对意军是一个很大的拖累。由于仓促撤退，他们无法提供足够长途行

军的配给。艾伦形容意军的这次撤退是“莫斯科大撤退的缩影”，约翰逊 308
和他手下仅有的 150 人，扮演着杰尼索夫（Denisov）[①] 和哥萨克骑兵的角色，他们不停地袭扰撤退之敌，然而此时他们也困难重重，几乎与敌人面临的困难一样多。他们现在的处境在基甸军征战过程中曾反复出现，并将再次出现在温盖特指挥的后续行动中：敌人已经虚弱不堪，而复仇者也被大胆的追击消耗得筋疲力尽。4 月底，诺特少校受命指挥塞法部队，他手下的军官除了约翰逊以外，还有“千夫长”塞西杰、赖利、罗中尉和内勒（Naylor）中尉。

塞法部队追击敌人一个多月，猎人和猎物的行动都非常缓慢，每天只能前进几英里。4 月底，诺特接替指挥后，基甸军的情况大大改善，因为随同新任指挥官一同前来的还有卡萨公爵及其手下 2000 人，不过，这个优势很快就丧失了。出于内部政治斗争的原因，皇帝禁止卡萨公爵越过贾马河（Giamma river），于是公爵暂时放弃了战斗。这对追击部队来说极为不利，因为河北面居住着穆斯林，他们与意大利人关系比较好（为了分裂并征服埃塞俄比亚，意大利法西斯采取了支持穆斯林压制基督徒的政策）。绝大多数地区都支持解放军，而这里恰恰是支持意大利侵略军的少数几个地区之一。随后基甸军发起了艰难的渡河行动，意军在阿迪斯德拉附近的高地构筑了坚固的阵地，而诺特的 150 人位于下面的山谷中。尽管如此，诺特算准了意军不愿下山主动出击，他以弱胜强，成功夜袭了意军营地。夜里，他在山谷中的营地升起篝火，以吸引意军炮火，而他率部趁机攀上了悬崖。这一天是 4 月 30 日。

到了 5 月，基甸军的胃口好像变得太大了，他们尝试了一场看上去根本赢不了的赌博。5 月 3 日，受到刺激的意军发动反击。他们的攻势被

① 杰尼索夫是托尔斯泰小说《战争与和平》中的人物。根据这部小说的描写，法国军队撤出莫斯科后，沿途曾不断遭到哥萨克骑兵的袭扰。——译注

诺特打退了，但两天后，塞西杰向敌军右翼发动了一次进攻，被意军使用骑兵成功击退。随后爱国阵线的一些部落前来助阵，其中有哈普特·马里亚姆（Hapte Mariam）和贝扎贝·巴尼奥（Bezabe Banjo）两兄弟（头衔都是要塞司令）领导的部队，也有基布拉·塞拉西（Kibra Selassie）男爵和雷德（Redda）男爵（Balambaras）[1]领导的部队。12 日，赖利和雷德男爵联手发动了一次进攻，这是基甸军和爱国阵线部队仅有的几次严格按计
309 划实施的行动之一。不过这次行动失败了。看起来没有办法将意军赶出阿迪斯德拉阵地。同时，基甸军越来越清楚，敌人做了大量准备，并决心不再上第二次当。追击者快要弹尽粮绝了。他们的士气开始下降。有人扬言要放弃。

就在此时，也就是 5 月 14 日，温盖特来了，同时带来了好消息，卡萨公爵带领 3000 爱国阵线部队和大量补给紧随其后，这是温盖特向皇帝谏言的结果。他以其天生的活力迅速改变了部队的精神面貌，展现出了非凡的领导能力。官兵们忘掉苦难、危险和最近的失败，他们再次恢复了从前的自信，坚信基甸军能创造奇迹。那些从前对温盖特有意见的人，现在也原谅他了，有些人说，直到战争进行到此时，他们才真正认识了领导他们的是怎样一个人。多年后，当时在场的一个人回忆说，温盖特来的时候骑着一匹白马，随后又改口说，可能是与亚的斯亚贝巴入城式上的照片搞混了，但这个错误的说法非常传神。这个传说反映出温盖特的某些性格气质。温盖特立即用自己的热情鼓舞了士气低落的部队，尽管许多新得到的配给品（科普特人爱吃的牛肉罐头）对苏丹穆斯林根本没用，尽管形势依然是老样子，到了 5 月 15 日，基甸军又恢复到了从前在德卜勒马科斯的状态。这为温盖特在埃塞俄比亚最辉煌的个人成就拉开了序幕。

---

[1] Balambaras 原意为要塞司令，是埃塞俄比亚旧时的一种军事贵族头衔，相当于准男爵。Kenyasmach 原意为右翼司令，也是埃塞俄比亚旧时的一种军事贵族头衔，相当于男爵。——译注

15 日，就在发起行动的前夜，温盖特接到坎宁安将军的电令，如果服从这个命令，就意味着中止整个追击行动。坎宁安命令温盖特向北与鲍斯特德和西蒙兹会合，诺特返回亚的斯亚贝巴，由约翰逊带领部队前往德塞与第 1 南非旅会合，途中要避免战斗。对于这道命令，温盖特事后在报告中总结道："在战争中，最难的就是在正确时间、正确地点集中兵力。当达成上述目的后，岂有不战而走的道理。"

他决定采取拖延战术对抗上级命令。他回复的第一封电报称收到的电文好像不完整，要求上级重发一次。他们运气真好，再次收到的报文真的不完整，于是他们再次要求重发，这为他们赢得了更多的时间。这 310
一次，温盖特回复了一封很长的电报，临时负责发电的阿卡维亚将报文写满了 12 页大开纸。温盖特故意啰啰嗦嗦地说，他接到的命令从战略上讲是不明智的，因为以 150 人增援德塞的英军起不了大作用，而为此付出的代价却很大，让意军能够以 14 000 人随意支援北面的德塞、安巴阿拉吉（Amba Alagi）或贡德尔（人们也许好奇，他为什么就没想过自己的电文也会出错）。在这封冗长的电报最后，他向将军保证可以在十天之内解决当面之敌。将军答复是，他必须执行命令。于是，温盖特以一封简短的电报结束了这轮异乎寻常的电报往来，他请求司令部在做出明确指示前，先看看他的前一封电报，并认真研究一下他的建议。此后，他决定还是关掉电台为妙。现在他有足够的时间实现自己的意图，他全身心地投入自己在埃塞俄比亚的最后一战，即阿吉巴尔之战。

温盖特到达后不久，有关爱国阵线准备大举进攻的消息越传越夸张，意大利人很快就听说了，16 日，他们从阿迪斯德拉撤往北面 30 英里的阿吉巴尔。下午 4 点，基甸军占领了意军遗弃的城镇。"从要塞最高处望去，"温盖特事后写道，"我看到了（意军）行进的纵队，足有 18 英里长，他们一会儿消失在 5000 英尺宽的峡谷中，一会儿又爬上远处的山冈。"基甸军立即组织追击。

阿吉巴尔要塞及沃格吉蒂（Wogghidi）附堡周围的地形斑驳陆离。尼罗河的支流，即盖尼里河（Ghenneli）、亚苏姆河（Yasum）、博托河（Boto）、乌拉卡河（Uolaka），以及其他一些干涸的河道，在地表造成了一种特殊的景观，峡谷、高地、台地被深深的河谷分割，有些地方有狭窄的山脊相连。这些山脊的宽度通常不超过数百码。这次行动极大受制于这种噩梦般的地形，地利方面的优势完全在防御一方。

17日，塞西杰奉命率100名基甸军和300名卡萨公爵的爱国阵线部队，尾随意军一直向北，在尽远的地方对意军发起攻击。同时，温盖特和
311 约翰逊将率基甸军余部从南面同步发起攻击，在阿吉巴尔要塞下面5英里长的台地的最南端打击意军。凌晨2点，塞西杰率部出发，他们只带了两天口粮，没有运输工具。他们在途中遭到了为意军效力的盖拉人的攻击，不过，他们还是于18日晚到达了沃格吉蒂正东的山脊。19日，塞西杰向
312 要塞里的盖拉族守军（有1200人）发出最后通牒，当天他发现敌人放弃了要塞，于是将其占领。

与此同时，比塞西杰晚出发5小时的温盖特，向南面阵地逼近。他手下有约翰逊的边防连、迫击炮分队、埃塞俄比亚迫击炮排，以及卡萨公爵的爱国阵线部队1200人。在这一地区急行军异常困难，他们花了5个小时才下到博托河的河床，17日晚，他和手下已经来到大陡坡（沃格吉蒂西南面的一个陡坡）。18日拂晓前，约翰逊登上了沃格吉蒂台地，天亮前他们与意军交火。

白天，从温盖特的营地望去，可以清楚地看见意军在台地南面的主阵地。在温盖特和意大利人之间有一条山脊，有人形象地称这个狭长的地带为“锅把儿”，在山脊那边约1.5英里处的台地上，意军呈新月形部署，阵地有1英里宽。温盖特计划于傍晚时分袭击意军的这一前沿阵地，约翰逊带边防连和300人的爱国阵线部队绕到左翼，爱国阵线的其他两支部队同时从右翼和正面接敌。卡萨公爵的勇士们打起仗来似乎比其他非正规军

都要顽强，但他们缺乏训练，进攻或撤退全凭性子来。面对意军的机枪，正面和右翼的攻势进展不大，他们盲目地发起冲锋，一会儿朝这儿，一会儿朝那儿，经常遮蔽苏丹部队的火力线。他们严重束缚了约翰逊部的手脚。但是他们表现出顽强的斗志，这对战事起了决定性作用。

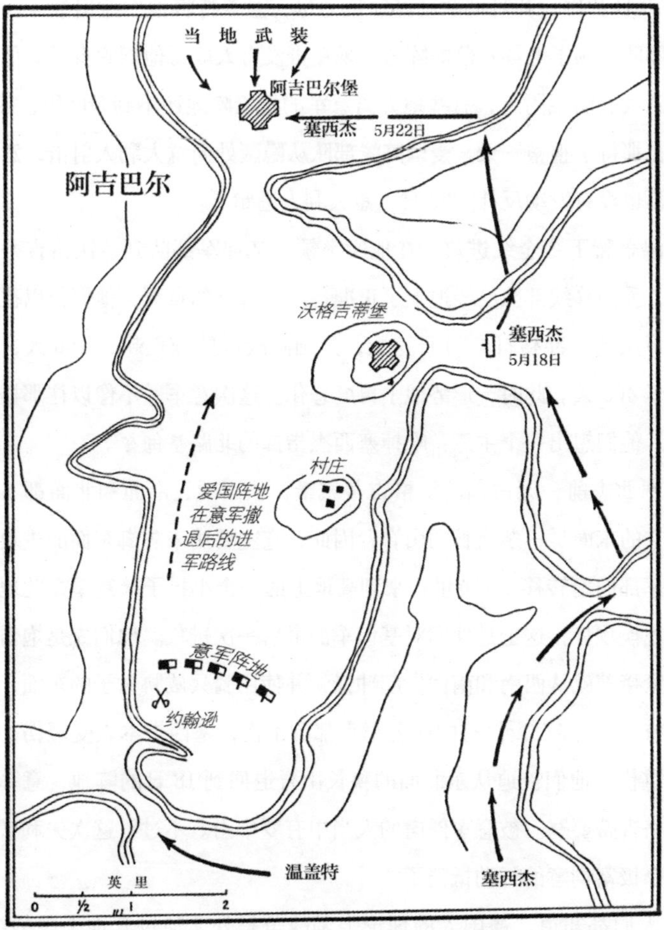

阿吉巴尔之战

18 日白天，意军发动反攻，但他们愚蠢地选择了基甸军实力最强的地方，当面正好是约翰逊指挥的苏丹边防连。爱国阵线的人四处乱跑，在战场上造成了混乱，约翰逊部施展不开，但意军也未能得逞，他们将自己的攻击部队赶下峡谷，或者逼上“锅把儿”形的山脊，听凭基甸军的机枪扫射。

18 日黄昏，苏丹部队已经筋疲力尽，温盖特将他们撤出战斗。爱国阵线部队占领了七零八落的阵地，现在再没有人能帮他们脱身了。他们潜
313 伏在意大利防线附近，有些地方离意军的机枪阵地还不到 300 码，19 日，他们在那待了整整一天。爱国阵线部队从隐蔽处向意大利人射击，意军一整天再也没有发动反扑。20 日，意大利人逃跑了。

温盖特下令全线进攻。在他所率领的基甸军部队到达沃格吉蒂台地之前，爱国阵线部队已经追上了正准备向北逃跑的意军，他们像以往一样毫无章法地猛冲猛打。20 日这天，爱国阵线部队阵亡超过 150 人，受伤不少于 400 人。此时，形势似乎再度恶化。这次意军并不像以往那样仓皇逃窜。他们想出一个主意：吃掉塞西杰指挥的北路基甸军。

塞西杰前一天占领的沃格吉蒂城堡，从西面、南面和北面都不易防守，它的东面是一条狭长的山脊，因此，它主要用来防御东面的进攻。塞西杰率部向南转移 1.5 英里，来到高地上的一个小村子。意军在此地发动了大规模攻势，这也是他们对基甸军的最后一次进攻。他们先是炮击小村子，紧接着就从西南和南面发起冲锋，并使用骑兵威胁村子的东面。塞西杰部有 36 人阵亡，仅有的两名军官都负了伤，塞西杰本人受轻伤，罗中尉受重伤。他们被迫从东北面的狭长山脊退回到 18 日的阵地，意军夺回了沃格吉蒂要塞。被意军俘虏的人当中有罗中尉。不过，这次失利被温盖特一个极富创意的行动抵消了。

人们都知道，德国人的理论强调战争是外交通过其他手段的继续。在如此困难而复杂的形势下，温盖特认为现在外交必须作为战斗的继续。

尽管他关掉电台后再未收到上级指示，但他还是了解一些最新情况，而19日的战事让他产生了一个新想法。20日，他派人打着休战旗送信给马拉文塔诺（Maraventano）上校。他找了一个农民当信使，塞给他100埃塞俄比亚比尔，并许诺回来后再给同样的数目。这封信的内容如下：

1941年5月19日

英国和埃塞俄比亚联军指挥官，致阿迪斯德拉至阿吉巴尔地区意军指挥官。

1. 自我们上次在德卜勒马科斯交手以来，我一直在努力完 314
成一项困难的任务，即把你们的前殖民地部队整编为游击旅。其中1个旅由卡萨公爵指挥，我已经把他们从亚的斯亚贝巴带到这里。另外还有2个旅正在从菲切（Fiche）来此地的路上。

2. 除了这些游击武装外，2000人的爱国阵线部队刚刚从比切那（Bichena）赶到，同来的还有一支由英国军官指挥的苏丹部队。

3. 你很清楚，奥斯塔公爵和他的部队今天在安巴阿拉吉向英军投降。

4. 我已下令，在雨季将所有英军人员从你们周边撤出，让卡萨公爵和皇太子领导的庞大游击武装与你们作战，他们现在正向你们周围集结。电台将留给他们召唤空中支援。由于安巴阿拉吉已经攻克，空中支援来得要比我们想象的快。

我将在此逗留24小时，希望你能下决心停止无谓的牺牲，数月来，战场上有那么多勇士一直忍受着饥馑。如果你拒绝这最后的机会，以后的事就不是我能控制的了。

5.12小时内得不到你的答复，我知道该怎么办。

O. C. 温盖特上校

温盖特当天就收到了回信。

阿迪斯德拉至阿吉巴尔地区意军指挥官，致英国和埃塞俄比亚联军指挥官。

1. 奥斯塔公爵是经过英勇抵抗后才投降的，因为你们的兵力优势太明显了。

2. 我抓住了你手下的 1 名军官，他伤得很重。我没有绷带和药品为他提供必要的治疗。请你给我们送一些治伤所需的药品和绷带。

3. 直到我们的弹药打光，仅剩下最后一颗子弹之前，我们根本不会考虑投降的问题。你们也是军人，当然会理解我说的话。

315 4. 至于说你拼凑的那些杂牌旅，请记住，我们撤走之前会给他们以痛击，尽管他们拥有优势兵力。我们意大利军人为了荣誉和伟大的祖国甘愿忍受危险、饥馑和疲劳。

5. 未经上级指挥官许可，我是不会投降的，我会将你的信通过电报发给他。他是唯一有权命令我投降的人。如果我得到最高指挥官的答复，我会通知你。请于明天也就是 21 日派同一个信使前来。

萨维里奥·马拉文塔诺上校

21 日，温盖特又派人送去一封信。

英国和埃塞俄比亚联军指挥官，致阿迪斯德拉至阿吉巴尔地区意军指挥官。

1. 回信收悉，知道你正就我信中的内容请示上级指挥官。

2. 关于你说军人有义务战斗到最后一颗子弹，我和我手下的军官都非常赞赏。然而，我们必须根据实际情况做出明智判断，可以说，你已经到了该缴械投降的时候，对于一个真心体恤部队的指挥官来说，此时投降不但不是耻辱，反而是他应尽的责任。

3. 上封信说过，我和手下的军官很快就要将指挥权移交给爱国阵线部队，你们继续抵抗下去也不会对你们的国家有任何贡献。我前面提到的那些游击武装将留在这里，不管别的地方发生什么，以你对这个国家的了解，你一定相信他们中的大多数在其他地区派不上用场。因此，你们继续抵抗只能白白成为这些部队的牺牲品，不会对你们在埃塞俄比亚其他地区或任何地方的同胞提供丝毫帮助。不管怎样，我们能用在别处的部队自然会用在别处。我的部分职责就在于确保这一点。

总之，你们继续抵抗不但对你们的国家无用，对于那些在你的指挥下长期英勇战斗的官兵来说，也是残忍和不人道的。

4. 如果投降得到上级批准，只要大的问题定下来，投降的 316
具体安排和协议，可以通过电报或传令兵来商谈。如果 15 时前能收到你的明确答复，明天再次联络之前，我将不会向你发动任何大规模进攻。

O. C. 温盖特上校

附笔：你信中提到为受伤军官提供医疗救助一事，我当然会提供这些东西，只要你愿意说明他的伤情和姓名。

实际形势远非温盖特致马拉文塔诺的信中所说的那样。爱国阵线部队中唯一还想继续战斗的是当地穆斯林，意大利人在走投无路的情况下，曾向他们发放了 7000 支步枪，当安巴阿拉吉投降的消息传来后，他们掉转枪口对准意大利人。但是，经过 19 日和 20 日两天战斗后，卡萨公爵领导的爱国阵线部队不断有人开小差，部队人数越来越少。爱国阵线领导人在阿迪斯德拉会合后，再未发起新的行动。基布拉 · 塞拉西和雷德，以及哈普特 · 马里亚姆和勇敢的巴尼奥似乎全都销声匿迹。温盖特的信堪称这场欺骗战役中最大的骗局。

为了遵守信中的承诺，21 日，温盖特派赖利通知塞西杰，不要发动任何攻势，只要守住东面的狭长山脊即可。随后，阿吉巴尔方面有了答复。

> 阿迪斯德拉至阿吉巴尔地区意军指挥官，致英国和埃塞俄比亚联军指挥官。
>
> 最高统帅部允许我停止敌对行动。
>
> 正如你本人建议的那样，为了避免双方进一步流血，我愿意休战，停战条件要体面，要配得上勇敢而胜利地战斗到最后一刻的部队。
>
> 因为有许多具体问题要商谈，并据此形成协议，请你通知我双方代表会面的地点、日期和时间。
>
> S. 马拉文塔诺上校

317 双方共进行了两次谈判，温盖特都未亲自参加。一次由诺特与诺沃（Nuovo）上校出面，另一次由塞西杰和马拉文塔诺出面。两次谈判都很成功。受降仪式定于 23 日举行。

前来投降的超过 10 000 人，其中 2000 人是埃塞俄比亚的妇女和儿童。温盖特事后说，这是此役最惊心动魄的一幕，因为在最后一刻骗局仍有可能被识破，特别是当意军全体集合在诱骗他们投降的弱小、疲惫之师面前时。前来投降的意军，通过东面的狭长山脊，经过台地到大陆坡处交出武器。对此温盖特有精彩的描写（情有可原的是统计数字有误，因为他写报告时，尚未准确核对数字）。“穿过一块平地，”他在报告中写道，“地势向幽暗的山谷倾斜，意军指挥官和手下 30 名参谋军官骑马走在最前面。紧随其后的是 800 名法西斯分子，然后是一个方阵接一个方阵的殖民地军队（他们不想投降）及 250 名意大利军官，他们交出了大炮、迫击炮、机关枪和三百万发子弹。一共有 14 000 人，他们按战斗序列行进，而受降的只有 36 名苏丹士兵。敌人分五路将武器放在地上，枪支堆积如山，然后他们重新整队继续向山谷前进，在那里，他们只见到我和卡萨公爵以及爱国阵线的几个人；但他们放在地上的武器已经处在我们的布朗式轻机枪的监控之下。”当意军指挥官和参谋人员到达受降地点时，一个由 10 人组成的仪仗队“行了一个参差不齐的持枪礼”。

第一要紧的是立即用小汽车送罗中尉去亚的斯亚贝巴的医院。他到医院时还活着，但由于伤势严重，没过多久就死了。24 日，10 000 名俘虏启程前往埃塞俄比亚首都，这次行军，或者更准确地说是一次安全顺利的游行，多亏了埃塞俄比亚警卫和温盖特本人。这再次证明了他的领导才能并不仅限于战场。就在这次长途行军开始的当天，他首先下达了一道严肃的命令，要求爱国阵线官兵时刻提醒自己，作为基督徒对待俘虏应当宽大为怀，这道命令得到严格执行。“千夫长”约翰逊和他的边防连开路，318
温盖特和诺特带 30 人断后，押运俘虏的任务不可避免地交给了卡萨公爵的爱国阵线部队，而他们证明了桑福德很久以来坚持的一个观点，即埃塞俄比亚绝不是一个野蛮民族。要从这浩浩荡荡的队伍中溜掉是很容易的，要发现却很难。离开沃洛高地后，意大利人不得不穿过那些仇视他们的地区。在阿吉巴尔至亚的斯亚贝巴将近 200 英里的行程中，只发生过一次恶行，而这次恶行也不是爱国阵线部队的责任。当大队人马走过去后，两个掉队的意军士兵被当地农民打死。在民族解放战争中，例如在3年后解放法国的战争中，这样的不幸事件简直可以说是家常便饭。

26日，他们到达阿迪斯德拉。次日，“千夫长”塞西杰带着从阿吉巴尔附近收拢的最后一批俘虏加入行军队伍。29日，他们到达菲切，那些曾被授权携带武器的俘虏也被迫缴械，大队人马在那里休整了5天。皇帝坚持要坐在宝座上看着俘虏从面前通过。马拉文塔诺上校和手下的欧洲军官对这个羞辱性的要求表示抗议，但他们被告知，这并不违背投降条款，他们必须服从。6月1日，就在这个既令人难忘又令人不快的仪式举行前，温盖特离开了基甸军，他和诺特少校一起驱车赶往亚的斯亚贝巴。下午3点，他们参加了罗中尉的葬礼。随后，他向亚的斯亚贝巴的英军最高指挥官韦瑟雷尔（Wetherall）将军报到。将军告诉温盖特一个万分不幸的消息，基甸军不复存在了。部队将被解散，人员视情任用。一名参谋也不能保留。温盖特再也没有自己的司令部了。他奉命于次日飞往哈拉尔的坎宁安将军司令部，如果次日的飞机没有空位，那么一旦飞机有空位就立即前往，从那里他将转往开罗。所有的胜利都有一个令人扫兴的结局，但这样的结局实在太出乎意料了。

刚开始，他毫无怨言地接受了这道令人沮丧的命令。他亲自去向皇帝道别。海尔·塞拉西送给他一所小别墅，尔后又通过秘书转交给他几件礼物，包括一个金项圈和一张有皇帝本人签名的照片，给阿卡维亚的一块刻有他名字缩写字母的手表，以及一箱香槟酒。皇帝的秘书大为动情。他指
319 着这些礼物，流着眼泪哽咽地说：“这并不是埃塞俄比亚皇帝对温盖特上校全部功绩的报答，只是由于目前国家非常贫困，他只能拿出这些东西。”

皇帝的感谢充分表明，他认识到了温盖特的真正价值。要是没有基甸军的胜利，回到埃塞俄比亚的海尔·塞拉西很难无可争议地重登皇位，这使他的国家受益匪浅。温盖特在军事上的卓越才华已经得到充分展现。即使给他一支精锐部队，即使允许他在高效的行政体系中自由行事，他仍

然会遇到许许多多困难。而事实上，他取得今天的成就所依靠的士兵多数本来并不适合执行这类任务，他们装备低劣，使用的是最糟糕的运输工具，还有指挥权分离和缺少空中支援等不利条件。这一系列困难足以打垮任何人的信心，而且他真的差一点就要崩溃了。

他跟查普曼·安德鲁斯和桑福德道别。他对桑福德说的最后一句话是："战斗结束了。我的任务完成了，我走了。现在就看你的了。"

他跟诺特道别时说，他准备去哈拉尔休息几天，然后尽快去开罗总部报到。他说，一旦他到达开罗，还要缠着当局允许他重返巴勒斯坦，实现创建犹太军队的目标。

次日，温盖特飞往哈拉尔，奉命向坎宁安将军报到。将军要求对他在阿迪斯德拉不服从命令一事做出解释。温盖特说明了理由，将军表示接受。事情的结局已经为温盖特做了最好的辩护，而坎宁安将军也了解实情。尽管如此，将军还是急于要温盖特离开。前面说过，这并不是因为将军记恨温盖特的我行我素、违抗命令或者非正统的军人作风，而是因为他听说温盖特喜欢参与政治阴谋，并从 4 月在德卜拉马科斯发生的一系列事件中看出了某些迹象。5 月 11 日，发生了所谓的"七大臣事件"，皇帝为了显示独立自主的决心（一次非常成功的行动），在未征求英国当局意见的情况下，任命了七位大臣。有人认为是皇帝的英国顾问怂恿他这样做的。温盖特不大可能参与这件事，也不大可能说过这样的话，但这件事再 320
次激起了当局长期以来对那些爱插手政治的人的厌恶，而温盖特恰恰是他们所讨厌的这一类人。

6 月的第一周，温盖特离开哈拉尔前往喀土穆，尔后又飞往开罗。到达开罗后，他下榻大陆酒店。

第十四章　劫后重生

321

亲眼看到温盖特在阿吉巴尔受降的人，根本想不到他即将经历人生最多灾多难的一段岁月，再过一个月灭顶之灾就要降临到他的头上。

5 月 31 日，休·鲍斯特德给温盖特写了一封信，此信紧随温盖特到了开罗。鲍斯特德在话别的同时提醒对方说，在 11 月举行的高级军事会议上，他曾预言德国将进攻希腊，而现在这一预言已经成为现实，同时中东各国内部都传来了轴心国图谋不轨的报告。鲍斯特德显然还不知道温盖特已经接到了去中东战区司令部的命令，他对温盖特说（尽管他们从来都不是朋友），继续留在埃塞俄比亚对他来说是大材小用。

他这样写道：“离开这些山沟里的要塞，这里已经没有什么要紧的事了，你要尽快离开，到那些能让你发挥最大价值的地方去，凭借你的阅历、经验及其他素质更好地为帝国和陆军服务。时间紧迫，闪击战的速度非常快，针对巴勒斯坦、叙利亚、埃及和伊拉克的行动正在迅速而周密地准备着，德国人在这方面绝对是大师。所以，不要在目前这个次要战场上耽误时间，否则就太晚了，飓风会在你到达之前席卷中东。”

这封信足以说明温盖特回到开罗时未受到热烈欢迎的原因。大不列颠正经历着可怕的失败。4 月 8 日，即基甸军占领德卜勒马科斯 4 天后，也就是坎宁安占领亚的斯亚贝巴 2 天后，德军入侵希腊和南斯拉夫。与纳粹进攻巴尔干半岛相比，埃塞俄比亚的胜利根本不值一提。一支英军部队在巴尔干半岛登陆，有人认为这是极富政治天才的一步高棋，也有人认为这是政治上和军事上一出不可思议的闹剧，英军随后遭遇的灾难堪与敦刻尔克相比，（有人认为）甚至更具毁灭性。这次行动所造成的物资装备损失，使同盟国在数月内难以恢复元气，更不要奢谈胜利了。英军在希腊 322
投机失利，加上德国在克里特岛获得一个空军基地，使英军在利比亚沙漠前功尽弃。敦刻尔克大撤退后，有人曾经大喜过望，现在他们开始相信英国有可能输掉战争。此时此刻，很少有人关注一个来自遥远的、微不足道的、闻所未闻的阿吉巴尔的胜利者，这不足为怪。

温盖特到总部向上司报到，他受到的第一个礼遇就是被重新降为少校。至于说他的新工作岗位，似乎没有人急于明确。因为有许多别的事需要关注，总部其他部门很少有人听说过基甸军这个名字，就是温盖特所在的部门，也没人急于了解这一小撮忠于职守的人如何参加起义并战胜大军的详细经过。

6 月 16 日，西蒙兹少校满腹委屈地来到开罗与温盖特做伴。前面对于伯根德部队生龙活虎的战斗介绍得并不多，因为这与温盖特的故事没有直接关系。在战役的最后阶段，伯根德部队与前往阿迪斯德拉的基甸军接到同样的命令。5 月 17 日，西蒙兹在鲍斯特德和 5000 人爱国阵线部队的支援下，眼看就要攻占德卜勒塔巴（Debra Tabor）要塞。5 月 18 日，西蒙兹奉命将指挥权移交给鲍斯特德，并立即取道德塞前往开罗，为的是填补总部急需的一个参谋岗位。两天后，鲍斯特德奉命率手下的边防营前往德塞。这些命令得到不折不扣的执行。由于爱国阵线部队已经无心恋战，德卜勒塔巴之战被迫放弃。西蒙兹到达开罗后才知道，总部的那个参谋岗位已经被别人占了。他和温盖特一起在总部的办公室之间来回奔波，尽干些毫无意义的差使。他们感到自己不仅多余，而且遭人讨厌。俩人都病倒了。西蒙兹得了黄疸病，正在康复之中，而温盖特得了疟疾，正处在发作期。这两种病都会严重摧残人的精神和情绪。

温盖特正在为八个月来所受的种种委屈生闷气。他在许多问题上有理由感到委屈。他想起了刚到 101 特遣队任职时遇到的阻碍，以及武器装
323 备发放过程中的玩忽职守，最令人忘不了的是西蒙兹在喀土穆接到的卡车竟然没有轮胎和备件。他还想起伯耶之战后自己再未得到空中支援，而西蒙兹提醒他说北部战役也遇到同样的问题。让温盖特百思不得其解的是，上级的那些命令差一点断送了他最辉煌的成就，而且确实剥夺了西蒙兹在德卜勒塔巴的胜利。现在，他又有了新的难以释怀的怨气。他正努力突破那些谦谦君子们设置的障碍，为手下人经历的艰辛争取补助，但迄今为止他四处碰壁。这笔钱在陆军术语中称为“艰苦生活津贴”，有关方面拒绝的理由有两条：一是申请时机不对；二是基甸军的情况不如在意属东非和地中海作战的部队艰苦。第一条理由令人难以容忍，完全属于官僚主义的繁文缛节和故意刁难。第二条理由则有悖招募志愿者从事非正规战的光荣传统。这完全不符合实际情况。有时候，在意军撤退后的短暂间歇中，基甸军的生活可以说是富足甚至是奢华的，但大多数时间，他们不得不以“引起腹泻的食物和饮水”为生，他们从未得到过标准的定量配给，而且到该补给的时候，补给品往往远在 100 英里以外，驮在慢吞吞、病恹恹的骆驼背上。部队长途行军经常得不到任何食物。有一天，西蒙兹在司令部得知，艰苦生活津贴的申请“不被许可”，是因为基甸军在敌后作战，不属于“野战部队”。温盖特开始怀疑有人在玩弄阴谋，反对他本人和他代表的任何事情。

温盖特本人对这段生活的叙述自相矛盾，因此很难准确地说出他思想演变的过程，但似乎就是在这一段充满挫折和失望的时期，他开始相信自己受迫害是因为支持埃塞俄比亚独立，反对旨在将埃塞俄比亚纳入大英

帝国的图谋。他从未忘记布罗克赫斯特使命；他再次联想起在外交上产生拙劣影响的《敌国被占领土管制方案》，以及肯尼亚士兵关于“土著帝国”的嘲讽，于是在绝望之余想象着一定存在某种无法抗拒的巨大阴谋。前面说过，在埃塞俄比亚战役之初，温盖特将太多过去在巴勒斯坦的经验直接照搬到地形不同的埃塞俄比亚，在军事上犯过一些错误。现在他在政治
领域似乎也开始犯同样的错误。他将埃塞俄比亚视为“民族家园”，并将 324
《敌国被占领土管制方案》视为《伍德黑德报告》。他认为有足够的证据证明自己的猜测。

西蒙兹到开罗时，温盖特差不多已经写完了基甸军作战“总结报告”。西蒙兹帮他完成了最后的工作，并加入了有关伯根德部队作战的附件。整个报告于 6 月 23 日全部完成。这份报告非常有名，或者至少可以说是恶名远扬。

这并不是一份胡乱拼凑、粗制滥造的文件，正相反，该报告的主要内容直截了当、实事求是、有理有据，与温盖特过去的一些备忘录相比高出一筹。然而，这份报告存在明显的判断不当之处，温盖特的许多政敌抓住不放，以此为借口封杀报告的所有建议。此时需要的是老练圆滑，然而怒火中烧的温盖特顾不了那么许多。他在盛怒之下奋笔疾书，像许多情绪激动的人一样，他有时会逻辑混乱，使自己丧失公正的判断。

这份报告在形式上一反常规。主报告并未叙述基甸军的作战过程，它更像一篇有关游击战的论文。他在报告开头简要概括了基甸军取得的成就，其中有关俘虏的数字相当精确，一共俘虏了 6320 人。接下来的一部分约 2000 字，讲的是有关游击战的基本理论，他拿劳伦斯的做法与自己的做法进行对比，劳伦斯将尽可能多的武器分发给所有可能参加起义的人，而他坚持起义者要获得武器必须首先证明自己的价值。他用古利特事件来证明自己的理论，不过，他只是举例说明，并未明确指出这是实际发生的事。在这部分文字中首次出现令该报告名声扫地的段落。他写道：

“只要有适合执行突破任务的人员，一千意志坚定、装备精良的人，不论花多长时间，最终总能瘫痪一支十万人的部队。但是这要求士兵和指挥官都是最优秀的。而像（基甸军）这样选择部队中的渣子就不管用。”毫无疑问，基甸军的某些成员不是作为志愿者而是作为牺牲品参加远征的，他们并不符合要求，往往是团里不想要的人，而温盖特有权力抗议如此招募人员的做法。但温盖特使用这样的语言不仅对整个部队不公平，也使他后面的论点成为无稽之谈。

这一部分结尾的三段写得很好，而且特别有意思的是，在这份报告
325 中，只有这三段文字能表达他那恼人的、虚妄的却又不失高尚的政治观点。

> 在这场战争中，说一套做一套的犬儒主义哲学将是打败我们的大敌，而它在我们的顾问班子中相当流行。没有爱国阵线的援助，厄立特里亚和东非部队都不会取得胜利。事实上，如果没有他们的帮助，我们至少需要两倍以上的兵力，战役进程也会缓慢得多。这一论断有充分证据。
>
> 我们的这次胜利得益于埃塞俄比亚人相信我们的宣传。他们现在开始认为（他们改变看法是我们造成的），我们出于自身利益的需要故意欺骗他们。只要对我们有利，我们就鼓吹解放奴隶，现在既然给他们重新套上枷锁符合我们的利益，那么我们就可以毫无顾忌地这样做。
>
> 如果今天的埃塞俄比亚疑心白人的帝国主义政策，那么明天全世界都会这么想，我们将一下子失去成百上千万人的支持。敌人早就预言了我们会采取今天的政策。过去没人相信他们。今天人们相信了，不仅因为敌人说我们同样准备兼并埃塞俄比亚，或者为了息事宁人而将它拱手还给敌人，而且因为他们说我们与轴心国相比只不过是一种较温和的帝国主义。正义兴邦。

尽管他谨慎地将英国对埃塞俄比亚的殖民野心说成是敌人的蛊惑，但他显然相信这种说法是真实的。

报告接下来的几段分别是“主要做法”“准备工作”和“指挥与参谋机构”。在这几段当中，他用了两千多字介绍了如何征兵、训练和编组基甸军这样一支部队，其间反复提及基甸军的目的和作用。他抱怨缺少合格的皇家空军联络官，这是非常符合实际情况的。然而，他并未考虑到一个基本事实，即在战争形势岌岌可危的夏季，缺乏飞机已经严重危及到了英军的所有战役，但他强调的一点无疑是正确的，直到战争末期，在大大小小的战役中，缺乏空地协同一直是英军的弱点。基甸军并不需要很多空中支援，他们的需要也不可能都得到满足，但他们不该什么也没有。朗莫尔许下承诺是在希腊惨败之前。但现在朗莫尔已经不见了。[1]

他同样有足够的理由抱怨说，他手中的无线电设备质量低劣。陆军对此普遍怨声载道，温盖特（在附件中）声称基甸军的第一台发报机的电键坏了，他们没有汽油储备，也没有电池所需的蒸馏水，许多存储器有共
鸣音。接下来，他严厉地批评了通信参谋，并再次表达了对军官和军士遴 326
选方式的义愤。在这段文字的后半部分，他热切恳求为他的部队发放艰苦生活津贴，并立即授勋，同时还强烈抗议解散他的部队。威廉·艾伦对他做出了恰如其分的评价：“他激烈抨击手下人……后来又强调他们勇气可嘉。”不幸的是，那些对基甸军怀有敌意的当权者（为数不少），轻而易举地驳回了温盖特的请求，因为温盖特自己说那些人是陆军中的渣子。

讲完征兵、训练和编组部队之后，他又详细介绍了武器和物资供给方面的情况（今天的普通读者对此兴趣不大）。接下来写的是“战术运用”，包括两小段内容，一段是对正规部队和非正规部队实施的正确领导，

① 1941 年 5 月，朗莫尔由于失去了丘吉尔的信任，被解除中东战区空军司令一职。——译注

另一段讲的是宣传工作，这虽然出乎意料，却也符合逻辑。他对宣传工作有非常深刻的见解，他敏锐地指出，整个宣传工作应当以大卫和歌利亚的故事为基调，由于无视这一正确原则，宣传工作犯了一些错误。尽管他表达了不满，但这段文字措辞恰当而且不失幽默。报告最后建议组建一支较大规模的游击旅。他指出这个旅应当编有自己的空军联队，部署在提贝斯提山脉用于利比亚方向作战，或者部署在巴勒斯坦用于高加索方向作战（他仅以不引人注意的方式提到了任用犹太人的可能性）。

报告后面有六个附件，第一个附件讲述了温盖特亲自指挥的基甸军主力部队的冒险经历。在正规公文中，这部分通常应当出现在正文里。这段文字很简短，是温盖特凭记忆写出来的，以此衡量，其内容还算相当可靠。在威廉·艾伦的书出版之前，这份报告一直具有相当高的史料价值。他夸奖别人时总是过分吝啬。在整篇报告中，他只称赞了鲍斯特德、哈里斯、约翰逊、阿卡维亚、军士长格雷（Grey）少数几个人的功绩，而且都非常简短。至于桑福德，温盖特轻蔑地暗示了他的无能，除此以外再没说别的。尽管他对于一些失误一笔带过，但并未故意歪曲事实。他一点也没有沾沾自喜。他本来不用添油加醋就可以将阿吉巴尔的辉煌胜利大书特书一番，但他并没有这样做。他一直相信，自己作为命运的工具发挥着人力难以企及的作用。

他错就错在说了一些俏皮话。有些俏皮话的水平还很高。针对重理
327 论而轻实践的军事倾向，他这样写道：“对于一个很少有实践机会的职业来说，这是很自然的事情。然而指挥官在演习中学习战争艺术，就如同医生在人体模型上学习手术一样，他们的头脑中充斥着大量的错误教条和正统学说。”这样说等于把别人都贬低为小学生。关于解散基甸军一事，他写道：“解散这样一个已经创建并有继续存在之必要的军事组织，或者想当然地认为，可以在零星战斗中使用同样数量的人达到同样的效果，这恰恰是军事蠢材的标志。”

在报告完成但尚未送出之前，温盖特遇到了以前在巴勒斯坦的一位朋友达德利·克拉克，他现在是总部的一个部门主管。当时温盖特可能正好去文印室取报告副本，反正他们遇见时，温盖特手上正好有报告副本。他给了达德利·克拉克一份，请他审阅并发表意见。那天晚上，克拉克到大陆酒店拜访温盖特。他见到了西蒙兹，得知温盖特躺在床上病得很厉害，不能下床会客。达德利·克拉克将他的意见告诉了西蒙兹：不论中东总部还是陆军部都不会接受这份报告，因为报告的个人色彩过于浓厚。有鉴于此，他强烈建议对报告进行修改。他的建议未被采纳，但事实证明他是正确的。

这份报告在总部根本得不到认同，但它被立刻呈送总司令本人。主报告和部分附件大概是 6 月 18 日送去的，其他附件也随后送交。阿奇博尔德·韦维尔爵士记录了当时的情况：“基甸军远征结束后，他（温盖特）将一份备忘录送交我的司令部，就凭这份报告，我完全可以以违抗命令的罪名将其逮捕。说得轻一点，我手下的参谋人员因为这份报告受到了伤害。我派人把温盖特找来，面对面听他诉说委屈。有些是误解，少数确有其事，但可以补救，更多的纯属想象。这是我在中东地区最后一次见到他，看得出他有过度疲劳的迹象。”

接下来的事情可以称之为当权者和造反者的斗争。尽管如此，过程并不那么简单。虽然阿奇博尔德·韦维尔爵士告诉温盖特自己对报告中的侮辱性言辞非常生气，但报告揭露某些方面的渎职和无能给他留下了深刻印象。俩人会面时，他对温盖特提出的所有问题都细细地听了一遍，对于那些仍有现实意义的事情，韦维尔要求做出调查。可以想见，当相关人 328
士听说温盖特措辞不当的报告将招致具有破坏性的调查时，他们会有多气愤。尽管没有证据表明那些受牵连的高级军官会出于本能而纠集在一起共同阻挠调查，但这正是总部的为官之道，后来的许多迹象表明事情很可能就是这样。对手的优势恰恰是温盖特自己造成的。由于他的报告具有“爆炸性”，所以传阅范围远没有同类文件广泛，只有个别部门的个别人知道这份报告。因此，调查尚未开始，对手们就占据了决定性的优势。阿奇博尔德·韦维尔爵士不受批评的日子早已一去不复返了；公正也罢，冤枉也罢，当时对他的批评很多。6 月 21 日，韦维尔接到首相的通知，他的职务将由克劳德·奥金莱克（Claude Auchinleck）爵士接替。不到两周时间，他就离开了开罗。在新老交替的混乱中，调查之事自然也就迅速夭折了。即使是阿奇博尔德·韦维尔爵士已经裁定的艰苦生活津贴也被搁置，变得遥遥无期了。

这段时间温盖特一直受到疟疾的折磨。他不愿去皇家陆军医疗队接受治疗。他担心，按照陆军章程，自己一旦上了官方的伤病员名单，就得脱离 G（R）部门，被打入后备军官的“冷宫”，注定要被打发到某个远离危险的参谋岗位上去恢复健康。鉴于有关方面只能在病人生病 28 天后才会采取这项措施，而 G（R）肯定会积极地帮助他，他的这些担心显得有些杞人忧天，但这确实对他起了不好的作用，让他彻底失去了对所有官方机构的信任。6 月 27 日，他干了一件蠢事。他跑去找了一位当地医生，此人好像是一个很不称职的实习医生，由于已经诊断出是疟疾，这个医生就给温盖特开了大量的阿涤平（Atabrin），却未警告他这种强力药物有很大的危险。温盖特发现阿涤平对退烧很有效，于是不小心服过了量。现在，他大部分时间躺在床上，有时强撑着身子起来，吃力地走到那令人厌恶的总部大楼。有人经常看到他穿过大陆酒店的大厅，脸色苍白，身
329 体瘦弱到极点，神情沮丧得难以形容，但那双明亮的蓝眼睛仍然射出炽热的光芒。

在经常出入大陆酒店的军官中，有一位温盖特曾听查普曼·安德鲁斯说起过。此人就是桑希尔（Thornhill）上校。他与阿奇博尔德·韦维尔爵士是终生的好友，在总部里算得上一个响当当的人物。在赛马俱乐部和大陆酒店，他是晚间一道常见的风景，手里拿着一根巨大的圆头棒走来

走去，他手下那位身材修长、戴单片眼镜、留八字胡的少校参谋梅瑟莱尔（Metherell）总是形影不离。大多数时候，桑希尔都是一边高谈阔论，一边忙着给身旁的一大圈朋友斟鸡尾酒或威士忌。此人非常有亲和力，喜欢唠叨，没什么心计。他有一个很独特的缺点：爱管闲事且乐此不疲，他总是那样乐于越俎代庖，经常比自己的事还上心。他是那种只要遇到事情就不会袖手旁观的人，有时他插手与自己不相干的事，出主意连脑子都不过。但他的缺点很快被证明具有极大的价值。他也住在大陆酒店，就在温盖特隔壁。

在高烧的煎熬中，有三块心病一直折磨着温盖特：一是其部属受到的不公正待遇，二是埃塞俄比亚受到的不公正待遇，三是对他个人的冷漠和忽视。他事后描述自己的心情时说："过去很难，但我始终坚信没有什么能够掩盖真正的成就，真心的善行永远不可能被彻底抹杀。当我前往开罗时，我满怀信心地认为爱国阵线已经实现了自己的目标，我和他们一起将确保我们能受到公正对待，我们的努力不会白费。但情况并非如此。我看到当局正在着手剥夺海尔·塞拉西的尊严和他的大部分国土，至于我，没人在乎我会怎样。"

由于生病期间思绪混乱，加上阿涤平的副作用，他产生了许多古怪的念头，他深深陷入有关英国出卖埃塞俄比亚的想象之中，越来越难以自拔，一种奇特的妄想在他头脑中渐渐成形：面对被践踏的理想，他要以死抗争。他这样对自己说："我认为我们对待埃塞俄比亚冷酷而专横，我们关于民族解放的说法是可耻的谎言……我想亲手结束自己的生命，为这个背信弃义的故事画上一个句号，并唤醒人们停下来反思。"这不是他第一次产生自我毁灭的想法，但这很可能是最严重的一次。 330

这件事的可悲之处在于他为国家荣誉所承受的精神痛苦完全是不必要的，要是他曾向查普曼·安德鲁斯或其他人说出自己的想法，他就会了解事实真相（要是他不生病，他肯定会这样做），并且会立刻发现自己犯了一个多么严重的错误。大英帝国恢复埃塞俄比亚主权的事宜正在交涉之中，对此没有任何可以感到羞愧的。毫无疑问，有许多鼠目寸光之人，或许也有很多心怀叵测之人，他们希望将埃塞俄比亚沦为一个受保护国，也许直到今天他们仍抱有这样的幻想。他们在肯尼亚军队中很有势力，而且影响着一批报社记者，特别是《泰晤士报》，尽管如此，那些怀有这样想法的人从来未能接近决策层。在2月以前进行的为期四个月的讨论中，有关受保护国或者类似的想法已经被彻底排除。唯一有待明确的问题是结束军事管制的时间和条件，而且各方一致同意，军事管制是临时性的，时间也不会很长。不论从军事上考虑，还是从政治上考虑，拒绝或限制埃塞俄比亚独立都是不可能的，也是不得人心的。经济方面的诱惑也可以忽略不计。所有的不忠和背叛都是肤浅的揣测，尽管它令一些人深以为虑。温盖特听说了很多不可靠的传言，说埃塞俄比亚将再次沦为殖民地，他也确实发现当权者中有许多人居心叵测。他当时思维混乱，以为这正是官方的政策；事实上，这只是表面现象，并不值得为此牺牲内心的宁静，更不要说牺牲生命了。要是有人能帮他卸下最后一个沉重的精神包袱，即使是在生病期间，他也应该能参透事情的真相，并摒弃自杀的冲动。

6月末至7月初，他感到自己陷入了绝望的境地，他在青年时期曾经倍受此种绝望的折磨，但自巴尔福德那些失意的日子之后，却再未经历过。那些经历过精神颓废的人深知，其中的一种痛苦就在于害怕它有朝一日会卷土重来。长达八年无忧无虑的生活，让他渐渐摆脱了这种恐惧。他开始以为自己彻底自由了，然而，现在他惊骇地发现情况并非如此。他觉
331 得自己被上帝彻底遗弃了，于是被这种令人极度恐惧的幻觉击垮。

7月4日下午3点，温盖特量了一下体温，发现体温计上的刻度停在华氏104度。他手边已经没有阿涤平了。他从床上起来，走下楼来到大街上，挣扎地走向医生的住处。尽管他去过不止一次，但就是找不到。他吓坏了。现在，他相信自己丧失记忆正是精神错乱的前兆。他的身体非常虚

弱，不得不扶着墙走回酒店。他在迷乱和绝望中下定了决心。

在通往卧室的走廊上，温盖特见到了经常为自己送饭的楼层侍者。他对侍者说了几句表示感谢的话。侍者注意到他的行为有些古怪，于是就尾随他到了门口，并守候在那里。温盖特本想锁上门，但又怕加剧侍者的疑心，所以他只是半掩上门，等着侍者离开。随后，他拿出手枪，发现枪很长时间没有擦拭了，还淤积着埃塞俄比亚的尘土。枪膛是空的，他没有找到子弹（实际上，温盖特离开亚的斯亚贝巴时，阿卡维亚忘了给他的手枪装子弹）。他把手枪扔在一边，又拿出了朋友送给他的一把猎刀。他走到盥洗池上方的镜子前面，右手拿刀猛地刺入颈部左侧。他发现要切断喉咙需要更大的力气。他意识到自己必须再来一次，此时他突然想起门还没锁。刀就插在脖子上，伤口喷涌着鲜血，他就这样走到门边将门锁上，然后返回镜子跟前，拔出猎刀，左手持刀用尽全部力气向右侧的颈静脉刺去，他随即昏倒在地板上。

本来不出一小时他便会死去，可是救援很快就来了。当时，隔壁的桑希尔上校正在午睡。他听见墙那边有异常的响动。这让他产生了一个念头，一定发生了什么意外的事情（尽管没有叫喊声）。他决定最好还是去看看。他事后解释了原因。他说：“如果我听到一个家伙锁门，我什么都不会想；如果我听到一个家伙跌倒，那是他自己的事；但是，如果我听到一个家伙锁上门，尔后又跌倒，那我就要行动了。”他迅速穿好衣服，跑到走廊上敲隔壁的房门。房间里听不到任何动静。他转动门把手，并用力推门，但门反锁了。于是，他冲向电梯，跑到楼下的经理办公室去拿钥 332
匙。他和经理以及其他人一起跑回来，迅速穿过走廊，由于门上的插销被划上了，他们只能破门而入。当他们冲入房间时，温盖特已经恢复了部分知觉。他事后回忆说，他当时以为自己死了，已经下了地狱。桑希尔为他实施了急救，随后温盖特被送到第 15 总院。温盖特从来不知道是谁救了他的命。

医生立即给他做了手术，期间遇到一些麻烦，因为一阵呕吐再次振裂了他的伤口。温盖特神志不清，胡言乱语，护士们听见他一遍遍叫嚷着，恳求上帝的宽恕，于是，她们向英国圣公会随军牧师求助。这位好心人的帮助没有效果，当天深夜，温盖特镇静以后，天主教随军牧师布朗特（Blount）神父前来探望。他坐在温盖特身旁，说明了自己的身份。温盖特问神父自己是不是该死。神父沉默了几秒钟，然后把手放在温盖特的额头上说："上帝会原谅你的。"这句话让温盖特感到宽慰。从这一刻起，温盖特开始经历缓慢、痛苦，最终成功的劫后重生。说来奇怪，经历了这件事后，温盖特还是一直保持着清教徒对罗马天主教会的反感。对他来说，个人得失与任何原则问题相比都算不了什么，哪怕是在生死关头。

温盖特自杀的消息很快在开罗传开了，每当人们需要散心的时候，温盖特的故事就成为他们的谈资。谣言不胫而走，有些相当接近事实，有些则相去甚远。桑希尔上校被好事者们包围着，由于他凡事都喜欢插一手，所以有幸成为读过温盖特报告的少数人之一，但即使如此，他知道的也不多。有关温盖特的故事当时广为流传着两个版本，其中一个版本说，温盖特企图自杀是因为前任总司令否决了他组建游击旅的建议，另外一个版本也同样荒谬，说他因未能得到上级赏识而感到失望，因此搞假自杀以引起人们的关注。

有可靠消息说，他的敌人正在幸灾乐祸。"我们制住他了，"有人记得一位准将这样说，"要么上军事法庭，要么进疯人院，不论走哪条路，他都完蛋了。"不错，看起来，温盖特的职业生涯就要彻底结束了，而那
333 些平庸之辈最终战胜了他。不过，那些人高兴得太早了。有趣的是，与那位不便吐露姓名的准将的幸灾乐祸相比，一位堪与温盖特棋逢对手的人表现要坦荡得多。当时大卫·斯特林（David Stirling）上校正设法组建第一支特种空勤部队，他遇到各方面的阻力，如同温盖特当初的情况一样。有人真诚地向斯特林建议，他和温盖特应当联合起来，因为俩人有许多共同

的想法。然而，斯特林与温盖特一样，也是一个我行我素的人，他拒绝了这个建议，甚至一直避免与对方接触。现在，他和许多人一样听说温盖特企图自杀是因为他的计划遭到拒绝，他的反应不是幸灾乐祸，而是多了一分敬重。他意识到一个甘愿为信念而死的人是令人敬畏的，他决定为了职业上的原因，今后更要躲着温盖特走。至于老桑希尔，他总是说：“我真不知道那家伙想干什么。”

在医院住了几天后，温盖特已经可以接见探视者了。第一批探视者中有西蒙兹，温盖特对他说（透露了自杀的部分动机）：“我这样做是为了唤起人们注意到我们的‘不义之举’。”查普曼·安德鲁斯当时也在开罗，他和乔治·斯蒂尔一起去了第 15 总院。他们发现温盖特处在一言不发的沉思状态，好像想说点什么，却又说不出来。最后，查普曼·安德鲁斯觉得应该让温盖特把憋在心里的话都说出来，于是试探着问他为什么“这么干”，但温盖特没有回答。“是出于个人原因吗？”来访者问，“家里出了什么事吗？”温盖特回答说：“不是，感谢上帝，家里没出什么事。”查普曼·安德鲁斯想让他多说一些，因为看上去他想说话，但温盖特还是沉默不语。过了一会儿，温盖特突然环顾了一下病房四周，悄悄向他解释了自杀失败的原因，而非企图自杀的原因。他说要想成功地切断喉咙，首先需要洗热水浴放松自己，否则你会发现颈部的肌肉绷得太紧，让你无法切断。由于他事先没有研究过这些，所以自杀没有成功。探视者忧心忡忡地看着他用手比画着说明自己的意思。查普曼·安德鲁斯说幸亏他没成功，对此温盖特回答说：“这说明天将降大任于我。”

当他们离开医院时，乔治·斯蒂尔说，从温盖特的眼神中已经看不出那种危险的东西。

温盖特出事的第二天，阿卡维亚从埃塞俄比亚来到开罗。他去了大陆酒店，酒店的人只告诉他温盖特已经离开了。他又跑到总部 G（R）部门的办公室，从那里得知温盖特自杀的消息。他也是第一批探视者之一，334

但他去医院之前通知犹太事务局驻开罗办事处说，温盖特由于意外受重伤住进了医院，开罗办事处又通知了耶路撒冷总部。于是谢尔托克带着他的犹太复国主义同事西雷尼（Sireni）医生从巴勒斯坦赶来。

就在阿卡维亚去探视后一两天，谢尔托克和西雷尼一起来到医院。过了一小会儿，温盖特说他想跟谢尔托克单独谈谈。西雷尼离开后，他问谢尔托克是否了解他住院的原因。谢尔托克说自己一无所知，于是，温盖特满怀深情地说，谢尔托克、魏茨曼、本·古里安和所有犹太复国主义领导人一定了解他是怎样的人，他相信自己命中注定要在拯救以色列过程中扮演重要角色，他还告诉谢尔托克自己自杀的事。谢尔托克问他为什么这么做，温盖特并没有为自己的行为辩解，他只是说因为个人的失败而感到沮丧，同时也是为了抗议英国的埃塞俄比亚政策。谢尔托克以其一贯的体贴安慰温盖特说，像他这样的人总是把一堆难题揽到自己身上，他向温盖特保证自杀这件事丝毫不会影响犹太复国主义者对他的信任。不久，本·古里安也来看望温盖特，听了他同样的表白，并向他作了同样的保证。

看起来（根据温盖特自己事后说），当他的情绪恢复正常后，他并不觉得自杀这件事很光荣，他承认自己错了。他相当虚心地说："从当时的情况看，这样做并没有足够的理由。这样做到底对不对，我还没有……得出最后的结论。或许是不对的。"乔治·斯蒂尔的那句评价很值得重视。像许多处于悔恨中的人一样，温盖特与自己实现了和解。他还需要与世界和解，这需要时间和努力。

在医院还发生了一件骇人听闻的事。基甸军一位战功卓著的军官去医院看望温盖特，在此不必说出他的名字。刚开始气氛非常友好，然而，双方突然反目成仇[①]。事情大概是这样的。当俩人谈及温盖特的报告时，

① 根据《黑夜里的火焰：温盖特在缅甸、埃塞俄比亚和耶路撒冷的经历》一书记载，在医院与温盖特翻脸的是休·鲍斯特德。——译注

对方要求看一看。于是温盖特拿给他看。他刚开始看的时候态度很正常，335
随后变得越来越不安，他看到指挥官在报告中严厉斥责手下官兵，也就是达德利·克拉克力劝温盖特删除的那一段文字，他勃然大怒，完全失去了控制。他愤然将报告扔在地上，盛怒之下开始辱骂虚弱得无力回嘴的温盖特，说了很多咒骂和侮辱性的话；他离开病房时，在门口停下来，又骂了一阵，仿佛刚才骂得还不够解气。然后，他气冲冲地走了，俩人再也没有见面。温盖特事后好像并不记恨他。

7 月 22 日，温盖特接受了官方资深心理学顾问 G. W. B. 詹姆士的诊断。温盖特可能向他倾诉了前文介绍的一些情况：由于他深深陷入绝望，于是在 4 日那天决定自杀。除了后来跟妻子说过以外，没有记录显示他告诉过别人；在他心中，这个话题太恐怖了，实在难以启齿。詹姆士提交了诊断报告，说明未遂自杀这件事并不怪温盖特，他说这是由于温盖特性格上有抑郁倾向，疟疾引起的高烧和滥用阿涤平加重了他的沮丧情绪。詹姆士断言温盖特不会再自杀，他的心理已经完全恢复正常，应当送他回英国慢慢康复。

在精心照料下，温盖特开始渐渐恢复体力。在他的病房外面有一个阳台，晚上他总是在那里简单活动一下身体，通常是一边背着手踱步，一边陷入深深的沉思。这个全神贯注的人引起了单人病房里另外一名患者的注意。此人是纽沃尔（Newall）夫人[1]。神情专注的温盖特引起了她的好奇心，她问护士（她恰巧也负责护理温盖特）那个人是谁。护士告诉她那是个企图自杀的病人。有一天，温盖特正在进行晚间锻炼，纽沃尔夫人喊道：“温盖特上校！”他停下来，然后走到她的门口。她说：“温盖特上校，请进。我想跟你说说话。我厌倦了看您在外面走来走去。”

---

① 根据《黑夜里的火焰：温盖特在缅甸、埃塞俄比亚和耶路撒冷的经历》一书记载，玛丽·纽沃尔是第 11 救护车队的队长，该车队全部由妇女组成。因为她习惯在腰间别一把左轮手枪，所以有绰号“别手枪的玛丽”。——译注

温盖特刚刚进门，她就大胆地说：“我听说您企图自杀。我想跟您谈谈。”可以想象，他的表情充满敌意，足足持续了几秒钟。接着，他走进房间质问她究竟是什么意思。她告诉温盖特，她家里也发生过一起自杀悲剧，如果他有什么心事，而且如果他觉得想跟人聊聊，他可以跟她说。温
336 盖特走过去坐在她的床边。他告诉她，自己曾经领导过埃塞俄比亚战役，回到总部时发现人们漠不关心、忘恩负义，为了这个原因，他一时糊涂，企图轻生。

一般来说，人生的关键时刻往往会遇到一位知己，这看上去好像纯属巧合，却又仿佛是命运的安排。玛丽·纽沃尔非常迷人，她由衷地理解这个巨大的不幸对温盖特造成的伤害。不仅如此，她还是一位性情开朗、善于交际的人，她的房间里经常高朋满座。通过她的努力，温盖特再次变得容易与人相处了，他渐渐走出了那场灾难留下的心理阴影。温盖特凡事爱较真儿，而纽沃尔夫人快乐的天性可以帮助他减轻内心的痛苦，俩人很快成了朋友。他经常坐在她边上讲述犹太复国主义者在巴勒斯坦取得的成就，一讲就是很长时间，他和本·古里安还拉她一起筹划组建犹太妇女服务队（最终没有结果）。他还经常读《圣经》给她听，护士总是跑进病房说：“好了，好了，你们知道，就寝时间早过了。”而玛丽·纽沃尔总是说：“哦，让他念完吧，这对他有好处。”有一天晚上，他差不多读了整篇的《约伯记》给她听。他突然停下来说：“难道不精彩吗！”她回答说：“我睡了半个小时，所以真的无法评价。”这类小玩笑对他的治疗很有帮助，随着他精神的自新，他开始重新计划破碎的前程。

总部里既有温盖特的敌人，也有他的朋友，例如艾雷上校从始至终都坚定地站在他一边。詹姆士的报告为避免将此案提交军事法庭提供了充分的理由。8 月 18 日，温盖特接受会诊，他的健康状况被评定为 D 级，并被要求留在医院里待命。不久，他接到命令，要求他乘船回英国。他订了 9 月第一周的船票。

就在此时，温盖特巧妙采取主动，引起了新任中东大臣奥利弗·利特尔顿（Oliver Lyttleton）先生的注意。后者于7月初刚上任，差不多就在同时集团军司令也换了人。温盖特从来访者以及玛丽·纽沃尔的客人那里了解了有关新当权派的一些情况，他认为机不可失。他将自己的报告送给奥利弗·利特尔顿的军事秘书，后者又将报告呈交了上司。毫不奇怪，由于有关基甸军的内部或公开报道很少，利特尔顿先生对于这次游击战役一 337
无所知。他读完报告后，满心好奇地想会会这位基甸军的领导人。经过一番调查后，他决定约温盖特吃晚饭。

开罗当局为中东大臣提供的接待相当周到，他住在切斯特·贝蒂（Chester Beatty）[①]的豪华乡间别墅，那里离大金字塔不远。一天晚上，大约8点左右，大臣夫人莫伊拉·利特尔顿（Moira Lyttleton）女士坐在阳台一角，四周挂有帘子，用来抵御夜晚的凉风。她一个人坐在那里看书，帘子突然被掀开了一角，一个面容憔悴、脖子上缠满绷带的人探头进来，他的眼睛炯炯有神。她着实吓了一跳，随后说："您一定是温盖特少校"。他也许回答说"是的"，即使如此，那也是他说的唯一一句话。这是7月4日以来他第一次接触普通人的生活，他还有些难以适应。女主人落落大方。她欢迎温盖特来访，找了许多寻常的话题跟他聊天，结果都没有成功；他没什么好说的，所以什么也没说。中东大臣到场后，情况也没有改观，在场的还有大臣手下的几位幕僚，晚宴的大部分时间里，温盖特一直保持沉默，尽管大家不断努力诱导他加入谈话。这位奇怪的客人让利特尔顿联想起"每一根刺都树起来的豪猪"。中东大臣一向很健谈，可是在这个当口却无能为力，于是他只好借助香槟酒的社交威力。

就在晚宴快结束时，温盖特突然开口说话了。有人恰巧提到游击战或者埃塞俄比亚战役，温盖特仿佛收到了行动信号，他站起来大胆陈述自

① 切斯特·贝蒂（1875—1968），英国矿业大亨，有"铜业之王"的美誉。——译注

己的观点。他一口气讲了大约一小时，让在场的听众领略了他昔日的风采，他还像以前那样善于吸引和抓住别人的注意力，也还像以前那样从容不迫。据人们事后回忆，他谈话的主题可以称之为解放战争的“独家”理论，他反对过去被人们广泛接受的观点，即分发越多的武器给友好的民众，起义发展得就越快、规模也越大。温盖特的观点对奥利弗·利特尔顿来说是陌生的，这给他留下了深刻的印象，晚宴结束时，他和其他人都深信不疑，这个人材千万不能浪费。他利用下次与丘吉尔见面的机会，设法引起首相对此人的关注。

温盖特在埃及最后的日子一直忙于纠正基甸军遭受的不公正待遇。
338 有关方面或者是因为愚蠢，或者是出于好心，想以贿赂的方式让温盖特闭嘴。只向他一个人支付了艰苦生活津贴，其他人都没有。他将那笔钱退了回去，退款少了十英镑，那些钱花在官方招待上了。他写道：“如果这属于个人薪俸，我也愿意如数退还。”他继续为争取公正待遇而斗争，经过很长时间的努力，他的大部分要求得到了满足。最终所有人都领到了艰苦生活津贴，但数目未达到他的要求，而且拖了很长时间。有些人差不多三年后才领到津贴。至于授勋问题，最终也得到令人满意的解决，只有一人例外。西蒙兹少校作为伯根德部队的指挥官，被推荐授予优异服役勋章，他的功绩足以赢得这一荣誉。读者应当记得，他直接参与起草了温盖特报告及其言辞刻薄的附件。他最终未能得到优异服役勋章，只好委屈地接受通报嘉奖。这不禁让人怀疑当权者中有人以此变相报复温盖特。

温盖特乘坐“兰达弗里城堡”号（Llandovery Castle）医疗船从伊斯梅利亚启程。旅程用了将近十周时间，给人的感觉似乎还要漫长。第一段旅程从伊斯梅利亚到德班，这是一段倍受煎熬的日子。据温盖特讲，船上的一位负责人是个刻板的蠢材，他不信任让温盖特在开罗逃避官方治疗的人。这个自命不凡的家伙不怀好意，对温盖特的病情指手画脚。9 月底，医疗船到达德班。“兰达弗里城堡”号上的病人上岸后，被送进了奥鲁比

（Orubi）的康复营。温盖特与同行的其他人一样，发现他们很可能要在这个中转地逗留数月甚至一两年时间。转运途中偶尔会发生这样的事。温盖特会不会以为这是总部玩弄的阴谋，目的是把他送到南非，让他在那里被人遗忘？据我们所知，他费尽周折才让德班的医疗当局相信他的神志完全正常。不论这些努力是否发挥了作用，在奥鲁比度过三周左右时间后，温盖特和“兰达弗里城堡”号上的大部分病友，于 10 月 9 日乘运兵船“澳大利亚女皇”号从开普敦启程。温盖特给负责检查身体的医疗委员会成员留下了良好印象。医疗委员会主席写道：“他已经完全康复，并渴望重返工作岗位。”

这次长途旅行的第二阶段要比第一阶段愉快得多。在这无聊的数周 339
时间里，温盖特展现出性格中最和蔼可亲的一面，他热心帮助别人，足以将他过去的许多错误一笔勾销。他天性中有一种通过助人来为自己赎罪的本能。他的第一次努力失败了。“兰达弗里城堡”号上的患者中有一位犹太小伙子，他得了非常严重的精神病。温盖特经常坐在他身边，试图与他进行某种理性的思想交流，然而这个可怜的精神病患者完全拒绝任何帮助，他只要一看见舱室里有人，就用力撕扯自己的衣服，并大声叫喊。“澳大利亚女皇”号为温盖特提供了另外一次助人为乐的机会。他发现自己见过的病人中有一名陆军上尉，此人被送回国是因为精神崩溃导致的局部瘫痪。像得过这种病的大多数患者一样，他对自己的软弱深感羞愧，最终完全失去了自信。温盖特设法让他把事情讲出来，并劝说他摆脱绝望。温盖特告诉对方，如果说他有什么事情可以感到羞耻的话，那么他温盖特的罪过要严重得多，他述说了自己在同样的痛苦折磨中精神崩溃并企图自杀的经过。他让对方觉得自己不再孤独，并相信即使是被苦难打垮、企图轻生的人，仍然可以通过努力找回希望并实现自新。他挽救了这个人，在温盖特短暂的余生中，俩人一直保持着友谊。

温盖特与另外一名军官病友同住一个舱室，此人因患沙漠疮而感染了败血病。他就是布朗 · 弗兰克斯（Brian Franks）上尉。他以前在巴勒斯坦的一个骑兵团服役，所以俩人经常谈论起一些熟悉的地方。温盖特时常向对方兜售自己的犹太复国主义信仰，他坚信英国在中东地区最明智的政策就是全力支持犹太复国主义，帮助犹太人建立一个与大英帝国密不可分的高度现代化的政体。布朗 · 弗兰克斯对此表示怀疑，但印象深刻。俩人的友谊只经历了一次并不严重却难以忘怀的争执。一天晚上，旅客们走下舷梯去吃晚饭，当时碰巧说到巴勒斯坦，弗兰克斯无意中说了一句“那些血腥的犹太复国主义者”之类的话。温盖特飞起一脚，重重地踢了过去，弗兰克斯顿时感到小腿一阵剧痛。攻击者余怒未消，他一个人跑到餐厅另一头，而且整晚躲着弗兰克斯。但弗兰克斯并不生气，最后他以开玩笑的方式打破了僵局。在温盖特的传奇经历中，人们经常会发现只要有人唤起
340 他的幽默感，就能驱散他的坏心情。可惜很少有人这样做。当然，他也不鼓励别人这样做。

温盖特将自己的计划告诉弗兰克斯：他想组织一些人向伦敦施加影响，要求组建一支游击队从提贝斯提山脉向利比亚的轴心国军队发起进攻。就在医疗船停靠利物浦之前，温盖特劝说自己的朋友加入策划中的非政府武装，在他手下当一名军官，但弗兰克斯毫不犹豫地拒绝了。温盖特问他为什么。弗兰克斯说：“我不想被打死。”温盖特听到这个胆怯的坦白后，表现出难以置信的惊讶。“哦，”弗兰克斯说，“我不是说被敌人打死，我是说被你打死。”

11 月 14 日，“澳大利亚女皇”号在格拉斯哥靠岸。经过仔细复查后，医疗委员会的资深军医写了一份报告，声称温盖特已经完全康复，建议给他六个月假期，三个月后，他可以随时申请医学鉴定。这位军医说继续将温盖特限制在医院内是不明智的，并强烈建议“一旦他回到英国，特别是回到他深爱的妻子和家人中间”，就应当立即开始休假。他在报告结尾写道：“这位军官有着非凡的经历和成就……为国家着想，最好让他重返战

斗岗位。”

旅途中有一件事一直困扰着温盖特，他并未告诉洛娜发生了什么事，也不清楚她究竟知道些什么。事实上，她的确知道发生了可怕的事情，但她只了解这么多。8 月 18 日，本 · 古里安到达英国时写信给她说，在医院里见到了温盖特。“他遇到一点麻烦，得了疟疾，”他在信中写道，“显然是在阿比西尼亚感染的，不过，我见到他时，他看上去完全康复了。”几天后，本 · 古里安见到洛娜，无意中泄露出温盖特的病比疟疾更严重，随后又连忙试图掩饰。她知道人们对自己隐瞒了真相。她设法搞清楚究竟发生了什么，但一直没有答案。很少有人知情，而知情的人也不愿意说。当温盖特终于在希尔大街的公寓与洛娜重逢时，他不得不亲自告诉她实情。她问他出了什么事。他无限深情地望着她，脸上再也看不到往日的自负，他不慌不忙地说：“你知道吗？……我企图自杀。”她拉着他的手，说着立刻想到的话，她的安慰与谢尔托克在医院说的话表达了同样的意思。她说站在时代潮头的人总要经历大灾大难。许多人命中注定要如此生活，他们
都不得不像他一样面临绝望和自杀的诱惑。微不足道的小人物可能会耻笑 341
和责难，但肩负历史重任的人决不会如此。她最后说，他应当想一想曾经三次自杀的克莱武。

温盖特感动得好一会儿说不出话。他再次拉起她的手说：“我把克莱武忘了。”

第十五章

342

挽救

温盖特住进了希尔大街 49 号，不久他又得了化脓性扁桃体炎，很可能是由于喉部创伤所致。他得到犹太医生本 · 蔡恩 · 库尼恩的照料，并由洛娜亲自护理，洛娜在这次危机中的表现令库尼恩赞叹不已。事情过去很长时间以后，库尼恩仍念念不忘地将她比作阿尔刻提斯（Alcestis）[1]。温盖特的妹妹莫妮卡给洛娜当帮手。温盖特已经把事实真相告诉家人，全家人表现出深刻而高贵的宗教热忱，那正是他们生命中不可或缺的力量。他们丝毫没想过要责备谁，并且都由衷地相信上帝的仁慈。

旧病复发的时间很短，12 月初，温盖特显然已经恢复了健康。莫妮卡见证了温盖特痊愈的那一刻。她就睡在温盖特的房间里，一天晚上，在熄灯前的谈话中，她偶然说到自己对任何独裁者都没有什么好感，进而失礼地将伟大的拿破仑与希特勒和墨索里尼归为一类。于是，温盖特为自己心目中的英雄进行了长时间的激烈辩护（他因患疟疾而消瘦的面孔与拿破

---

① 阿尔刻提斯是希腊神话中的人物，为了挽救丈夫阿德墨托斯的生命，她甘愿牺牲自己。——译注

仑还真有几分相像），他说话的时候莫妮卡睡着了，过了一会儿，她醒来时发现温盖特的长篇演说还在继续。她告诉他自己累了，劝他暂时搁置争论。可是，她在黑暗中仔细一想，惊喜地意识到要不是他的喉咙已经痊愈，他不可能讲那么长时间，而且声音大得刺耳。

不论是在旅途中，还是回国后这段时间，温盖特无时无刻不在重新规划着自己的前程，同时，他也从未忘记自己可能永远无法东山再起了。有关方面根据那位资深军医的建议批准温盖特休假，然而三个月的等待对于这个缺乏耐心的人来说实在太漫长了，假期还远未结束，他就成功调动各方面的势力，争取晋升到一个合适的新岗位。他这样做不仅出于自身的危机感，同时也出于责任感，他自信现在比以往任何时候都拥有更大的能力去发挥更大的作用。温盖特的职业生涯好比大海中航行的一艘船，有时
这艘船比他本人更知道该如何行驶，有时它却因他本人意气用事而陷入极 343
端的危险，现在他要调动所有的人手竭力挽救这艘即将沉没的船。

不过，就在温盖特开始自己的康复计划前，他想起了旅途中自己曾经帮助过的那名上尉。他和洛娜与库尼恩商量，决定先安排那位上尉到宁静的乡间休假。但由于某些原因，这个想法不可行，于是库尼恩找到了一位一流的精神病医师，谈妥花钱为那位上尉治疗。心理咨询费由温盖特掏腰包。

至于温盖特本人，他很清楚当前的急需，为了证明自己的精神和体格都相当健康，他想立即求见医学委员会，一刻也不想拖延。他把这个想法告诉了库尼恩，说当他出现在医疗委员会面前时，他希望有绝对把握得到有利的裁定，而这一切都要指望库尼恩安排。医生告诉自己的朋友，他的要求无法办到，但温盖特固执己见，在他再三坚持下，终于想出了一个办法。一天晚上，当俩人讨论此事时，库尼恩突然停下来说："我有办法了！"但是他不想说得更多，他担心事情不成功会让温盖特失望。次日，库尼恩凭着一时冲动，斗胆去找了霍德尔勋爵，详细介绍了温盖特自杀的

经过，他如何奇迹般地康复，以及他渴望立即归队的想法。库尼恩成功地说服勋爵见一见温盖特，并做出自己的判断。霍德尔为此安排了两次会面。

第一次会面就出现了一件意想不到的事。温盖特的前程取决于这次诊断结果，很可能正是由于这个原因，温盖特觉得自尊心受到了挑战。他断然决定不以哀求者的姿态出现在这位杰出的医生面前，为了避免这种尴尬，他要求安排一次不期而遇的会面，这种顽皮的幽默外人很难察觉，但恰恰显示了温盖特的本性。当温盖特进来时，库尼恩也在诊疗室里。温盖特径直走向霍德尔勋爵，同他握手，开门见山地说："您知道，能力非凡的人都有自杀倾向，腓特烈大帝自杀过，克莱武自杀过三次，当然还有拿破仑。"可以想象，当时库尼恩博士一定在想，自己费尽心机的劝说都被这个受益者的鲁莽毁于一旦，然而令人紧张的时刻很快过去了，事情并未出现逆转。温盖特的狂放非但没有让霍德尔勋爵见怪，反而给他留下了不错的印象。接下来，霍德尔为病人检查了身体。

344 为了获得双重保险，库尼恩又通过第二渠道争取霍德尔的支持。当时魏茨曼也在伦敦，于是库尼恩对他讲了 7 月 4 日发生的事，请他务必与自己一道替温盖特说话。温盖特回伦敦后数日内曾见过魏茨曼博士。昔日的争吵已经忘却，魏茨曼听说这位犹太复国主义勇士遇到了麻烦，而且是极其严重的麻烦，他立即按库尼恩的请求跑去见霍德尔勋爵，以其感天动地的口才为温盖特求情。他告诉对方温盖特是一个性情古怪的人，有时让人难以容忍，但这丝毫不能混淆一个基本事实，即他绝对是一个可以称之为天才的人。他说如果对这样一个人丧失信心，因而在如此重要的时刻弃之不用，那将是一个悲剧；他还说尽管温盖特狂放不羁，有时会胡闹，但他绝不是一个精神不稳定的人。魏茨曼博士最后说，他愿意以个人名义担保温盖特的精神是稳定的。

霍德尔勋爵显然尚未对温盖特的病情下最后的结论，当听说魏茨曼愿意以个人名义担保时，他问道：“完全不考虑他企图自杀的事实吗？”

魏茨曼斩钉截铁地回答说：“完全不考虑他企图自杀的事实。”

第二次诊断后，霍德尔与库尼恩又谈及此事，当时他已经得出了对温盖特有利的结论。他这样说：“你一定知道，我没有官方身份，但是恰巧在几天前，新任军医总监出于职业上的礼貌来拜访我，并且说希望能够仰仗我的帮助之类的客气话。我深为感动，就在他走之前，我说我保证除非情况确实严重，否则我决不麻烦他……所以，我想我现在可以为温盖特少校做些事了。”

故事讲到这儿，时间已经是 12 月底了。在此期间，温盖特找到不少支持者。经过长达两年的围困，英国国内的气氛变得越来越令人窒息，像温盖特这样有海外作战经验的人倍受欢迎。他发现自己成了大家争着要的人。旧病复发前，他曾见过亚瑟·欣克斯（Arthur Hinks），此人仪表堂堂，是皇家地理学会的秘书长。欣克斯邀请温盖特以“埃塞俄比亚战役的地形条件”为题做报告（尽管最终好像没有结果），他立刻接受邀请。没过多久，他又应邀作为嘉宾出席了皇家非洲学会的晚餐会。还有人请他给部队做报告。他完全康复后，着实做过几次相当精彩的报告。东部司令部寄来了一封充满溢美之词的感谢信，达克沃思兄弟公司（Messrs. 345
Duckworth）邀请他出书。在 6 月的开罗，他曾饱受冷遇，如今在英国再也没有这样的问题。环境发生了变化，他再次引起了权贵阶层的注意，而他绝不是那种坐失良机的人。达格代尔夫人记录了温盖特回来后不久的一次会面：“在多尔切斯特与哈伊姆和维拉吃饭。刘易斯（内米尔）在场，还有美国新闻记者约翰·根室（John Gunther），此人非常讨人喜欢，而且很聪明，奥德·温盖特也在。应我们的盛情邀请，奥德整整讲了一晚上。他讲了阿比西尼亚战役，以及他如何对待当地人等等，相当精彩。他显然是一位天才的游击战领导人。然而他如此亲阿比西尼亚，几乎到了反对英国的程度。我猜想，他的部分影响力在于与手下人打成一片。总之，整晚的谈话令人非常难忘。”

这一小段文字清楚地表明，温盖特仍然死死抱着他那固执的幻想，认为掠夺成性的英国政府先是解放了历经磨难的埃塞俄比亚，紧接着又将它出卖。非常奇怪的是，此时他比以前消息灵通多了，但仍然犯了最严重的政治错误。12 月中旬，桑福德从开罗写信给他说：

> 我希望当国王陛下与皇帝达成的协约条款公布时，你会感到满意。我自认为这些条款方向正确，而且切实可行，除非遇到不可预见的困难。这些条款的总体设计自然与以往的任何协约都有所不同。我们正全力以赴建立一个彻底独立的国家，决不按照“以物易物”的原则要求回报。我们希望皇帝能认真听取顾问们的意见，并给他们以足够的监督权力，确保资金不被浪费。我相信他会这样做，如果第一年进展还算顺利，他会成功地建立起稳定且相当不错的政府。我并不指望他们会用一床玫瑰花来感谢我和其他顾问！
>
> 我不知道厄立特里亚和意属索马里的未来规划何时会进入实质性讨论，如果有这方面的消息，我会及时告诉你。我猜想，日本人现在已经准备对我们下手了，以后我们没那么多时间关注缔结条约的事情了……

温盖特从未真正理解这位 101 特遣队的前任指挥官。对他来说，桑福德太乏味了，而温盖特始终坚持自己更富戏剧性的信念。虽然当时他还无力实现这些想法，但他一刻也没有忘记，遗憾的是，他不允许自己的想
346 法因桑福德的信有丝毫改变。对于那些曾经为之倍受折磨的信念，人们很难摒弃其中的任何一部分。

12 月 11 日，温盖特完全康复后，他和洛娜请雷金纳德·温盖特爵士

吃午饭，主人向客人介绍了埃塞俄比亚战役。“我要无比热烈地祝贺你。”次日雷克斯堂叔写道，“你可能知道，我们大家都为你感到骄傲，你以如此光荣和勇敢的方式为这个家族争了光。继续努力，祝你飞黄腾达，‘加油干吧。’”俩人重建了昔日的同盟，并且证明同过去一样富有成效。雷金纳德很快将自己听说的情况散布出去。

温盖特跑去见埃默里先生，后者事后记录了这次会面：“他……跑来见我，讲了大量我非常感兴趣的情况，不仅证明了他的领导能力和非凡成就，而且从未来作战的角度看，对于我们从敌人手中解放其他国家也有借鉴意义。他说事后没多久就染上了严重的疟疾，因此当时只上报了一篇非常简短的呈文，他不知道现在该向谁报告，也不知道是否有人想看他的报告。我认为如果他的事迹不能广为人知是相当令人遗憾的……我告诉他，只要他写出全面的报告，我本人愿意作为非官方渠道……”

这帮了温盖特很大的忙。实际上，这不仅意味着一位德高望重的内阁大臣准备为他在开罗遭受的屈辱平反昭雪，而且还可以将报告送给那些正常传阅范围以外的人。但是埃默里并未丧失其审慎的判断力。或许是因为他听说过温盖特一贯喜欢冒犯上级，他提议对报告进行修改。12 月的最后两周时间里，温盖特一直忙于撰写报告的第二稿。

必须指出的是，尽管第二稿去除了第一稿中的一些瑕疵，但它与第一稿无法相提并论。一个人很难把原来写得很好的东西再写一遍，而报告第二稿在文字上缺少原稿那样的震撼力。军用公文有一个不好的习惯，即文字中总带有某种倾向性，温盖特这次也未能幸免。所以，第二份报告虽然大体上是准确的，但作为历史事件的记录，它与痛快淋漓的原稿相比绝不在一个水平上。

埃默里先生对埃塞俄比亚战役一无所知，他只能对报告本身做出评判。尽管第二份报告存在前面提到的那些缺点，但它也有显著的优点：论点鲜明有力，基本情况简明扼要、令人信服，并不拘泥于难以理解的具体 347

行动。埃默里先生决定提交报告，但他还是要求先进行修改。他希望删除某些多余的段落，特别是有关布罗克赫斯特使命的那一段，虽然该使命破产已经有一年时间了，但温盖特一直耿耿于怀。报告第一稿中根本未提及布罗克赫斯特使命，但在第二份报告的草稿中，它占据了两段冗长且缺乏逻辑联系的篇幅。根据埃默里先生的建议，温盖特将这两段文字压缩成一段，删除了一些令人不快的影射。有关“蠢材”的著名段落在草稿中一字未动。埃默里先生认为这样做是不明智的。“第18页最后一段，”他写信给温盖特说，“会让人认为你将坎宁安将军视为蠢材，而且必定会造成一种印象，即你一向对高层的军事指挥抱着轻蔑的态度。这注定无助于说服当局放手让你去干你渴望的那类组织工作……”温盖特全面接受了他的修改意见。

修改后的报告被送到印度事务部交给了埃默里先生。印度大臣安排手下打印出足够的副本送给了艾伦·布鲁克爵士，同时还附上了一封措辞得体的信。这份报告在陆军部受到格外重视，被分发给下列人员：布鲁克和他的副手，军事行动部门负责人，军事情报部门负责人，军需部门和机动运输部门负责人，尤尔（Yule）上校（代表战时内阁办公室），以及经济战部（Ministry of Economic Warfare）的格宾斯（Gubbins）准将。不久，温盖特又送给雷金纳德爵士一些副本，由他交给黑斯廷斯·伊斯梅（Hastings Ismay）爵士，并要求他转交首相，雷金纳德还将另外一个副本交给了西姆（Sim）准将，西姆对温盖特说：“（报告）在很多方面都很有分量。”现在谁还会忽视呢？

岁末年初之际，康复证明的事也有了眉目。12月30日，也就是埃默里对报告提出修改意见的当天，温盖特出现在医疗委员会面前。霍德尔勋爵兑现了自己对库尼恩的慷慨承诺，他向军医总监表示，如果温盖特本人同意，可以让医疗委员会为他进行鉴定。

> 我给温盖特少校做过两次诊断，了解了他的想法，听他回顾了“那次意外”，也听他谈了未来的工作和理想。
>
> 我本人愿意担保他能够胜任当局赋予他的任何责任，并愿意向军医总监保证，他在精神上和体格上都适合服现役。348
>
> 我相信无论他在今后的军旅生涯中承受怎样的压力，他都不会再重蹈覆辙，而且我确信他值得信赖，不会辜负那些托付给他的生命。
>
> 霍德尔　医学博士，皇家内科医师学会会员

医疗委员会要求库尼恩发表个人意见，他写道：“温盖特少校的体格和精神都处于良好状态……各方面都适合继续服现役和执行战斗任务。”

医疗委员会给温盖特颁发了一份不失谨慎的解放证书。他们报告说，“没有任何精神沮丧的迹象。他可以坦率地谈论自己的病情，并能发表深刻的见解……”他们经过慎重研究所得出的结论是，六个月内温盖特健康状况完全有可能达到“A 级”。从事情后来的发展看，这项裁定为他立即得到新任命提供了充分依据。尽管如此，医疗委员会的有利裁定原本不会产生立竿见影的效果，幸而 1 月间埃默里先生写信或发电报给阿奇博尔德 · 韦维尔爵士，提醒他说温盖特可以再次为他效力，于是韦维尔请求调温盖特到自己手下任职。乌云终于散去，温盖特的前程有救了，煞费苦心的努力有了一个圆满的结局，然而温盖特仍然对前途充满怀疑。他就是那样执迷不悟，看不到自己的大好前程，而且几乎差一点断送它。

尽管他最有力的后台是印度大臣，但温盖特一点也不想去远东战区服役。他仍然对非洲情有独钟（而且到了有害的程度），当他考虑自己今后在军队的前途时，他固执己见，一心想着组建一支游击队从提贝斯提山脉发动进攻。从他写过的材料看，他坚持认为其他岗位都不能接受。非常

奇怪的是，关于这个计划，他似乎一直没有写出任何新的书面材料，直到
2 月中旬有人要求他这样做。不过（从未标明日期的文件看），他倒是写
349 过一份备忘录，很可能是给埃默里先生的，题目是“关于可能的工作岗位
的备忘录”。这些备忘录为他的传记提供了丰富的素材，可以让读者清楚
地了解他当时是怎样看待自己的。

他写道：“战争最初九个月，我在轻型防空旅任参谋长。在这个岗位上，我发展并强制推行了轻型防空炮兵作战理论，直到最近这些理论才勉强被采纳……我计划并组织了海尔·塞拉西的埃塞俄比亚战役。我设法让一个不合作的工作班子通过了我的计划。在其他战役发起前，我找到了进入埃塞俄比亚的通道，并带皇帝深入腹地。作为他的总司令，我一人全权领导了成功的爱国阵线运动，对此我的报告中有所提及……我准备将这些经验用在其他地方。”他说陆军部对此漠不关心，没有任何一个部门询问或接见过他。温盖特说自己在白厅见到的那些人：“要么从未听说过埃塞俄比亚，要么对我不屑一顾，他们把我直接送上了医疗船——那只是对待医疗名单上任何一位军官的通常做法：甚至都没问问我是否知道一些重要的事情。”他抱怨说，自己当了 18 年兵，也有了一些成就，但军衔仍然是少校。温盖特建议授予自己中校军衔，并授命他在英国本土训练和组建“一支正在策划中的部队”。当他详细说明自己正在思考的事情时，他第一次使用了一个术语，这个术语与他后来突然声名鹊起有着密切关系。他将自己的部队准备执行的那类军事行动称为“远程突击”。

读者一定会惊奇地发现这份自我炫耀的报告中有一个疏漏。他未提及“夜间别动队”的经历，也未提及任何有关招募犹太士兵的计划。这是否意味着他现在已经忘记了犹太复国主义，或者说仅仅是暂时忘记了呢？绝对不是，那是因为他明智地认识到，自己不能同时为两项艰难的事业而战斗，而就在 1942 年 1 月，他满脑子都是有关埃塞俄比亚的想法。他竭尽全力再次为埃塞俄比亚独立奔走呼吁。他采取了两年半前影响

巴勒斯坦政策的同样办法；目的也同以前一样，就是通过会见要人，让他们了解事实真相（按照他看待问题的视角）。他向西夫夫人求助，她还像以前那样爽快。从他留下来的文件看，他曾会见并保持通信的要人包括，帕特里克·芒罗（Patrick Munro）先生，艾德礼（Attlee）先生，韦奇伍德（Wedgwood）勋爵，哈罗德·拉斯基（Harold Laski）教授，以及诺埃尔·巴克斯顿（Noel Buxton）勋爵等等。

如果有人说温盖特野心勃勃，那么必须记住，即使以最苛刻的标准 350
衡量，他也绝不是一个追求名利地位的野心家，这是他最难能可贵的地方，它在温盖特传奇一生中的每一个转折点都有所表现。他的抱负总是为了某项事业，而他一向把事业看得比个人前程更重要。在巴勒斯坦，他为了犹太复国主义几乎葬送了自己的前途，而现在他又完全不顾个人利益，热心支持埃塞俄比亚独立。果然不出所料，他的鼓动游说还像以往那样肆无忌惮，不过，即使他以一种温和的方式履行自己的使命，仅凭他继续从事政治活动的事实就足以激怒当权者了。他有爱插手政治的坏名声，这对一名军人来说是致命的，别人对此还念念不忘，他偏偏又要火上浇油。坎宁安将军将自己对第二份报告的看法呈送艾伦·布鲁克爵士，最后一句话是这样写的："我不清楚发生在开罗的未遂自杀事件对他的影响有多大，如果他回来时还是我以前认识的那个人，我本人会欣然接受他作游击战领导人。然而，我要小心翼翼地对他在政治上严加管束。要是以政治立场来划分，他是我见过的最偏激的人。"掌权者和他们的亲信对同道中人都有着本能的理解。温盖特求助的那些要人不会不了解坎宁安将军的意见。如果将军的意见是不值一提的偏见，那也就罢了，可是在埃塞俄比亚问题上，他说的显然是大实话。

即使温盖特仅满足于游说一些有影响的要人，这已经够危险的了，可是他正处在一生中最愤懑的时期，盛怒之下的他越走越远。当时伦敦有一份周报叫《新时代与埃塞俄比亚新闻》（*New Times and Ethiopia News*）。

这份报纸是五年半前由西尔维亚·潘克赫斯特（Sylvia Pankhurst）① 小姐创办的，目的是要人们记住埃塞俄比亚的痛苦遭遇，并呼吁人们为意大利侵略的受害者提供帮助。该报纸文风犀利，多年来一直热衷于打抱不平。1942 年 1 月 10 日至 2 月 7 日发行的四期报纸，对温盖特的传奇经历有着特殊意义。这四期报纸刊登了题为《埃塞俄比亚秘闻》的系列专题报道，前三期出自西尔维亚·潘克赫斯特小姐本人之手，第四期的作者则是“一位消息灵通的记者”。编者在第一自然段就吹响了战斗号角。她写道：“只有少数几个人了解那些穷凶极恶的贪婪、对领土的强烈欲望和赤裸裸的阴谋，海尔·塞拉西皇帝结束五年的流亡生活，返回埃塞俄比亚为祖国的自由而战，此时那些可怕的东西将他团团包围。”温盖特曾经为潘克赫斯特
351 小姐提供过许多素材，透过她大肆渲染的文章，不时可以听到温盖特困兽犹斗的愤怒吼声，甚至可以感受到他特有的表达方式。文章的中心思想是，在埃塞俄比亚战胜意大利人主要是基甸军的功劳，而事态的这一转变抵制了在被解放领土上实行殖民统治的巨大阴谋。不久，布罗克赫斯特的名字出现在系列报道中，关于他的使命又有了一个新说法，即始作俑者是一心想要分裂和占领别国领土的小团体，而菲利普·米切尔爵士也是其中一员，很可能是一个秘密成员。潘克赫斯特称他是“反非情结的最高教主”，有关他近年履历的介绍既不完整又欠准确。她写道：“这位前殖民地总督现在摇身一变成了少将，他坚持认为允许海尔·塞拉西皇帝返回埃塞俄比亚之前，应当签署一个条约，让他做出种种令英国满意的让步。苏丹为了获得丰富的水资源可能想要塔纳湖，肯尼亚为了白人殖民者的利益可能对鲁道夫湖（Lake Rudolph）地区感兴趣。”一篇声援文章分析了埃塞俄比亚“纷争的原因”，并进一步详细介绍了阴谋的细节。这篇文章暗示

---

① 西尔维亚·潘克赫斯特（1882—1960），英国妇女参政运动的著名活动家，20 世纪 20 年代曾短暂加入过共产党，脱党后投身反法西斯和反殖民主义政治运动，1936 年，她为抗议意大利入侵埃塞俄比亚，创办了《新时代与埃塞俄比亚新闻》。——译注

说，布罗克赫斯特选定菲利普爵士作为他的代理人，而后者也在战场上选定了一个代理人。这个被怀疑为两面派的人的名字可能让人大吃一惊：他就是丹·桑福德！

系列文章的最后一篇竭力驳斥了阿伯丁一份报纸有关戈贾姆起义的拙劣报道。这篇文章堪称虚假报道的经典之作，它将桑福德先遣行动与阿吉巴尔之战混为一谈。这些胡言乱语引起了轩然大波，仿佛真的存在一个蓄谋已久的阴谋，要故意贬低爱国阵线的功绩，为的是更方便地给埃塞俄比亚套上米切尔打造的枷锁。

“埃塞俄比亚秘闻”系列报道就这样结束了，不过，就在刊登这篇总结性文章的同一期报纸上，出现了一则消息，它一定会让读者大感困惑。1 月的最后一天，《英国—埃塞俄比亚协约》在亚的斯亚贝巴签订，潘克赫斯特小姐如实作了全文刊登，条款中丝毫没有布罗克赫斯特的鬼影。

《新时代与埃塞俄比亚新闻》的发行量不大。然而，报界抨击了米切尔、桑福德及英国对埃塞俄比亚的诚信，陆军部不大可能不知道。陆军部的那些人虽然作风浮夸，但消息还是相当灵通的，他们一定不会怀疑温盖特与此事有关。没有证据表明当局因此决定打发温盖特到无聊的岗位，让 352
他再也不能捣乱，但接下来发生的事似乎表明恼羞成怒的官僚们正是这么做的。2 月 7 日，温盖特接到了坏消息，看起来，他的前程就这样断送了，他东山再起的努力也就这样白费了。来自陆军部副官署的通知这样写道：“O. C. 温盖特少校，优异服役勋章获得者，皇家炮兵（27013），兹被分配到……第 114 野战炮兵团，收到此加急电报后 3 日内报到。除非事先得到本部的特别许可，此命令不得作任何变更。”次日，温盖特收到了皇家炮兵训练基地的通知，上面写着：“您被分配到皇家炮兵第 114 野战炮兵团，温伯恩（Wimborne），多塞特郡，收到此通知即前往赴任……随函附上从伦敦去温伯恩的火车票。”

就在温盖特接到第一个通知的当天，他见到了魏茨曼博士，他们似乎讨论了如何继续争取组建犹太国家军队与纳粹作战，以及为实现这一目标所遇到的重重困难。英国政府经过再三考虑决定支持犹太人组建军队，这已经有一年时间了。针对英国长期以来玩弄的模棱两可的政治把戏，俩人究竟想出了什么具体对策，似乎无从知晓，这也许并不重要，但温盖特思来想去，觉得有必要修补俩人的关系。7 日晚，他写信给魏茨曼博士：

我亲爱的哈伊姆：

您今天说的话确实令我难过，不能再让恶意和无能大行其道了；总想着复仇女神已经站到我们一边，并不能使我们得到安慰。

由于我被发配到温伯恩，而您将远赴美国，我们可能再也见不到了，所以，我想就我们携手共建犹太民族家园的伟大事业谈一点想法。您知道，我们曾经发生过争执——有时非常激烈——有时是围绕应当采取什么政策的问题。我曾对您说过一些刻薄的话，也有过一些刻薄的想法，而我想让您知道，现在我终于明白我们的分歧是性格上的，而非心灵上的，同时我也终于认识到您有多么伟大，无论是在精神上，还是在工作上，
353 而我过去对您的批评是多么不值一提。我还要说的是，我一向清楚您对犹太复国主义的卓越贡献，即使我曾反对您的现行政策。现在我不再反对了。我已经逐步认识到了事情的难度，也理解您的耐心和坚忍所代表的高贵品格。这正是犹太人的伟大之处。

我写这封信——之所以能写这封信——因为此时对您和我本人，以及对犹太复国主义都是一个灾难性的时刻。我希望您和犹太事务局明白，如果有什么事我能为犹太人效力，而没人要求我这么做，那么我会觉得深受侮辱。如果负责人认为我无

法胜任而不选择我，我不会感到难堪。不论怎样，我希望保持联系，并尽我的微薄之力提供帮助。

从某种角度讲，我比您更不幸。不管希特勒或者家门口的敌人做什么，您风华正茂时所完成的伟大事业将会千古流芳。我的挫折来得太早了。然而，这些个人得失都不重要，重要的是当您回忆起自己完成了不可逆转的壮举时，您一定会感到心满意足。

愿上帝保佑您的美国之行顺利，并带您安全回家。

爱您的奥德

温盖特后来又见过魏茨曼博士，而且他只在温伯恩停留了一晚。他的处境并没有看上去那样不可救药。虽然“他的不当言行”不时引起反对，但那些信任他的人给予的大力支持冲破了一切阻力，确保了不可动摇的结果。尽管为了避免沉船还是做了最后一次积极努力，但事实上那完全是多余的：他的前程有了保证，事业的航船胜利地驶向伟大的终点。关于接下来几周的经历，可以从两个不同的角度考察：一方面是官方记录，另一方面是温盖特自己保存的2月中旬的日记。

官方记录显示出一个戏剧性的巧合。2月7日，温盖特接到要他去多塞特的那个噩耗般的命令，就在当天，阿奇博尔德·韦维尔爵士致电陆军部，要求尽快派温盖特前往仰光。两天后他再次致电敦促。又过了两天，哈罗德·拉斯基写信给丘吉尔先生说，温盖特被分配到多塞特，他极力主张为温盖特安排更有价值的工作。首相通过伊斯梅将军答复说，温盖特已 354
经被任命到远东。在拉斯基接到答复之前，温盖特收到来自陆军大臣军事秘书的命令，要他接到通知后立即准备飞往仰光。一系列激动人心的事件纷至沓来，此时突然从伍利奇传来了一个令人不知所措的消息。温盖特离开了温伯恩，“基地司令询问，能告诉我这位军官目前的状况吗？”

新的任命敲定后，各方突然开始竞相争夺温盖特。有一个与抵抗运动有关的部门叫“特别行动处”，它隶属经济战部领导。“特别行动处”愿为温盖特提供一个诱人的职位，但那并不是他想要的职位，前面说过，战争进入第一个冬天时，埃德蒙·艾恩塞德爵士曾为他分析过形势，此时的情况有些类似。不管怎么说，此事最终没有结果，因为有人以温盖特“不好共事”为由拒绝了该建议。但这段小插曲还有下文。上述建议被提出并遭到拒绝后，经济战大臣道尔顿（Dalton）先生听说了这件事，他询问艾伦·布鲁克爵士，温盖特在远东的岗位上难道不能间接为“特别行动处”服务吗？由于已经命令温盖特于 2 月 19 日到陆军部面谈，这一询问似乎更增加了陆军部对温盖特的好奇心。艾伦·布鲁克爵士的副手[①]接见了温盖特，并告诉他在新岗位上所能做的事情。但当时向他透露的情况并不是很多，因为陆军部尚未收到阿奇博尔德·韦维尔的详细答复。24 日，收到了总司令的答复，他任命温盖特为自己的作战参谋兼联络官，负责在缅甸与中国军队联络。随后将授予他相应的军衔。

绝大多数军官受到高层如此器重，特别是当他面对失而复得的命运转机时，都会感到如释重负、志得意满，甚至会有些受宠若惊。但温盖特
355 不是这样。温盖特的日记显示他自己是如何看待上述事件的。很少有哪位著名人物会如此不情愿地接受将其载入史册的重要角色。温盖特的自述从收到去多塞特的火车票的次日开始。

（1）1942 年 2 月 9 日。拉斯基写信向丘吉尔说明，总参谋部歧视温盖特是出于政治上的原因。丘吉尔的口头答复大意是

---

① 根据《黑夜里的火焰：温盖特在缅甸、埃塞俄比亚和耶路撒冷的经历》一书记载，2 月 19 日在陆军部接见温盖特的是帝国副总参谋长阿奇博尔德·奈（Archibald Nye）将军。——译注

他会看到正义得到伸张。

（2）1942年2月11日，上午9时30分。陆军大臣军事秘书处客气地打来电话说，去温伯恩炮兵团的命令取消了。他将被立即任命为韦维尔的参谋。一个专门信使带着命令已经在路上，要求随时准备乘飞机前往仰光。随后将会得知任命的具体性质。

（3）温盖特为空中旅行做准备。

（4）2月17日，仍未接到任命（不正常）。准备就绪，分配了座位。温盖特见了伦道夫·丘吉尔（Randolph Churchill）[①]，说起提贝斯提计划是征服北非的唯一机会。丘吉尔带他去见伊斯梅，后者兴趣不大。丘吉尔要求温盖特写出书面建议，并答应转交首相。

随后温盖特会见了经济战部的杰布（Jebb），此人对他的新使命感兴趣是因为那涉及其职权范围。温盖特对有关方面的诚意表示怀疑，他指出要任命一个有声望的正规军军官到任何重要岗位，事先甚至都不派人见他一面，这是极不正常的事情。没有任何具体的任命，这很奇怪，也很不正常，令人忧虑。军事秘书处刚开始很乐意提供消息，态度也友好，现在变得漠不关心，几乎可以说是无礼。更令人奇怪的是，既然大家都如此漠不关心，还能安排温盖特以最快的速度离开英国。会谈后，杰布主动找帝国总参谋长谈了此事。

（5）2月19日。温盖特奉命于晚7时去陆军部见帝国总参谋长。7时30分，见到了一位副手，他态度非常友好。他一上

① 伦道夫·丘吉尔（1915—1990），英国首相温斯顿·丘吉尔之子，1940年至1945年间，曾担任过英国下议院议员。二战期间参加过大卫·斯特林的特种空勤团在北非的敌后行动。——译注

来就说希望解释一下温盖特的任命。全权交由韦维尔定夺，他要温盖特，其他人也想要。然而，他还是没有说明想给温盖特什么任命。因此，温盖特必须作为一个未得到任命的少校离开，
356 而韦维尔将在他到达时为他安排工作。温盖特对此满意吗？温盖特说派一名军官去中国组织游击战就好比往纽卡斯尔送煤。在这方面，中国人和俄国人可能比我们强得多。对此将军回答说，温盖特很可能不会去中国，但要留在印度或缅甸。温盖特说派一个中东问题专家去缅甸或者印度似乎没有什么意义。随后温盖特简要概括了自己对现代战争的看法。将军显然从未听说过他与埃塞俄比亚战役有关，不知道他曾指挥过那次战役。将军知道他在巴勒斯坦干过。温盖特最后总结了东方和西方战场的形势，指出我们最应当做的而做得最少的是开辟一条西部战线，在目前运输船有限的情况下，实现这一目标的唯一办法就是在非洲实施中路突破。将军貌似赞同地点着头，但显然不愿开诚布公地讨论此事。他评论说，他认为远东是“即将出事”的地区。双方最后又说了一些客套话，会见就这样结束了。

要知道这位将军在军界的地位举足轻重，他花 1 小时 15 分钟与一位没有参谋任命的少校闲聊，要是没有足够的动机，他是不会这样浪费时间的。此时我们军队中的少校大致相当于政府部门中的低级职员。所以说，这位将军接待温盖特的方式，就相当于内阁大臣会见一位低级职员，花了 1 小时 15 分钟，却什么也没说。

当然，当温盖特到达远东的某个地方时，如果恰巧有空缺的话，他可能会获得参谋任命。但这种可能性不大，因为当地一旦出现空缺，就会被立即抢购一空。所以，更有可能的情况是，温盖特作为一位编外少校被打发去从事所谓的游击战工作，

没有地位或权力做任何事情，也无力运用他在埃塞俄比亚学到的经验。

以下是评论：

战争史上的伟大战士很大程度上都得益于一些人的支持，至少是他们国家政治领导人的支持，我认为无一例外。在过去两个世纪里，腓特烈大帝、克莱武和拿破仑等为数不多的名将 357
都在此列。在上次世界大战中，由于双方都由庞大的军事官僚机构执掌权柄，所以没有伟大的军人脱颖而出。艾伦比的自命不凡可以被轻而易举地驳倒。他的兵力是敌人三倍以上。这并不是说没有伟大的军事天才，而是说所有交战国都存在着巨大的既得利益，处处都要求维护自身利益——那些职业军事官僚的利益。英国今天仍处在这种状态，但我们的敌人不是，俄国更不是。

政府机器是为履行特定职能而设立的。时间一长，日子越过越安逸，它就开始错把手段当成了目的，以为自身就是存在的目的。它只赏识那些忠于这部机器的人。一旦出现这样的问题——它在所有国家都会时常出现——国家领导人必须勇于纠正错误。英国的情况可不是这样。我们的政治家总是让那些职业官僚以各种借口搪塞，早就学会了对他们毕恭毕敬。

让我们以此事为例。爱国阵线部队的指挥官赢得了这场战争中最成功的一次战役，因为政治上的原因，他凯旋归来时由上校降为少校。他因病被遣返回家。他写了一份被几位内阁大臣认为值得一读的重要报告，他发展了一种新的作战理论，并要求在适当范围加以应用。尽管他的报告就在陆军部手中，但当权派却视而不见。从未安排哪怕一个参谋军官与其见面。最后，当发现他仍然对埃塞俄比亚事务感兴趣时，立即将他调到炮兵团，分配给他一份有损其军事素质和资历的工作。首相听说了这种有失公正、蛮不讲理的做法，于是设法加以纠正。而国家领导人干预的结果又怎样呢？哪怕送他去远东——一个并不适合他的战区——作为一名少校去指挥一个炮兵连，就连这样的待遇也不肯给他，温盖特作为一个没有参谋任命的编外少校被打发走了——想当然地以为他到达时也许会获得这样的任命。换句话说，有关方面的交涉并未得到重视，只安排了一次难以令人信服的表演应付了事。温盖特质疑有关当局为什么对他避而不见，某个位高权重的官员将此话递了上去，于是军中
358 一位顶级高官接见了他，但此人既不想了解任何事情，也不想告诉他任何事情，只是见见他，反正只要看上一眼，将来就可以理直气壮地说自己见过他了。当职业官僚无视国家领导人而自行其是时，这个国家就走上了下坡路。

注：陆军部大可不必依靠韦维尔赋予温盖特适当的权力。他的许多同龄人已经是上校了，没有任何正当理由妨碍他晋升名誉上校。[①]

在这个纷乱而动荡的冬天，温盖特再次见到了他最要好的老朋友。自从在谢菲尔德和约克郡分手后，以及那次在卡特里克与德弗雷尔将军命运攸关的会面后，他和德里克·塔洛克一直没见过面。1942年初，塔洛克作为一名陆军参谋军官在战斗机司令部工作，2月的某一天，温盖特和洛娜去阿克斯布里其拜访德里克和玛丽·塔洛克。这次重逢后不久，也就

① 以上均摘自温盖特的日记。——译注

是在 2 月下半月，温盖特应邀为战斗机司令部的军官作了一次有关埃塞俄比亚战役的报告。塔洛克在自己的文章中这样写道：“当时的情景我记得很清楚；他（温盖特）看上去非常瘦弱且相当憔悴，穿了一身毫无特色的便服，戴着一顶不知从哪里找来的怪里怪气的帽子。他有意淡化自己在战争中扮演的角色，即使如此，那仍不失为一个激动人心的故事……他强调通过以身作则而非小恩小惠来争取当地人支持的重要性，以及保持主动决不给敌人以喘息之机的重要性……他已经掌握了……故意示弱和虚张声势的价值。皇家空军的军官们听得入了迷……他不时加入一些幽默，但大部分时间都在一本正经地摆事实、讲道理。他们很难相信眼前这位不起眼、不招摇、苦行僧一样的人物曾亲身参与了那些重大事件。”

同一周，德里克 · 塔洛克到希尔大街 49 号同温盖特一家吃晚饭。时间大概在 20 日左右，当时陆军部提议派温盖特去远东，而他仍在努力争取去中东任职。塔洛克发现他正处在左右为难的困境中，于是他建议温盖特抓住韦维尔提供的机会，并彻底忘掉他的猜疑。他鼓励温盖特去见蒋介石，并像在埃塞俄比亚那样领导中国的游击队。晚饭后他们还在争论，温盖特坐在椅子上，两腿中间放着一个硕大的地球仪，他一边说话，一边慢慢地旋转它，目不转睛地盯着看，仿佛在思考他下一步将踏上哪一块土地。他告诉塔洛克，有一次他几乎说服韦维尔采纳自己提出的中东新战 359
略，即从南面而不是从埃及进攻利比亚，他不甘心放弃自己坚信并思考了这么长时间的计划。塔洛克记得他说过这样的话：“中东战区的交通线就像车轮的边缘一样到处容易受到攻击。这是因为采取了错误的路线。应当从轮毂出发，沿辐条向上。战争的一条基本原则就是让你的交通线处于你的后方。我们经常忘记这一点！”但是，塔洛克坚持认为他应当忘掉提贝斯提计划，去远东碰碰运气，“创建和训练一支庞大的中国军队，并给日本人以重创”。

第二天，俩人再次会面，温盖特对朋友的忠告流露出回心转意的迹象。当俩人在伯克利酒店外面分手时，温盖特说：“过几天我会给你打电话，告诉你我的决定。”几天后，他打电话给塔洛克说，“我采纳你的建议，准备后天飞赴重庆。再见了。”他最后真的去了重庆。

2 月 27 日，他从伦敦乘飞机前往仰光。

温盖特的传记作者势必要记录他作为军人的荣耀。在伦敦期间，为了表彰温盖特在埃塞俄比亚的功绩，他得到了第二枚优异服役勋章。就在他离开英国的那个星期，官方公报刊登了他授勋的消息。他好像从未对人提起过这件事，至少没有一个人记得他说过。

第十六章 临危受命 360

1941 年末至 1942 年初，西方同盟遭受了第二次世界大战中最后一次惨重的失败。2 月 15 日，英军在新加坡无条件投降，3 月 7 日，又弃守仰光。到目前为止，日军已经占领了除上缅甸以外的整个东南亚，仰光失守后，缅甸全境陷落已不可避免。然而，此时日军的进攻速度突然慢了下来，仰光失守后的数周内，稳定缅甸战线的努力似乎还有一线希望，但幻想很快就破灭了。就在这时，温盖特被派去组建一支新的基甸军，这实在是凶多吉少。

温盖特的行程没有原来设想得那么快，他在开罗耽搁了两周多时间，直到 3 月的第三周才拿到机票。由于仰光已经陷落，他只好改飞新德里。19 日，韦维尔将军接见温盖特，并下达了命令；他飞往眉苗（Maymyo）到集团军司令部报到，并受命指挥缅甸全境的游击战行动。他被授予临时上校军衔。眉苗位于曼德勒以东约 30 英里处，人称缅甸的西姆拉（Simla）。3 月 22 日，温盖特到达那里，向胡敦（Hutton）将军解释了自己的使命。后者并没说什么鼓舞人心的话。他向温盖特详细介绍了部队状况，以及人员不足、飞机日益短缺等情况。关于温盖特的使命，胡敦只是建议他亲自去一个叫“丛林作战学校”（The Bush Warfare School）的游击战组织露个面，该校的司令部也设在眉苗。据温盖特自己说，他“当天就搬进了丛林作战学校”。他有权管辖并取代校长。但实际情况并非如此。

首先应当介绍一下“丛林作战学校”的情况，因为它在后面的事件中扮演着重要角色。这是一个秘密组织，其任务是在日军后方从事破袭和伏击。取这样的名字是有意掩人耳目，因为它的任务是在中国而不是在丛
362 林地区打击日本人。其使命是为英国军官和军士参加中国游击队提供专业的“强化训练”，性质类似于为埃塞俄比亚爱国阵线设计的作战中心。“学校”一词也是有意含糊。该组织不是用来授课的学术机构，而是一支作战部队，类似于在艾因哈罗德的“夜间别动队”学校，既是训练中心，也是作战司令部。温盖特“搬进”这所非常适合他施展才干和想法的游击战组织时，正赶上校长外出去眉苗以南执行破袭任务。校长名叫迈克尔·卡尔弗特[①]。此人是一流的战士。他虽然没有温盖特那样惊人的创造力，但他作为战场上的指挥官，至少毫不逊色。

温盖特来学校两天后，卡尔弗特完成破袭任务返回，他看到一个严厉的陌生人坐在自己的办公桌前。俩人自我介绍之后，卡尔弗特说：“对不起，那是我的桌子。”温盖特给校长让出了位置。他立刻向卡尔弗特详细询问了丛林的特点和他的对策。卡尔弗特像温盖特一样热心研究过游击战，并得出许多自己的看法，但他还缺乏对方那种丰富的实战经验。俩人发现彼此有许多共同之处，最大的共同点是他们对参谋军官没有一点好

① 迈克尔·卡尔弗特（1913—1998），出生于印度，毕业于伍利奇军事学院。1933 年在皇家工兵部队服役，一度是陆军中量级拳击冠军。1936 年在香港服役期间，学会了粤语。曾亲眼目击日军进攻上海和南京大屠杀。1941 年受命指挥缅甸“丛林作战学校”。1943 年至 1944 年间，参加了温盖特组织的两次“钦迪特”远征。第一次“钦迪特”远征中，他担任第 3 支队指挥官；第二次“钦迪特”远征中，他担任第 77 旅旅长。此人作战异常勇猛，有“疯狂迈克”之称。20 世纪 50 年代初，曾在马来亚镇压过共产党游击队。后调往德国服役，期间因涉嫌严重猥亵行为而受到军事法庭审判，被迫离开军队。晚年他因失意而酗酒成性。他曾出版过三部有关“钦迪特”远征的著作：《疯狂战斗》（*Fighting Mad*）《怀着希望的囚徒》（*Prisoners of Hope*）《钦迪特》（*The Chindits*）。——译注

感。经常有人说温盖特是一个以自我为中心的人，很容易妒忌别人的功劳。但他从未妒忌过卡尔弗特；正相反，他从一开始就决心重用此人，俩人成了亲密的朋友。在有关温盖特的大量记述中，出自卡尔弗特之手的最为赞许有加。

温盖特要做的第一件事就是实地考察缅甸乡村。俩人会面后一两天，他和卡尔弗特及一位“速记员小姐”，从眉苗开车前往位于卑谬（Prome）的斯利姆将军司令部，一路跑了二百五十多英里。卡尔弗特在自己的书中写道：“温盖特不时将身体靠向后座，口述一些与乡村有关的情况。我突然意识到自己以前白长了一双眼睛。”威廉·斯利姆爵士对战局仍然抱有幻想。他准备以“缅甸军”（Burmese Corps）[①]的两个师发动反攻，目标是重新夺回仰光。这是企图扭转战局的最后一个当真的作战计划，但它与其他所有类似的计划一样毫无结果。

根据卡尔弗特的记述，两位游击战领导人到达卑谬后遇上了一点小 363
困难，“一位非常讨厌的参谋军官”拦住他们不让进，不过最终他们还是获准进入。卡尔弗特将温盖特引荐给将军，然后留下俩人单独谈了很长时间。在接下来的两年时间里，俩人将休戚与共。第一次会面时，他们俩都喜欢上了对方。后来，斯利姆对温盖特的感情可以说是褒贬参半，这种感情让他一直不知如何处理是好。当天下午，斯利姆的两位客人返回眉苗。

温盖特面临两个紧迫的难题，其中一个他知道怎么解决，另外一个根本无法解决；其一是他需要建立自己的权威，其二是他需要人手。关于第一个问题，迈克尔·卡尔弗特从不挑战温盖特的权威，但其他指挥官可没那么顺从。丛林作战学校是少数几个由当局幕后操纵的游击战组织之一，因此，毫不奇怪的是，那些经受过艰难困苦考验的负责人都喜欢各行

① 缅甸军隶属于英印军，1942 年 3 月在卑谬组建，下辖第 1 缅甸步兵师、第 17 印度步兵师、第 7 装甲旅，1942 年 5 月撤往印度后解散。——译注

其是，他们当然不愿意屈从一个对缅甸和丛林一无所知的新手。有一位负责人甚至公开扬言，除了总司令的命令外，拒绝接受其他任何人的命令（真奇怪，如此惨重的失败竟然不能改变人们对权势的崇拜）。要是情况没有那么危急，温盖特一定会遵照韦维尔的命令，迅速确立其独一无二、不可动摇的领导地位，但 1942 年初的缅甸已经没有这样的机会了。游击战所能做的也只有冒险组织巡逻了；仰光失守削弱甚至部分摧毁了空中力量，因此不可能组织远程突击作战；新加坡和马来亚惨败后，也没有多余的人员可以调遣。而就在此时，本来可供温盖特组建一支巡逻队的为数不多的人员，在伊洛瓦底江遭到重创，卡尔弗特手下损失了一百多人。29 日，他们在巴当（Padaung）遭遇突袭，随后被步步紧逼的日军分割包围。只有 11 人幸存。这么大的损失根本无法补充，尽管温盖特极力争取获得一支部队并建立有效的指挥，但他表现得似乎不像过去那样固执和强势。他身陷历史上最大的一次惨败之中，他显然承认军事形势完全超出了他力所能及的范围，这在他一生中是第一次，也是最后一次。这只不过是军事常识。

不过，尽管全线溃退还未停止，要获得能够胜任游击战的部队尚存
364 一线渺茫的希望。按照最初的计划，丛林作战学校已经派遣一些完成训练的人员去中国执行任务。温盖特偷偷打起这部分人的主意，并决定努力争取。老天有眼，3 月底，亚历山大将军在眉苗接替胡敦将军，4 月第一周，蒋介石从重庆飞到眉苗与亚历山大将军会谈。温盖特获准乘飞机去重庆见英国军事代表团负责人布鲁斯（Bruce）将军，卡尔弗特帮助温盖特在委员长的座机上安排了一个空位。4 月 6 日，他们一同飞往重庆，温盖特作了自我介绍，并与中国领导人进行了坦诚或者说表面坦诚而友好的交谈，这种坦诚而友好的气氛并未受到飞行途中剧烈颠簸的影响，当飞行员紧急规避日军战斗机时，蒋夫人优雅地用一个小纸袋掩住嘴呕吐。

在温盖特心中，故伎重演总是有诱惑力的。他是一个永远不会丧失

思维惯性的人，正像巴勒斯坦的经验影响了他在埃塞俄比亚的行动一样，埃塞俄比亚的经验也会同样影响他在远东的使命。我们完全有理由设想，当他乘飞机从眉苗一路向北飞的时候，很有可能幻想着蒋介石是又一个海尔·塞拉西，而他自己将领导一支新的基甸军，袭扰来自中国腹地的日军。但这条路已经被堵死了。基甸军的职位（一个倒霉的职位）已经惠予了史迪威将军所代表的美国陆军。至于说部队，布鲁斯将军向温盖特解释说，不要说其他方面，仅仅出于政治上的原因，在这样一个团结分崩离析的时刻，他不能将丛林作战人员从中国人手中调走。温盖特没有提出反驳。他身处一个全新的世界，他正在学习。

4 月 15 日，他乘飞机返回眉苗后，发现自己外出期间，不仅丢掉了在缅甸可以指挥的为数不多的人员，而且也失去了权威。卡尔弗特试图维护他的利益，但没有成功。他将失败归咎于参谋人员针对温盖特的阴谋，但是这种说法很值得怀疑。日军又发动了新一轮攻势，他们在北部地区打败了中国军队，正向卑谬和曼德勒挺进。残余的空中力量被地面进攻彻底赶出了战场。在短短 1 个月时间内，大英帝国在缅甸经历了全面失败。早在 3 月初，最高统帅部已经认识到向钦敦江以西撤退不可避免，亚历山大将军的参谋班子在这个问题上不可能再抱任何幻想。这种情况下，既没有时间也缺乏人手去尝试一项新战略，毕竟只有少量人员经过这样的训练。 365
因此，上面将丛林作战学校的人用作总预备队，并以各种借口、托词和谎言敷衍温盖特和卡尔弗特。在极端残酷的战争中，这种不诚实的行为并不值得大惊小怪。

没有证据表明温盖特很在乎这件事。他返回眉苗后写了一封表示抗议的信，陈述了他付出的努力和遇到的挫折，但措辞相当缓和，仿佛只是为了申明自己的主张，而不是要求改变政策。他似乎已经认识到自己大显身手的时机尚未到来。他现在实际上还处在失业状态，没有理由继续留在缅甸，但在离开之前，他抓住了最后一次不可多得的机会。他很可能是从丛林作战学校搞到一辆小轿车，并在缅甸境内进行了一次“愉快的长途旅行”。这是他最后一次有机会从地面侦察自己将建立丰功伟绩的地方，而且时间比较从容。这次旅行是在他返回眉苗后的第二周，周末前他从眉苗飞往新德里。

在缅甸的短暂幕间休息好似温盖特一生中一段轻松的小插曲。如果读者这样认为，那是因为传记作者过于为读者着想了。事实上，这段日子异常错综复杂，没人来得及驻足查看前方的路；这段日子就像一团乱麻，各种秘密机构和权力部门之间的关系很难解释清楚。在一个混乱不堪有时相互冲突的大背景下，很多计划被提出来，有的已经付诸行动，但是在日军节节胜利这一简单而严峻的事实面前，这些计划很快就过时了。

军队从缅甸撤往阿萨姆（Assam）的行动于5月17日结束，但是在接下来的三周多时间里，掉队官兵、迷路群众和后卫部队沿着丛林小道向西退往钦敦江。他们遭受的困难越来越大，伤亡也越来越多，大部分倒下去的人是因为筋疲力尽。有几支后卫部队来自丛林作战学校，其中一支为全军断后的部队结局非常不幸，有一个熟悉的名字再次出现在温盖特的故事中。这支后卫部队由一名中校领导，他是卡尔弗特手下的分队指挥官。此人就是考特尼·布罗克赫斯特。当时情况一片混乱，他可能从未听说自己曾经接受过温盖特的短暂领导。3月至4月间，他离开眉苗去北部执行
366 任务。当溃败来临时，他并不急于撤退，而是表现出一贯的勇敢精神，坚持在逃离危险前完成自己能够完成的任务。在九死一生的撤退途中，他带领手下渡过了伊洛瓦底江，当时整条江已经被日军控制。此后，他的分队化整为零，在5月底的最后几天里，他带手下人朝西北方向的钦敦江奋力挺进。途中不幸遇难。他牺牲时没人看见，很可能是在渡过钦敦江北部支流时，激流冲翻了木筏，造成他溺水而亡。他从未见过温盖特。即使俩人见过面，也很难想象他们会成为朋友：他们之间存在着太多的怀疑和偏见，也存在着太多的伤害。他们命中注定要相互为敌；但有一件事很奇

怪，所有认识布罗克赫斯特的人都喜欢他。没人比他讲话更富有天然的魅力，没人比他“性格开朗”，这位勇敢而英俊的中年男子在执行任务时牺牲了，那项任务本来属于体魄强健的年轻人。

温盖特离开缅甸后要做的第一件事，读者很容易就能猜到。他到新德里后，首先要确保自己不会像其他许多人那样在这场山崩地裂般的灾难中失去工作。他立即开始规划自己的未来。有记录表明，早在 4 月 24 日，他就参加了军事行动处处长召集的一次会议。他在策略上表现出了不同以往的精明。他并不要求指挥日军战线后方的所有作战行动，尽管他有权这样要求。他对游击部队和远程突击作战群作了严格的区分，而他只想指挥后者。他估计自己通过远程突击作战取得的成就完全有可能令其他人相形见绌，这样他就能成为内线作战实际上的核心。他也许还会想到，在日本占领军的残暴统治下，像埃塞俄比亚爱国阵线所发动的一般意义上的游击战行动，很难取得任何成果。

温盖特计划的细节与后来实际发生的事情并无多少共同之处。他建议在巴拉索尔（Balasore）训练自己的部队［那里靠近印度东海岸，位于克塔克（Cuttack）至加尔各答的中间位置］，这样他们可以渡海到达阿恰布（Akyab），他想当然地认为那里是自己要夺取的目标之一。结果训练地点选在离巴拉索尔很远的地方；两次远征都是从阿萨姆通过陆路进入缅甸；也从未有人命令他进攻阿恰布港或若开（Arakan）海岸。他在这次 367
会上宣称自己可以在八周内训练出适合丛林战的人员。实际上花了更长的时间。

温盖特下榻梅登酒店（Maiden’s Hotel），接下来要做的当然是写备忘录，在那个令人不满的夏天，他有许多备忘录要写，这只是其中之一。他首先写了一份备忘录给总司令，此后经常往总部跑，在他常去的那间屋子里，缅甸地图“密密麻麻地挂在墙上”。这间屋子属于联合计划参谋班子，早在英军遭遇失败时，阿奇博尔德·韦维尔爵士就要求他们研究收复缅甸的问题。在这里工作的一位少校名叫伯纳德·弗格森（Bernard Fergusson）[①]，两年后他写了一本书，讲述了这段戏剧性的经历，告诉人们当时远程突击作战计划是如何慢慢引起他和同事们的注意。

他在书中写道："很多人拿着收复缅甸的计划到我们办公室来。其中一些想法是有用的：它们被认真做好记号，并存档以备将来参考。另外一些则异想天开、愚蠢之极：对于这些我们也假装糊涂，点头哈腰地将炮制计划的人送出办公室……近期似乎只有一个方向有希望采取行动。希望寄托在一个宽肩膀、粗鲁无礼、几乎像猿人一样的军官身上，他每隔两三天就阴沉着脸来到我们办公室，痴人说梦般地大讲一通，然后又阴沉着脸离开。要是在德里，他可以在总部图书馆开设自己的司令部，在那里他可以折磨图书管理员，每次借一打书……我们曾将他视为需要点头哈腰送走的那类人，只要有可能就尽快结束他不着边际的谈话；但是后来才知道他根本没把我们放在眼里，只是由于没有我们的恩准，他无法让高层听到自己的声音，这时我们开始关注他的计划。很快我们都倾倒在他那催眠术般的魔力之下；渐渐地，我们或者说我们当中的一些人，已经丧失了分辨可行和空想的能力。"

伯纳德·弗格森曾在巴勒斯坦见过温盖特，埃塞俄比亚战役后，在开罗再次见过他。但他并不了解温盖特。就在那个夏天，弗格森渐渐决定要与这个人同舟共济，此人"身处印度，冷静地筹划着缅甸的疯狂冒险"[②]。

---

① 伯纳德·弗格森（1911—1980），毕业于伊顿公学和桑赫斯特军官学校，后服役于苏格兰高地警卫团。他曾经担任过韦维尔将军的副官，尔后到温盖特手下任职，参加过两次"钦迪特"远征。第一次"钦迪特"远征中，他担任第5支队指挥官；第二次"钦迪特"远征中，他担任第16旅旅长。1958年退役，1962年出任新西兰总督。1945年，他出版了有关第一次"钦迪特"远征的著作《越过钦敦江》；1946年，他出版了有关第二次"钦迪特"远征的著作《绿色的原野》。——译注

② 弗格森曾征求阿奇博尔德·韦维尔爵士的意见，韦维尔说："如果你结婚了，我会建议你不要跟温盖特去，但像你现在这样是单身汉，我没什么好犹豫的"。——原注

温盖特的计划相当简洁，正如他以前所有的计划一样。弗格森这样描述它：

> 简单地说，他的主要论点是，敌人在自己战线后方最为脆 368
> 弱，那里即使有部队，也是素质较差的部队。一支小部队在敌后造成的破坏与他们自身的实力远远不成比例。如果遭到突然袭击，可以按预先安排将部队化整为零阻击追击之敌，尔后再去前面 15 至 20 英里远的会合点。应当通过空投获得补给，通过无线电实施联络：这两种武器尚未得到充分利用。他建议切断敌人的交通线，摧毁其仓库，将敌军牵制在远离战线的后方保卫这些脆弱的地方，以便有力地配合大部队实现战略目标。

随后温盖特与当局展开了一场漫长的较量，5 月和 6 月的大部分时间是这场较量的开局。他现在面临的危险不是被否决，而是被强加以苛刻的限制条件。负责为获准的行动分配部队的参谋勤务局局长（Director of Staff Duties），对温盖特最初的建议提出几条明确的反对意见。他指出埃塞俄比亚战役的例子容易产生误导，因为当地民众站在盟军一方，而缅甸的情况并非如此；组建远程突击作战群（Long Range Penetration Groups），他们已经开始这样称呼这支部队，不应像温盖特希望的那样依靠正规军，而应当按照陆军的传统招募志愿人员；温盖特提出的作战群规模过大，不需要 3000 人，有 1500 人就够了。温盖特以娴熟的法庭辩论技巧逐一反驳了这些观点。关于埃塞俄比亚的范例，温盖特以拉斯 · 海卢事件为例极力辩解，他指出自己在埃塞俄比亚遇到的情况与缅甸内部的困难大体相似，然而这一结论正确与否值得怀疑。说到招募志愿者问题，他故意巧妙回避了基甸军也是由志愿者组成的事实，而是将他们的战绩与中东战区的志愿者特种部队进行了客观的比较，然而，此时他忘了自己曾对他们说过的那些刻薄话。关于部队规模问题，他极力为自己提出3000人的规模进行辩解，他说自己不同意参谋勤务局局长的逻辑，他认为“明智的办法是先估计你这一击希望产生的效果，据此算出你总共需要多少人，然后坚持到底”。他在下面一段写道：“应当由使用（作战群）的人根据需求确定它们的编成和实力。”

温盖特与驻印军的斗争决不轻松，而且可以说从未间断，他发现每
369 当自己摆脱一个对手后，很快又会有另外一个对手出现。在梅登酒店的那几周时间实在难熬，尽管他对自己的想法越来越深信不疑，但他的地位还如此脆弱，在严酷的形势下，他随时面临着前功尽弃的危险。在所有的美德中，他最缺乏的就是耐心，而现在形势强迫他必须忍耐。有迹象表明，他学会了通过主动放松精神来转移内心的压力。4月从缅甸返回后不久，他给洛娜写了一封信，这封信以及其他一些证据告诉读者，他在写备忘录和与对手争论之余还做了些什么。

> 我刚刚读了尼采不幸的生平，我没办法喜欢他，现在仍然讨厌他；但是那生活多么像《众神的黄昏》(*Gotterdammerung*)[1]！尼采太德国化了，过于一本正经、歇斯底里和趾高气扬，让人难以接受。此外，不论是他本人还是其他人，都不知道他在说什么。但作为一名批评家，他通常很有价值，也很有能量。
>
> 我正在通过撰写《人道宪章》来自娱自乐，它可以用来表述战争目的。我的兴趣更多是在学术方面，而非实践方面，因为我非常怀疑不经过长期培育，人类能否接受真理。在总结这次战争的目的时，我发现有必要先定义信仰自由——这让人了解事情的根本，人们必须小心不要在这方面犯错误——然后是民族——

① 《众神的黄昏》是瓦格纳的歌剧《尼伯龙根的指环》的最后一幕。——译注

后者可定义为国际问题的仲裁者，因而不能有丝毫含糊。

中国人是一个富有魅力的民族。他们最显著的性格特点是乐观。在某些情况下，欧洲人会陷入令人沮丧的绝望，而中国人的脸上却总是绽放出纯真的笑容。埃斯米·巴顿（Esme Barton）的朋友是一个美丽而活泼的人[①]。我同他们还只有短暂的接触。

告诉妈妈，我听说奈杰尔在巴勒斯坦一切安好……我到那天，玛丽·纽沃尔刚好离开（开罗），我没见到她。她要晚些时候才能回来。我本可以向你全面讲述战争趣闻，但在这个说话需要拐弯抹角的时期，我不能这样做。我整个人已经异乎寻常地摆脱了痛苦的根源，希望能继续这样保持下去……

这里的人们基本上不理解这场战争的意义。即使有教训，他们也很少能够汲取。不大可能改变他们，也不大可能让他们明白这一点。“他们听不见摩西和先知们的声音”。愿上帝保佑你，并让我们早日团聚。我飞越以色列的群山降落在基尼烈。 370
那里远比周围掠夺成性的国家美丽。要是现在你我能一起保卫那片国土该有多好。愿上帝让梦想成真！

信中提到“痛苦的根源”一词很耐人寻味。他指的是突然发作的绝望情绪。经历了7月4日那次劫难以后，他再也没有真正惧怕过这种绝望情绪。

5月底，卡尔弗特从缅甸到达印度。他扮演的角色与布罗克赫斯特类似，也经历了许多危险，只是侥幸没有那么致命。撤退开始时，亚历山大将军将丛林作战学校的人与“眉苗的老弱病残”合并组建“丛林作战营”，

---

① 此处指的是蒋介石夫人宋美龄。——原注

由卡尔弗特指挥，在撤退行动中担任后卫。当大军到达阿萨姆后，这支临时拼凑起来的部队就解散了，此后卡尔弗特和丛林作战学校的人又返回缅甸执行了最后一次游击任务。任务完成后，卡尔弗特和他手下的军官乔治·邓洛普（George Dunlop）上尉来到印度，当时俩人已经伤病缠身、筋疲力尽。温盖特听说他们还活着，已经到达兰契，就立即派人去找他们。此时，丛林作战学校仍然是他唯一有权指挥的部队（甚至连这一点也存在疑问）。卡尔弗特和邓洛普来到德里，温盖特问他们是否愿意跟自己从事新的冒险。他们都说愿意，并说可以代表丛林作战学校的绝大多数幸存者给予同样的回答。温盖特让他们休假以便恢复体力。于是他们就去休假了。

这几周时间对于温盖特来说就像几个月一样漫长，经过反复协商，也要了一些手段，甚至当面撕破脸皮，温盖特终于得到了自己想要的东西，有关方面按照他提出的要求如数拨给他部队。虽然刚刚经历了一次惨败，但总司令的威信尚在，仍可以凭借其非凡的个人魅力控制住部队，他站在温盖特一边，而这一事实最终对正在策划的新冒险产生了不可逆转的影响。所以，尽管许多人仍有疑虑，部队还是按远程突击作战群的模式展开训练，现在这支部队有了一个正式番号：第 77 印度步兵旅。

这个新组建的旅的编制极其独特，有必要作一简要介绍。人力不足已经成为英国军队面临的一大难题，因此挑选部队也与过去不大一样。
371 第 77 旅的骨干理所当然来自丛林作战学校，他们的番号是第 142 特务连（Number 142 Commando Company）。他们并非整建制参加训练和作战，而是被划分为若干专业小组分配到该旅所属的 8 个支队。参加“丛林战”的官兵全部是志愿者，他们来自各步兵团和皇家工兵部队。

77 旅所属部队中，最难指挥的要数廓尔喀步枪团的一个混编营。这支战时组建的部队严重缺乏专业军官，只有一名军官服过现役，两名军官熟练掌握廓尔喀语。可是，这不是唯一的困难，或许也不是主要的困难，更大的困难在于这是该旅中绝无仅有的真正属于驻印军的部队，廓尔喀族士兵本来就怀疑印度当局，而且他们自以为比别人懂得多，这更加剧了他们的不信任感。廓尔喀人在丛林训练和战术方面有自己的传统，一些军官仍然坚信，温盖特作为外行根本没什么可以教他们的。温盖特和卡尔弗特相信，德里和新兵训练营的那些高级军官一定会怂恿他们违抗命令。情况可能确实如此。后来廓尔喀人的确因为墨守成规而付出惨重代价。

温盖特手下另外一支东方团队是缅甸步枪团第 2 营，他们对缅甸丛林的熟悉程度甚至超出了温盖特的期望，他们对待新任指挥官的方式也与廓尔喀人大不一样。他们有着丰富的丛林知识，这让他们很快认识到温盖特绝非等闲之辈，而温盖特从一开始就与他们相处融洽。该营的军官都是英国人，只有个别例外，他们大多来自仰光的商人家庭。军士和普通士兵来自缅甸各地，包括来自伊洛瓦底江三角洲和克伦（Karen）山区的克伦人，来自缅甸西北部钦山（Chin Hills）地区的钦族人，以及分布广泛的克钦族人。温盖特发现他们是最容易训练的士兵，而且他总能从他们身上学到一些东西。温盖特在报告中给予了这支部队前所未有的表扬，可以毫不夸张地说，那种梦想成真后的喜悦溢于言表。这里又出现了一个爱国阵线，但有一点他在埃塞俄比亚勇士身上从未见过：他们纪律良好，队列严整。

该旅最不可思议的成员是来自国王利物浦团第 13 营的官兵。他们于 372
1941 年底到达印度，根本没想着要建立伟大的军功。他们也是战时组建的部队，成立于 1940 年至 1941 年间，人员来自格拉斯哥、利物浦和曼彻斯特。以现代陆军的标准衡量，他们当中很少有人算得上年轻，而且大多数都已结婚。1940 年最后几个月，以及 1941 年几乎全年时间里，他们在英国本土担负海岸防卫任务。1941 年 12 月，当德国入侵英国的计划彻底破产后，他们被派到印度担负守备任务。6 月，他们被划归温盖特指挥，这些人到达训练营时“明显缺乏热情”。但他们很快展现出了一种强烈的冒险精神。按照该营指挥官库克（Cooke）中校的看法，这些人古板的性格对于他们令人恐惧的新工作并无害处，因为“他们知道战争意味着什么”。唯一的缺点是他们的平均年龄较大：许多人的年纪已经不适合从事艰苦的丛林生存和战斗训练。由于这个原因，包括上校团长在内的 250 名官兵最终未能入选 77 旅，这些空缺会通过新兵训练营补充，但要等它们训练出新兵才行。如果当时兵源充足，本来不会选择这个营参加远程突击作战，这群城里人原本也不适合执行如此令人生畏的军事使命，不过毫无疑问，他们的加入凸显了丛林作战的分量和决心。

在运输连温盖特又遇到了老问题。与埃塞俄比亚的情况不同，这里有骡子，却没有赶骡人，而且要找到既受过军事训练又精通侍弄牲口的人实在太难了。于是温盖特严重违反规定，将运输连的指挥权交给兽医军官凯里·福斯特（Carey Foster）上尉，这算解决了一部分问题，而赶骡子的任务主要交给了从不精通这门复杂手艺的廓尔喀人。

除上述部队外，还有一个旅通信分队，人员只有实际需要的一半，另外还有一个皇家空军联络组，负责组织和指导空投补给，并就有关问题提
373 出建议。该旅起初编 8 个支队，后来缩减为 7 个，主要是因为国王利物浦团的大量人员在训练中被淘汰。

这就是 1942 年夏天温盖特部队的简要情况。这支部队编成和用途受到严格保密，以至于当它完成训练时，除了温盖特仍然厌恶和怀疑的少数官方人士以外，根本没人知道它是用来干什么的。严格保密对该旅的行动起了不可估量的作用，这得益于上面提到的官方那一小撮人的守口如瓶，不过他们对温盖特同样怀着深深的厌恶。

经过大量调查研究，他们最终选择萨格尔（Saugor）附近的林区作为训练场。该地位于中央省西北角，北面是瓜寥尔（Gwalior）。这里是能找到的最接近上缅甸干旱地带的地方，尽管谈不上非常逼真，但用来训练已经足够了，只有一点明显的不足：没有那种宽得可怕、水流湍急、暗

藏凶险的河流，而他们在远征中不得不反复渡过这样的河流。选择这个地方，有一点对温盖特非常幸运。萨格尔及其周边地区是印度中部司令部的辖区，在这里温盖特遇到了一位热心支持他的上级，此人就是威尔科克斯（Wilcox）少将。当然，训练期间他也经常抱怨威尔科克斯将军，但当他开始写报告时，他发现自己不得不承认欠了将军及其参谋班子很大的人情。对于那些还记得温盖特经常犯上作乱的人来说，报告中那些感谢之词读起来可真有点怪怪的感觉。

训练于7月开始，但是人员、物资、装备到位很慢，特别是征集骡子花了很长时间，所以全面训练直到秋天才展开。训练标准始终是严厉无情的：为的是让人们能忍受饥饿和疲劳，直到达到人类的生理极限，那远远超出了官兵们自以为能够忍受的程度。温盖特在作战准备上遵循着一条明智的原则，即要学会与敌人作战，首先要拿起武器与大自然抗争，除了冰雪以外，官兵们在丛林训练营几乎经历了大自然的每一种考验。他们不得不通过训练获得超过人类始祖的生存能力；如果他们在全副武装的长途行军时中暑倒下，最多只是将他们抬到树荫下，顺手抓个东西扇扇，以便让他们苏醒；进入雨季后，他们又被迫在烂泥地和连绵大雨中继续训练，完全不顾上涨的河水和无法通行的道路；他们不得不少吃多干；他们 374
不得不忘记口渴；他们不得不学会忍受蚊虫和蚂蟥的叮咬，靠的是意志而非保护措施；他们实际上被禁止生病告假。最后一点最为严厉，也最为必要。温盖特在报告中写道：“首先……开始训练远程突击作战群，就要根除普遍存在的疑病症……我得到军医们的全力配合，尽管他们有时也存在担心……在雨季的丛林里待了三周，国王利物浦团有30%的人不是已经进了医院，就是正设法进医院。四周后，病号数量创纪录地达到了70%。在医生的帮助下采取了一些措施，病号数量迅速下降，到训练结束时仅有不到3%……（在远征中）官兵们知道生病就意味着被俘或死亡。因此，他们不但不生病，甚至连不舒服的感觉都没有。”温盖特坚持要求除非病情非常严重，所有病号都要参加训练，生病期间的医疗工作由排长负责，因为这种简便易行的办法符合实战要求。那些能熬过来的人真的很了不起。

尽管在这种严酷的生活中，官兵们经常咒骂温盖特是暴君，但他和他们相处得不错，因为他深入基层与官兵们生活在一起，而在基甸军时，他与大多数人从不接触。也许有人会再次好奇，在前一年那场灾难中，温盖特是否通过暴力手段排遣了内心的压力。有一些迹象表明的确如此。8月卡尔弗特加入77旅，并成为首席教练，他说过有关温盖特这方面的情况：“他尝试各种理论，然后放弃它们。如果有人认为他的训练方法不对头，他喜欢别人直言不讳。他喜欢手下军官保持一种真正的批判精神……（他）喜欢舒适的生活。他喜欢威士忌，许多次与他一起喝威士忌或朗姆酒，让我们高兴极了……他知道自己喜欢社交聚会，但总的来说，他严于律己，避免参加这类轻浮的娱乐。”卡尔弗特的描写与威廉·艾伦一样出色，但内容却大相径庭。

这段时期，温盖特也有一段小小的自我表白，当时的形势有些复杂。
375 就在卡尔弗特到中央省加入温盖特部队前，他在德里待了一段时间，一半身份是77旅驻总部的代表，另一半身份是密探，虽然两者都不具备官方性质。8月6日，就在卡尔弗特正式去77旅报到前几天，他将德里一些不怀好意的流言蜚语报告了温盖特，特别提到在一次高级会议上，一位将军说温盖特不胜任指挥一个旅。对此温盖特作了长篇大论的回应，他写道：“在我指挥埃塞俄比亚战役以前，人们说过与现在完全一样的话。如果说有什么不同，那就是我比从前要平和得多，我在这段时间里学到了许多宝贵的经验。人身攻击无须言语反驳，事实可以并且正在做出回答。不管那些吹毛求疵的人怎么讨厌我，我还是我，因为我能打胜仗。”

正像“夜间别动队”和基甸军的情况一样，77旅从一开始就凝聚成一个坚强的集体，这完全仰仗温盖特惊人的领导天赋。他初次显示这种天赋是在伍利奇恐吓那些折磨他的人，从那时起直到他在缅甸的最后岁月，他对天赋的运用很少有变化：它从一开始就展现出全部力量。他受益于两个先天的优势，即清脆的嗓音和英俊的外表，但这只是出类拔萃的领导能力中较为常见的因素。大多数指挥官要获得部属的忠心，通常需要对他们表达关切，表现得像一位父亲或兄长，还要表现得与手下同属一类人。温盖特则不同，他属于老派军人。他给手下训话时，声音仿佛来自另外一个世界。如果训话内容涉及管理、纪律和装备方面的乏味琐事，他往往也会将它们与战争原则、战争的正义性以及此时此刻的历史意义联系起来。英国士兵总是喜欢粗俗的挖苦和嘲笑权威，因此，很难想象有比温盖特这种郑重其事的说教更危险的办法了。温盖特从来都能牢牢抓住听众的注意力。他从来不会做出轻松的承诺。在行动前，他会坦率地告诉部下，他们当中不少人可能很快就会死去，可是他这样说不但不会削弱反而会增强官兵的士气。温盖特总是能用他的自信感染大家。有人记得 1943 年温盖特发表过一篇极其严厉的讲话，那个人说自己听完以后，恨不得“跟温盖特到地狱走一遭”。这并非个别人的反应。温盖特的坦诚总是能打动人心。
没有证据表明他曾认真锻炼过自己的演讲能力和表演技巧。他的才能是内 376
在的、本能的，经常可以信手拈来。

再回来说说训练情况。10 月，弗格森加入 77 旅，担任第 5 支队指挥官，说到温盖特的管理作风，他讲了一个其他地方都没有记录的怪癖。“每个动作，从这个站立点到下个站立点，都要跑步完成。温盖特一度相信英国军官认为跑步有失尊严；他一定要从自己的部队里清除这种错误的尊严。每次当他想去下一个观察点时，他就跑着去，而且跑得飞快：到了新地方以后，他会环顾周围，如果哪个人没听到他下达的第一个口令，那这个人就要倒霉了。”

弗格森参加训练的第一天，温盖特像往常一样从一个地方跑到另一个地方，他带着一群军官跑到河边，准备训练泅渡侦察。他问大家哪里是最佳的渡河地点，对于每个人的建议，他都要问："你怎么知道？"弗格森说："显然，他希望有人说，不先到对岸侦察，不能确定哪里是最理想的渡河地点；于是我不由分说地跳下水。"

自从谢菲尔德以来，温盖特一直热衷沙盘推演，用部队的行话说就是"不带实兵的战术演习"。标准的器材不过是家用的大桌子，上面再摆上装满沙子的托盘。温盖特相信这种战术训练方法管用，很长时间以来，他做的沙盘越来越大：艾因哈罗德的沙盘大得令人难忘；索巴营地的沙盘显然更大更好；在中央省训练营搭建的这个沙盘大到可以以英亩计，面积达到 20 码乘 20 码。他希望"每座山、每棵树、每条河和每个炮位……都要严格按照 100 码比 1 英尺的比例构造……每一步推演都要用秒表准确记下时间，每一位军官置身沙池中，都能身临其境地设想整个行动"。结果并未完全达到他的期望，考虑到人们在他的训练下终日疲惫不堪，这样的结果不足为奇。尽管许多部下后来报告，沙盘推演为他们在缅甸遇到的情况作了极好的准备，温盖特却轻蔑地说，懒惰妨碍了他将这种方法推广运用和发扬光大。

377 如果说这里的生活是严酷的，那么偶尔也有令人高兴的事，人们在野外只要身体健康，快乐总是少不了的。他们的生活中也不乏喜剧。旅部饲养的产奶的水牛就发生过一件怪事。有一次它们全病了，没人能诊断出究竟得了什么病，不论是凯里·福斯特的专业护理，还是温盖特那套白骑士[①]耍毯子的把戏都没有用，只有威士忌能减轻水牛身上出现的这种神秘病症。看上去，这些牲口都要衰弱而死，就在这时，当地一个巫师听说此事，他找到训练营，当着温盖特的面突发奇想，在牲口的后腿根、两肋和肩膀一侧都打上烙印。经受这番折磨后，它们立刻痊愈了。没人听得懂巫

① 白骑士是英国著名童话作家刘易斯·卡罗尔《爱丽丝镜中奇遇记》的人物，他经常会有常人难以理解的奇思妙想。——译注

师的语言，所以此事给温盖特一伙人留下了极大的困惑。此后，人们戏称温盖特是司令部的巫师，而他也乐意他们这么开玩笑。这与埃塞俄比亚的温盖特简直判若两人。

9月底，在温盖特手下训练的已经有两千多人了，他决定通过一次大规模演习来检验部队。演习由威尔科克斯将军提供裁判。总司令亲自从德里前来观摩，这是对温盖特的格外器重。尽管如此，演习结果令旅长感到不快：这次演习比平时训练出错还要多，而他的反应让研究其生平的人感到震惊。演习结束后，他突然疑窦丛生，开始重新考虑整个冒险是否可行，他坦率地告诉韦维尔自己缺乏信心。据他本人说，他怀疑“我们能否完成总司令托付的使命”。但韦维尔并不这么看。他从不怀疑温盖特的能力，现在他劝说这位一向过分自信的人摆脱疑虑，善始善终干好工作。尽管温盖特从来不让同事们知道自己的担心，而总司令的话也让他受到激励，但有一段时间他仍然无法完全打消心中的疑虑。他从未低估过这次任务的凶险。他也从不回避一个客观事实，即自己过去战胜的是实力较弱的敌人，而现在面对的是一个凶残的对手，古老文化和现代文明丝毫也未能驯化其原始人的残忍和胆量。演习结束后，他命令部队回去继续训练，有人事后回忆说：“与他让我们受的罪相比，作战只是小菜一碟。” 378

就在部队训练期间，有一天，两位缅甸军官向温盖特报到，其中一位是来自仰光的昂丁（Aung Thin），另一位是来自掸邦的绍曼帕（Sao Man Hpa）。俩人前来报到时，旅长正在萨格尔南面的丛林营地，他们发现温盖特只穿着短裤和凉鞋正埋头读书，但当他们被带到他面前时，仿佛为了纪念这庄严的一刻，他在与俩人握手前，特意带上了那顶遮阳帽（就是那个曾经在巴勒斯坦和埃塞俄比亚一直戴在头上的像浴盆一样的东西）。他转身对昂丁说：“我很高兴你们俩来这儿。你们将成为我的缅甸问题专家。”听到这话两位军官吃了一惊，昂丁连忙解释说，他们俩都是在西方受的教育，昂丁在英国念书，绍曼帕在美国念书，俩人都能说一点缅甸语，但只有一个人会写。“没关系，没关系，”温盖特说，“你们将成为我的专家。”俩人发现自己根本没有选择。

数周后的一天，他想听听绍曼帕的专家意见。他解释说，自己正在为 77 旅起一个名字。他想用动物的名字。

“缅甸丛林中的兽中之王是什么？”他问。

“大象，”绍曼帕回答说。

“哦，那不好，”温盖特说，“仅次于它的动物是什么？”

“他们说丛林中还有狮子。”

“你们怎么称呼它？狮子怎么说？”

“钦德（Chinthe）。”

“钦迪特（Chindit）？”

“不对，是钦德。”

“你肯定不能称狮子为钦迪特吗？”

“不能，要念钦德。”

“这个词在英语中很难懂。我必须再想一个其他的词。”温盖特说着，仿佛将此事抛在脑后。

11 月，温盖特开始为 77 旅进入缅甸进行最后的整编。他前往位于英帕尔（Imphal）的东部集团军司令部，准备在那里设立由杰弗里斯（Jefferies）少校领导的前进指挥所，此人是第 142 特务连的指挥官。温盖特见到了集团军司令欧文（Irwin）中将和第 5 军军长斯库恩斯（Scoones）中将，温盖特的部队将通过第 5 军的防线进入缅甸。他与斯库恩斯开会讨
379 论了作战计划，经过将军的一些修改后，他确定了 77 旅穿越第 5 军防区的时间和路线，并在曼尼普尔公路上选好了宿营地。他发现集团军司令和第 5 军军长都很信任他，而且都愿意鼎力相助。他后来告诉别人这些感受时，并没忘记抱怨当时臃肿的参谋机构，说他们包围了集团军司令和军长。就在返回萨格尔前，他抽出时间最后一次考察缅甸的地形，这一次是

从空中。在皇家空军的一次行动中［可能是 11 月轰炸伊洛瓦底江边上的杰沙（Katha）城］，他乘坐布莱尼姆轰炸机，从空中俯瞰了自己即将通过的丘陵、峡谷、森林和河流。月底他再次回到了中部省训练营。

他的部队现在已经齐装满员，总共有 3000 名官兵。训练结束时组织了两次全员参加的演习，第一次演习在萨格尔周边地区，历时 5 天，主要课目是通信演练，第二次演习是在北部的丛林地区，最终是模拟攻占占西（Jhansi）城的铁路和主要军事设施。第一次演习很顺利，但第二次演习让他认识到 77 旅还存在许多问题。他气愤而失望地发现，有“太多胆小的落伍者”，有些部队纪律败坏，许多部队无法驾驭骡子。这次演习并不是由温盖特设计的，而是由中部司令部设计的，用温盖特的话说，该演习“失之过严”，可以想象对于那些参与者来说，那简直就是人间地狱。演习结束时，温盖特再次怀疑自己是否应当率领这支训练不完善的部队去执行他所计划的那个艰难的行动。这次是威尔科克斯将军说服了他，让他打消疑虑，而这次他好像彻底忘掉了。以后再也没听说他有过类似的怀疑。77 旅即将出征。

1943 年是温盖特人生中最后的完整的一年，1 月他和部下通过铁路和水路到达迪纳普尔（Dinapur），他们由那里步行 133 英里到达英帕尔。这段路他们走了 8 天时间。伯纳德 · 弗格森怀着难忘的心情描述了一路上的活动和见闻：

> 我们谁也说不清著名的曼尼普尔公路是什么样，因为我们是在夜里行军。白天长长的机动车队来来往往，我们只好把公路让出来；但是开夜车太危险，于是黑夜就归我们所有。每段
> 行军路程从 7 英里到 18 英里不等。我们黄昏时出发，夜里休息 380
> 一次，时间半小时……直到次日九十点钟，才知道经过一夜行军我们走到了哪儿。

有时突然出现在我们面前的景象足以令人大吃一惊。巨大的山体从河谷中拔地而起，向下望去，远处薄雾缭绕，可以依稀分辨出溪流的走向。有时让人们联想起苏格兰西部高地……

我们经常看到工兵架桥和清理滑坡，或在悬崖上开凿山洞。他们使用的大号弧光灯照亮了山坡，推土机和铲车来回轰鸣，摇摇摆摆地将成吨的土石推下山坡。同我们一样，他们在机动车辆停止运行后才开始工作。

峰顶终于被我们远远甩在身后了，在一个凉爽而晴朗的早晨，我们踏上了英帕尔平原。

在行军途中，一天早上天刚亮，温盖特和昂丁在路上骑马前行，他们经过一座佛塔，入口处摆着两尊狮身怪兽的雕像。这样的佛教圣地在缅甸随处可见，在阿萨姆偶尔也能看到。温盖特想知道这个小寺庙和怪兽雕像究竟代表什么，于是昂丁把自己了解的情况告诉了温盖特，他说狮身怪兽受人敬畏，象征着永恒的守护。温盖特想了解更多有关狮身怪兽的情况，于是问他用缅甸语怎么称呼它。昂丁说：

“我们称它们为狮子——钦德。”

“钦迪特吗？”

“不对，是钦德。”

“嗯。这不好。”温盖特说，于是他们继续骑马前行。

英帕尔的77旅前进指挥所有一大亮点，那就是杰弗里斯创建的“作战室”。温盖特在报告中写道：“那是一间25平方英尺大的房间，墙上和地板上到处都是各种比例尺的地图，以及所有目标区的航拍照片。在地板上有一整套1英寸比1英里比例尺的地图，供所有军官轮流详细查看各支队担负的任务。5天时间里，这里每天开放12个小时。”

苦熬了这么长时间之后，官兵们本来希望能在战前放松一下，但温

盖特不同意。“为了防止英帕尔的电影院涣散军心”，他命令部队在城北 7
英里外宿营，他们只有到挂满地图的作战室参加长时间的集中训话时，才 381
有机会进入当地这座浮华的大都市。他们被剥夺了最后的娱乐，投入了最
后的训练。他们可能又在营地咒骂温盖特冷酷无情了，但当战役开始时，
大家很可能不会再咒骂他了，所有人都会感谢他为他们省下的每一分力
气，以及他在他们身体里培育起来的每一分抵抗力。

他们的行动绝对保密，但他们知道自己将离开阿萨姆进入缅甸，并在几天之后渡过钦敦江。

第十七章 钦敦江

382

按照起初的设想，77旅的远征是从中部和北部向缅甸发动大规模攻势的一个组成部分。作战计划大体如下：77旅向缅甸纵深挺进，第4军在中部向钦敦江（Chindwin）上的城镇锡当（Sittaung）和卡勒瓦（Kalewa）发动有限规模的进攻；与此同时，史迪威指挥在利多（Ledo）和云南的中国军队，分别从北部、东北部向密支那（Myitkyina）[1]、八莫（Bhamo）和腊戍（Lashio）发动进攻，目标是夺回缅甸东北部，重新打通至中国的陆路通道。在此过程中，第15军将发动后续攻势，最终目的是夺回阿恰布（Akyab）、梅宇（Mayu）和若开（Arakan）地区。其中的若开作战早在2月就取得了进展。这次行动从12月中旬开始一直进展顺利，直到1月初，出现了威廉·斯利姆爵士所说的“不幸的停顿”[2]。此后战事一蹶不振，最后以失败告终，不过，在3月之前败象尚不明显。1月

① 自从缅甸被纳入欧洲人的利益圈，东方通们就找到了用武之地，他们对深奥的音译怀有稀奇古怪的偏好，导致人们通常按公认的欧洲拼写来揣摩字的发音。Myitkyina就是这些喜欢卖弄的学究们的杰作，它的正确发音应当是Mitchina，如果不说谁也猜不到。本文中约定俗成的地名有一些意想不到的发音。不过，仰光、曼德勒、钦敦江和伊洛瓦底江在较早时期就有了欧洲拼写法，这些地名可以严格按照拼写来发音。——原注

② 引自陆军元帅威廉·斯利姆爵士的著作《反败为胜》。——原注

底，也就是 77 旅在英帕尔集结期间，战局总体上令人鼓舞：大规模攻势在最初阶段大有成功的希望，而温盖特远征所承担的角色，就相当于配合坎宁安和普拉特攻势的基甸军。

1943 年 1 月，原来的作战计划已经变得支离破碎，不久就只剩下已经展开的若开远征和即将展开的温盖特远征。事情是这样的，首先，锡当和卡勒瓦作战构想因缺少交通工具和筑路的人力、物资而推迟；尔后，第 4 军的攻势刚刚取消，就从史迪威那里传来消息，原定由中国军队发起的 384
攻势行动未得到蒋介石的批准。这使 1943 年内夺回缅甸的希望彻底破灭。既然原定作战计划已经破产，完全有理由彻底放弃并从头做起。许多人至今还认为早该如此。这完全是顺理成章的事。2 月 3 日，温盖特在总司令的指示中得知，77 旅的攻势被无限期推迟。由于军队奇特的心灵感应，军营中早已弥漫着一种不安的气氛，官兵们隐约感到事情有些不对头。

2 月 5 日，阿奇博尔德 · 韦维尔爵士与美国陆军中将布里恩 · 萨默维尔（Brehon Somervell）一起来到英帕尔。韦维尔事先放出话说，他此行的目的是要取消温盖特远征，但以他一向的行事风格，在听取正反两方面意见之前，他不会做出最终决定。温盖特将自己的意见和盘托出。他们在一起商谈了两个小时。

韦维尔取消行动的理由显而易见：如果温盖特远征之后没有任何攻势行动，不仅会将整个 77 旅置于危险境地，而且不论 77 旅取得多大战果都将无济于事，因为这样的作战计划定会给日本人留下足够的喘息之机。为此牺牲很多人的生命甚至是全旅所有人的性命是愚蠢的。根据温盖特自己的叙述，他提出了六点反对意见，而且可以想见他说这番话时满怀惯有的激情。事后他总结自己的观点时所开列的顺序很有些出乎意料。

首先，他认为如果取消远征行动，绝大多数反对远程突击作战理论的参谋人员会继续否决该行动。其次，他指出目前 77 旅正处在最佳状态，长期拖延将有损它的军事价值。第三，除非走出去向日本人发起挑战，不

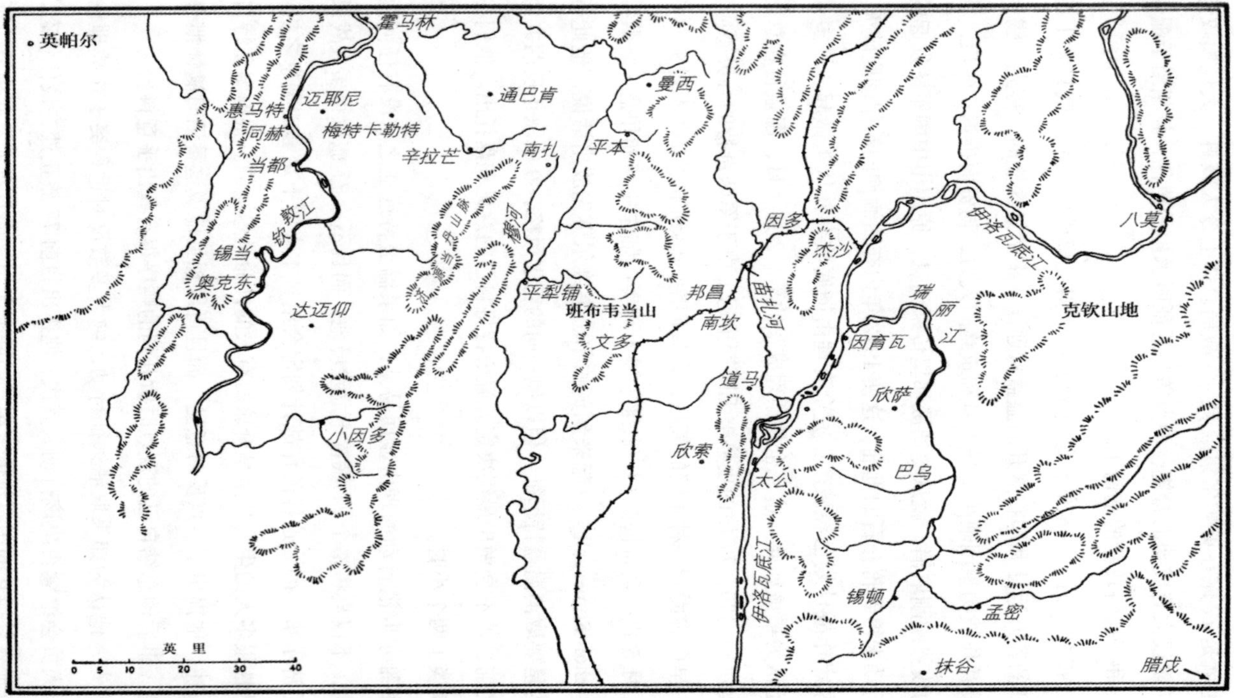
英帕尔
霍马林
通巴肯
曼西
惠马特
迈耶尼
同赫
梅特卡勒特
当都
辛拉芒
南扎
平本
钦敦江
锡当
奥克东
平犁铺
班布韦当山
达迈仰
文多
邦昌
南坎
苗扎河
因多
杰沙
八莫
伊洛瓦底江
瑞
丽
江
克钦山地
因育瓦
道马
欣萨
欣索
太公
巴乌
锡顿
孟密
抹谷
腊戍
英里
0
5
10
20
30
40

第一次钦迪特远征

然英国人对日本人的丛林战法仍是“全然无知”。他的第四点主张很有说
服力。英国人在缅甸仅有的一个前哨，是坐落在中缅边境以南 60 英里的
赫兹堡（Fort Hertz）[1]。1942 年 9 月，一个空降小分队占领了要塞和萨姆普
拉勃姆（Sumprabum）村，以及南面 40 英里处的机场。尔后，他们以这
个要塞及周边为中心坚持抵抗，并在当地匆忙招募了一支要塞守军，即出
名的北克钦兵。到 1943 年 2 月，赫兹堡的形势已经岌岌可危。有迹象表
明日军正在逼近。如果不能在缅甸境内牵制日军（温盖特这样认为），这 385
个建有英军唯一机场的孤立无援的据点注定难逃厄运，并将对缅甸人的士
气和内部支持产生致命打击。这就是他的第四点主张，也是最站得住脚的
观点。他的第五点主张（回忆时不能肯定），即如果我们不能下决心渡过
钦敦江，日军将会争取主动，占领钦敦江两岸容易据守的丛林地区。他的
最后一点主张是第五点意见的具体阐述，用他自己的话说，如果不利用
77 旅这样的部队打乱敌人的作战计划并扰乱缅甸的战时经济，日军将随
心所欲地发动进攻。此前已得到消息，敌人正在曼德勒和眉苗集结部队。

温盖特与韦维尔的谈话没有记录，六点主张的排列顺序是温盖特凭记忆回忆的。首先想到参谋军官符合他的思维习惯。

阿奇博尔德·韦维尔爵士希望有人能说服自己不取消行动。他这样描述当时的矛盾心情：“一方面是不可避免的损失，由于没有其他行动分割敌军，很难取得战略上的好处，而且会造成大量伤亡；另一方面，温盖特提出的新战法和编制需要实战检验，我不得不在两者之间权衡利弊。尽管我内心从来不怀疑哪个是正确的选择，但我仍需要使自己确信，不仅温盖特对此深信不疑，而且这次行动成功的机会很大，绝不是无谓的牺牲。所以，在我批准温盖特和 77 旅迫不及待要投入的行动之前，我详细审查了

---

① 赫兹堡在今天缅北克钦邦城镇葡萄（Putao）附近。1888 年，探险家威廉·阿克塞尔·赫兹（William Axel Hertz）第一次深入缅甸探险时发现此地。英国殖民统治时期，赫兹堡是缅北的一个军事要塞。——译注

他提出的一些具体建议。”

韦维尔征求了萨默维尔将军的意见，后者说“好吧，我想我希望他们动起来”，于是韦维尔批准了行动。从来没有人解释，取消英军和中国军队在中部和北部的进攻后，温盖特远征为什么没有指向东南方向，通过打击日军后方逐步夺取若开远征的主动权。没有证据表明上述方案被讨论过。当时一定认为解救赫兹堡更为重要，或者仅仅认为雨季到来之前来不及重新计划势必超出缅甸范围的远征行动。

与温盖特会晤的第二天，总司令在萨默维尔的陪同下视察了77旅的
386 7个支队。部队“在两山之间一块杂草丛生的洼地上列队”，检阅仪式以陆军元帅结结巴巴的讲话而告终。有人记得他当时这样说：“这是一次伟大的冒险，注定不会一帆风顺，我祝你们交好运。”接下来，韦维尔想再说点什么，但一时找不到合适的言语，于是举起右手敬了一个军礼，用以掩饰无话可说的尴尬。后来人们听说了一个激动人心的故事，总司令当时被崇高的感情所震撼，他打破常规，不等部队敬礼，就先向部队致敬。更有可能的情况是，总司令这样做完全是出于一贯的羞怯，他常常能够用局促不安的手势，做出最戏剧化的动作，给人留下深刻印象。第二天77旅离开英帕尔向钦敦江进发。

现在7个支队编成2个作战群，其编组后面将会具体介绍。作战计划设置了巧妙的骗局，并得到严格保密，部队从英帕尔出发沿公路向东南方向的德穆（Tamu）开进，这是为了让敌特工错误判断英军的企图。部队白天开进约40英里，途中经过两次短暂休息，从英帕尔到达伯莱尔（Palel），那是当时双向公路的尽头。再往前走，是通向曼尼普尔（Manipur）山区蜿蜒曲折的公路，尽管只有一条车道，但仍可以承载汽车运输。一个月以前，77旅白天把这条公路让给汽车通行，晚上则使用这条公路徒步行军前往英帕尔。这次他们采用同样的办法，部队排成细长的纵队前进，头尾相距数英里，在绵延的山路上经常可以看到长长的队伍，

直到德穆附近一个叫莫雷（Moreh）的宿营地。至此，部队开进到印度阿萨姆邦——缅甸边境，两个作战群即将在这里分开，从此各自为战。因此，温盖特选择此时给各支队指挥官下达动员令，并要求他们在渡过钦敦江前传达给所有官兵。动员令内容如下：

> 今天我们即将投入战斗。准备工作已经结束，我们迎头朝敌人挺进，去证明我们自身和我们的想法。此时此刻，我们与全世界各条战线上的同盟国战士并肩作战。在前线的人总是少数。而像我们这样勇担重任的更是少之又少。因此，当我们即将投入战斗时，不必怀疑自己是否怀有自私的动机。我们完全 387
> 可以选择退出，而我们来这里是出于自愿。就是说，我们已经下定决心不畏艰险去完成使命。能做出这样决定的人必定胆量过人。所以，我们丝毫不必怀疑战友们的忠勇。
>
> 我们每个人赴汤蹈火在所不惜决不可能出于卑鄙的动机。恶人不会为了别人甘愿牺牲自己的舒适和安全。我们的目的就是渴望力所能及地服务于我们的时代。战斗并不总是属于身体强壮的人，赛跑也不总是属于动作敏捷的人。我们还不能确保在战争中取胜，我们能保证的只是奋勇向前，尽一切努力结束战争，不说大话，也不忘记责任，坚定地去做我们认为正确的事，我们相信这对同样坚持战斗的朋友们和同志们是最好的帮助。
>
> 我们的目标是建立一个世界性的政府，所有人都可以和平地生活并享受平等的服务。
>
> 最后，我们知道人类的努力可能是徒劳的，其意图也可能是混乱的，所以让我们祈祷，请求上帝接受我们的礼拜，并为我们指引方向，这样当我们完成应做的一切后，会看到我们的努力

终成正果，并会因此而感到欣慰。

指挥官　奥德·C. 温盖特

第 77 印度步兵旅

在出发前，温盖特在莫雷召集各支队指挥官开会，会议地点是第 23 师司令部，该师属于第 4 军，是与远程突击行动关系最密切的部队。在这里他们最后一次仔细审查了作战计划。

阿萨姆的部队对当面日军占领区并非一无所知。第 4 军的 4 支巡逻队不时渡过钦敦江实施侦察。1942 年 12 月至 1943 年 1 月上旬，缅甸步枪团的布坎南（Buchanan）、格里菲斯（Griffiths）、布鲁斯（Bruce）和赫林（Herring）上尉指挥 77 旅的部队，曾向东渗透 30 英里并安全返回。因此，77 旅的人知道那个地区适合小分队活动，但是否适合 3000 人和上千头牲口的行动尚有待检验。江水和两岸的丛林山地给行动所造成的困难历历在目，77 旅的果断决心怎么称颂也不算过分。

388 突破敌军防线的计划可谓用心良苦，极富创意，设置了复杂的骗局甚至双重欺骗。行动将按下列顺序展开：由 77 旅、缅甸步枪团和作战群三级司令部以及 5 个支队（第 3、4、5、7、8 支队）组成的第 2 作战群，从霍马林（Homalin）下游 40 英里处的同赫（Tonhe）渡江；由作战群司令部和 2 个廓尔喀支队（第 1、2 支队）组成的第 1 作战群，从同赫以南 50 英里的奥克东（Auktaung）渡江。两个作战群的渡江时间经过精心安排，目的是用第 1 作战群吸引日军注意力，以掩护主力部队行动。率先在同赫渡江的是惠勒中校（Wheeler）指挥的缅甸步枪团司令部（150 名官兵）。此后 24 小时，在同赫没有进一步的渡江行动，而亚历山大（Alexander）中校指挥的第 1 作战群（1000 人和 250 头牲口）在奥克东渡江，尔后在白天于开阔地带接受空投补给。英军认为直到此时，日军会判断在同赫渡江的首批部队是佯动，用来吸引日军注意力，以掩护主力在奥克东渡江。为了让日军坚持错误的判断，杰弗里斯（Jefferies）少校将率领第 1 作战群的一个“欺骗小分队”向南进入塔纳加（Ta Nga）村，他装扮成温盖特，并伪装出随行的是一个高级司令部。杰弗里斯少校将向当地亲日派头人征集大量食物和补给，并在无意间提及一些地名，暗示部队准备向南开进。他还会以其他方式进行表演，仿佛自己是一个轻率的高级指挥官。与此同时，第 2 作战群余下的部队（约 2000 人和 800 头牲口）将神不知鬼不觉地从同赫渡江。这个计划可谓机关算尽，而其成功依赖于太多的假设。但它的确取得了成功，这表明英军对日军反应做出了异常准确的判断。

在最后一次会议上，温盖特详细介绍了后续作战计划。该计划的内容后面还会具体介绍，这里不再赘言。会议结束前，有一个有趣的小插曲值得一提。第 7 支队的指挥官是来自国王利物浦团第 13 营的吉尔克斯（Gilkes）少校，他提出一个问题，即当缅甸境内的远征达到顶点，而沿钦敦江返回又不可行时，各支队可否设法进入中国境内避险。温盖特表示不反对这样做。

于是，两个作战群分开行动，在夜色的掩护下继续行军。2 月 13 日
夜，在第 2 作战群大部队到达同赫前，惠勒和他的缅甸步枪团司令部开始 389
渡过 400 码宽的水流湍急的钦敦江。尔后，南部的第 1 作战群于次日夜间开始从奥克东渡江，渡江行动从 14 日晚持续到 16 日晨，同时，他们按照预先计划，在大白天接受空投补给，为的是让所有人都能看见。

14 日夜，当奥克东的渡江行动全面展开时，温盖特命令主力部队在同赫渡江，成败在此一举。

读者可以想象一下威廉·弗里思（William Frith）的名画《火车站》所表现的混乱场面，把这幅画放大许多倍，并将画中的人物换成大量裸体男子，不仅人数要多得多，而且来自许多不同的国家，夜色茫茫，险象环

生，满月向黑暗的山林投下微光，水面波光闪闪，这大概就是北部第 2 作战群首次渡江壮举的真实写照。匆忙、仓促、有序、无序、绝望、脏话交织在一起，严密的组织管理已经不复存在，一切都必须草率应付，突然间给完全没有思想准备的人们提出了严峻的考验。先头部队渡江后立即用火把发出“没有敌人”的信号，同时燃起一堆篝火指示方向，第一项任务就是把结实的绳索传递并固定在东岸的大树上。传递绳索非常困难，因为绳索很重，会陷入泥土和水底，必须靠潜水员传递到对岸，经常前进不了几步就被卡住。后来，温盖特想出了一个巧妙的办法，因为这段水面有大量渔栅，他命令拖绳索的人将绳索一段一段捆在水中的渔栅上，小船上的人抓住一根根木桩摆渡到对岸，岸上的人拉紧绳索并将它固定好。这样做很有效。惠勒的部下已将反坦克炮摆渡到对岸，两岸的火炮射程可以覆盖水面，以防日军巡江部队攻击。在天亮前的最后几个小时里，主力部队开始渡江。人员利用橡皮艇轮流摆渡，而牲口则成群结队地泅渡过江，很快由于牲口的原因，现场再次陷入一片混乱。驮畜中只有为数不多的两类牲口不怕水，一类是阉牛，它们可以绝对顺从地游到对岸，另一类是 6 头大象（损失了 1 头大象，因为搭载的弹药滑落，它被困在江中间无法移动），它们以高贵的姿态从容不迫地涉水前进，驮着象夫和沉重的负载。然而，牲口中的大部分是骡子，它们大呼小叫，踌躇不前，四处乱踢，暴跳如雷，
390 只要有机会就想逃跑，而一旦下水总是想掉头返回。哄骗和击打都无济于事，于是人们尝试用竹子围成一个小通道，然后把成群结队的牲口一股脑往里赶，类似于给羊清洁消毒的办法，但是这种方法也经常不管用，因为如果有一头牲口突然掉头，那么成群的牲口就会惊跑，有一些牲口消失在丛林里再也看不见。马匹的麻烦要少得多，有时还会增强骡子的信心。8 条信犬（颈上的项圈挂着信匣）有时会游到不安分的骡子边上吓唬它们，不让它们掉头返回，这些信犬会像牧羊犬那样引导牲口游到对岸。77 旅官兵利用在同赫征用的小船、橡皮艇和临时拼凑的木筏继续摆渡过江，每

个摆渡工具都拖着泅渡的人和骡子，通过绳索拉向对岸。日出时分，江边呈现出奇异的场面，一群裸体男子拼命拉扯着四处乱跑的骡子，身材矮小、剃光头的廓尔喀士兵正往摇摆不定的小船上装载迫击炮、布朗机关枪和步枪；人们把橡皮艇装得满满的；大象威风凛凛地涉水前进，排成长队的骡子被拴在树上等待过江；山坡上因天黑迷路的落伍者匆匆疾走，生怕赶不上队伍。按计划最后渡江的应当是第 5 支队，但当该支队指挥官弗格森到达同赫时，发现先到达的部队未按计划完成渡江，他请示上级并得到批准后，率领部队在惠马特（Hwematte）以北约 3 公里的地方渡江。弗格森和他的手下同样经受了绳索、小船、骡子和滔滔江水的严峻考验。

温盖特在报告中未说明自己到达钦敦江东岸的时间。这可能是因为他来来回回多次渡江。他最后一次渡江是 16 日夜至 17 日，期间旅司令部随第 3、4、8 支队渡江，第 2 作战群司令部和吉尔克斯少校的第 7 支队随后于次日渡江。18 日拂晓，东岸的信号灯最后闪烁了几下之后就熄灭了。能想到的事情都出了差错，只有一件生死攸关的事例外：主力部队渡过钦敦江，而且没有被日军发现。

南部第 1 作战群的行动比预先计划提前了两天，此时，他们已经到
达钦敦江东岸 20 英里的地方。但他们很快就因通行困难和坏运气而耽误 391
下来。15 日，杰弗里斯少校出发去塔纳加村，他派头十足地扮演了旅长的角色，同时，第 1 作战群司令部和 2 个支队的大部队向南进发，于 18 时到达迈仰（Maingnyaung）。他们知道日军在此地有一个据点，驻有 250 人，于是他们前往组织伏击。他们成功了，但坦率地讲，77 旅进入缅甸的首次战斗是错误的。战斗经过如下：3 个廓尔喀排在下午遭遇敌军巡逻队，交火中击毙日军 6 人。日军巡逻队逃回司令部通风报信，接着日军用迫击炮还击。于是廓尔喀部队运输军官命令牲口队隐蔽到安全地带，此刻赶骡人惊慌失措地逃回钦敦江，许多骡子在惊吓中一哄而散。大部分骡子

失踪了好几天，也有不少骡子一去不复返，补给自此急剧下降。为了重新找回补给，第 1 支队的邓洛普（Dunlop）少校带人向南追赶骡队，由于道路条件太差，官兵只能披荆斩棘、开山辟路。邓洛普和他的支队到达了一个叫育瓦萨（Ywatha）的村庄，他们找到了食物，但未发现被伏击敌军的踪迹。

由于混乱造成的延误，第 1 支队的行动比计划推后了三天。22 日，计划再次受到新的干扰。杰弗里斯少校和他指挥的欺骗小分队向南朝小因多（Lesser Indaw）前进，他们发现往前走存在着难以克服的困难，于是在沿路村庄征集食物并周知村民后，掉头向东前往铁路沿线与邓洛普部队会和。就在杰弗里斯吸引日军注意力以掩护第 1 作战群主力行动的同时，后者慢吞吞地从迈仰走出了钦敦江东面的丘陵地带。邓洛普回忆起这段艰苦行程时说："部队负重涉水渡过几英里宽的溪流，吃不饱肚子限制了每日行军的距离。一些骡子被搭载的物资严重磨伤，而且全都瘦弱不堪。骡子虽然吃了大量的竹叶，但没有多少营养。（18 日行动中）谷物消耗得很
392 快。最终我们到达悬崖的最高处，穆河（Mu）河谷就在我们脚下。"

与此同时，第 2 作战群（现在称北方部队）到达了钦敦江东岸 5 英里处的迈耶尼（Myene）。17 日晨，主力部队第一批出发的各支队与弗格森指挥的第 5 支队在倾盆大雨中会师。迈耶尼是钦敦江支流的一个河谷，15、16、17 日夜，北方部队在迈耶尼得到了第一批空投补给。缅甸步枪团司令部所在的支队接到第一次补给后立即向东赶赴通巴肯（Tonmakeng）和 40 英里以外的小镇辛拉芒（Sinlamaung）。他们赶着牛和骡子出发，这些缅甸人赶着笨拙的牛，要比其他人赶着骡子行进速度快，这正是他们在丛林中穿梭的看家本事。当他们还在路上的时候，其余的北方部队每天夜里从钦敦江集结到迈耶尼附近的稻田地，领取口粮和装备。空投补给进展相当顺利，只有 16 日例外。那天，雷暴迫使一架飞机返航，但飞行员再次飞越河流前还是投下了物资。其中一个包裹里装

的是给77旅、缅甸步枪团和第2作战群三级司令部的邮件，不走运的是，他将包裹投在东岸日军驻地附近。没有迹象表明日军利用了这个从天而降的情报线索。他们本来可以从邮件中推断出77旅的规模，但是否如此令人怀疑。

19日下午，新近加入缅甸步枪团的托伊（Toye）中尉从通巴肯赶来（在丛林中用了16个小时走了40英里），他带来了惠勒抵达的消息和有关敌军部署的情报。辛拉芒有200名日军，通巴肯没有日军，那里的日军已经向西北的霍马林集结。温盖特相信（他显然犯了错误）日军向霍马林运动是进攻阿萨姆的第一步行动。如果情况真像他确信的那样，那么对他一贯宣扬的原则就提出了十足的考验，即对付渗透（或入侵）的有效办法就是对敌采取更大纵深的反渗透。来自通巴肯的消息迫使他必须做出抉择：要么越过日军在辛拉芒的守军强行向穆河河谷挺进，要么赶往通巴肯，不管附近的日军，在那里等待空投补给，然后向铁路逼近。两 393
条路线都极端危险。他决定暂时向东进发。前一天，他已经派卡尔弗特指挥第3支队作为先遣队出发。大部队于19日启程，弗格森的部队打头阵，其后依次为旅司令部、第8支队和第4支队，第2作战群司令部和第7支队。

刚开始，他们在地势平坦的柚木林中行军，感到非常舒适。2月底，树叶还没有脱落，树荫既可以遮阳，又可以挡雨。官兵在这样惬意的环境下行军（只持续了很短时间），很快就产生了自满情绪。他们渡过了钦敦江，到达了东岸的迈耶尼，携带了大量补给，正行进在舒适的乡间，一个敌人也没见到。他们只看到暂时的顺利，忽视了战斗地域存在的危险，仿佛不必再为缅甸的敌军操心。大量的、越来越多的证据表明，官兵们把旅长在残酷的萨格尔训练营灌输的教导和行军纪律忘得一干二净，温盖特看在眼里，气上心头。温盖特看到官兵们在宿营地闲逛，而不是保持紧张和安静，完全忽视安全警戒；他还发现丛林间的小路上到处是乱丢的烟盒和其他包装，多得简直可以玩撒纸追踪游戏。他深深感到，“战时步兵军官普遍极端无知、智力低下”，他认为改善局面的唯一办法就是经常慷慨激昂地发表长篇演说。他事后说：“在向铁路行军的途中，只要一有机会，我就亲自向全体军官训话。”

温盖特认为突然轻松下来的 77 旅需要一次战斗。前方距离主力部队一天行程的卡尔弗特支队报告了一次战机。可靠的情报显示，在同兹（Tonzi）南 10 英里的梅特卡勒特（Metkalet）村有一个日军据点，这是迈耶尼至通巴肯途中一个开采金矿的村子。温盖特命令卡尔弗特和弗格森向南发起一次攻击。两天后，再次传来关于梅特卡勒特的消息，那里事实上并没有日军据点。他命令两个支队返回行军路线。在此期间，弗格森支队误入了官方地图上未标识的沼泽地区，他们正艰苦地铺设堤道，设法走出这个失望之地，当他接到温盖特的命令后，几乎气极而泣。事实上，卡尔
394 弗特的情报与真实情况非常接近。弗格森到达梅特卡勒特后，发现了大量的新鲜象粪和未燃尽的篝火，此外，他从当地头人那里了解到，一股 50 人的敌军几小时前才匆匆离去。但寻找机会与飘忽不定的日军作战，只会浪费宝贵时间，并没有多少价值。于是，卡尔弗特和弗格森坚决执行命令，率领各自的支队克服重重困难穿过乡村返回通往通巴肯的道路。此时，旅长温盖特在通巴肯见什么骂什么，但他毫不怀疑自己下一步的冒险是将部队带往尚且遥远的南北向铁路。

究竟是按计划在通巴肯接收补给，还是挺进穆河河谷接收补给，温盖特终于在去向通巴肯的途中定下了决心。根据他本人的叙述，温盖特是好不容易才下决心的。挺进穆河河谷的主要理由是，从迈耶尼出发的北方部队进展缓慢，每天只前进 10 英里，而不是按原计划每天前进 15 英里，在辛拉芒的日本守军通过间谍和巡逻队似乎已经察觉了他们的动向。在通巴肯停留的理由是，到目前为止对日军在穆河河谷的部署一无所知。冒险在通巴肯接收空投补给，还有另外一个原因。有一条穿过丛林的道路通往

穆河河谷，人称“卡斯滕（Casten）小道”[1]，日军可能不知道。但是对于开山辟路的部队来说，要想让各支队、牲口和辎重通过这条小道，要花费很多时间。温盖特最终决定在通巴肯停留。温盖特事后说，如果日军重新派兵驻守通巴肯，并且在通巴肯和辛拉芒坚持战斗，北方部队很可能永远无法到达铁路，而整个远征也将夭折。

2月22日晚，他们到达通巴肯附近[2]。按计划，第3、7、8支队组成数个战斗群，掉转方向攻击在辛拉芒的日军，而弗格森和第5支队，以及战斗群以外的人员，负责防御通巴肯的空投地带并收集空投补给。大规模空投补给将持续3天直至26日。第一批补给投下后，第4支队将出发沿 395
卡斯滕小道开辟一条通道。辛拉芒距通巴肯仅10英里，因此，弗格森和卡尔弗特的部队可以相互支援。

冒险行动的成功得益于大胆和运气。空投补给按计划从24日持续至26日。但向南的行动有些虎头蛇尾。卡尔弗特派出一支侦察分队，却没有找到辛拉芒[3]。24日下午，卡尔弗特遇到了作战群司令部和南下与他会合的战斗群，他们一起继续实施侦察，但没有成功。傍晚时分，他们遇到的村民说，日本守军已经离开辛拉芒向东走了。卡尔弗特组织部队追击，抵近了日军东面的一些阵地，但此时月亮已经落下，他和手下在黑夜中迷了路。卡尔弗特命令部下抽烟以便在黑暗中保持联络。迷失方向的夜袭

---

① “卡斯滕小道”以缅甸政府林业部门的一位官员名字命名，他于1941年勘察这条小道。缅甸的道路主要分三类：一是汽车公路；二是经常维护以保持畅通的丛林国道；三是用火烧过的小道，平时没人维护，需要砍伐树木才能通过。卡斯滕小道就属于第三类道路。——原注

② 各方记录的时间不一致，在通巴肯开始空投的时间从13日至24日不等。除非温盖特报告和其他一些权威记录由于粗心而少算了24小时，否则托伊中尉的行进速度太让人难以置信了，简直可以说是光速。为了解决时间上的矛盾，笔者并没有直接使用第一手资料，而是自己推算出一个时间表。24日后的行动日期都没有疑点。——原注

③ 没找到辛拉芒的原因是使用了过时的地图。辛拉芒位置与上次测量相比差了1至2英里。——原注

队在丛林里打转转。25日拂晓，卡尔弗特找到了通往辛拉芒的道路，紧随其后的还有其他的攻击部队，但是没有发生战斗。据报告，日军刚刚撤离，后卫部队留下的茶水还是热的，最后被英国突击队员喝了。他们捣毁了日军的仓库和临时营房，带着一头大象及象夫作为战利品返回通巴肯。在此期间，日军的两支巡逻队从东南向西北进入了77旅的地域，但未与英军发生交战。所有的迹象表明，驻守钦敦江以东山区的日军对英军的入侵感到迷惑不解，甚至不知所措。温盖特打算让缅甸境内的日军都摸不着头脑，而他真的做到了。

26日，空投补给完成后，温盖特在通巴肯的寺院召集手下指挥官开会，布置下一阶段的行动。除了第3支队以外，其他各支队准备翻越山顶向东沿卡斯滕小道赶往20英里以外的济漂当丹（Zibyutaungdan）大悬崖。应第3支队指挥官的请求，该支队将单独沿另外一条秘密小道向东南方向运动，这条小道是卡尔弗特在辛拉芒了解到的。27日拂晓前，卡尔弗特率领他的支队进发。北方部队的余部也将于同日进发。

第4支队开辟的卡斯滕小道过于狭窄，四周丛林密布，部队只能排成单纵队行军。这里是钦敦江至伊洛瓦底江之间最危险的一段，因为日军
396 可以轻而易举地封锁小道两端，通过轰炸和饥饿摧毁被围困的部队。即使对最自信的人来说，这样的形势也令人担忧。正当部队沿这条小道前进时，温盖特像在阿吉巴尔一样再次显示了绝对的领导权威，但这次显示权威的方式令人如此难以置信，以至简单地陈述事实很难让人信以为真。他发电报召集全体军官开会。当弗格森收到电报时，以为电文有误，要求再发一次，因为他不希望自己的支队在靠近危险的地方没有军官指挥。他再次收到了无线电信号，确信电文无误。开会地点是小道边上一个有点像圆形剧场的空地。军官们要花好几个小时才能赶到这里集合。他们原以为会议将通报一些敌情，或者作战计划的重大调整。实际情况完全出乎他们的意料。军官们到齐后，温盖特既未发布任何有关敌军的新情报，也未在战

术上做出新的指示，同样也未指出他们的不足。他发表了超过一个小时的长篇演说，以轻蔑的口吻谈论着所谓的“敦刻尔克奇迹”。他大肆攻击那种以耻为荣的情绪，即把 1940 年的可耻失败和逃离战场视为举国的伟大成就，他公开宣称，敦刻尔克之后的大喜过望所表现出来的是一种颓废的精神状态，它不仅引诱侵略国继续从事掠夺和战争，还将迟滞正义事业的胜利。他引用《圣经》来说明自己的观点。随后，他命令军官们返回各自岗位，3 个小时后部队继续行军。

当军官们步履艰难地往回走时，没人觉得这次奇特遭遇有什么好笑的。直到过了一段时间，他们才意识到这次经历是多么奇特。

菲利普·斯蒂布是弗格森手下的一位初级军官，他留下了关于这次行军的生动记录：“我们沿着山脊走，空投补给后，我们的背包变得特别重。顺着分水岭走……有很多好处，但是我们知道那条小道高低起伏，连几码平地都没有。每次我们费了好大劲爬上高处，就会看到前面是一个下坡和又一个上坡。许多山非常陡峭，骡子只有跑着才能爬上去。在整个行动中，赶骡人的表现都很出色，但我从来没有像那两天那样佩服他们……我 397
们顺着河走了几英里，涉水走一段，尔后在岸上走一段，然后再涉水走一段，就这样反反复复……现在我们的双脚已经被磨得很坚硬，即使穿着灌满水的靴子走路也不大可能起水泡……我对自己说，如果我不是军官，我很可能掉队，倒在路边对所有人说见鬼去吧。但是没有人放弃……温盖特发出一道不受欢迎的命令，要求不要在早上出发前泡茶……这对我们大多数人来说简直是沉重的打击……传说温盖特不喜欢喝茶，难得喝茶的时候总是要先用袜子过滤一下。”[1]

3 月 1 日，他们走出卡斯滕小道，向济漂当丹大悬崖进发。他们走下

① 引自菲利普·斯蒂布《经仰光返回》（*Return via Rangoo*）。——原注

穆河河谷，[①]到达平本（Pinbon）附近露营，那个地区有一个日军要塞。温盖特在此地召集指挥官开会，审查下一步的作战计划。计划如下：各支队就此将分散独立执行任务，再次会合的地点将通过无线电告知，预计是在伊洛瓦底江东岸的某个地方。第 4 支队将径直向东到达平本，其任务是埋伏在曼西（Mansi）至平犁铺（Pinlebu）的公路上，目的是将敌军的注意力从主要目标铁路上引开。第 7、8 支队的任务与第 4 支队类似，即摆出进攻平犁铺的架势。与此同时，第 3、5 支队向铁路开进，同时实施爆破。再分出一支部队，由来自缅甸步枪团的军官指挥，此人被温盖特称为“名不虚传的赫林上尉”，这支部队将一直向东渡过伊洛瓦底江，到达位于八莫（Bhamo）以南、曼德勒（Mandalay）东北的克钦（Kachin）高地。他将带领一个排克钦兵，到高山地区发动那些据信仍然忠于英国的民众。赫林奉命于 3 月 24 日在孟密（Mong Mit）与第 1 作战群会合。

作战会的次日拂晓，第 4 支队留在平本地区设伏，第 3 支队仍沿秘密小道前进，除这两支部队外，温盖特率领所有的北方部队沿公路向南机动。他们经过一整天行军，走了 20 英里，到达平犁铺东北 10 英里处，在
398 远离公路的丛林里露营。这样在大白天行军有悖温盖特平时的原则。事后谈起这些事时，他为自己辩解说，由于那天下着倾盆大雨，无法使用公路实施摩托化机动，所以敌军从后面追上来的风险并不大，而且为保险起见，断后的支队（吉尔克斯指挥的第 7 支队）在北方部队通过后将所有桥梁炸毁。他还说，有必要尽快走出穆河河谷，最后，他又加上了一个有说服力的注脚，即有时指挥官不得不违反自己最珍视的原则。

3 月第一周，温盖特的计划开始取得一连串预期的结果。整个事情取决于一系列精心设计的佯攻和突破，其巧妙令人叹服。第 1 作战群渡过钦

① 这是简化的说法。事实上，下山的地点应当是羌吉（Chaunggyi）河谷（流入钦敦江）和穆河河谷的交汇处附近。由于分水岭很低，感觉上就像一个河谷。——原注

敦江后，已将敌军的注意力从北部的主攻方向引开。尽管日军察觉了北部的作战行动，但为时已晚，当温盖特向东直插穆河河谷时，日军已经来不及向西抢占霍马林地区。此时，日军很可能以为自己终于解开了眼前的谜团：第 1 作战群向南朝铁路方向运动，以及在平本和平犁铺北部的围攻，都表明英军正展开一次大规模的纵深进攻，其目的主要是夺取穆河河谷的要塞城镇，重要程度仅次于破坏文多（Wuntho）南面的铁路。日军完全被这些蛛丝马迹迷惑了。当日军增援平本和平犁铺时，弗格森率领第 5 支队，卡尔弗特率领第 3 支队，分别向东朝文多北面的铁路开进。

目前为止，尽管整个行动存在挫折和失误，但其战略价值已经得到充分证明。接下来，3 月 3 日至 4 日，77 旅经历了两场毁灭性的灾难。

第 1 作战群向南进入穆河河谷，河道东面是与之平行的铁路，平均距离大约 10 英里。他们的进展较北方部队缓慢，此时刚刚到达指定的路段。3 月 2 日下午，第 2 支队和杰弗里斯指挥的欺骗小分队到达文多以南 30 英里的斋丁（Kyaikthin）。他们来得太晚了。午夜时分，他们还没来得及走出宿营地发动攻击，就听见埋伏的日军叫喊着下达命令。黑暗中发生了混战，后来号手吹响了要求疏散的号音，但此时指挥官被敌人包围，他认为自己再也不可能到达伊洛瓦底江附近的欣索（Hinthaw）会合点。于是他大声命令改变会合点，但只有少数人听见。他们在行动中丢失了电 399
台、密码和大量装备。第 2 支队被打散了。到达欣索的部队中，有许多人因为找不到指挥官，又掉头进入丛林，经过艰难跋涉返回钦敦江；另外一些人散落在伊洛瓦底江地区，直到找到 77 旅的其他支队。指挥官率残部到达铁路线以西新的会合点，发现他们已经丧失了继续作战的能力，与旅长联系不上，也无法申请补给，于是他们向后撤回钦敦江，并最终回到印度。第 2 支队不复存在了。

以上是南部第 1 作战群遭遇的挫折。第二天，同样的灾难降临到温盖特所在的第 2 作战群，即北方部队。3 月 4 日晨，第 4 支队奉命向南与温盖特会合。按照温盖特声东击西的策略，第 4 支队在平本附近组织了试探性的进攻，在与日军的几次小规模遭遇战中，他们表现得相当不错。这天早上发生了第一次残酷的遭遇战。日军在平本以西 2 公里的姜格尔（Kyaungle）伏击了他们，巧妙地运用火力突然打击位于纵队中心的司令部，当时司令部正与第 142 特务连一起行军。他们轻而易举地打退了敌人的进攻，但是周围密集的炮火让第一次经受战火洗礼的廓尔喀新兵陷入混乱，在慌乱中，受到惊吓的骡子一哄而散（与迈仰的情况一样）。部队被分割了，于是指挥官发出信号要求部队疏散。他在会合点收拢部队，但在向南与温盖特会合途中再次受到攻击。他们打退了第二次进攻，并再次疏散，尔后又再次集结。但当他们到达会合点时，温盖特和第 7、8 支队已经离开。第 4 支队指挥官与第 2 支队指挥官遇到的情况一样。他没有电台，也没有食物，只有几头牲口，每个人只剩十发子弹。于是，他带领部下撤回印度。在 3 月第一周结束前，温盖特失去了手下 7 个支队中的 2 个支队。

这些坏消息乍听起来比实际情况要严重，尤其对第 1 作战群来说更是如此。温盖特听说第 1 作战群被全歼。事实上，南部劫难的破坏性比北
400 部的要小一些。甚至可以说，它还有助于第 1 作战群完成一项次要任务，因为杰弗里斯在欺骗之旅中丢弃了佩带的军衔，日军检查了这些佩饰后确信他们摧毁了旅司令部和整个战役的领导层。杰弗里斯最后一个不经意的欺骗行动，极大地增强了敌人对于 77 旅部署和自身形势的错误判断。实际上，第 2 支队的消失只不过延缓了南方部队的主要任务，并未造成严重影响。3 月 3 日晚，邓洛普少校指挥第 1 支队摧毁了斋丁以北 3 英里的铁路桥，使用的是一种“具有抬升和扭曲效果的炸药”。4 日凌晨，他们向东朝欣索进发。

两天后，也就是 3 月 6 日，弗格森和卡尔弗特到达了能够前出攻击文多至因多（Indaw）铁路的位置。关于卡尔弗特的介绍很少，因为他在丛林中独立作战，这正是此人的风格，他与温盖特不在一起，却为温盖特

争了光。第 3 支队沿南扎（Namza）勇猛而快速的穿插，彻底弥补了第 2、4 支队的损失。卡尔弗特是真正的丛林作战专家，即使缅甸人也望尘莫及。他有着令人毛骨悚然的幽默感。他通过森林中的小道后，从不例外地要埋设大量地雷，为了进一步迷惑敌人，他还插上用缅语和日语书写的警告牌，让人以为是敌军司令官签署的。从始至终，远征的基本策略就是迷惑敌人，让他们根本搞不清楚究竟发生了什么；而从头至尾，卡尔弗特都会随时随地制造出致命的恶作剧，让敌人始终处在困惑中。迄今为止，他只有一件事不那么成功，那就是自从渡过钦敦江后一直没有找到机会打一仗，他早就渴望与敌人打一仗了。卡尔弗特对东方人相当了解，知道日本人记仇。

3 月第一周，卡尔弗特终于找到了打仗的机会。4 日，他到达铁路沿线南坎（Nankan）以西 2 公里的地方，那里位于文多东北 18 公里。他在那里停留了两天，休整部队并等待 6 日发起行动。5 日晚，弗格森到达塔特温（Tatlwin），那里位于河谷地带的邦昌（Bonchaung）段铁路以西 8 公里，而邦昌距南面铁路线上的南坎只有几英里。两个支队拉开架势，准备突袭缅甸铁路。当他们进入掩蔽阵地待机时，斯科特（Scott）少校率领第 8 支队离开温盖特的司令部南下，准备佯攻平犁铺。 401

平犁铺守军大约 800 人。温盖特计划采取类似通巴肯行动的办法，但存在更大的风险。当斯科特支队向平犁铺及其周边发起攻击时，在东北方向将实施一次大规模空投补给，攻击要塞的部队和守卫空投地域的部队互为掩护。

战斗经过大致如下：4 日，皇家空军空袭了平犁铺。5 日晨，斯科特占领了城北的几个村庄，他命令部队在从东面和北面通往空投地域的所有道路上设置了路障。斯科特的行动和皇家空军的空袭使日军确信，英军在平犁铺投入了大部队。4 日夜，斯科特手下的两个人在这座空城里逛了一晚上，这进一步坚定了日本人的推测。两军之间发生了几次遭遇战，比较大的一次是设置路障的部队与离他们最近的日军交火。至 6 日，日军相信英国人已经占领了平犁铺，于是他们用炮火猛轰空城和斯科特撤出的宿营地，斯科特在那里巧妙地施放了烟火。敌军再也没有机会搞清楚进攻部队的规模。这次佯攻成为整个战役中最成功的行动：战斗中损失 6 人，另有 10 人在丛林里失踪，第 8 支队掩护了一次大规模空投，使日军对这次攻击的目的更加迷茫，这证明了英军的丛林机动能力强于日军（即使现在也很少有人相信），而最重要的是，佯攻成功掩护了第 3、5 支队的行动。

南北走向的铁路是上缅甸的经济动脉，对它实施破袭是 77 旅的主要目标，攻击行动发生在 6 日下午和晚上。第 3 支队首先实施爆破，在此前的一次战斗中，卡尔弗特充分展现了他的勇猛作风。他在从北面和南面通往南坎的道路上设伏。日军从因多赶来保卫铁路，但为时已晚。这支部队在距南坎约 1 英里的地方遭到了残酷无情的伏击，但由于人数众多，他们还是强行攻占了车站和村庄。只是由于他们到得太晚了，没来得及阻止爆破。南坎村激战正酣，英军冒着日军炮火在一座铁路桥下埋设了地雷。卡尔弗特如鱼得水，率部冲到车站和西面的桥梁之间，那里是战斗最激烈的
402 地方。在迫击炮、武器射击声和炸药爆炸声中，日军仿佛着了魔，表现出了英雄主义的狂热，一队日军大叫着冲向开阔地，瞬间就被全部打倒。战斗结束时，卡尔弗特和手下射杀了与其对阵的三分之一日军，摧毁了 3 座桥梁，在多处地段切断了铁路，而自己未损失一人或任何重要装备。在完成了这一惊人壮举后，卡尔弗特率部迅速向东转移。

弗格森支队的破袭进展顺利，没有遇到军人常说的“敌军干扰”，只在斋因（Kyaik-in）村附近发生了短暂的战斗。6 日上午，约翰·克尔（John Kerr）指挥 1 个排突然袭击了一股日军，除了一卡车日军逃脱外，其余全部毙命，但日军并未因此派兵加强铁路警卫，英军的 2 支爆破队如入无人之境。（克尔受重伤，他与另外 3 人被迫留下）。黄昏时分，炸药装好了。晚上 9 点，在邦昌火车站正南面的桥上实施了第一次爆破。支队指

挥官亲自监督爆破，并记录下第一手资料。

> 爆炸瞬间照亮了整个山坡。人们站在那里紧张地等待着，赶骡人紧紧抓住骡子，葱绿的树林和棕色的小路显得格外清晰。然后传来巨大的爆炸声。骡子乱踢乱跳。爆炸声在绵延几英里的山谷中回响，并向周围的群山传播。迈克·卡尔弗特和约翰·弗雷泽（John Fraser）在远处的宿营地也听到了爆炸声。我们都希望约翰·克尔和一小群被遗弃的伤员也能听到，让他们知道我们终于实现了长途奔袭的目标。

2 小时后发生了第二次爆炸。炸药安放在峡谷的崖壁上，爆破后上百吨泥土和石头滚落，将铁路埋在下面。尔后第 5 支队向东转进。

这些天来，温盖特和他的司令部驻扎在文多以北 10 英里的班布韦当（Bambwe Taung）。至此，战役第一阶段，或许可以称为钦敦江阶段告一段落，尽管失去了 2 个支队，第一阶段的行动仍然取得了巨大成功。此时，温盖特正面临整个战役中最关键的抉择：是否要渡过伊洛瓦底江。他深思熟虑后究竟会做出怎样的决定将在下一章交代。在此，先简要介绍一 403
下他的另外一个心结。

在 1943 年温盖特远征缅甸的故事中，读者也许会注意到他生活中一贯的特色不见了。在迄今为止证明自我价值的冒险生涯中，激励他前进的动力始终是自身的信仰，他坚信某种代表正义的伟大事业，如犹太人返回应许之地，解放被奴役的埃塞俄比亚人。读者一定记得，他早年时曾经宣称“他命中注定要领导一个国家”，舍此无法“实现自我”。这种内心的狂热如何在他当前的使命中找到位置呢？

从温盖特在德里和萨格尔时写下的只言片语，以及他后来报告中的一些政治观点看，很显然，自从他受命领导 77 旅那一刻起，就有了一个非常中意的新角色，那是一个堂吉诃德式的解放者，这次是要把缅甸从日本人的暴政下解救出来。据说，他喜欢缅甸步枪团，首先是因为他们英勇善战，但多少也与这种骑士般的幻想有关。这一点并没有什么可靠的证据，也很难说有什么特别的原因。昔日的热情已经无法再给他以思想上的启发，与当年关于埃塞俄比亚和以色列热情洋溢、充满自信的辩论相比，他写的关于缅甸政治的文章简直不可同日而语。这也不值得大惊小怪，事实上，在缅甸并不存在发挥其浪漫主义精神的政治空间，那里没有海尔·塞拉西，没有“哈贾纳”，没有爱国运动，也没有振奋人心的呐喊。如果说存在着民族主义运动，那也是站在日本人一边的缅甸独立军，这支人数少、装备差的部队由昂山领导，他是日本人雇佣的走狗。1942 年，他趁火打劫，袭击了撤退中的英军残余部队，掠夺了穷困潦倒的难民，因而得到了日本人的承认。[①]1944 年，他又转而投靠英国当局对付他的日本主子。除了绝顶聪明和希特勒式的执着外，昂山实在没有什么令人钦佩之处。由于在昂山和缅甸独立军之外没有民族领袖和民族主义运动，温盖特无法在缅甸扮演他在埃塞俄比亚的角色。[②]

404 还存在另外一个障碍。尽管缅甸这一多民族地区的居民是世界上最聪明的人，但他们也是世界上最不关心政治的人。甚至到 1943 年，他们也搞不清民族主义究竟意味着什么。他们作为一个民族根本没有战争的概念，对它漠不关心。大多数人只希望不被打扰就好。在前几章叙述温盖特的经历时，有必要详细介绍一点巴勒斯坦和埃塞俄比亚的背景情况，而要在这一章里同样介绍缅甸的背景情况，那就离题太远了。他在这里

---

① 休·廷克（Hugh Tinker）在皇家国际关系研究所出版的一本书中写道：“英国人很难不带偏见地看待这位青年的成就。”——原注

② 东部和北部反日亲英部落的抵抗不能算是民族主义运动，因为他们很大程度上具有分离主义性质。——原注

的身份是战士，而不像他自己所希望的那样是一个为民族独立开路的武装解放者。

当 77 旅渡过钦敦江后，温盖特身边多了一支公共关系部队。他一直到最后都在积极发动民众，他派昂丁（他通常称其为“爱国者”）和其他会说缅语的军官进入路过的村庄进行“宣传鼓动”。这一努力没有得到应有的回报，温盖特将其作为一条原则坚持，但并不抱多大希望。他早就看透了形势。基于在埃塞俄比亚的经验，公共关系部队装备了短距离广播和传单印刷设备，在昂丁和绍曼帕指导下开展工作。但当北方部队深入钦敦江东岸 30 英里时，这些东西都被沉入河底。13 年后，本书作者在仰光向昂丁询问，那些东西究竟遗弃在钦敦江至通巴肯的哪一段水道里，他的回答是，“第一段”。

第十八章 伊洛瓦底江

405

在温盖特做过的决定中，渡过伊洛瓦底江是最艰难、最危险的决定，也是牺牲最大的决定。纵观温盖特的职业生涯，受指摘最多的也在于此。但此决定也存在可以辩解的理由，如果理由成立，他就是名副其实的伟大战士。他没有活着看到其决策得到合理的辩解，在当时情况下，不论是他本人，还是其他人，都难以找到一个合情合理的解释。

3 月第二周，除了第 7、8 支队，以及旅司令部和北方部队司令部外，温盖特的其余人马正向伊洛瓦底江进发。他本人则利用班布韦当山提供的暂时庇护，缓慢而稳健地定下渡江决心。他长时间拿不定主意，内心十分痛苦。他事后对自己当时的心境刻画得非常清楚，事实上，他在报告中反复强调做出渡江决定的根据，他找出这样那样的理由为自己辩解，有些论据非常充分，有些不免强词夺理。这些流露真情的文字恰恰证明，对于将要牺牲上百人性命的大胆一搏，不论是当时还是事后，温盖特的内心决不轻松。

决定之艰苦在于：按照正统的军事理论，卡尔弗特和弗格森袭击铁路后，战役就进入了全新的第二阶段，事实上，使用阿萨姆的部队对缅甸实施宽大正面进攻，原本是温盖特远征的前提条件，但这一行动在 2 月份被取消了。温盖特只能独立计划自己的第二阶段作战。他意识到继续向东存在危险。他也想出了一个开辟新阶段的办法，可以避开伊洛瓦底江，并保证部队的安全。新的作战方案大致如下：将他们此时所在的区域（班布韦当）变成另外一个赫兹堡，集中兵力实施坚固阵地防御，77 旅可以通过空中获得补给，直到援军从阿萨姆发起进攻解救他们。固守待援的同时，他们可以不断袭扰附近的公路和铁路，迫使日军放弃因多及与之南北 406
相邻的伊洛瓦底江沿岸城镇。这样做有可能全面收复伊洛瓦底江以西的缅北地区。这是一个不错的主意，与温盖特次年计划的行动非常相似。唯一强有力的反对理由是，卡尔弗特和弗格森发动袭击后，日军在班布韦当至铁路东面的苗扎（Mesa）河谷之间加强了巡逻。因此，现在的问题是如果穿越丛林返回，可能遇到公路和主要通道上的日军巡逻队，而如果渡过伊洛瓦底江进入陌生地区，整个 77 旅有可能在江河纵横的狭窄地域被日军咬住，究竟哪种选择更危险呢？温盖特必须在两者之间做出抉择。

温盖特在如此重大的抉择面前退缩了。这并不是说他拒绝承担责任，也不是说他表现得不像一位指挥官。只能说，在这个生死存亡的关头，他表现出了最少见的一面；他将主动权交给别人，让自己听从卡尔弗特和弗格森两位前线指挥官的决定。事情经过大致如下：8 日，温盖特致电两位前线指挥官，简要介绍了当前的形势，询问他们哪个办法更稳妥，是退回到文多以北的山区呢？还是向东渡过伊洛瓦底江？俩人做出相同的反应：将其视为对自己的考验，都回答要继续东进，并且强调说，若想不遇到抵抗，就立即渡江，一刻也不要耽误。

温盖特还没来得及下达明确的命令，突然收到一则消息，这让他彻底放弃了新提出的班布韦当计划，而决定采取最初的方案。正是在此时，而不是在此前，他了解到南方部队的损失没有原来听说得那么严重，第 1 作战群只有一个支队折返，而作战群司令部和邓洛普支队已经按照指示从一个叫太公（Tagaung）的地方渡过伊洛瓦底江。于是他按卡尔弗特和弗格森的请求向他们下达了命令。

做出这一生死攸关的决定后，温盖特紧接着又面临另外一个抉择。他在报告中坚称（他一遍又一遍从各种角度寻找理由，反而让读者心生疑
407 窦），伊洛瓦底江东岸比第3、5支队即将离开的地区更适合远征，但他无法回避的是，即使情况果真如此（实际并非如此），在西岸保留一些部队以防不测也是明智之举。常识要求温盖特应该与两个司令部和两个支队留在后方。在解释自己为什么不应留在后方时，温盖特提出许多看似正确的理由，但他没有说出一个显然更为重要的原因，那就是他根本不可能让自己待在相对安全的地方，而让部下暴露在危险之中。

直到16日他才最终定下决心。那天天一亮，他就命令部队在自己直接指挥下向伊洛瓦底江挺进，至此，他将全旅全部投入了残酷的第二阶段远征行动。

3月6日至16日是最关键的10天，仔细研究这期间温盖特的所作所为，始终有一个问题不容回避，即温盖特为什么没有选择“文多山计划”，那是他最精彩、最成功的即兴之作；为什么他宁愿选择渡过伊洛瓦底江的计划呢？那个计划多少有些粗糙、缺乏创意，而且明显缺少可行性。这个问题并没有简单的答案，只有一个无法证明的解释。他想在此次远征中成为力挽狂澜的领军人物，彻底扭转英军在缅甸这个最为痛苦和绝望的战场上的颓势。如果说此刻是勃勃雄心驱使他做出这样的决定，正如他人生中的其他时候一样，那么在这份雄心中自我很少起作用。战争是不可计算的，温盖特的决定尽管违背常识，且造成很大损失，但仍然是正确的。

第1作战群余部率先渡江。6日，布鲁斯中尉带4人作为先遣队到达太公，他们在那里与昂山的1个连遭遇。布鲁斯大声训斥他们，吓得他们相信布鲁斯可以凭借心灵感应召唤皇家空军，缅甸人自惭形秽，于是转过

来帮英国人。他东拼西凑起一支渡河船队。第 1 作战群于 9 日到达并顺利
渡江。杰弗里斯率部也在同时独立渡江。筋疲力尽的第 1 作战群于 10 日 408
前全部渡过伊洛瓦底江。

弗格森指挥第 5 支队于同日到达底格言（Tigyaing）。弗雷泽上尉和先头部队走在前面，大部队于 11 时左右进入底格言，他们斜背着枪成三列纵队开进，部队衣衫褴褛，却强打精神"显示军威"。弗格森走在排头，他的眼镜片熠熠闪光。[①] 他和手下军官已经隐约感到日军掌握了他们的行踪，宿营地四周可以看到升腾的发烟信号，就在他们出发前，日军侦察机已经飞临底格言及其周边，并撒下了传单。弗格森在出城的主要道路上设置了警戒哨，其中一处警戒哨拦住一个形迹可疑的人，他正火速赶往日军最近的据点道马（Tawma）。

此时的形势扑朔迷离。底格言的老百姓以令人感动的忠诚欢迎英军，他们不仅提供了大量补给，还把全城的船只拿出来供英军使用，而且派能手帮助操船。弗格森当众宣读了传单的内容，百姓们大声欢笑，而当他发表热情洋溢的讲话时，他们再次爆发出欢笑声。渡江始于下午。但此时，日军一个 250 人的中队正从道马赶往底格言。日军指挥官不仅得到了侦察机的警报，而且从底格言镇政府得到了消息。后者这样做并非背信弃义，而是出于一种莫名其妙的责任感：他们向英国人效忠，于是为他们提供补给和船只；同时，他们也向日本人承诺报告英军行踪，于是他们就派人通风报信。从来没有人向他们解释过这场战争，他们也从未真正理解这场战争的意义。[②]

---

① 目击者的口述是海（Hyi）先生告诉本书作者的，海先生是底格言的一位中国人，那天中午曾请弗格森吃过饭。——原注

② 1956 年，我在弗格森的帮助下来到底格言进行实地考察，详细听取了当事人的介绍。关于那个镇政府派出的送信人，我是在一次会议上认识的，当时送信人和派他送信的那些人都在场。他们并没有表现出任何尴尬，只是镇上的一位老人暗示最好不要在英国人面前提起这件事。没人支持他的意见，或者说，没人懂他的意思。——原注

黄昏时分，弗格森部完成渡江。弗格森是最后一批离开伊洛瓦底江
409 西岸的，他刚刚离开江岸，就从逼近的日军那里听到了第一阵枪声。

渡江困难最大的是卡尔弗特的第 3 支队。他们的渡江地点位于底格言以南 5 英里处，在那里伊洛瓦底江西岸被河流分割成若干个小岛，到处长满坚硬的象草。经过 11 日快速、高效的空投补给后，卡尔弗特率部于 13 日凌晨趁夜暗到达这里。道马的守军此时还在四处寻觅，早上，他们伏击了第 3 支队一部。如果日军强行进攻，整个支队必遭全歼。第 3 支队最终得救完全是因为日军的慌乱，还有卡尔弗特的能力，以及异乎寻常的好运气。当日军查明第 3 支队的规模和部署时，卡尔弗特已经重新组织了后卫，他凭借自己狂热的信念激励部队发起有力反击。他们从中午开始乘小船和橡皮艇在小村子附近渡江。下午早些时候，一队帆船从上游驶来。官兵们在岸边的沙丘上大声呼叫，请船主帮忙摆渡。现在卡尔弗特有了充足的船只。渡江行动一直持续到午夜。第 3 支队在西岸的最后一项任务就是捣毁遗弃的装备，杀死带不过江的骡子，并将伤员留给当地头人照顾。[①] 第 3 支队损失了 7 人和大量装备，但它仍然是一支有战斗力的部队，一次空投补给就可以使它恢复到最佳状态。在敌人围追堵截下渡过近 1 英里宽的伊洛瓦底江实在是一件了不起的壮举。

就在卡尔弗特渡江时，温盖特率领北方部队主力约 1200 人，离开班布韦当赶往底格言以北的渡河点。温盖特事后回忆说："我凭借自己独特的丛林战经验，率领旅作战群穿越铁路，渡过苗扎（Meza）河，途中没有遇到敌军。" 17 日，他们到达伊洛瓦底江边，对岸就是小城因育瓦
410 （Inywa），它坐落在伊洛瓦底江与其北部主要支流瑞丽江（Shweli）交汇

① 伤员中有 5 位廓尔喀士兵和 1 位缅甸步枪团士兵。卡尔弗特将他们交给默莱根（Mahlainggyon）村的头人，并且给日军指挥官留了一张字条，上面写道："这些人同你们一样为国王和国家战斗。他们英勇负伤。我充满信任地将他们交给你们照料，因为我知道你们在著名的武士道传统熏陶下，定会像照顾自己的伤员一样照顾他们。" 道马的指挥官在日本军官中仿佛是个例外，那些伤员受到了人道主义的对待。此信息来源于陆军部。——原注

处的下方。伊洛瓦底江上没有哪个地方比这个汇流处更加壮丽，西岸的甘高（Gangaw）山脉向下一直延伸至江边。

这次渡江，绳索就用不上了，因为杰沙（Katha）至曼德勒一段的江面宽度很少小于 1 英里。渡江只能用船，而不是橡皮艇，通常的办法是将橡皮艇和骡子系在船上，然后奋力划船渡过江去。杰沙以南的伊洛瓦底江，流速明显缓于钦敦江，摆渡本身要容易得多，但整个渡江行动更加危险。两岸几乎到处都是开阔的稻田地，根本没有任何屏障。对船只的大量需求意味着要么在较大的居民地征集，要么在某地耽搁较长时间，以便从周边搜集船只，不管采取哪个办法，消息都会走漏出去。卡尔弗特（他是唯一在无人区渡江的指挥官）能找到那么多船只实在是异常幸运。

因育瓦对面的西岸有一些沿江小村，即梅因（Mehin）、莱勃（Hlebo）、塞格亚（Thagaya）、阿瑙克－因育瓦（Anawk-Inywa，也叫西因育瓦），旅作战群就是从这些地方出发渡江的。渡江前的宿营地靠近莱勃。他们听说东岸的因育瓦城已被日军占领，但是经过调查，那里只有缅甸独立军的小股部队。温盖特认为，在渡江行动开始前，应当设法争取这些日本人的盟友，或者至少使其保持中立，所以他派昂丁率缅甸步枪团的一小支卫队过江。对这位缅甸上尉来说，这可不是他第一次作为温盖特部队的开路先锋去考验当地人的忠诚，但这次他与保护者之间横亘着一条宽阔的大江。幸运的是，他受到因育瓦人的友好接待。此刻昂山的军队惊恐万分。一些人开了小差，另外一些人将自己牢牢地关在兵营里不敢出来。不管是哪种情况，他们自此销声匿迹。

与此同时，绍曼帕成功地向西岸居民解释了 77 旅此行的目的，他们像底格言的百姓一样合作，但没有后者良心上的矛盾。他们提供了全部的船只和劳力。渡江从黄昏开始，一直持续到 18 日日落。

行动进展比较顺利。跟以前渡江的情况一样，骡子还是老大难问题，有 40 头骡子不得不遗弃。那些过江的骡子被拴在船后面，由有经验的涉水者驾驭，他们拉着骡子和橡皮艇过江。两岸之间一次往返就需要 1 个小时。

关于在渡江的 24 小时里温盖特本人做了什么，存在不同的说法。西岸的老百姓至今还记得他。他那怪异的头盔式遮阳帽使他在一群欧洲军人中非常显眼，那些人个个留着胡子，皮肤黝黑，在当地村民眼里，他们的容貌和肤色看上去很相像。在人们的记忆中，温盖特不再是艾因哈罗德和埃塞俄比亚的狂热分子，他给人的印象是遇事沉着冷静，对待头人和当地权贵彬彬有礼，还花很多时间与通信军官斯珀洛克（Spurlock）中尉在一起，他对那个年轻人显然怀有依恋之情。但随着生死攸关的渡江行动展开，人们印象中如此温文尔雅的温盖特变得判若两人。他手下一名军官黑斯廷斯（Hastings）上尉，前来向他报告行动中出现的一些小差错。温盖特此时孤零零地站在其他人看不见的地方。当听到这些消息后，他突然感到不堪重负、精疲力竭，在短短几秒钟里，他的自制力突破了极限，他愤怒地大叫一声，猛然倒在地上。其他人赶忙退下。对于这两种说法中的任何一种，人们都没有理由怀疑其真实性。

温盖特关于自己渡过伊洛瓦底江的记录少得可怜，他性格中无我与自我的冲突从未停止过，这只是众多例证中的一个。他甚至从未说过自己渡江的时间和地点，但是根据当地人的记忆，并得到其他人的佐证，温盖特从西岸莱勃以北的塞格亚渡江，在东岸因育瓦以南 3 英里处上岸，时间是 18 日清晨。当最后一条船完成渡江并空返至莱勃时，整个旅作战群已经开往位于因当（Indaung）森林保护区的宿营地。国王利物浦团第 13 营的一位中士回忆说，尽管要抱怨的事情很多，但总的来说，77 旅的行动还比较顺利，他们渡过了钦敦江，切断了铁路，又渡过了伊洛瓦底江，自己损失不大。他预感到“某个地方一定有一个陷阱”。而陷阱确实存在。

412 全旅渡过伊洛瓦底江的危险从来未被忽视过。尽管如此，人们还是低估了这种危险，事实证明形势远比任何人的想象都要险恶得多。远征部队出发前在英帕尔收集的情报表明，对伊洛瓦底江以东偏远地区的情况掌握有误。16 日，温盖特向各级发出一道特别指令，指出形势已经转危为安。他估计赫林在克钦山区的使命会取得成功，因此，他告诉部下，他们将进入“一个成果显著的作战阶段”，有利条件是部队“在伊洛瓦底江以东友好部落控制地区”，可以得到一段时间休整。所有这些都是极大的误导。用温盖特自己的话说：“我们谁也没有想到，在我们和这些假想的朋友之间是干旱、炎热的森林地带，找不到水源，到处是可以通行汽车的道路，而且有日军重兵巡逻。”温盖特的过人精力已经消耗殆尽，他不愿正视总体上的不利条件，他的部队将在这样的不利条件下继续苦战，而最终的结局几乎可以说是徒劳无功。第 8 支队的作战日志上委婉地写着：“这一时期，许多官兵表现出身体不适、精神不振的迹象……连日行军已经使他们紧张到极限。”官兵们并不知道，全旅的实力很快会消耗殆尽，无法继续作战。

东岸的形势变得扑朔迷离。简单概括起来：南部的第 1 作战群按照温盖特的命令向孟密迂回，准备在途中一个叫太公当（Tagaung Taung）的地方与温盖特会合。他们向北取捷径行军，结果到 15 日，他们发现自己接近第 3、5 支队。用温盖特的话说，第 1 作战群的运动“使各支队在时间和空间上形成了狭管效应。部队不是按宽正面、大纵深配置，而是压缩在彼此相距 15 英里的狭窄地区。日军用不着普遍撒网搜索英军，他们可以集中兵力于瑞丽江和伊洛瓦底江形成的三角地带”。这一地区并非一般意义上的丛林，绝大部分是开阔的平地。15 日下午，当第 5 支队穿越稻田地时，被盘旋的日军侦察机发现。这意味着全旅行踪暴露无遗，很容易推断敌人将发起进攻。日军只需在密森（Myitson）至伊洛瓦底江边的马莱（Male）的道路上部署兵力，就能将全旅一网打尽。温盖特的当务 413
之急是让尽可能多的人逃出可怕的“瑞丽江圈套”（Shweli loop），他们后来就这样称呼瑞丽江与伊洛瓦底江之间的半岛地带。17 日，他命令卡尔弗特指挥第 3、5 支队向南，去破坏眉苗至腊戍公路上的谷特（Gokteik）高架桥，同时命令第 1 作战群取道抹谷（Mogok）转往孟密。次日，他又改变命令，要求弗格森的第 5 支队留在原地，掩护旅作战群南进。

这些计划都落空了，主要原因是行军速度不断减慢，以及空投补给越来越困难。对第 1 作战群来说，最致命的困难是饥饿、口渴，以及破靴子导致的行军速度下降。他们到达孟密太迟了，错过了与赫林会合的时间。第 5 支队最大的困难是缺少空投补给，他们被迫在 48 小时没有食物和饮水的情况下坚持行军。有一天，弗格森给温盖特发电，引用了《圣经·诗篇》第 22 章中的一句："我的骨头，我都能数过：他们瞪着眼看我。"温盖特以其特有的黑色幽默复电，引用了《约翰福音》中的一句："想一想一个人替百姓死，免得通国灭亡。"

在莱勃附近渡江后的第二天，温盖特率部到达因育瓦南偏东 12 英里处宿营。次日，他又前进了 10 英里。第三天，也就是 21 日，他到达因育瓦南偏东 30 英里处。在一个叫沙林川（Salin Chaung）的季节性河流附近找到一处宿营地，他们在此停留了两天，以便集结部队、休整人员。他的部队超过 2 个营，在如此干旱、炎热的地区需要大量补给。但他们的困难程度比其他一些部队要小。虽然他们不得不忍饥挨饿，但尚未达到第 5 支队那样难以忍受的地步，因为他们在渡江前有过一次空投补给。他们有一个巨大的优势，就是能够找到水，虽然只是勉强"够用"，至少足以滋润冒烟的喉咙。同他们在一起的缅甸步枪团士兵知道如何挖掘宝贵的地下水，而且温盖特本人对于这类事情有着奇特的本能，现在经过严格训练更是经验丰富。

大概正是在沙林川休整集结的这两天时间里，温盖特认识到让 77 旅全部东渡伊洛瓦底江是一次极大的冒险，于是他着手取消行动。最早
414 的动议来自印度方面。早在 14 日，东部集团军司令部向第 4 军询问温盖特的作战企图，23 日，再次要求第 4 军给予明确答复。温盖特回复军

长，他准备率领全旅开往八莫以南的克钦山区，下一步的目标是腊戌至八莫公路。第 4 军电复温盖特，克钦山区过于遥远，除非极个别情况，空投补给基本不可能。他们建议攻击伊洛瓦底江以西干线公路上的瑞保（Shwebo）。据温盖特自己说，他得不到赫林上尉的消息，而且大量情况表明，两个主力支队，即第 3、5 支队的实力不断下降，他亲眼见到了手下人的状况，确信这些坏消息是真的。他给第 4 军回电说，部队渡江后，江上的日军巡逻队收缴了所有船只，因此，瑞保作战没有指望。于是，第 4 军决定结束远征，命令温盖特组织部队撤回印度。温盖特没有反对，实际上，他已经预见到上级的指示，事先就命令卡尔弗特返回钦敦江，除非他已经接近谷特。从现在起，他只有一个目标：那就是尽全力将手下官兵带出“瑞丽江圈套”返回印度，凭借他们的独特经验，来年可以组织一次规模更大、更成功的远程突击。他本人和随行人员的叙述表明，部队宿营地设在伊洛瓦底江和瑞丽江向南弯曲部之间的孤立地区，条件恶劣，危险随时在增加，此时温盖特开始对这场冒险失去兴趣。他的想法集中在军事理论问题上：即如何利用已有的经验重新完善和运用远程突击战法。毋庸置疑，如果说雄心勃勃的温盖特有着冷酷无情的缺点，那么也很容易理解，为什么在一切仿佛都失去后，他的手下仍然能够满怀信心地奔走相告，“他将带我们走出去”。

他的确带 77 旅走出了陷阱，但损失惨重。

当温盖特围绕下一步行动进行思想斗争时，卡尔弗特在没有接到撤退命令的情况下，于 3 日在锡顿（Sitton）附近对日军发动了一次漂亮的进攻。当天早些时候，卡尔弗特手下的一名军官抓获了一个缅甸送信人，通过他了解到日军 1 个营正向密森至伊洛瓦底公路上的巡逻地段开进。他立即组织了伏击，伏击战分三个阶段，环环相扣。整个行动非常成功，消灭了 100 名敌军，而自己只损失了 1 名廓尔喀军士。前出的日军巡逻队 415
撤回锡顿，实力消耗殆尽的 1 营日军龟缩在那里，不敢轻举妄动。这是第 3 支队经历的第 12 次遭遇战，也是最后一次较大规模的战斗。24 日，卡尔弗特接到回撤命令，要求他向杰沙以北 60 英里的因道支湖（Lake Indawgyi）转进。温盖特希望 77 旅在那里会合。

前一天，也就是 23 日，温盖特致电弗格森（杰弗里斯和他的手下已经加入弗格森支队），要他与自己在巴乌（Baw）以西约 2 英里的空投补给点会合。这让弗格森大为震惊，因为这意味着第 5 支队要重新进入“瑞丽江圈套”，而此时他们正奋力挣脱出来。此命令（还有给卡尔弗特的命令）后来一直倍受指责。该支队立即启程，历尽艰险，终于在巴乌以北 8 公里处与旅作战群会合，但比计划晚了一天。会合时间推迟主要是因为旅作战群于不利条件下在巴乌打了最后一仗。

此时的作战计划与渡江前在通巴肯和平犁铺的作战计划大体相同：各战斗群攻击日军驻守的村庄，以保护空投地域，但这次行动由于部队疲劳和运气不佳未能达成预期目的。第一步行动是封锁通往巴乌的所有道路，但执行封锁任务的两支部队在黑夜中错误判断了距离，一支部队踌躇不前，进展严重滞后（温盖特严惩了负责军官）；另一支部队跌跌撞撞地走过了头，惊动了日军岗哨。行动丧失了突然性，双方在丛林中发生了一场混战，执行空投补给任务的飞行员看到情况有变，只投下了三分之一的伞包就掉头飞走。温盖特迅速撤出部队，向北朝河床地带的会合点肖宾川（Shaukpin Chaung）机动。25 日，温盖特与弗格森和杰弗里斯在肖宾川会合。

温盖特神情沮丧。自从他们在钦敦江分手后就再也没有见过面，相互问候之后，杰弗里斯看到温盖特在河床上来回踱步。温盖特悲观地概括了当前的形势。杰弗里斯记得温盖特当时这样说：“设想你处在日军指挥官的位置上。你的目标之一就是阻止任何人活着走出去。你像个傻子一样让人耍了。你保全面子的唯一出路就是消灭整个远征部队。我们可以想见，从今往后，日军指挥官会想尽办法消灭我们。而他们要做的头一件事就是尽力阻止我们重新渡过伊洛瓦底江。”

次日，也就是 26 日，温盖特召集各支队指挥官开会。他介绍了挫败日军企图的计划。与他的所有计划一样，该计划是简洁和创意的奇妙结合，把宝压在运用欺骗策略上。他提议整个部队跟随他径直返回因育瓦，理由是日军绝对想不到他们会在同一地点再次渡江。在渡江返回西岸前，他们将遗弃大部分装备，杀死所有牲口，只保留必不可少的装备。到达对岸后，部队将化整为零，并在返回阿萨姆的途中视情攻击因多和西南面苗扎河上的铁路桥。他要求大家发表意见。弗格森表示反对，他认为旅作战群现有实力超过 1200 人，应作为一个战斗单位一起行动，他们应当渡过瑞丽江向北返回印度，行军路线经八莫东向北，经密支那再往北，绕一个大圈子，最后通过胡康（Hakawng）河谷返回阿萨姆。他争辩说，虽然行动中会遭受损失，但只要留下牲口，就能保住支援性武器，那样无论他们选择从哪里渡过“瑞丽江圈套”，都会拥有决定性优势。温盖特拒绝采纳弗格森的建议，理由是在瑞丽江以东空投补给异常困难，而雨季开始后就更不可能。他们最终决定从因育瓦渡江，并于 27 日启程返回印度。

在第一次“钦迪特”远征的这一阶段，温盖特的所作所为令人颇为费解。出人意料地突然返回因育瓦完全符合温盖特的行事风格，而且几乎可以说非常成功。难点不在这里，而在于他命令第 5 支队返回，而且他给第 3 支队的命令导致卡尔弗特采取同样致命的步骤。早在 24 日，卡尔弗特回复了温盖特迟到的电报，他说自己将从八莫至杰沙之间渡过伊洛瓦底江。他将径直穿越圈套地区并渡过瑞丽江。温盖特并未警告他不让其重新进入圈套地区。结果卡尔弗特按此行事，侥幸逃过一劫。最初，人们很难理解温盖特为什么不让手下的两个支队在“瑞丽江圈套”以南得到充足补给，而让他们直接返回印度。

然而，温盖特撤退计划中的其他行动可以解开部分谜团。支队指挥官们所不知道的是，温盖特安排皇家空军在“瑞丽江圈套”以南进行了一 417

次假空投补给。这成功迷惑了日军，使其搞不清各支队的行踪，并使日军巡逻队远离北面三面环水的封闭地区。除此而外，似乎还有一项欺骗措施。24日，温盖特在给第1作战群的电报中，使用了《圣经》体语言："你们要回想起罗德的妻子。不要从来的路返回。到山中去躲避灾难。《创世纪》第十九章。"[①]他们认为，这意味着必须继续缓慢而艰难地向东挺进，目标是孟密山区和已经错过的与赫林的会合点。他们对撤退一无所知。他们幻想能够安全到达克钦地区，但是希望非常渺茫。事后研究这次战役的人，不论从文献还是从亲身经历出发，都一致认为温盖特有意让第1作战群与旅主力部队分开去充当诱饵。这样做对指挥官来说无可指摘。所有指挥官都会如此行事。战争中弃卒保车在所难免。至少可以说这些人不是无谓牺牲。

27日凌晨1时，部队启程返回因育瓦。第5支队负责断后。弗格森事后证实，"温盖特对于野外行军有着奇特的本能——他善于判断分水岭、适合的坡度、稀疏的丛林等等诸如此类的东西——即使是走在大部队最后面的我，对此也能看得很清楚"。他说"痛苦的行军"是"慢吞吞的，经常陷入停顿，大家知道伊洛瓦底江就像一个巨大的屏障，横亘在我们和自由世界之间"。每当一个支队走下河床，都要杀死部分骡子，那些从中部省一路走过来的赶骡人为这些可怜的牲口伤心哭泣。

官兵们从不怀疑日军紧随其后。27日正午时分，这一点得到证实。第5支队的一名士兵被子弹击中，弗格森在那里利用后卫组织了牵制行动，目的是迫使日军巡逻队远离旅行军路线。他们继续从事巧妙欺骗，故意往小路和假宿营地上扔一些东西，28日破晓前，他率部攻击了巴乌和因育瓦中间的欣萨（Hintha）村。这是第5支队的最后一次战斗，为他们

① 这几句话并非《圣经》原文，而是温盖特根据《圣经》故事和写作风格自己创作的话。——译注

在此次远征中的战斗历程画上了一个圆满的句号。他们继续执行牵制敌军的任务，而此后摸不着头脑的日军再也未能在“瑞丽江圈套”地区接近 418
大部队。在这次行动中，菲利普·斯蒂布中尉受伤，敌后作战是冷酷无情的，他被迫留了下来，一位品格高尚的缅甸步枪团士兵甘愿冒死留在他身边。斯蒂布难逃被俘的命运，在审讯中不可避免地成为日军发泄仇恨的对象。他假装坚持不住泄露了旅行动计划，很有可能正是他提供的假情报成就了欣萨村战斗，并且挽救了无数人的生命。这次行动后，第 5 支队奋力向因育瓦附近的会合点挺进，他们历尽劫难，再也未能与大部队会合。

他们花了 50 个小时前进了 50 英里，大部队被饥饿和行军折磨得疲惫不堪，最终于 28 日凌晨 4 时到达因育瓦附近的宿营地。宿营地绵延数英里，在远征的最初阶段，这种情况很少影响会合，但现在不同了，他们因极度疲劳而丧失了速度和效率。天黑以前，他们未对伊洛瓦底江实施侦察，旅作战群和缅甸步枪团司令部也未派出巡逻队相互搜寻。可以想见，当分散的部队最终到达宿营地，并终于可以休息几个钟头时，困倦立即像洪水猛兽一样向他们袭来。“瑞丽江圈套”的禁锢远远不止是地理上的。逃生路上，在不利条件下机动，任何时间上的暂时优势都需要付出代价。

29 日凌晨 3 时，温盖特率旅部前往因育瓦。他们原本期望能够遇到缅甸步枪团的一支巡逻队，但并未遇到。这给渡江带来很大困难，没有缅甸步枪团的人，温盖特手下就只有昂丁和绍曼帕能讲缅语并组织征集船只。很快旅部与准备率先渡江的第 7 支队在岸边会合。6 点，昂丁和绍曼帕从瑞丽江收集了 20 条小船（日本人已经抢走或破坏了主要河道上的大部分船只），但没有足够的船桨。快到 6 点时，第 2 作战群司令部与第 8 支队到达，后者作为后卫占领防御阵地。由于渡江工具不足，而且不远处肯定有日军，天刚蒙蒙亮就发出了渡江信号，波涛滚滚的暗褐色的江水再 419
次出现在他们眼前。

渡江行动由杰弗里斯指挥。温盖特对他大吼道：“你在海军待了九年，应当能够把我们弄过伊洛瓦底江。”第一批渡船距西岸还有一大半距离时，日军就开火了。他们用迫击炮、轻机枪和步枪向船只射击，击沉了一条小船。77 旅的迫击炮和机关枪开始还击，把日军的视野和火力吸引至东岸，余下的船只趁机上岸。第 7 支队占领战斗位置，并成功将日军从登陆地域击退。敌军人数不多，且没有重机枪。根据杰弗里斯的叙述，温盖特站在沙丘上，“看上去像个小先知，满面胡须，肩上披着毯子”。他需要迅速定下决心。幸运的是，他在最后时刻找到了更多的船只，那是从一群受惊的商人那里征用的（渡江开始时他们在场）。然而，温盖特刚从昂丁那里听说，因育瓦的老百姓报告日军 2 个连就在西岸一个村子里，这足以抵消渡船增加这一小小的优势。他叫来杰弗里斯说：“他们在东面紧靠我们的地方有一定实力，在对岸有相当强的实力。我们必须赶快溜走。”他原本肯定能够以较大的伤亡成功强渡，明智也罢，不明智也罢，他最终反对强渡。很难说哪个是正确的选择。

留在西岸的人设法返回。上午 8 时至 9 时，温盖特下令取消了渡江行动，尔后在一个会合点召集主要指挥官开会。他本人对当时的情况做了最好的叙述：“我同各支队指挥官和库克（Cooke）上校开了一个令人沮丧的短会。我告诉他们，我想立即撤往丛林中一个安全的宿营地，他们将跟在我后面行动。空投补给将分别安排。随后，我向他们道别，并带我的司令部离开。……那一刻，我必须承认，在我看来，敌人大有机会在部队疏散前将其牢牢咬住，而我没有尽力向部下灌输必要的信心。然而，库克
420 上校、斯科特少校、吉尔克斯少校始终表现出十足的乐观精神，正是由于他们的从容不迫和坚定不移，才挽救了旅作战群的大多数人。”

当日晚些时候，温盖特与缅甸步枪团的部分军官开完会后，就率旅部前往他所说的“安全宿营地”，那里位于因育瓦东偏南 10 英里（直线距离）处，位于“瑞丽江圈套”顶部南 10 英里处。30 日下午 2 时，温盖特在这里接受了空投补给，此时，他手下有 220 人，他们随后被分成 5 个

“小队”。温盖特事后回忆说：“我将旅部人员全部集合起来，最后一次对手下训话。我向他们说明了业已取得的成就，为什么我们最好分开，下一步行动计划是什么，以及在各种情况下他们应当怎么做。我表示完全信任他们的负责人，以及他们返回印度的能力，我告诫他们要处变不惊，感谢他们的忠诚奉献，最后祝他们一路平安。”

温盖特所在的小队有 43 人。除他本人外，有杰弗里斯及其手下 8 人，旅部的安德森少校，斯珀洛克中尉，由 2 名军官和 2 名飞行中士组成的皇家空军联络组，来自公共关系部门的印度军官卡特朱（Katju）上尉、昂丁、1 名廓尔喀军官和 4 名廓尔喀士兵，缅甸步枪团的 1 名军官和 6 名士兵，4 个照管牲口的英国人，其余人的官方称谓是“役从”，其中一位颇值得一提。此人是温盖特的脚夫，名字叫巴奇拉姆（Bachi Ram）。他在 77 旅成立之初就跟随温盖特。由于粗心大意，或者说是反复无常，他从来未被军队正式招募。认识他的人说，他是个让人恼火的人，而他的主人温盖特，尽管待人严厉粗暴，且有时冷酷无情，但对待这位忠实的仆人，却表现出一贯的容忍，有时甚至到了荒唐的地步。

第 2 作战群剩下的人分别从东面、北面、南面和西南面渡过瑞丽江或伊洛瓦底江，第 1 作战群继续执行无望的使命。此时，温盖特和 42 名手下采取了异乎寻常的做法。他们在 30 日的空投补给区附近停留了整整一个星期，只变更了一次宿营地，而且距离不到 1 英里。他们暂时安顿下来，食宿有了保障，为长途跋涉返回钦敦江做准备。温盖特为此倍受谴责。有人指责说，其他部队前有大江、后有追兵，渡江前都没有时间休息，而他选择了一条较容易的路线逃脱。这样的批评虽然可以理解，但根 421
本上是荒谬的。毫无疑问，温盖特完全可以如此回应他们的责难：这样一次绝无仅有的远征行动的指挥官，已经成为军事顾问团的宝贵财富，如果说这条路线是相对容易的，那么他选择这条路线更是责无旁贷（他在报告中指责卡尔弗特选择率领第 3 支队中位置最危险的小分队）。尽管这样说听起来有道理，但事实上存在更容易接受的理由。追兵沿水路逼近，但这并不意味着大队追兵已经从“瑞丽江圈套”转移。留下与离开同样危险。温盖特的决定符合他的一贯思想：他不希望所有的部队面临同样的风险，他要充分利用两个不同的选项。结果他本人选择的路线是北方部队中最危险的。当他准备渡江时，不仅伊洛瓦底江上的日军巡逻队仍频繁活动，而且钦敦江上的日军也得到加强。

他们在宿营地度过一周奇异的时光。人们回忆起来都觉得那是段快乐的日子。自从离开班布韦当，他们第一次有时间休息；而自英帕尔出发以来，他们从来没有如此奢侈地休息过一周时间。近两个月来，他们第一次吃得这么饱，虽然每日屠杀那些忠诚的骡马给他们的盛宴蒙上了一层阴影。他们不再用枪射杀牲口，为了保密，他们得紧紧拉住缰绳，让牲口的头高高仰起，然后切断它们的喉管，这样牲口就不会嚎叫了。不过，每日如此残忍地杀生并未太多妨碍他们苦中作乐。他们暂时忘掉了危险，身心都恢复了活力。在“瑞丽江圈套”地区辗转行军途中，温盖特已心力交瘁，他事后承认，返回因育瓦时，体力已经消耗到极限。他像以前一样很快恢复了体力。他从来不是一个沉默寡言的人（能力和沉默很少结合在一起），现在他不仅爱说话，而且简直可以说是唠叨个不停。许多人记得，他在不同场合滔滔不绝地谈起《柏拉图对话录》，萧伯纳（Bernard Shaw）和威尔斯（Wells）的著作[①]，电影艺术的未来，18 世纪英国和法国绘画，交响乐相对于协奏曲的优点，连环画的心理学意义，特别提到了大力水手卜派（Popeye the Sailor）、简（Jane）和温比（Wimpy）[②]，侦探小说的

① 乔治・萧伯纳（George Bernard Shaw，1856—1950），爱尔兰戏剧家，被喻为“20 世纪的莫里哀”，1925 年获诺贝尔文学奖，代表作《圣女贞德》。赫伯・乔治・威尔斯（Herbert George Wells，1866—1946），英国科幻小说家，被喻为“科普小说界的莎士比亚”，代表作有《世界大战》《拦截人魔岛》《隐形人》《月球探险记》等。——译注

② 大力水手卜派、简和温比，是美国漫画家埃尔齐・克赖斯勒・西格（Elzie Crisler Segar）的代表作《大力水手卜派》（*Popeye the Sailor*）中的三个卡通人物。——译注

文学地位，国联的失败，在世界政府体制下如何使用军事力量，达·芬奇的艺术、精神和性格等等。安德森少校有一本帕尔格雷夫（Palgrave）[①] 422
的《英诗集粹》（*Golden Treasury*），他读了其中的许多作品，特别是格雷（Gray）[②]的《墓园挽歌》（*Elegy*）。他常常会回到现实，谈论起未来的行动计划。有时他会找机会谈谈自己的过去。一天，当他比平常更加激愤地抨击陆军军官时，昂丁向他提了一个问题，研究温盖特生平的人经常会自然而然地想到这个问题。昂丁问："既然你认为军人如此遭人鄙视，而军营生活又是这样令人厌恶，为什么还选择当兵？"温盖特这样回答道："我从来没有想过要干别的。从军是我们家的传统。当我还是小孩子时，就整天玩当兵打仗的游戏，长大以后，我发现这方面的习惯并未改变。"接着，他告诉昂丁一些有关"洛道夫"的事情。在无所事事的一周里，温盖特给手下的42个难兄难弟找了一份紧迫却轻松的工作，他命令所有人用竹子制成划桨，他决心再也不要像初到因育瓦那样出现有船无桨的尴尬局面。

在宿营地度过的一周时间里，他们需要防范丛林中的野生动物，这在整个远征期间非常罕见。如果有人读到有关77旅或1944年缅甸的故事，他们会奇怪为什么很少提及丛林野兽造成的危险，在那个地区有很多大象、犀牛、老虎、黑豹、斑点豹和蛇。温盖特在训练中曾反复教育部队，所有其他生命都会躲避人类。有一次，国王利物浦团第13营的一名士兵在萨格尔丛林中遇到了老虎，他吓得尿了裤子。（"你为什么跑？"温盖特大声呵斥这个部下，"你难道不知道，当你发现自己面对老虎时，你必须做的就是狠狠盯着它，把它吓跑？"）不过，他们现在面临的危险来自在人迹罕至的森林中漫步的野象。为了保护自己，他们升起一大堆篝火让

① 弗朗西斯·特纳·帕尔格雷夫（Francis Turner Palgrave，1824—1897），英国文学评论家、诗人，因编纂诗集《英诗集粹》而闻名。——译注
② 托马斯·格雷（Thomas Gray，1716—1771），英国著名诗人，代表作《墓园挽歌》。——译注

这些巨兽不敢靠近，当兽群在附近徘徊时，他们随时准备点火。被野象踩踏并不比烟火暴露宿营地更危险。好在他们从来不需要点火，野象吓唬吓唬就走开了，并未对他们造成伤害。在丛林中，对温盖特手下造成持续而致命攻击的是蚊子，而当 1944 年他们在雨季发动第二次远征时，致命的伤害来自水蛭。

4 月 7 日，他们向西南朝伊洛瓦底江开进。现在他们没有骡子了，离
423 开宿营地前他们杀死了这些宝贵的交通工具。温盖特认为返回印度需要花两周时间。实际上，他多花了八天时间才到达。

同日，他们到达底格言以南的伊洛瓦底江东岸。追兵正沿两岸逼近。

他们花了两天一夜寻找渡江地点，因为船夫逃跑和日军巡逻，他们的努力没有成功。他们最终于 10 日到达底格言和太公之间的某个地方，那正是 3 月 13 日卡尔弗特渡江的地点。东岸有一个小村子叫塞萨（Satsa）。温盖特在这里找到一些独木舟和可以改造成筏子的竹篱笆。昂丁被派去找头人索要这些东西，顷刻之间好运气来了。头人立刻成了患难之交。他给了英国人两只大船和桨手。他们计划分三批渡江，但渡船在最后一次返航时，日军到达东岸，船夫吓跑了。此时，温盖特需要立即做出决定，是等后面的人，还是继续向西走，当然后者是较好的选择。他继续西进。在撤退中，大多数指挥官都不得不做出这样痛苦的决定。毫无疑问，温盖特做出了正确的抉择。

很快，他们发现根本没有到达西岸。那是一个很大的岛，正是第 3 支队向东渡江时被困的地方。不过，他们继续得到好运气的眷顾。岛上有一个小村子，好心的居民帮他们渡过最后一段江面。

他们向西北方向前进，次日到达苗扎河。温盖特试图采取渡过伊洛瓦底江的老办法，派昂丁到村里寻找船只和桨手，但此时好运气已经用光了。愤怒的村民包围了昂丁，向他挥舞着刀剑，要他投降。当温盖特和其他人赶来支援昂丁时，村民的态度变了，他们可怜巴巴地解释说，不远处

有日军，如果他们帮助英国人，他们当中的一些人就会被处死，房屋也会被全部烧毁。最后，这些可怜的人同意带他们到一处浅滩，他们从那里涉水渡过苗扎河。到 11 日黄昏，他们已经走了 70 英里，渡过了两条河，只睡了 8 个小时，但他们不得不继续向前走。

他们向西偏北方向前进。现在，他们的目的地是铁路。在铁路和苗 424
扎河之间是一大片石头山，东侧很陡峭。此时正值雨季来临前最干旱的时期。他们饥渴交加，由于没有了面罩和药膏的保护，他们饱受蚊子的折磨。说来奇怪，即使在这样艰苦的条件下，温盖特也常常利用短暂的休息间隙，热情洋溢地讨论贝多芬、意大利文艺复兴，以及《英诗集粹》中的作品。昂丁对此大惑不解。他断定温盖特这么做的部分原因是要防止大家累倒，还有部分原因是源于贵族式的浮华，如果这将是温盖特尘世生活的终点，那么人们将永远铭记他在最后的日子里是如何庄严地思考！

接近铁路的途中要穿越柚树林，每年早些时候在其间行走是相当惬意的，但旱季里大量树叶脱落后，就不那么舒适了。此时走在柚树林里就像走在瓦砾堆上。温盖特想尽办法减少噪音，但都是白费劲儿。有一段时间，他派一个人在队伍前面爬行以扫清道路，但这样进展太慢，于是他们又重新采用正常的行军办法，尽量保持警惕。温盖特通过试验发现，脚下柚树叶发出的响声，即使在 300 码以外也听得到。除了相信运气外，别无他法，他们不顾树叶粉碎的噪声（听上去简直让人发疯），穿过山坡和平原的林区，来到文多至因多地势平坦的铁路沿线。好运气再次光顾，柚树林止于距铁路 100 码的地方，若非如此，他们根本无法穿越铁道而不被发现。此时正值午夜，由于卡尔弗特和弗格森的攻击，铁路全线到处都是巡逻队，而此处最为密集，因为卡尔弗特曾在这里战斗过，并留下了废弃物。温盖特收拢人员，低声说：“我们走这儿。”于是他带人穿越铁路进入另一侧的柚树林。他们走了一段，进入丛林后就停下来休息。温盖特对杰弗里斯说：“他们的巡逻不怎么样。日本佬本不该让我们通过。”

正在休息时，他们听见蒸汽机的喷气声和车轮碾压铁轨的咣当声。他们争论着这声音究竟意味着什么。它可能意味着铁路已经修复，也可能仅仅意味着两个车站之间通行的火车。他们希望的答案是后者。他们不能
425 停下来再次实施爆破，敌人正在此地恭候他们。几个小时后，温盖特叫醒手下人继续前进。

从铁路线到穆河河谷，中间必须翻越明京（Mingin）山脉。有时行走非常困难，他们不得不解下步枪背带充当登山绳索。他们已经吃光了饼干和枣子，此时只能饥不择食。同他们一道的缅甸步枪团士兵，可以找到并捕杀丛林中的走兽，他们还喜欢吃蟒蛇。这对他们来说是最好的丛林美味。他们经常用植物根茎煮汤，虽然有时味道很好，但毕竟难以充饥。他们每天休息不超过三到四个小时。不断有迹象表明日军就在他们身后不远的地方。在一个村子里，昂丁买到了一些大米，但是此后只要有人听到他们的脚步声，就会敲锣打鼓召唤日军。在更远处的一个村庄，昂丁买了一头小公牛，到手时却成了一头水牛。他们想牵着它走，但它就是一动不动。人们连推带拉也弄不动它。他们可没时间哄它。温盖特将这头牲口屠宰。然后，他们将宰割下来的肉带到丛林中煮食。这是他们许多天来的第一顿饱餐。然而，此时乐极生悲。

通信军官斯珀洛克中尉自从渡过伊洛瓦底江以来一直受到痢疾的折磨。突然吃下诱人的水牛肉恶化了他的病情，24 小时后，他再也坚持不住了。他要求留下。此时此刻，温盖特不能坚持自己一贯的原则。据说，他深深依恋着这位年轻人，不忍心弃他而去，如果那样做，斯珀洛克即使不是痛苦地死去，也注定要被敌人俘虏。在许多场合下，温盖特表现得极端冷酷，但这次他犯了一个完全相反的错误。为了挽救斯珀洛克，他让部队滞留了 48 小时。时间白白浪费了，这个年轻人病情太重，无法继续行走。温盖特陪他待到最后一刻。在一个有月光的夜晚，分手的时刻到了。当指挥官抽身离开时，斯珀洛克匍匐在他的脚下，向他敬礼，部队继续前

进，每个人的心中都怀着悲伤。不能允许伤病员危及同伴们的安全，后者为数更多、更加幸运，也更有价值。在可憎的战争民主原则中，伤病员是没有权力的少数。

他们尽可能减少停顿，马不停蹄地穿越明京山脉干旱的山区。温盖特强制推行残忍的抗口渴训练，甚至到了愚昧的地步，有一次，他禁止手 426
下停下来采摘成熟的酸橙。他凭直觉预感到这一地区有危险，后来他们了解到，日军当时恰巧就在附近，如果他们稍一停顿就有可能被追上。在伊洛瓦底江至穆河河谷之间，他们与日军的距离从未超过几小时路程。就在他们筋疲力尽的时候，好运气又来了。他们来到一个寺院，昂丁再次充当外交特使的角色，寺院的僧侣送给他们 5 只乳猪，还有小鸡、香蕉、土豆和大米。他们终于再次来到通向穆河河谷的山坡。他们继续朝河边走，并于夜间渡河。现在济漂当丹大悬崖就在他们眼前，那是一面 1500 英尺高的石墙。通向悬崖西侧高地的所有关口似乎都不大可能没有守备。但他们以背水一战的决心向那里挺进。

从河边去往悬崖的路上，真可谓吉星高照。昂丁设法到村子里采办食物，几乎空手而归，但当部队要离开村子时，一位老者跑出来加入他们的队伍。此人是位隐士，他通过昂丁向温盖特解释说，他确信自己奉神明之命要去救一群陌生人，至于救谁，他已经奇迹般事先预知。温盖特和其他人怀疑他可能是日本间谍，但昂丁认为此人可以信赖。形势逼人，他们没有太多选择，于是决定相信此人，哪怕仅仅为了图方便。老者说自己可以带他们沿日本人不知道的小路翻过悬崖。他果然说到做到。老隐士带他们走的都是曲折的小路，他们有时循着动物的脚印，有时顺着伐木者走的偏僻小径，有时沿着溪流的河床，不管怎样，他们最终安全到达了山顶。这时又有一位伙伴因病离开了他们，他是国王利物浦团第 13 营的下士，因腿部受伤发炎走不动路。此人非常勇敢，看到自己拖了部队的后腿，于是故意消失在丛林中。

4月23日，他们到达一处高地，从那里望去，可以看见一望无际、郁郁葱葱的山峦向西延伸，东北面的山谷中云雾缭绕。温盖特触景生情，语气庄严地大声说：“看那钦敦江！那是一颗永无快乐的心。”

他们现在离钦敦江只有30英里，但这是最难走的一段路，地利、人
427 和都对他们不利。追兵正沿钦敦江紧追不舍，与“瑞丽江圈套”和伊洛瓦底江的情况完全一样。在过去两周里，第3、5支队在霍马林至锡当之间渡过了钦敦江，现在这一地区都有日军把守，并有巡逻队来回巡逻。有一次，为了避开日军岗哨，地形生疏的向导竟然带他们沿一条支流走了8英里。当他们最终到达钦敦江时，发现敌人已经知道他们到来，并且全力准备杀戮或俘虏他们（可能是由于等斯珀洛克耽误了48小时）。4月27日，他们到达江边，那里位于十周前渡江地点以南20英里处。温盖特派出了侦察兵。他们带回令人沮丧的消息，所有船只都已经被敌人征用；东岸没有英军大部队；到处都是日本兵。

那位一直跟随他们的隐士在附近有一个朋友，这位友人给他们带来了食物，同时也带来了坏消息。日军不知通过什么办法了解到旅长亲率三十多人正准备渡过钦敦江，而且他们已经掌握了他的行踪。此时，日军正严密搜索他们周围的丛林，这位友人甚至还准确地说出最近24小时内日军的行动路线。温盖特立即以其一贯的果断做出决定，从日军刚刚搜索过的地方渡江。温盖特派自己的疲惫之师去设置假线索，并决定于次日晚上开始渡江。同时，隐士和他的朋友答应去寻找船只。接下来，温盖特与其神秘的恩人以非常奇特的方式分手。

部队里有人（也许就是温盖特本人）捉到一只小乌龟。那位隐士在他的朋友离开后，请求温盖特把那只乌龟交给他，作为提供帮助的条件，于是，温盖特满足了他的请求。这位圣人通过昂丁解释说，他希望这只乌龟能带来好运气。他提议让温盖特和昂丁随他走向一条小溪。三人一起来到小溪旁。隐士为乌龟祈祷，将它在水中放生后才离开。对温盖特的手下

来说，乌龟汤可不是一个能够轻易拒绝的诱惑，但温盖特不愿干预那位隐士的安排，乌龟游走了，重获自由和新生。温盖特事后说，隐士想通过这个神秘的行动向他们传达一个信息，即大势已去，现在只有命运可以拯救他们。

他们在远离河流和小路的地方宿营，等待两位缅甸人返回，一直等 428
到 28 日凌晨 3 时。部队匆匆睡了一个囫囵觉，而此时，温盖特借着月光抓紧时间小声朗读《柏拉图对话录》(*Platonic Dialogues*)。当情况表明隐士和他的朋友不会回来时，温盖特制定了一个新的计划。

该计划非常简单。根据最新情报，钦敦江西岸正对着他们的地方有一个英军哨所。温盖特将手下分成两组：身体强壮可以泅渡过江的编成一组，需要靠船摆渡的编成另一组。温盖特亲率泅渡组，安德森少校负责另一组。跟随温盖特的有杰弗里斯、昂丁、威尔肖（Wilshaw）中士、凯里（Carey）中士和列兵博勒姆（Boreham）。应当说，这一组人都会游泳，但经历了种种磨难后，要游过急速的钦敦江，对体力是一个很大的考验。

在安排好与安德森的会合信号后，温盖特一组人大约于早上五点半从最后的宿营地出发。他们找到了一条通往岸边的小路，但很快发现那里遍布日军的足迹，而且在他们和江边之间是一大片浓密的象草。他们查看了地图，发现象草地带的尽头有一大段岸滩，那里很可能受到日军的监视。沿小路行进可能会进入日军的据点，在象草地带开辟出一条道路似乎又不太现实。于是，温盖特问杰弗里斯，“好吧，约翰，我们该怎么办？”杰弗里斯建议穿过象草地带，温盖特表示同意。他说：“我们要一片一片地把它撕开。”

用草来称呼这种特殊的丛林植物显得软弱无力。这种植物锋利、坚韧的叶片足有两人高，根部盘根错节，异常坚硬。他们 5 个人花了 7 个小时，只在密实的草丛中开辟了长 700 码的小径。他们对噪音已经麻木，像蜗牛一样在草丛中缓慢爬行，仿佛满怀希望的人因最终发现自己上当受骗而大为光火。事后他们嘲笑新闻记者的陈词滥调，记者们将丛林描绘为“绿色地狱”，但用“绿色地狱”一词来形容江边这最后半英里路，实在是非常贴切。突然间，他们的好运气又回来了。走在前面的温盖特停止砍伐，回过身来招呼杰弗里斯说：“约翰，你看这里。”

只有这一次错误的地图帮了他们的忙。并不存在很长的岸滩。几码
429 之外就是宏伟的钦敦江。此时是下午 3 点，他们在大白天就到达了目的地，毫无疑问，他们要待在原地等待天黑。温盖特命令全体人员将长裤剪成短裤，扔掉步枪和背包以外的所有东西，做好一切准备，只等他发出信号就立即行动。他的最后一句忠告是“别跟水流对着干。一旦到达对岸，立即躲藏起来”。

不久他们就收到信号。温盖特一发出信号，他们就立即冲向岸边跳入水中。没有人朝他们射击。他们需要游 400 至 500 码距离。他们一跳入水中就感到力不从心，泅渡远没看上去那么简单。除了威尔肖中士以外，其他人都险些被激流淹没，这位中士不顾一路疲劳，仍然随身带着以美国女演员梅蕙丝（Mae West）① 的名字命名的游泳圈。套在胸前的救生圈将他托起，他可以慢慢地游，挣扎一会儿，再休息一会儿，不用担心自己会沉入水中。所以在最后一刻，决定由他断后，帮助那些遇到危险的同伴。所有人都不得不时常仰面朝天在水上漂浮着休息一会儿。温盖特靠着背包上插着的竹子浮在水面上，他的遮阳帽倒扣在后面，像小船一样支撑着他的头和双肩，他就这样在激流中打了一会转转，积攒了最后向岸边冲刺的力气。杰弗里斯是他们当中最棒的游泳健将，可是他被衬衣袖子缠住了，本来他完全有可能被激流冲走，幸亏他开始游得很猛，此时已经游过江心，才最终被江水冲到西岸。昂丁刚刚在河床上挫伤了膝盖，此时游到博

---

① 梅蕙丝（1892—1980），美国女演员，以扮演道德沦丧、投机取巧的性感女郎而闻名。——译注

勒姆和凯里身边，尔后三人一起漂到威尔肖附近，在这恐怖的时刻，正是威尔肖的梅蕙丝救生圈给了他们信心和安慰。他们的力气哪怕再小一点点都会被淹死。温盖特仰面朝天漂了一会儿，当他觉得有了再次划水的力气时，就翻过身子使出最后的力量奋力向岸边游去。他游经杰弗里斯身边时说："继续游，你就快到了。"几秒钟后，他开始下沉，双脚触到高低不平、滑得站不住的地面，但那终究是地面了。他竭尽全力爬上岸边，紧随其后的是杰弗里斯。另外四人还在水中，但双脚也渐渐触到河底。温盖特招呼杰弗里斯说："快点，日本人可能就在这儿，赶快藏起来。"但是，有好一会，他们两人都动弹不了，只能待在原地看着其他人挣扎着游向岸边。

渡江成功了。他们终于回来了。然而，最后一幕却是一场小小的闹
剧。温盖特恢复了正常呼吸，有力气从他和杰弗里斯坐着的浅滩向岸上 430
走，他站起来沿着长长的沙滩往前走。突然间，他发出痛苦的尖叫，连蹦带跳地冲向水中。其他人正从水里向岸边爬。此时，杰弗里斯想到温盖特可能被消音枪击中，或者是撕心裂肺的嚎叫掩盖了步枪射击的声音。但他第一个意识到究竟发生了什么。被太阳炙烤的沙子灼伤了温盖特裸露的双脚，那才是他尖叫和乱跑乱跳的原因。原来，温盖特在泅渡中丢掉了靴子，他把裤子裹在脚上，身上只穿着军用衬衣，头上戴着遮阳帽。温盖特结束了自己最辉煌、最惊心动魄的壮举，此时，他胡子拉碴，衣不遮体，步履蹒跚地走向安全之地。

其他人明白发生了什么，于是在通过水边至树林之间的沙地前，都将自己的脚包起来。

他们在树林中重新集合后，开始寻求帮助。他们遇到一位渔民，那人说西岸没有日本人。渔民将他们带到一个村子，他们坐下来，在自由自在、毫无危险的情况下吃了一顿饭，那是一种久违的快乐。主人将他们领到最近的英军哨所，在那里廓尔喀步枪团的一个连接待了他们。双方见面时的喜悦令人终生难忘。

他们最关心的是尽快找到船只，连夜渡江到东岸去营救安德森和剩下的人。船收集齐了，万事俱备，但东岸的一组人遇到了麻烦。日军巡逻队回到会合点附近，安德森不得不向南转移了 1 英里。他们的信号太微弱了。此时，他们已经没有能用的手电筒，安德森划着一根火柴放在煮饭锅里，并用一顶帽子在前面煽风助燃。对岸的温盖特一伙人没有发现 1 英里以外的目标。天蒙蒙亮的时候，心情极度沮丧的安德森带领手下返回最后的宿营地。他们相信温盖特一组人都死了。次日，莫蒂劳 · 卡特朱（Motilal Katju）上尉自告奋勇去附近的村子寻找船只。他派手下一名缅甸军士预先侦察，那人警告说村子里有日军。冒失的卡特朱执意进村。人们只听见一排齐射，他一定是被打死了，因为同伴们再也没有见过他。他在最后一刻加入 77 旅，没接受过任何专门训练，此前他曾经随英印军在利比亚作战，得过军功十字勋章。他在整个战役中历经的种种磨难绝不比任
431 何人少，他的死对东岸迷途之人是一次沉重的打击。卡特朱上尉是贾瓦哈拉尔 · 尼赫鲁（Jawaharlal Nehru）[①] 的表弟。

第二天，安德森手下的四个人设法泅渡过江，两人成功了，一人中途返回，另一人溺水而亡。要是东岸的人能知道有两个人已经成功渡江，他们会大大松一口气，因为那两名泅渡者将会及时报告会合点的变化。当晚信号终于有了回应。不过，事情好像操之过急了，天还没完全黑下来，他们就开始行动，结果日军巡逻队发现了船只。安德森一伙人正要离开时，日军迫击炮和机关枪开火了。廓尔喀人用迫击炮还击，抵挡住了日本人的进攻。安德森余部全部渡过钦敦江，未损失一人。

温盖特的小分队是第四批返回阿萨姆的部队。卡尔弗特的第 3 支队、

① 贾瓦哈拉尔 · 尼赫鲁（1889—1964），圣雄甘地的政治继承人，印度独立后的第一任总理。——译注

弗格森的第 5 支队，分别于 15 日和 25 日进入印度境内，库克上校和北方部队司令部的 16 人，于 28 日从一个叫阿马特根（Amatgyon）的地方逃出来。①温盖特一行 43 人，有 34 人幸免于难。旅司令部的其他 4 支小分队，只有警卫排安全逃脱。29 日后的两周时间里，其他部队陆续逃出日军占领的缅甸。5 月 13 日，第 8 支队从塔曼蒂（Tamanthi）渡过上钦敦江，而缅甸步枪团司令部直属队到达了赫兹堡。同日，第 1 作战群余部在他们三个月以前的渡江地点再次渡过钦敦江，他们经历了最艰苦的磨难，2 月出发时他们有 1000 人，而回来时只剩下 260 人。第 2 作战群司令部直属队余部于 5 月 16 日返回。最后返回的是吉尔克斯指挥的第 7 支队。在强渡瑞丽江失败后，吉尔克斯决定避开水路，他率部历尽艰险于 6 月 3 日到达 432
中国城市保山。中国第 71 军指挥官②以尊贵的礼遇款待了他们，他们于 8 日乘飞机返回阿萨姆。

早在 4 月底，情况就已经明朗，人们知道伤亡数字可能会非常高。结果国王利物浦团第 13 营损失最大，他们的伤亡超过三分之一。这个团有 721 人进入缅甸，只有 384 人于 1943 年返回印度。1945 年收复缅甸后，该团有 71 人在俘虏营中幸存下来。③1943 年 3 月 13 日至 18 日，77 旅有 3000 人渡过钦敦江，当年返回印度的有 2182 人，其中只有 600 人适合再次服役。失踪的 800 人绝大多数永远回不来了。如果日本是一个文明国家，如果日本人知道胜利之师应当如何对待俘虏，那么伤亡数字本来不会这样惊人。本文无意详述日军对俘虏施加的令人发指的野蛮暴行。

---

① 当时的情况非常感人。司令部直属队和第 8 支队一起行军，他们发电称将于 18 日在阿马特根接受空投补给。他们在那里发现一块平地，于是在地面上写上大字“飞机在此降落”。一架达科他运输机经过侦察后成功着陆。库克上校尽管受伤在身，但他不愿乘飞机撤离，在第 8 支队斯科特少校的请求下，他最终同意了。斯科特少校说，因为库克已经不能行走了，留下来有可能被日军俘虏，他不愿承担这样的责任。为使超载的飞机能够起飞，一个伤员主动提出留下来。——原注

② 当时在保山指挥第 71 军的是副军长陈明仁。——译注

③ 斯珀洛克中尉也在幸存者之列。——原注

433

第十九章 声名鹊起的钦迪特

在廓尔喀人的营地休息了一天后，温盖特和同伴们轻松地走到公路尽头，他们于5月3日到达英帕尔。他向第5军指挥官斯库恩斯将军报到，斯库恩斯将第77旅的功绩简要报告了总司令。应温盖特请求，他在报告中特别表扬了弗格森、卡尔弗特和皇家空军。

4月下旬，随着第一批人员返回，此次远征的消息不胫而走（早在2月，就有一两位记者察觉了有关远征的秘密，他们出于谨慎未进行报道）。15日至29日，随着部队先后返回，秘密迅速曝光，人们知道温盖特本人就在英帕尔，于是许多人出于公务或个人好奇纷纷前来拜访。

但是还要等一段时间才能发布公报。由于无线电通信实际上已经中断，在更多人返回之前，无法确切知道77旅最后的命运。斯库恩斯的报告尽管相当准确，但很大程度上是基于温盖特的推测。除此而外，他们手上只有一份报告。伯纳德·弗格森回来后立即起草报告，于5月1日完成并递交军长。这份报告写的主要是第5支队的冒险经历，但在一定程度上也反映了全旅的战斗经过，该报告对温盖特在“瑞丽江圈套”的指挥提出了批评（以非常恭敬的口吻）。温盖特对弗格森写这份报告大为光火，但弗格森指出，他认为自己有责任趁记忆清晰时抓紧撰写一份关于全旅行动的报告，以防温盖特有什么不测。温盖特不无怨言地接受了他的解释。外界并未察觉内部的问题。世人开始知道英军成功实施了一次英勇卓绝的远征，但只有零零散散的报道，总部除了道听途说的一点消息外，并不了解具体细节。人们的好奇心不断膨胀，英帕尔也渐渐热闹起来。 434

5 月 6 日，集团军司令欧文将军和集团军群司令乔治·吉法德（George Giffard）爵士来到英帕尔。他们视察了第 19 伤员转运站，77 旅的许多伤病员正在那里接受治疗，他们的伤病各式各样，包括创伤、疟疾、疲劳、丛林溃疮、水土不服等等。欧文与温盖特作了一次长谈，次日俩人一起飞往德里。5 月 10 日，印度总督林利思戈（Linlithgow）勋爵来到英帕尔，他巡视了医院的病房，并检阅了 77 旅的部队。与此同时，温盖特在德里与当局展开了最后的长时间的斗争。

阿奇博尔德·韦维尔爵士是温盖特重要而慷慨的后台，此时，他名义上仍然是总司令，但本人已经离开印度，大家都知道他不会重返总司令的岗位。他离开之前，以一种可贵而奇特的方式向温盖特提供帮助，而受惠者却怀着复杂的心情看待这份遗产。当 77 旅的远征尚在进行时，韦维尔下令再组建一支远程突击作战群，即第 111 旅。这个旅包括苏格兰步兵团第 1 营、廓尔喀步枪团的 2 个营、国王禁卫团第 2 营，由威廉·朗泰涅（William Lentaigne）[①] 准将指挥。此人是廓尔喀部队指挥官，得过优异服役勋章，他因在 1942 年撤退中表现出来的勇敢精神和军事素质而声名大振。温盖特对这个新组建旅的部队构成和指挥官能力表示怀疑，他对廓尔喀人是否有能力掌握自己的游击战思想缺乏信心。然而，自己的部队发展壮大，当然不能拒绝。对此，他又高兴，又担心，又困惑。

目前，由副总司令克劳德·奥金莱克爵士代理总司令。他很快将继

① 朗泰涅的全名是沃尔特·大卫·亚历山大·朗泰涅（Walter David Alexander Lentaigne），此处疑似作者笔误。——译注

任。要是温盖特以为这位公平正直的上级因 1941 年 7 月的事情而对自己心存偏见，那他就大错特错了。奥金莱克并不反对发展非正规战部队。相反，他在埃及指挥作战时，因支持并听任大卫·斯特林发展壮大特种空勤部队而受到指责。但奥金莱克从不相信远程突击作战群除了扩大巡逻范围外能有什么大的作为。他是温盖特的对手，但不是敌人。

温盖特在梅登酒店里待了两周时间，还没有完全从痛苦经历中恢复过来，按他本人的说法，“由于手头工作紧急，一直忙个不停”。他没见到
435 奥金莱克，但见到了参谋长和军事行动局局长，还到参谋勤务局局长办公室参加了两次会议。他讲述了此次远征的经历，阐述了自己的理论，并且得到了关于 77 旅近期安排的令人满意的决定（后来发生了变化）。他应邀向在德里的美国军官发表演讲。他答应及早提交报告。这些日子以来，他一直想趁热打铁，为发动更大范围的远征争取支持。然而，他的布道遇到了挑剔的听众。人们并不了解具体的伤亡数字，感觉上比实际上的伤亡还要严重，这使很多人对远程突击战法的可行性产生怀疑，许多人坚持认为疯狂而勇敢的温盖特是一个不负责任的疯子。他在德里取得的成功并不全面，也很难说会有怎样的结果。真正帮他声名远扬的是那些局外人和陌生人。

5 月 12 日，大批新闻记者涌入英帕尔。他们在部队和医院里到处搜集事迹，催促司令部出一期公报，并要求解除新闻禁令，好让他们充分报道英军的惊人壮举。代理总司令支持新闻记者的要求，他希望尽快公之于众，因为这是迄今为止英国在远东战场的唯一胜利，特别是近期英军在若开受挫，此时公布钦迪特远征成功的消息就更为重要。5 月 11 日新闻界详细报道了此次远征。所有英国报纸和印度、远东英文报纸的头版头条都作了报道，而 BBC 通讯社在本土和海外播发了一份特别公告。记者们的本能是正确的。77 旅的事迹立即产生了轰动效应，从 5 月 21 日起至战争结束，甚至到战后，那些深入缅甸从事敌后作战的勇士们的故事，在新闻

媒体上一直都有市场。

宣传报道使温盖特成为英语世界中鼎鼎大名的人物，但开始时他本人却未参与宣传活动。尽管温盖特博览群书、阅历丰富，但他始终保持着某种天真纯朴的性格，直到生命中的最后几个月，他才理解新闻界对舆论和事件的巨大影响力。1943 年 5 月所发生的事情充分说明，他当时对报纸如何报道自己的功绩抱着相当无所谓的态度，所以当记者们蜂拥至英帕尔时，他根本不在场。记者们后来找到了温盖特，但他无意满足他们搜刮故事的欲望。《每日快报》的战地记者威廉 · 布尔切特（William Burchett），生动叙述了他是如何费尽周折争取温盖特的合作。

> 我第一次到德里的旅馆采访他，发现他赤身裸体躺在床上， 436
> 正在埋头读书。我进门时，他连看也没看一眼，粗暴无礼地问我想要干什么……他对我和我的需求不感兴趣，但似乎对手中的书异常兴奋。每隔几分钟，他就放下书，在页边潦草地写些什么。这时伯纳德·弗格森进来了，俩人开始热烈地讨论起那本书，谈话慢慢变成对艾米丽·勃朗特及其作品的评论，其间又夹杂着温盖特对评论者狂放、刻薄的点评。

在数不清的文章中，有一篇将产生巨大影响。那篇文章发表在 5 月 22 日的《每日邮报》上，作者是格雷厄姆 · 斯坦福（Graham Stanford），文章标题是《温盖特——缅甸的克莱武[①]？》。

新闻界的军事报道经常会使用一些诨名和舰队街（Fleet Street）[②] 专用

① 1751 年，当时还是一名上尉的克莱武，率领英军和印度兵 500 人，夺取了法国人在阿尔果德（Arcot）的要塞，迫使法军解除了对英国占据的蒂鲁吉拉伯利（Tiruchirappalli）的包围。随后，法军及其印度盟军 10 000 人围攻阿尔果德，经过 11 周的战斗，克莱武的部队成功守住了要塞。此役对英国将法国势力驱逐出印度南部发挥了重要作用。——译注

② 舰队街是伦敦新闻机构集中的地方。——译注

的行话。例如，将军被称为“铜帽子”[1]，这一称谓军队其实根本不知道；再如，要想突出人物的个性就会起一个“疯狂迈克”之类的昵称，而这正是英帕尔的记者们给卡尔弗特起的绰号。“缅甸的克莱武”并没有叫多久。当时 77 旅有各种各样被广泛使用的滑稽称呼，例如，“温盖特的马戏团”（真正被 77 旅官兵使用的俚语）曾经一度在全球广泛传播，还有“温盖特的歌舞团”“丛林歌舞团”“影子部队”，以及新闻界发明的诸如此类的新名词，但这些绰号都没有流传下去。不过，5 月 21 日的一篇文章，使用了一个温盖特原创、却不为人所知的称呼。文章发表在《每日快报》上，作者阿拉里克 · 雅各布（Alaric Jacob）在文中谈及远征前他与温盖特的一次谈话，他称这支部队为“钦迪特”。这个名字开始以很慢的速度传播着，但到了 7 月底，它打败了所有的竞争对手。起初 77 旅的人并不情愿接受这个称呼，但后来他们欣然接受了。随着时间的推移，“钦迪特”这一绰号取得了半官方的地位。

有人说，特别是陆军元帅威廉 · 斯利姆爵士称，新闻界对温盖特远征的兴奋是这次行动唯一成功之处，严格说起来，若开之战和钦迪特远征只能算是两次惨重的大失败。这种观点对新闻界和钦迪特部队都有失公允。诚然，新闻界算在钦迪特部队头上的某些功劳后来证明是站不住脚的，是不完善的军事情报造成的误判。但有一些功绩，例如，钦迪特远征导致日本人取消对赫兹堡的讨伐，则一点也没有夸张，且当时已被军界认可。显
437 而易见，与当时的任何报纸相比，历史为温盖特及其部下赢得了更大的尊敬。新闻界不厌其烦地美化温盖特，但从根本上来说，对其成就的报道绝非弄虚作假。那些歪曲事实的说法其实是以一种更高明的手段来掩人耳目。多年以后，威廉 · 斯利姆爵士写了一本书，声称铁路不能通车只维持了几天时间，而且钦迪特部队所做的一切对日军作战的影响微乎其微。这

① 因帽檐上有金色镶边而得名。——译注

种说法不仅无视大量有关铁路受损的可靠证据，也无视日本方面的记录，其中许多记录在这位陆军元帅写书时已经公布，而且有足够多的记录可以查到。在发动第一次钦迪特远征期间，威廉·斯利姆爵士正指挥着第15军，正是在该军的作战地域内，夺取若开的努力受挫。

然而，毋庸置疑的是，1943年钦迪特远征直接的、也是非常重要的成果，更多是在心理上，而非在军事上，正是基于这一事实，才会有威廉·斯利姆爵士那样的观点。好消息振奋了士气，极大鼓舞了人民和军队的信心，而英军原以为日军在所有丛林作战样式中都大大胜出自己一筹。钦迪特部队给人们注入了新的勇气。不仅对英国人如此，对印度军队也起到了同样的作用。印度有数以百万计的男男女女对英国的统治和管理并无怨言，但这些人内心的忠诚不断动摇，他们开始扪心自问在经历了1942年缅甸那样不幸的失败后，大英帝国作为东方列强的末日是否已经来临，印度人是否应当效忠其他国家。当他们听说温盖特的壮举后，坚定了对英国的信心。①

温盖特在德里待了近三周时间，此后他去了加尔各答。29日，他飞回英帕尔视察暂时分散休整的部队，那里的管理既复杂又混乱（混乱的原因是上级经常朝令夕改），细说起来会让读者感到不耐烦，就算钦迪特部队的成员也会感到厌烦。最终，国王利物浦团第13营和142特务连的人去了孟买，廓尔喀步枪团的人去了位于台拉登（Dehra Dun）的团训练基地，缅甸步枪团的人去了霍希亚布尔（Hoshiarpur）和卡拉奇，所有人都享受了五周假期。“那是一段手忙脚乱的日子，”布罗姆黑德（Bromhead）少校回忆说，“为的是让全旅分散的各支队沿交通线返回印度，而交通线 438
一直不稳定，雨季刚开始的时候就更加糟糕。”到6月5日，除了第7支队尚未结束长途历险外，其他各支队全部返回印度，安德森照管下的旅司

① 1956年，在德里有许多印度人向作者表达了上述观点。——原注

令部在英帕尔一直待到6月18日。

成功带来的这些小小烦恼接连不断，此时温盖特迫切感到需要将自己的想法和经验说出来，这种感觉他以前从未有过。他想写一份备忘录，同时，他还想好好休息一下。就在此时，他与一个人结下了深刻的、不同寻常的友谊。英帕尔第19伤员转运站的负责人是艾格尼斯·麦吉尔里（Agnes MacGeary）护士长。这位苏格兰女人身材娇小、精力充沛、办事高效、大公无私。她天性仁慈，非常注重实际，她把护理病人视为自己的天职。认识艾格尼斯·麦吉尔里的人都说她像弗罗伦丝·南丁格尔（Florence Nightingale）。她管理着英帕尔的医院，在医疗上无微不至，并表现出天生的领导才能。她是一个严厉的人道主义者，同许多精通医学的人一样，并没有那种将自己伪装成慈善天使的多愁善感。没有哪个指挥官对下属的权威比得上这位专横的女人。出于奇特的原因，大多数情况下，她需要表现出严厉而不是放纵。许多钦迪特官兵回归文明社会后会面临新的危险，周围是清洁的环境、松软的床铺、洁白的被单，处在这样奢侈的环境中，他们会陷入致命的昏睡状态。也许有人会认为这样告别人生是令人愉快的，但如果看了卡尔弗特的书，知道这种情况下会发生什么，他们会改变原来的看法。没有经验的护士很可能因为好心纵容而让病人丧命。麦吉尔里护士长有时会显得冷酷无情，她强迫疲惫不堪的病人从床上爬起来，完全依靠自己的力气穿上衣服到户外活动。她似乎从来不会误诊误治。她在照看77旅伤病员过程中，了解了他们的许多感人事迹。她内心充满崇敬之情，而且将自己视为他们中的一员。当温盖特于5月底到英帕尔的医院慰问77旅伤病员时，艾格尼斯·麦吉尔里看出过量运动正在严重危及他的健康。温盖特告诉她自己想安顿下来专心撰写作战报告。医院一侧有两间空房。她命令温盖特住在这两间房里写报告，并在她本人的亲自监护下强制休息。他听从了她的安排。

439 从5月底到6月17日，他一直专心致志地写报告。在他写过的所有报告中，这份报告篇幅最长、质量最高。报告高度准确，即使今天看来，只要充实一些新材料（温盖特当时所不知道的），它仍是关于三千钦迪特勇士第一次远征最全面的记载。报告的写作并未以自我为中心，读者往往会觉得报告中有关他本人的内容太少了，他们希望了解得更多。那是他写的最有趣的文字，沉重的主题常常因冷嘲热讽的幽默而轻松了许多。他以前也经常这样写作，但他在《缅甸报告》中轻松而流畅的表达令人耳目一新。打个比方，如果他是一位作家（他经常这样幻想），那么此时他终于找到了自我，并创作出第一部成熟的作品。与他的《埃塞俄比亚报告》相比，这份报告对未能完成任务的下属给予了宽容。尽管如此，他在很多地方还是不够圆滑，他一向不谙此道。

这份报告还有一段奇特的经历。温盖特每天写完草稿，就用打字机打出来送给斯库恩斯将军征求意见。初期，斯库恩斯向他指出，为了发挥最大效力，他的报告“应当注意措辞，以便我们的盟友能接受”。温盖特接受了忠告，他说：“要不然，报告本来可以让人们关注许多被忽略的事情。”然而，事实上，斯库恩斯将军的警告本应得到更认真的对待，不论是温盖特，还是将军本人。报告完成后，仍然有很多表述容易遭人误解。报告中还有对下属的责难，既有针对个人的，也有针对集体的，同时报告还批评了钦迪特部队以外的群体和个人，如军事训练局（Military Training Directorate），总部的联络官，以及官僚体系中的其他机构。鉴于两年前他在开罗的经历，那种使他重蹈覆辙的倔强精神确实让人们感到惊讶，虽然他并无恶意且宽宏大量。不过，这份报告并没那么直截了当。报告中一些不中听的批评不但未给温盖特带来丝毫伤害，甚至还有助于提升其地位。

当报告和 16 个附件全部完成后，温盖特得到斯库恩斯将军的全面认可。他想当然地认为这意味着自己有权正式交印（他安排印刷却未得到总部的正式授权），而且他想给谁看就给谁看，“只要明显有利于国王的军 440

队”。[①]不过，顺便多说一句，人们确有理由质疑他为何将报告给麦吉尔里护士长看。温盖特的身心迅速恢复了活力，他因此非常感激麦吉尔里，觉得自己欠她的情，感激之情激发出一种深深的好感。俩人在性格上有一个重要的共同点，他们都属于执着献身理想的人。温盖特越来越信赖她和她健全的判断力，他凡事都与她商量，这一点读者们在后面的故事里会看得更清楚。6 月 21 日，温盖特告别了麦吉尔里飞往德里。

途中温盖特预感到前面会有麻烦。飞行的第一站是加尔各答的达姆达姆（Dum–Dum）机场。温盖特接到通知，总部命令取消他前往德里的机位，可是当飞机起飞时，他看见还空着三个座位。这可能仅仅是管理混乱导致的成千上万个错误中的一个，这对于战时任何一个军事组织都在所难免，当然，还有另外一种更糟的可能。不用说，温盖特以为发生了更坏的事情。不过，这个意外只给他造成一点小小的不便，并未太多影响他的行程，因为很快找到了一架美国陆军飞机，飞行员愿意搭载他。他到德里只晚了一天。

在德里，温盖特第一次见到朗泰涅准将。他们是截然不同的两类人。朗泰涅是正统军人的典范，遵守纪律，从不质疑，忠诚可靠，此人有头脑，但想象力并不突出。他根本无意领导一支私人军队。他钦佩温盖特的远程突击作战理论，但并不那么热衷。温盖特和朗泰涅之间不乏相互尊敬，但温盖特不能将一个无法分享他的理想和热情的人视为志同道合的伙伴。这两个人永远也不会成为亲密的朋友。

温盖特发现朗泰涅在首次会面中“对自己的旅深为忧虑。”他本人也很焦虑。这次返回德里与 1941 年返回开罗同样令人不快。总部并未明确反对温盖特及其作战理论，起码没有记录在案的反对意见，然而，有许多人怀疑这次远征的真正价值，也有很多人对自认为荒谬的想法取得成功而

---

① 此句引自温盖特私人日记，上面写着：“6 月 17 日，报告完成！”——原注

表示遗憾，最有力的证明是官方措辞上的变化。来自总部的攻击始于报告的印刷。

接下来的一段日子非常耐人寻味。温盖特于 22 日或 23 日到达德里， 441
直到 7 月 6 日，他一直忙于准备“引文”、组织印刷和校对清样。7 月 6 日早上，印度政府官方出版社将报告副本交到他手中。同日，他将副本呈送军事行动局局长办公室。他不明智的地方可能在于事先将打印稿给了第 4 军和欧文将军，而且有迹象表明他们向总部提交了一份或多份打印稿。无论如何，事态急转直下，迅速朝不利于温盖特的方向发展，由此可以看出他的敌人早已恭候多时了。次日，也就是 7 日早晨，弗格森跑来告诉温盖特，参谋长命令收回所有报告副本，直到经过第 4 军重新审查，并得到欧文将军批准。温盖特大失所望，他一定会识破不满的上级所惯用的伎俩，那就是通过拖延时间来推迟行动：第 4 军和东部集团军会争论几个星期，重印报告又要耽误几个星期，当报告经过无数次预审最终提交讨论时，大量时间被白白浪费掉了，那样温盖特将不可能在下次雨季来临前发动第二次远征。

即使存在这样的阴谋，事态的发展也将使它完全落空，这是那些在印度的参谋军官们始料不及的。在 7 月 7 日这天收回报告真是一个莫大的讽刺：新闻界不厌其烦的报道已经使温盖特大出风头（包括谎称“采访”过他妻子和家人），它们需要新的素材，而就在这天新闻界及时得到了一流的报道素材。针对发表照片的新闻审察已经耽误了很长时间，但 7 月第一周禁令放开了，就在 7 日这天，英伦三岛的各大报纸几乎都刊登了钦迪特队员的照片，其中包括形容枯槁、衣衫褴褛的大胡子男人带着澳大利亚丛林帽的照片，从阿马特根飞回的库克上校等伤员的照片，伯纳德 · 弗格森右眼上架着单片眼镜的照片（关于单片眼镜的各种传说自然像大雨一样从天而降），而其中最显眼的是旅长的照片，他留着浓密的络腮胡子，在深邃的双眼之上是那顶像护身符一样从不离身的遮阳帽。人们再

442 次兴奋了。那些想阻止温盖特冒险的人，不得不承认他们的对手是一位民族英雄。

温盖特收到许多英国来信，其中有他妻子和家人写来的令人感动的信，也有一些是给钦迪特部队的贺词。有一封来自白金汉宫的信转达了国王本人的关怀，另一封信来自尚未到任的印度总督韦维尔勋爵，还有一封信来自“陆军之父”伯德伍德（Birdwood）勋爵[①]。尽管如此，温盖特看起来并不知道自己的地位已经牢不可破，至少当时没有意识到。他还收到印度大臣埃默里先生的一封贺信，随后他写了回信。温盖特一向不守清规戒律，而且自以为有权将报告给任何人看，“只要这样做明显有利于国王的军队”，他这样想着就直接向印度大臣递交了《缅甸报告》的副本。此举让他彻底胜出对手，但当时他并不知道。

他的堂妹埃丝特·温盖特（Esther Wingate）生活在西姆拉，此时他跑到那个惬意的清静之地与她小住几日。他此行也有公务上的原因。刚刚离任的总督雷金纳德·多尔曼－史密斯（Reginald Dorman-Smith）爵士想要见他。温盖特以其特有的行事风格，要求雷金纳德爵士的副官派车接他到会面地点，他这样做倒不是考虑自己的尊严，而是照顾自己所代表的集体。

在西姆拉他遇到了一件怪事。当时昂丁正好在那里度假，一天他找到温盖特诉苦。后来昂丁回忆起俩人的对话，大致是这样的：

“好了，爱国者，究竟是怎么回事？”

“我现在处在很尴尬的境地。我现在是雷金纳德爵士的幕僚，可我受到他手下专家的责难。”

---

① 威廉·伯德伍德（William Birdwood，1865—1951），英国陆军元帅，第一次世界大战期间曾率澳新联军参加了加利波利战役，战后担任过驻印军总司令和澳大利亚总督。——译注

“你到底想说什么？”

“嗯，阁下，报纸开始称我们旅为‘钦迪特’。他们说您用佛塔外面的狮身怪兽命名自己的部队。”

“我那么做有什么不对吗？”

“人们认为绍曼帕和我是您手下的缅甸问题专家，现在秘书处的所有人都嘲笑我，说我根本不懂自己国家的语言。他们说，一定是我告诉您佛塔外的怪兽叫‘钦迪特’。”

“是啊，完全正确，有什么不对吗？” 443

“不对。它们叫‘钦德’。您问我的时候，我就是这么说的。”

温盖特听到此处不禁倒吸一口凉气。他自言自语、反反复复地念着“钦德”，突然大叫道：“天哪！我告诉新闻界一个错误的词。我现在该怎么办呢？这实在太可怕了！”

昂丁原来只想以温和的抗议捍卫自己的名誉。他对自己的话所产生的效果感到震惊，现在他想安慰温盖特，于是他说：“算了，我并不认为问题很严重。”温盖特顿时大发雷霆。他跳起来横穿房间，一把抓住昂丁的领子，一边摇晃，一边大叫道：“不重要？这非常重要！爱国者，你没看到我干了什么。我彻底愚弄了我的部下。我也愚弄了你和我自己。我用一个根本不存在的动物的名字命名了第 77 旅。这太可怕了。现在我究竟该怎么办？”

昂丁再次努力让他平静下来，他说：“好了，如果这个动物不存在，为什么不能说我们创造了它？”

温盖特大声说了一句“呸”，尔后就自言自语地离开了。他并未试图阻止 77 旅这个新称呼的传播，也没再跟昂丁提起这件事。很少有人懂缅甸语，而“钦迪特”是一个不错的词，缅甸人最终接受了这个外来词。

温盖特返回德里后，面临着严峻的形势，他在权力集团中没有盟友，报告也被收回。此外，他相信自己阵营内部也存在不满的声音。库克上校对国王利物浦团第 13 营损失之大感到震惊。前面说过，选择这支部队加入钦迪特是因为人员短缺；他们并不像缅甸步枪团那样适合执行丛林作战任务，事实说明后者的表现要好得多。大家一致认为，除少数军官外，第 13 营的大多数官兵不能再参战了。库克痛苦地意识到自己对部下负有道义上的责任，明确表示自己将与第 13 营共进退，不论该营将担负什么任务。温盖特想让这位能干且有经验的指挥官参与新的远征行动，但他认为库克坚持与第 13 营捆在一起是不忠诚的表现，对此他有些耿耿于怀。在评价温盖特此时此刻的言行时，千万不要忘记，由于报告被收回，他正处在极端不利的境地，可以说是朝不保夕。要是他知道自己现在有多大能量，他也许会表现得更宽容一些。再过一个月，他将变得无比强大。

444 埃默里于 6 月中旬收到被禁止的报告。让他欣喜的是，报告不仅证明他支持逆境中的温盖特是正确的，而且证明他本人在 4 月底提出的想法也是正确的，当时 77 旅的成败尚难预料。他在一份备忘录中力劝首相要保护日军战线后方的盟军基地，以威胁曼谷以北的日军交通线。他曾经说：“这将立即切断马来半岛的日军，如果再往北从空中威胁曼谷和日军在缅甸的交通线……（我们应当）积极开展温盖特旅那样的游击战，尽力在缅甸北部袭扰日军，让他们防不胜防。”在备忘录的最后，埃默里先生承认自己在大战略方面是外行，但他又补充说：“新手有时能看出老手所忽略的机会。”当埃默里发现自己的许多想法在一个职业军人的报告中得到精辟阐述时，他采取了最自然不过的办法，就是将报告直接呈送他的朋友和上司丘吉尔先生。

此时此刻，丘吉尔先生正被激烈的争论所包围。说得婉转些，丘吉尔与他的军种参谋长和奥金莱克将军，正就如何落实三叉戟会议决议相持不下。三叉戟会议于 5 月在华盛顿召开，会上英美两国首脑和参谋班子经历了艰苦的辩论。简单说，美国人的目标是对日本人发起更猛烈的攻势，而在英国人看来，这将损害对德作战的努力。多亏英国人顽强的谈判，美国人绕了一个大圈子后最终还是接受了英国人的观点，但他们决不同意放弃对远东的关注。英国人认为需要在这些问题上打消美国人的疑虑。美国人对英军在远东战线上缺乏攻势持有异议，为此，三叉戟会议在缅甸问题上做出了一些决议，主要是：集中英国方面的力量在阿萨姆战线；扩大对中国空运的规模，并增加那里的美军部队；与云南的中国军队联手，从英帕尔和利多对缅甸日军发起陆上和空中进攻；夺取阿恰布和兰里岛（Ramree Island），袭扰日军在孟加拉湾和安达曼海的海上交通线。收到上述指示后，英印军指出要在 1943 年执行这一计划有困难，建议推迟到 1944 年，部分计划还要推迟到 1944 年至 1945 年旱季。丘吉尔先生直截了当地声明，他认为他们过于保守。恰逢此时，他收到了温盖特的报告。 445
这份报告立即产生了显著而巨大的效果。它让丘吉尔对印度方面的不满到达了极点，在他看来，这位年轻旅长的成就与印度那些英军将领的优柔寡断形成了强烈的反差。7 月 24 日，他以惊人的语气给黑斯廷斯·伊斯梅爵士写了一封信。

> 请看看为了这点小小不言的进展，你们罗列了多少困难，要求投入多么庞大的兵力。所有的指挥官都争先恐后地夸大需求和需要克服的困难。
>
> 所有这些都说明多么有必要对指挥官做出安排。我仍然认为此人应当是一个果断而称职的军人，正值盛年，且有最新的作战经验。我确信奥利弗·利斯（Oliver Leese）[1]将军是合适的人选，一旦西西里作战结束，他应当立即回国商讨此事。我认为温盖特应当指挥对缅作战的军队。他智勇双全，出类拔萃，对

① 奥利弗·利斯（1894—1978），英国陆军中将。第二次世界大战中，曾参加过北非和西西里战役，1944 年 9 月接替乔治·吉法德任第 11 集团军群司令。——译注

> 此大家有目共睹。现在‘缅甸的克莱武’这一称呼已广为流传。毫无疑问，在无能和懈怠的印度战线上，这个人和他的部队，以及他们所取得的成就，都令人刮目相看。不用说，在战争中绝对不能仅凭资历阻碍真正的人才晋升到合适岗位。另外，他也应当早日回国参加我们的讨论。

7月25日，召温盖特回国的电报发出，他于当日或次日接到命令。他并不知道被召回国意味着什么，但他为此感到高兴。他在印度倍受冷落，而他目前最有权势的盟友埃默里先生在英国，即使仅仅出于这个原因，立即回国访问也会使他受益良多。温盖特并不知道在唐宁街10号还有另一位强大的盟友。

有关温盖特回国并突然得到提升的故事已广为人知。那是第二次世界大战中最吸引人的故事，我再次向读者保证，故事基本上是真实的。那确实充满戏剧性，但也绝非通俗的情节剧和传奇故事，所以传记作家有义务剥去玫瑰色的外衣，还事件以本来面目。

这次应召回国，温盖特随身带着一个笔记本，上面有许多涂鸦之作（通常画的是耳朵），期间也夹杂着历次会议的时间、地点等需要记住的事情。从含糊不清的记录看，他原计划在7月31日或8月1日出发，但实
446 际上于7月30日动身，这可以解释旅途中他为什么穿戴的是军用衬衣和遮阳帽这样的热带服装，时间表的突然变化让手脚麻利的印度裁缝束手无策。从一条简短的笔记看，他显然想在开罗买一套战斗服。他乘运输机飞往卡拉奇，当天晚上又从那里换乘水上飞机飞往巴士拉。24小时后，水上飞机降落在死海北岸的卡利亚（Kallia）。温盖特了解行程的具体安排后，立即打电报给伯纳德·弗格森，但他们未能见面。弗格森应中东战区

总司令亨利·梅特兰·威尔逊（Henry Maitland Wilson）[①]爵士之邀，准备就钦迪特远征发表一系列演讲，而此时他正在叙利亚。除非他改变计划，否则无法与温盖特会合，于是他只好表示歉意。温盖特为此非常生气。

更让他感到心情黯淡的是在卡利亚的不快经历。他再次来到巴勒斯坦，很想要一辆车去耶路撒冷，但管事的人不让他去。他自然认为这是反犹太复国主义势力暗中作梗。其实，很可能并非如此，更可能是由于起飞时间不确定，负责的军官不让旅客离开，这在战时是常有的事。温盖特最后一次身处这个世界上他最深爱的土地，却被拘禁在巴勒斯坦最空旷、晦暗的角落里。这架水上飞机是飞往南非的，次日早上先飞开罗，温盖特在开罗下了飞机。随后他住进了谢泼德酒店（Shepheard's Hotel）。

温盖特在开罗要做的第一件事就是设法与犹太复国主义朋友取得联系。谢尔托克就在开罗，但由于阴错阳差，俩人未能见面。谢尔托克不得不去伊斯梅利亚视察犹太旅的一个连队，这个旅是犹太人和支持犹太复国主义的外国人经过长期努力争取来的，是用来与纳粹德国作战的犹太军队。温盖特与谢尔托克通了电话，后者答应派阿卡维亚去开罗看他，阿卡维亚现在是巴勒斯坦团的一名中尉。当天晚上，阿卡维亚来到谢泼德酒店，在门厅里见到了温盖特。他冲上前去跟温盖特打招呼。温盖特故作深沉地说了一句希伯来语："你好，艾弗拉姆。"阿卡维亚继续说英语，直到温盖特笑着用希伯来语又说了一句，"你好，艾弗拉姆"，阿卡维亚这才心领神会地用希伯来语回答。阿卡维亚发现温盖特气色不错，恢复得非常好，而且充满自信（自1941年7月那场大灾难后，他第一次见到温盖特）。他也注意到，温盖特并未改掉他的怪癖。这次他手腕上没有绑着闹钟，而 447
是一个上了锁的绿色小包，温盖特告诉阿卡维亚，他把这个小包绑在腕子

① 亨利·梅特兰·威尔逊（1881—1964），英国陆军元帅，1942年曾担任中东战区英军总司令，后继艾森豪威尔之后担任地中海盟军总司令。——译注

上，从不离身，里面是遭到压制的《缅甸报告》。两位友人在温盖特的房间里一直谈到很晚，温盖特对阿卡维亚说，自从他们在艾因哈罗德初次见面以来，他的志向从未改变，那就是要在巴勒斯坦重建以色列国。

次日，也就是8月2日，温盖特离开开罗机场。8月4日上午，他抵达英国。帝国总参谋长的私人代表到机场迎接他，他得知自己下午要向帝国总参谋长本人报告。艾伦·布鲁克爵士事后回忆说："我对会见温盖特非常感兴趣……（他）取得了伟大的胜利，创建远程突击部队，深入日军占领区作战。在交谈中，他解释说，他正考虑将小规模的行动扩展为更大规模的行动。当然，他要求这些部队什么都是最好的，最好的士兵，最好的军士，最好的军官，还有最好的装备和大规模空运力量。我认为从他的攻击样式所取得的成果看，理应得到大力支持。我告诉他，要获得这些东西在英国应当找谁联系，还告诉他，我从加拿大回来后将与他一道努力，帮助他获得想要的东西。"

行动的第一步是建立一支大规模的钦迪特部队。温盖特与军事行动局局长约定于8月5日和7日会面，一起参加会见的还有艾伦·布鲁克爵士手下一位助理参谋长，他的名字在本书中曾多次出现，此人就是约翰·埃维茨少将。这两次会晤均未成行，因为当晚又发生了一件大事。

温盖特离开前，帝国总参谋长指示，要他到唐宁街10号报到。温盖特奉命行事，他只知道帝国总参谋长要去加拿大，并不知道8月5日首相和三军参谋长们将远赴魁北克，与罗斯福总统和美国三军参谋长们召开"四分仪"会议，这在当时是最高机密。

现在他大显身手的机会终于来了。丘吉尔本人对当晚在唐宁街10号发生的事做了最好的记述：

> 温盖特在阿比西尼亚作为游击队领导人出了名……在缅甸丛林战中更是功勋卓著。这些新的卓越功绩，在他所服役的一

些陆军部队中为他赢得了“缅甸的克莱武”的称号。对此，我早已耳熟能详，我还知道犹太复国主义者想让他担任未来以色 448
列军队的总司令。我召他回国，是为了在去魁北克之前见他一面。8月4日晚，我正准备独自进餐，听说他已经乘机抵达，而且实际上已经到了我的官邸。我立即邀请他共进晚餐。我们谈了还不到半小时，我便感到面前这个人素质极高。他侃侃而谈，主题是如何将远程突击作战群空降到敌后，并在丛林战中征服日本人。这让我非常感兴趣。我希望了解更多的东西，并让他把这些故事告诉三军参谋长们。

我立即决定带他远航。我告诉他，我们的火车将在10点出发。当时已经快9点了。温盖特从前线经过三天飞行刚刚回来，除了身上穿的，没有其他衣服。他当然非常乐意同行，但对不能与妻子见面表示遗憾……

与首相会面前，温盖特给远在阿伯丁郡的洛娜打过电话。当他接受去魁北克的邀请时，洛娜已经上了一辆开往伦敦的特快列车。首相立即决定让她一同前往魁北克，他在自己的回忆录中写道：“我的私人办公室有办法应付这种局面。”[①] 晚11时15分，洛娜在爱丁堡火车站被铁路官员叫下车，俩人都不知其所以然。洛娜在爱丁堡的住处已经安排好。温盖特于4日午夜前1分钟离开国王十字车站（King's Cross），于次日早在韦弗利（Waverley）火车站的站台上见到了妻子。

他们从爱丁堡出发，穿越苏格兰来到停泊在克莱德湾（Clyde）的“玛丽皇后”号上。这艘巨大的游轮于5日启航，用丘吉尔的话说：“‘玛

① 以上引用丘吉尔的话，均出自他本人撰写的《第二次世界大战回忆录·第五卷》第四章。——译注

丽皇后’破浪前进，我们在船上过得极为舒适，吃得像战前一样好。跟过去的几次航行一样，我们终日忙于工作。”

首相曾说过，他“希望了解更多的东西”，一天晚上，温盖特接到期
449 待已久的召见，他来到这位大人物的客舱。温盖特在笔记本上清清楚楚地记下了谈话要点，以下是原原本本的记录：

与首相谈话要点：

在地图上说明过去和未来的行动

下次要干就要打败日本人，否则还不如不干，因为那样会打草惊蛇，并耗尽爱国者的潜力。

简要说明已经采取的措施：部队太少、太差。缺乏有效控制……？……任何措施——通常都是事后讨论

报告遭到压制

吉法德的计划

日军的问题和打败他们的办法

时间因素

因多的交通

曼尼普尔的道路

德穆—泰迪姆（Tiddim）的后勤和交通线

敌人的后勤和交通线

陆军航空兵和皇家空军的合作

空降兵

租借法案援助物资的空运

当温盖特进入客舱时，他发现丘吉尔手中有一份他写的报告。首相请大家坐下，然后说了下面这段话：“我认真读过你的报告。写得非常好。

但我要说，有些措辞我不喜欢，而且我敢肯定我们的语言也不会喜欢。例如……”在此，他指出了一些生硬和存在语法错误的地方。尔后他转向大家，自言自语了一会儿，又补充说：“你们知道，类似的错误也可以在马尔巴罗（Marlborough）公爵[①]的书信中找到。”这次会面非常关键，因为此时温盖特要向丘吉尔这样一位令人生畏的批评家，具体证明他原本只凭盲目热情所接受的一些想法。温盖特事后说，会前他很紧张，然而，丘吉尔对其生动、实在、但修辞上并不专业的文章的责难，比任何客套而圆滑的评价，更能让他完全放松心情。

接下来，他们开始讨论正事。谈话结束时，首相信心十足地指示温盖特就远东战局的几个方面进行研究，并且明确了哪些人参与研究。很长时间以来，人们对温盖特的看法存在分歧，但温斯顿·丘吉尔毫不动摇地 450
坚信，温盖特是一位能力超群的军人，具有伟大而无畏的性格。

“玛丽皇后”号“破浪前进”驶向终点，而英国三军参谋长们则一直在船上开会。在8月8日的第一次讨论中，他们详细审查了即将从阿萨姆发起的行动。此时，温盖特再次见到艾伦·布鲁克爵士，后者告诉他关于开会研究组建新的钦迪特部队的情况。他说，大家一致同意，钦迪特部队必须在大军进攻前发起行动，否则努力会白白浪费。温盖特建议沿上次的行动路线组织大规模的渗透突破，另外建议派2000人的钦迪特部队飞往云南作为中国军队南进的先头部队（也是一种激励）。人们会注意到，如果按温盖特的计划行事，远东的英军将全部投入缅甸以打败日军。这样做是否明智尚不确定。

当晚，三军参谋长们召开第五次会议，温盖特应邀与会，当面详述

① 马尔巴罗公爵，即约翰·丘吉尔·马尔巴罗（John Churchill Marlborough，1650—1722），是英国历史上杰出的军事家和政治家。在西班牙王位继承战争中，曾率领英军和盟国军队大败法王路易十四，取得了著名的布莱尼姆战役的胜利。他是丘吉尔首相的祖先，丘吉尔曾为他写过一部传记《马尔巴罗公爵：他的生平和时代》。——译注

自己的观点。在这次会议上，他第一次提出了自己的需求，即 6 个旅的兵力。他说需要 3 个旅担负进攻任务，另外 3 个旅用来保护交通线和机场。他关于战略战术的具体建议并不需要在此讨论，值得注意的是，他提出的 6 个旅的编制与最终得到的大体相当。在这次会议上，他对日军可能做出的反应发表了奇特见解，再次证明了他一贯活跃的思维和独到的观察力。他说，在制定对日进攻作战计划时，要特别考虑时间因素，由于日军组织反击动作缓慢，时间因素显得特别重要。他解释说，如果他们头脑迟缓，就会给日军以意想不到的优势，因为当日军准备好反击时，英军的进攻就会失去锐势。不论英军在缅甸发起怎样的进攻，都必须保持足够的锐势，直至 1944 年雨季到来。他给大家留下了良好的印象。

在“玛丽皇后”号上，三军参谋长们还召开了另外一些会议，主要与“霸王”行动有关。温盖特与首脑们也有一些私下会晤，他会见过路易斯·蒙巴顿勋爵和黑斯廷斯·伊斯梅爵士，以及其他一些要人，但是到达魁
451 北克之前，他在英国三军参谋长第五次会议上的露面是唯一一次公开亮相。

自从 8 月 4 日晚与首相共进晚餐后，温盖特终于有机会让自己穿着一新。他换下军用衬衣、遮阳帽和卡其布军装，穿上了一身战斗服，但式样和颜色都是海军的，这是游轮上唯一能找到适合他身材的制服。8 月 2 日，在从印度返回英国途中，伦敦的政府公报公布了他授勋的消息，现在他的优异服役勋章上加了第二道杠[①]。他的海军战斗服上没有佩戴军衔，除了代表三次荣获优异服役勋章的勋表外，也没有其他勋表。一起旅行的同事们，一方面羡慕他功勋卓著，另一方面也对他的古怪装束说三道四。温盖特一贯如此标新立异，难怪人们会质疑他为何故意不在开罗买一身常服，在那里随处都可以买到那样的制服。

---

① 按照英军的规定，如果一个军人多次获得一种勋章，那么从第二次起，每得一枚同样的勋章，就在第一枚勋章的勋带上加一条金属杠。优异服役勋章上加两道杠，表示授勋者得过三枚同样的勋章。——译注

乘“玛丽皇后”号去往魁北克参加“四分仪”会议的这250人，以前都有过类似经历，因此很自然地形成了一个将温盖特夫妇排斥在外的小“圈子”。有人注意到这一点，而且有一位以爱热闹著称的少将，在别人的怂恿下试着与这对奇特的夫妇交朋友，他带他们参加船上的各种社交活动。这位将军发现自己的努力全都白费，他被身边这位古板而专注的人弄得灰心丧气，同时也为他的轻率举止感到难为情。代表团成员中与温盖特接触最多的是安东尼·海德（Antony Head）上校，据称他的职务是“两栖作战计划部主任的代表”，其职责可以有各种各样的解释，其中包括将温盖特倡导的远程突击作战纳入协议草案。他和温盖特经常共进晚餐，每天都要见温盖特好多次。他们成了朋友，温盖特告诉对方一些有关自己的情况，以及他的战略思想是如何产生的。他谈起埃塞俄比亚战役，余怒未消地回忆说，当他返回开罗报告基甸军的情况时，如何受到上级压制。尽管他显然喜欢安东尼·海德，但后者始终清醒地认识到，温盖特对正常生活的冷漠态度几乎排除了发展友谊的任何可能性，这正是常人的理解。他
觉得温盖特情愿摒弃与所有人的来往，只要他由衷相信这样做可以实现自 452
己的目标。尽管这么说有点令人费解，但海德还是认为对眼前这位怪人最好的描述就是，他对自己的目标绝对执着，他深信坚守信仰就要作上帝的工具。8月9日，“玛丽皇后”号到达加拿大的哈利法克斯（Halifax）。10日晚，英国代表团乘火车到达魁北克。

“四分仪”会议的主要议题集中在欧洲战场，对此毋庸赘述。所有的讨论都表明在英国和美国之间存在着巨大分歧。丘吉尔和英国三军参谋长们在远东问题上各持己见，使得讨论更加复杂。有一次争论特别激烈，以致除了主要首脑外，其他人都被赶出房间，尽管如此，各方都一致认可温盖特。虽然他以前从未参加过高层政治会议，但他清楚自己的优势，他在“四分仪”会议上获得了实现抱负所需的威信。

美国代表团比英国代表团晚三天到达魁北克。这让英国三军参谋长会议和联合计划参谋部（Joint Planning Staff）[①]有时间进行准备并理清思路。艾伦·布鲁克爵士曾在“玛丽皇后”号上对温盖特说，要他向盟军参谋长联席会议（Combined Chiefs of Staff）[②]详细阐述自己的观点，并要求他到魁北克后，尽快向英国联合计划参谋部提供一份备忘录。10 日，温盖特准备好文件。这份备忘录言简意赅，没有引用圣经。在他写过的所有备忘录中，从直接效果和长远影响看，这份最不同凡响。

他先简要概括了远程突击作战的基本原则，尔后在第二部分中详述了自己的建议，即派 3 个作战群（每个作战群编 8 个支队）从东西两个方向进攻缅甸。一路从中国发动进攻，一路从德穆以北地区发动进攻，另一路从钦山（Chin hills）地区发动进攻。这些作战行动在时间上要与以下部队的攻势密切配合，即阿萨姆的部队，史迪威指挥的中美联军，以及云南的中国军队，他毫不犹豫地为这 3 支部队勾画出了一个战略计划。他反复强调日军行动迟缓，以及攻势行动有必要在 1944 年雨季前达到顶点。从后来实际发生的情况看，最令人叹服的是备忘录的第三部分，他指出日军
453 可能在阿萨姆战线发起进攻，如果出现这样的情况，他建议对作战计划做某些调整。备忘录结尾部分是“建议”，包括四项内容：第一项是“批准计划”，第二、三项是关于组建和装备“来自英国的”部队。他强调加快组建远程突击作战群的首要需求是为他们提供装备。最后一项建议是预先通知印度方面，以及他本人要尽快返回印度。他在备忘录中提出需要一支总数 26500 人的部队。

在魁北克，英国方面有三天时间单独研究问题，联合计划参谋部和三军参谋长们认真阅读了温盖特的备忘录，尔后各军种参谋长决定给英国

① 联合计划参谋部是第二次世界大战期间英国负责制定军事计划的部门。——译注

② 盟军参谋长联席会议是第二次世界大战期间英美两国各军种首脑组成的最高指挥机构。——译注

驻印军总司令发三封电报：第一封电报宣布，他们决定在即将发动的作战行动中，采纳温盖特的远程突击作战计划，发起更大规模的敌后作战；第二封电报告知温盖特备忘录的要点，当然，让人感觉这是他们的主意，而不是温盖特的想法；第三封电报详细说明了温盖特和他们应当就如何招募必要的人员提出建议。三军参谋长们审查联合计划人员起草的电报初稿时，感到语气不够肯定；最终发出的电报充分肯定了温盖特取得的成就和提出的建议，并声明高层决心继续推进他的工作。电报要求于 8 月 20 日前答复。在具体数字上他们完全采纳了温盖特的意见，只有个别无关紧要的数字除外。①

这些电报于同一天发出，14 日，一个从印度来的人带来了坏消息。雨季在加尔各答西部地区引发洪水，由此而造成的大灾难很可能严重影响缅甸战线未来的作战行动。结果证明水灾对从印度发起的军事行动没有显著影响，但值得注意的是，人们有理由认为水灾爆发后，不应再让一个新的、庞大的机构增加印度总部的负担，但在魁北克没有人以此为由反对温盖特的建议。此时温盖特已经占据了一个非常有利的制高点。

美国代表团于 13 日晚到达，盟军参谋长联席会议从 14 日上午开始开会，下午第一次讨论远东战区问题。会上，温盖特的建议被提交给美国代表团讨论。后者似乎比英国人更不可能反对这些建议。② 如前所述，温盖特是各方一致认可的人物。只要一涉及对日战争问题，不论是英国想做 454
的，还是不想做的，其他国家都会有不同意见。美国抵制英国关于打败德

① 温盖特要求 110 辆吉普车，他们向印度方面提出的要求是 100 辆，这是具体数字上的唯一区别。——原注

② 事实上，美国人比英国人更坚定地支持温盖特。马歇尔将军在战后接受传记作者采访时称，他当时不仅帮助温盖特印刷遭到英国方面禁止的报告，而且还声称，不论史迪威、英国人还是中国人拿走分配给温盖特的物资，他都会把它们收回来。参见福雷斯特 · C. 波格的《马歇尔传（1943—1945）》第 316—317 页（世界知识出版社 1992 版）。——译注

国后全面参与对日作战的主张，[①] 但同时，他们又迫切要求英国早日在阿萨姆战线发动攻势，而在英国人看来，美国人低估了丛林交通条件给进攻造成的困难。14 日会议结束后，艾伦 · 布鲁克爵士在日记中写道："看来这些洪水会给缅甸战役造成巨大影响，并使我们陷入困境，因为美国朋友要压我们发动缅甸战役。"

接下来，关于缅甸问题的讨论暂时告一段落，14 日至 17 日的会议完全用来讨论欧洲问题，特别值得一提的是，意大利代表刚刚从西班牙赶来，希望能争取比无条件投降更宽大的条件。会议讨论欧洲问题期间，温盖特领受了一项重要任务，即作为路易斯 · 蒙巴顿勋爵的远东问题特别顾问，起草一份由丘吉尔授意的提案。这是一个代号为"长炮"（Culverin）的行动构想，计划夺取安达曼群岛和苏门答腊岛北端，以便从阿萨姆至新加坡一线对日军占领区实施海空封锁。这个极富想象力的宏大设计遭到艾伦 · 布鲁克爵士的激烈反对，并成为丘吉尔与英国各军种参谋长之间争执的主要原因。但丘吉尔不会善罢甘休，于是路易斯 · 蒙巴顿带人制定了一个具体提案。温盖特从众人之中脱颖而出，成了"长炮"行动的主要推手，后来的事实证明这是一个多么奇怪且具有悲剧色彩的嘲弄。

温盖特和洛娜与两个代表团的大多数成员一起住在芬堤娜（Frontenac）酒店。他一直穿着那套海军战斗服。他与美军参谋长及参谋军官进行了广泛接触，很快使第二次钦迪特远征具备了盎格鲁—美利坚联盟的色彩。在魁北克，安东尼 · 海德与温盖特接触最密切，他发现温盖特常常能以一种奇特的方式从会场消失。在短暂的会议休息时间，他会像一位"遁世者"那样远离乱哄哄的会场，有时很难找到他。毫无疑问，他希

① 英国方面提出，在打败德国后，英国应在对日战争中有一个充分和公正的地位，要求分享一些机场和海军基地，并得到恰当的任务。英美三军参谋长们在会上对此进行了争论，最后美国方面做出了让步。参见丘吉尔的《第二次世界大战回忆录 · 第五卷》第五章。——译注

望一个人独处，或者跟洛娜在一起，也可能是由于不久前刚刚经历的疲劳迫使他突然感到必须休息。 455

17 日下午，温盖特在盟军参谋长联席会议上第一次正式亮相。英国方面的主要首脑似乎预见到在地中海问题上将发生激烈争论，他们把温盖特留作预备队，随时准备将议程转向远东问题。艾伦·布鲁克爵士的私人记录清楚表明，他和他的英国同事都希望温盖特作为“双方的共同点”，能够在火爆的争论中化解分歧。此情此景一定会让人们忍俊不禁，这个走到哪儿都会引起争端的人，这个毫不妥协的犯上作乱者，竟然发现自己是一个“小小的团结因素”。但是，那些笑过头的人应当记住是什么力量在背后推动他。这次他表现非常出色。他讲得很快，句句切中要害，牢牢地吸引着听众的注意力，而那些听众原来对于雄辩的演讲术太习以为常了，也太容易感到厌烦了。温盖特并不在乎听众的显赫地位，他像平常一样坦率直言，就好像是向手下的支队指挥官训话。有一次，他（有不忠的嫌疑）将英印军说成是“从事户外娱乐的组织”，但这种不得体的措辞，结合上下文听起来，并未有损其功绩。他博得了会议主席的赞赏。艾伦·布鲁克爵士在日记中写道：“一次非常好的会议，会上我推出了温盖特，他发表了一流的演讲，精辟阐述了组织缅甸战役的想法和意见。”

就在当天，罗斯福从美国赶到魁北克。丘吉尔想让美国总统接见温盖特，于是在次日上午安排了简短的私人会晤。温盖特于 17 日晚接到指示，他在安东尼·海德的帮助下立即开始工作，着手准备有关钦迪特远征的发言，并就最近讨论的问题提出建议。他们的工作量很大，直到很晚才完成。次日上午，罗斯福总统像往常一样穿着黑色外套和白色棉绒裤子，坐着轮椅进入房间，温盖特则站在一幅大比例尺的阿萨姆和缅甸地图前面。这位美国政治家以其惯有的热情与年轻的旅长打招呼。在场的其他人只有英国首相、路易斯·蒙巴顿勋爵和海德上校。温盖特发挥出色，他言

语不卑不亢却激动人心，可以说面面俱到，而且几乎没有低头看过一眼笔
456 记。两位国家领导人常常打断他的发言，询问一些问题，并结合他的发言谈到内容广泛的战略问题。最后，丘吉尔对这次会见发表了评论，他说：“温盖特旅长，我们由衷感谢你。你详细说明了一个很大、很复杂的问题，清楚明了，堪称典范。”海德上校怀着侥幸心理认为，温盖特听到这样罕见的称赞时，会周到地提及他人的帮助，但温盖特只回答了一句：“我一向如此，阁下。”

这次会晤是温盖特最幸运的时刻，也是他在魁北克最后一次正式安排的发言。此外，他还参加了英军和盟军参谋长联席会议一些级别较低的会议。值得一提的是，他在委员会工作中如鱼得水，即使经验老到的政客也会妒忌不已。他拥有一种神秘的力量，从来不会让人感到是他自己坚持要到场的。他很少主动要求发言，但当他受到邀请时，不知是何缘故，他总是能通过表情或其他什么方式给人留下深刻印象，而且能让别人在辩论中很难忽视他的意见。当他思索时，有时会停顿 15 秒钟之久（漫长得就像 15 分钟），然后再回答问题。

一天，他在芬堤娜城堡有过一次不期而遇的邂逅。当时，他正坐在餐馆里，两肘支在桌子上撑着头，对着英国代表团的同事们侃侃而谈，此时一个穿着空军制服的老军官进入他的视线。温盖特突然间认出他就是自己在苏丹国防军服役时的老上级，当时他告诉温盖特要么闭嘴，要么回家。温盖特跑过去自我介绍。这位温盖特青年时代的暴君当然记得他，不过眼前这个曾被自己伤害过的人已经是闻名遐迩的大英雄。他现在可没有什么专横的资本了。温盖特询问了他的情况，对方说自己是国王的信使，因此穿着皇家空军制服（但他并未解释自己是如何得到这种违反常规的任命），他还低三下四地说，他喜欢这项新使命，因为有机会接触“要人”。温盖特见到了自己年轻时在非洲的老相识，自然很高兴，但对方显然感到不自在，眼前这位被自己修理过的下属如今成了令人敬畏的大人物，这样

的重逢并不让人欢畅。

8月19日，爆发了一场政治风暴。当天在盟军参谋长联席会议上，除了主要首脑外，其他人都被赶出会场，后来路易斯·蒙巴顿勋爵做了冰 457
块试验，才让大家的情绪恢复正常①。尽管这次会议的主题与远东战事有关，但温盖特并未出席。这大概是因为英国代表团内部有急事要处理。事实上，19日，印度方面对14日的电报做出了答复。三军参谋长们鼎力支持远程突击作战构想的消息在新德里引起了极大的恐慌。这项决定不仅打击了很多心存偏见的人，也同样打击了很多认真负责的人。

克劳德·奥金莱克爵士从来不曾低估过77旅的功绩，即使多年以后，77旅面对不怀好意的吹毛求疵，以及威廉·斯利姆爵士的诋毁，奥金莱克仍然满怀钦佩地称赞温盖特公然蔑视权威的做法。温盖特有一种感召力，天生就是带兵的人。但奥金莱克从不盲目崇拜这位奇才。在丘吉尔要求任命温盖特为集团军司令之后几天，②克劳德·奥金莱克爵士写信给帝国总参谋长说（他对丘吉尔的举荐一无所知）："温盖特能力超群，能亲自组织和激励官兵在极端困难的条件下独立作战……但他愈是与部队脱离直接接触，例如担任军长，他的价值就愈小。"

温盖特在魁北克会议上成为各方一致认可的人物，但在印度却爆发了有关钦迪特部队的激烈论战。与参谋们的意见相比，总司令的态度相对温和，甚至可以说比较友好，而"四分仪"会议的提议在总部激起了针对温盖特的新一轮反对浪潮，此前的反对与之相比不过是和风细雨。

为了让总司令抵制三军参谋长们的指示，参谋班子向他提供了颇有

① 当时为了在海上建造机场，蒙巴顿的手下发明了一种叫"派特里克"的特殊冰块，制作方法是在普通海水中加入一定比例的木浆，这样冰块就变得非常坚硬。据说，当时大家公推美国陆军航空兵司令阿诺德将军用砍刀来砍，结果发现根本砍不动，于是蒙巴顿掏出手枪开了一枪，子弹弹回来差点伤了波特尔空军元帅。参见丘吉尔的《第二次世界大战回忆录·第五卷》第五章。——译注

② 丘吉尔曾有意让温盖特接替斯利姆。——译注

说服力的论据。主要观点如下：扩大钦迪特作战规模需要大量飞机，如果能提供这么多飞机，那么用它们为战场上的正规部队提供补给和运输，作用会大得多；在印度战区，任何大规模援军都应当首先用于正规部队，远程突击作战群像其他游击队一样，是陆军的辅助部队，“可以协助却不能代替”正规部队，这一原则绝对不容忽视或遗忘；远程突击作战最主要的任务是破坏日军的油库和弹药库，以温盖特的现行做法，部队无法完成
458 这样的任务；没有时间进行训练；没有考虑陆路运输需求。温盖特曾要求以 6 个旅组成新的钦迪特部队。这一需求一度膨胀到 8 个旅，尔后又被联合计划人员和三军参谋长们压缩为 6 个旅。然而，需要指出的是，尽管三军参谋长们压缩了部队规模，但他们并未完全拒绝温盖特的要求，他们在给印度的电报中说明，需要立即组建 6 个旅，以后再组建 2 个旅。身在德里的总司令收到电报后，向手下顾问们提议将兵力需求减少为 3 个旅。即使如此有限的妥协也在印度遭到了抵制，克劳德·奥金莱克爵士感到自己与手下参谋人员陷入对立。他有意从第 81 西非师中抽组第 3 个钦迪特旅，但许多人反对搞垮这支部队，这是在西非组建的第一个师，来自该师内部的反对意见通过总部的参谋们转达给总司令本人，想让他知道部队感到极大的委屈。

克劳德·奥金莱克爵士给了魁北克一个温和而巧妙的答复。他分三部分说明自己的立场，第一部分分析了远程突击作战群的作用；第二部分详细分析了军队冬天攻入缅甸的可能性；第三部分是关于人力问题。在第一部分中，他反复强调，使用非正规部队必须取决于主力部队利用非正规战开创局面的能力。他多少有些夸大了正规部队与非正规部队的区别，他说非正规部队的作用不是战斗，而是规避并疲惫敌军。在第二部分中，他仔细分析了何时可以扩张战果。进攻作战的全盘计划受到阿萨姆交通条件的限制，从目前形势看，1944 年 3 月前不可能具备所需的能力。奥金莱克将军用数字说明问题，着重强调需要 4 个空军中队才能满足空运需求。他

接下来分析了由一个远程突击作战群联合中国军队从云南发起进攻的建议。他说不能指望中国军队会履行发动进攻的承诺，并说最近的报告证实了他的疑虑。他认为这支官方代号为“Y 部队”的中国军队，不会在英军真正发动全面进攻前进入缅甸，而英军的攻势不可能在明年 3 月以前准备就绪。这些观点加在一起，就等于断言在即将到来的冬季扩充钦迪特部队是分散和浪费兵力，不过，电报的第二部分包含着一个重要的限制性说 459
明，即如果用于“反击敌人向阿萨姆的突破”，那么扩编部队将具有实际意义。随着事态的发展，1944 年钦迪特部队实际担负的正是这样的任务。

电报的第三部分在人力问题上提出了最强烈的批评。如果要全面落实三军参谋长的指示，必将严重打乱现有的部队。首先要肢解第 70 师，这是英国陆军中最功勋卓著的部队。第 1 印度师是一半靠牲口、一半靠摩托化运输的部队，也不得不遭受同样的肢解，而为了提供 3 个营的英军，还要打乱第 3 个建制师，更不要说还要提供 3500 名英国皇家空军、陆军工程兵、通信兵和其他专业部队。奥金莱克将军毫不客气地指出，即使钦迪特作战所需的这些部队百分之百得到满足，根据以往的经验，也只有百分之六十的人员能够实际完成训练，还需进一步从其他部队抽组人员。如此扩充部队规模，对于史迪威部队从利多发起的进攻，对于维持通往中国的补给线，以及对于阿萨姆部队保留的畜力和汽车运力，都将产生灾难性的后果。夺取兰里岛的构想将被迫放弃。他还指出建立独立的部队司令部将引起混乱。奥金莱克将军建议从第 81 西非师抽组 1 个旅，他强调这是部队扩充的最大限度，最后，他明确请求取消严重损害部队的政策，部队因为频繁改组已经影响了士气。

印度方面对魁北克发生的事情一无所知。他们想不到，英美之间的分歧刚刚解决，英国代表团不可能撤销对温盖特的支持，而不重新挑起与美国人的争端。还有一点必须记住（这一点印度方面也不知道），让温盖特发起新一轮更大规模的作战行动，不仅是英美之间达成的一致意见，也是英国三军参谋长们与首相达成的一致意见，丘吉尔决心推行的战略是将缅甸战役只局限于缅北，以同样的努力在苏门答腊岛建立盟军基地。19
460 日，丘吉尔和艾伦·布鲁克就此问题的讨论进入关键时刻。在他看来，奥金莱克将军的电报来得太不是时候了。它败坏了此刻的政治氛围。在与温盖特的私下谈话中，丘吉尔不无坦率地发表了自己的看法。

紧接着19日的电报，印度方面于21日又发出一封电报。这封电报朝着落实三军参谋长指示又往前走了一步，他们建议将第81西非师全部用于远程突击作战，但不要打乱它的建制，保留其现有指挥和参谋机构。这意味着印度方面同意将3个钦迪特旅增加至5个，只比联合计划人员要求的少1个旅，此举目的显然是要保全第70师。

在印度方面发出第二封电报前，温盖特已经开始发动反击。他写了一份长达3000字的措辞强硬的备忘录，逐一驳斥了奥金莱克将军的每个观点。以下仅引用几段，以便读者对这场争论有一个大概的了解。

> （奥金莱克将军）不赞成在现有的远程突击作战群之外，再组建和训练更多的部队。他的观点是基于如下考虑，即创建更多的远程突击作战群将使英印军元气大伤。今天，在印度差不多有100万人服役，这种状况已经持续了相当长时间。
>
> 自从新加坡陷落以来，对日作战主要从印度发起，使用的是二流部队。经验丰富的部队、装甲兵、攻击旅等更精锐的部队，被阻止与敌接触。担负作战任务的部队到处吃败仗，到处受愚弄，只有一个例外。毫不夸张地说，根源在错误的策略。在上述例外情况中，[1]策略运用则大不相同。但奥金莱克将军不赞成这些策略得到更广泛的运用。

① 指第77旅。——原注

> 那种认为远程突击作战群不是用来战斗，而是用来躲避敌人的说法，完全是颠倒黑白。远程突击作战群的全部目的就是战斗。迄今为止，它是我们看到的唯一连续作战、艰苦卓绝的榜样。这支部队在人员和训练方面都不适合对日军作战，而且严重缺乏支援。但它不得不战斗，而且不得不打硬仗。在钦迪特作战中，各支队所见过的日军要远远多于正规步兵多年来见过的日军。当然，要是没有作战对象，远程突击作战群只好规避敌人。
>
> 至于说后续作战的必要性，当然是最关键的问题。我不能 461
> 想象为什么所需的轻型部队无法做好准备。看起来，在阿萨姆的这场战争持续得越久，部队进攻准备的差距就越大……就在一年前，我们还满怀信心地说，要在42年至43年，而不是43年至44年发动进攻！战争持续的时间越长，进攻的前景就越暗淡。

这份备忘录只是针对总司令19日的电报。针对第二封电报，温盖特又写了第二份备忘录。他认为自己发现了印度方面设计的圈套：即通过保留师建制和指挥参谋机构，第81西非师可以用来干扰进而削弱他的领导权威。根据他留下的文字记录判断，同廓尔喀人的不快经历让他记忆犹新。西非师有自己的丛林训练套路，即使是在温盖特的专制作风下，他们仍可能凭借整师的实力抵制另外一种训练方法。尽管如此，奥金莱克将军的第二封电报几乎满足了部队的数量需求，要拒绝确实需要勇气。温盖特有这样的勇气，他果断地拒绝了送上门的礼物。不过，在简洁、严厉、有理有据的第二份备忘录中，他以一种不同以往的宽容姿态，同意在严格试验基础上接受1个西非旅。温盖特的保护人陆军元帅韦维尔勋爵曾经说过，一个人除非有赌博的冲动，否则无法成为将军。温盖特确实具备这种品质。

8月23日，联合计划参谋部研究了印度方面的两封电报和温盖特的两份备忘录，并提出了关于组建远程突击作战群的建议。他们完全支持8个旅的最大兵力需求，但指出在进攻苏门答腊岛尚充满不确定因素的情况下，组建这么多部队不现实。因此，他们建议暂时只扩编6个旅，但这种限制只适用于目前，部队重组只限于改编第70师和从第81西非师抽组1个旅。他们支持温盖特组建专业部队和自己的司令部。这些建议立即被采纳，没有引起进一步的争论，有关指示随即发往德里。25日的会议决定成立东南亚战区指挥部（5月以来一直在讨论这个问题），由路易斯·蒙巴顿担任总司令。这意味着温盖特的下一次远征将有一位全心全意钦佩和
462 信任他的指挥官。他的这一轮好运气还没有结束，魁北克会议之后仍然是好运连连。会议结束后，温盖特陪同蒙巴顿勋爵去华盛顿，他们会见了美国陆军航空兵司令阿诺德将军。在“四分仪”会议期间，温盖特曾与阿诺德讨论过美军向钦迪特提供空中支援的问题。一次会议上，美军指挥官对此给予慷慨的、近乎轻率的承诺。在华盛顿，蒙巴顿提醒阿诺德记住自己的承诺，出乎温盖特意料的是，阿诺德坚定地确认了自己说过的话，并且保证组建一支航空特遣队支援任何形式的远程突击作战。他说一旦确定特遣队指挥官，就派他去伦敦商讨具体细节。

可以这样说，在整个第二次世界大战期间，没有哪个低级别指挥官享有的个人政治成就可以与温盖特在魁北克的情况相比。他从中得到的一点点快乐，却被突如其来的、巨大的个人悲痛彻底毁掉。他从伦敦匆匆赶往魁北克，走之前没来得及将回国的消息告诉家人。此刻，他们正急于与他取得联系，因为8月8日他母亲突然病倒。几小时后，她与世长辞。9日，姐姐西比尔给温盖特写信，信还没来得及发往印度，就听说了他已经回国的传闻。家人四处询问，但毫无结果。最后，西比尔打电话给埃默里先生，问他是否知道她哥哥在哪里，对方警惕地回答说，他会设法用书信或电报通知他。温盖特听说母亲去世的消息，好似晴空霹雳，令他格外悲

痛的原因也许是他除了家人之外很少有爱，而且他就差一点点时间未能与母亲见上最后一面。

7 月 3 日，温盖特夫人给她的长子写了最后一封信，其中一段很能体现他们的家风：

> 如果不祷告，真不知道我或者我们当中的任何人将处于何种境地。亲爱的，要坚持祷告。一周前，我深有感触地发现，大卫从来不认为上帝的指引是理所当然的，他也从来不会事先制定好计划，然后期望上帝批准。我正在读《圣经·撒母耳记（下）》第 5 章 19—25 节，我发现，大卫并不想当然地认为上帝会指引他每战都创新一种战法，也不想当然地认为上帝希望他两次使用同样的战法。第 5 章 23 节说："大卫询问主，得到了 463
> 不同的制胜之道。"上帝似乎赋予你伟大的军事天才，以应付这种特殊和危险的战争样式，只要你始终追随他，他就会继续助你成功……在他的帮助下你已经威名远扬。你注定会经历挫折（同大卫、威灵顿或其他任何人一样！），但要避免引起嫉妒或怨恨。

温盖特从美国坐飞机返回英国，而洛娜乘"玛丽皇后"号回家。

第二十章 坏天气里的收获

温盖特于清晨到达伦敦，几小时后他拜访了西夫夫人。她看到温盖特自然非常惊讶，连忙祝贺他功成名就。他默默看了她好一会儿，然后一本正经地提醒她说，她是如何将自己引见给哈罗德·拉斯基，而后者又是如何让首相了解自己的情况。最后，他说："我在伦敦非常忙，很多朋友都没时间见。但是，我必须见您，为的是告诉您，我去年从埃塞俄比亚回来时，要是没有您的帮助，什么都不会发生，我只不过是多塞特郡的一名炮手。"

洛娜还在从海上返回英国的途中，莫妮卡来到希尔街的平房与温盖特同住。她讲述了母亲临终前的情况。温盖特请她把母亲用过的圣经留给自己作纪念。他经常见到另外两个姐姐，雷切尔在新闻署工作，西比尔在生产部工作。没能见到两个弟弟让他感到有些失望，他们都在海外服役，奈杰尔是一名中校，在第 8 集团军指挥第 42 轻型防空团，格兰维尔在北爱尔兰，是炮兵连连长。他再次见到了库尼恩。人们记得，这段时间温盖特尽情享受着有限的私人生活，他的大部分时间都用来巩固在魁北克取得的成果。他很清楚，如果不趁热打铁，到德里解决问题的希望将十分渺茫。

在第一次官方会晤中，他见到了帝国参谋长助理埃维茨将军。他立即表现出摆脱焦虑、找到救星的样子，他说：“我已经走投无路，只有您能帮我摆脱困境。”随后，他解释说，自己需要一个参谋班子，需要订购装备，并建立自己的指挥机构，还要在数天内组建一个师。他提出过许多要求，也得到过不少承诺，现在关键是要兑现。早些时候，埃维茨常常看 465
到温盖特因要求遭到拒绝而大发雷霆、怨天尤人，现在却突然因要求得到充分满足而洋洋自得。当然，他非常理解温盖特的难处，答应提供帮助，并尽力施加影响。在伦敦，第二次远征行动已经蓄势待发。

从英国发起的渡海进攻，即“霸王”行动已进入准备阶段，公认的军事和管理人才很早就被预定了。在这种情况下，温盖特发现自己很难找到一流的主任参谋。突然间，他想出一个主意。他想起了德里克·塔洛克。9月1日，他给德里克·塔洛克发了一封电报：“我在伦敦。希望立即见到你。奥德。”

德里克·塔洛克接到电报时，正在兰开夏打山鹑，他得到盼望已久的两周假期，而那天是假期第一天。他对自己的朋友突然出名感到很兴奋，但并未觉得特别惊奇。虽然他不是一个英雄崇拜者，但他始终敬佩温盖特。他认为温盖特有着伟大的人格和出众的天资，但他对温盖特热衷的事情不仅不会盲从，有时甚至会极力反对。最让人感到好奇的是，这位温盖特一生中唯一不离不弃的朋友，不但不支持他狂热的犹太复国主义信念，甚至还公然表示反对。塔洛克对于接下来要做的事没有丝毫犹豫，接到电报的当天，他就与玛丽·塔洛克赶夜车返回伦敦。

次日上午，俩人在里士满区特勒斯街的联合作战司令部办公室见面，这间办公室是路易斯·蒙巴顿专门为钦迪特部队安排的。塔洛克立刻感受到了温盖特的变化。他们最后一次见面是一年前温盖特临去印度之时，当时温盖特对远东的任命心存疑虑，甚至还考虑是否应该拒绝，并再次回到“提贝斯提”计划中去寻找机会。现在他不再踌躇，他身上的变化与其说是改变，不如说是强化。现在他的果断和执着显得不容挑战。塔洛克在文章中谈到了他们之间的对话。“他向我简要介绍了他的计划，说了他从缅甸回来后发生的事情，他的魁北克之行，以及随后的各项决策，所有这些加在一起只用了 20 分钟。”然后他说：“我需要你的帮助，我在印度找不到自己想要的那类骨干参谋军官或指挥官。我必须从国内找这些骨干人员。好的
466 参谋军官在印度很少见，而我更别想得到，因为我的计划在那里根本就不受欢迎。我有权委任一定数量的军官，而你一定要帮我选择合格的人，国内的人我一个也不认识。你要保证只选最优秀的人。记住我全权委托你。”

接下来几天，温盖特对一些想加入钦迪特部队的军官进行了面试，走访了一些工厂和商家，与来自英国工业界的技术人员和专家进行会谈，还订购了物资，并准备送往他在印度中央省的司令部。他在短暂的美国之行期间，已经订购了不少装备，有了在魁北克获得的支持，他几乎成了自己的军需大臣。对第一次远征行动的观察，让他更能准确地知道自己想要什么，像以往一样，他很快清楚如何调整想法以适应技术装备。他选择的装备中只有一项估计有误，他极力推崇一种名为“救生圈”的火焰喷射器，后来在战场上被证明用处不大。除此之外，第二次钦迪特远征堪称装备最为精良的作战。

温盖特在联合作战司令部最重要的会晤，是与阿诺德将军派来的空中特遣队指挥官的两次会面。此人是菲利普 · 科克伦（Philip Cochran）上校。科克伦与温盖特都具备勇敢精神和非凡战绩，事实上，俩人都是新闻宣传的受害者，除此以外他们很少有共同之处。现在新闻界胡编乱造了许多有关钦迪特指挥官的报道，而科克伦上校的职业生涯很早就受到一部描写“狂人科克”[1]冒险经历的连环漫画的困扰，不过，上校是否真的在乎

① 20 世纪 30—40 年代，美国著名漫画家米尔顿 · 卡尼夫（Milton Caniff）创作了一部连环漫画《特里和海盗们》，其中一个人物“狂人科克”的原型就是科克伦上校。——译注

倒是值得怀疑。他那时是一个十足的乐天派，对自己从来不像对事业那样当回事。他和温盖特的第一次会面并不融洽。洛厄尔 · 托马斯（Lowell Thomas）[1]根据朋友们的记录，再现了科克伦极具讽刺的描述。

> 我发现……温盖特喜欢发表演说。你提出只需一个单词就能回答的问题，他却绕个大弯子，长篇大论地说个没完。你也许只是问一个军事问题，例如3月份缅甸的平均降水量是多少，他却答非所问，大谈降水对缅甸寺庙和佛教的影响。我们第一次谈话时，我问道："你有什么打算？"于是，他又发表了一通演说……他喋喋不休地大谈"远程突击"，那对我来说毫无意义。他把任何事情都与学术和战争史搅在一起。我不知道他在 467
> 说什么，很多事情我既不理解，也不关心。我听英国口音本来就有困难，而他又那样夸张……最后，我说明天再来，我想好好休息一下，于是谈话就这样结束了。

据洛厄尔 · 托马斯说，科克伦很讨厌英国发音，在俩人的密切交往中，科克伦始终认为温盖特患有口吃。显然，至少一开始他对英国人抱有怀疑，甚至以为温盖特是一个精心设计的骗局。可是到第二次会面时，他却突然义无反顾地皈依在温盖特门下。温盖特成功地向他解释了远程突击的含义。此处再次引用洛厄尔 · 托马斯的描写：

> 我突然意识到，温盖特利用无线电指挥各游击支队，与战斗机控制中心指挥飞机的方式一样。我将其视为空战战术在丛

① 洛厄尔 · 托马斯（1892—1981），美国作家、广播员，因报道阿拉伯的劳伦斯而一举成名。——译注

> 林中的适应性改造，就是将无线电控制的空战战术应用于草木丛生的地面战争。温盖特自己偶然产生了这样的想法。他不太懂天上的事儿。他正思考着在艰苦的丛林战中使用无线电，飞行员思考空战战术时也会采取同样的思路。我意识到他身上有某种非常神秘的力量……他是那种能让部队信服的人，只要说一句“我们要去做这件事或那件事，我们会所向披靡”，于是便不会再有争论……战争中一件特别让人苦恼的事情，就是不知道将来会发生什么。当我离开温盖特时，已经开始被这家伙的激情所感染。

科克伦返回华盛顿，与约翰·艾利森上校一起研究空中特遣队的需求。走之前，他向温盖特保证，钦迪特只管“出点子”，由他来付诸行动。他说：“你们要我们做什么，我们就做什么，但必须由你们来给我们出主意。”

有迹象表明，温盖特在伦敦曾与“特别行动处”进行过谈判，一年前这个组织曾经拒绝他加入，现在却迫切希望与钦迪特密切合作，而温盖特急于想得到他们的物资，并从该组织中挑选志愿者。但他像以往一样保持谨慎，防止因合作而丧失独立性。在他的笔记本上记有“特别行
468 动处”贝克街总部的地址，下面用阿拉伯语写了一句话：“不要被凯西克（Keswick）[①] 捆住手脚。”后来，他与“特别行动处”在印度的代表关系搞得很紧张，不过，从他提醒自己“不要被捆住手脚”的事实来看，当时与“特别行动处”的关系还是相当亲密和谐的。此时事情正按他设计的路线发展。

有了内阁大臣的支持，加上帝国参谋长的亲自批准，以及参谋长助

---

① 约翰·凯西克（John Keswick，1906—1982），20 世纪 40 年代上海怡合洋行老板，曾任“特别行动处”远东方面负责人。战后致力于发展中英关系，曾担任英中贸易协会主席。——译注

理的积极帮助，再加上官方和普通百姓对钦迪特的狂热，温盖特与伦敦的当权者相处甚欢，度过了一个收获颇丰的蜜月期。只发生过一次争执，那事关他的军衔。作为师级指挥官，温盖特理直气壮地要求任命自己为临时少将。陆军大臣的军事秘书对此表示反对，倒不是因为他反对这项任命本身，而是因为他认为此事应由印度方面主动提出申请。温盖特比军事秘书更了解印度方面的情况，他坚持要求立即晋升临时少将，甚至发生了“小小的争吵”。最终还是由陆军部提请这项任命，不过那是很晚的事了。

他见了埃默里先生，告诉他魁北克发生的事情和自己的新计划。他还见了雷克斯堂叔最后一面。有一天，他抓住一小时的闲暇时光，跑去同玛丽·塔洛克散步，他告诉她说，一想到自己给部下带来的苦难，良心就无法安宁，以后他又把这种想法告诉了汉弗莱·特里维廉（Humphrey Trevelyan）[①]先生。同钦迪特部队的其他指挥官一样，丢弃伤病员是让温盖特最难以释怀的精神重压，后来的事实证明，这一点对他制定作战计划产生了很大影响。在英国的最后日子里，他曾与姐姐西比尔去查林十字街（Charing Cross）购书。他们讨论了信仰与行动的关系，他说如果没有伟大的动机，自己取得的成就，以及近期希望取得的成就都将毫无价值。他说：“一个人必须有信仰，我的意思是说信仰上帝。”他听说魏茨曼一家在伦敦，一天，他事先不打招呼，突然来到他们在多尔切斯特的家中。魏茨曼一家人看到他感到非常惊讶，他自我解嘲说，“我希望你们看到我穿将军制服的样子”，于是他们笑了。温盖特只能待一小会儿，临别时他与魏茨曼互相拥抱。此后，他们再也没有见过面。

9 月 11 日下午，温盖特与塔洛克和 4 名参谋人员离开伦敦。他们乘火车到达西南部的皇家空军基地，在那里得知飞机要晚些时候才能准备

---

① 汉弗莱·特里维廉（1905—1985），英国外交官。一生在多个国家担任外交职务，二战期间在印度任外交官，20 世纪 70 年代出任英国驻中国第一任代办，他的中文名字叫“杜维廉”。——译注

469 好。他们利用这段时间做了所有能做的事情，从这时起到旅途结束，温盖特一直保持着轻松的心情，部分原因是环境的影响，部分原因在于他得到了全面休息，他过去在谢菲尔德时就常常睡懒觉，从那时起他一直牢记全面休息可以恢复体力。候机期间，温盖特和塔洛克一起去马尔伯勒吃晚饭，饭后他们披着月光在城市背后的山上散了很长时间步。他们回忆起在拉克希尔共同度过的时光，以及在派特庄园养马的日子。他们不由自主地回想起从前长时间愉快的狩猎生活，他们的足迹曾经遍布南威尔特郡、波特曼和布莱克莫尔山谷（Blackmore Vale）的泥泞乡间。有时他们稍微走远一点，就会骑马经过现在所处的地方。只要还有时间，他们就尽情追忆往昔的欢乐。尔后，他们开车返回机场，飞机于午夜时分起飞。

13日，他们在里斯本住了一晚，飞往开罗途中在意大利的本尼托堡（Castel Benito）短暂停留。在那里发生了一桩对后来产生重大影响的事件。他们到达时才是清晨，那里已经酷暑难耐，旅客们都被安排在机场休息室里休息。他们口干舌燥，可是接待方毫无准备。他们点了冷饮，但按照穆斯林的习惯要等上很长时间才能端上来。当温盖特和其他人痛苦等待时，他看到桌角有一个花瓶，里面没有花，可水还在。他表现出了一贯的急躁，完全忘了英勇的基甸勇士关于喝水时要保持优雅的教导，他拿起花瓶，一饮而尽。

当天下午，他们到达开罗。晚上，当温盖特与塔洛克沿着楼梯走进谢泼德酒店时，他在人群中发现弟弟奈杰尔正坐在那条著名的长廊上。这真让人大喜过望，因为此时奈杰尔所在的第8集团军还在西面数百英里以外。温盖特计划于15日拂晓启程，在开罗逗留的一天半时间里，兄弟俩人在一起渡过了大部分时间。这是温盖特余生中最后一段无忧无虑的时光，他难得那样兴高采烈地纵情嬉戏。塔洛克记得他用阿拉伯语跟酒店侍者开玩笑，还在俩人合住的房间里唱阿拉伯语歌曲。一天晚上，他们游览了举世无双的开罗动物园。

温盖特如此接近“应许之地”，不可能不为犹太人做点什么。他给犹 470
太事务局驻开罗办事处打电话，打听犹太朋友们的下落。14 日，他见了一些犹太朋友（不清楚具体是谁），告诉他们，他最近找到机会亲自向丘吉尔和罗斯福说明建立犹太军队的必要性，他们的答复令人鼓舞。

第二天日出时分，一个小小的挫折破坏了他们出发时的情绪，温盖特对这件事看得很重。他的一件行李在搬运时由于混乱遗失了，再也没有找到，里面装着那顶软木遮阳帽，用一块从美国买的白色羊毛毯包着。他并不迷信，但十分痛惜丢失了那顶奇形怪状的软木遮阳帽，他在整个战役中一直戴着它，渡过钦敦江时还拿它当船用，手下人一看见那顶帽子就能认出他。温盖特一到德里就急着买了一顶新的。

后面的旅途中，越接近印度，温盖特的心情就越沉重。他对塔洛克说，对于等待他们的命运，自己有一种不祥的预感，丘吉尔授权他在遇到困难时直接报告，只有动用这个特权才能拯救第二次钦迪特远征。塔洛克笑他过虑，说他总是疑心过重，幻想自己周围到处都是敌人。温盖特确信地说，有些时候可能是这样，但这次肯定不是幻想。塔洛克很快会意识到自己的错误。

16 日，温盖特一行到达卡拉奇，受到当地最高指挥官的款待。对于第二天是否直接去德里，温盖特一时还拿不定主意，或许应当先去中央省会见威尔科克斯，因为他的训练营将再次划归自己指挥。他知道自己即将面对一群急于找茬的人，所以直到最后一刻才决定选择哪条路线。最终，他去了阿格拉（Agra），在那里待了两个晚上，尔后于 19 日赶往德里。事情果然不出所料，他的敌人指责他不够光明磊落，因为他没有直接去见总司令，而即使他真的直接去了德里，这些人同样会抱怨他不够光明磊落，因为他事先未与地区指挥官协商，就将其计划面呈克劳德·奥金莱克爵士。温盖特对在德里可能遭到冷遇的担心丝毫也不夸张。18 个月以前，
温盖特还是个少校，现在他摇身一变成了世界政治领袖的战略顾问，这种 471

人不会受大家欢迎。

到达德里的当天，他和塔洛克来到总部边上雄伟壮丽的总督署。他到总部后询问食宿是如何安排的。实际上，根本没有任何安排。他询问自己的办公室在哪儿，别人告诉他没有多余的房间，所以他没有办公室。在魁北克他要求并且被许诺拥有一架私人侦察机。现在别人告诉他，没有如此用途的飞机。他要一辆汽车，别人告诉他要用车必须通知总部的运输军官（说明用车事由），如果有车就安排。他要速记员，别人告诉他找记者团申请。

20日，温盖特被召去开会，主持会议的是副参谋长，参加会议的是各部门主管。温盖特带塔洛克与会。塔洛克以前从未见过温盖特在委员会中的表现，他用惊异和钦佩的目光注视着温盖特的一举一动，对那位倒霉的会议主席多少有些同情。会议的气氛从一开始就对俩人十分不利。温盖特被视为卑鄙的钻营者，凭借着相当可疑的成就，背着自己在印度的上级与政客们暗地里搞无耻的阴谋诡计。他必须屈尊俯就，知道自己的真实地位，然后才能得到帮助，去指挥符合其身份的行动。这是对方给温盖特的下马威。会议开始时，主席要求他陈述意图和需求。温盖特站起来，直言不讳地侃侃而谈。他坐下后，主席请大家发表评论。他们的观点大同小异，都片面强调困难，却不提解决问题的建议。温盖特逐渐变得坐立不安，不久便开始打断大家的发言。人们的情绪越来越激动，会议主席（他也是温盖特的信徒）越来越难以维持会场秩序并让大家恢复平静。当主席询问一位高级军官，他的部门能否满足部分需求时，会场的紧张气氛到达了顶点。那位军官说："好吧，这一切我第一次听说，我现在怎么表态呢？应该提前告诉我。"温盖特拍案而起，怒斥道："我现在正告诉你，你凭什么要事先知道？"会场顿时出现了令人难堪的沉默。用塔洛克的话说："有几个在场的人显然希望，甚至可以说渴望，地球会张开大嘴，一

口吞掉这个如此亵渎瓦尔哈拉神殿[①]的暴发户。”　472

会议进入到短暂的最后一幕，温盖特站起来（这次是应主席的邀请），对大家的意见发表评论。他决定打出自己的王牌。他极其严厉地说，尽管魁北克会议决议已经传达到印度，但事实证明，迄今为止印度方面没有做出任何积极努力贯彻会议决议，除非事态有所改变，除非他得到总部各部门全心全意的支持，他有责任通过丘吉尔先生授权的直接联系渠道向首相报告事实真相，即首相许诺和托付的作战行动根本没有成功的可能，而他会因此要求解除自己承担的责任。

他凭借这张王牌胜出一局。争论暂时告一段落，会议决定对他的需求作进一步研究，并尽早开会讨论。

这只是一系列会议的开端，在历次会议上，温盖特都以不可动摇的决心巩固着自己在魁北克取得的优势，扩大他在第一轮交锋中获得的主动权。第一次会议后不久，温盖特在另外一次会议上，以其特有的方式坚称自己有权主导会议。会场终于平静下来，大家开始心平气和地讨论正题，主席宣布开会，却说自己十分钟后要离开，因为他还要参加另外一个会。温盖特立即收拾起桌上的文件，说道：“那么大家都走，不必浪费我们的时间。请告诉我们，您何时有空参加会议。”主席没有接受这一公开挑战。他给等他开会的人带去口信，自己留了下来。可以肯定，他不会忘记这次羞辱。

很难说温盖特这样做是对还是错。可以断言，他这样做不仅会加深反对者的敌意，也会疏远那些原本准备支持他的人。但另一方面，在这种情况下，敌意确实存在，绝非出于想象。在此仅举一例说明。一位高级军官是总司令的亲信，此人会后将塔洛克拉到一边，建议他放弃对温盖特的

① 瓦尔哈拉神殿是北欧神话中接纳牺牲英雄的殿堂，由众神之首奥丁掌管，有 540 个门，每个门可以让 800 个英雄并排通过，屋顶由盾牌构成。战场上牺牲英烈的灵魂由少女战士引领进入瓦尔哈拉神殿。英雄们白天战斗，晚上与奥丁欢宴时，伤口就会愈合。——译注

忠诚，并极力向他说明，作为一名职业军人加入钦迪特部队不大可能获得提升和成功。只有在极端对立的情况下，人们才会如此露骨地表示敌意，
473 很显然，如果温盖特面对如此心怀偏见的对手表现得和和气气、彬彬有礼，那么钦迪特计划可能很快就会被堂而皇之的拖延所扼杀。

9月21日，温盖特的斗争取得了小小的成果，有关部门分配给他一间房子、一辆汽车和一个速记员，不过只是借用，而且多一个也没有。他的参谋人员只能在走廊里办公，被卖茶点、柠檬水和甜食的小商贩们包围着。

温盖特在德里只待了几天，全部时间都花在开会上，在最后一次会议上，他简要陈述了当前最紧迫的需求，主要是：在瓜廖尔的旅馆腾出房间作为他在中央省的司令部，70师应从班加罗尔调往训练营，为他配备足够的参谋军官、交通工具和文秘人员，为他指定皇家空军军官负责钦迪特旅的地勤工作。24日，他向参谋长莫里斯中将提交了一份简短的备忘录，建议为新组建的部队起一个名字。他指出在这种情况下名字“具有重要意义，因为它会对部队成员产生影响”。他建议钦迪特部队将来可以称作“基甸部队”。由于某种原因，他的建议未被采纳，钦迪特部队最终得了一个平庸的称谓，即“特种部队”。

此时弗格森也在德里。自从被临时任命为第111旅副旅长后，他先是奉命与弗雷泽上尉和安德森少校一起南下为第70师组织军官训练班，尔后又受命指挥一个不久即将新组建的旅（任命尚未生效）。9月19日，他随同一位少将和一群通信、后勤军官一起飞往德里去见温盖特，碰巧在新德里的大街上见到了自己的指挥官，当时温盖特心绪不佳地走在大街上。俩人交谈时，弗格森发现温盖特的眼睛始终盯在自己的左胸上。在上衣口袋上方，可以看到在一些较次要的徽章中间，有一个崭新的红蓝相间的勋表，那是优异服役勋章的标志。看着他专注的目光，弗格森本以为温盖特虽然不善客套，还是会说些有关勋章的恭维话，但对方并未作声。于是，他意识到对方注视的并不是优异服役勋章，而是另外一个代表巴勒斯

坦勋章的勋表。不一会儿，温盖特态度生硬地嘟哝了一句："这是个耻辱 474
的标志。"他又恢复了从前的样子。

温盖特从德里出发向南去视察第 70 师。途中他在瓜廖尔停下来，让塔洛克去查看本德尔肯德地区的训练场，自己则与师长赛米斯（Symes）少将去了班加罗尔。前面说过，肢解第 70 师的决定遭到了强烈抵制，魁北克发出的指示中这一条最让人痛苦。针对温盖特的个人仇恨最深刻的根源也在于此。没有人比赛米斯对这次整编更痛苦，但他忠心耿耿，决不允许个人恩怨影响自己对这支新组建部队的责任。他被任命为副指挥官，在日后的艰难岁月里，他始终是温盖特的忠实助手。温盖特对他如此忠诚也非常感激。温盖特在这件事上表现出少有的细心，他很清楚对方的尴尬处境，对赛米斯一直很体谅。温盖特喜欢并且尊敬赛米斯，但由于很容易理解的原因，两人不可能成为亲密的朋友。他们之间的情形非常奇特。温盖特是陆军中资历最浅的少将，而由于特种部队特殊的构成，他的副手要比他资深得多。

温盖特一到班加罗尔就发现整编工作基本没有展开，但他明智地不让自己当众发脾气。他会见了大部分军官，给他们留下了良好印象，他坚持要求部队尽快调往瓜廖尔，他的意图实现了。第 70 师于 10 月第一周北上。

这期间，温盖特去了阿萨姆，再次见到斯库恩斯将军，并向斯特拉特迈耶（Stratemayer）少将做了自我介绍，他是东部空军指挥部的美方指挥官，负责指挥缅甸战区的空中力量。① 他好像还见到了史迪威将军，他们曾在"四分仪"会议上见过面。②10 月第一周，他返回新德里，不出所料，他发现自己不得不重新开始斗争。如果说他凭借手中的王牌赢了一

① 在东南亚战区指挥部，英美空中力量得到整合，由英国空军元帅罗伯特·皮尔斯统一指挥，斯特拉特迈耶是皮尔斯在东南亚战区的副手，也是缅甸战区的空军指挥官。——原注

② 史迪威未参加"四分仪"会议，温盖特的名字第一次出现在《史迪威日记》中是 1943 年 11 月 17 日，这很可能也是他们第一次见面的时间。——译注

局，那么比赛还远未结束。他所提出的需求尚没有一条得到满足。他在德里仍然没有办公室，没有汽车，也没有速记员，第 70 师正开往中央省，但他在瓜廖尔旅馆的司令部还没有着落，理由是那将给英国海外航空公司
475 的旅客造成不便。温盖特又要从零开始做起。必须提醒读者的是，此时，总部正忙于一次重大改组，即组建东南亚战区指挥部，并成立第 14 集团军，这些都可以解释为造成拖延的原因。但即使如此，还是有明显的证据表明延误是由于蓄意的敌视。温盖特看到的只是敌意在作祟。

不过，救星就要来了。路易斯·蒙巴顿勋爵将于 10 月第一周到达德里。可是，就在他到达前两天，温盖特病倒了。

塔洛克结束勘察返回德里后，立即从斯科特那里听说了温盖特生病的消息，他径直赶到梅登酒店。一进房间，他一眼就看出温盖特病得很厉害。英国皇家空军的一名军医正在为他检查身体，那人说应当送他去医院，一刻也不能耽误。但是，温盖特不仅拒绝去医院，还坚决要求军医发誓不把他生病的消息说出去。看来，像人们通常所做的那样，他是通过否认生病来与疾病斗争，同时，他还决定不管有没有病，只要力所能及，就要亲自去迎接蒙巴顿。蒙巴顿计划 7 日到达，到了那天，温盖特的病情不但没有好转，反而有所加重。但不管怎样，他强迫塔洛克同意自己去机场迎接。他只是希望人们知道他的存在。他说，完事之后他会接受治疗。

读者一定会以为，经过“四分仪”会议后，在蒙巴顿踏上印度领土这一具有重大历史意义的时刻，温盖特理应受邀前往迎接，但他并未受到邀请。没有邀请的原因是出于“安全”考虑。然而，温盖特通过一位记者朋友掌握了蒙巴顿抵达的时间，他按时来到机场，他看上去面容憔悴、苍白，身体不停地发抖。有人担心地问他为什么来，他做了模棱两可的回答，显然不希望别人继续追问。他的出现引起了人们的注意，但他认为那些官方指定前来迎接的人并不赞同自己到场。于是，他知趣地与欢迎队伍保持一定距离。飞机降落了，总司令以主人的风度自信地出现在机舱口，

向大家敬礼，他从容地走下悬梯，与那些正式前来迎接的人握手寒暄。很快，他发现温盖特站在离人群不远的地方。总司令走过去同他说了几句话。温盖特遗憾地告诉他，自己生病在身，明天必须去医院。蒙巴顿说希望尽快与他讨论作战计划。他眼见温盖特病成这个样子，就安排塔洛克于次日上午与自己会面。至关重要的公务接洽敲定后，温盖特不再拒绝朋友们的劝告。他愿意再次卧床休息，并欣然答应去医院接受治疗。 476

他被送往陆军医院，病情迅速恶化进入危险期（人们也许会联想起小说《老实人》① 的一段情节）。塔洛克的文章对以后发生的事做了最好的记述："我发电报给洛娜，然后度过了我一生中最沮丧的几个星期。医院未能确诊，认为有可能是痢疾，也可能是疟疾，或者是两者的并发症，还有可能是肠道疾病。温盖特作为病人的表现比我想象的要好，但是他还是当着我的面公然嘲弄院方。他对我这样说：'我告诉你，他们将各种病症的治疗方案都在我身上试一遍。我要是待在梅登酒店会好得多。'"即使站在死亡的大门口，他仍会激烈地抨击权威。

他差点就一命呜呼了。他能活下来很大程度上是因为洛娜收到电报后所表现出来的勇敢和主动精神。这个故事最好还是让温盖特的朋友来述说："蒙巴顿勋爵到达后不久就飞往重庆，他在那里收到了洛娜的电报，她建议请麦吉尔里护士长前去护理温盖特。她曾听温盖特说过，麦吉尔里护士长是一位多么了不起的女性，以及在他们撤出缅甸后，她如何悉心照顾他和部下……蒙巴顿勋爵派人通知我，要我立即设法安排，在德里医院主任医师的帮助下，我很快办到了。他立即同意，并打电话到英帕尔找到麦吉尔里护士长……魏德迈（Wedemayer）将军命令从驼峰返航的一架军用运输机改变航线，那架飞机在飞行途中接到指示，要它立刻去接麦吉尔里小姐赶往德里。护士长坐在副驾驶位置上，飞机连夜起飞，于第二天

① 《老实人》（*Candide*）是法国作家伏尔泰哲理小说的代表作。——译注

凌晨到达德里。”随后，病症很快得到确诊。他得的是伤寒，感染的原因很可能是在本尼托堡喝了花瓶里的水。麦吉尔里护士长全身心投入治疗，精心照料温盖特度过了危险期，科本（Cobbon）上校为治疗提供了指导，他是一位伤寒病专家，温盖特渐渐对他的医术产生了钦佩之情，虽说他隶
477 属陆军医疗队。温盖特未能及时住院治疗，后来又未能及时确诊，这些都加重了他的病情。他离死亡边缘近得已经不能再近了。他在医院里住了将近一个月。在温盖特生病期间，已经回到他身边的仆人巴奇·拉姆一直守在病房门口。到 11 月，危险期过去了。

温盖特的病情持续了一段时间，几乎致命，在许多人看来这意味着钦迪特部队寿终正寝，但事实证明这对温盖特和他的事业反而有所帮助。此时，印度方面反对他的努力达到极致，他生病反而激起英国本土对他的支持，那种感情是令人难忘的。10 月 17 日，总部收到电报，电文如下："首相致温盖特将军亲启。听说你生病了，我深表遗憾。希望你早点好起来，不用回信，安心养病。”要说这封电报和后续电报改变了总部对温盖特和特种部队的看法，那也许过于简单了，但这封电报确实产生了很大影响。以前，许多人以为温盖特说要与首相直接联系不过是夸大其词，甚至是虚张声势，可是现在他们看到伦敦最高当局直接给温盖特发来电报。敌意和阻挠仍然存在，但暂时没有那么强大了，也没有那么容易得逞了。

11 月发生的一件事间接帮助了温盖特。陆军元帅韦维尔就任总督以来，严守本分，决不越权；正因为他是职业军人出身，他更不能干涉军务，也不能让别人有借口说他干涉军务。但到 11 月，当温盖特出院时，韦维尔帮了这位深受恩惠的部下最后一次大忙。他决定邀请温盖特作为客人来总督府休养。

韦维尔伯爵夫人第一次听到丈夫的提议时，一点也高兴不起来。她不禁回想起 1942 年那次让人不开心的午餐，当时温盖特第一次从缅甸无功而返，到韦维尔家做客。她不喜欢温盖特不整洁的服装，也不喜欢他乱

糟糟的头发和狼吞虎咽的吃相。他们之间的谈话并不投机。当时他们谈到在上缅甸发动战役的困难，韦维尔伯爵夫人对客人说："我只在阿萨姆见 478
过丛林，我认为它很可怕。"于是，他用鄙视的口气纠正说："丛林是您的朋友！"饭后，她坦率地对丈夫说，如果自己不得不进入丛林，她决不会选择与温盖特同行。韦维尔笑了笑，什么也没说。

韦维尔对妻子说，像他们这样生活舒适的人有责任善待那些历尽艰辛、舍生忘死的人，她觉得丈夫的观点难以反驳。不过，她坚持认为客人来访期间应当有专业的医疗护理。最终商定温盖特应由他的朋友和救星艾格尼斯·麦吉尔里陪伴。11 月 2 日，一对奇特的双人组合搬进了勒琴斯（Lutyens）[1] 为近五任印度总督设计建造的华丽宫殿，一位是形容枯槁、若有所思的钦迪特部队头领，另一位是娇小、挺拔、整洁的女护士长。韦维尔夫人的担心并未成为现实。她发现与前年那个正经历着痛苦的武夫相比，现在的温盖特简直判若两人。他衣着整洁、举止安详、态度友好、彬彬有礼、和蔼可亲。她非常喜欢他。她断定这种转变部分应归功于麦吉尔里护士长。他遵照她的指示，认认真真地接受治疗，甚至对她表现出某种敬畏。

温盖特在总督官邸住到 17 日，尔后搬到福里德考特别墅（Faridkot House），那是盟军最高司令官的公馆。22 日，他又南下前往训练场附近的瑙贡（Nowgong）继续休养，这次是作为英国常驻印度政治代表汉弗莱·特里威廉的客人。温盖特打破常规任命艾格尼斯·麦吉尔里作为自己的私人助理，她始终伴其左右。

不管他是否愿意，养病期间他不得不过上一段远离公众的生活，他因此有时间写一些私人信件。11 月 19 日，他给洛娜写信说：

---

① 埃德温·勒瑟斯（Edwin Lutyens，1869—1944），英国著名建筑家，曾主持设计建设了新德里。——译注

听说你因知道我得了伤寒而生病，让我很伤心。你千万不要为这种事过分担心，否则将永无宁日。你千万不要再担心我
479 会因为顽固和愚蠢而做傻事。要不是因为我太爱你了，我会生你的气。

……病危通知只不过是医生们为了以防万一而自欺欺人的东西。通常情况下，伤寒完全有导致穿孔的危险。

我正在读福伊希特万格（Feuchtwanger）[1]的小说《约瑟夫斯》（*Josephus*）。很有意思。我跟韦维尔谈起以色列的领土（Eretz Yesrael）[2]。他说犹太人威胁到了阿拉伯人。我不同意他的观点，并根据我们的亲身经历，提出了许多确凿的证据。他很讨人喜欢，对我好极了。

对了，我正为他写一篇有关饥荒的报告[3]，我了解了许多情况。那可真是惨不忍睹。

你不要因为不敬神而烦恼。不要为我担心。你自己的烦恼已经够多了，因此，更不必要为我担心。记住要坚强地生活。尽管你在自己的事情上从不怯懦，但在我的事情上却是个胆小鬼。

我很乐观，而且有首相亲自过问，以及其他人的帮助，他们想最好还是站在正确的一面……我有许多朋友，相信也有许多敌人，后者目前表现欠佳。相信我，我对自己的事情非常达观，也非常快乐。现在正在发生一些有趣的事情……但是，我

① 莱昂·福伊希特万格（Lion Feuchtwanger，1884—1958），德国小说家、剧作家，以学术性很强的历史小说见长。小说《约瑟夫斯》于 1932 年出版，是有关犹太人历史的三部曲的首部著作。——译注

② 原著此处为希伯来语。——译注

③ 1943 年孟加拉水灾后发生饥荒。根据塔洛克的记录，温盖特信中提及的报告并未完成。——译注

希望自己多少能为上帝做些事情。不要吹捧我，我的爱。我是一个愚蠢而又可怜的家伙，但我希望自己像那个要饭的老太婆①，做“一名流浪者”。

德里克在各方面都是一个非常值得信赖的人。他和麦吉尔里小姐确实让我很快恢复了健康。但各方面的关怀让我很不安。我觉得自己面对全世界突如其来的安抚，表现得就像一只坏脾气的小狗。

洛娜担心温盖特会拼命工作而得不到充分休息，其他人也有同样的担忧。11月间，温盖特三次接到首相的问候，要他多休养一段时间。他深爱的姐妹西比尔、雷切尔和莫妮卡也写信给他表达了同样的意思。这些警告是必要的，没有这些警告，温盖特早就重返工作岗位了。早在11月14日，他就开始违反首相的命令。那天，他给蒙巴顿写了一份备忘录， 480
目的是纠正“大家对我和我的健康状况抱有的某种普遍看法，这种看法在事实上和医学上都缺少根据”。12月3日，他出于同样的目的写信给洛娜，对家人的担忧表达了不满，但措辞上没有那么严肃。像他的大部分信一样，这封信的内容涉及很广。

很高兴收到你的来信……我想念你，一如你想念我。现阶段我们雄心勃勃的生活最终将归于平淡。如果有那一天，亲爱的，我希望我们俩能像乡下人那样快乐地生活。我们在一起的生活对我来说是莫大的享受，尽管我有许多缺点和错误。

……由于你和全体亲属不遗余力地向我灌输疑病心理，你们在某种程度上已经成功了。我经常号脉，胃口很好，饱食终

① 要饭的老太婆是《格林童话》中的人物。——译注

日。我现在的体重接近正常，心情也明显好于刚刚生病的时候……麦吉尔里小姐还陪伴着我，但已经无事可做。不要为我担心，也不要让自己生病。

我终于有了一名真正称职的副官。他就是博罗（Borrow），他前一次加入我们部队时患了黄疸病，也因为黄疸病而离开，为的是不传染大家。他是个年轻的小伙子，我想他入伍前是教师。

我非常喜欢这里的美国人，很多事要依靠他们——只有一个通常远在天边的人[1]例外。卡顿·德维亚尔（Carton de Wiart）[2]是位真正的朋友，不论他在哪里都会热情接待我。我喜欢中国人，希望他们在战争结束前能有所作为。首相送来最亲切的问候。我内心平静、快乐，只是想念你。

前面已经说过，温盖特最后曾在瑙贡的代办处养病。一年前，就在第一次远征之前的训练阶段，特里威廉先生见过温盖特。一天晚上，温盖特登门造访，请他为一项训练提供帮助。当时，特里威廉不知道他是谁，对他在巴勒斯坦和埃塞俄比亚的功绩也一无所知，但他立刻被温盖特极其强烈的个性所打动。后来，特里威廉夫妇与这位怪人交上了朋友，最后两
481 年时间里，温盖特在印度难得的消遣时光大部分是在特里威廉家度过的。温盖特常有惊人之举，最让人难以接受的是他带特里威廉夫妇或他们的孩子开吉普车飙车，最让人开心的是他会打破闲谈的惯例，在没有任何预兆的情况下，突然敞开心扉发表热情洋溢的讲话，他会大段引用《圣经》，

① 此处显然是指史迪威将军。——原注

② 阿德里安·卡顿·德维亚尔（Adrian Carton de Wiart，1880—1963），英国军事史上最传奇的人物之一，因勇敢、喜欢冒险和个性鲜明而著称。第一次世界大战期间，曾七次负伤，失去了一只手臂和一只眼睛。第二次世界大战期间，先后参加波兰战役和挪威战役，1941 年因飞机迫降，在利比亚被意大利人俘虏。1943 年获释后，作为丘吉尔的私人代表被派往中国。到达中国之前，他曾在印度短暂停留，期间见过温盖特。——译注

滔滔不绝地背诵《圣经》钦定版本，用以说明自己的某个观点。有一次，他与卡尔弗特和科克伦一同造访，他完整背诵了艾米丽·勃朗特的《终曲》(*Last lines*)。特里威廉后来回忆说，尽管这样的场合很离奇，有时甚至让人感到疲劳，但他从不认为温盖特可笑或者自我炫耀。对温盖特来说，他受到这个家庭的吸引，在那里可以找到自己需要的智力上的滋养，而军营生活恰恰在这方面让人如饥似渴。

11月下旬，温盖特休养期间，特里威廉在他身上发现了两种以前不曾察觉的品质。一个是他的幽默，他有一种沉静的、内在的，几乎是深藏不露的幽默感，说话时往往只是意味深长地一瞥，或含蓄地一笑，就能传达不可抗拒的喜剧效果。另一个是早亡的前兆。温盖特总是说："我不知道将会发生什么——我根本不能想象我这样的人老了会怎样。"而且，他经常给人的印象是，他相信自己最恰当的结局就是战死沙场，而这也是他所希望的。同韦维尔伯爵夫人一样，特里威廉发现，温盖特渴望违抗麦吉尔里护士长，他对她既爱又怕。他的住处靠近训练营，有时他会感到一种难以抗拒的强烈诱惑，想要违抗麦吉尔里。他会去设在瓜廖尔的旅馆的新司令部住上一晚。这时，他会偷偷把剃须刀放进口袋，悄悄对主人说："别告诉麦吉尔里小姐，行吗？"他回来时会编造一个天衣无缝的故事，说明为什么"无法避免留宿"。

人们往往错误地认为，温盖特在生命最后几个月里变得温和了。事实并非如此。那些令人愉快的家信和在总督府和蔼可亲的举止都带有欺骗性。千万不要忘记，在这段时间里，他与总部的斗争依然激烈，德里克·塔洛克处理了钦迪特部队的大部分工作，休养中的温盖特只是偶尔过问一下。不过他可不是来当和事佬的，而是要掀起一场风暴。有时，他的火气比以往任何时候都要大。有一个例子可以说明问题。在皇家空军司令部，很多人反对派遣有经验的空军人员为远程突击旅组织接收空降补给。尽管高层已就此问题达成一致，但皇家空军司令部坚决反对。经过长 482

期艰苦斗争，塔洛克最终感到自己无法继续推进此事，于是他报告温盖特说，一位空军高级军官声称：“皇家空军派 50 人参加地面作战就等于浪费 50 人。”当时，温盖特还很虚弱，他被激怒了，立即从总督府径直来到空军司令部，找到那位高级军官的办公室。他指出争论中的问题早有定论，他现在要求派皇家空军人员不是请求帮忙，而是行使正当的权力。但对方并未妥协，于是温盖特说了下面的话：“听着，你很能干，我也同样。我们俩都很有头脑，而且都还有很长的路要走。你是准备与我合作，还是跟我作对？我警告你，如果你跟我作对，最终赢的一定不是你。”那位皇家空军高级军官宣称，来访者完全误解了他，简直到了荒谬的地步。事情过后，他对温盖特采取合作态度——只是暂时的。

现在温盖特懂得如何因势利导，人们却误以为他的性格变得温和起来。年底最后几周时间里，尽管他不断遇到阻力，但形势对他极为有利。政策走向从根本上来说也有利于他。丘吉尔先生在给温盖特的私人电报中称：“在这里，你所关注的所有事情进展都非常顺利，不论对你个人还是对整个工作来说，1 月已经够快了。”

结果到了 12 月，温盖特所关心的事告吹了。要是他将休养期推迟到 1 月份，那就太晚了。

第二十一章 发起行动

483

12 月，特种部队完成组建。大体情况如下：原 77 旅由迈克尔 · 卡尔弗特指挥。原钦迪特部队的骨干绝大部分被分配到新组建的各旅，不过现在他们在部队中只占极少数，因为只有很少的人员能够承受再次训练，更不要说再次参加远程突击行动了。在为数不多的原钦迪特骨干成员中，缅甸步枪团是主力，与上次一样，他们被分配到不同的部队。第 77 旅的人员主要来自国王利物浦团、兰开夏燧发枪团、南斯坦福德团各营，以及第 4、第 9 廓尔喀步枪团的 2 个营。阿奇 · 韦维尔在钦迪特部队任职，他是陆军元帅之子。他永远不会忘记在巴勒斯坦医院会见“夜间别动队”领导人的情景，温盖特刚回印度，他就志愿报名参加钦迪特部队。

在 77 旅中，有一支非常特别的小部队。战前卡尔弗特在香港帮助培养了一支本土自卫队，称香港义勇军（Hong Kong Volunteers）。其中来自中国、英国和葡萄牙的一百多人，辗转来到印度。他们一到就被安排在收容所，正如大规模移民时代通常发生的情况一样，他们闲在那里无所事事。他们的爱国热情被忽视了，感到“闷闷不乐、无人问津”，直到卡尔弗特在孟买附近的代奥拉利（Deolali）发现他们。他召集大家开会，问他们“是否愿意跟随他一起战斗”。他们齐声呼喊：“愿意！”

第 111 旅大部分是廓尔喀兵，有 2 个廓尔喀营。威廉 · 朗泰涅顺理成章地担任了旅长，他本人也是一位受人尊敬的廓尔喀部队军官。该旅的另外 2 个营分别来自国王禁卫团和苏格兰步枪团。

第 70 师由 3 个旅组成。如前所述，伯纳德 · 弗格森指挥其中一个旅。这个旅的番号为第 16 印度步兵旅，部队主要是女王皇家团第 1 营，莱斯
484 特郡团第 2 营，皇家野战炮兵团第 51 营、第 69 营，皇家装甲兵侦察团第 45 营。该师另外 2 个旅的番号分别是第 14 旅、第 23 旅。第 14 旅由托马斯 · 布罗迪（Thomas Brodie）任旅长，部队主要是贝德福特郡和赫特福德郡团第 1 营，莱斯特郡团第 7 营，苏格兰高地团第 2 营，约克和兰开夏团第 2 营。第 23 旅由劳伦斯 · 佩罗恩（Lawrence Perowne）任旅长，部队主要是威灵顿公爵团第 2 营，边境团第 4 营，艾塞克斯团第 1 营。

11 月 4 日，第 3 西非步兵旅抵达印度。他们于 16 日来到中央省加入特种部队。这支部队主要由尼日利亚团第 6 营、第 7 营、第 12 营组成，旅长是吉尔摩（Gillmore）。在特种部队中，只有这支部队没有缅甸步枪团人员。还有一个美军旅，番号是 5307 暂编部队，于 11 月到达印度，随后到中央省接受训练，指挥官是约瑟夫 · H. 克兰斯顿（Joseph H. Cranston）准将。然而，在远征行动开始前，这支部队的指挥权由温盖特转隶给史迪威，成为著名的“梅里尔掠夺者”（Merril’s Marauders）部队。它的冒险经历并不包括在温盖特的传奇中。算上司令部和大量直属部队，特种部队（不含美军旅）将近 23 000 人。

训练沿袭以前的成熟模式，时间长、强度大、专业化，根据第一次远征取得的经验，他们更加强调专业技能训练。卡尔弗特的著作中有几句话，概括了为期数周的紧张生活：

接下来是长时间的艰苦训练，训练内容包括行军、划船、

> 驾驭骡子、空投补给、丛林射击、实弹空中支援、挖战壕、纵队行军、纵队露营、巡逻、皇家工兵通信训练、医疗和兽医测验……然后是讨论并制定新的作战计划，向“梅里尔掠夺者”部队和新组建的科克伦空中突击队介绍情况，组织滑翔训练和机场建设，接收新武器装备并按我们的需要进行改造，最后在 485
> 温盖特亲自监督下进行为期 15 天的考核。尔后，他们离开丛林一周时间，去车水马龙、灯火辉煌的孟买。

在这支不同寻常的部队中，最引人注目的是美军空中突击队。它是专门为远程突击作战设计和组建的，这让它看上去就像温盖特指挥的私人空中力量。但事实并非如此。突击队受命“支援”远程突击作战，但始终接受美国陆军航空兵控制和管理，温盖特无权以任何方式指挥它。更麻烦的是，这支小型空中力量要接受两位军衔相同的军官的联合指挥，一位是菲利普·科克伦上校，另一位是约翰·艾利森上校。所有的空地行动必须由委员会决定。令人惊讶的是，这种烦琐的安排居然运行顺畅，温盖特、科克伦和艾利森三人如此协调一致，进一步强化了人们关于私人空中力量的印象。但是，尽管合作顺利，美国人从未放弃独立性，有一次，科克伦对温盖特未与其充分商量表示抗议，不过这种情况仅发生过一次。他和艾利森于 11 月的第二周到达印度。

整个事件再次进入关键时刻。前面介绍过，两位美国人发现生病让温盖特的身体垮掉了，而总部的反对加上政策的急剧变化，打碎了温盖特的梦想，令他精神崩溃；随后，科克伦和艾利森告诉他新组建的空军部队有滑翔机，这才再次唤起了他的干劲和决心。据说，正是“滑翔机”一词重新点燃了这位勇士心中的火焰。这种说法有些言过其实。起码 11 月的时候还没必要让温盖特重振精神，那时他的前程正如日中天。

后来发生的事情大体如下。由于温盖特缺少空军方面的专业知识，诸如第 1 空中突击队编制这样的细节问题，他全权委托科克伦处理。科克伦和艾利森在德里见到温盖特时说，为远程突击作战配备的飞机中包括一定数量的滑翔机。有证据表明，温盖特本来对滑翔机的实际价值并不十分
486 清楚，但他被完全说服了，从一封信中可以确定这次谈话的准确时间。11 月 17 日，史迪威将军碰巧也在德里。温盖特在蒙巴顿的别墅与他一起吃午饭，他们讨论了将 1 个钦迪特旅空运到云南的空运需求。这一计划挑起了他与史迪威的争论，温盖特认为，为了空运这个旅，除了第 1 空中突击队外，他还需要使用为中国空运补给的飞机，那些飞机需要飞越阿萨姆东北边境上著名的“驼峰”山脉。温盖特显然向史迪威提出了此项要求。而后者必定会据理力争，因为减少给中国的补给将恶化他岌岌可危的处境。于是，17 日晚，温盖特在与科克伦交谈后改变了主意。他写信给史迪威说：

> 我们午饭后的会谈结束后，我与科克伦上校进行了很好的讨论……他就如何将英军 1 个旅投送至克钦山区提出了颇有启发的新想法；我认为……我们可以将这个旅投送到离瑞丽江不远的着陆场，在那里他们可以立即对八莫的交通线采取行动，而不必动用“驼峰”航线上的飞机。此外，我建议象征性地空运一部分部队，数量可以减至最低限度，让他们与中国军队取得联系，并从东面进入该地区。这部分部队的数量不会造成您的空军运力紧张，我相信，需要动用的飞机只是我下午提出需求的零头。
>
> 我想应当在您返回中国前，让您知道我们的想法，主要观点是，如果我们充分利用滑翔机，就能以最划算的方式将部队投送到这一地区（“瑞丽江圈套”以东），而不需要将整个部队空运到保山，尔后再从地面行军至该地区。另外，这样做还将解决许多补给问题，从而减轻了您的困难。

在科克伦的支持下温盖特写了这封信，有关滑翔机的想法让他从失望中振作起来。事实上，他非常渴望与美军保持良好关系，而科克伦为他指明了出路。

可是，滑翔机的传奇故事远未结束，温盖特转而依靠这种运输手段，使他关于正确运用远程突击作战群的战略构想发生了如此巨大的变化，为他最棘手的问题提供了解决办法。但这些都是后话。

卡尔弗特在回忆录中提到的为期 15 天的演习，是新组建的钦迪特部队第一次整体配合。演习开始前，温盖特向他的忠实支持者威尔考克斯将 487
军发出了强烈抗议。显然，中部司令部想当然地认为，1 月前温盖特不会重返工作岗位，于是他们设计了代号为“黄峰”的演习。11 月的最后一周，温盖特详细审查了演习方案，感到不满意，于是他准备用自己设计的代号为“星期四”的演习取而代之，但中部司令部不愿意花力气重新组织，并试图坚持组织“黄峰”演习的权力，这让温盖特大为光火。接下来，特种部队司令部向吉法德将军申诉，对威尔考克斯将军及其参谋班子大加谴责，有些人原以为温盖特的性情变得温和了，这次冲突彻底打消了那些残存的侥幸心理。温盖特最终如愿以偿，按自己的方案组织了演习。

由于时间紧迫，加上长时间脱离指挥岗位，温盖特重返工作时情绪有些急躁，像“一只发怒的雄狮……贪婪地寻找着自己的猎物”。麦吉尔里护士长已经返回阿萨姆，她的约束力也随之而去。关于 1943 年末的温盖特，德里克 · 塔洛克记忆犹新地写道：

> 要在如此短的时间内发起行动，工作压力很大，这让他很难与别人和睦相处。紧急命令满天飞，都要求立即执行。他经常提出难以实现的要求，但是他的军需主任内维尔 · 马克斯（Neville Marks）总能设法满足他的要求……在这段时间，一些参谋人员真的被他吓坏了，对此我向他如实反映。他根本不相

> 信我的话，但答应更好地了解他们的想法。第二天，他接见了庞大的司令部机关里的每一位军官和职员，与每个人单独谈了话。他还在楼前的花园里向全体人员训话。训话很简短，确切地说是向他们吼叫，听者毕恭毕敬，战战兢兢。
>
> 他对那些胆小的军官极具杀伤力……他完全不知道自己的个性会对下级产生怎样的影响。我们的一位作战参谋傻得够呛，居然穿过他的房门口去用下午茶。将军刚刚读完一封令他勃然大怒的信，他一时找不到我，于是就叫这位军官进去，命令他读这封恼人的信，然后让他把信拿走，确保它再也不会出现。这位作战参谋走出来时，觉得自己仿佛一下子衰老了很多，以后再也不肯经过那扇可怕的门。他被吓坏了，甚至不敢说明这封信与他所在的部门根本毫无关系。不过，这种大发脾气，来得快，去得也快。

488 演习结束后，温盖特组织全体军官在瓜廖尔电影院进行讲评。那次会议场面很壮观。由于健康状况不允许，他未全程参加演习，因此他让朗泰涅主持会议。朗泰涅的讲评很有条理，也很周密，但不够鼓舞人心，他尚未全面展开，听众已经开始走神。温盖特和朗泰涅一起坐在台上，他确定这不是大家想听的。他站起来，很有礼貌地说，他希望亲自主持会议。接下来，他讲了大约一小时，详细检讨了演习各阶段的成功和失误，整个讲话再次向大家灌输了他的坚定信念，即远程突击作战技能本身才是胜利的秘诀。德里克·塔洛克说，这是温盖特最出色的一次演讲。由于温盖特没有讲稿，这次讲话的内容没有记录下来。他仍然吉星高照。但他不知道，而且似乎从来就不甚了解政治上的巨大变数，就在此时，魁北克会议取得的成果半数化为乌有。

1943 年秋末，同盟国领导人举行了两次会议，其决策对缅甸战区的全盘战略计划产生了重大影响。第一次会议是“六分仪”会议，于 11 月下旬在开罗举行。蒋介石委员长见到了罗斯福总统和丘吉尔首相。就远东战事而言，“六分仪”会议是“四分仪”会议的延续，但此次会议的气氛有些紧张，因为日本于 10 月开始在钦敦江一线发动进攻。他们在霍马林以南 140 英里的战线上增兵，并在南面取得一些进展，夺取了怀特堡（Fort White），威胁着钦山山区的泰迪姆。在这种情况下，开罗会议上的战略磋商很大程度上被丘吉尔提出的两栖进攻方案所主导。这一计划从未得到艾伦·布鲁克爵士的衷心拥护，而此时被压缩到更加适度的规模：不再考虑夺取北苏门答腊，进攻将局限于安达曼群岛。修改后的计划被称为“海盗”行动。艾伦·布鲁克爵士本来根本不愿过问此事，但节外生枝，罗斯福总统甚至比丘吉尔首相更热衷该计划，并以此向蒋委员长施压。后者将其视为盟国的鼓励，这是他期盼已久的，于是“六分仪”会议于 11 月 26 日达成一项 489
决议，即关于缅甸战局的七点战略构想，简要概括为以下七点：

1. 夺取安达曼群岛。
2. 第 15 军在若开战线发起进攻。
3. 第 4 军在中部战线发起进攻。
4. 史迪威指挥中美联军向密支那和孟拱发起进攻。
5.Y 部队向八莫和腊戍发起进攻。
6. 由温盖特指挥特种部队发起远程突击作战。
7. 由第 50 印度伞兵旅夺取因多，随后空降第 26 印度师占领该地。

这些行动如果同时展开，将迅速夺回上缅甸，并为 1944 年雨季后光复缅甸全境创造条件。蒋介石明确表态，他的部队在这一战略构想中扮演的角色将取决于“海盗”行动。在开罗，无人察觉其中有什么特别的困难。蒋委员长返回中国，蒙巴顿回到印度，双方都高度乐观。美国总统和英国首相于27日去了德黑兰。那一刻，所有人似乎都忽略了斯大林。

德黑兰会议是整个战争期间最不和谐的一次会议。罗斯福总统急于与俄国人交好，甚至不惜牺牲英美同盟，这是他的一贯做法，而斯大林立即注意到美英之间的分歧，于是他通过离间同盟实现自己的目的。俄国人怀疑（正如美国人在魁北克一样）英国是否真有决心跨过英吉利海峡发动全面进攻，并在“霸王”行动中开辟一个广阔的第二战场。俄国人充满疑虑，不知道英国人分散用兵是不够明智，还是别有用心。双方在战略主张上的分歧，很类似于第一次世界大战时“西方人”和“东方人”之间的分歧。这里要说的是，在德黑兰会议上，丘吉尔设法维持了东西方的融洽气氛，办法是同意最大限度地集中兵力于“霸王”行动，同时否决了“海盗”两栖行动的关键需求，那意味着取消对安达曼群岛的进攻。作为交换条件，斯大林承诺一旦在欧洲开辟第二战场的要求得到满足，他将立即投入对日作战。这样一来，缅甸战区的重要性就降至第三位。

490 总统和首相从德黑兰取道开罗回国。在开罗，罗斯福总统经丘吉尔劝说，最终同意取消“海盗”行动。他似乎并不承认除了取消行动别无办法。他很不情愿地同意了丘吉尔的意见。12月14日，蒋委员长通过电报得知此事。他的反应当然可想而知：他认为自己被出卖了，作为报复，他取消了Y部队从云南向缅甸发起的攻势。盟国方面向他建议，在若开发动两栖进攻，以取代“海盗”行动。他丝毫不为所动。到12月底，在伦敦的各军种参谋长看出来，任何取代“海盗”行动的两栖作战都不会令委员长感到满意，于是他们从远东撤走了全部登陆艇，用于西欧战场。日本人向钦敦江推进，阿萨姆的英军被迫采取守势，而撤走登陆艇后，“三叉戟”和“四分仪”会议确定的咄咄逼人的作战方案就只剩下在若开地区的有限进攻，以及沿泰迪姆公路和加包（Kabaw）河谷的攻势，其目的只限于在钦敦江建立稳固的战线。1944 年重新夺回缅甸的希望就这样破灭了。

在温盖特看来，计划上的这些变化大大降低了其部队的作用。现在他的对手更有反对的借口了，即如果没有与之相配合的作战行动和中国军队的攻势，在没有主力部队发动进攻的情况下，他的远程突击作战只是白白浪费。要推翻这种观点，他只能据理力争，在斗争过程中他可能会失去盟友，被迫接受失败。不过说来奇怪，德黑兰会议的决议并未明确传达，甚至远东战区的首脑也不清楚确切内容，这一点挽救了温盖特。事情有些不合逻辑：每个人都知道“海盗”行动取消了，但大家并不清楚这意味着什么。温盖特和他的对手都缺乏确切的消息，这使双方的争论缺少充分依据，也给了温盖特钻空子的机会。但不可否认的是，形势已经急转直下，变得对他非常不利。到 12 月底，他比任何时候都更加接近失败。然而，他最终摆脱困境，谱写了人生中最后一段传奇。

在印度的几个司令部和计划班子中，人们发现路易斯·蒙巴顿勋爵从 491
魁北克带回来的乐观情绪不过是昙花一现，失败的前景令人灰心丧气。反对温盖特的势力再次抬头，不断制造障碍。12 月底，离行动开始还有不到 1 个月时间，温盖特仍未得到必要的补给。曾经许诺给他的骡子连影儿也没见到。他的行动有赖空中力量的配合，但他仍未得到用于空投补给的飞机。12 月的演习没有一架飞机参与，但同时举行的印度伞兵旅演习却有 60 至 70 架飞机配合。伞兵部队本来是辅助钦迪特部队作战的，配角可以得到的装备，主力部队却拿不到。他仍未得到魁北克会议上承诺的运输机。在华盛顿和伦敦订购的装备一样也没到。温盖特给蒙巴顿写信说：“事实上，特种作战部队注定要拿着上次战争的武器走上战场，去年春季战役的大部分教训被忘得一干二净。”

12 月 28 日，蒙巴顿开始积极努力恢复开罗会议后的乐观情绪。很显然，他事先与温盖特讨论过此事，并受其影响，他让手下参谋传阅一份备忘录，并将副本抄送温盖特和在阿萨姆的第 11 集团军群司令吉法德将军。他有意挑起一场建设性的讨论，希望可以找到另外一个两全其美的选择，用以代替基于“海盗”计划的“宏大设计”。他的建议之一是派温盖特作为特使去见蒋委员长，压他再次接受派一个钦迪特旅加入 Y 部队的方案；他显然希望以此诱使中国军队发动进攻，尽管蒋介石出于愤怒取消了攻势。他提议以一个钦迪特全训旅加强史迪威的部队，并推行温盖特关于守卫机场和类似要点的想法。“我希望清楚地表明，”他写道，“我绝对无意让缅北作战因‘海盗’行动取消而不了了之。”他要求就他的建议征求温盖特的意见。

第 11 集团军群并未积极响应蒙巴顿的号召。备忘录不符合多数人的胃口，他们只想泼凉水，并且越来越感到钦迪特部队行将就木。蒙巴顿想
492 让温盖特出使中国，重新挽回中国军队从云南发动的攻势，但这一努力似乎被迅速扼杀在萌芽状态。1 月 4 日的答复中根本未提及此事，除此之外，有关守卫钦迪特部队占领区的想法，也被证明为不切实际，还列举了一大堆令人沮丧的理由。在这份“外交备忘录”中，只字未提温盖特。

1 月 5 日，温盖特决定为保全自己的计划而孤注一掷。当天，他写了两份备忘录，一份给蒙巴顿，另一份给第 11 集团军群。他的第一份备忘录是用来批判那份“外交备忘录”的。他充分施展辩才，详细批驳了那些反对蒙巴顿进攻策略的观点。值得注意的是最后一句话：“总之，对总司令提议支援远程突击作战的任何行动，第 11 集团军群都表示反对，而且事实上没有采取任何行动。”

第二份备忘录是给第 11 集团军群的，它让温盖特承受了更大的风险。这份备忘录的题目是《关于 1944 年春季远程突击作战兵力运用的几点考虑》，温盖特要求将其呈送总司令。他在开头写道：“事实上，我在魁北克提交的计划已经被抛弃，我指挥的部队即将投入与之用途不相符的作战行动，为了保护我自己，也为了维护陆军的利益，我要求正式记录在案，即

我提议发起这一行动的理由已经不复存在。”

在正文中，他指出“四分仪”会议原来确定的远程突击作战计划，根本无须依赖两栖作战配合，所以取消“海盗”行动不能作为重新考虑钦迪特作战的正当理由。他说，事实上从来没有人真心要执行钦迪特计划，他还补充说，自己一直“严密注视着事态的发展”。说到更大的问题，他指责第11集团军群放弃进攻方针，并说明他们如何反对“四分仪”会议的指示，以及如何对已批准的钦迪特行动釜底抽薪。他猛烈抨击在阿萨姆前线保留那么多非战斗部队。说到自己面临的问题，他详细陈述了补给方面的困难，以及所谓的“克扣装备的弥天大罪”。他说阿格尔塔拉 493
（Agartala）如何被选作钦迪特的空军基地，并得到总部的同意，但有关指示没有传达给阿萨姆的空军指挥当局，所以基地现在仍不能正常运转（甚至战争开始后，基地仍未准备就绪）。他最后说，除非政策执行层向他保证彻底转变态度，否则他愿意辞职，回到团一级岗位。

提出辞职的危险在于它真有可能被接受。但温盖特写这份令人棘手的备忘录时，仍然足够强势，不过也只是刚刚足以允许他安全无虞地以辞职相威胁。此时不合逻辑的事情再次帮了他。尽管温盖特在自己同胞中不断引起争议，但他却是美英双方都能接受的人物，这一点似乎有悖他的天性。虽说缅甸战区的美国人不多，但此时正扮演着非常重要的角色。史迪威和弗兰克·多恩（Frank Dorn）[1]少将（美国驻重庆军事代表团的负责人），仍然怀着渺茫的希望力劝蒋委员长批准Y部队的攻势。钦迪特作战是敦促蒋介石发动进攻的唯一诱饵，取消这一行动将会在谈判中铸成大错。于是，温盖特再次动用了直接向首相报告的权力，而众所周知，丘吉尔一向站在温盖特一边。

① 弗兰克·多恩（1901—1981），曾任史迪威将军的副官，后来负责美国驻Y部队的军事顾问团，当时的军衔是准将。战后，多恩将军陆续出版了《中日战争：1937—1941》《随史迪威撤出缅甸》等回忆录和战史著作。——译注

尽管形势正在发生变化，但人们知道此时接受温盖特辞职并不明智，于是除了息事宁人以外别无其他选择。路易斯·蒙巴顿勋爵机智地运用了自己的权威和魅力，冲突各方暂时恢复了和平——不过和平只维持了一个星期。

一个关于无线电装备的复杂技术问题打破了短暂的和平。皇家空军断言，印度没有便携通信装备可与皇家空军飞机刚配备的甚高频电台进行通信。特种部队怀疑这种说法的真实性，这个问题又被提交给饱受折磨的总司令处理。有一天塔洛克代表温盖特去开会，他坚持说自己曾经试用过可进行甚高频通信的便携式电台，而另外一方说这根本不可能。双方开始
494 争执起来，突然间蒙巴顿拍案而起，打断了双方的唇枪舌剑，他忍无可忍地说："这里肯定有人在胡说八道。"接下来，会场一片沉默，蒙巴顿拿起电话，找到通信军官，如实转达了双方的说法，并要求他查明实情。会议不无尴尬地转而讨论其他问题，直到 5 分钟后电话响起。蒙巴顿再次拿起电话，讲了大约 1 分钟，然后愤怒地放下话机（据当事人回忆）。他向与会者宣布，塔洛克说的对。他接着说："温盖特得到过某些承诺，只要我在这里，我希望看到承诺兑现。我不希望对此再有争论。他的需求必须满足，以便他的第一批 3 个旅可以配齐装备。这一步完成后，我们再讨论后续问题。"经过这一轮较量，和平仍然像先前一样脆弱。

追述温盖特一生中最后几周激烈动荡的生活，很重要的一点是要避免给人一种错误的印象，即人们反对他仅仅是出于嫉妒、怨恨和愚蠢，他本人常常这样认为。他的对手冷酷无情，有时甚至不择手段，但大多数情况下，是因为他们坚信第二次钦迪特远征在军事上是一个巨大的错误，必须不惜一切代价加以阻止。12 月撤销的行动所产生的负面影响日益显现出来，越来越多的人，包括温盖特的一些崇拜者，转而持反对态度。不久后，人们感到特种部队渐渐失去了存在的理由，不满情绪甚至蔓延到钦迪特部队中间。1 月 16 日，弗格森告诉温盖特，他觉得自己有责任提出辞呈，因为他已经得知中国军队不会从云南发动攻势，而且第 4 军也不会以

强有力的进攻支援远程突击作战，他不想率领部下再次经历 1 年前的痛苦磨难，他不愿承担那样的责任，他曾向部下承诺情况会得到改善。

温盖特不无气愤地劝说弗格森收回辞呈，需要强调的是，温盖特并非善于开空头支票的领导者，他不会扮演一个降服听众的魔法师。就在弗格森提出辞职当天，温盖特从自己的司令部向总司令发出了一份报告，概述了新形势下钦迪特部队应采取的新策略。他由此展开了人生中最后一次积极行动，对那些批评家们做了最好的回答。他的头脑富于创造性，尽管有时表现得过于固执，但从来不会在挑战面前退缩。他一生中从未像现在 495
一样如此信心百倍地迎接挑战。

正如让他声名远扬的大多数军事构想一样，他让钦迪特部队重新发挥作用的想法非常简单。一部分灵感或许来自已经放弃的 1943 年作战计划，即在班布韦当林区建立防御地带，各支队在那里进可攻、退可守。一部分灵感可能源于埃默里先生 7 月给丘吉尔先生的那份非同寻常的备忘录。但主要灵感产生于他良好的判断力和非凡的想象力。他现在的计划是要建立一个防御地带，也就是收复一小块失地作为几个旅的作战基地。部队可以乘飞机和滑翔机进入缅甸，1 个旅在两天一夜内分两步行动。第一步，2 个支队将夺取包括稻田地在内的大片空地作为飞机跑道；第二步，其余部队将被空运到飞机跑道上。36 小时后，这个旅将按战斗编成进入敌占区，做好攻击敌军事设施、物资集散地和交通线的准备。这一计划意味着，在敌人不发动进攻的情况下，远程突击作战群可以此为支撑点和庇护所。如果建立轮换制度，他们就能凭借自身力量发动进攻。

这项建议本身让人心惊胆战，但温盖特找到了让人难以反驳的理由。在 16 日向蒙巴顿提交的情况判断中，他指出有令人信服的证据表明，日军前出是准备进攻阿萨姆。他进一步争辩说，他的新计划绝对稳妥，由于日军不得不继续使用缅甸漫长而脆弱的公路，钦迪特部队可以在日军进攻阿萨姆期间发挥最大的作用。他警告说，日军的攻势将非常凶猛，很具杀伤力，在其攻势被遏制前，第 11 集团军群很可能会暂时丢掉曼尼普尔。如果说温盖特不是第一个对日军即将发动进攻发出警告的人（也许他正是第一个），那么他至少是少数几个有先见之明的人之一，而且是对情况判断最准确的一个。“水獭”总能对形势做出准确而出人意料的判断，在这方面他不逊于任何人。

温盖特公布最新的钦迪特行动方案时，也提出了一些需求。他请求总司令满足自己的要求，将印度伞兵旅训练用的达科他飞机调给锡尔杰尔
496 （Silchar）的钦迪特部队使用；此外，滑翔机的总数暂时应当达到 500 架；提供足够 100 架拖曳飞机使用的拖曳装置，配备阵地防御所需的 6 磅反坦克炮。他建议 111 旅和 77 旅乘滑翔机进入缅甸，16 旅沿利多公路由史迪威负责的战线进入缅甸。他请求蒙巴顿坚定地支持自己的计划，哪怕最初的行动遭受重挫并丢掉曼尼普尔。他还请求从第 11 集团军群抽出 4 营兵力担负守备任务。蒙巴顿同意温盖特的请求，要求他与阿萨姆方面的负责人商讨此事。

威廉·斯利姆正指挥第 14 集团军，读者应当记得，丘吉尔曾经推荐温盖特担任这个职务，当时两位将军都不知道此事。现在的情况是，不论 1944 年钦迪特部队采取什么行动，温盖特都将接受斯利姆指挥。俩人三年前初次相识，当时温盖特指挥基甸军，而斯利姆在普拉特将军的集团军里指挥第 10 印度步兵旅。俩人对东非事件的看法不同。温盖特认为埃塞俄比亚的事业是神圣的，而斯利姆只当是例行公事。14 年后，斯利姆回忆往事，提起温盖特和那些爱国者时，开玩笑地说，“他和他的那些阿比西尼亚游击队，当时被我们轻蔑地称为索马里匪帮或强盗”。俩人并不投机。他们之间的关系注定是紧张和动荡的。

1944 年初，斯利姆在英军中的地位，就如同 1940 年韦维尔在英军中的地位一样，当初韦维尔以其个性深刻影响着孤立无援的尼罗河集团

军①，使其恢复健康和活力，而斯利姆也令缅甸战线的部队重新振作起来。像韦维尔一样，斯利姆能够唤起手下每个士兵的爱戴之情。他会公开宣布自己是温盖特的崇拜者，但他对温盖特的评价毁誉参半，有些批评是那样严酷无情，难免让人觉得他心存偏见，例如，他将第一次钦迪特远征对士气的极大鼓舞说成是“虚假宣传”。斯利姆就任第 14 集团军司令之前，曾与温盖特在德里见过几面，当时双方关系还比较融洽。但当他成为温盖特的上级时，就很难再对这位难以驾驭的下属保持宽容了。俩人正式交往初期，斯利姆曾明确表示，他反对温盖特利用特权直接与首相联系，除非征得他的同意，尽管温盖特抗议限制他的特权（他从未滥用特权），他也不得不承认斯利姆的要求是合理的。由于斯利姆坚持原则，他做到了总部里 497
许多人想做而没有做到的事情，但并不能因此将斯利姆划入温盖特的反对派之列。他受过良好的教育，心胸开阔，决不想除掉这样一位热情、老练而幸运的下属。他的赞赏是真诚的，他的反感也是真诚的。不论是当时，还是事后回忆，他对温盖特始终表现出矛盾心理。正因为如此，人们很难将温盖特这个谜一样的人物，与斯利姆在自传体回忆录中描写的那个平庸的人等同起来。

遵照蒙巴顿的命令，温盖特于 1 月 18 日去兰契觐见斯利姆。此时，温盖特新的钦迪特远征计划已经大体成形，但仍需进一步细化，有一个细节问题在他看来意义重大：他要为自己的构想起一个富有想象力的名字。很可能经过长时间的深思熟虑，他终于想出一个名字。它具有显著的“洛道夫”特征。他决定将新的作战体系命名为“要塞”（Stronghold）。

集团军司令官直到 19 日早晨才到兰契，上午他与温盖特进行了 40 分钟会晤。这次会见非常圆满。温盖特不仅成功说服斯利姆认识到新计

① 1940 年，为防备意大利军队从利比亚进攻埃及，丘吉尔命令时任中东战区总司令的韦维尔组建三角洲集团军，这支部队后来改称尼罗河集团军。——译注

划的优点，而且获得了他的支持。集团军司令官指出，第 4 军有一套被称为“漂浮物”的防御体系，其中每个驻屯基地都有一个像卫星一样的机动支队，专门用于打击敌军进攻部队的后方，他建议温盖特学习这种战法并将其纳入新的作战体系。温盖特确实是这样做的。他们对如何获得行动所需飞机有不同意见。斯利姆认为最好从驼峰航线上调拨，而温盖特认为最好从印度伞兵旅调拨，[①]但俩人对需要飞机本身没有异议。最终，斯利姆同意从第 26 师抽调 4 个营用于守卫要塞。当时的记录显示，温盖特似乎
498 对自己的计划顺利通过感到非常欣慰，并未仔细审视附加条件。斯利姆给其司令部的指示，以及他给蒙巴顿的报告，清楚地表明他的决定完全取决于要塞守备部队能否以及何时通过空运部署到位。温盖特于 20 日写给蒙巴顿的报告表明，他相信派 4 个营守卫要塞已经得到明确保证，他只是提到对这些部队下一步的部署存在分歧：他希望这 4 个营归他指挥，同 77 旅一起训练，而斯利姆希望这些部队继续留在吉大港（Chittagong）。温盖特并未察觉出任何不祥之兆，随后他去库米拉会见第 26 师师长洛马克斯（Lomax）少将。他与洛马克斯进一步达成一致，或者说他相信如此，然后他巡回走访了卡尔弗特、朗泰涅、弗格森，向他们传达新的作战计划，并告诉他们集团军司令官全力支持的好消息，特别是关于要塞守卫问题所达成的一致意见。

开战在即，各旅已经开始离开中央省训练区。卡尔弗特指挥的 77 旅位于距锡尔杰尔 15 英里的海拉甘迪（Hailakandi）。朗泰涅指挥的 111 旅位于英帕尔，温盖特在此地建立了自己的司令部，同以前一样那里设有地图室。弗格森指挥的 16 旅正乘火车赶往利多，弗格森本人已经提前到达新平洋（Shingbwiyang）的史迪威将军司令部，那里距钦敦江只有几英

① 温盖特在最后一份报告中多次提及伞兵部队无用的观点。他的观点确实过于片面，但欧洲战场的经验表明，只有当地民众武装起来并准备积极合作，远程空降作战才能发挥作用。在缅甸并不存在这样的条件。——译注

里，严格从法律上说属于缅甸领土。这次为了安全起见，特种部队被授予一个新番号，即第 3 印度师，这个称呼不仅不能取悦他们，而且也惹恼了英印军。

人们记得，温盖特视察 77 旅期间，发生了一件奇特而又极具代表性的事件。他检阅了国王利物浦团第 1 营官兵，并向部队训话。同第一次远征中在卡斯滕小道上的情况一样，官兵们期望温盖特说说即将发起的作战行动，但他们听到的同样是完全不相干的事情。这次，温盖特没有谈论敦刻尔克奇迹，而是讲到更久远的邓巴之战①。他大谈特谈克伦威尔的性格，以及他如何将自己的信心传达给部队，他又如何最大限度地发挥手下每个人的潜力，因而在邓巴反败为胜，温盖特还谈到了这次行动中的很多细节。大部分听众对邓巴之战没有什么概念，许多人对克伦威尔的个性也不 499
甚了了，但温盖特如愿以偿地给他们留下了深刻的印象，就像在卡斯滕小道上一样。官兵们感到信心倍增、心潮澎湃，虽然他们很难说清楚这是为什么。

温盖特在英帕尔见到了朗泰涅，然后向北去新平洋会见弗格森。他在这里还将会见史迪威将军。由于温盖特曾经威胁要减少“驼峰”航线的运力，弗格森以为两位将军之间会爆发冲突。奇怪的是，实际上并未发生任何争执。在东南亚战区，除了温盖特以外，史迪威是最具个性的人物。他同温盖特一样精力旺盛，但显然完全没有温盖特那种贵族式的理想主义。他现在一心只想着两件事，其一是要修一条从利多通往密支那的公路，其二是对英国人的仇恨。“醋乔”②一向以坦率著称，用他自己的话说，他对英国人的感情，就如同忠诚的纳粹分子对犹太人的感情一样：那是因生理上的极端厌恶而加剧的心理上的反感。对他来说，英国人永远是讨厌

---

① 邓巴之战是 1650 年英国内战期间的一次决定性战斗。在这次战斗中，克伦威尔指挥的英格兰军队打败了苏格兰军队，开启了英格兰对苏格兰长达 10 年的占领和统治。——译注
② 史迪威因言语刻薄、不留情面而有“醋乔”之称。——译注

的英国佬。他认为他们不诚实，缺乏男子汉气概，而且非常危险，他反感英国人，即使不是出于其他原因，至少是因为他相信英国人处心积虑要把帝国的黑手伸向美国及其利益。但这个坏脾气的怪人也有可取之处。他是一位勇敢、聪明、无畏的带兵人，他非常擅长写言辞偏激的美国式散文，他有能力克服影响其判断的强烈偏见。虽然他比威廉·斯利姆资历老，但他凭着无私的冲动，竟然同意屈尊接受斯利姆的指挥。在他眼里，蒙巴顿受三个弱点所累，即皇家血统、贵族头衔和英国口音，但史迪威仍然忠实地充当着他的代理人，甚至一度认为他是个“好人”，不过史迪威最终收回了这个结论。在与温盖特交往过程中，史迪威再次克制了自己的偏见。也许正因为许多英国佬不喜欢温盖特，史迪威发现自己可以与这位钦迪特指挥官成为好同事。弗格森经常出席俩人在新平洋的会晤，他事后回忆说：“我坐了十分钟，与两位个性很强的人一起讨论我们的计划。温盖特眉毛很重，体格宽阔而强健；史迪威戴着一副钢框眼镜，身体瘦长而结实，面色略显憔悴。俩人都有着刚毅的面孔，嘴边都布满深深的皱纹；俩
500 人都会有惊世骇俗的表现，任何人也难以阻挠。他们俩看上去都像先知，也都具备先知的众多品质：富有远见、缺乏耐心、精力充沛、冷酷无情、勇气非凡。”

此时，温盖特已经制定出一个投入 3 个旅的作战方案，其要点如下：将 77 旅空运至位于杰沙东北的高圭（Kaukkwe）河谷，他们将在那里建立要塞，一边阻断因多至密支那的公路，一边阻断八莫至腊戍的公路；111 旅空运至平梨铺以南地区，并在那里建立要塞，攻击通往文多地区的交通线，以及穆河流域上的交通线；同时，16 旅将从陆上通过史迪威的战线夺取隆肯（Lonkin），尔后继续向南在因多以北建立要塞，从那里攻击邦昌峡谷、梅扎大桥，并夺取因多机场。依据该方案，英军将在日军交通线最密集的地区建立 3 个要塞，彼此距离较近可以相互支援，且足够牢固可以长期据守，并从战略上打击敌人。有了要塞守备部队，看来钦迪特

部队可以进退自如。

巡回视察结束时，温盖特乘飞机对缅甸境内进行了侦察，选择了几处适合的空降地点，1 月 25 日，他到达库米拉。现在他再次面临颠覆性的挫折。集团军司令官反悔了。在与温盖特会面两天后，斯利姆告诉蒙巴顿，他同意温盖特的方案，但提出了自己提供支援的附加条件。他从一开始就同意先派 1 个营执行要塞守备任务，不附加任何条件，其他 3 个营空投进入的时机由他本人决定，但经过再三考虑后，他提出附加条件，即只有“形势真的有利于第 4 军出兵扩大战果时”，他才同意增加 1 个旅兵力。这是有关要塞计划的新构想，或者说只是新瓶装旧酒，骨子里还是令人气馁的陈词滥调：即只有发动“后续”攻势（已经取消），才会提供守备部队。25 日，斯利姆完全改变主意，彻底推翻了先前的决定。现在他根本不打算从第 11 集团军群抽调要塞守备部队，他建议从特种部队的西非旅中抽调部队。当温盖特得知这些最新的决定后，他意识到自己又回到起点，一切回到同斯利姆达成协议前的状态。自他返回印度后，这是第四次或第五次面临事业上的危机，此时此刻，他所做的同先前一样，就是写一份备忘录。

温盖特详细叙述了他与集团军司令官谈判的过程，并激烈谴责斯利 501
姆取消提供要塞守备部队的决定。他将备忘录复制两份，分别送给斯利姆和蒙巴顿，在给蒙巴顿的附信中，他建议取消行动，并再次提出辞职。附信的语气让人感到他这次不是讹诈，而是认真的；他已经充分准备好上级接受辞呈。他写道：“负责指挥的英军将领并不真心支持（远征）……这不仅仅是心存偏见……成功……但未来危机全面爆发时，那些人会看到这样做的致命后果，我希望……期望忠诚的支持？需要改变的是内心，但我无法改变他们的内心。我相信取消行动会让我们的军队蒙羞，但是可能导致的惨败会让我们更加丢脸……没有时间了。我仅有三天时间，我花两天时间陈述了无可辩驳的论据，而我得到的回答就是无声的沉默。”

要理解军事史上的这桩奇事，一定不能忽略威廉·斯利姆爵士的观点。1942年，为了迟滞日军的胜利，他曾指挥了对日军的最后一战。与日军进行地面作战，他的经验最丰富，而且他对自己的部队充满必胜信心。他从亲身经历中清醒地认识到，他所指挥的部队，包括温盖特的钦迪特部队在内，经不起再次失败，否则会彻底丧失自信和战胜敌人的能力，某种程度上说，温盖特没有斯利姆那样的切身感受。英军只能逐步学会如何在这个国家运动和作战。正如斯利姆所承认的那样，他决心在未来与日军对阵中，自己的部队要在数量上占有绝对优势。用当时流行的话说，他染上了过分注重防御的“马奇诺情结”，不过那只是暂时的事情。偏见使人们滥用了“马奇诺”这个词，在1944年初的远东战区，责备一个集团军司令官过分注重防御是不恰当的，说来奇怪，温盖特的故事恰恰证明了威廉·斯利姆爵士的判断。这些问题在此不再详述。我们需要记住的是，尽管问题不能过于简单化，但还是可以说，斯利姆赞成采取谨慎的策略，而温盖特赞成采取极端大胆的策略。

502 和平再次恢复了。这次手持橄榄枝的是乔治·吉法德爵士。像大多数和平一样，这是通过妥协换取的和平，同时，也像通常情况下一样，接受和平的各方不无抱怨。至于守备部队，斯利姆同意派1个齐装满员的廓尔喀营，加入77旅进行要塞防御训练。他还同意抽调相当数量的炮兵保卫要塞：每个要塞分配4门25磅炮、6门轻型高射炮，以及操纵这些装备的炮手。所需的其余要塞守备部队，按斯利姆25日的建议，将从第3西非旅的3个营中抽调。这是让温盖特感到最痛苦的条件，答应这些条件前，他抗议说这样使用西非旅等于让一支高度专业化的部队去执行普通步兵的任务，而且将限制远程突击作战扩大规模。他现在清楚地认识到，根本就不存在扩大钦迪特行动的意图。第二次钦迪特远征的兵力将被严格限制在现有的6个旅内。温盖特告诉吉法德将军，他同意上述条件，同时，声明自己之所以接受这样的条件，是因为他仍然希望，如果钦迪特行动取得重大胜利，可以给他调拨其他英军部队用于要塞守备，在给蒙巴顿的报告中，他也表明了同样的观点。同以前一样，唯一相对顺利的是有关空运问题的谈判。但是，“吉法德治下的和平”在一个重要方面取得了绝无仅有的成功，它实现了持久的和平。

1 月，温盖特很少有属于自己的时间，他面临着事业的压力、自身的苛求、超负荷的工作、没完没了的谈判、不停的奔波，但像所有男人一样，他会想办法自我排遣。卡尔弗特参与了其中一些活动，他见证了温盖特乘飞机旅行时难得一见的一幕。“他做任何事都带着顽皮的幽默。乘飞机时，他总认为别人会骗他，不让他带足行李。所以，他总是在行李过磅时将脚放在磅秤下。那个年代，印度通常使用老式磅秤。他会透过遮阳帽怒目直视过秤员，由于他把大量衣服披在身上，汗水顺着鼻子和下颏直往下淌。我总是躲在角落里笑到不行。有一次，我的行李超重了，他就如何 503
托运行李好好给我上了一课，最后说，‘只要我们是唯一这么做的人，就没问题。’他脸上露出会心一笑。”

他写信给麦吉尔里护士长，她在新年表彰中荣获了大英帝国勋章，这令所有钦迪特队员感到欣慰。1 月，她从第 19 伤员转运站调到同驻一地的第 18 印度医疗中心工作。温盖特还抽时间写信给三年前自己在德班至格拉斯哥航行途中从绝望中挽救的那位军官。晚秋时节，他收到了令人兴奋的好消息，洛娜怀孕了。1 月 19 日，他与斯利姆的会晤令人鼓舞，21 日，他在视察各旅的途中写信给洛娜：

> 亲爱的，我在一大捆信中找到三封你的信，最近的日期是 12 月 22 日。这大大减轻了我的焦虑。现在我身体非常健康。我刚刚与教父[①]完成了一次旅行。他是位了不起的人。除了

① 信中的“教父”指路易斯·蒙巴顿勋爵。——原注

他和少数几个人以外，我在英国陆军界的境遇，就如同巴斯德（Pasteur）[1]在法国医学界的境遇一样。但别人并不这么看。我对前景持乐观态度，时间将证明一切……首相康复并再次执掌战局真是一大幸事。他在与不在是完全不同的。

有时，我在想伤寒已经耗尽了我的精力，我变得温和、发福和快乐了，但我失去了康复前的敏锐和力量。不过，我不想为此过虑。我花大量时间在飞行途中。我以前对飞行的厌恶已经荡然无存。我总是带两位速记员，但最近整理出的文字不是很好。我认为，战争是必要的恶行，就像外科手术一样。一个人被另一个人麻醉，被手术刀残忍地切割，这些本身都是恶行，但从动机看是好的。人们能为正当的动机而战吗？如果不能，就不应当战斗。我相信可以。我不认为必须怀着对敌人的仇恨进行战争。相反，战争是一种警察行动，既要关注被保护群体的福祉，也要关注罪犯的福祉。

如果我们像姨妈们那样笃信教条，生活会容易些。尽管我
504 知道基督的仁慈及其教诲的美好，而且被人称为基督徒我会感到格外荣耀，但我并不认为基督徒的信条——基督是主、宝血救赎、只有宣示相信复活和宗教教义才会获得重生等等——是必要的。

如果真是必要的，愿上帝指引我们认知。

今天我见到了津德尔（Zinder），他是《生活和时代》杂志的记者。他刚从巴勒斯坦来，带来了摩西和鲁本（Reuben）的消息。他告诉我关于搜查和集中关押移民的丑行，这让我万分

---

① 路易斯·巴斯德（Louis Pasteur，1822—1895），法国微生物学家、化学家，他是现代微生物学的奠基人。——译注

痛苦。那些警察真是恶棍。我希望能有所改变，我相信我们会看到以色列国的成立。

你并未附上维拉的信。你说哈伊姆来过一封信。

上帝保佑你，亲爱的，他会保佑你在1944年安全分娩。与你结婚，我非常幸福。但愿我们能白头偕老。我非常爱你。奥德。

505

第二十二章 第二次钦迪特远征

16旅于1月底在利多集结，准备翻越帕克台山（Paktai Hills）开往钦敦江。一位目击者这样描述第二次远征开始时的情景：

> 连着几天下雨，我们坐在那里（利多）无所事事……此时，骡子跟着赶骡人沿利多公路进发，美国工兵正在抢建那条著名的公路。骡队在10至20英寸深的烂泥地里跋涉了七十多英里。其余人幸运地坐上了美军的大卡车，司机是中国人……凹凸不平的道路穿过茂密的森林。高达5000英尺的山上险弯遍布，下面是架设在急流上的浮桥，到处都是推土机和美国黑人，那真是一幕令人难忘的景象。

2月1日，乔治·吉法德爵士到利多为16旅送行，3日，温盖特加入弗格森的队伍，他们与最后一批人一同启程，前往查看部队翻越帕克台山的情况。一天后，他们走到公路的尽头，并与部队一起翻越最初的10英里山路。弗格森记录道："我们开始爬上一个褐色的、抹了黄油一样的泥泞山坡……第一段山路不足1英里，我们没有背背包或武器，却走了整整

1 小时。约有二三百人在山坡上忙碌着，他们砍倒竹子和其他木材，修建阶梯和之字形横过……（两三天后，骡子开始翻山，它们奋力向上爬，将阶梯践踏得斜向一边，所以每过两三头牲口，就不得不进行修复）……在我们下面很远的山谷中，公路上车辆轰鸣，推土机在崎岖的山路上连推带拉，中国劳工营里升起缕缕炊烟。有时雨会停歇片刻，人们的视线可以穿越山谷看到对面巍峨的山峦……温盖特看到了自己想看的一切。面前的困难显而易见，但他不会知难而退。他不停地说，‘这样很好，这还不错， 507
你们做得很好’……几周后，在钦敦江，他承认自己言不由衷。”

全旅花了 2 月整整一个月时间才从利多到达钦敦江。

2 月第一周，77 旅在锡尔杰尔附近完成集结，在空运至高圭山谷要塞区前，他们要经过最后的训练；部署在英帕尔的 111 旅最终也要空运至高圭以南的要塞，但具体地点尚未确定。这两个旅即将奉命于 3 月初的月夜飞赴任务地域。另外 3 个旅仍在中央省进行训练。

2 月 4 日，斯利姆将军和斯特拉特迈耶少将发布了“第 14 集团军和东部空军指挥部联合行动指示”。这是发动第二次钦迪特远征的正式命令。它明确了钦迪特远征的主要目的：“即最大限度地消耗和干扰缅北敌军，以维持通往中国的交通线。”史迪威的部队将发动攻势支援这次行动，但是英国方面只想“尽可能炫耀武力和显示决心”，除此以外并无更高的期望。说来奇怪（鉴于德黑兰会议决议），人们仍希望 Y 部队能早日从云南发动进攻，该指示明确，温盖特的任务之一是为实现这一渺茫的希望“创造有利态势”。上级批准使用飞机将 77、111 旅空运到要塞，但并未明确具体地点。廓尔喀营配属 77 旅，西非旅的 3 个营配属 111 旅和 16 旅，担负要塞守备任务。弗格森部出发已经近一周时间，此时也受益于这道具有追溯力的命令。指示中还包括一项由战略空军执行的行动。

上级指示明确了将伤员空运出要塞的细节。前文说过，虽然温盖特性格中有冷酷的一面，但仍然难以承受第一次钦迪特远征中遗弃伤病员所

508 造成的巨大道德冲击，他计划采取有效措施避免让那种可怕的事情再次发生。指示要求在德穆机场为部队设立伤员转运站。结尾段落规定了行动代号，其中最重要的一个是“星期四”。这个代号曾在温盖特 12 月组织的演习中使用过，现在将作为远征行动的代号。

不用说读者也能猜到，温盖特不会轻易放过这份重要文件。说来奇怪，他并未在军事上提出反对意见，主要原因在于他和斯利姆已经弥合了最初的分歧，现在俩人密切合作。但他对空军指挥当局的态度却有所不同，轰炸计划似乎没有充分征求钦迪特指挥官的意见。他反对的主要是其战略构想和时间安排。上述指示要求在创建要塞区时，要对周边地区进行轰炸。温盖特主张制定一个大规模的欺骗性轰炸计划，即在发起远征前，为了将日军战斗机从要塞区吸引开，需要对仰光、曼德勒和曼谷进行大规模轰炸。他的建议无人响应。

温盖特的另外一条反对意见事关行动代号。他以前曾对此提出过抗议，此后也还会再发牢骚。第二次世界大战期间，在各司令部里，为行动取个滑稽的代号已经成为一种无聊的职业习惯。参谋军官有时想哗众取宠，就模仿满嘴脏话的前线士兵自我解嘲。最后给此次远征行动取了一个乏味但不会引起争议的代号“星期四”，温盖特接受了，但对于其中一个分支行动的代号“瘘管”，温盖特表示坚决反对，但毫无用处。许多人将冒着生命危险参加这次远征，而行动代号却如此荒唐可笑，在伟大而艰险的征程即将开始的前夜，温盖特还对行动代号这样的小事不依不饶，可是，那些出生入死的人决不会因此而小看他。

最后的谈判尚未结束，若开发生了一件大事。两个月前，菲利普·克里斯蒂森（Philip Christison）中将指挥第 15 军向南发动进攻，企图保卫孟都（Maungdaw）的小港口及向东的交通线（这次远征充满了“长炮”和“海盗”计划的痕迹）。1 月间，克里斯蒂森的 3 个师“有条不紊地连续出击”。与此同时，日军也向若开地区和钦敦江沿岸增兵，他们的反攻确定无疑。2 月 1 日，日军发动反击，尽管对此早有预料，但反击落在第 15 军头上却完全出其不意。日军表现出了前所未有的丛林战技能，他们神不知鬼不觉地爬上英军阵地，1 日，他们又有力打击了第 7 印度师的后 509
方。日军出色完成了第一阶段目标，即分割英军并破坏其交通线。英军面临 1942 年以来最令人担忧的形势。但结果却大为不同，因为这支部队士气高昂、训练有素。只要有一线希望，并能得到空投补给，他们就能牢牢守住阵地。为此，日军集中驻缅甸的空中力量于若开战线，建立了短暂的空中均势，但面对强大的美英空中力量，他们很快就不是对手了。2 月头两周的战事最令人焦虑，此后的战事虽然还像以往一样进展缓慢，但形势无疑正朝着有利于英军的方向发展。

第二次若开战役的进程与温盖特并没有直接关系，但其背后有温盖特的影响。要评价那些难以估量的因素，最好听听大家的意见，当时人们普遍认为有两个重要因素使阿萨姆的英军面貌一新。其一是集团军司令斯利姆的坚强领导，虽然工作非常繁忙，他几乎走遍了 14 集团军的所有部队，将自己的决心和意志传达给部队。另一个重要因素（后来威廉·斯利姆爵士极力设法贬低）是第一次温盖特远征的示范作用，有了这次经验，英军才真正掌握了在丛林地区靠空投补给部队的方法和要义。要是温盖特有时间认识和思考目前正在努力实现的目标，他与阿萨姆关系复杂的空中作战指挥机构相处会更容易些。不过，从他留下的记录看，他并未考虑若开作战给空军造成的压力。

2 月，也就是若开作战期间，温盖特继续忙着训练部队、完善计划、视察前线，不过，他与当局的斗争一刻也没有放松，或者说形势也不允许有丝毫放松。他的抗争依然顽强，但全然没有了往日的技巧，说来奇怪，他未能抓住一个可能具有决定性的优势。1 月，他曾准确预见到日军的攻势，虽然若开的战事证明他和另外一些人的预言是正确的，但他并未坚持其中一项正确推论。1943 年 8 月，克劳德·奥金莱克爵士曾断言，远程

510 突击作战群只有用来“反击敌军对阿萨姆的渗透”，钦迪特远征才有正当的理由，而此时温盖特似乎完全忘记了这一对他非常有利的判断。温盖特一直以来的一句格言就是：“对付渗透的办法就是反渗透。”1月他曾再次重申这一观点，但当实际出现敌军渗透的情况时，他却不再强调此观点，也不曾提醒反对派，他们当初是完全接受这种观点的。相反，他或许再次受到埃默里先生7月备忘录的影响，一心一意制定着派钦迪特部队打到印度支那半岛东岸的宏伟计划，而他的胃口之大已经开始引起蒙巴顿的担心。就在他最需要鼎力相助的时候，最重要的支持却岌岌可危。9日，总司令写信给他，私下里挑明了这一非同寻常而又不合时宜的争论：

“斯库恩斯、勒欣顿（Lushington）和我，”蒙巴顿在一封长信中写道，“谈起我们昨晚与你一起讨论的问题，我们三人一致认为，让我们大惑不解的是，当我告诉你打败日本的全球战略时，你为什么那样担心。直到最后，我们三人才意识到，那是因为这个战略影响了你未来的计划，也许你希望有朝一日向我提出这样的计划，即通过缅甸向河内发起连续进攻……”

“我接到的指示只限于重新夺回缅甸北纬23度线以北地区，那是打通至中国交通线的需要……”

“你对将远程突击作战的目标仅限于配合利多部队进攻提出质疑。我必须知道你是否还坚持这种看法，因为我将不得不向三军参谋长们报告此事，毕竟是他们负责制定全球战略……”

“我知道你昨晚并不是有意‘让我难堪’，但实际情况正是如此，因为你提出除非三军参谋长们改变目前的全球战略构想，否则不应让你的远程突击作战群发起行动。”

对于蒙巴顿客气的责备，温盖特于次日写了一封长信作答，与他的大多数文章相比，这封信的目的和主题都不那么鲜明，但它给了对方想要的保证，即他将全力以赴准备“星期四”行动。收信人本来可以为结束

论战而长出一口气。不过，要是蒙巴顿真的那样乐观，他就错了。11 日，511
温盖特再次给蒙巴顿写了一封长信，这封信的主题是“利用‘星期四’行动扩大战果的前景”。这份奇特的文件读起来简直就是他那天晚上与斯库恩斯、勒欣顿谈话的翻版。温盖特再次力主推行一项宏伟计划，而其前提是彻底改变战争的重点。“如果‘星期四’行动彻底失败，”他写道：“远程突击作战也就到头了。然而，如果取得一定成功，目前在印度的 1 个师精锐部队也应投入远程突击作战……印度指挥部最好的选择就是使用空中远程突击作战旅，集中力量打入河内和曼谷……这种战役需要 20 至 25 个远程突击作战旅，总共 10 万精锐步兵。”他接下来建议，通过“远程突击作战的一次猛攻”，阿萨姆的军队不仅可以占领印度支那半岛，而且可以走得更远，到达太平洋与美军会师。他真诚地建议将一个集团军群改编成钦迪特部队，在中国沿海地区建立起一个机场链，由那里可以接应海上部队。

有人攻击温盖特说，他把钦迪特部队和“星期四”行动视为整个作战的中心，接到温盖特的信后，蒙巴顿感到很难替他开脱。温盖特为什么要写这封信呢？这个问题找不到答案，没有文字记录，也没有人记得他说过什么。也可能是因为他的身体尚未完全康复就过早投入了紧张劳累的工作，也可能是健康方面的压力不知不觉影响了他的判断力，但不论是否存在上述原因，2 月份的形势可以解释他为什么那样做。

以下可能是合理的解释。1 月底，他见弗格森时热情高涨。当时，他对 16 旅旅长不仅说到了“要塞”计划和守备营，而且还谈及更广阔的前景。有过硬的证据表明（尽管威廉·斯利姆矢口否认），集团军司令官在兴头上时，或者是在不留神时，曾对温盖特说：“如果你实现目标并拿下因多，我会考虑增派 1 个师去驻守，我有办法搞到 1 个师。”（这么做意味
着重新回到已经放弃的“六分仪”方案，但是身在印度的那些人信息极不 512
灵通，不可能清楚德黑兰会议放弃了哪些决议和未放弃哪些决议，所以他

们提出怎样的建议都不足为奇。）根据弗格森的著作，温盖特去利多视察时，告诉他关于集团军司令官说的话，或者说是温盖特以为他说过的话，不过温盖特走得更远。他让弗格森相信，如果钦迪特在因多得手，不仅会迫使上面按原计划将第 26 师空降到因多，而且肯定会将钦迪特部队的规模扩大一倍，温盖特像往常一样，兴致勃勃、言之凿凿地将心中的想法一吐为快，这充分彰显出他强烈的个性。结果他给对方留下的印象是，派 2 个师而不是 1 个师去因多不仅仅是希望，而是确定无疑的事情。弗格森率部出征时，对此坚信不疑。当后来写到这些事时，弗格森暗示温盖特故意误导他，为的是让 16 旅全力以赴，但仅凭这一证据就得出如此结论，未免太过草率了。至少存在一种可能，那就是温盖特想用希望鼓舞部下的乐观情绪，而听者把意思搞混了。还有一种可能，当温盖特从利多返回时，发现失去了明确承诺过的 4 营兵力，他不仅要努力争取重建一支守备部队，还要努力争取扩大钦迪特远征部队的规模，为的是让他的司令部和他寄予厚望的部下能够得到应有的地位，这样做当然无可指摘。可以想象，为了实现这一目的，当面临突如其来的逆转时，他会提出最极端的建议。

如果说上述原因导致他在 2 月写出了那样言辞过激的信件，那么他作为一个出类拔萃的军事著作家，则丝毫没有丧失其特有的灵感。20 日，他完成了关于远程突击作战的最后一篇重要文献，即《训练备忘录 8 号 · 论要塞》。这是一篇惊世之作，充分体现了他本人的风格和思想起源。这篇文章将人们熟悉的军事思想经过巧妙地改造和拓展，应用于 1944 年春季钦迪特部队的实践。在训练教范中，它堪称绝无仅有。它明显出于博学的头脑，也正是部队喜欢读的那类文章。它所吸引的是那样一种民族气质，正是这种气质让博学的沃尔特 · 司各特爵士成为畅销书作家。也可以将其视为虚幻的“洛道夫”与现代战争的结合。文章开宗明义，第一句话引自《圣经 · 撒迦利亚书》：“回到要塞去吧，你们这些心怀希望的囚徒”。
513 全书都贯穿着如下指导思想：用通俗易懂的语言说明问题，不时也穿插着浪漫主义的忠告。从下面引用的这一段文字，就能窥一斑而知全豹：

> 理想的要塞半径30英里内应当是密林，山峦起伏，由于巨大的天然屏障，只能靠人背马驮才能通过，而且速度很慢。中心最好有一个平坦的高地，可以清理出一条跑道供达科他飞机起降，并有独立的空投场，有滑行道与要塞相连，周围有一两个友好的村庄，要塞内有取之不尽的清洁水源。这样的区域可按附图中的方式进行布局。
>
> 要塞的座右铭是“决不投降”。

伯纳德·弗格森对这本非同凡响的教范给予读者的影响作了很好的诠释。他在第二本有关钦迪特部队的著作中写道：“我知道这些想法最初在温盖特的头脑中只是一个萌芽，决不像这篇光辉的著作中所表现的那样条理清晰，闪烁着智慧的光芒。其中的思想精妙而大胆；‘要塞’一词完全符合他一向喜欢使用挑战性语言的风格；他特有的戏剧感，以及他毫无顾忌、卖弄才情地使用古语的习惯，[①] 赋予单调的生活以厚重的历史感。无论是在缅甸战线，还是在其他地方，军队都强调‘固定基地’的好处；不过，‘从要塞突围’远比‘依托固定基地发动攻势’更能激励和振奋人心！……引自《撒迦利亚书》的话……开宗明义，在我心中打下了深刻的烙印；那宜人的韵律和强烈的节拍，伴我行走在延绵数英里的丛林小道上。”

2月10日，弗格森离钦敦江还有9天路程。温盖特低估了这次行军的困难。他曾设想让16旅于2月16日渡江，但在目睹了帕克台最初10英里行军的困难后，他报告说渡江的日期很可能要推迟到25日。结果，

① 他将“要塞”周边地区称为“领地”。——原注

弗格森和手下于月底的最后一天才到达江边。此次渡江与一年前在同赫渡江的情况大不一样。尽管这次空地联合行动在时间协同上出了一些问题，但整个计划进展顺利。用弗格森的话说，1944 年的渡江行动是“20 世纪的水平，而前次渡江行动是维多利亚时代早期的水平”。一个精心制定的计划随之展开。28 日，从其他旅转隶过来的苏格兰高地团巡逻队，在最近的日军设防城镇卡塔米（Hktami）以南实施佯动，那里位于渡江地点
514 下游 10 英里处。与此同时，哈曼（Harman）上尉（以前隶属弗格森的第 5 支队）率领小股部队跟进，在卡塔米与弗格森部之间设置路障。他们按事先商定的方法向阿萨姆的空军基地发出信号，召唤载有渡江装备的滑翔机。此时发生了延误，当两架滑翔机于夜间到达时，莱斯特团的 2 个支队已经开始乘橡皮艇渡江。滑翔机空运的是有舷外马达的冲锋舟。5 分钟后，第一艘冲锋舟出发，渡江速度大大加快。女王团的 1 个支队用了 2 小时 10 分钟全部完成渡江。渡江行动持续了一整夜。弗格森本人于 3 月 1 日下午渡江。在渡江行动展开的同时，安排了一次空投补给，次日 2 架滑翔机被达科他飞机“拽起来”，拖回了基地。（5 天后飞机再次投下摩托艇）。只有骡子还能让人联想起去年渡江过程中那种酷似弗里思油画的狂野场面。

在渡江地点南岸有一小块预先勘察好的空地，温盖特预定于 3 月 1 日下午飞抵那里。弗格森怀着急切的心情盼望着温盖特的到来，而且还盼着他带副旅长凯夫（Cave）上校和基地通信军官一同前来开会。一行人于四点半到达，其中包括温盖特、副官乔治 · 博罗（George Borrow）、科克伦上校和 4 名战地记者。弗格森没有看到凯夫上校和通信军官。他“脸气得铁青，而温盖特不温不火地解释着自己的想法……声称希望我们的行军和渡江行动引起新闻界适当的关注……”。双方就此问题的争论最终发展到恶语相加的地步，后来还是美国飞行员加蒂（Gaty）上校出面解围，他主动提出要飞回英帕尔接没有来的军官。他的提议让众人皆大欢喜。在这场

战时的荒诞喜剧中，温盖特显然扮演了一个虚荣的角色，但他的行为也不难找到合理的辩解。他现在已经懂得新闻界的正面宣传对于成功的军事冒险具有多么重要的意义。他的对手仍然十分活跃，而他坚决认为此刻不能忽视新闻界这样一个重要而有用的盟友。不过，他确实没有必要带 4 个战地记者上前线！他从来不是一个喜欢节制的人。

温盖特在渡江地点待到次日下午。他对看到的一切还算满意，但显然对行动进展缓慢表示担心。16 旅原计划应于 3 月 5 日到达因多附近。5 日前部队很难全部渡过钦敦江，而他们还曾向史迪威许诺要在途中攻击隆 515
肯（Lonkin）。弗格森说，20 日前他不可能到达因多，温盖特只好敦促他不要无谓浪费时间。

弗格森还记录下一段有趣的小插曲，从中可以看出直到最后，温盖特还像白骑士那样乐此不疲地尝试新事物，如同 11 年前在干旱的利比亚沙漠上探险一样劲头儿十足。他和弗格森并肩走在钦敦江边，看到一个男人正忙着兜售外地贩来的海龟蛋。温盖特当场全部买下，并以不容拒绝的方式，将它们强塞给路过的钦迪特战士，向他们保证食用这种珍稀的营养品有利健康。海龟蛋并不比其他爬行动物的蛋更美味可口，而且事后证明其对消化系统的影响实在令人不快。

温盖特走之前将一份有关要塞的备忘录副本交给弗格森，尔后于 2 日乘飞机返回英帕尔。遗憾的是，他丝毫未向弗格森透露最终的要塞守备计划。部队于 4 日全部完成渡江。他们选定于次日，也就是 5 日，实施第一次大规模空降，第二次钦迪特远征由此全面展开。

77 旅从印度西尔加附近的拉拉盖特（Lalaghat）机场起飞进入缅甸，“星期四”行动的关键部分由此拉开帷幕。卡尔弗特最终接到如下命令：77 旅将飞往高圭河谷，降落在两块平坦的开阔地上，两个着陆场的代号分别为“百老汇”和“皮卡迪利”。卡尔弗特将在“百老汇”着陆场以北建立一个要塞。上述行动一旦完成，他将由此前出，阻断日军的铁路和杰沙以东的伊洛瓦底江水上运输线，并视情夺取杰沙。空运行动经过反复演练，且充分考虑了每一个细节。5 日，集团军司令官和约翰 · 鲍尔温爵士亲临拉拉盖特视察。第一架达科他飞机及其拖曳的滑翔机预定于 5 点起飞。整个白天，“人们聚集在飞机周围，装载货物，安装拖曳索，赶着骡子，堆放行囊，黑压压的、一眼望不到头的长队缓慢地移动着，整个场面就像忙碌的蚂蚁聚集在被俘获的飞蛾周围”。

离 5 点钟还有半小时，一架小飞机飞抵拉拉盖特机场，有一辆吉普车在那里等候。科克伦手下的一位摄影师跳下飞机，跑上吉普车飞速开到温盖特和塔洛克身边。这位摄影师是查尔斯 · J. 鲁森（Charles J.
516 Russhon）中尉。下午早些时候，科克伦派鲁森随加蒂上校飞往高圭河谷实施照相侦察，这一违反命令的行动让温盖特大为光火。但现在已经没有时间讨论他们违反禁令飞往作战地域的问题了，因为鲁森带回了具有颠覆性的证据，表明日军已经做好反机降的准备。他下午拍摄的照片显示，在“皮卡迪利”平坦的空地上，整整齐齐地摆放着 4 排柚树桩。毫无疑问，那里已经无法供飞机着陆，而且很难相信那些障碍不是敌人设置的。成功取决于保密，但可怕的证据表明秘密已经泄露。

空军中将鲍尔温也来了，他与温盖特、塔洛克、卡尔弗特和艾利森一起仔细察看航拍照片。有人给这群忧心忡忡的人拍了一张照片。他们必须迅速做出抉择，要么冒险强行着陆，要么干脆取消行动，前者可能意味着一场灾难，而后者必然意味着第二次钦迪特远征就此夭折。20 分钟内要做出决定。很显然，最初每个人都极度悲观，而温盖特对斯利姆和鲍尔温说，他相信自己被中国人出卖了。他接着说，他想和战地指挥官单独讨论一下当前的形势。他们表示同意。温盖特走向卡尔弗特说：“好吧，迈克，看上去日军已经掌握了我们的计划。我要你来决定是否继续行动。你想继续吗？”卡尔弗特回答说：“一定要继续。”

于是，温盖特走回来与鲍尔温、科克伦、艾利森和塔洛克继续讨论问题，而威廉·斯利姆爵士退出，站在离他们不远的地方。有时候，尽管每个人都知道别人的想法，可还是迫切希望有人能提出新观点，而此时此刻正是这样。可是馅饼不会自己从天上掉下来。照片上的证据几乎可以证明日军已经有所警觉，除了推迟行动外似乎别无选择。温盖特坚决反对推迟行动，但只有这一次他确实找不到理由支持自己的观点，眼前的照片胜于任何雄辩。突然间，有人对这些精心摆放的木桩给出了一个乐观的解释。在第一次钦迪特远征中，为了救出库克上校和他手下的伤员，飞机曾在“皮卡迪利”降落过。一位战地记者为那次营救行动拍过照片，所以英美报纸曾广泛刊载过“皮卡迪利”地区的照片。因此，是否存在这样的可能，即日军找到照片上的地点，并在“皮卡迪利”设障，而这只不过是通常的预防措施。鲁森还照下了“百老汇”和 111 旅在伊洛瓦底江以东的着 517
陆场，那两个地方都没有设置障碍的迹象。听了这番解释后，在场的每个人都像抓住了救命稻草，在温盖特的建议下，众人最后决定部队在“百老汇”和“乔林基”(Chowringhee)[①] 实施机降，后者是 111 旅在伊洛瓦底江东岸的着陆场。他们将这一决定报告威廉·斯利姆爵士。他听完汇报后，转向温盖特说，如果温盖特完全准备好承担风险，他愿意下达命令。温盖特说他本人已经准备好了，但在给出明确答复前，他还要征求一下卡尔弗特的意见。斯利姆对此表示同意。于是，鲍尔温开始与美国人商量如何向飞行员明确任务，而温盖特回去找卡尔弗特征求意见。

温盖特向卡尔弗特解释了刚才的决定，然后说：“你准备好了吗？如果我们现在不行动，我认为就不会再行动了，因为我们必须等待合适的月夜，而最佳季节已经过去了。既然万事俱备，斯利姆和空军方面愿意立即行动。你怎么看？既然我不能亲自前往，我就不想命令你那样做。我告诉他们，我要再考虑一下，因为我希望听听你的意见。”卡尔弗特回答说：

---

① 乔林基是印度加尔各答大都会区最重要的一条道路，现在称尼赫鲁大街。——译注

“我准备把我的旅全部投入‘百老汇’，虽然这样部队集结速度会慢一些，但我不想将我的旅分散在伊洛瓦底江两岸。”科克伦、艾利森和鲍尔温走过来告诉温盖特，这么短时间内难以向飞行员重新布置任务，仅仅出于这一原因，他们也不赞成使用“乔林基”的想法。温盖特同意这个决定。他还是非常担心。斯利姆走过来征求卡尔弗特的意见，卡尔弗特重复了对温盖特说过的话。于是最终决定，从拉拉盖特起飞的滑翔机由 80 架减少到 61 架，全部飞往“百老汇”。从开始讨论到做出决定只用了 20 分钟，最后由温盖特和科克伦分别向 77 旅军官和飞行员重新明确任务。那位美国上校表现得就像一位宣传鼓动大师。他猛然跃上吉普车的引擎罩，对大家说：“好了，兄弟们，我们有了一个更好的去处。”第一架达科他飞机于 6 时 12 分起飞，只比原计划推迟了 72 分钟。

卡尔弗特和塔洛克商定了两个简单的密语。如果在“百老汇”的机降行动进展不顺利，卡尔弗特就发出“黄豆香肠”的信号，表示不要再派飞机实施机降。如果事情进展顺利，他将发出“猪肉香肠”的信号（这两个词分别代表部队配给中最难吃和最好吃的两种食物）。然而，这个灾难之夜真是祸不单行，就在卡尔弗特的部队到达“百老汇”之前，事情又
518 出了差错。由于对滑翔机的载重量估计有误，有 14 架滑翔机起飞后很快脱离了拖曳飞机。其中 6 架滑翔机紧急迫降在缅甸境内，其余的则降落在阿萨姆。每次出现滑翔机掉队的情况，都会立即电告温盖特，用卡尔弗特的话来说，温盖特“坐在那里……不知道自己的计划还能否管用，对出现的意外无能为力——他第一次真正体验到了身处高级指挥岗位的恐惧感”。德里克·塔洛克记录了拉拉盖特当时的情景：“通信中心的帐篷里气氛可怕得难以想象。到处挤满了人。两位将军和一位空军中将凶神恶煞般地盯着我身边的调度员。不时收到一个又一个意外的消息……随后从降落场上空传来那个可怕的密语‘黄豆香肠’”……他们由此断定日军在“百老汇”设下了埋伏。7 架拖着滑翔机的运输机还在飞行途中，它们奉命立即返航。

塔洛克形容说，当时帐篷里“死一般的寂静”。约翰·鲍尔温爵士说他要立刻返回库米拉，为次日的营救行动安排战斗机支援。除了无线电报务员以外，帐篷里的其他人都散去了。

早上4时，大家回到自己的住处，温盖特对塔洛克说：“好吧，德里克，看起来我们败局已定。行动结束了。”

塔洛克回答说：“我不相信失败。一切都会好起来的。我们在第一天夜里空降了足够的地面部队。让我们睡上几个小时，明天早上会有好消息的。”

温盖特说：“你可真是一个乐观主义者。”

大约两小时后，当时还是大清早，有人叫醒塔洛克，向他报告来自卡尔弗特的最新消息。那是一个重要的行动信号，其中包括大家渴望已久的“猪肉香肠”一词。塔洛克急忙冲向温盖特的房间，却发现他正在熟睡，于是决定让他多休息一会儿，而自己则试图通过无线电把情况搞清楚。他可以与卡尔弗特通话。他了解到并没有日军设伏，但有一些滑翔机在着陆时损毁。在平地拖木头形成的凹槽造成了第一起失事，而后续的拖曳飞机来得太快且彼此间隔过小，结果损毁的滑翔机堆集起来，机场上到处是飞机残骸。在着陆的540人中，有24人牺牲、30人重伤。前景相当乐观。安全着陆的装备中有一辆推土机。当天晚些时候，卡尔弗特与温盖特通了话。大约上午10点，卡尔弗特报告说晚上可以接收更多的达科他飞机。这意味着尽管发生了一连串让人不安的意外事件，关键行动基本上 519
按计划进行。后来发现那些中途失事的滑翔机反倒有助于计划的实施，因为飞机残骸都是在伊洛瓦底江至阿萨姆之间最不可能到达的地方发现的，这极大干扰了日军对英军企图的判断，比任何正常的欺骗计划更具迷惑作用。结果日军未能及时发现“百老汇”着陆场和英军意图。

与3月5日的判断相反，日军对即将发生的一切一无所知。虽然英军有足够的理由表示担忧，但事实上并无必要。这段故事中最让人好奇的是“皮卡迪利”航拍照片中发现的木桩。这些木桩摆放整齐、对称，正好阻塞了作为着陆场的平地，让人一看便知是敌军设置的障碍，从而不可避免地得出计划已经泄露的判断，在这种情况下，得出任何其他结论都是极端不负责任的。然而，这一结论是错误的，鲁森扰乱人心的发现不过是一个非常不幸的巧合。战后调查表明柚木桩与日军根本没有任何关系。是缅甸伐木人将它们放在那里晾晒的。

次日夜，又有900人在“百老汇”机降，至10日晨，77旅全部就位。与此同时，111旅也开始行动。7日夜，111旅先遣队乘14架滑翔机进入“乔林基”。着陆场位于“瑞丽江圈套”地区，离一年前温盖特率部撤退时隐蔽过的地方只有几英里远。次日夜，朗泰涅率111旅主力乘达科他飞机抵达“乔林基”。在第二次钦迪特远征中，这支部队是进入缅甸的第三个旅。他们的任务是切断文多到因多之间的公路和铁路，以及南坎以北、铁路线以东至伊洛瓦底江之间的公路。他们将在班茂（Banmauk）以南5英里处建立一个要塞。在他们开始行动前，莫里斯（Morris）中校将率领该
520 旅2个支队渡过瑞丽江与另外一支部队会合，后者由赫林指挥，正从“百老汇”向八莫以东的克钦族地区机动。111旅的其余部队将渡过伊洛瓦底江向西运动。温盖特在给朗泰涅的作战命令中写道：“分配给你的任务是最艰巨的，因而也是最光荣的。”在他的签名上方，有一段细长而潦草的笔迹，“因为耶和华使人得胜，不在乎人多人少”。[①]

整个111旅的空运行动进展顺利。他们从英帕尔附近的图利霍尔（Tulihal）出发。一位亲历者生动记录了他们乘达科他飞机夜航的情况：

> 飞机颠簸着沿跑道缓慢滑行。它开始加速。起飞的过程忽忽悠悠。飞机沿机场盘旋片刻后向东飞去。20分钟后我们可以

① 引自《圣经·撒母耳记上》14:6。——译注

> 看见月夜中波光闪闪的钦敦江。飞行时间一个半小时。我们飞越伊洛瓦底江后，接到命令准备着陆。我们背好背囊和装备，机上的指挥员就站在舱门口。向下俯视，可以看见降落场的跑道上有灯光闪耀，简直就像一个现代化的机场。飞机开始盘旋直到地面的奥尔迪斯手提信号灯发出着陆信号。灯光仿佛在沿地平线上升，突然间飞机跌跌撞撞地降落在起伏不平的跑道上，向前滑行一段距离后转向我们的停机位。机舱门打开了，我们跳下来跑向丛林边缘的指定地点集合。一种巨大的轻松感油然而生，很大程度上克服了那种深入敌后 200 多英里所产生的不快。

9 日后，再未向“乔林基”空运部队，朗泰涅余部被空运至“百老汇”。截至 11 日晨，空运行动全部结束。空运计划的调整是由塔洛克提议的，因为他相信驻杰沙的日本空军会发现“乔林基”的行动，时间不会超过两天。事实很快证明他的判断相当正确。10 日早晨，当最后一批人跟随朗泰涅离开营地 5 小时后，日军对该地实施了大规模轰炸。“莫里斯部队”已经向东去执行新任务，其他 3 个支队向伊洛瓦底江开进。尽管装备了新武器并经受了新的训练，他们发现要逃出“瑞丽江圈套”，几乎与一年前的第一次钦迪特远征一样困难，有一个支队不得不掉头返回。它后来加入了“莫里斯部队”。朗泰涅的两个支队和迪本少校指挥的廓尔喀支队，
克服重重困难到达了平犁铺南 10 英里的均宾（Kyunbin）。离开“乔林基” 521
两周后，他们发动了第一次攻击。但那是后话。

卡尔弗特只用了很短时间就在“百老汇”建成了要塞。“洛道夫”式的梦想终于实现了，那是一座现代化的诺曼城堡，拥有医院、耕地、养鸡场，甚至还有商店，此外，在其领地内还有一条井然有序的简易跑道。3 月第二周，卡尔弗特率 77 旅 5 个支队离开“百老汇”，向西朝铁路开进，

留下克劳德·罗姆（Claud Rome）上校带 2 个营留守后方。卡尔弗特的目的是建立一个附属要塞，用以阻断从南面通往密支那的交通线。其间计划作过多次调整，在此没有必要详述，他们最终以突然袭击的方式占领了一个新要塞。此地是一片小丘陵，靠近铁路沿线的小镇和努（Henu），位于有火车站的城镇毛卢以北 1.5 公里，18 日在这里打了第二次钦迪特远征的第一仗，那是一场艰苦而血腥的较量，官方整理的亲历者口述生动再现了当时的场面："这次战斗的特点就是野蛮。的确，若非亲眼所见，很难想象其惨烈程度。事后不止一个人回忆说，那有点像'中世纪'的战斗。白刃战从白天持续到夜里，着实打了好几个小时；英军用步枪和刺刀对付日军的武士刀，廓尔喀人用弯刀对付日本人的刺刀，对负伤者也决不手软，手榴弹不停地在战士们头上飞来飞去。"卡尔弗特亲自上阵拼刺刀。南斯塔福德团的一位军官凯恩斯（Cairns）中尉被一个日本军官用刀砍下了胳臂，他朝那个日本人开了一枪，夺下军刀，带领手下继续往前冲，直至最后倒地牺牲。日军最终被击溃了。新要塞的树上挂着许多降落伞，因此得名"白城"。杰沙和因多至密支那的铁路运输从此中断。

77 旅再次证明了自己的实力，而此时钦敦江方向也爆发激战。3 月 5 日，77 旅第一批部队空运进入缅甸，次日日军就发动了大规模进攻，而较早时候对若开的攻势就是这次大规模行动的序曲。6 日，他们从卡莱瓦附近向北偏东方向运动，8 日，又在钦山山脉发动了辅助性的攻势，接着
522 又从卡莱瓦发动了第二波进攻。双方围绕英帕尔公路激战了 20 天，最初英军受挫，日军分别于 14 日、15 日从霍马林以北和钦敦江中游地区发动进攻。日军的攻击部队有 3 个师。情况很快清楚了，日军的目标是夺取英帕尔、科希马（Kohima）、迪马普尔（Dimapur），企图将整个阿萨姆邦纳入缅甸防区。他们的意图并非像有些人说的那样，是为了征服印度，但他们知道如果能将防线推到印度大门口，那么不论从政治上看，还是从军事上看，英国人在印度战区的地位都将难以维持。他们的胃口还真不小！

日军在每个阶段的进攻中都表现出了毫不犹豫的献身精神，令人不得不钦佩。攻势直到4月20日才停止；5月中旬形势出现逆转。驻阿萨姆的英军发动反击，表现出了若开之战那样的锐气。尽管如此，灾难几度迫在眉睫。虽然英军的训练水平有所提高，与日军相比头脑更加灵活且受教育水平更高，但英军大部队在丛林中与日军较量常常会感到惊慌失措。幸亏援军从印度及时赶到，才挽救了科希马和迪马普尔。威廉·斯利姆爵士在记述这三个月的经历时，以感人而谦虚的大度精神，向自己的部队表示感谢，而这让人们更加难以理解他贬低温盖特的那些话。他在书中写道："我像之前的许多将军一样……是足智多谋的下级指挥官和英勇顽强的部队挽救了局势，避免因我的失误而造成严重后果。"

日军发动突然袭击时，最令人担忧的是印度的安全，这就是第二次钦迪特远征的最初一幕，也是温盖特生命中的最后一幕。他在77旅开始空运的第二天夜里飞到"百老汇"，7日从这个要塞飞往"乔林基"，8日晚又飞回拉拉盖特。他当然有带领部队冲锋陷阵的冲动，但他让自己听从塔洛克的节制，大多数时间都待在自己的司令部里，处理着战时异常繁重的公务。

11日，温盖特向第3印度师全体军官发布动员令，原文如下：

> 我们第一阶段的任务圆满完成。我们对敌人的进攻彻底达成了突然性。各支队像尖刀一样深深插入敌人腹中。现在是摘 523
> 桃子的时候了。敌人会拼死挣扎。我们要压倒敌人，坚决收复缅北。让我们感谢上帝赐予的伟大胜利，让我们奋勇前进，用叉在敌人两肋的尖刀将其彻底驱逐出境。形势大大有利于我们，现在不是考虑代价的时候。这是永载史册的时刻。这是一项伟大的事业，有朝一日每一位参与者都会骄傲地说："当时我在那里。"

第11集团军群和总司令发来了贺电，12日，温盖特再次动用特权直接与丘吉尔联系。他给首相上报了一份情况报告，大意是在距因多50英里范围内，已经集结了钦迪特部队12 000人。具体是：77旅正向毛卢挺进，111旅正渡过伊洛瓦底江朝文多至因多交通线运动，“莫里斯部队”正向东朝曼德勒至八莫交通线运动，达赫的部队正向东朝八莫以北的克钦族地区运动，16旅以2个支队夺取隆肯后，正进入苗扎河谷朝因多方向运动。他最后断言，“敌人惊慌失措。如果扩大战果，前景极为光明”。

77旅的成功有目共睹，此时温盖特发现周围的人与过去相比友善了许多。众多同僚极力表白自己一向是站在他一边的，说他们从一开始就坚信并积极促成钦迪特远征。斯利姆觉得很好笑，他对塔洛克谈起一位突然自称是温盖特盟友的人，他说：“为什么他压根儿不觉得自己做戏呢！”蒙巴顿对事态的转变倒是由衷高兴。他说：“有些人自欺欺人，把自己说成是一贯的坚定支持者，这样的人越多越好！”

尽管官方态度有了很大变化，但还是发生过两次大的冲突，在第一次冲突中，温盖特扮演了和事佬的角色。“百老汇”的应急跑道完工后，皇家空军提议在那里部署6架喷火战斗机。温盖特同意这个方案，但显然是由于工作繁忙而忘了征求科克伦的意见。皇家空军也未征求美军的意见。喷火战斗机于12日进驻，科克伦被激怒了，更可气的是，第1空中突击队接到指示，要他们为皇家空军空运补给品以保证喷火战斗机处于能战状态，这无疑是火上浇油。科克伦在拉拉盖特找到塔洛克，并与他一同飞往英帕尔。他到钦迪特部队司令部表示强烈抗议，气势汹汹的架势堪与钦迪特指挥官本人匹敌。科克伦说，“百老汇”飞机场是美国人冒险修建的，靠的是美国人的勇气和才智。他坚持说，“百老汇”是在缅甸日军占领区建立的第一个盟军机场，他还没来得及在那里部署自己的“野马”战
524 斗机，就发现自己被“赶出来”。他历数了与英军合作的不愉快经历，毫不客气地指出他认为皇家空军过于爱出风头。温盖特在英帕尔的司令部墙

壁很薄，在一个房间里说的话，邻近的房间都听得见。正当科克伦肆无忌惮地高声发泄不满时，几名英国皇家空军军官就在隔壁，其中包括一名高级参谋军官。塔洛克后来写道："这么做无助于两军关系。"

在科克伦的抗议得到回应之前，日军于13日派30架飞机攻击了"百老汇"机场。喷火战斗机击落4架敌机，高射炮击落1架敌机，空袭被彻底粉碎。尽管科克伦很识大体，也是英美合作的典范，但他觉得这次胜利未能平息自己心中的愤怒。他有理由表示不满，就在16日，东南亚战区指挥部的战地杂志照例对13日的行动大加褒奖了一番，这更让科克伦感到愤愤不平。温盖特事先未征求科克伦意见，在这一点上他是有责任的（这是他在此问题上的唯一失误），所以他主动采取了安抚措施。他写信给蒙巴顿参谋班子中负责皇家空军宣传的军官，向他委婉转达了科克伦的抱怨。

另一次争吵则有些荒唐可笑。同喷火战斗机事件一样，这件事起因于协调不力和过分看重新闻宣传。16日（就是温盖特为科克伦与皇家空军讲和那天），新闻界公布了第二次钦迪特远征开始的消息，依据的是蒙巴顿司令部的一份官方"资料"。关于对外公布到什么程度的问题，过去有过争论，温盖特并未介入其中。集团军司令官认为一段时间内最好守口如瓶，但新闻官们另有打算，他们需要喂养一群如饥似渴的战地记者。最后采取折中办法，人们认为报道既要满足"安全"需要，也要对得起前线的将士。公开报道未提及钦迪特、温盖特、第1空中突击队和运输机司令部，但含蓄地提到了"第14集团军的部队"和驻阿萨姆的空军。这下子可闯了大祸。集团军司令官感到受到严重侮辱，他对塔洛克说，这简直就像演《王子复仇记》少了哈姆雷特一样。温盖特再次感到这是总部里众多 525
敌人在玩弄阴谋诡计，在故意设置障碍，他气得发狂。盛怒之下，他发电报给负责宣传的军官，也就是他上次为科克伦说情的那位军官，代表钦迪特部队表达了最激烈的抗议，说他禁止向部下分发东南亚战区指挥部的杂志，并要求向蒙巴顿本人转达他的抗议。刚发完电报，他又用公函直接向蒙巴顿表达了同样的抗议。

这真是一个最不明智的举动。在发出那封言辞激烈的电报前，他本该问问总部对于钦迪特部队的宣传策略。实际上，东南亚战区指挥部的报道策略对温盖特非常有利：原计划开始时只是泛泛报道，当公众兴趣调动起来后再作更加详细的报道，最终将是一篇具有轰动效应的新闻报道，比方说“现在终于可以真相大白了，云云”。蒙巴顿忍辱负重地给温盖特回了一封信。他先解释了宣传策略；他告诉温盖特有关空运的报道是由一群特派战地记者写的（准备在初期发表），那些人是专门为国王、首相、艾伦·布鲁克爵士、乔治·马歇尔和阿诺德将军写报道的；他还告诉温盖特，空军总司令罗伯特·皮尔斯（Robert Peirse）爵士亲自草拟了一篇短文，并致电丘吉尔，对科克伦和美军空中突击队大加褒奖；他详细介绍了他和手下的参谋们如何不遗余力地为钦迪特部队树立公众形象，说到温盖特禁止向部下发放杂志，他声明自己完全信任东南亚战区指挥部及其编辑弗兰克·欧文（Frank Owen）。他写道：“你那封令人震惊的电报，让我认识到你是如何让那些一心支持你的人厌恶你的，你在这方面取得了惊人的成功。”

这场口角就这样告一段落，但并未彻底平息。后面我们还会再次听到争吵。

20日拂晓前，温盖特飞赴“白城”视察要塞。卡尔弗特记录道：“他向每个人提出各种各样的合理建议，比如，如何选择机枪阵地，如何架设3英寸的迫击炮，他向医生们提出卫生学方面的意见，告诉新教和罗马
526 天主教牧师应当怎样鼓舞部队士气，还有在什么地方安葬死者，如何调整电台天线等等。”他向卡尔弗特介绍了阿萨姆的总体情况，他说尽管来自印度的援军将给英军以决定性的优势，自己还是担心上级会命令钦迪特部队由远距离作战转向近距离作战。他告诉卡尔弗特，钦迪特部队司令部将于次日从英帕尔转往锡尔赫特（Sylhet）。他解释了当前战略上的

困境，起初他的任务是支援史迪威，但“醋乔”放缓了对密支那的进攻，“以防阿萨姆的英国佬逃跑”，这一切正在使温盖特的使命失效。他向卡尔弗特简要介绍了下一步的作战计划，他想要夺取位于因多以南更远的机场和要塞，其目的在于支援第 14 集团军，而非来自利多的史迪威的中美联军。卡尔弗特承认自己对钦迪特部队任务的变化感到迷惑不解，温盖特说：“我们必须帮助第 14 集团军。我们所有人，包括史迪威在内，都在第 14 集团军指挥下。尽管我有时抱怨他们，但总的看，他们还是非常有用的，即使他们怀疑这次行动的可行性。现在他们的态度已经转变了。”他告诉卡尔弗特，斯利姆本人是钦迪特构想的忠实信徒，但第 14 集团军的参谋人员中有许多怀疑者。

他和卡尔弗特一起放松了一会儿。他们沿着铁路散步，这里很安全，让他们觉得好笑的是，一年前正是为了破坏这段铁路，他们历尽艰险，现在他们又要再次冒险了。温盖特走着走着，用脚踢着铁轨说：“这么说，这就是日军第 18 师团的铁路交通线。”他边说边笑（多年以后，卡尔弗特买了一张毛卢至曼德勒的往返票，怀着同样的心情故地重游）。温盖特还要与伯纳德 · 弗格森会面，临走时他对卡尔弗特说，“要心情舒畅”，因为他会发现自己“什么也不缺”。温盖特与加蒂上校一起离开。

温盖特从“白城”又飞往位于苗扎河谷的当勒（Taungle），16 旅在那里开辟了一个着陆场，下午弗格森在此恭候他的到来。16 旅漫长而巧妙的行军已进入到最后阶段，现在他们位于苗扎河谷的当勒和曼格顿（Manhton）之间，正处在苗扎河与卡拉特（Kalat）河的交汇处。弗格森选择了一处要塞，取名为“阿伯丁”(Aberdeen)[1]。他和他的前进指挥所还未找到适合达科他飞机降落的平地，于是温盖特决定亲自去勘察。他骑了 527
一匹矮种马向东朝曼格顿走，在小镇以北靠近瑙格密（Naunghmi）村的

① 阿伯丁是苏格兰东北部的港口城市。——译注

地方选择了一块平地，尔后他返回当勒的着陆场。那块空地南北长1200码，在接下来的8周时间里，这条跑道起降了700架次飞机。这是“水獭”最后一次运用他的慧眼。

温盖特与弗格森在当勒的飞机跑道上再次会面，他们筹划着下一步进攻因多的行动，这是16旅的首要任务。他们一致认为攻击应从东北方向发起，但在时间安排上有一些分歧。目前只有莱斯特团的2个支队到达了“阿伯丁”，其余部队从利多赶来，正在最后一段路上艰难跋涉，成功夺取隆肯的2个支队距此地还有10天以上的路程。弗格森强烈要求温盖特考虑用兵的基本常识，允许16旅经过休整后再投入战斗，但温盖特表示反对。他对弗格森说，他已得到消息，日军大批增援部队正赶往因多，16旅的任何拖延都会让敌人察觉其行踪，而一旦行动暴露，他们将很难夺取机场。他告诉弗格森，一旦抢建好飞机跑道，他打算将14旅空运至“阿伯丁”，这支生力军将从西面攻击因多，同时，弗格森部将从东北方向发起攻击。温盖特还对弗格森说，他已决定将14旅和23旅尽快空运至内线，因为14集团军司令部有人动议，要将这2个旅当作普通步兵部队使用，而不再作为远程突击作战群使用。他用这番话打消了弗格森的疑虑，并坚持要求16旅于24日起向南朝作战地域机动。弗格森同意了。温盖特在此是否犯了错误，成为一个众说纷纭的话题。

随后，温盖特向东飞往“百老汇”，并在那里过夜，他将加蒂上校留在弗格森处，组织人员在“阿伯丁”抢修飞机跑道。次日，也就是21日，他乘飞机返回英帕尔。他再次听到令人沮丧的消息。就在他外出期间，集团军司令官通知塔洛克，鉴于日军的进攻日益迫近，他正在考虑使用14旅和23旅作为普通步兵部队担负保卫英帕尔的任务。温盖特的担忧成为现实，这让他十分懊恼。他眼睁睁地看着自己的宏伟计划功亏一篑，仅仅
528 几天工夫，人们对远程突击作战的信心便荡然无存。他立即飞往集团军司令官设在库米拉的司令部。

尽管温盖特去的时候怒气冲冲，但那天他与斯利姆的会晤最终达成了和解。如果说前一天集团军司令官还决定使用温盖特的 2 个旅预备队执行一般性的防卫任务，那么就在 21 日那天，他改变了主意。他向温盖特解释说，他无意压缩钦迪特远征的规模，但他迫于形势必须立即解救第 4 军。他详细解释了钦敦江中部战线的形势。双方最终达成妥协。温盖特同意派 14 旅（其后还有第 3 西非旅的要塞防御部队）立即飞赴“阿伯丁”，但该旅到达后将担负一项与温盖特原计划不同的新任务。14 旅不再参加攻打因多，他们将有步骤地分批到达文多以西 15 英里、“阿伯丁”西南 60 英里的地方，任务是建立一个要塞，破坏从文多和因多至钦敦江的交通线。斯利姆同意温盖特据此起草给 14 旅的作战命令。由于某些尚未查明的原因，作战计划的上述调整并未通知弗格森。

阿萨姆的空军部队负担已经很重了，第二次大规模空运将使运输机更加紧张。事情明摆着，要想满足空运需求，只能从“驼峰”航线上调拨飞机。这将损害英美关系，温盖特当然不愿意这样做，特别是（这也许是推测）他刚刚与科克伦和艾利森就喷火战斗机事件发生过激烈冲突。从“驼峰”航线上调拨飞机还会刺激中国人，温盖特一直期望中国军队看到盟军在缅甸的胜利后愿意从云南出兵（虽然最终兑现，但为时过晚）。他这样想着，便下定决心打出最关键的一张王牌……就在一两天以前，丘吉尔先生给钦迪特部队发了贺电，这让温盖特可以趁机使用与首相直接联络的特权。他申请立即增派 4 个中队的达科他运输机。

温盖特无意间选择了一个非常恰当的时机。有了若开和当前的战斗
经验，集团军司令官也逐渐认识到迫切需要更多的运输机。他需要这些飞 529
机向各处运输增援部队、撤离伤员，更重要的是为战场上的钦迪特部队运输补给。实际上，21 日，斯利姆在给第 11 集团军群司令官的信中已经表达了这个意思。所以，当温盖特恳请集团军司令官支持他的请求时，斯利姆欣然同意。

据我们所知，这是唯一一次温盖特使用特权就政策问题直接联系首相。有谣传说他经常给首相发电是没有根据的，他在这个问题上表现得极为谨慎。也许正是由于他知道这样的直接沟通非常难得，所以他更要抓住机会大胆进言；他不仅申请增派4个运输机中队，而且不顾蒙巴顿的解释，就东南亚战区指挥部的宣传政策提出抗议。他甚至使用了“歪曲报道”一词，并要求“公开事实真相”。蒙巴顿也发了电报，被迫为手下参谋招致的责难进行争辩，并再次向首相解释了宣传政策。如果有人觉得温盖特在这件事情上表现得不够光明磊落，那么这些喜欢道德说教的人应当记住两点：其一，蒙巴顿本人并不生气，他从始至终都是温盖特最忠实的支持者；其二，要知道，当一个人面对听众时会更容易显露自己的本性，况且温盖特并不是为自己着想，而是为了他的部队。

“4个中队飞机事件”很快有了结果，首相征求蒙巴顿的意见后，要求增派达科他飞机，三军参谋长们同意调拨。至于宣传政策问题，首相表现得极度慷慨，承诺下次对全国广播讲话时，也就是26日，他将亲口告诉人们钦迪特部队及其指挥官在缅甸扮演的重要角色。丘吉尔的复电于24日从伦敦发出。温盖特永远不会看到这封电报了。

在此期间，有两件大事对钦迪特部队的指挥产生了影响。其中一件简单而成功。22日，6架滑翔机空运一队美国工兵及装备抵达当勒。他
530 们的任务是在“阿伯丁”的简易跑道上修建第二个“百老汇”机场，机场很快竣工。另一件事耗费了较长时间。21日，温盖特下令转移他的司令部。1月初，他在英帕尔开设了前进指挥所，另外在锡尔赫特开设了后方指挥所。他已经发现两个基地不便于履行公务，英帕尔的前进指挥所尤其危险，即使日军小股兵力突破防线，也会危及司令部的安全。温盖特曾多次强调，他的司令部是一个“无线电司令部”，也就是说他们要依靠许多无线电设备，有些设备离城镇有一段距离；哪怕对周边发动最小规模的袭击，也会切断钦迪特指挥部与各旅和各支队的通信联络。所以，21日，

温盖特下令将司令部的复杂机器设备全部转移到锡尔赫特。这次搬家持续了一周时间，加上其他方面的原因，导致弗格森在准备进攻因多期间，无法与自己的直接上级保持可靠通信。这也许可以解释为什么弗格森的消息如此不灵通。

23 日夜，14 旅先头部队降落在新完工的“阿伯丁”飞机跑道上。他们是由苏格兰高地团组建的 1 个支队。弗格森作为苏格兰高地团的军官，本想亲自欢迎他们的到来（也许还想搞清楚他们的使命），但他和先遣部队已于 24 日凌晨离开要塞。没时间讲客套了，他只能留一张字条给该支队的指挥官乔治 · 格林（George Green）中校。攻击因多的行动已经开始了。莱斯特团曾在“阿伯丁”要塞外面宿营和休息，但其他部队没有休息，16 旅的大部分部队直接投入战斗，根本未在要塞停留。

24 日 9 点半左右，温盖特飞抵“百老汇”。他换乘一架轻型飞机飞往“白城”，21 日至 23 日，在那里又发生了一次战斗。这次行动同夺取和努的战斗一样危险而激烈，一开始日军凭借顽强的进攻将 77 旅赶出了阵地。第一阶段战斗中，日军在“白城”防区建立了两个立足点。全旅亡 34 人、伤 42 人，也给敌方造成至少两倍于此的伤亡。24 日，一切恢复平静，日军已经筋疲力尽。温盖特视察了要塞，而且“总体上相当满意”。他给卡尔弗特看了首相和美国总统的贺电。走之前，他告诉卡尔弗特，斯科特中 531
校被授予优异服役勋章，然后他又说：“哦，顺便说一句，你的优异服役勋章上加了一道杠。你要牢记荣誉，但决不要被荣誉冲昏头脑。”

他从“白城”飞往“阿伯丁”，看望新到的部队，并视察机场。他表现得很幽默，有人记得他对格林中校说：“我要祝贺你手下的官兵，他们是降落在缅甸的苏格兰机场的第一个苏格兰团。”他从“阿伯丁”返回“百老汇”，他下了轻型飞机，又上了早上送他来的那架米切尔轰炸机。温盖特又飞回了英帕尔。

532

第二十三章 结局

3 月 23 日，约翰·鲍尔温爵士写信给温盖特，商谈从英帕尔转移钦迪特前进指挥所一事。他不同意这样做，因为他认为把钦迪特部队的参谋班子放到锡尔赫特，与自己的指挥部和其他空军指挥机构距离过于遥远，鉴于转移司令部的行动刚刚开始，他希望温盖特能够另做安排。这封信的大意如此。24 日，鲍尔温听说温盖特要到英帕尔，他知道温盖特东奔西跑，通信联络没有规律，所以决定亲自飞往英帕尔与他会晤，请他当面给予答复。他从库米拉乘一架洛克希德飞机飞往英帕尔，飞机降落后不久，温盖特的米切尔轰炸机从“阿伯丁”飞抵该机场。

温盖特在英帕尔的指挥部尚未完全撤离，飞机一落地，他就前往指挥部查阅信件，他一定看到了鲍尔温请求当天安排会晤的那封信。他坐在办公桌旁忙着处理各种公务。对于那天在指挥部的人来说，这是他们最后一次见到温盖特，他们事后回忆说，温盖特那天表现得安静而沉着，俨然是一个镇定自若、内心平和的人。不过，他做了一件有些不同寻常的事。有一阵儿，他站起来走向自己的勤务兵福尔曼（Foreman）中士，一只手拍着他的肩膀说：“我没少为难你，福尔曼，但你为我所做的一切好极了，而我想让你知道，我的确非常感激。”他说话的口气仿佛在与人道别。离开指挥部大楼前，他好像抽时间给洛娜写了一封家信，信只开了一个头，因为在他留下的文件中，有一封给洛娜的信未标明日期，信中有这样一段话：“我在读居里夫人的生平，作者是她女儿艾芙（Eve），写得很好。看起来，要是她和比埃尔没出名的话，他们会一直过着圣徒一样的生活。你猜我遇到谁了——西格蒙德（Sigmund）[①]。他来电说自己在印度，于是我就把他逮住了。也就是在那会儿，收到了哈伊姆和维拉很久以前寄出的信。我与西格蒙德畅谈一番。他大概 4 月底回国，到时候可以告诉你到目 533
前为止我的一些情况。”

“麦吉尔里小姐为我做了一个漂亮的生日蛋糕，她那天来访让我感到惊喜。我现在只能偶尔见到德里克。他工作很努力，干得也不错。我想明天去看他。总的来说，这些日子我饱受思乡之苦。我希望我……”信写到这儿就中断了。

温盖特前往鲍尔温的司令部，俩人一起商讨了信中提出的问题。转移司令部的行动已经走得太远了，现在除了锡尔赫特以外温盖特别无选择，否则注定会牺牲效率，所以他们另外想了一个办法，制定了一个向新指挥部派遣空军联络官的计划。俩人的会晤原本可能是一场艰难的谈判。因为就在几天前，温盖特出于一时误解，还为鲍尔温的一封电报大发脾气，差一点又与皇家空军决裂。可是，与鲍尔温会面时，温盖特肯定认识到自己因急躁所犯的错误，这也许有助于解释为什么在讨论当前一些存在严重分歧的问题时，温盖特表现得那样好说好商量。经过一个小时气氛友好的会谈，他们最终达成了令双方皆大欢喜的决定，讨论结束后，俩人都急着赶在天黑前上路。鲍尔温计划乘洛克希德飞机飞回库米拉，温盖特决定乘那架送他来的米切尔轰炸机，飞往拉拉盖特视察第一空中突击队。他此行的目的很可能是要告诉科克伦这次会议的决定。温盖特和鲍尔温一起离开空

① 西格蒙特·格斯特纳（Sigmund Gestetner），英国著名犹太复国主义者。——原注

军司令部，并且紧急通知两架飞机的机组人员做好准备。当时大约是下午五点。像战时所有机场经常会遇到的情况一样，他们发现许多人正在那里等着搭便机。其中有两名战地记者，一位是《新闻记录》的斯图亚特·埃默里（Stuart Emery）[①]，另一位是《每日先驱》的斯坦利·威尔斯（Stanley Wills）。他们走上前问温盖特可否让他们搭乘飞机，温盖特欣然同意。随行的还有他的副官乔治·博罗（George Borrow）、飞行员布赖恩·霍奇斯中尉（Brian Hodges）、斯蒂芬·万德雷尔少尉（Stephen Wanderer），及 3 位美国空军中士弗兰克·萨多斯基（Frank Sadoski）、詹姆士·希基（James
534 Hickey）、弗农·麦基内奇（Vernon MacInninch）。鲍尔曼建议让米切尔轰炸机先起飞，因为它速度更快。

事后有谣传说，因为有暴风雨，有人建议不要冒险飞行，而温盖特一向性急，他断然驳回了美国飞行员霍奇斯的建议。这种说法完全是凭空想象。不论是去拉拉盖特，还是去库米拉，都不必担心飞行途中可能遇到坏天气。雷暴是局地性的，大部分地区天气晴好。温盖特一行爬进机舱，他的副官和两位记者对舱内的局促已经习以为常了，温盖特本人坐在副驾驶位置上。他和霍奇斯与皇家空军司令官鲍尔温交谈几句后，飞行员就发动轰炸机从停机坪滑向跑道。轰炸机起飞了，紧随其后的是那架洛克希德飞机。约翰·鲍尔温爵士最后看到米切尔轰炸机时，它正飞越比什普尔（Bishenpur）山。没人知道飞往拉拉盖特的途中发生了什么，人们知道的唯一事实就是，温盖特的飞机在向西飞行途中撞山起火，全体人员当场遇难。

此后几天，人们还抱着一线希望，25 日，皇家空军中队长诺里斯

① 据《黑夜中的火焰》一书和美国阿灵顿国家公墓档案记载，与温盖特同乘一架飞机的《新闻记录》战地记者名为斯图亚特·埃米尼（Stuart Emeny）。此处疑似作者笔误。——译注

（Norris）驾机在鲁沙伊（Lushai）和比什普尔地区侦察时，发现了飞机残骸。次日是星期日，没有新消息，最坏的结果几乎确定无疑了。在这种情况下，丘吉尔先生向全国发表广播讲话时，并未按计划宣布钦迪特部队从空中进入缅甸腹地的消息，而是笼统地谈了远东战局。两天后，人们通过报纸了解到发动第二次钦迪特远征的消息，但这篇温盖特曾极力争取的报道，并未提及飞机失事和他可能遇难的噩耗。他的家人、朋友和崇拜者们为他再度威名远扬感到欢欣鼓舞，完全不知道几天前发生的空难，这更增添了几分悲剧色彩。29 日，在阿萨姆，来自钦迪特指挥部的一行人，由弗兰克·巴恩斯（Frank Barnes）少校带领，徒步走到了诺里斯报告的飞机失事地点。现场非常惨烈，解体的飞机钻到地下 18 英尺深处，尸体难以辨明身份，但在一些可以辨认的物品中，人们发现了那顶著名的遮阳 535
帽的残片。巴恩斯带着证物回到锡尔赫特。阿萨姆的战事正处在关键阶段，人们决定推迟基督教葬礼，直到有条件举办一个庄重的仪式。3 月 30 日，英国官方郑重其事地向洛娜传达了噩耗，并于两天后在报纸上公布。同日，远在训练营、前线兵站和缅甸要塞的钦迪特部队，通过电报得知了不幸的消息。在温盖特曾经指挥和创建的部队中，官兵对这个意外的噩耗感到极度震惊和巨大悲痛。哪怕同他只有一面之交的部下，也觉得生活失去了强大的动力。而那些工作在他身边的人知道，不论他们心存怎样的希望，伟大的冒险就此结束了。按照威廉·斯利姆爵士的说法，即使他的敌人也会有“一种突如其来的失落感”。

关于由谁接替温盖特的问题存在争论。温盖特本人在不同时间似乎也有不同的选择，但并没有很充分的证据表明他确实做出过相互矛盾的承诺。温盖特临死前的安排是由塔洛克接替指挥，而如果他本人愿意的话，有权指定另外一个继任者。赛姆斯将军作为部队中的一名资深军官在这个问题上拥有很大的否决权。塔洛克本人对是否接任犹豫不决，他认为自己缺乏必要的资历，因为他未随钦迪特部队上过战场，经过充分思考后，他提议由朗泰涅继任，上级批准了这个建议。

新任指挥官临危受命，此时16旅攻击因多失利。弗格森部急需休整；他们发现由于缺少水源，部队难以从东北方向接近因多，而最致命的是，111旅一部从“百老汇”向西南挺进，与弗格森部擦肩而过（111旅的人不知道弗格森的任务），他们想方设法向日军施放烟幕，一路上告诉村民他们准备从北面进攻因多。结果当16旅果真从北面发起进攻时，由于日军已经做好准备，他们无法夺取城镇和机场。钦迪特部队因长途行军疲惫不堪，无力与日军抗衡。温盖特急于将该旅直接投入战场，很容易招致人们的批评，这种批评或许不无道理，但在一场完全依靠突然性的战役中，要评价温盖特的决定是否正确是非常困难的。16旅最终于4月27日夺取因多，但已无力扩大战果。因多机场仅有一条只能在晴天使用的简易跑
536 道，远非想象中的重要军事设施。然而，钦迪特部队取胜后主动撤离，给人的印象是放弃了温盖特原来的计划，他的许多部下为此长期抱恨。

有人指责朗泰涅未能主动把握战机，也未能利用前任获得的特权，特别是与总司令和首相直接联络的权力，但有充分的理由怀疑坚持上述权力会有什么实际结果。人们对温盖特违反常规的特殊身份已经有很多抱怨了，很难想象他们会继续容忍他的继任者采取同样的做法。朗泰涅很明智，不会去模仿一个与自己性格迥异的人。他遇事顺其自然，所有人都会发现，朗泰涅选择的路线与温盖特最终可能采取的路线大致相同。5月初，16旅乘飞机撤离，“阿伯丁”要塞随之关闭。由于阿萨姆激战正酣，23旅并未作为远程突击作战群使用，而是在第14集团军的战线上执行近距离作战任务（并取得胜利）。“阿伯丁”要塞关闭后没几天，“百老汇”和“白城”要塞也关闭了。这让钦迪特部队又一次感到辛酸，但卡尔弗特认识到钦迪特作战必须转入一个新阶段，他和手下由此避免了全军覆没的厄运。缅甸中部的要塞关闭后，77、14、111旅按最初的钦迪特作战计划，转往史迪威的战线上继续作战。在北部地区又建立了一个新的要塞，这个要

塞有两个名字，一个是“布莱克浦”（Blackpool），另一个是“克莱塞德”（Clydeside）。史迪威证明自己是一个非常严厉的监工，但这在某种程度上也给他留下了不好的名声。钦迪特部队最后一次大规模行动是夺取孟拱，卡尔弗特率部经过长时间苦战，最终于 6 月 27 日拿下孟拱。

1944 年后，钦迪特部队再未作为一支完整的力量参战。他们本该在收复缅甸过程中发挥重大作用，比方说，他们也许应当缩短缅甸战争的进程，但没有温盖特那富有创造力的头脑为他们设计新角色，这支部队在夏天后就渐渐分崩离析了。钦迪特部队群龙无首，这似乎是不可避免的命运。从某种意义上说，这支部队实现了甚至超额完成了预期目标：整个部队都具有“钦迪特情结”。如果说钦迪特部队销声匿迹很容易从战略和常 537
识上找到合理的解释，那么随着政策的变化而暴露出来的心胸狭隘就另当别论了。据说有那么一两个反对温盖特的人听到他的死讯后暗中窃喜，类似的说法并非都是无中生有；此外，当钦迪特作战结束后，温盖特手下一些军官认为有些重要事项需要报告当局，但他们在德里受到了上级的鄙视。然而，在那些卑鄙小人对他们死去的、令人敬畏的对手的阴谋报复中，最无耻的要算是针对艾格尼斯·麦吉尔里的报复。看起来，她的顶头上司早就视她为眼中钉了。3 月，温盖特派她去锡尔赫特管理一家特种部队医院，一些人对此颇有微词，认为她在这个职位上会利用温盖特的高压手段获取医疗物资，这种怨言或许不无道理。不过，将她调离战场绝非正派之举，只不过是因为她将医疗物资短缺的问题报告了总部。4 月底或 5 月初，路易斯·蒙巴顿勋爵视察她的新医院。他问她缺什么，而她很不明智地说了实话，她在众目睽睽下说，锡尔杰尔有一部闲置不用的 X 光机，她申请调拨使用，并得到批准，然而直到现在那部机器还躺在那里睡大觉。总司令亲自下令转运设备，问题就这样解决了。有关部门对此耿耿于怀。上级对护士长说，她以后决不能再向总司令这样的大人物反映此类问题，除非通过正规渠道。她说自己不能说假话，甚至暗示要辞职。当局拒绝接受她的辞呈，而是将她调到平安无事的印度西北战线任职，让她离开了激战的前线。结果这道荒唐的命令并未生效，因为艾格尼丝·麦吉尔里护士长接到命令后不久就感染了伤寒，战争期间她无法再服现役，最终她被安排到德里的医学理事会工作。此事就这样不了了之了，但需要记住的是，麦吉尔里是整个医务界最能干、最出色的护士，在伤亡惨重的战斗期间，一些思想守旧的人居然要想方设法将她调到无所事事的岗位，仅仅是因为她与他们讨厌的人有牵连。这段令人反感的小插曲经常提醒研究温盖
538 特的学者们，几乎贯穿他全部人生的长期反抗是完全正当的，从青年到死亡这种反抗从未停止过。

奥德·温盖特的性格特点是全神贯注、意志坚定、有少许的狂热和偏执。同时，他有着非常复杂的多面性，构成其强悍的、永不安宁的内心世界。他给别人的印象大相径庭。那些钦佩并鼎力帮助他的人很难喜欢上他。他既不渴望，也不善于激发温情，他曾对安德森解释过自己的信条（具有典型的极端主义倾向），即受欢迎的军官是不称职的军官。他始终按照这一刻板的信条行事，一些与他共事的人发现他总是一本正经，他废寝忘食地执着追求自己坚信的目标，他习惯于乐此不疲地劝说别人改变观点，这些都是他身上令人难以忍受的一面。韦维尔勋爵公开承认，他发现温盖特是一个难以真正了解的人，并且补充说，他在温盖特身上没有发现其著名男性亲属所具有的那种迷人的幽默感。其他一些文字记录让人觉得温盖特是一个缺乏情趣、不苟言笑的人，但威廉·艾伦和迈克尔·卡尔弗特的证据表明，温盖特绝不是一个无趣的人，而且也不单卡尔弗特一个人能够察觉到他在有意克制喜形于色。在他的犹太朋友当中，人们可能看到相互矛盾的性格特点在温盖特身上相得益彰。作为一名指挥官，他管束部下靠的是敬畏和信任，而不是感情，但作为集体农庄中犹太复国主义者的

一分子，他被大家用希伯来语亲切地称为“朋友”。

在涉及本性的问题上，这种性格反差更加明显。他总是表现得冷酷无情、毫不宽容，这既让他功成名就，也让很多人反感，但也有许多认识他的人深感他极富同情心。在从南非回国途中他与那位不幸的人交朋友，这样的事并非绝无仅有。当一名手下经历了第一次钦迪特远征后身心崩溃时，他施展全部的人格力量设法让他重新振作起来，从而挽救了他的生命，类似的事例还有一些。他是那种“吃软不吃硬的人”，经常毫无必要地在强者面前表现得不依不饶，不论对方是上级还是下级，但他从来不会难为弱者或精神崩溃的人。温盖特只是偶尔能体会到幸福，但他却总是能理解那些志得意满的人所不能理解的痛苦。他对那些命运不济的人抱有广泛的同情心，他本能地理解与生俱来的苦难会对人类产生怎样的影响。正 539
因为如此，他热心支持埃塞俄比亚独立；出于同样的原因，他也热衷于支持犹太复国主义。虽然他在社交上经常不拘小节，但他天性慷慨大度，那恰恰是社会交往赖以存在的基础。

温盖特内心信仰与外在表现的强烈反差也许是他最奇特的一面。他在乎原则远胜于在乎人。他经常粗暴对待别人，有时候完全没有道理，就像他对待桑福德那样，但他从不有意违反自己所忠实的原则。在他人生的每一阶段，从早年的奋斗到成年的辉煌，不讲人情是他一贯奉行的独特座右铭。他真诚地将自己视为命运的工具，也经常从这样的角度看待别人。正因为如此，他在为人处事方面犯过一些错误。他不理解其他人可能对自身抱有完全不同的想法。他将埃塞俄比亚的英国将领们说成是“军事蠢材”，因而冒犯了当权者，影响了自己的前程，对于这样的结果他竟然感到万分惊讶，他以为自己的批评天经地义，对手会承认他的攻击言之有理，从而抓紧改变现行做法。他深知严厉批评下属是件吃力不讨好的事情，但那又是必需的，目的在于提高新兵的整体水平，以便率领他们共克艰险，他自以为手下也会这样想。同样，如果他自我夸耀，那也是为了推行一项必要的战争原则。对于那些帮助过自己的人，他往往缺乏感激之情；而对于那些意见不合的人，一旦争执平息、原则确立，他就不再记恨对方。他的冷酷无情导致了另外一种悖论：这个雄心勃勃、脾气暴躁的人也有一些小小的虚荣心，而他永远也不会公正地评价虚荣心在人类生活中发挥的重要作用。如果说他的理解力有缺陷，那就在于他不懂得轻视人与轻视原则是一对亲兄弟。他从来没有充分理解待人不公有辱他庄严信奉的正义原则。人们只是为了替他开脱，才会说他经常为事业而不顾个人利益。

尽管温盖特的多重性格给人留下相互矛盾的印象，但除了极少数较晚相识的人以外，大家对他的看法基本上是一致的。他无疑是一位天才，不论从天才一词的本意，甚至更严格的意义来说，都是如此。在他内心深处有一种永不停歇的冲动，赋予他不竭的动力，让他听命于一种无形力
540 量的驱使，就像古老传说中的魔鬼附体。根深蒂固的宗教信仰让他全身心地侍奉上帝，这使他更加深切地感受到有一种神秘力量影响着自己的人生历程，事实上，尽管他笃信基督教圣经，但他的宗教信仰并不受条条框框的束缚，这使他的宗教情怀带有强烈的追求真理的色彩。如果说温盖特身上最鲜明的反差在于不讲人情和以自我为中心，那么也可以找到一种合理的解释，就在于他所强烈感受到的那种内心的冲动。他以一种近乎谦卑的态度，全心全意地捍卫着自己的命运，因为他相信自己是某种不可知力量的化身。这种信念有些不切实际，但并非纯粹的虚幻。它给人以力量。正是这种信念奠定了他的每一项成就，没有伟大的人格力量不可能取得那样的成功。同样，这种神秘的、内在的力量也有助于解释他的大部分个人生活：他青年时期的美妙幻想，以及对碌碌无为的担心；他早年严重的精神忧郁症倾向；他在有生之年不停地为自己辩解，仿佛要清除一直困扰自己的神秘力量，尽管他思想深刻，但常常无能为力。这种信念还有助于解释他对伟大的文学和音乐作品的狂热兴趣，因为他清楚地知道自己同那些杰

出的诗人和作曲家有着同样的气质。昂丁开玩笑说，每当温盖特身处极度凶险的环境时，他就会突然求助于诗歌名著，这样说也许有几分道理，但其中很可能有更为深刻的原因。

如果我们认真考察天才们的身世，就会得出这样的结论，即天赋并不能促成个人的幸福，特别是在一个怀疑出众品质的社会，更是如此。尽管做了很多努力去改革，英国社会仍然坚守中产阶级的道德、观念和品位。像温盖特这样特立独行的人，自以为受到某种看不见的力量驱使，英国社会不会为其提供有利的生存环境；这在很大程度上有助于解释他那种顽固的、倔强的反叛精神。如果我们设想温盖特是伟大的俄罗斯小说中的人物，那么他似乎一点也算不上古怪，但是，他不仅身处一个反对任何非分之举、坚守中间路线和秉承中庸美德的社会，而且处在一个最重视行为举止和社会习俗的阶层。要特别感激军队的是，虽然温盖特严重背离了它所珍视的行为规范，但他还是在自己的职业道路上走了很远，他本来很可能不会得到晋升，只会感到极度的失意和痛苦。

在作者看来，以上所述就是温盖特的性格轮廓。还需要说明的是，
人类的本性是不可思议的，在人的内心深处存在着难以探究的隐秘，不论 541
花多长时间进行多么细致的调查也不可能搞清楚。像温盖特这样的人尤其如此，也许大多数情况下他自己也不清楚，他继承了英格兰和苏格兰清教徒祖先的精神衣钵，他们走的都是一条人迹罕至的神秘小路。他也同他们一样始终保持着一份神秘感，哪怕是对那些最了解他的人。即使在他最亲密的同事和朋友中间，也没有人完全了解他，甚至也没有人相信有可能完全了解他。

与他的个性相比，人们更关心的是他的历史地位，而这个问题在相当长一段时间里可能难有定论。这需要军事历史学家深入考证，并达成一致意见。作者不是军事历史学家，只能尝试着提出几条线索供读者自己来判断。

有人指责温盖特军事思想狭隘，指责他将自己所代表的某种特定作战样式视为制胜的唯一法宝。这样的评价过于浅薄。当他第一次作为军人参加战斗时，他发现自己可以将早年在苏丹当巡逻队长时的经验成功地付诸实践。他以后的任职经历，除了在锡德卡普以外，都可以照搬初次的成功经验，但并不能由此认为他的才能只局限于这一领域，在锡德卡普的经历充分证明他能够适应多种任职需要。他既不迟钝，也不过分保守。在他亲自草拟的缅甸作战报告中，他认为远程突击只在拥有空中优势和充足的无线电设备条件下，才适合作为进攻手段。在其他情况下，他完全会灵活地采取其他办法。不能因为他奉命专门执行某类任务就说他思想狭隘。

温盖特一生参与过四次重大军事行动，其中只有后两次行动能作为评价其军事功绩的依据。巴勒斯坦的军事行动规模太小了，而埃塞俄比亚的敌人又是那样无能，多少贬低了征服者的成就。真正的考验始于远东的战争。

温盖特在缅甸的战绩一时成为人们热心追捧的话题，就公众而言，这更多是出于两次远征的传奇色彩，而非严肃的军事观点。在 1943 年和 1944 年，他的名声如日中天，此后不可避免地要有所回落，这或许符合
542 客观规律。公众太需要阿拉伯的劳伦斯那样的传奇英雄了，在战争结束后的几年时间里，钦迪特远征似乎成为又一个令人遐想的英勇壮举，人们争相传颂这一伟大的军事功绩。人们渐渐认识到温盖特只是一时交了好运，他的功绩被极大地夸大了。威廉 · 斯利姆爵士对温盖特的看法在很大程度上反映了官方态度的改变。

然而，也有少数高层人士始终认为，温盖特远征意义重大，远不限于通过报纸鼓舞读者的士气。持此观点的人当中就有韦维尔勋爵。从日军缴获的文件表明，温盖特领导的第一次远征对日军的作战方针产生了重大影响，这给韦维尔留下了深刻印象。还有其他一些相对独立的证据支持这种观点。1946 年 1 月，赛姆斯将军会见了曾在缅甸服役过的 2 名日本将

军和 1 名日军参谋，他在报告中说，第一次温盖特远征确确实实导致日军下决心渡过钦敦江向西发动进攻。当时从这份证据及韦维尔勋爵引用的文件所推断出的细节和结论，似乎都存在错误，而且确实相互矛盾。这让那些反对温盖特和钦迪特部队的人仍不死心。但是，通过深入研究日军文件（那是一种笔者所不具备的技艺），进一步证实了赛姆斯将军审问的证人所提供的主要观点，也就是说，第一次温盖特远征的规模和勇气，导致缅甸日军在指挥上铸成大错。

温盖特的确影响了日军的作战方针，事情的来龙去脉大致如下：1944 年，日本政府和最高统帅部已经知道胜利无望，但他们期望通过据守缅甸获得有利的谈判条件。这是明智的判断，也是正确的方针，但温盖特的进攻打乱了他们的判断和部署。第一次钦迪特远征让日本人对自己的防线产生了怀疑，同时也让他们低估了向西发动进攻的困难。他们由此认为，既然曾是手下败将的英军能够发动进攻，他们也可以放心大胆地直接进攻第 14 集团军，从而在阿萨姆建立起牢不可破的防线。如果说温盖特是影响日军判断的主要因素，现在看这一点似乎不容置疑，那么钦迪特远征的价值也就无可争议了，甚至也可以证明渡过伊洛瓦底江及所有后续行动都是正确的，第二次远征超过了第一次远征的规模，恰恰是这一点让日 543
军以为英国收复缅甸的计划可能进入到了最后的主动进攻阶段。日军向西进攻阿萨姆的决定产生了致命的后果。日军兵分三路展开进攻，整个战役中共损失 65 000 人，几乎达到总兵力的一半，还损失了一半以上的作战物资。敌军遭受如此沉重的打击后，在斯利姆的杰出领导下，收复缅甸成为可能，甚至可以说是不可避免。

这一结果是温盖特事先没想到的，或者说是他不可能想到的；至于说第一次钦迪特远征产生的其他重要影响是温盖特事先设计好的，这一判断至少相当令人怀疑。这里所说的其他重要影响在于，钦迪特部队实践了空投补给和空地协同的方法，而第 11 集团军群在 1944 至 1945 年的战役中成功借鉴了钦迪特部队的经验。一些最了解情况的人认为，在战场上，人们从温盖特的作战理论、训练方法和作战指导中学到的经验教训，对战争胜利起到了决定性的作用。钦迪特部队有两个重要贡献，一是打乱敌人的部署，二是革新英军的战法，两者都是温盖特最伟大的成就，然而，从中人们也不难发现为什么他一直存在争议：这两项成就都是间接的，难以从简单的因果关系中解读。从某种意义上讲，他的职业生涯和个人性格都笼罩着神秘色彩。

尤其让人难以把握的是他在 1944 年战事中发挥的作用。温盖特遇难时，“星期四”行动真正开始还不到三周时间，没人确切知道他的下一步计划；此外，他为之牺牲生命的这次伟大使命也同样扑朔迷离。第二次远征与第一次远征一样，需要大部队进攻以扩大战果，由于这样的进攻遥遥无期，第二次远征开始时前景并不明朗。要塞体系是温盖特的即兴杰作，主要是为了在没有大规模攻势的情况下有效使用钦迪特部队，但这并未改变其游击部队的性质，也未能使他们免于快速而频繁地改变部署。当丧失作战突然性后，日军精锐部队定会摧毁要塞，要不是朗泰涅下令迅速向北转移，“百老汇”“阿伯丁”和“白城”都难逃厄运。温盖特遇难前，形势
544 已经逐渐明朗，要推测温盖特会做出怎样的决定显然是多余的，不过，可以肯定，他将不得不开辟一个新的作战阶段。

有一点似乎没有争议，温盖特计划和发动第二次远征是基于这样一种看法，即鉴于 1944 年缅甸的形势，在日军遭到第一次致命重创之前，不可能成功发动大规模攻势。温盖特的目的就在于给敌人造成那种致命的重创。然而，日军不自量力，发动了一场超出所有人意料的大规模攻势，结果自讨苦吃，遭到致命重创。温盖特组建 6 个钦迪特旅的主要目的最终以不同的途径得以实现，而他并不知道自己才是殊途同归的根本原因。他的声名最终淹没在自己掀起的惊涛骇浪之中。在这个人奇特的一生中，实在有太多的不解之谜。

以下是本书的简短结语。温盖特死后三周，就在4月14日，在威斯敏斯特的圣玛格丽特大教堂，为他举行了追悼会，利奥波德·埃默里宣读了简短的颂词，纪念这位在事业上深受其影响的人。他是这样说的："他的教养，他的无限虔诚，他那谜一样难以捉摸的性格，以及他对待各族人民的方式……都非常像他的同胞和先辈圣徒大卫·利文斯敦（David Livingstone）[①] 和戈登将军……他作为领导人的伟大之处并不限于理智地把握战争，或者随时准备赴汤蹈火的勇气，而在于一种刻骨铭心、令人折服的信念。"

他一直渴望有个儿子，他在生命最后几个月里经常惦念尚未出世的孩子。5月11日，儿子降生了。孩子在施洗时取名奥德·乔纳森（Orde Jonathan）。

7月，特种部队首席牧师克里斯托弗·佩罗恩（Christopher Perowne）带领第二批人，从锡尔赫特的司令部出发前往遇难地点。他们此行的目的是向温盖特和八个同伴尚未安葬的遗体致以最后的敬意。他们于6日到达。需要安葬的人有着不同的宗教信仰，所以佩罗恩上校没有采用英国国教的葬礼仪式，而是使用了临时准备的一套仪式为死者献祭、悼念和祈祷。墓地上插着锡尔赫特军工厂制造的十字架，上面刻着九个人的名字。

8月2日，温斯顿·丘吉尔发表了致温盖特的颂词，那是所有颂词
中最著名的一篇。他在对下院演讲时说："在魁北克，我们寄希望于新 545
任总司令蒙巴顿海军上将，也寄希望于他手下杰出的温盖特少将，悲乎，温盖特将军尽了一个军人应尽的义务。有这样一位天才人物，他本来也会成为主宰世界命运的人（The Man of Destiny）[②]。他走了，但他的

① 大卫·利文斯敦（1818—1873），苏格兰传教士和探险家，在非洲传教长达30多年，他的探险活动激发了欧洲人对非洲的兴趣，他所著的《南非考察和传教旅行》一书畅销一时。——译注

② "主宰世界命运的人"是拿破仑的别称。1796年5月10日，拿破仑率领法军在意大利米兰南面的洛迪镇（Lodi）大败奥军。事后他说，"我第一次感到自己不再是一个普通的将军，而是主宰世界命运的人"。——译注

精神永远活在远程突击作战群中，他奠定了所有这些复杂而大胆的空中行动和基于空运、空投补给的军事行动。”当丘吉尔写作《第二次世界大战史》第五卷时，这位威严的作者对温盖特表达了同样的赞美，也流露了个人的深情。

1947 年，温盖特和其他遇难者的遗体被挖掘出来，重新安葬在美国阿林顿国家公墓。他的家人对此提出抗议，认为他的墓地应当安置在合适的地点，起码是与他的名字有联系的地方。尽管丘吉尔先生亲自过问此事，但战争遇难者墓地定点有严格规定，不允许有例外。①最终还是当局说了算。

纪念温盖特的地点主要有三处。其中一处前面已经提到，在卡尔特公学小礼堂的门廊里有一块美观大方的纪念碑，1946 年路易斯 · 蒙巴顿勋爵在此主持了揭幕仪式。在亚的斯亚贝巴有一所为纪念他而命名的温盖特男校。在以色列有一个专门安置孤儿的“儿童村”，坐落在海法以南数英里的山上。人们以“耶明 · 奥德”（Yemin Orde）命名这个儿童村。1948 年阿以战争期间，洛娜（当时正好在以色列）将温盖特战时随身携带的圣经和其他物品一起送给了犹太移民。温盖特在以色列受爱戴的程度仅次于亚瑟 · 贝尔福。

温盖特是在事业的巅峰期倒下的，就“像陨落的流星那样突然、迅急、无法解释”，对于这样的人，人们往往会说他死得很是时候。但是，承认一个人早死是件好事难免给人以极不公正的印象，就好像说死者不可能有更大的作为。如果温盖特活下来，可以肯定地说，他的战后岁月将充斥着另一场激烈的、暴风雨般不可调和的冲突，他将亲眼见证围绕巴勒斯坦问题的长期斗争。很容易想见，他会让自己卷入这场政治冲突中，他的

① 9 名遇难者中，有 5 名美国人、4 名英国人，他们的遗骸无法分辨，按有关规定应当合葬在死者人数多的国家。——译注

放纵不羁会让朋友们爱莫能助，不过，这种假设的前提是他无法掌握政治斗争的技巧。公平地说，人们不应当忘记的是，温盖特在为埃塞俄比亚争 546
取权力的斗争中，以及他在魁北克会议上的表现，都表明他在政治运作方面取得了巨大进步，当然，在巴勒斯坦问题上，他不太可能扮演一个冷酷的政客。不管怎么说，轻率并不一定会妨碍行动，而他会采取怎样的行动是非常清楚的。如果他幸免于难，他余生的希望将是领导以色列军队，可以肯定地说，他将在以色列现任领导人的授权下，率领一支小规模的犹太复国主义军队坚守海湾，最终将击溃那些企图扼杀犹太民族复兴的穆斯林军队。

如果说他的死是幸运的，那并不是因为生活不再眷顾他，而是因为生活在那一刻对他非常慷慨，给予他少数杰出人士才能享有的恩赐。不过，对于他最深切的渴望和最远大的抱负，命运似乎又表现得有些吝啬。

附录一　维伦斯基家的晚餐会 547

伦纳德·莫斯利先生写了一部有关温盖特生平的著作《走向战争的基甸》，该书第75页，详细介绍了在伊曼纽尔·维伦斯基家那次晚餐会的情况：

维伦斯基……通知温盖特次日在他家中召开一次会议。包括戈隆布在内的大多数“哈贯纳”领导人都将与会。

温盖特来的时候，“哈贯纳”的领导人已经在那里恭候了。维伦斯基夫人在门厅里望风，以防英国警察突然搜查。温盖特看上去非常苍白，面露病容，但他的双眼炯炯有神。他走到会议桌的首席位置上，立即就犹太复国主义发表演说。他是在对一群职业的犹太复国主义活动家讲话，有关犹太复国主义的每一件事他们可能都听说过，但温盖特的热忱、激情和巨大的感染力，将听众们牢牢吸引住。

他突然改变话题。“说实在的，”他说：“哈贯纳的各位成员，《白皮书》已经将你们拒之门外。不会再有什么犹太国家，除非你们为之战斗，而英国正是你们的作战对象。现在是向英国宣战的时候了。我来这里是请求你们今晚就宣战，并计划好第一步行动。”

他停顿了一下，但是没有人提问。他们都在等待。他接着说："如果你们采纳我的建议，首次攻击将针对海法的大炼油厂。摧毁它对大英帝国将是一个沉重的打击。"

"哈贾纳"的一位领导人抗议说："那不可能。我们根本进不去。仅凭这一点就不可行。"

"你们会进去的，"温盖特回答说，"如果你们让我领导这次行动。我熟悉炼油厂。我可以让你们进去。"

另一位"哈贾纳"领导人说："你吗？一位英国军官？你怎么可能这么干？你在军中的前途怎么办？"

温盖特冷冷地看着他说："有些时候一个人必须做出抉择。好了，同志们，你们赞成我——由我来领导你们吗？"

"哈贾纳"领导人经过磋商后拒绝了他的提议。他们说（当
548 时是 1939 年）："现在不是为难英国人的时候，即使是为了犹太国家。"

上述报道首先刊登在《星期日快报》上，随后又出现在莫斯利的书中，其真实性并未受到任何权威的质疑。当看到上述内容时，我刚刚开始研究温盖特。我问过许多认识温盖特的人，以及他的家族成员和洛娜·史密斯夫人。他们无法提供任何线索。在他的朋友们当中，没有一个人听说过这种犯法的动议，而洛娜·史密斯夫人也未出席那次会议，因而没有任何可靠证据反驳这种说法。

尽管上面提到的几个人仍健在，但无人能驳倒莫斯利先生的说法，我由此认为他说的话一定有某些根据。1956 年 3 月在以色列访问期间，我尽可能详细考察了 30 年代温盖特在巴勒斯坦的经历。在我接触的大量信息中，找不到任何与这一事件有关的证据，既不能证实，也不能证伪。我找到大卫·哈科恩、哈伊姆·拉斯科夫（Chaim Laskov）、叶海

兹克尔·萨查尔（Yeheskiel Sachar），以色列·卡米、利奥·科恩（Leo Cohen）、摩西·沙雷特等人，他们要么是"哈贾纳"的骨干，要么是犹太事务局核心委员会的成员，可是他们都不知道这起引人注目的事件。过了一段时间，我突然想到，完全没有正面或负面的证据，恰恰让人对莫斯利先生的说法产生怀疑。如果温盖特确实提过这样的建议，那么巴勒斯坦的犹太人一定会知道，他们并非总是以传播流言蜚语为耻。有几个目击者对我说，这个故事显然不是出自亲历者之口。温盖特的演说具有很强的个人风格，对"哈贾纳"领导人以"同志"相称，显然不符合他的习惯。一些细节说明编造这个故事的人并不熟悉战前的巴勒斯坦。拜访海法的犹太家庭并不是一件有风险的事。在这种情况下，不用担心警察会突然上门搜查。维伦斯基夫人不大可能待在门厅里，而把客人晾在一边，她本人的证词也不支持这种说法。向莫斯利先生提供消息的人，心里想的显然是1946年至1947年的巴勒斯坦。

让我颇为诧异的是，很难搞清楚究竟有哪些人参加了那次会议。这一点加上其他一些证据表明，这个故事混淆了几个不同的场合。我现在愿意谈谈我对这件事的看法。

拉特纳教授的帮助对于研究这个问题特别有启发。1939年，他差不多相当于"哈贾纳"的战地指挥官，所以处于该组织决策系统的直接领导 549
下。他向我保证，像炸炼油厂这么重大的行动，如果事先不征求他的意见，是根本不可能讨论的，而他从未听说过这个计划。他同我一起认真研究了莫斯利先生的记录（他以前没读过），并得出两点有趣的结论。第一，他指出这个故事的原创者不了解"哈贾纳"和犹太人当时在巴勒斯坦的状况。炼油厂的大多数工人是犹太人，他们都是"哈贾纳"成员，他想不起有谁是例外，所以温盖特自诩他可以让犹太人进入工厂，以及"哈贾纳"领导人抗议说他们无法进入工厂，这些都说不通。温盖特无疑相当了解巴勒斯坦犹太人的生活。莫斯利先生显然被误导了。

拉特纳教授的第二点意见把我逗乐了。我尽可能凭记忆准确地复述他的话。“你一定注意到了，”他说，“犹太复国主义者在宣传上从来不甘落后，我真想象不出，这么一个为犹太人增光添彩的故事，怎么会不大肆宣扬，它牺牲的只不过是英国军官的名誉，哪怕这个人是温盖特。”

这件事的真相渐渐开始浮出水面。《白皮书》公布时，在维伦斯基家中确实开过一次会（与《走向战争的基甸》一书的描述大为不同）。当时在场的客人中有雅科夫·多里，1956 年 3 月，他是海法技术学院的院长。我前去拜访他，我们的谈话非常坦率，他说自己清楚地记得当时的情景。他当着我的面读了《走向战争的基甸》的有关段落，跟拉特纳教授一样，他也是第一次听说这件事。他说，莫斯利先生描写温盖特“非常苍白，面露病容，但他的双眼炯炯有神”是相当恰当的。他记得温盖特就犹太复国主义发表了长篇演说，听众们被深深吸引住了，他也承认温盖特在演说中强调，犹太复国主义者将与他们过去的朋友和保护人英国发生冲突。但是多里先生矢口否认曾经谈论过任何具体措施，而且肯定没人谈论过莫斯利所说的那个巨大的破坏行动。他记得埃利亚胡·戈隆布也在场。他还记得那天晚上过得很平静。

与多里先生会面后不久，我又与约兰（Yolan）夫妇进行了一次长谈，1939 年，维伦斯基一家就住在这对夫妇在海法的房子里，1939 年 5 月的那次集会就安排在他们家中。他们对当晚的记述，加上我先前从别人那里听到的说法，为我的研究提供了依据。我要做的只不过是忠实记录人们对
550 当时情况的回忆。人们往往容易记住在戏剧化的氛围中所提出的阴谋诡计。但那天在场的人根本想不起有人向他们提出过类似的建议。我认为，仅凭这一事实，温盖特就足以彻底摆脱在海法煽动大规模破坏的指控。

那么这个故事到底源自何处呢？很可能是有人混淆了几次不同的事件，并虚构出这样一段故事。有两个确凿的证据与莫斯利先生书中的故事沾一点边：其一是温盖特通过一位朋友转告魏茨曼博士，建议他在谈判中

采取“强硬路线”；其二是他与大卫·哈科恩的谈话，还有两三次，他与其他犹太朋友也说过类似的话。这两件事固然有些过分，但在性质上毕竟不同于在海法煽动犯罪。不过，很容易想见，哪怕只对这些事稍做一点夸张或歪曲，也会给人留下极其恶劣的印象。温盖特年轻气盛，喜欢用激烈的表达方式故意刺激那些保守派，这自然会助长谣言的传播。然而，值得注意的是，谣言并未广泛传播。

以色列国防部的里夫林（Rivlin）上校为我提供了另外一种解释。在他看来，确实存在一个摧毁海法炼油厂的计划，且与“哈贾纳”有密切联系。但是，他认为提出该计划不是在1939年，而是在1941年至1942年，当时同盟国的前途命运如此黯淡，以致英国不得不及早考虑撤出埃及和巴勒斯坦。为了不让敌人利用海法的基础设施，英国的某些秘密组织负责在撤离前进行破坏，他们的部分计划涉及使用“哈贾纳”的资源，而当时的“哈贾纳”作为非法组织，其地位非常微妙（与“夜间别动队”情况类似），很难给它一个准确的界定。在当时情况下，由英国官方的非正规战机构雇用他们绝非不可能。这个消息有可能走漏出去（消息经常走漏），而那些“哈贾纳”成员还记得温盖特热衷组建犹太军队，他们自然以为是他在插手此事。于是，传说不胫而走，而传说难免遭到歪曲。我认为这是一个很富有想象力的解释，但由于缺少上述计划的确凿证据，这种解释也不过是听起来有道理而已。

最后要澄清一点。按照莫斯利先生书中的描写，温盖特与“哈贾纳”
领导人会面之前，曾将威士忌作为礼物送给维伦斯基，当时他喝醉了。这 551
也许暗示，当他提出炸毁炼油厂的建议时，他已经喝多了酒，并不清楚自己说了大逆不道的话。但是，约兰夫妇否认他送礼物来时喝醉了。温盖特在喝酒方面并不过分谨慎，甚至正如该书第129页所说，他还会有“轻率的言行”。但这类过失在他一生中极为罕见，几乎可以忽略不计。

附录二　信犬 552

1943 年大多数有关 77 旅渡过钦敦江的报道都提到过信犬，但在那以后，很少听到过它们的消息。这些信犬在第一次历险后淡出了人们的视线，似乎很少有人记得他们后来的经历。同以前一样，我遇到困难就去找弗格森，他向我提供了以下信息。

使用信犬最初并不是温盖特的主意，他对此也不是特别相信，尽管他有些怀疑，但还是同意在第一次远征中尝试一下。这些狗接受过逻辑训练。每条犬都学会识别并亲近两个人。如果甲说“走”，狗就会带着信囊跑向乙，并会一直待在乙身边，直到乙按照同样的程序命令它回去找甲。每个支队有一条这样的狗。主要用途是在支队司令部与前哨之间来回传信。他们要学会长距离追踪驯犬员。训练非常严格，决不允许无关人员对信犬进行爱抚、喂食或交谈，同样，也不允许驯犬员与其他信犬交谈，如果出现这类情况，就算严重违规。这些信犬品种各异；伯纳德 · 弗格森支队的那条是斯塔福德（Staffordshire）母犬，名字叫朱蒂（Judy）。

结果表明，这些信犬在军事上并未发挥多大作用，这主要是因为缺少机会，而非想法有误。弗格森支队的朱蒂只成功地发挥了一次作用。在第一次远征后期，她的两个驯犬员都牺牲了，但此后她又提供了一次有价值且令人感动的服务。第 5 支队余部返回印度途中，就在他们分成三组渡过伊洛瓦底江的第二天，朱蒂突然从丛林里窜出来，拦住了弗格森的去路。人们想方设法吸引她，但是她立刻跑掉了，而且再也没有出现，直到弗格森的人回到英帕尔数周后才见到她。不过，她已经成功传达了一个信息，她的驯犬员牺牲后，她把自己托付给弗格森手下的皇家空军上尉夏普
553 （Sharp），而她在丛林小道上的表现让弗格森明白夏普一伙人已经成功渡江。弗格森的笔记中有关朱蒂的最后一句话是这样写的：“她产了一窝小狗，来庆祝自己到达英帕尔，她显然错误理解了此次远征的目的。”

索　引

（以下页码是原书页码，即本书页边码）

A

B

C

D

E

F

G

H

I

J

K

L

M

N

O

P

Q

R

S

T

U

V

W

Y

Z